ACCESO GRATIS **a la Lectura en la Nube**

Para visualizar el libro electrónico en la nube de lectura envíe junto a su nombre y apellidos una fotografía del código de barras situado en la contraportada del libro y otra del ticket de compra a la dirección:

ebooktirant@tirant.com

En un máximo de 72 horas laborables le enviaremos el código de acceso con sus instrucciones.

LA INSCRIPCIÓN REGISTRAL DE BIENES INMUEBLES EN SOCIEDAD DE GANANCIALES.

UNA CONCRECIÓN DEL PRINCIPIO CONSTITUCIONAL DE IGUALDAD ENTRE CÓNYUGES.

Procedimiento de selección de originales, ver página web:
www.tirant.net/index.php/editorial/procedimiento-de-seleccion-de-originales

LA INSCRIPCIÓN REGISTRAL DE BIENES INMUEBLES EN SOCIEDAD DE GANANCIALES

UNA CONCRECIÓN DEL PRINCIPIO CONSTITUCIONAL DE IGUALDAD ENTRE CÓNYUGES

María del Pilar López García-Rocha

tirant lo blanch
Valencia, 2025

En caso de erratas y actualizaciones, la Editorial Tirant lo Blanch publicará la pertinente corrección en la página web www.tirant.com.

© TIRANT LO BLANCH
EDITA: TIRANT LO BLANCH
C/ Artes Gráficas, 14 - 46010 - Valencia
TELFS.: 96/361 00 48 - 50
FAX: 96/369 41 51
Email: tlb@tirant.com
www.tirant.com
Librería virtual: www.tirant.es
DEPÓSITO LEGAL: V-610-2025
ISBN: 978-84-1071-805-0

Si tiene alguna queja o sugerencia, envíenos un mail a: *atencioncliente@tirant.com*. En caso de no ser atendida su sugerencia, por favor, lea en *www.tirant.net/index.php/empresa/politicas-de-empresa* nuestro procedimiento de quejas.

Responsabilidad Social Corporativa: http://www.tirant.net/Docs/RSCTirant.pdf

A mi familia

Índice

Capítulo I.

El Registro de la Propiedad y su titular

I. LA FUNCIÓN REGISTRAL: APROXIMACIÓN CONCEPTUAL

La ausencia de seguridad que desde las primeras décadas del siglo XIX acompañaba al crédito territorial[1], unida a la incursión masiva en este momento de bienes inmuebles en el tráfico jurídico, hizo necesaria la creación de un órgano que, con respecto a las adquisiciones, fuera capaz de asegurar su eficacia. Era preciso, por tanto, dar certeza a la existencia y al contenido de los derechos derivados del tráfico inmobiliario, eliminándose, así, cualquier atisbo de duda que pudiera generarse al respecto.

Como establece DIEZ-PICAZO[2], el Registro de la Propiedad nace para garantizar la seguridad y la constancia pública de los derechos inmobiliarios y, por ende, la seguridad en el tráfico de los mismos. Define este autor el Registro de la Propiedad como el centro institucional cuya función esencial consiste en

---

1 SERNA VALLEJO, M. (2013). "La Codificación civil española y las fuentes del Derecho". Anuario de Historia de Derecho Español, (12), 11-36; GARCÍA GARCÍA, L. (2015). *Legislación Hipotecaria y del Crédito Inmobiliario,* vol. I, Aranzadi, 124 y ss.; y GARCÍA VALDECASAS DE LA CRUZ, J. (1995). *El Registro de la Propiedad en el siglo XXI,* Centro de Estudios Registrales, 42 y ss.

2 Sobre el particular, DÍEZ-PICAZO, L. (2012). *Fundamentos del Derecho civil patrimonial,* Civitas, 334 y ss.; GONZÁLEZ y MARTÍNEZ, J. (1948). *Estudios de Derecho hipotecario y Derecho civil.* Ministerio de Justicia, 87 y ss. y LACRUZ BERDEJO, J. L. y SANCHO REBULLIDA, F. (1992). *Derecho de familia,* Bosch, 34 y ss.

la realización y efectividad de la publicidad jurídica de los derechos reales sobre bienes inmuebles mediante la utilización de la técnica registral[3].

Sobre la base de la configuración jurídico-administrativa actual de este órgano y su integración en el sistema, el Registro de la Propiedad ha sido definido como una institución administrativa que forma parte de la Administración Pública del Estado. Así mismo, este órgano se encuadra en el Ministerio de Justicia, a través de la Dirección General de Seguridad Jurídica y Fe Pública[4], teniendo como objetivo fundamental la publicidad oficial de la situación jurídica de las fincas para poder asegurar el tráfico jurídico inmobiliario[5].

Atendiendo a la concepción de LÓPEZ MEDEL sobre el Registro de la Propiedad es posible diferenciar dos vertientes[6]. De una parte, concibe al Registro como órgano que ofrece un servicio público de carácter esencial. Y ello es porque el Registro tiene por objeto la publicidad de las situaciones jurídicas inscritas sobre bienes inmuebles y otorga seguridad al tráfico

---

3 DÍEZ-PICAZO, L. *Fundamentos del Derecho civil patrimonial, opus cit.*, 135 y ss.; GORDILLO CAÑAS, A. (2020). *El Registro de la Propiedad: principios y sistema,* Reus, 76 y ss. y HERNÁNDEZ GIL, F. (1963). "Introducción al Derecho hipotecario". *Revista de Derecho Privado,* 11 y ss.

4 Real Decreto 139/2020, de 28 de enero, por el que se establece la estructura orgánica básica de los departamentos ministeriales, B.O.E. núm. 25, de 29 de enero de 2020.

5 SÁNCHEZ CALERO, F. J. y SÁNCHEZ-CALERO ARRIBAS, B. (2019). *Manual de Derecho Inmobiliario Registral.* Tirant Lo Blanch, 31 y ss.; LÓPEZ BARBA, E. (2018). "Títulos inscribibles. "Negocios de familia" y Registro de la Propiedad". *Revista Aranzadi de Derecho Patrimonial,* (46), 73 y ss. y PEÑA BERNALDO DE QUIRÓS, M. (2001). *Derechos reales. Derecho hipotecario.* Centro de Estudios Registrales, 89 y ss.

6 LÓPEZ MEDEL, J. (1958). *Teoría del Registro de la Propiedad como servicio público,* UCM. 89 y ss. y VILLAPLANA GARCÍA, C. (2021). *Fichero Registral Inmobiliario.* Tirant Lo Blanch. 42 y ss.

inmobiliario en el que participa la ciudadanía. De otra parte, el Registro satisface el interés particular de los individuos en la medida en que les proporciona *justicia registral* a través de la calificación que llevan a cabo funcionarios públicos con facultades de índole jurisdiccional.

Otras aportaciones doctrinales han dado al Registro de la Propiedad un sentido finalista y descriptivo. Con respecto a la primera vertiente, CAMY SÁNCHEZ-CAÑETE[7] ha entendido que el Registro es un órgano jurídico del Estado que, al recoger *la vida* de los derechos reales sobre los bienes inmuebles, está posibilitando que dichos bienes adquieran, en virtud de su naturaleza, la plenitud de efectos que les concede el ordenamiento jurídico. Este autor también otorga en su definición un sentido descriptivo al Registro ya que también es un órgano del Estado que, sobre la base de lo establecido en nuestro ordenamiento jurídico y mediante la apreciación de los datos legales aportados, puede declarar con respecto a un derecho real inmobiliario y atendiendo al aspecto jurídico, una situación plena *de iure* y, susceptible de prueba en contrario si atendemos al elemento *de facto* de la situación jurídica de que se trate.

Algún autor ha puesto de manifiesto la existencia de dos elementos prescindibles para el fin que se persigue en la definición de Registro de la Propiedad que analizamos. Así, observamos como HERNÁNDEZ GIL[8] ve discutible el que se intente otorgar a la facultad calificadora el carácter de función juris-

---

7 CAMY SÁNCHEZ-CAÑETE, B. (1974). *Comentarios a la legislación hipotecaria.* Aranzadi, 75 y ss. y VÁZQUEZ BOTE, E. (2006). "La publicidad registral, base de la seguridad jurídica del tráfico de bienes inmuebles. El Registro de la Propiedad como garantía de dicha seguridad". *Revista Crítica de Derecho Inmobiliario,* (696), 1557 y ss.

8 HERNANDO COLLADOS, I. (1990). *El principio de legitimación registral y su tratamiento jurisprudencial.* Civitas, 89 y ss. y PÉREZ PÉREZ, E. (2009). *Régimen jurídico estatal y autonómico de la propiedad inmobiliaria.* Bosch, 122 y ss.

diccional y que se incluya la expresión *justicia registral*. Y todo ello porque este autor entiende que la función calificadora del titular del Registro es una actividad administrativa que no declara situaciones jurídicas que eliminen controversias. Nos encontramos, entonces, ante una actuación que no va acompañada de una categoría especial de justicia, que es siempre única, impidiendo así que reciba el calificativo de registral. Concluye este autor su posición afirmando que es conveniente atribuir la noción de servicio público al Registro de la Propiedad, pero teniendo siempre presente que nos encontramos ante una actividad jurídica en sentido estricto que sirve primordialmente al Derecho Privado y, por tanto, no constituye, en sentido estricto, un servicio público administrativo. Por su parte, autores como GARCÍA GARCÍA[9], LACRUZ[10], SANCHO y NÚÑEZ LAGOS[11], conciben el Registro de la Propiedad como el instrumento al servicio de la publicidad registral definiéndolo como la *exteriorización continuada y organizada* de situaciones jurídicas de trascendencia real para producir cognoscibilidad legal *erga omnes* y con ciertos efectos jurídicos sustantivos sobre la situación publicada.

---

9 GARCÍA GARCÍA, J. M. (1993). *Derecho Inmobiliario Registral o Hipotecario*. Civitas, 40 y ss. y PAU PEDRÓN, A., (1999). "El acta de inscripción". *Revista Crítica de Derecho Inmobiliario,* (650), 12 y ss.

10 LACRUZ BERDEJO, J. L. y SANCHO REBULLIDA, F. (1984). *Derecho inmobiliario registral*. Bosch, 76 y ss. y (1990). *Elementos de Derecho Civil III Bis, Derecho Inmobiliario Registral*. Bosch, 34 y ss., ponen de relieve el carácter instrumental de publicidad del Registro de la Propiedad.

11 NÚÑEZ LAGOS, R. (1949). "El Registro de la Propiedad español". *Revista Crítica de Derecho Inmobiliario,* (251), 217 y ss., es uno de los miembros de la doctrina que estima que el Registro de la Propiedad es un Registro de títulos. ROCA SASTRE, R.M. y ROCA SASTRE MUNCUNILL, L. (2008). *Derecho hipotecario,* Bosch, 44 y ss., subrayan que, en términos absolutos, este criterio no puede ser admisible.

Luego de haber puesto de manifiesto las notas basilares de la definición de este órgano crucial, la doctrina más consolidada en materia registral ha puesto de relieve tres aspectos del Registro de la Propiedad a los que es necesario atender para aprehender su verdadero sentido y alcance. Así, ROCA SASTRE[12] entiende que estamos ante una institución jurídica de publicidad inmobiliaria, en la medida en que el Registro es un organismo destinado a reforzar la seguridad en el tráfico inmobiliario a través de la correspondiente publicación del estado jurídico de los bienes inmuebles. Pone de relieve este autor el carácter instrumental del órgano objeto de estudio al dar, de una parte, relevancia a la protección del tráfico jurídico y de otra, al dotar de seguridad a la propiedad del bien inmueble[13]. Entendidas así las cosas, se presume que la legitimidad del derecho registrado nace desde el momento en el que consta en este órgano el registro de las titularidades inmobiliarias, otorgándoles firme protección frente a terceros y se permite

---

12 ROCA SASTRE, R. M. y ROCA-SASTRE MUNCUNILL, L. (2008). *Derecho hipotecario,* Bosch, 44 y ss. y SANZ FERNÁNDEZ, A. (1953). *Instituciones de Derecho hipotecario.* Reus, 74 y ss. y MARTÍNEZ DE AGUIRRE ALDAZ, C. (2016). *Curso de Derecho Civil. Derecho de Familia,* Edisofer, 87 y ss.

13 ROCA GUILLAMÓN, J. (2015). Prólogo en LÓPEZ CÁNOVAS, A., *La propiedad privada inmobiliaria: bases constitucionales y régimen estatutario del contenido y función social de la propiedad urbana y la propiedad rústica.* Aranzadi, 25 y ss. El autor sostiene que "frente al concepto liberal-capitalista de la propiedad privada, se ha alzado la concepción socialista, en sus variadas manifestaciones, que a lo largo de casi dos siglos nos ha mostrado otros modelos de sociedad, con su grandeza y sus miserias. Pero siendo el más universalmente conocido el modelo socialista, no es, sin embargo, el único que se contrapone al modelo liberal capitalista. En los albores del siglo XXI, de la sociedad global y digitalizada, el auge de otros modelos sociales, basados en una instrumentalización distinta de la propiedad-con precedentes históricos en el republicanismo de Hume, John Adams y Thomas Jefferson- eclosiona en la llamada "economía colaborativa", la economía de los bienes comunes, etc., y, quizá, anticipa tendencialmente el futuro de la estructura social, que para algunos representa el llamado "modelo nórdico".

dar información de su contenido a aquellos que tengan interés legítimo[14].

II. EL REGISTRO DE LA PROPIEDAD EN EL DERECHO POSITIVO ESPAÑOL

Analizadas pues, las diferentes posiciones doctrinales sobre los elementos en los que debe o no sustentarse la definición del Registro de la Propiedad, procedemos a estudiar los preceptos que en nuestro ordenamiento jurídico regulan esta temática. Acudimos entonces al artículo 1 de la Ley Hipotecaria[15] y al artículo 605 del Código Civil[16] donde se establece de forma literal en ambos preceptos que "el Registro de la Propiedad tiene por objeto la inscripción o anotación de los actos y contratos relativos al dominio y demás derechos reales sobre bienes inmuebles".

Como es bien sabido, el Código Civil es el primer texto que recoge la redacción del artículo 605, y será el artículo 1 de la Ley Hipotecaria de 1909 donde más tarde se reiterará el contenido hasta que llega a integrarse finalmente en el primer artículo de la vigente Ley Hipotecaria de 1946. De la coincidente literalidad de ambos preceptos, desde una primera lectura, puede ya intuirse la relevancia estructural de su contenido para la institución registral. Y es que este artículo se configura como

---

14 OCAÑA GÁMIZ, J. (2020). *La eficacia frente a terceros de los derechos reales y de crédito.* Comares, 66 y ss.; MORENO FLORES, R. M., RAMS ALVESA, J.; y RUBIO SAN ROMÁN, J. (2019). *Apuntes de Derecho Inmobiliario Registral.* Dyckinson, 86 y ss.

15 Real Decreto de 8 de febrero de 1946, por el que se aprueba la nueva redacción oficial de la Ley Hipotecaria, BOE, núm. 58, de 27 de febrero de 1946.

16 Real Decreto de 24 de julio de 1889 por el que se publica el Código Civil, Gaceta de Madrid núm. 206, de 25 de julio de 1889.

una de las normas fundamentales de nuestro sistema registral al dar al Registro una definición con rango de Ley.

Así planteadas las cosas, en el entendido de que el Registro es una institución jurídica y sobre la base de la fórmula legal citada, la doctrina ha podido desarrollar el contenido de la institución registral ya que, más que establecer el elemento objetivo del Registro, lo que verdaderamente se está estableciendo es la función o la finalidad de este órgano[17]. No se debe confundir la finalidad o el cometido del Registro, entendido como el procedimiento a través del cual la función se cumple con el objeto sobre el que recae la actuación registral, aunque en la redacción de este precepto aparezcan ligados en el intento de conseguir una unidad de fórmula descriptiva de este órgano.

Se trata de un tema que presenta controversia dentro de la doctrina y que no es posible solventar con la mera aportación de la información que ofrece este precepto del Código Civil, ya que en él no es posible escindir la estructura funcional de la institución de la forma en la que se da cumplimiento a esa función, ni del objeto sobre el que recae la institución registral. Más que crear una definición conceptual, lo que aquí se intentó fue elaborar una sencilla descripción de lo que se pretendía con esa actividad registral y de cómo funcionaba el Registro de la Propiedad.

Se presenta entonces a este órgano, desde una perspectiva técnica, como un mecanismo de publicidad jurídica, de publicidad registral. Se apoya para ello, tanto en la redacción del artículo 605 C.c., como en lo establecido en los artículos 606 y 607 C.c., que actúan como férreo contrafuerte de la institu-

---

17 ALBALADEJO GARCÍA, M. (1975). Instituciones de Derecho Civil. Bosch, 78 y ss.; ÁLVAREZ CAPEROCHIPI, J. A. (2006). *Derecho inmobiliario registral.* Comares, 127 y ss.; y AMORÓS GUARDIOLA, M. (1995). *Legislación hipotecaria y jurisprudencia.* Trivium, 89 y ss.

ción, ya que presentan de una parte, la inoponibilidad de lo no inscrito -art. 606 C.c.- y, de otra, la apertura de los Libros registrales al público -art. 607 C.c.- Desde estas premisas, la finalidad primera y última de esta institución consiste en garantizar la seguridad del tráfico jurídico en el que participen los bienes inmuebles, lo que exige que solo pueda afectar al ciudadano aquello que ha conocido o ha podido conocer. Y es precisamente para conseguir esta cognoscibilidad legal, esencial para la seguridad del tráfico jurídico, por lo que se estructura de manera ordenada la publicidad registral al mismo tiempo que, mediante la formalización del asiento correspondiente, se está dotando de publicidad a las situaciones inscribibles.

Lo dicho hasta ahora refuerza el encuadre del Registro de la Propiedad dentro de los Registros jurídicos y lo aleja del Registro administrativo. Sirva también como apoyo el criterio utilizado por el Constituyente en el art. 22.3 de la vigente Constitución de 1978 (CE), donde la inscripción de las asociaciones es equiparable a *información,* pero no se asimila a inscripción como *efecto,* que es lo que se deriva de los Registros jurídicos.

Al respecto de lo establecido en estos artículos, GARCÍA GARCÍA[18] ha señalado la significativa ausencia de atribuciones de alcance institucional al Registro de la Propiedad. Ni tan siquiera recogen estos preceptos que el cometido del Registro de la Propiedad como organismo público, sea dejar constancia de la creación y de las modificaciones jurídico reales inmobiliarias y dar publicidad de las mismas.

---

18 GARCÍA GARCÍA, J. M. (1993). *Derecho Inmobiliario Registral o Hipotecario.* Civitas, 53 y ss., procede a distinguir en la voz Registro de la Propiedad como oficina, el local del Registro donde se lleva a efecto la publicidad registral -según se establece en los artículos 356 a 361 del Reglamento Hipotecario- y la demarcación o circunscripción territorial que determina la competencia territorial o inmobiliaria -arts. 1.2 y 275 de la Ley Hipotecaria y arts. 1 y 2 del Reglamento Hipotecario-.

Por su parte, ROCA SASTRE[19] ha subrayado los defectos de los que, a su juicio, adolece la redacción del artículo 1 L.H. y del artículo 605 C.c. De una parte, este autor pone de relieve que en la Ley Hipotecaria y en el Código Civil se establece que el Registro de la Propiedad tiene por objeto la inscripción o anotación de los actos y contratos, pero acertadamente señala que el vocablo *anotación* no guarda la justa y necesaria precisión ya que, dicho término es posible entenderlo tanto en sentido amplio como *registración* o toma de razón, abarcando así todos los asientos registrales en general o, también puede adoptar el significado estricto de asiento de inscripción, al lado del cual están los demás asientos: de anotación preventiva, de cancelación, de nota marginal y de presentación. Sin embargo, también se señala que el contenido y el alcance de utilizar el término anotación junto al vocablo inscripción reduce su razón de ser al significado estricto de asiento de inscripción, alejándose así del verdadero espíritu del precepto.

Cierto es que al vocablo registración se le pueden oponer objeciones gramaticales, pero su utilidad en términos prácticos es muy elevada por cuanto que permite relegar el sintagma *toma de razón* utilizado por las vetustas Contadurías de Hipoteca. Además, el término registración va a comprender todo tipo de asientos, mientras que el vocablo inscripción presenta la desventaja de su polisemia: como asiento en general y como asiento en particular. Ello obliga a guardar rigurosa cautela en el uso con respecto al preciso significado que se pretenda.

---

19 ROCA SASTRE, R. M. y ROCA-SASTRE MUNCUNILL. L., *Derecho hipotecario, opus cit.*, 23 y ss.; SABORIDO SÁNCHEZ, P. (2017). "La protección del usuario registral a través de la reforma de los principios registrales (al hilo de la búsqueda de coordinación entre Registro y Catastro)". *Revista de Derecho Civil,* (4), 87 y ss.; y LASARTE ÁLVAREZ C. (2018). *Principios de Derecho Civil.* Marcial Pons, 58 y ss.

Otra de las sombras atribuibles a estos preceptos también ha sido puesta de relieve por ROCA SASTRE[20] al subrayar que la redacción de los preceptos objeto de nuestro estudio, en vez de establecer que en el Registro de la Propiedad se hacen constar resoluciones judiciales o administrativas inscribibles y actos o negocios jurídicos y actos registrales, recoge con evidente falta de concreción, la simple fórmula de actos y contratos.

También es susceptible de crítica que en la redacción de estos preceptos se aluda a actos y contratos *relativos al dominio y demás derechos reales sobre bienes inmuebles*[21], porque lo cierto es que para que sean inscribibles no es suficiente con que los actos y contratos se refieran al dominio y a los derechos reales limitados inmobiliarios, esto es, para poder ser inscribibles es necesario que sean actos de trascendencia jurídica real. Se hace preciso, por tanto, que la referencia sea directa por cuanto que la misma entraña su constitución, declaración, transmisión, extinción o modificación. Y todo ello teniendo en cuenta que son también actos inscribibles o registrables, en general, los actos idóneos para la inmatriculación registral de fincas y sus modificaciones de índole inmatriculatoria, por tanto, tales actos no agotan la materia inscribible[22].

Con respecto a la determinación concreta de la materia inscribible, el Legislador se pronuncia en términos muy genéricos en los dos primeros artículos de la Ley Hipotecaria. Y aunque la laxitud que va a caracterizar la redacción del primer pre-

---

20 *Ibidem*, 47 y ss.

21 LACRUZ BERDEJO, J. L. y SANCHO REBULLIDA, F., *opus cit.*, 56 y ss.; MANZANO SOLANO, A. y MANZANO FERNÁNDEZ, M. M. (2008). *Instituciones de Derecho Registral Inmobiliario.* Colegio de Registradores de la Propiedad y Mercantiles de España, 87 y ss.; y NÚÑEZ LAGOS, R., *opus cit.*, 217 y ss.

22 Las resoluciones judiciales de incapacitación, los contratos de arrendamiento y de opción de compra, los actos susceptibles de anotación preventiva y los de ausencia y declaración de fallecimiento.

cepto parece desaparecer en el segundo artículo porque en él se estipula la determinación concreta de la materia inscribible, sin embargo, el Legislador no procede a desarrollarlo de manera íntegra[23]. Dando lectura en profundidad, también se echa de menos una puntualización que parece obligada en un precepto de la Ley llamada a regular la materia hipotecaria: detallar si el Registro de la Propiedad es específicamente Registro de la Propiedad de bienes inmuebles.

Además de como institución jurídica, la doctrina más consolidada[24] también ha concebido el Registro de la Propiedad como conjunto de libros oficiales que pertenecen a cada una de las oficinas públicas registrales y que están legalizados y numerados debidamente para que en ellos se extiendan, conforme a Ley, los asientos correspondientes a los actos inscribibles.

También se ha entendido que el Registro de la Propiedad es una oficina pública estatal que tiene como finalidad la constatación y la publicidad de la propiedad inmueble, siendo el Registrador de la Propiedad titular de cada institución, en virtud de lo establecido en el artículo 357 del Reglamento Hipotecario (R.H.), el encargado de su instalación en el lugar adecuado y de su conservación para salvaguardar los libros que en ella se encuentren. DÍEZ-PICAZO[25], también concibe el Registro de Propiedad como institución administrativa destinada a conte-

---

23 PAU PEDRÓN, A. (1996). *Manual de Derecho registral inmobiliario.* Fundación para la Formación de Altos Profesionales, 98 y ss.; LÓPEZ MEDEL, J., *opus cit.*, 1958, 123 y ss.; LACRUZ BERDEJO, J. L. y SANCHO REBULLIDA, F., *opus cit.*, 54 y ss.

24 ALBALADEJO GARCÍA, M. *Instituciones de Derecho Civil, opus cit.*, 56 y ss. y ÁLVAREZ CAPEROCHIPI, J. A., *opus cit.*, 34 y ss.

25 DÍEZ-PICAZO, L., *Fundamentos del Derecho civil patrimonial, opus cit.*, 112 y ss. y MURGA FERNÁNDEZ, J. P. (2020). "Il sistema della pubblicità immobiliare in Spagna e la tutela dei terzi acquirente in buona fede". *Rassegna di Diritto, Civile,* (4), 828 y ss.

ner la publicidad oficial de la situación jurídica de los bienes inmuebles.

El artículo 1.2 de la Ley Hipotecaria establece que las anotaciones o inscripciones se harán en el Registro en cuya circunscripción territorial radiquen los inmuebles. Al respecto, es necesario poner de relieve que en España el Registro de la Propiedad siempre había dependido de la Administración estatal en virtud de lo establecido en el art. 148 CE. Allí se sustrae esta precisa competencia de las que pueden ser asumibles por los Estatutos de Autonomía de las respectivas Comunidades Autónomas[26]. Aunque sorprende al lector como algunas Comunidades Autónomas, como Cataluña, que tuvo un Derecho Foral fuertemente desarrollado hasta que se aprueba el Código Civil catalán, les sea posible regular instituciones registrales cruciales con respecto al fondo y, sin embargo, no puedan normar el organismo destinado a darles publicidad. Volviendo a la redacción del art. 605 del C.c. y del art. 1 de la L.H.[27], observamos que al establecer que "El Registro de la Propiedad tiene por objeto la inscripción o anotación de los actos y contratos relativos al dominio y demás derechos reales sobre bienes inmuebles", se parte para la definición de este organismo de una

---

26 Sobre los derechos civiles forales la obra de COBACHO GÓMEZ, J. A. (1985). "Los derechos civiles forales o especiales tras la Constitución de 1978". *Anales del Derecho,* (7), 7 y ss; del mismo autor, (2011). Recensión sobre "El Fuero del Baylío como Derecho Foral de Extremadura". *Anuario de la Facultad de Extremadura,* (29), 651 y ss.; VILLALBA LAVA, M. (2007). *El Fuero del Baylío como Derecho foral de Extremadura.* Asamblea de Extremadura. Aranzadi, 43 y ss.; y CASTÁN TOBEÑAS, J. (1990) *Derecho Civil Español, Común y Foral. Derecho de obligaciones.* Reus, 121 y ss.

27 MANZANO SOLANO, A. y MANZANO FERNÁNDEZ, M. M., *opus cit.*, 59 y ss. va a establecer una definición en la que incluye los elementos esenciales que estructuran este organismo, a saber, "institución organizada por el Estado a la que corresponde de modo exclusivo, la publicidad jurídica de los actos, contratos y otras relaciones de derecho, en cuanto afectan al dominio y demás derechos reales sobre bienes inmuebles.

perspectiva centrada en la práctica del asiento como actividad registral inmediata[28].

Los autores que estudian esta materia han puesto de manifiesto, desde una perspectiva muy crítica, la dualidad existente entre ambos cuerpos legales puesto que el Código Civil ni incorpora el contenido normativo de la Ley Hipotecaria ni presenta novedades a la regulación que ya existía. Posiblemente, la necesidad de crear un sistema registral que fuera capaz de ofrecer la seguridad necesaria para el tráfico jurídico unido a la primacía que se quería dar a la publicidad de los derechos reales y del dominio sobre los bienes inmuebles, fue lo que condujo al Legislador a mantener la citada dualidad[29]. La Ley Hipotecaria de 1861 vio la luz años antes que el Código Civil que optó, como es bien sabido, por la reiteración del articulado de la citada Ley Hipotecaria, que se mantuvo como legislación especial. Aun así, un sector de la doctrina entiende que, a pesar de las críticas que recibió esta redacción, ha sido un acierto por cuanto que la legislación formal y material en materia registral aparece de manera unitaria en una misma ley[30].

Para el sector doctrinal que sostiene la tesis de la existencia de una posible colisión entre normas[31], el conflicto se solventaría desde el prisma de la especialidad de la Ley por su objeto, frente al Código Civil como Derecho común. Esto es, se pro-

---

28 MANZANO SOLANO, A. y MANZANO FERNÁNDEZ, M. M., *opus cit.*, 59 y ss.

29 SÁNCHEZ CALERO, F. J. y SÁNCHEZ-CALERO ARRIBAS, B., *Manual de Derecho Inmobiliario Registral, opus cit.*, 47 y ss. y PÉREZ PÉREZ, E., *Régimen jurídico estatal y autonómico de la propiedad inmobiliaria, opus cit.*, 78 y ss.

30 PAU PEDRÓN, A., *opus cit.*, 49 y ss. y GONZÁLEZ y MARTÍNEZ, J. (1924). *Estudios de Derecho hipotecario. Orígenes, sistemas y fuentes.* Imprenta de Estanislao Maestre, 67 y ss.

31 HERNÁNDEZ GIL F., *opus cit.*, 1970, 47 y ss. y GONZÁLEZ y MARTÍNEZ, J. (1931). *Principios hipotecarios.* Asociación de Registradores de la Propiedad, 95 y ss.

cedería a la aplicación de forma preferente de la legislación hipotecaria teniendo eficacia supletoria el Código Civil como norma anterior.

A contrario sensu, hay quien mantiene la prioridad del Código Civil por su naturaleza de norma sustantiva. Se elimina, así, la idea de colisión al tratar las dos regulaciones como si de un único cuerpo legal se tratara[32]. La importancia en la elección entre un texto legal u otro, cobra relevancia al tener que interpretar las remisiones que, de forma expresa o implícita, presenta el Código Civil.

III. EL DERECHO REGISTRAL Y SU INTERCONEXIÓN INTEGRADORA CON OTRAS DISCIPLINAS JURÍDICAS

El hecho de que otras disciplinas jurídicas regulen también derechos registrables hace necesario estudiar lo contemplado en ellas sobre el particular. La universalidad y la transversalidad, como notas que caracterizan al Registro de la Propiedad al posibilitar el acceso de todas las relaciones jurídicas reales afectantes a los bienes inmuebles cualquiera que sea su origen, ha sido puesta de relieve por PAU PEDRÓN[33]. En la legislación hipotecaria encontramos la regulación tanto de los elementos formales relativos a la publicidad registral, a saber, procedimiento y organización, como de los aspectos sustantivos que se derivan de dicha publicidad. Nos referimos a la regulación que contempla la Ley de 8 de febrero de 1946 y al Reglamento

---

32 MARTÍNEZ DE AGUIRRE ALDAZ, C. (2021). "La publicidad registral I: la legitimación registral, consecuencias sustantivas". *Tratado de Derecho Inmobiliario registral.* Bosch, 465 y ss. y NÚÑEZ JIMÉNEZ, J. P. (2020). "Urbanismo y seguridad jurídica control registral de legalidad urbanística en obras nuevas y propiedad horizontal". *El urbanismo y la seguridad jurídica,* Dyckinson, 63 y ss.

33 PAU PEDRÓN, A. (1985). "La comparación en Derecho Registral". *Estudios en homenaje a Tirso Carretero.* Bosch, 1031 y ss.

de 14 de febrero de 1947 que la desarrolla. Pero, a pesar de que estas realidades tuvieron su origen en el Derecho Civil, en el entendido de ser el Derecho común, cuando tiene lugar la amplitud científica de miras del Derecho, también la publicidad va a ampliar su campo de actuación a otras realidades inmobiliarias susceptibles de protección, tanto en el ámbito del Derecho público como del Derecho privado.

Comenzando por el Derecho Civil, al estudiar la evolución de la codificación del Derecho Inmobiliario Registral, entendido como *corpus* disociado del Código Civil, observamos que es lo que aporta luz a que en la Ley Hipotecaria norme tanto materia específicamente registral, esto es, proceso registral, efectos formales y sustantivos de la publicidad jurídica y organización, como las normas civiles de carácter material, a saber, la regulación del derecho real de hipoteca.

Por su parte, GARCÍA GARCÍA[34] da estructura a esta problemática sobre la base de las interesantes aportaciones doctrinales al respecto. Este autor sostiene que la relación existente entre el Código Civil y la Ley Hipotecaria[35] es de respeto recíproco y pone de relieve la toma en consideración que el Código Civil muestra hacia la Ley Hipotecaria al hacer remisiones continuas a su contenido. Uno de los objetivos a conseguir de las reformas hipotecarias de 1909 y 1944-1946 fue la adecuación del texto de su articulado a lo establecido en el Código Civil, sin hacer mención en la disposición derogatoria de este cuerpo[36].

---

34 GARCÍA GARCÍA, J. M., *Derecho Inmobiliario Registral o Hipotecario, opus cit,* 66 y ss.

35 *Ibidem,* 326 y ss.

36 La relación entre el Código Civil y la Ley Hipotecaria se evidencia dando lectura al art. 1537 que regula la venta de bienes inmuebles; art. 1880 relativo a la hipoteca; art. 1510 sobre compraventa y retracto; art. 1124 acerca de las resoluciones; arts. 605-606, dedicados al Registro de la Propiedad; art. 1516

NÚÑEZ LAGOS[37] opta por dar preeminencia al Código Civil sobre la Ley Hipotecaria quedando ésta última supeditada a aquél. Por su parte, DE LA RICA[38] sostiene que rige con exclusividad el Código Civil para la propiedad no inscrita y es la Ley Hipotecaria la llamada a normar la propiedad inscrita. Con este autor nos encontramos ante una tesis que, con respecto a nuestro sistema inmobiliario, apuesta por la dualidad legislativa[39].

En este sentido LACRUZ VERDEJO[40] ha puesto de relieve que estamos ante una dualidad de regímenes: uno para la propiedad que no está inmatriculada y otro para la que sí lo está y no ante una dualidad legislativa. Con respecto a la propiedad que no está inscrita, es el Código Civil la norma llamada a operar y, para la propiedad que sí está inmatriculada, se aplicara tanto el Código Civil como la Ley Hipotecaria.

Por lo que se refiere a la interconexión con el Derecho Constitucional, el art. 149.8 CE contempla la norma básica sobre publicidad jurídica registral como competencia exclusiva del Estado en lo relativo a *la ordenación de los Registros e instrumentos públicos* como parte de *la legislación civil*. Derivado de la literatura de este precepto es posible atribuir el carácter jurídi-

---

acerca de la cesión de créditos; art. 1571 relativo a la compraventa de la finca arrendada; art. 1336 sobre capitulaciones matrimoniales; arts. 647-649 acerca de las donaciones, donde se hace una remisión expresa a la Ley Hipotecaria, entre otros.

37 NÚÑEZ LAGOS, R., "El Registro de la Propiedad español", *opus cit.*, 67 y ss.

38 DE LA RICA Y ARENAL, R. (1976) "Valor efectivo de la inscripción en la nueva legislación hipotecaria". *Libro Homenaje.* Centro de Estudios Hipotecarios, 321 y ss.

39 ESPEJO LERDO DE TEJADA, M. (2017). "La hipoteca no inscrita y su valor jurídico: Comentario a la sentencia número 368/2016, de 3 de junio". *Revista Aranzadi de Derecho Patrimonial,* (42), 287 y ss.

40 LACRUZ BERDEJO, J. L. y SANCHO REBULLIDA, F., *Derecho inmobiliario registral, opus cit.*, 47 y ss.

co del Registro de la Propiedad marcando así distancia con los registros de carácter administrativo. Sirva para apoyar esta tesis lo establecido en los arts. 105. b y 23.2 CE, en los que se norma el acceso de la ciudadanía a los registros y archivos de carácter administrativo.

En cuanto al Derecho Autonómico, es necesario poner de relieve que los Estatutos de Autonomía (EEAA) de Galicia, Aragón, Castilla La Mancha, Andalucía, Canarias, Cataluña, Navarro, Comunidad Valenciana y País Vasco normaron tanto la demarcación de los Registros de la Propiedad como el nombramiento de los Registradores. Y, por su parte, los EE. AA. de Cataluña, País Vasco, Galicia, Aragón, Navarra y Baleares, que cuentan con un Derecho Privado propio, han regulado la competencia de los órganos jurisdiccionales del territorio en materia de recursos contra la calificación registral.

La relación entre el Derecho Registral y el Notarial es susceptible de ser estudiada desde distintas perspectivas. Si atendemos al principio de documentación pública o auténtica de los actos inscribibles, el artículo 3 L.H. establece que: "deberán estar consignados en escritura pública, ejecutoria, o documento auténtico expedido por autoridad judicial o por el Gobierno o sus agentes, en la forma que prescriban los reglamentos. El principio de calificación registral contemplado en el artículo 18 L.H. también sirve de nexo de unión entre ambas disciplinas en la medida en que establece que la calificación registral va a actuar sobre el documento notarial -siempre y cuando éste cumpla los requisitos jurídico-registrales- otorgando plena eficacia jurídica respecto de terceros. A ambas disciplinas les une su naturaleza civil y de competencia exclusiva del Estado y su condición de órganos de jurisdicción voluntaria e instrumentos de la seguridad jurídica que hacen efectivo el principio de legalidad.

El nexo jurídico entre Derecho Registral y Derecho Procesal se pone de relieve en la Ley Hipotecaria, la Ley de Enjuiciamiento Civil y el Reglamento Hipotecario[41]. Las especialidades procesales derivadas del principio de legitimación registral se encuentran reguladas en el artículo 38 de la Ley Hipotecaria, así como la inadmisión procesal de los documentos no inscritos la regula su artículo 319. Otros procedimientos a destacar serían: el expediente judicial de liberación de cargas y gravámenes; el procedimiento de ejercicio de acciones reales -art. 41 L.H., desarrollado también en la LEC de 7 enero 2000-, el expediente de dominio para inmatriculación de fincas o reanudación del tracto registral interrumpido[42], el procedimiento para la venta extrajudicial del bien hipotecado, con las formalidades del Reglamento Hipotecario -art. 129 y arts. 234–236 R.H.-. Además, en la Ley de Enjuiciamiento Civil encontramos la regulación diversas figuras de notable importancia registral, entre otras, el valor probatorio en el proceso de la certificación registral tanto de titularidad como de dominio y cargas en relación con los procesos declarativos, la ejecución forzosa ordinaria y la ejecución hipotecaria.

En relación a la vinculación existente con el Derecho Mercantil, la Ley 16/2022, de 5 de septiembre, de reforma del Texto Refundido de la Ley Concursal, en materia registral, incorpora la jurisprudencia del Tribunal Supremo, las resoluciones de la DGSJFP y los elementos necesarios del concurso[43]. Este vínculo, además, se refleja en distintas figuras presentes en el Registro de la Propiedad, como son, *v.g.*, las aportaciones sociales de bienes inmuebles, las condiciones resolutorias en garantía del precio aplazado representado por las hipotecas

---

41 GONZÁLEZ y MARTÍNEZ, J., *Principios hipotecarios, opus cit.*, 55 y ss.

42 TRUJILLO CABRERA, C. (2017). *Representación gráfica de las fincas en el Registro de la Propiedad*, BOE, 567 y ss.

43 GONZÁLEZ y MARTÍNEZ, J., *Estudios de Derecho hipotecario y Derecho civil, opus cit.*; GÓMEZ GÁLLIGO, F. J. (2017). "La delimitación de los inmuebles como objeto de los derechos inscritos en el Registro de la Propiedad tras la Ley 13/2015, de 24 de junio". *Anuario Jurídico Villanueva*, (11), 333 y ss.

constituidas en garantía de la obligación derivada de la letra de cambio[44], letras de cambio y las constituidas en garantía de cuentas corrientes de crédito[45].

Para estudiar la conexión existente en el campo del Derecho Internacional Privado atendemos al artículo 10 C.c. donde se establece que: "La posesión, la propiedad, y los demás derechos sobre bienes inmuebles, así como su publicidad, se regirán por la ley del lugar donde se hallen" -observamos como la publicidad registral se rige por la ley del lugar-. El nexo entre ambos Derechos se pone de manifiesto al producirse diversas situaciones como las derivadas de las especialidades que surgen de la inscripción de bienes inmuebles adquiridos por cónyuges extranjeros. Y en esta línea, el artículo 4 L.H. establece que: "se inscribirán en el Registro los títulos expresados en el artículo segundo, otorgados en país extranjero, que tengan fuerza en España con arreglo a las leyes, y las ejecutorias pronunciadas por Tribunales extranjeros a que deba darse cumplimiento en España, con arreglo a la Ley de Enjuiciamiento Civil". Y el art. 37 R.H. regula la facultad de los Registradores para la traducción de documentos no redactados en castellano.

Con respecto a la inscripción de resoluciones judiciales extranjeras, el art. 59 de la Ley 29/2015, de 30 de julio, de Cooperación Jurídica Internacional en materia civil ha establecido que: "No se requerirá procedimiento especial para la inscripción en los Registros españoles de la Propiedad, Mercantil y de Bienes Muebles de las resoluciones judiciales extranjeras que

---

44 CASTELLANOS CÁMARA, S. (2020). *Recargas y novaciones hipotecarias.* Aranzadi, 81 y ss.

45 JUÁREZ TORREJÓN, A. (2020). "La acción Pauliana. Consecuencias restitutorias, con especial atención a la protección de los subadquirientes y a la restitución de frutos". *Revista de Derecho Patrimonial,* (53), 1 y ss.; y MARTÍN ALIAS, J. I. (2008). "Situaciones jurídicas que ingresan en el Registro". *Lecciones de Derecho Inmobiliario Registral.* Atelier Libros Jurídicos, 12 y ss.

no admitan recurso con arreglo a su legislación, ya se trate de resoluciones judiciales firmes o de resoluciones de jurisdicción voluntaria definitivas[46]. Si no fueren firmes o definitivas, solo podrán ser objeto de anotación preventiva[47]. 2. Para la inscripción de las resoluciones judiciales extranjeras a que se refiere el apartado anterior, con carácter previo a la calificación del título inscribible, el Registrador verificará la regularidad y la autenticidad formal de los documentos presentados[48] y la inexistencia de las causas de denegación de reconocimiento previstas en el capítulo II del presente título, debiendo notificar su decisión, por correo, telegrama o cualquier otro medio técnico que permita dejar constancia de la recepción, de su fecha y del contenido de lo comunicado al presentante y a la parte frente a la que se pretende hacer valer la resolución extranjera, en el domicilio que conste en el Registro o en la resolución presentada, quienes en el plazo de veinte días podrán oponerse a tal decisión. Cuando no hubiere podido practicarse la notificación en los domicilios indicados y, en todo caso, cuando el Registrador adoptare una decisión contraria al reconocimiento incidental, se suspenderá la inscripción solicitada y el Registrador remitirá a las partes al juez que haya de entender del procedimiento de reconocimiento a título principal, regulado en este título; a instancia del presentante podrá extenderse anotación de suspensión del asiento solicitado. 3. Queda siempre a salvo la posibilidad de que el interesado recurra al proceso de exequátur previsto en este título". Y es el art. 60 de la citada Ley el que establece que: "Los documentos públicos

---

46 MARTÍNEZ ORTEGA, J. C. (2016). *Actuación notarial y registral en la escritura de declaración de obra nueva.* Dickinson, 124 y ss.

47 NIETO ALONSO, A. (2021). "La atribución voluntaria de ganancialidad: Reflejo de la autonomía privada en el régimen económico matrimonial": a propósito del artículo 1355 del Código Civil. *Revista de Derecho Civil,* (2), 39 y ss.

48 NÚÑEZ JIMÉNEZ, J. P., *opus cit.,* 63 y ss.

extranjeros extrajudiciales podrán ser inscritos en los registros públicos españoles si cumplen los requisitos establecidos en la legislación específica aplicable y siempre que la autoridad extranjera haya intervenido en la confección del documento desarrollando funciones equivalentes a las que desempeñan las autoridades españolas en la materia de que se trate y surta los mismos o más próximos efectos en el país de origen"[49].

Con respecto al Derecho Fiscal, el Registro de la Propiedad ha sido y es parte del sistema de gestión y liquidación fiscal por cuanto que los Registradores de la Propiedad de algunas Comunidades Autónomas tienen a su cargo las Oficinas Liquidadoras de los Impuestos de Transmisiones Patrimoniales y Actos Jurídicos Documentados y Sucesiones y Donaciones. Así queda establecido en el art. 254 L.H.: "la necesidad de pago del impuesto como requisito previo a la inscripción"[50]. También son aspectos relevantes a tomar en consideración en la interacción de estas dos disciplinas las especialidades registrales del procedimiento de ejecución por débitos a la Seguridad Social o por débitos fiscales y la afección de los bienes inscritos al pago de los impuestos correspondientes.

La estrecha vinculación con el Derecho Penal se pone de manifiesto en determinados aspectos como las anotaciones de

---

49 NOGUEROLES PEIRÓ, N. (2017). "Artículo 60. Inscripción de documentos públicos extranjeros". *Comentarios a la ley de cooperación jurídica internacional en materia civil.* Tirant Lo Blanch, 759 y ss.

50 En referencia a la plusvalía municipal *ex* art. 254.5 L.H. : "El Registro de la Propiedad no practicará la inscripción correspondiente de ningún documento que contenga acto o contrato determinante de las obligaciones tributarias por el Impuesto sobre el Incremento de Valor de los Terrenos de Naturaleza Urbana, sin que se acredite previamente haber presentado la autoliquidación o, en su caso, la declaración, del impuesto, o la comunicación a que se refiere la letra b) del apartado 6 del artículo 110 del Texto Refundido de la Ley Reguladora de las Haciendas Locales, aprobado por el Real Decreto Legislativo, 2/2004, de 5 de marzo".

suspensión de mandamientos judiciales decretados en causa criminal, que han de ser practicadas de oficio por el Registrador -art. 164 R.H.- o, en la hipoteca *apud acta,* esto es, la hipoteca constituida en garantía de las resultas de un procedimiento determinado y otorgada por el hipotecante directamente mediante comparecencia en el juzgado en garantía de la libertad o responsabilidades pecuniarias del penado -art. 595 LEC-[51].

Al adentrarnos en el estudio del Derecho Administrativo, advertimos que la inscripción de los títulos de adquisición o títulos materiales de los bienes inmuebles que pertenezcan al Estado o a las Corporaciones civiles observamos que se encuentran regulados en la Ley Hipotecaria[52], así como también norma el procedimiento de la certificación administrativa de dominio que se utiliza para la inmatriculación de bienes del Estado y Corporaciones Públicas. Con respecto a la Ley de Expropiación Forzosa, el art. 32 establece que: "la Administración expropiante considerará propietario o titular a quien con este carácter conste en registros públicos que produzcan presunción de titularidad", regulando el Reglamento Hipotecario las garantías registrales del citado procedimiento.

También regula nuestro ordenamiento jurídico determinados procedimientos registrales en la Ley 33/2003, de 3 de noviembre, de Patrimonio de las Administraciones Públicas -arts. 36 y 37-, donde se norma la obligación que tiene la Administración de inscribir en los correspondientes Registros los bienes y derechos de su patrimonio -demaniales o patrimoniales-, así como la inscripción de las concesiones demaniales -art. 93-. De otra parte, el Reglamento de Bienes de las Entidades Locales, aprobado por Real Decreto 1372/1986, de 13 de junio, establece la obligación que tienen las Corporaciones Locales de

51 DISTASO, N. (1952). *Natura giuridica dell'ipoteca.* ETS, 57 y ss.

52 LACRUZ BERDEJO, J. L. y SANCHO REBULLIDA, F. *Derecho inmobiliario registral, opus cit.*, 39 y ss.

inscribir en el Registro de la Propiedad sus bienes inmuebles y derechos, de acuerdo con lo previsto en la legislación hipotecaria -art. 36-.

Con respecto al Derecho Urbanístico, la publicidad jurídica registral desempeña una importante labor como herramienta de seguridad y garantía en la ejecución de los planes urbanísticos. Así queda recogido, *v.g.*, en el Real Decreto Legislativo 7/2015, de 30 de octubre, por el que se aprueba el texto refundido de la Ley de Suelo y Rehabilitación Urbana; en Real Decreto 1093/1997, de 4 de julio, por el que se aprueban las normas complementarias al Reglamento para la ejecución de la Ley Hipotecaria sobre Inscripción en el Registro de la Propiedad de Actos de Naturaleza Urbanística; en el Real Decreto 1346/1976, de 9 de abril, que aprueba el Texto Refundido de la Ley sobre régimen del suelo y ordenación urbana; y en el Reglamento de Gestión Urbanística para el Desarrollo y Aplicación de la Ley, aprobado por Real Decreto 3283/1978, de 25 de agosto; o en la Ley 8/2007, de 28 de mayo, de suelo.

Existe, asimismo, una estrecha relación también con el Derecho Agrario. Lo pone de manifiesto el contenido del Texto Refundido de la Ley de Reforma y Desarrollo Agrario, de 12 de enero de 1973, al normar la redistribución de las tierras, las inmatriculaciones de fincas reservadas y la sujeción de las mismas al régimen de reserva, las concesiones administrativas de fincas, la expropiación de fincas por causa de interés social, las permutas forzosas de fincas rústicas, o las unidades mínimas de cultivo[53]. En concreto, esta última figura de unidades mínimas de cultivo, se encuentra además regulada en el art. 24 de la Ley 19/1995, de 4 de julio, de Modernización de las Explotaciones Agrarias, donde se que determina que: "Serán nulos y no producirán efectos entre las partes ni con relación a terceros

---

53 LÓPEZ BARBA, E., *opus cit.*, 73 y ss.

los actos o negocios jurídicos, sean o no de origen voluntario», cuando den lugar a parcelas de extensión inferior a la unidad mínima de cultivo".[54]

Como no podía ser de otro modo, el estudio de la Jurisprudencia en materia registral, se hace imprescindible y es necesario poner de manifiesto la trascendencia de los continuos pronunciamientos en materia registral del Tribunal Constitucional[55], del Tribunal Supremo[56], de los Tribunales inferiores y de la Jurisprudencia en materia hipotecaria[57].

IV. ASPECTOS GENERALES DEL SISTEMA REGISTRAL ESPAÑOL

1. Planteamiento

Al adentrarnos en el sistema registral inmobiliario español advertimos que se ordena como Registro público, jurídico y de documentos, organizado sobre la base del folio real y en el que va a tener lugar la práctica de inscripciones. LACRUZ[58] significó que nos encontramos ante un Registro de documentos puesto que en este organismo se deposita una documentación

---

54 Atender al respecto a lo establecido sobre el particular en el art. 80 del Real Decreto 1093/1997.

55 SSTC 67/2017, de 25 de mayo; 7/2019, de 17 de enero; o 28/2020, de 24 de febrero, entre otras.

56 SSTS 561/2022, de 12 de julio; 280/2023, de 31 de enero; o 26/2023, de 23 de enero, entre otras.

57 Sentencia Audiencia Provincial de Orense 872/2022, de 1 de diciembre o Sentencia Audiencia Provincial de Madrid 159/2020, de 14 de octubre, entre otras.

58 LACRUZ BERDEJO, J. L. y SANCHO REBULLIDA, F., *Elementos de Derecho Civil III Bis, Derecho Inmobiliario Registral, opus cit.*, 55 y ss.

que ha sido otorgada fuera del mismo, a saber, sentencias, resoluciones administrativas, escrituras notariales o mandamientos judiciales.

Al no permanecer indefinidamente en el Registro el documento que allí se presenta ya que, como es bien sabido, los documentos se devuelven al presentante una vez hecha la toma de datos esenciales[59], el Registro de la Propiedad es calificado por la doctrina como un Registro de inscripción. Y, al ser practicados cada uno de los asientos referentes a cada finca de manera consecutiva en un mismo folio -o conjunto de hojas-, como factor que posibilita la comprobación de la situación completa de la finca según los datos que obren en poder del Registro, podemos decir que el Registro de la Propiedad se constituye como Registro de folio real[60].

2. Los libros y los asientos registrales

Las inscripciones practicadas en el Registro de la Propiedad por el procedimiento oportuno y en los libros oficiales es lo que en virtud de lo establecido en nuestro ordenamiento jurídico da publicidad cierta de la situación de los bienes inmuebles que allí constan. Así lo establece el artículo 238 de la Ley Hipotecaria al disponer que el Registro de la Propiedad se estructura en Libros -divididos en folios- y visados judicialmente[61].

---

59 La disposición adicional única del Real Decreto de 29 de diciembre de 1994 estableció la informatización obligatoria para todos los Registros.

60 Los artículos 362 y 397 del Reglamento Hipotecario estipulan que debe llevarse un índice de personas a cuyo nombre resulte anotado o inscrito un derecho real o dominio de alguna de las fincas que han sido inscritas.

61 Los Registros de la Propiedad Mercantiles y de Bienes Muebles deberán llevar sus libros informatizados de manera que sea posible el acceso a su contenido vía telemática.

El art. 362 del Reglamento Hipotecario detalla los libros que debe tener el Registro de la Propiedad, considerando como Libros principales: el Diario, los Libros de Inscripciones y el Libro de administración y disposición. La Ley 8/2021, de 2 de junio, por la que se reforma la legislación civil y procesal para el apoyo a las personas con discapacidad en el ejercicio de su capacidad jurídica suprimió el Libro de incapacitados para adecuar la terminología y contenidos normativos a la Convención de Nueva York de la que trae causa esta reforma. Su art. 3.9 añade a la Ley Hipotecaria el art. 242 bis. nº 1 estableciendo que: "En el Libro sobre administración y disposición de bienes inmuebles a que se refiere el número cuarto del artículo 2 serán objeto de asiento las resoluciones dictadas en los expedientes de declaración de ausencia y fallecimiento, las de concurso establecidas en la legislación concursal, así como las demás resoluciones y medidas previstas en las leyes que afecten a la libre administración y disposición de los bienes de una persona. Podrán ser objeto de asiento también en este libro las resoluciones sobre personas con discapacidad a las que se refiere el artículo 755.2 de la Ley de Enjuiciamiento Civil."

Con respecto a los Libros accesorios, se atenderá al Libro de estadística, al Libro de las operaciones del Registro, al Índice de fincas rusticas y urbanas, al Índice de personas, al Inventario, a los Cuadernos y Libros auxiliares que el titular del Registro precise oportuno tener para la correcta prestación de los servicios y al Libro-registro de entrada de todo documento[62].

En sentido amplio, entendemos por inscripción, las distintas tomas de razón de las vicisitudes jurídico reales del inmueble que conforman el folio real de la finca correspondiente, donde constan los sucesivos asientos correspondientes a la finca inscrita a partir de la inmatriculación o primera inscripción

---

[62] Todo escrito, comunicación u oficio que se reciba o se presente según establece el Real Decreto de 25 de mayo de 1983.

del dominio[63]. De esta manera, desde el punto de vista tanto material como formal, se configura la publicidad registral, puesto que la principal operación que se realiza en el Registro de la Propiedad es la redacción de los asientos relativos a las incidencias o mutaciones jurídico reales de los bienes inmuebles en Libros. En definitiva, el asiento registral es una toma de razón por escrito en los libros del Registro de las modificaciones jurídico reales que afectan al inmueble para que surta los efectos hipotecarios procedentes[64].

3. El objeto de la inscripción

En el momento de determinar el objeto de la inscripción, la Ley Hipotecaria y el Reglamento que viene a desarrollarla aluden indistintamente a títulos -arts. 2, 3 y 4 L.H. -, a actos y contratos -art. 1 L.H. -, a documentos -art. 33 R.H.-, a bienes y derechos -art. 4 R.H.- y a fincas -arts. 7 y 8 L.H.- Por su parte la mayor parte de la doctrina[65] suscribe el engranaje que, de forma ordenada, sistematiza el objeto de la inscripción.

Se entiende que en el Registro de la Propiedad tiene lugar la inmatriculación de las fincas partiendo de la finca o inmue-

---

63 En sentido amplio, el artículo 41 R.H. establece que los asientos que se practican en el Registro de la Propiedad son: el asiento de presentación, las inscripciones propiamente dichas -concisas o extensas, principales y de referencia-, las anotaciones preventivas, cancelaciones y notas marginales. Sobre el particular, DE COSSÍO y CORRAL, A., (1954). "Valor sustantivo del artículo 41 de la ley hipotecaria". *Revista de Derecho Privado,* (7), 23-67.

64 PAU PEDRÓN. A., *opus cit.,* 45 y ss. y GÓMEZ GÁLLIGO, F. J., *opus cit.,* 24 y ss.

65 GARCÍA VILA, J. A. (2017). "Los límites al control de legalidad notarial y registral de las cláusulas abusivas. Comentario crítico a las Resoluciones de la Dirección General de los Registros y del Notariado de 19 de octubre de 2016". *Revista de Derecho Civil,* (1), 183 y ss.; y DE COSSÍO y CORRAL, A. (1990). *Instituciones de Derecho Civil,* Alianza Editorial, 64 y ss.

ble como unidad base del sistema inmobiliario registral español. Además, en este Registro se inscriben títulos[66], tomando razón, pues, de los actos jurídicos de los que se deriva un efecto jurídico real. También se publican derechos en el Registro de la Propiedad, proporcionando, así, información sobre los derechos de dominio y de naturaleza real que trae causa de los títulos objeto de inscripción con respecto a las fincas que fueron inmatriculadas debidamente.

Es el art. 1 L.H. el que dispone que el Registro de la Propiedad tiene por efecto, con respecto a los actos y contratos relativos al dominio y demás derechos reales sobre bienes inmuebles, su liquidación o anotación. La concreción de estos actos viene establecida por el art. 2 L.H. [67], a saber: "Los títulos traslativos o declarativos del dominio de los inmuebles o de los derechos reales impuestos sobre los mismos; Los títulos en que se constituyan, reconozcan, transmitan, modifiquen o extingan derechos de usufructo, uso, habitación, enfiteusis, hipoteca, censos, servidumbres y otros cualesquiera reales[68]; Los actos y contratos en cuya virtud se adjudiquen a alguno bienes inmuebles o derechos reales, aunque sea con la obligación de transmitirlos a otro o de invertir su importe en objeto determinado; Las resoluciones judiciales en que se declaren la ausencia o el fallecimiento o afecten a la libre disposición de bienes de una persona, y las resoluciones a las que se refiere el párrafo

---

66 El artículo 33 R.H. establece que es título, a los efectos de una inscripción, el documento público en el que funda su derecho aquella la persona a cuyo favor ha de practicarse la inscripción y, que de fe del contenido que sea objeto de la misma, bien por sí solo, con otros complementarios o, a través de otras formalidades de las que se pueda acreditar el cumplimiento.

67 DOMÍNGUEZ LUELMO, A. A., TORRES GARCÍA D. F. y SÁNCHEZ-CALERO ARRIBAS, B. (2019). "Comentario al artículo 2". *Comentarios a la ley hipotecaria*. Aranzadi, 247 y ss.

68 DE LA RICA MARITORENA, R. (1977). "Las servidumbres en el Registro de la Propiedad". *RCDI*, (7),123-145.

segundo del artículo 755 de la Ley de Enjuiciamiento Civil. Las inscripciones de resoluciones judiciales sobre medidas de apoyo realizadas en virtud de este apartado se practicarán exclusivamente en el Libro sobre administración y disposición de bienes inmuebles (Modificado este apartado cuarto, con efectos desde el 3 de septiembre de 2021, por el art. 3.1 de la Ley 8/2021, de 2 de junio); Los contratos de arrendamiento de bienes inmuebles, y los subarriendos, cesiones y subrogaciones de los mismos. Sexto. Los títulos de adquisición de los bienes inmuebles y derechos reales que pertenezcan al Estado, o a las corporaciones civiles o eclesiásticas, con sujeción a lo establecido en las leyes o reglamentos".

Haciendo una interpretación sistemática de los artículos 1, 2, 4 y 38 del Reglamento Hipotecario es posible entender que, en sentido general, son objeto de inscripción todos los derechos reales inmobiliarios[69], incluidos aquellos derechos existentes sobre derechos reales inmobiliarios, como la subhipoteca. Y, atendiendo a lo establecido en el artículo 11 del Reglamento Hipotecario, para que sea posible la inscripción de un derecho real inmobiliario es necesario que su titular goce de personalidad jurídica. No obstante, el art. 9. e) de la Ley Hipotecaria -en la redacción dada por el art. 1.1 de la Ley 13/2015, de 24 de junio, de Reforma de la Ley Hipotecaria aprobada por Decreto de 8 de febrero de 1946 y del Texto Refundido de la Ley de Catastro Inmobiliario[70], aprobado por Real Decreto Legislativo 1/2004, de 5 de marzo- se alude a "la

---

69 Típicos y atípicos ya que, en nuestro sistema, según la Jurisprudencia, la doctrina y la Dirección General competente, con respecto a la determinación de los derechos reales rige el criterio de números apertus.

70 TRUJILLO CABRERA, C. (2018). "El procedimiento de incorporación de la representación gráfica geo referenciadas de la finca con base en la certificación catastral y su coordinación con el catastro". *Estudios sobre la representación gráfica de la finca registrales*. Aranzadi, 49 y ss. y RICCA-BARBERIS, M. (1958). *Trattato della garanzia per evizione*. Kessinger Publishing, 97 y ss.

persona natural o jurídica a cuyo favor se haga la inscripción o, cuando sea el caso, el patrimonio separado a cuyo favor deba practicarse aquélla, cuando éste sea susceptible legalmente de ser titular de derechos u obligaciones. Los bienes inmuebles y derechos reales de las uniones temporales de empresas serán inscribibles en el Registro de la Propiedad siempre que se acredite, conforme al artículo 3, la composición de las mismas y el régimen de administración y disposición sobre tales bienes, practicándose la inscripción a favor de los socios o miembros que las integran con sujeción al régimen de administración y disposición antes referido. También podrán practicarse anotaciones preventivas de demanda y embargo a favor de las comunidades de propietarios en régimen de propiedad horizontal."

También son inscribibles en el Registro de la Propiedad algunos derechos personales[71] ya que, a pesar de lo establecido en los artículos 9 y 51.6 del Reglamento Hipotecario, donde se estipula que los derechos de crédito no accederán al Registro de la Propiedad si su cumplimiento no está garantizado con hipoteca o, que la finca esté embargada preventivamente a favor de un crédito, en algunos supuestos nuestro ordenamiento jurídico permite el acceso de determinados créditos que no pierden su naturaleza obligacional, al contario, crecen en eficacia real frente a todos. Entendidas así las cosas, tienen acceso al Registro de la Propiedad conforme a los arts. 2.5 de la Ley Hipotecaria y 7.2 de la Ley de Arrendamientos Urbanos, los contratos de arrendamiento de bienes inmuebles rústicos y urbanos[72], las cesiones y subrogaciones de los mismos y los subarriendos; el contrato de opción, conforme a los términos establecidos en el art. 14 R.H., de manera que es inscribible este

---

71 ROCA SASTRE R. M. (1948). *La venta de cosa ajena.* Estudios de Derecho Privado. Marcial Pons, 15 y ss.

72 SANCIÑENA ASURMENDI, C. (2021). "Uso de bienes privativos en beneficio de la sociedad de gananciales. *Revista de Derecho Civil,* (2), 311 y ss.

contrato siempre que, además de las circunstancias necesarias, confluyan los siguientes elementos[73], a saber, la estipulación de un precio para la adquisición de la finca y, en su caso, el precio que las partes hubieran convenido para conceder la opción; un convenio expreso de las partes para que se inscriba; y un plazo máximo de cuatro años para ejercitar la opción.

Conforme a lo regulado por el artículo 15 R.H., también es posible inscribir el derecho de retorno de los inquilinos arrendatarios. Aquellos inquilinos y arrendatarios que gocen de derecho de retorno a la finca arrendada, bien sea, por disposición legal o mediante convenio con el arrendador y, podrán hacerlo constar en la inscripción de dominio de la finca que se reedifique mediante nota al margen[74]. Si no hay constancia de esta circunstancia, no se derivará perjuicio alguno para terceros adquirientes y, para que pueda practicarse la citada anotación, es necesaria la presentación de una solicitud del interesado que debe adjuntar el contrato de alquiler y el título legítimo que acredite el derecho de retorno[75]. Son también inscribibles en virtud de los artículos 8.4 y 8.5 de la Ley Hipotecaria y 5 y 24 de la Ley de Propiedad Horizontal, los estatutos de los edificios sujetos al régimen de propiedad horizontal y el régimen de aprovechamiento por turno de acuerdo con los

---

73 VALLET DE GOYTISOLO, J. B. (1985). "Determinación de las relaciones jurídicas referentes a inmuebles susceptibles de trascendencia respecto de terceros". *Estudios sobre derechos de cosas.* Montecorvo, 23 y ss.

74 ORTÍZ FERNÁNDEZ, M. (2021). "El principio de publicidad registral y sus manifestaciones: Especial atención a su dimensión formal y a la incidencia de los derechos fundamentales en su configuración". *Derecho Privado y Constitución,* (39), 287 y ss.; y PALADINI, M., RENDA A. Y MINUSSI, D. (2019). *Manuale di Diritto Civile.* Giufrè, 45 y ss.

75 RAMOS CHAPARRO, E. (2008). *La garantía real inmobiliaria. Manual sistemático de la hipoteca,* Aranzadi, 14 y ss.; RODRÍGUEZ OTERO, L. (2016). *Elementos de Derecho Hipotecario.* Wolters Kluwer, 90 y ss. y DE PABLO CONTRERAS, P. (2018). *Alquiler y Registro de la Propiedad.* Tirant Lo Blanch, 77 y ss.

artículos 26 y 27 de la ley 4/2012, de 6 de julio, de contratos de aprovechamiento por turnos de bienes de uso turístico, de reventa y de intercambio y normas tributarias y de adquisición de productos vacacionales de larga duración.

Serán inscribibles, también, las resoluciones que modifiquen la capacidad de las personas[76]. En este sentido, el artículo 2. 4 de la Ley Hipotecaria dispone que: Las resoluciones judiciales en que se declaren la ausencia o el fallecimiento o afecten a la libre disposición de bienes de una persona, y las resoluciones a las que se refiere el párrafo segundo del artículo 755 de la Ley de Enjuiciamiento Civil. Las inscripciones de resoluciones judiciales sobre medidas de apoyo realizadas en virtud de este apartado se practicarán exclusivamente en el Libro sobre administración y disposición de bienes inmuebles (en redacción dada por el art. 3.1 de la Ley 8/2021, de 2 de junio). El art. 10 R.H. establece que las resoluciones judiciales que deben inscribirse conforme a lo dispuesto en el artículo 2.4 L.H., además de las que expresamente declaren la incapacidad de alguna persona para administrar sus bienes o modifiquen con igual expresión su capacidad civil en cuanto a la libre disposición de su caudal, también todas las que produzcan legalmente una u otra incapacidad, aunque terminantemente no sea declarada. Lo que el Legislador intenta con esta norma es impulsar el cierre registral para aquellos títulos otorgados por personas que legalmente estuvieran discapacitadas y no por sus representantes legales o por los órganos que puedan actuar sobre sus bienes ya que, la función calificadora del Registrador alcanza el juicio sobre la capacidad de las partes para otorgar el título del que se solicita la inscripción, conforme al art. 18 de la Ley Hipotecaria.

---

[76] LÓPEZ MEDEL, J. (1958). *Teoría del Registro de la Propiedad como servicio público*, UCM, 56 y ss.

De igual manera, son inscribibles los actos jurídicos que determina la legislación urbanística. En efecto, así lo establece la Ley del Suelo y Rehabilitación Urbana[77] con respecto a la ocupación de la finca afectada por el procedimiento de expropiación, en relación con el derecho de superficie y con respecto a determinados actos. Sobre el primer aspecto, esto es, la ocupación de la finca afectada por un procedimiento expropiatorio[78], el art. 44 de la Ley del Suelo establece que es susceptible de inscripción el acta de ocupación de cada finca o bien afectado por el procedimiento expropiatorio[79]. Todo ello, siempre que se incorpore su referencia catastral, su descripción conforme a la legislación hipotecaria y su representación gráfica a través del correspondiente sistema de coordenadas. Es necesario también que a esta documentación se adjunte el justificante de la consignación del precio correspondiente o el acta de pago. Además, la superficie que es objeto de la citada actuación se inscribirá como una o varias fincas registrales sin que la falta de inmatriculación de alguna de ellas sea obstáculo para no hacerlo.

Junto a la nota a la que se refiere la legislación hipotecaria sobre asientos derivados del procedimiento de expropiación forzosa, se practicará en las fincas afectadas otra nota en la que será identificada la porción que ha sido expropiada siempre y cuando la actuación no haya afectado a la finca en su totalidad. Si al inscribir se dudara de la existencia de alguna finca registral dentro de la superficie ocupada que no hubiera sido tomada en consideración en el procedimiento de expropiación, se

---

77 Texto Refundido de la Ley del Suelo y Rehabilitación Urbana aprobado por Real Decreto Legislativo 7/2015, de 30 de octubre.

78 ACHÓN BRUÑÉN, M. J., *opus cit.*, 15 y ss.

79 CABALLERO GEA, J. A. (2001). *Desahucios, el titular registral frente al ocupante sin título escrito. Artículo 41 ley hipotecaria, juicio verbal.* Dyckinson, 49 y ss. y CABANILLAS SÁNCHEZ, A. (2016). *Código Civil Comentado.* Civitas, 65 y ss.

comunicará entonces a la Administración correspondiente tal circunstancia sin perjuicio de que la inscripción se practique. Y serán las actas de expropiación las que establecerán la forma en la que se quedarán inscritos los actos administrativos de modificación, constitución y extinción forzosa de servidumbres. En lo referente al derecho de superficie regulado en los artículos 53 y 54 de la Ley del Suelo se requiere para que su constitución tenga validez, su formalización en escritura pública[80] y la inscripción en el Registro de la Propiedad.

Asimismo, son susceptibles de ser inscritos conforme a lo establecido en el art. 65 de la Ley del Suelo, los actos firmes de aprobación relativos a los expedientes de ejecución de la ordenación urbanística en la medida en que supongan una alteración de las fincas registrales que queden afectadas por la atribución del dominio, la ordenación u otros derechos reales sobre las mismas. Todo ello, habiendo establecido las garantías reales de la obligación de ejecución o de conservación de las edificaciones y de la urbanización[81]. Además, son también inscribibles la cesión de terrenos de carácter obligatorio en los casos previstos por el ordenamiento jurídico o, como resultado de la transferencia del aprovechamiento urbanístico. De igual forma, son inscribibles la incoación de expediente sobre restauración de la legalidad urbanística, disciplina urbanística o aquellos que tengan como finalidad el apremio administrativo como medio de garantía del cumplimiento de las sanciones impuestas y de las resoluciones para restablecer las infracciones del orden urbanístico -desarrollado por el art. 1 del Real Decreto 1093/1997, de 4 de julio, por el que se aprueban las

---

80 En todo caso, debe fijarse en esa escritura la duración del derecho de superficie, siendo 99 años el máximo permitido.

81 GARCÍA GARCÍA, J. M. (1994). "La función registral y la seguridad de tráfico inmobiliario". *Revista Crítica de Derecho Inmobiliario,* (625), 2239 y ss. y GÓMEZ GÁLLIGO, F. J., *opus cit.,* 2389 y ss.

normas complementarias al Reglamento para la ejecución de la Ley Hipotecaria sobre Inscripción en el Registro de la Propiedad de Actos de Naturaleza Urbanística-.

Y en fin, son inscribibles con respecto a las condiciones especiales a las que quedan afectas los actos de conformidad, aprobación o autorización administrativa en los términos previstos por el Legislador: los actos de transferencia de gravamen del aprovechamiento urbanístico; la interposición del recurso contencioso administrativo que persiga anular los instrumentos de ejecución, los actos administrativos o de intervención de ordenación urbanística; los actos administrativos firmes y las sentencias igualmente firmes en las que se declare la anulación de los actos de transferencia de gravamen del aprovechamiento urbanístico cuando se concreten en fincas determinadas y, además, haya participado en el procedimiento su titular; y los actos administrativos que, en el desarrollo de los mecanismos relativos a la ejecución u ordenación urbanística, modifique un derecho real sobre fincas determinadas o su descripción[82].

El artículo 67.2 de la Ley del Suelo establece que, en todo caso, la Administración estará obligada a practicar en el Registro de la Propiedad una anotación preventiva con respecto a la incoación del expediente de disciplina urbanística relativo a las actuaciones que propician la creación de nuevas fincas registrales mediante reparcelaciones en cualquiera de sus modalidades, parcelaciones, declaraciones de obra nueva o constitución de régimen de propiedad horizontal. Y, la omisión de la resolución que acuerda la práctica de la citada anotación preventiva dará lugar a la responsabilidad por parte de la Administración correspondiente si al adquirente de buena

---

[82] GÓMEZ GÁLLIGO, F. J. (2016). *Vivienda, préstamo y ejecución, Control notarial y registral de la legalidad de los préstamos hipotecarios.* Aranzadi, 29 y ss.; y GONZALES BARRÓN, G. H. (2011). "Constitución y principios registrales". *Revista Jurídica del Notariado,* (78), 297 y ss.

fe de la finca afectada por el expediente se le ocasionara algún perjuicio económico -desarrollado por los arts. 56-66 del Real Decreto 1093/1997, de 4 de julio, por el que se aprueban las normas complementarias al Reglamento para la ejecución de la Ley Hipotecaria sobre Inscripción en el Registro de la Propiedad de Actos de Naturaleza Urbanística-.

Salvo en los casos en los que el ordenamiento jurídico establezca algo distinto, los actos a los que se refiere el art. 65 de la Ley del Suelo pueden ser objeto de inscripción a través de una certificación administrativa que debe ser expedida por el órgano urbanístico competente y, en ella se dejará constancia formal de las circunstancias relativas a los derechos, las personas y las fincas a los que el acuerdo afecte según establece el art 66 de la citada Ley del Suelo. Con respecto al tipo de asiento oportuno, es el artículo 67 de la Ley del Suelo el que establece qué actos deben hacerse constar por nota marginal, por anotación preventiva o por inscripción.

Por lo que se refiere al expediente de distribución de beneficios y cargas, es el artículo 68 de la Ley del Suelo -desarrollado por el art. 5 del RD 1093/1997- el que establece que la iniciación del expediente de distribución de beneficios y cargas o la afectación de los terrenos que comprende la actuación de la formación urbanística y, el cumplimiento de las obligaciones inherentes a la forma de gestión que proceda, se hará constar en el Registro de la Propiedad mediante nota al margen de la correspondiente finca en la última inscripción de dominio[83]. Para que sea posible la rectificación de descripciones registrales, una modificación de entidades hipotecarias, la inmatriculación de fincas, el exceso de cabida, la reanudación del tracto

---

[83] GORDILLO CAÑAS, A. (2006). "El principio de fe pública registral". *Anuario de Derecho Civil*, (2), 509 y ss.; y HERNÁNDEZ BLÁZQUEZ, F. (2012). "Artículo 35. Inscripción de documentos notariales". *Comentarios a la Ley del Registro Civil*, (23), 561 y ss.

sucesivo y la cancelación de derechos reales incompatibles en la forma que reglamentariamente se determinen es suficiente el título en cuya virtud se escribe el proyecto de distribución de beneficios y cargas.

Para que todas estas inscripciones lleguen a buen término, el art. 103 *bis* de la Ley Hipotecaria concede al Registrador de la Propiedad, a los Letrados de la Administración de Justicia y a los Notarios competencia para conocer de los actos de conciliación sobre las controversias inmobiliarias urbanísticas y mercantiles o, aquellas que versen sobre hechos o actos inscribibles en el Registro de la Propiedad Mercantil u otro Registro público que sea de su competencia, siempre que no se trate de materia indisponible y con el objetivo de alcanzar un acuerdo extrajudicialmente. Sin embargo, las cuestiones contempladas en la Ley Concursal no pueden conciliarse siguiendo este cauce procedimental. El titular del Registro, una vez que ha tenido lugar el acto de conciliación emite certificación de la denuncia entre las partes o si se intentó sin llegar a ningún acuerdo[84].

4. El título inscribible: tipos, requisitos y especialidades

El sistema registral inmobiliario español se fundamenta en la inscripción de títulos que deben ser plasmados en documentos públicos, tal y como nos indica el artículo 3 de la Ley Hipotecaria: "Para que puedan ser inscritos los títulos expresados en el artículo anterior, deberán estar consignados en escritura pública, ejecutoria, o documento auténtico expedido por autoridad judicial o por el Gobierno o sus agentes, en la forma que prescriban los reglamentos".

---

[84] VALLE MUÑOZ, J. L. (2021). "El principio de prioridad y el cierre registral". *Tratado de Derecho Inmobiliario Registral.* Bosch, 1479 y ss.; y DE PABLO CONTRERAS, P. (2020). *La publicidad de los derechos reales. El Registro de la Propiedad.* Edisofer, 65 y ss.

Por su parte, el artículo 33 R.H. establece que "se entenderá por título, para los efectos de la inscripción, el documento o documentos públicos en que funde inmediatamente su derecho la persona a cuyo favor haya de practicarse aquélla y que hagan fe, en cuanto al contenido que sea objeto de la inscripción, por sí solos o con otros complementarios, o mediante formalidades cuyo cumplimiento se acredite". Por otro lado, el artículo 34 R.H. determina qué es documento auténtico para los efectos de la Ley: los que, sirviendo de títulos al dominio o derecho real o al asiento practicable, estén expedidos por el Gobierno o por Autoridad o funcionario competente para darlos y deban hacer fe por sí solos[85].

De este modo, los títulos inscribibles deben constar en escritura pública, que es el documento notarial o instrumento público por excelencia; en ejecutoria (o documento auténtico expedido por autoridad judicial), que es el documento judicial donde se contiene la sentencia; -aunque también son inscribibles los mandamientos, los autos y providencias y las certificaciones de los Letrados de la Administración de Justicia-; o bien documento auténtico expedido por el Gobierno o sus agentes, que para su acceso al Registro, deben cumplir con los requisitos formales indispensables, de acuerdo con los arts. 34 y ss. de la Ley 39/2015, de 1 de octubre, del Procedimiento Administrativo Común de las Administraciones Públicas (LPACAP)[86].

Así, pues, la doctrina demanda las siguientes premisas para que un título se pueda inscribir en el Registro de la Propiedad, basándose en los artículos 21 L.H. y 98 R.H.: Que lo autorice

---

85 DÍEZ-PICAZO, L. (1977). "Los bienes inmuebles en el Código Civil español". *Revista Crítica de Derecho Inmobiliario,* (522), 937 y ss.

86 DE LA RICA Y ARENAL, R. (1950). "Dualidad legislativa de nuestro régimen inmobiliario". *Revista Crítica de Derecho Inmobiliario,* (269), 625-643; y DE REINA TARTIÈRE, G. (2014). "El valor de la inscripción en el Registro de la Propiedad inmueble español", *Actualidad civil,* (5), 14 y ss.

un funcionario competente; que observe las solemnidades exigidas por la Ley para ese título determinado; que sea concordante con la situación jurídica registral existente; y que observe los requisitos exigidos por las leyes fiscales[87].

A pesar de ello, son frecuentes los casos en los que no se tiene el título en sentido formal, debido a que nunca lo hubo o porque se extravió en su momento. Para ello, la legislación hipotecaria cuenta con determinados procedimientos que posibilitan la inmatriculación de la finca, la inscripción del exceso de cabida o bien la reanudación del tracto sucesivo interrumpido. Hablamos de las certificaciones administrativas de dominio, del expediente de dominio y de las actas de notoriedad.

Es posible la inscripción de títulos otorgados en un país extranjero, ya que si nos remitimos al artículo 4 L.H., encontramos que "También se inscribirán en el Registro los títulos expresados en el artículo segundo" que son: Los títulos traslativos o declarativos del dominio de los inmuebles o de los derechos reales impuestos sobre los mismos; los títulos en que se constituyan, reconozcan, transmitan, modifiquen o extingan derechos de usufructo, uso, habitación, enfiteusis, hipoteca, censos, servidumbres y otros cualesquiera reales; los actos y contratos en cuya virtud se adjudiquen a alguno bienes inmuebles o derechos reales, aunque sea con la obligación de transmitirlos a otro o de invertir su importe en objeto determinado; las resoluciones judiciales en que se declaren la ausencia o el fallecimiento o afecten a la libre disposición de bienes de una persona, y las resoluciones a las que se refiere el párrafo segundo del artículo 755 de la Ley de Enjuiciamiento Civil. Las inscripciones de resoluciones judiciales sobre medidas de apoyo realizadas en virtud de este apartado se practicarán exclusivamente en el Libro sobre administración y disposición de

---

87 BERKOVITZ RODRÍGUEZ-CANO, R. (2018). *Manual de Derecho Civil. Derecho de familia.* Berkal, 123 y ss.

bienes inmuebles; los contratos de arrendamiento de bienes inmuebles, y los subarriendos, cesiones y subrogaciones de los mismos; y los títulos de adquisición de los bienes inmuebles y derechos reales que pertenezcan al Estado, o a las corporaciones civiles o eclesiásticas, con sujeción a lo establecido en las leyes o reglamentos[88]. El artículo 4 L.H. también establece que: "otorgados en país extranjero, que tengan fuerza en España con arreglo a las leyes, y las ejecutorias pronunciadas por Tribunales extranjeros a que deba darse cumplimiento en España, con arreglo a la Ley de Enjuiciamiento Civil". Si se conociese lo bastante la legislación extranjera del documento en cuestión, el Registrador y bajo su responsabilidad, podrá prescindir de los medios citados, haciéndolo constar en el asiento correspondiente. También puede prescindir del documento oficial de traduCción si conoce el idioma, el dialecto o la letra antigua de que se trate[89].

Por su parte, los documentos no redactados en idioma español pueden ser traducidos -art. 37 R.H.- por funcionarios competentes autorizados en virtud de leyes o convenios internacionales, por la Oficina de interpretación de Lenguas o, en su caso, por un Notario, quien responderá de la fidelidad de la traduCción. Como establece el artículo 4 L.H., las ejecutorias pronunciadas procedentes de Tribunales de otros países que deban ser cumplidas en España también se inscriben en el

---

[88] GÓMEZ GÁLLIGO, F. J. (2016). *Vivienda, préstamo y ejecución, Control notarial y registral de la legalidad de los préstamos hipotecarios.* Aranzadi, 35 y ss. y GONZALES BARRÓN, G. H., "Constitución y principios registrales", *opus cit.*, 297 y ss.

[89] DE LA FUENTE JUNCO, A. (1974). "Significado y alcance de la publicidad en los sistemas hipotecarios de folio personal y de folio real". *Revista de Derecho Registral,* (2), 16 y ss.; y DELGADO SHEELIE, A. (1999). "Aplicación de los principios registrales en la calificación registral. Redefiniendo los conceptos tradicionales y planteando los nuevos principios". *Revista de la asociación ius in veritas,* (18), 254 y ss.

Registro sobre la base de lo establecido en la Ley de Enjuiciamiento Civil. Así, el art. 38 R.H. dice que las resoluciones judiciales o laudos arbitrales dictados en Tribunales extranjeros serán inscribibles siempre y cuando hayan sido reconocidos por la autoridad competente y respetando las leyes y convenios internacionales.

5. Caracteres esenciales del procedimiento de inscripción

En el sistema inmobiliario registral del ordenamiento jurídico español, la inscripción de los títulos y la publicación de los derechos reales tanto de bienes inmuebles como de algunos derechos personales, se sustancia a través de un procedimiento registral iniciado por el interesado en la mayor parte de los supuestos y concluye con la inscripción o denegación del título. El titular registral no actúa de oficio y se manifiesta el principio de rogación, según establece el art. 433 R.H., en la posibilidad del interesado de desistir total o parcialmente de su solicitud de inscripción.

En el citado procedimiento el interesado procede a presentar en el Registro de la Propiedad en cuya circunscripción territorial radiquen los inmuebles -art. 1.2 L.H. -, el título que quiere inscribir, manifestándose, así, el principio de rogación contemplado en el art. 6 L.H. e incoando el asiento de presentación que se practicará en el Libro Diario. Se deja así constancia de la hora y del día en el que ha tenido lugar la presentación de los documentos[90].

Así las cosas, es manifiesta la posición nuclear que ocupa el asiento de presentación en nuestro sistema registral ya que, de

90 PEÑA BERNALDO DE QUIRÓS, M., *Derechos reales. Derecho hipotecario, opus cit.*, 74 y ss. y PAU PEDRÓN, A., *Manual de Derecho registral inmobiliario, opus cit.*, 37 y ss.

una parte, al ser el criterio cronológico -*prior tempore potior iure*- la pauta que rige la ordenación de los derechos reales, se pone de manifiesto la eficacia efectiva del principio de prioridad establecido en los arts. 17 y 25 L.H., respecto de los derechos reales compatibles posteriores, como el cierre registral con respecto a los derechos reales posteriores que son incompatibles. Y, de otra parte, porque según lo establecido en el art. 24 L.H., se van a retrotraer a la fecha del asiento de presentación los efectos de la futura inscripción. Este asiento está sujeto, en todo caso, al plazo de caducidad de 60 días que puede ser prorrogable diez días, mas si el título se presenta de manera telemática y en ese lapso temporal no se presenta ni título original ni una copia que sea autorizada.

Efectuada la inscripción, el titular del Registro de la Propiedad -sujeto según lo establecido en el art. 1.3 L.H. al principio de legalidad y a la presunción de veracidad y exactitud del contenido del Registro de la Propiedad- emitirá dentro de los plazos establecidos por nuestro ordenamiento jurídico y conforme a los dictados establecidos en el art. 18 L.H., una calificación o pronunciamiento acerca de la legalidad del título presentado[91]. Este pronunciamiento registral que pivota en torno al contenido del Registro y del titulo se pone de manifiesto, además, la vigencia del principio recogido en el art. 20 L.H. de tracto sucesivo[92]. El pronunciamiento del Registrador puede ser positivo, negativo, si hay un defecto subsanable, suspensivo y, si el defecto admite subsanación, denegatoria.

---

[91] DEL CASTILLO MARTÍNEZ C. del C. (2020). "La teoría del título y el modo y los conflictos de adquisiciones inmobiliarias. Reflexión crítica sobre la doctrina de la Sala Primera del Tribunal Supremo al interpretar y aplicar los artículos 1473.2 C.c. y 34 de la LH". *RCDI,* (8), 1995 y ss.

[92] NÚÑEZ LAGOS, R., "El Registro de la Propiedad español", *opus cit.*, 217 y ss.

En el caso de que el pronunciamiento del Registrador sea negativo y, sin perjuicio de que el interesado subsane el defecto cuando éste sea subsanable -calificación suspensiva-, el ordenamiento jurídico español pone a su disposición los correspondientes recursos gubernativo y judicial. Si el pronunciamiento fuera positivo, el titular del Registro practicará la inscripción y, si fuera negativo suspensivo, entonces se devolverán los títulos a solicitud del interesado. Si el pronunciamiento fuera procedente, se practicará por defecto subsanable una anotación preventiva y, en todo caso, tendrá lugar la publicidad registral y en el caso de que procediera la inscripción, goza según establece el art. 34 L.H. del principio de legitimación y el de fe pública registral[93].

El art. 6 de la Ley Hipotecaria establece que la inscripción de los títulos en el Registro podrá pedirse: por aquel que adquiera el derecho; por el que lo transmita; por quien tenga interés en asegurar el derecho que se deba inscribir; por quien tenga la representación de cualquiera de ellos. Pero, una vez iniciado el procedimiento, salvo la retirada del título por desistimiento o por trámites de liquidación el procedimiento pasa a ser competencia integra del titular registral.

---

93 GARCÍA FLORES, M. E. (2010). "Control de la legalidad". *Ponencias y comunicaciones presentadas al XVI Congreso Internacional de Derecho Registral,* vol. 2. Bosch, 723 y ss.; GALLEGO VERA, J. A. (2021). "El principio de tracto sucesivo". *Tratado de Derecho Inmobiliario Registral,* vol I. Bosch, 1455 y ss.; GABRIELLI, G. (2009). "La publicità legale nel sistema del Codigo Civile". *Rassegna di Diritto, Civile,* (3), 689-754; FERRI, L. (1960). *Tutela dei Diritti. Trascrizione immobiliare.* Zanichelli-Società Editrice del Foro Italiano, 42 y ss.

V. EL TITULAR DEL REGISTRO: SU ESTATUTO JURÍDICO BÁSICO

1. La particular naturaleza jurídica del Registrador de la Propiedad

La doctrina ha estudiado las distintas perspectivas desde las que es posible definir la figura del Registrador de la Propiedad[94]. Desde un enfoque administrativo se considera al Registrador de la Propiedad como un funcionario administrativo con algunas especialidades, pero ajeno a la normativa que regula al funcionariado[95]. También se le podría considerar como un profesional del Derecho que presta una actividad singular y específica a los consumidores y usuarios. La definición que mejor podría describir al Registrador debería estimar tanto su carácter de funcionario público como el de profesional del sector privado.

Un sector doctrinal[96] establece que el Registrador es un jurista profesional del Derecho con una doble actividad que, mediante la calificación registral asegura el cumplimiento de

---

94 CHICO y ORTIZ, J. M., *Estudios sobre Derecho hipotecario, opus cit.*, 34 y ss.; CERDEIRA BRAVO DE MANSILLA, G. y GALLEGO VERA, J. A., "Título XIII. De los Registros de la Propiedad y de bienes inmuebles", *opus cit.*, 512 y ss.; LACRUZ BERDEJO, J. L. y SANCHO REBULLIDA, F., *Derecho inmobiliario registral, opus cit.*, 102 y ss.; LACRUZ BERDEJO, J. L. y SANCHO REBULLIDA, F., *Elementos de Derecho Civil III bis, Derecho Inmobiliario Registral, opus cit.*, 78 y ss.; y CHICO y ORTIZ, J. M., "La calificación registral: Problemas", *opus cit.*, 43 y ss.

95 GONZÁLEZ PÉREZ, J. (1948). *Los derechos reales administrativos.* Civitas, 65 y ss.

96 GARCÍA GARCÍA, J. M., *Derecho Inmobiliario Registral o Hipotecario, opus cit.*, 67 y ss.; GARCÍA VALDECASAS DE LA CRUZ, J., *El Registro de la Propiedad en el siglo XXI, opus cit.*, 98 y ss.; y GÓMEZ DE LA SERNA, P., *La Ley hipotecaria, opus cit.*, 65 y ss.

la legalidad y presta un servicio público bajo su exclusiva responsabilidad. Otro sector de la doctrina[97], pone de manifiesto que el Registrador es el funcionario público que, al frente de cada Registro de la Propiedad inmueble ejerce como función básica la de previa calificación de los títulos que pretendan su registración, procede a su inscripción, a suspenderla o denegarla, en caso de ser defectuosa. En esta línea, la Sala Tercera del Tribunal Supremo estableció en la Sentencia de 2 de noviembre de 2006, que: "Sin dejar de poner de relieve la relevancia del carácter público de la función que desarrollan los Registradores, las peculiaridades organizativas del Registro de la Propiedad son, en buena medida, las propias del ejercicio profesional privado, hasta el punto de que los costes de adquisición, mantenimiento, conservación y modernización de la oficina y demás medios materiales corren a cargo de su titular, así como las retribuciones del personal de la misma, con independencia de que los ingresos generados por el Arancel sean o no suficientes a tal fin y que, con la única excepción de su titular, el personal del Registro de la Propiedad está sujeto a las normas de derecho laboral, produciéndose una real sucesión de empresas en los casos de cambio de titular del Registro de la Propiedad".

Así las cosas, observamos que establecer la categorización del Registrador de la Propiedad como funcionario público presenta, todavía, controversia doctrinal y jurisprudencial ya que, algún autor[98] ha afirmado que ciertos rasgos de la figura

---

97 GONZÁLEZ y MARTÍNEZ, J., *Estudios de Derecho hipotecario y Derecho civil, opus cit.*, 121 y ss.; GORDILLO CAÑAS, A., "El principio de fe pública registral", *opus cit.*, 509 y ss.; y HERNÁNDEZ BLÁZQUEZ, F., "Artículo 35. Inscripción de documentos notariales", *opus cit.*, 561 y ss.

98 HERNÁNDEZ GIL, F., "Introducción al Derecho hipotecario", *opus cit.*, 5 y ss.; JEREZ DELGADO, C. (2004). *Tradición y Registro.* Colegio de Registradores de la Propiedad, 22 y ss.; y LÓPEZ MEDEL, J., *Teoría del Registro de la Propiedad como servicio público, opus cit.*, 68 y ss.

del funcionario no son compaginables con la figura del Registrador. El Tribunal Constitucional, en Sentencia de 11 de mayo de 1989, determinó que: "Los Registradores de la Propiedad son profesionales ejercientes de funciones públicas que forman parte del sistema de la función pública estatal, teniendo el carácter de funcionarios públicos y profesionales del Derecho, unidos de manera indisoluble". Esta naturaleza bifronte ha sido recogida por el art. 336 R.H. al establecer que: Los Registradores de la Propiedad y Mercantiles ejercen profesionalmente, bajo su responsabilidad, las funciones públicas atribuidas por las leyes en general, y en particular por la legislación hipotecaria y mercantil, y en virtud del carácter de funcionarios públicos que les reconoce el artículo 274 de la Ley Hipotecaria, tienen los derechos reconocidos por las leyes administrativas. Como funcionarios públicos serán titulares indisolublemente de las Oficinas Liquidadoras de Distrito Hipotecario que vengan determinadas en la demarcación registral. Al estudiar el precepto entendemos que se aprueba tanto la vertiente de funcionario público ya que, bajo su responsabilidad dan fe pública de lo inscrito en el Registro y tiene el amparado de los Tribunales de Justicia y, el carácter de profesional privado, por cuanto que organiza la oficina con libertad, esto es, tiene independencia en la calificación, elección del local, de los empleados, entre otras[99].

---

99 ARRUÑADA SÁNCHEZ, B. (2020). *La seguridad jurídica en España.* Fedea, 20 y ss.; DE PABLO CONTRERAS, P. (2020). *Curso de Derecho Civil III. Derechos reales,* Aranzadi, 45 y ss.; GARCÍA GARCÍA, L. (2016). "El Registro de la Propiedad como instrumento al servicio de la protección de lugares naturales y su proyección sobre la seguridad del tráfico inmobiliario privado". *Revista de Derecho Patrimonial,* (39), 103-140; y ALBALADEJO GARCÍA., M. (2020). *Curso de Derecho Civil.* Edisofer, 57 y ss.

2. *Derechos y deberes esenciales*

Como señala el art. 289.1 L.H., los Registradores de la Propiedad tienen derecho a ser mantenidos en su plaza y únicamente pueden ser destituidos o trasladados a otros Registros previa apertura del correspondiente expediente, por el Ministro de Justicia por sentencia judicial; en virtud del art. 287.1 L.H., pueden solicitar la excedencia por un plazo superior a 12 meses; tienen derecho, conforme a lo establecido en el art. 284 L.H., a participar en los concursos para proceder a la provisión de vacantes atendiendo al escalafón y a la antigüedad en el cuerpo; siempre que concurran las circunstancias previstas en el art. 280 L.H., podrán permutar su Registro con el de otro Registrador, teniendo la Dirección General que dar su conformidad a la citada permuta.; derecho -aunque también puede considerarse obligación- a interinar los Registros vacantes conforme al cuadro de sustituciones existente -El nombramiento del Registrador interino se hará conforme a las Instrucciones de la Dirección General de Seguridad Jurídica y Fe Pública de 31 de mayo de 2012[100]-; derecho -arts. 288 de la L.H. y 548 y 550 R.H.- a obtener licencias y ausencias por cuanto que el Registrador puede sustituir a un compañero en caso de ausencia o enfermedad en los términos previstos en el art. 485.1 R.H.; y derecho a un trabajo remunerado atendiendo al arancel aprobado por el Ministerio de Justicia y en los términos establecidos en el art. 294 L.H.

En cuanto a la toma de posesión, el Registrador deberá hacerlo dentro de los veinte días siguientes a la fecha de su nombramiento, pero según lo establecido en el art. 516 R.H. dicho plazo puede ampliarse por al Dirección General si existiera

---

[100] B.O.E. núm. 142, de 14 de junio 2012, 42831-42833.

motivo justificado. Además, están obligados a llevar una buena conducta tanto pública como privada[101].

El epicentro de las obligaciones que competen al Registrador de la Propiedad lo constituye la función calificadora de los documentos presentados en el Registro de su competencia cuya inscripción se solicita[102]. El Registrador debe calificar bajo su responsabilidad, salvo que concurra algún presupuesto que justifique su renuncia. La legislación hipotecaria -art. 18 L.H.– no admite que el Registrador tenga incertidumbre al establecer de manera imperativa que: "Los Registradores calificarán, bajo su responsabilidad, la legalidad de las formas extrínsecas de los documentos de toda clase, en cuya virtud se solicite la inscripción, así como la capacidad de los otorgantes y la validez de los actos dispositivos contenidos en las escrituras públicas, por lo que resulte de ellas y de los asientos del Registro", esto es, el Registrador no puede dudar, del mismo modo que no duda en el fallo un Tribunal y tampoco puede suspender la calificación para elevar su duda a un órgano superior ya que, el Registrador ha de resolver por sí mismo atendiendo a la Ley[103].

Algún autor ha señalado que cuando el Registrador procede a calificar, dicho acto no puede sustentarse en datos que no consten ni en el Registro ni en los títulos presentados[104]. Debe ajustarse únicamente al Derecho aplicable al caso concreto,

---

101 GARCÍA GARCÍA, L. (2020). *Legislación Hipotecaria anotada y comentada.* Aranzadi, 48 y ss. y PUGLIATTI, S., *La Trascrizione, opus cit.*, 37 y ss.

102 JIMÉNEZ GALLEGO C. (2016). *La nueva coordinación realidad Catastro-Registro.* Tirant Lo Blanch, 52 y ss.

103 Resoluciones de la DG de 28 de diciembre de 2004, de 2 de abril de 2005, de 17 de abril de 2009, de 17 de junio de 2010 y 7 de septiembre de 2015.

104 MIQUEL GONZÁLEZ DE AUDICANA, J. (2008). *Derecho Privado.*Marcial Pons, 45 y ss.; y MURGA FERNÁNDEZ, J. P. (2020). "Il sistema della pubblicità immobiliare in Spagna e la tutela dei terzi acquirente in buona fede". *Rassegna di Diritto, Civile,* (4), 828 y ss. y ORTÍZ FERNÁNDEZ, M. (2021). "El principio de publicidad registral y sus manifestaciones: Especial atención a

esto es, no puede influir en su calificación ninguna información que obre en su poder pero que no haya sido obtenida a través de la documentación presentada en el Registro[105]. Asimismo, tampoco podrá atender a los datos que le proporcione la oficina liquidadora donde sea el titular el mismo Registrador[106]. No obstante, podemos señalar la norma de que los Registradores sólo pueden calificar con arreglo a los documentos presentados y el contenido del Registro tiene en la actualidad importantes excepciones. En particular, señalar dos casos en los cuales el Registrador se encuentra autorizado a consultar fuentes ajenas a los tradicionales medios de calificación contemplados por el art. 18 L.H. En primer lugar, el Registrador puede consultar los registros y archivos a los que tenga acceso cuando ha detectado algún defecto o insuficiencia en la documentación presentada. La Resolución de la DGRN, de 28 de febrero de 2012, sostuvo este criterio con el fin de relevar de la carga de la subsanación de los defectos a los usuarios del Registro en cuanto fuera posible, criterio que ha sido reiterado en otras muchas Resoluciones hasta el punto de convertirse en doctrina, normalizando este acceso (limitado) a

---

su dimensión formal y a la incidencia de los derechos fundamentales en su configuración". *Derecho Privado y Constitución,* (39), 287 y ss.

105 Las Resoluciones de la Dirección General de 22 de diciembre de 1956, de 7 de junio de 1972 y de 17 de febrero de 1986; de 27 de julio de 2018 (BOE núm. 188, de 4 de agosto de 2018, 79525-79543); de 24 de enero de 2019 (BOE núm. 45, de 21 de febrero de 2019,16880-16887); y Resolución de la Dirección General de Seguridad Jurídica y Fe Pública (DGSJFP) de 19 de octubre de 2020 (BOE núm. 291, de 4 de noviembre de 2020, 95953), entre otras.

106 Las Resoluciones de la Dirección General de los Registros y del Notariado (DGRN) de 26 de abril de 1938; de 18 de julio de 2018 (BOE núm. 190, de 7 de agosto de 2018, 79525-79543); de 26 de noviembre de 2019 (BOE núm. 311, de 27 de diciembre de 2019, 140808-140813); y Resolución de la Dirección General de Seguridad Jurídica y Fe Pública (DGSJFP) de 4 de febrero de 2020 (BOE núm. 177, de 26 de junio de 2020, 44749-44753), entre otras.

fuentes externas, pero se diría que además de utilizarse para subsanar defectos (finalidad inmediata), también puede utilizarse cuando el Registrador quiere disponer de más elementos de juicio a la hora de examinar los documentos presentados y por consiguiente como verdadero medio de calificación -finalidad mediata-. Manifestaciones de esta doctrina han sido el acceso al Fichero Localizador de Entidades Inscritas (FLEI), como plataforma de publicidad material desarrollada por los Registros Mercantiles de España[107], que el Registrador puede consultar para aclarar o confirmar las circunstancias de la representación de las sociedades mercantiles que intervienen en los actos y contratos inscribibles. Peculiar es la utilización de las propias bases de datos registrales (nacionales) para la consulta de circunstancias como la indagación en la condición o no del prestamista Profesional. Especialmente la Ley concursal ha consagrado la consulta por el Registrador de la Propiedad al Registro público concursal. Gran reto, el Registro Civil, dada la doctrina de la DGSJ sobre los actos de registro civil[108]

En segundo lugar, el Registrador, a efecto de dar cumplimiento al nuevo escenario de coordinación con el Catastro iniciado a raíz de la Ley 13/2015, para lograr los propios fines de la concordancia del Registro de la Propiedad con la realidad jurídica extrarregistral, y para otros fines específicos pero no menos importantes como la preservación del dominio público, tiene acceso al Catastro Inmobiliario, lo que le permite cotejar sus propias bases gráficas con las catastrales, así como otras importantes portales de información territorial que están co-

---

107 ADÁN GARCÍA, M. E. (2005). "El libro de entrada y el asiento de presentación. Retirada y desistimiento". *El procedimiento ante el Registro de la Propiedad y el Registro Mercantil.* Colegio de Registradores de la Propiedad, 34 y ss.

108 RDGSJFP, de 26 de octubre de 2021, B.O.E. núm. 279, de 22 de noviembre de 2021, 143169 y ss.

nectados a su aplicación gráfica, *v.g.*, MAGRAMA[109]. Desde esta perspectiva, es esencial que el Registrador consulte las aplicaciones gráficas para evitar la invasión y perjuicio del dominio público.

Si el titular de la oficina registral sospechara o tuviera certeza de la comisión de un delito, no puede denegar la inscripción salvo en el supuesto establecido en el art. 104 del R.H. ya que si la comisión del delito resultare del mismo título se rechazará la inscripción, en principio, y se procederá a dar parte a la autoridad judicial competente. A pesar de ello, determinadas resoluciones[110] han establecido que de esta esta situación no se deriva la prórroga o la suspensión de la vigencia de asiento correspondiente.

Puede suceder que el título presentado para su inscripción requiera de la presentación de otros documentos esenciales para poder proceder a su calificación. Cuando esta circunstancia tiene lugar, se puede rechazar la inscripción del título o se advertirá al interesado para que presente los documentos necesarios para proceder a su subsanación porque el Registrador puede denegar la inscripción, inscribir o suspender el título presentado, pero nunca puede abstenerse de calificar.

---

109 FANDOS PONS, P. (2019). "Las repercusiones geográficas de los principios hipotecarios tras la Ley 13/2015, de 24 de junio (II) el principio de legalidad. La calificación registral gráfica". *Revista Crítica de Derecho Inmobiliario,* (773), 1249 y ss. y GARCÍA GARCÍA, L., *La finca registral y el catastro, opus cit.*, 121 y ss.

110 Las Resoluciones de la DG 19 de diciembre de 1879, de 27 de octubre de 1880, de 23 de abril de 1981, de 4 de mayo de 1883, de 27 de junio de 1867, de 21 de octubre de 1893, de 18 de junio de 1898, de 28 de marzo de 1904, de 14 de junio de 1988 y de 26 de junio de 1988; Resolución de 10 de enero de 2019. B.O.E. núm. 32, de 6 de febrero de 2019, 10524 a 10529; y Resolución Dirección General de Seguridad Jurídica y Fe Pública de 12 de junio de 2020 (BOE núm. 207, de 31 de julio de 2020, 61292-61301).

En cuanto al lapso temporal, la calificación del Registrador debe ajustarse al plazo máximo de quince días desde la fecha del asiento de presentación y, en ese plazo, debe señalar si la calificación es positiva o negativa mediante nota al pie del título[111]. Si la calificación fuera negativa, deberá alegar las causas que motivan su calificación. También debe describir los hechos y los Fundamentos de Derecho, subrayando cuáles son los medios de impugnación, los plazos para recurrir y el órgano ante el que debe presentarse el recurso. Asimismo, en la línea del art. 222 L.H., el Registrador ha de facilitar la publicidad formal del contenido de los asientos por medio de una nota simple o certificación, habiendo hecho un previo examen del interés legítimo de la persona que solicita dicha información.

En lo referente a las obligaciones con respecto a su Colegio Profesional, los Registradores deben guardar la debida consideración con los colegiados, cumplir lo dispuesto en sus Estatutos y acatar cuantas decisiones tomen los órganos colegiales. También deben establecer con el personal de la oficina una relación laboral, hacerse cargo de la gestión económica y dirigir todas las actividades profesionales propias de su función en el Registro. Debe proporcionar, por tanto, los medios necesarios para su correcto funcionamiento en virtud del art. 294 L.H. que establece que costearán los gastos necesarios para el funcionamiento y conservación de los Registros.

Atendiendo al art. 254 L.H., el Registrador no puede practicar ninguna inscripción sin que el impuesto o impuestos correspondientes hayan sido liquidados, previa acreditación. Tal y como señala el art. 536 R.H., los Registradores "como funcionarios públicos" serán titulares indisolublemente de las

---

111 PAU PEDRÓN, A. (1994). "Efectos de la inscripción en la constitución de los derechos reales". *RCDI,* (625), 2187 y ss.; PEÑA BERNALDO DE QUIRÓS, M. *Derechos reales. Derecho hipotecario, opus cit.*, 58 y ss.; y SANSÓN, RODRÍGUEZ, M. V. (1998). *La transmisión de la propiedad.* Marcial Pons, 22 y ss.

Oficinas Liquidadoras de Distrito Hipotecario que vengan determinadas en la demarcación registral", no obstante, esto solo sucede en algunas Comunidades Autónomas.

Es importante poner de relieve la colaboración prestada por parte de los Registradores de la Propiedad al Ministerio de Justicia en la tramitación de expedientes de nacionalidad por residencia, por medio de una encomienda de gestión, así como la atribución de competencias en materia de conciliación por parte de la Ley 15/2015, de 2 de julio, de Jurisdicción Voluntaria, actualizando de esta manera el art. 103 bis L.H.[112]

Además, los Registradores tienen el deber de asesorar a los consumidores en cuanto a la inscripción de derechos sobre bienes inmuebles en virtud del art. 5 del Real Decreto 1995/1983, de 25 de mayo, sobre Libro de Entrada y Horas de Visita en los Registros de la Propiedad, Mercantiles, de Hipoteca Mobiliaria y Prenda sin Desplazamiento y Provinciales de Venta a Plazos: "Todos los Registradores deberán dedicar como mínimo, dentro de las horas de oficina, dos horas diarias para informar al público en materias relacionadas con el Registro. La información versará sobre los medios registrales más adecuados para el logro de los fines lícitos que se propongan quienes la soliciten[113]. En todos los Registros, y en lugar visible, deberá existir un cuadro por el que se hagan conocer al público las horas de visita. Cuando por tratarse de Registros en división personal exista más de un

---

112 PLANIOL, M. (1950). *Tratado Elemental.* Librería Jiménez-Bravo, 91 y ss. y GÓMEZ GÁLLIGO, F. J., "Digitalización registral mercantil", MARTÍNEZ LABURTA, C. y MUÑOZ PÉREZ, A. F. (2019). *Revolución digital, Derecho Mercantil y Token economía.* Tecnos, 150 y ss.

113 VALLET DE GOYTISOLO, J. B. (1985). "Determinación de las relaciones jurídicas referentes a inmuebles susceptibles de trascendencia respecto de terceros". *Estudios sobre derechos de cosas.* Montecorvo, 98 y ss.; y VELA SÁNCHEZ, "La fe pública registral en las ventas judiciales derivadas de embargos inmobiliarios", *opus cit.*, 61 y ss.

Registrador, cada uno deberá dedicar dos horas diarias, como mínimo, a la atención directa al público, y en total las horas de visita deberán abarcar el horario de apertura del Registro."

El art. 18.4 L.H. estipula que los Registradores deben expedir trimestralmente a la Dirección General un informe que incluya la estadística abordando los títulos presentados, la fecha de su inscripción y el porcentaje de títulos inscritos fuera del plazo previsto para su inscripción. Deberán, también, remitir a su vez una certificación del estado del Registro cada semestre – arts. 270 L.H. y 472 R.H. Esta se remitirá también al Colegio de Registradores y al Presidente del Tribunal Superior de Justicia de la Comunidad Autónoma donde radique el Registro. Y, en fin, de acuerdo con la legislación hipotecaria, cada año deben enviar un informe de estadística que revele las hipotecas y préstamos llevados a cabo, así como de las enajenaciones de inmuebles y los derechos reales constituidos sobre aquellos.

3. Las garantías de la independencia del Registrador en el ejercicio de su función calificadora

Como decíamos, en el art. 18 de la Ley Hipotecaria queda patente la independencia del Registrador en cuanto a calificar que se refiere, cuando establece que: "Los Registradores calificarán, bajo su responsabilidad". Este precepto nos hace recordar el control de legalidad que realizan cuando ejercen la función calificadora. Sin duda, existía una necesidad evidente por parte de la Ley de proveer a los titulares de los Registros de esa independencia que cobra tanta importancia cuando desempeñan su labor.

La resolución de 13 de enero de 2010[114] determinó como principio indispensable de la existencia de seguridad jurídica

---

114 B.O.E. núm. 52, de 1 de marzo de 2010, 19915 y ss.

"que la calificación registral sea independiente y de exclusiva responsabilidad del Registrador que la realiza". Esto es, debe ceñirse al principio de legalidad, no pueden verse coartados de ningún modo a calificar en un sentido u otro. Y aludiendo de nuevo al art. 18 L.H., queda bajo la responsabilidad civil del Registrador los posibles perjuicios que pudiese ocasionar al interesado por una calificación errónea. Tanto la Ley como el Reglamento Hipotecario desarrollan determinadas garantías para proteger la necesaria independencia para ejercer la labor descrita. En el art. 273 de la L.H. observamos que se impide al Registrador elevar consulta a la Dirección General sobre materias o cuestiones sujetas a su calificación, de lo que se deduce que el Registrador en su calificación no está sujeto al principio de jerarquía[115].

Sin embargo, a pesar de no verse afectado por el principio de jerarquía, sí se verán vinculados por las decisiones del Centro Directivo que resuelvan las consultas vinculantes a las que se refiere el art. 103.2 de la Ley 24/2001, de la Ley de Medidas Fiscales, Administrativas y de Orden Social, de 27 de diciembre sobre consultas vinculantes. Aquí se establece que las consultas que el Colegio de Registradores de la Propiedad y Mercantiles "puedan elevar a la Dirección General de los Registros y del Notariado respecto de aquellos actos o negocios susceptibles de inscripción (...) que serán vinculantes para todos los Registradores de la Propiedad y Mercantiles, quienes deberán ajustar la interpretación y aplicación que hagan del ordenamiento al contenido de las mismas". Así pues, la DG entendió que las resoluciones del Centro Directivo adquirían el carácter de doctrina vinculante[116].

---

115 DE LA RICA y ARENAL, R. (1948). "El valor de la inscripción". *RCDI,* (240), 273 y ss. y RODRIGUEZ DE ALMEIDA, M. G., "La función calificadora del Registrador: errores y responsabilidad", 2043 y ss.

116 PAU PEDRÓN, A., *Manual de Derecho registral inmobiliario, opus cit.*, 56 y ss.

Es relevante la imparcialidad con la que los Registradores deben realizar el control de la legalidad, ya que, si atendemos al art. 102 R.H. no deben calificar por sí los documentos en los que puedan tener interés o lo tuvieran "sus cónyuges o parientes dentro del segundo grado de consanguinidad o afinidad o sus representantes o clientes, por razón del asunto a que tales documentos se refieran, tengan algún interés en los mismos". El carácter independiente de la función calificadora se apoya en esta competencia territorial desde el origen del Registro de la Propiedad, como se indica en el artículo 1.2 L.H. cuando determina que: "las expresadas inscripciones y anotaciones se harán en los Registros en cuya circunscripción territorial radiquen los inmuebles". Esa circunscripción o distrito hipotecario determina la competencia territorial y respalda la independencia de la que hablamos. Además, se garantiza el carácter inamovible de la labor de los titulares de los Registros puesto que el Registrador solo puede ser trasladado con carácter forzoso por sentencia firme o expediente instruido, conforme a los arts. 315 a 318 L.H.

La independencia ha sido objeto de múltiples resoluciones de la DGSJFP creando doctrina muy enriquecedora sobre el particular, encontrando posturas que, por un lado, norman esa independencia a la hora de calificar y, por otro, se destaca la responsabilidad derivada de la misma. Esa independencia también determina que la calificación no tiene que quedar vinculada por lo establecido en una inscripción anterior[117]. En esta línea, es necesario subrayar la ausencia de vinculación del Registrador con respecto a las calificaciones de otros Re-

---

117 Resolución de la Dirección General de los Registros y del Notariado de 5 de septiembre de 2017; y Resoluciones de la Dirección General de Seguridad Jurídica y Fe Pública de 28 de julio de 2020 (BOE núm. 212, de 6 de agosto de 2020); de 27 de agosto de 2020 (BOE núm. 257, de 28 de agosto de 2020); y de 29 de octubre de 2020 (BOE núm. 309, de 25 de noviembre de 2020), entre otras.

gistradores[118]. La DGSJFP establece al respecto que ni siquiera queda supeditado el Registrador a las antiguas calificaciones emitidas por él mismo[119] en los supuestos donde el asiento de presentación ha caducado ya. No obstante, como se pone de manifiesto en la Resolución de 5 de septiembre de 2017 citada, "debe prevalecer la mayor garantía de acierto en la aplicación del principio de legalidad por razones de seguridad jurídica".

Cuando se produce la presentación del documento de nuevo, se inicia a su vez el procedimiento registral desde el principio, acatando el art. 108.1 R.H. que determina que "transcurridos los plazos durante los cuales producen sus efectos los asientos de presentación o las anotaciones preventivas de suspensión, sin haberse practicado el asiento solicitado, podrán presentarse de nuevo los títulos correspondientes, los cuales serán objeto de nueva calificación".

4. La responsabilidad civil y administrativa o disciplinaria del Registrador

El Registrador responde civilmente de los errores que pueda cometer en el ejercicio de su función calificadora y de los

118 Resoluciones de la Dirección General de los Registros y del Notariado de 8 de octubre de 2018 (BOE núm. 262, de 30 de octubre de 2018, 105114-105125); y Resoluciones de la Dirección General de Seguridad Jurídica y Fe Pública de 24 de enero de 2020 (BOE núm. 170, de 18 de junio de 2020, 42000-42003); de 23 de enero de 2020 (BOE núm. 170, de 18 de junio de 2020, 41991-41995); y de 19 de octubre de 2020 (BOE núm. 291, de 4 de noviembre de 2020, 95953), entre otras.

119 Resolución de la Dirección General de los Registros y del Notariado de 5 de julio de 2011; Resolución de la Dirección General de Seguridad Jurídica y Fe Pública de 22 de noviembre de 2019 (BOE núm. 308, de 24 de diciembre de 2019, 140009); de 29 de noviembre de 2019 (BOE núm. 7, de 8 de enero de 2020); y Resolución de 7 de octubre de 2020 (BOE núm. 269, de 10 de octubre de 2020, 86918), entre otras.

perjuicios que pueda ocasionar al ciudadano como consecuencia de los mismos, tal y como se regula en los artículos 296 a 312 L.H. y arts. 520 a 535 R.H., a través de un procedimiento especial que se elevará ante la jurisdicción civil, que se regulaba ya en la primera Ley Hipotecaria de 1861, cuyo contenido apenas ha sufrido variación desde su origen[120]. La Ley determina las causas por las que los Registradores responderán con sus fianzas y con sus demás bienes de todos aquellos daños y perjuicios que le provoquen al interesado.

La legislación hipotecaria estableció la obligatoriedad de prestar fianza por parte del Registrador como requisito previo a la toma de posesión. Así se reguló en la referida Ley de 1861 y así se recoge actualmente en el vigente artículo 282 L.H. La fianza quedará afecta según establece el art. 283 de la L.H., "a las responsabilidades en que los Registradores incurran por razón de su cargo, con preferencia a cualesquiera otras obligaciones de los mismos". Este precepto, a su vez, nos remite al Reglamento Hipotecario a la hora de establecer la forma de prestación de la fianza y su cuantía.

En el Decreto 393/1959, de 17 de marzo, se modifican determinados artículos del Reglamento Hipotecario para proceder a la correcta ejecución de la Ley, a saber, "importa destacar entre las demás reformas la del art. 520 R.H. que admite con carácter facultativo la fianza colectiva a petición del Colegio Nacional de Registradores que simplificará el sistema vigente y multiplicará la garantía. Para los particulares al ofrecérsela en grado superior a la que puede prestar cada Registrador con arreglo al sistema actual». La derivada de esta modificación se concreta en

---

120 MARÍN LÓPEZ, M. J., "La responsabilidad civil del Registrador", *opus cit*, 1743 y ss. y GORDILLO CAÑAS, "La inscripción en el Registro de la Propiedad, su contenido causal, su carácter voluntario y su función publicadora de la realidad jurídico-inmobiliaria o generadora de apariencia jurídica", *opus cit*, 5 y ss.

que la obligación de prestar fianza individual por cada Registrador prevista por el legislador se sustituyó por la fianza colectiva en los términos que señala el vigente art. 320 R.H.

Algún autor ha manifestado la necesidad de sentar las premisas básicas de la seguridad jurídica ofrecida por los Registradores[121]. En esta línea, los artículos 313 y ss. L.H. norman el régimen disciplinario de los Registradores de la Propiedad estableciendo que se actuará, en primer lugar, acudiendo a ellos y "supletoriamente, a falta de normas especiales, se aplicará lo dispuesto en las normas reguladoras del régimen disciplinario de los funcionarios civiles del Estado, excepto en lo referente a la tipificación de las infracciones".

Las eventuales infracciones han sido clasificadas en la legislación hipotecaria -art. 313 L.H.- en muy graves, graves y leves:

Son infracciones muy graves: el abandono del servicio; las conductas constitutivas de delito doloso relacionadas con la prestación de la fe pública registral que causen daño a la Administración o a los particulares declaradas en sentencia firme; las conductas que hayan acarreado sanción administrativa, en resolución firme, por infracción grave de disposiciones en materia de prevención de blanqueo de capitales, tributaria, de mercado de valores u otras previstas en la legislación especial que resulte aplicable, siempre que dicha infracción esté directamente relacionada con el ejercicio de su profesión; la inscripción de títulos contrarios a lo dispuesto en las Leyes o sus Reglamentos o a sus formas y reglas esenciales, siempre que se deriven perjuicios graves para el presentante, para terceros o para la Administración y que no se trate de meras cuestiones interpretativas u opinables en Derecho; la reincidencia en la comisión de infracciones graves en el plazo de dos años siem-

---

121 GÓMEZ GÁLLIGO, F. J. "Digitalización registral mercantil", *opus cit.*,150 y ss.

pre que hubieran sido sancionadas por resolución firme; el incumplimiento grave de las normas sobre incompatibilidades contenidas en la Ley 12/1995, de 11 de mayo, de incompatibilidades de los Miembros del Gobierno de la Nación y de los Altos Cargos de la Administración General del Estado, y en la Ley 53/1984, de 26 de diciembre, de incompatibilidades del personal al servicio de las Administraciones públicas; la percepción de derechos arancelarios con infracción de las disposiciones por las que aquéllos se rijan; el retraso injustificado y generalizado en la inscripción de los títulos presentados. A estos efectos, se considera generalizado aquel retraso que afecta a un diez por ciento o más de los títulos atendiendo al número de los presentados trimestralmente; el incumplimiento de las obligaciones de custodia y uso de la firma electrónica avanzada del Registrador, así como la obligación de denunciar la pérdida, extravío o deterioro o situación que ponga en riesgo el secreto o la unicidad del dispositivo seguro de creación de firma electrónica[122].

También lo son el incumplimiento del deber de fidelidad a la Constitución en el ejercicio de la profesión; toda actuación profesional que suponga discriminación por razón de raza, sexo, religión, lengua opinión, lugar de nacimiento, vecindad o cualquier otra condición o circunstancia personal o social; y la violación de neutralidad o independencia políticas, utilizando las facultades atribuidas para influir en procesos electorales de cualquier naturaleza y ámbito así como la obstaculización al ejercicio de las libertades públicas y derechos sindicales[123].

---

122 GARCÍA VILA, J. (2016). "Comentario crítico a un reciente trabajo sobre la fuerza de la primera inscripción en la ley hipotecaria de 1861". *Revista Crítica de Derecho Inmobiliario*, (757), 2651 y ss.

123 GARCÍA GARCÍA, J.M. (2016). *La finca registral y el Catastro.* Civitas, 121 y ss. y ARRIETA SEVILLA L. J. (2018). *La finca registral como objeto del Registro de la Propiedad.* Thomson Reuteurs, 79 y ss.

Se califican como infracciones graves en el art 313 L.H.: Las conductas que hayan acarreado sanción administrativa en resolución firme, por infracción de disposiciones en materia de prevención de blanqueo de capitales[124], tributaria, de mercado de valores, u otras previstas en la legislación especial que resulte aplicable, siempre que dicha infracción esté directamente relacionada con el ejercicio de su profesión y no constituyan faltas muy graves; la negativa injustificada a la prestación de funciones requeridas, así como la ausencia injustificada por más de dos días del lugar de su residencia, siempre que cause daño a tercero; en particular se considerará a los efectos de esta infracción de negativa injustificada a la prestación de funciones requeridas, la denegación injustificada del Registrador a extender asiento de presentación, a inscribir, a expedir nota, a motivar sus actuaciones, en particular su calificación negativa, a notificar en los términos legal o reglamentariamente previstos, a practicar los asientos o a elevar el expediente en los plazos y forma establecidos; las conductas que impidan prestar con imparcialidad, dedicación y objetividad las obligaciones de calificación que la vigente legislación atribuye a los Registradores de la Propiedad, Mercantiles y de Bienes Muebles o que pongan en peligro los deberes de honradez e independencia necesarios para el ejercicio público de su función; los enfrentamientos graves y reiterados del Registrador con autoridades, interesados u otros Registradores, en el lugar, zona o distrito donde ejerza su función debida a actitudes no justificadas de aquél; el incumplimiento grave y reiterado de cualesquiera deberes impuestos por la legislación registral o por acuerdo corporativo vinculante así como el impago de los gastos colegiales acordados reglamentariamente; el incumplimiento reiterado

---

124 La Ley 10/2010, de 28 de abril, de prevención del blanqueo de capitales y de la financiación del terrorismo considera sujetos obligados, que en su artículo 2. n) se refiere a los notarios y los Registradores de la propiedad, mercantiles y de bienes muebles.

de facilitar el acceso telemático a los datos del Registro; el incumplimiento reiterado de la obligación de atención al público en las horas determinadas; la reincidencia por la comisión de infracciones leves en el plazo de dos años siempre que hubieran sido sancionadas por resolución firme.

También lo son: la falta de rendimiento que afecte al normal funcionamiento del servicio y no constituya falta muy grave; la falta de obediencia debida al Colegio de Registradores de la Propiedad y Mercantiles; el incumplimiento reiterado de los plazos establecidos en el artículo 134 de la Ley 2/1995, de 13 de marzo, de Sociedades de Responsabilidad Limitada.; el retraso injustificado en la inscripción de los títulos presentados; y el incumplimiento y la falta de obediencia a las Instrucciones y resoluciones de carácter vinculante de la Dirección General de los Registros y del Notariado, así como la falta de respeto o menosprecio a dicho Centro Directivo[125].

Son infracciones disciplinarias leves *ex* art. 313 L.H. el incumplimiento de los deberes y obligaciones impuestos por la legislación registral, por resolución administrativa o acuerdo corporativo. Tratándose del incumplimiento de un acuerdo corporativo será necesario que el Registrador previamente haya sido requerido para su observancia por el Colegio de Registradores de la Propiedad y Mercantiles de España. El requerimiento citará expresamente el precepto, dará un plazo para cumplirlo y apercibirá al Registrador de que, si no lo hace, podrá incurrir en infracción disciplinaria leve[126].

---

125 PAU PEDRÓN, A. (2000). *Historia del Colegio de Registradores*. Colegio de Registradores, 78 y ss. y JUÁREZ TORREJÓN, A. (2018). "La acción Pauliana (revocación por fraude de acreedores): intento de reconstrucción de la figura y de su papel en el derecho patrimonial". *Anuario de Derecho Civil,* (71), 1277 y ss.

126 MARÍN LÓPEZ, M. J., "La responsabilidad civil del Registrador", *opus cit.*, 1743 y ss.

Los miembros de los órganos de gobierno del Colegio de Registradores de la Propiedad y Mercantiles de España podrán ser sancionados por el Ministro de Justicia o por el Director general de los Registros y del Notariado, en los supuestos siguientes, que tendrán la consideración de infracción grave, salvo que fuere reiterada en el transcurso de su mandato, en cuyo caso será infracción muy grave: El incumplimiento grave o reiterado de sus deberes, siempre que suponga infracción de un precepto legal, reglamentario o corporativo; La negativa o resistencia a cumplir instrucciones, circulares, resoluciones o actos administrativos de obligado cumplimiento y las graves insuficiencias o deficiencias en su cumplimiento; y el incumplimiento o cumplimiento defectuoso de acuerdos corporativos regularmente adoptados, si mediara dolo o negligencia grave".

5. El régimen de incompatibilidades

Las causas de incompatibilidad se encuentran reguladas en el art. 281 L.H. que establece que "el cargo de Registrador es incompatible con el de Juez, Fiscal, Notario y, en general, con todo empleo o cargo público, en propiedad o por sustitución, esté o no retribuido con fondos del Estado, Provincia Municipio". También existe incompatibilidad para ejercer el cargo en un registro determinado cuando exista parentesco dentro del segundo grado de consanguinidad o afinidad con el Notario único del distrito. Es decir, para ser Registrador es necesario no estar comprendido en alguna de las causas de incompatibilidad del 281 L.H. Es un requisito previo al nombramiento presentar a la Dirección General declaración jurada del aspirante afirmando que no está incurso en causa alguna. En el resto de supuestos de incompatibilidad, el afectado tiene derecho a elegir entre el Registro o el empleo o cargo incompatible, entendiéndose que opta por este último si nada dijera. El Registrador debe poner en conocimiento de la DG la existencia de la causa de incompatibilidad para que este pueda iniciar el expediente oportuno.

Las causas de incapacidad se regulan en el artículo 280 L.H. que determina que: "no podrán ser Registradores: los fallidos o concursados que no hayan obtenido rehabilitación; los deudores al Estado o a fondos públicos, como segundos contribuyentes, o por alcance de cuentas; los procesados criminalmente contra los que se haya dictado auto de prisión, mientras no haya quedado sin efecto; y los condenados a penas graves".

El TSJ de Madrid, en Sentencia 797/2008, de 3 de abril establece que, el objetivo es procurar la irreprochabilidad penal de los Registradores en cuanto a interés legítimo y propio de la Administración para satisfacer adecuadamente los intereses generales, es decir, hablamos de unos requisitos para el accesoa la función de Registrador[127]. Se afirma que "dichos preceptos no son excluyentes, sino que se complementan, de manera que para poder ejercer como Registrador será necesario que no concurran las causas de capacidad y de incompatibilidad previstas en dichos preceptos y si concurrieran alguna de ellas, es claro que la consecuencia será la declaración de excedencia forzosa contemplada en los artículos 611 y 512 del Reglamento Hipotecario.

127 NÚÑEZ LAGOS, R., "El Registro de la Propiedad español", *opus cit.*, 217 y ss.

Capítulo II.

Principios informadores y naturaleza jurídica de la inscripción registral

I. EL ASIENTO DE PRESENTACIÓN Y EL PRINCIPIO DE PRIORIDAD

En virtud de lo anotado en el asiento de presentación queda constancia del acceso de un título o documento en el Registro de la Propiedad para que dé comienzo el procedimiento registral que desembocará -si todo está en orden- en la inscripción de dicho título o documento[1]. El citado asiento se practica en el Libro Diario de operaciones, donde se anotará el día y la hora de su presentación como justificación formal y, además, establece el rango de preferencia entre títulos presentados, teniendo una vigencia de sesenta días. En el momento que se practica su inscripción, automáticamente se está impidiendo la inscripción de títulos contradictorios y le otorga preferencia al título inscrito, como se establece en los arts. 14, 17, 24 y 25 L.H., frente a aquellos compatibles.

Como decíamos, la inscripción le confiere preferencia al titular del derecho real inscrito frente a los incompatibles y ordena en orden cronológico aquellos que sí lo son. Este principio *prior tempore, potior iure* es el principio de la prioridad temporal. Independientemente de que el derecho que se preten-

1 GÓMEZ GÁLLIGO, F. J., *Defectos en los documentos presentados a inscripción en el Registro de la Propiedad. Defectos entre faltas subsanables e insubsanables, opus cit.*, 45 y ss.

de inscribir con posterioridad en el Registro se haya adquirido antes -salvo fraude o mala fe- seguirá teniendo preferencia siempre el derecho que primero acceda o primero se inscriba en el Registro, conforme al asiento de presentación. Por su parte, el art. 25 L.H. establece que, para determinar la preferencia entre dos o más inscripciones de igual fecha relativas a una misma finca, se atenderá a la hora de la presentación en el Registro de los títulos respectivos[2].

Un sector de la doctrina ha definido la prioridad registral[3] como aquel principio en cuya virtud el acto registrable que primeramente ingrese en el Registro de la Propiedad se antepone, con preferencia excluyente o con prioridad de rango, a cualquier otro acto registrable que, por ser perjudicial o incompatible, no hubiese aún ingresado en el Registro -o ingrese con posterioridad-, aunque tenga anterior fecha.

El principio de prioridad va a operar, pues, con una doble eficacia: sustantiva y formal. En ambos casos se otorga preferencia al título que primero ingresa en el Registro frente a los demás. Esta preferencia muestra dos vertientes, de una parte, es excluyente, pues el derecho inscrito cierra el Registro a los títulos que sean incompatibles con él -arts. 1.473 C.c. y 32 L.H.- y, jerárquico, por cuanto que atribuye a los derechos reales compatibles un determinado rango en relación con los demás, según el orden cronológico de entrada en el Registro de la Propiedad.

---

2 DE COSSÍO Y CORRAL, A. (1990). *Instituciones de Derecho Civil,* Alianza Editorial, 34 y ss.; CHICO y ORTIZ, J. M. (1994). "La calificación registral: Problemas". *Revista Crítica de Derecho Inmobiliario,* (488), 43 y ss.

3 ROCA TRÍAS, E. (1979). "Las relaciones entre la posesión y el Registro de la Propiedad". *Revista Crítica de Derecho Inmobiliario,* (530), 45 y ss. y DE PABLO CONTRERAS, P. (2020). *La función legitimadora de la posesión y de la inscripción.* Edisofer, 45 y ss.

Pero el principio de prioridad, como adelantábamos líneas atrás, también tiene una derivada formal de crucial importancia porque impone al Registrador de la Propiedad una doble obligación ya que, por una parte, prohíbe el acceso a los libros de inscripciones de títulos de fecha igual o anterior que sean incompatibles con otros títulos ya inscritos, anotados o presentados en el Diario y, de otra, el deber de guardar el orden cronológico resultante de su presentación, con algunas excepciones, en el despacho de los títulos relativos a una misma finca en el Libro Diario.

Por lo que se refiere al rango, LACRUZ[4] sostiene que es el lugar que corresponde a un derecho en relación con los demás derechos que gravan una misma finca. Es muy posible que el rango pueda afectar a toda clase de derechos reales limitados que gravan la finca, pero tiene especial trascendencia en aquellos derechos en los que es posible que ocasionen un cambio de propietario, *v.g.*, las hipotecas, las anotaciones preventivas de embargo, la opción de compra, o las reservas, entre otros[5]. Es necesario, por tanto, diferenciar el rango registral de los privilegios crediticios, ya que estos últimos son cualidades del crédito que no van a alterar su naturaleza personal y, que únicamente determinan una anteposición en el pago en el supuesto de concurso con otros acreedores, cuya efectividad depende de que se haga valer mediante la correspondiente tercería de mejor derecho por quien corresponda. Atendiendo al contenido del art. 1.923. 3° C.c., los créditos hipotecarios inscritos en el Registro de la Propiedad van a tener preferencia sobre los bienes hipotecados y, además, van a excluir a los demás créditos por su importe hasta donde alcance su valor. Gozarán, también, de prelación entre sí en virtud al orden de antigüedad

---

4 PUIG BRUTAU, J. (1985). *Fundamentos de Derecho Civil.* Bosch, 47 y ss.

5 PAU PEDRÓN, A. (2023). *Elementos de Derecho Hipotecario.* Universidad Pontificia de Comillas.

de sus respectivas inscripciones según establece el art. 1.927. 2ª C.c. Sobre el particular, es necesario subrayar la existencia de determinadas excepciones a lo establecido en el citado precepto, a saber, los créditos a favor del Estado sobre los bienes de los contribuyentes por el importe de la última anualidad que esté vencida y no pagada[6]; de los impuestos que pivoten sobre ellos -art. 1.923.1º C.c.-; los créditos de los aseguradores, sobre los bienes asegurados, por los premios del seguro de dos años; y, si fuere el seguro mutuo, por los dos últimos dividendos que se hubiesen repartido -art. 1.923.2º C.c.-; los créditos garantizados con afección real por gastos de comunidad de la propiedad horizontal -art. 9 de la Ley de Propiedad Horizontal-; los créditos garantizados con afección real en garantía del pago de los gastos de urbanización -legislación del suelo y Real Decreto 1.093/1.997, de 4 de julio-; los créditos salariales privilegiados del artículo 32 del Estatuto de los Trabajadores. Con respecto al concurso de acreedores, debe atenderse a que estamos ante créditos con privilegio especial -art. 90.1. 1º de la Ley Concursal-, existiendo un régimen especial de paralización, inicio o reanudación de ejecución de garantías reales en los art. 56 y 57 de la Ley Concursal.

Por lo que se refiere a la reserva de rango, a la posposición y a la permuta, es posible detectar que tienen elementos estructurales comunes, a saber, el hecho de que un derecho pierda ventajas a favor de otro que las gana; la alteración en la preferencia de dos derechos no puede hacerse sin el consentimiento de los titulares intermedios, que deberán prestarlo si para ellos no existiese perjuicio; y subrayar que no se precisa el consentimiento del dueño del inmueble sobre el cual recaiga el de-

---

6 RODRÍGUEZ DE ALMEIDA, M. G. (2019). "La función calificadora del Registrador: errores y responsabilidad". *RCDI,* (774), 2043 y ss. y ARREBOLA BLANCO, A. (2023). "La disolución y liquidación de la sociedad de gananciales". *GPS Familia.* Tirant Lo Blanch, 513 y ss.

recho alterado, sin perjuicio de que cuando éste crea que han sido lesionados sus intereses, ejercite las acciones pertinentes.

Otros tratadistas han puesto de relieve[7] en primer término que la permuta tiene lugar cuando dos derechos reales limitativos que están constituidos plenamente e inscritos, cambian sus posiciones. Se ha subrayado, en segunda instancia, que la posposición sucede cuando el titular de un derecho real limitado, plenamente constituido e inscrito, acuerda ceder su preferencia a un futuro titular de otro derecho que todavía no ha sido constituido, en el caso y en el momento en el que este último derecho nazca con las condiciones predeterminadas para la vida registral. Y, en fin, la reserva de rango se sustancia cuando el titular de un derecho real limitativo aún no inscrito cede la preferencia que iba a obtener con la inscripción a favor del futuro titular de otro derecho todavía no nacido para el supuesto y el momento en que nazca con las condiciones predeterminadas, sin perjuicio de que la reserva de rango pueda tener también un carácter imperativo por venir impuesta legalmente -*v.g.*, arts. 45, 194, 196 y ss. L.H.-

Vemos, pues, como la legislación hipotecaria va a normar la alteración del rango en el art. 241 L.H. al establecer que: "Para que la posposición de una hipoteca a otra futura pueda tener efectos registrales, será preciso: que el acreedor que haya de posponer consienta expresamente la posposición; que se determine la responsabilidad máxima por capital, intereses, costas u otros conceptos de la hipoteca futura, así como su duración máxima; que la hipoteca que haya de anteponerse se

---

[7] CHICO y ORTIZ, J. M. (2000). *Estudios sobre Derecho hipotecario,* Marcial Pons, 79 y ss.; O´CALLAGHAN MUÑOZ, X. (2012). *Compendio de Derecho Civil.* Universitaria Ramón Areces, 58 y ss. y OLIVA IZQUIERDO, A. M. (2016). *La nueva coordinación Registro-Catastro.*Centro de Estudios Registrales, 85 y ss.; y PAU PEDRÓN, A. y DE FUENTES CORRIPIO, J. (2011). *La capacidad en los negocios sobre inmuebles.* Fundación Registral, 24 y ss.

inscriba dentro del plazo necesariamente convenido al efecto. La posposición se hará constar por nota al margen de la inscripción de la hipoteca pospuesta, sin necesidad de nueva escritura cuando se inscriba la hipoteca futura. Transcurrido el plazo señalado en el número tercero sin que haya sido inscrita la nueva hipoteca, caducará el derecho de posposición, haciéndose constar esta circunstancia por nota marginal". Es necesario poner de manifiesto sobre el particular que la DGRN[8] ha admitido la aplicación analógica en el supuesto de posposición de condición resolutoria a una hipoteca futura, pero respecto de las anotaciones preventivas de embargo, no lo hace. Y, en todos los casos expuestos, la escritura pública será el título inscribible, tanto la escritura dirigida única y exclusivamente a recoger el pacto de alteración de rango o la escritura que lo contenga, según proceda, como pacto adjunto del negocio de constitución del derecho que avanza o retrocede.

Enlazado estrechamente con lo hasta ahora expuesto, es necesario poner de manifiesto que el cierre registral normado en el art. 17 L.H. se establece de la siguiente manera: "inscrito o anotado preventivamente en el Registro cualquier título traslativo o declarativo del dominio de los inmuebles o de los derechos reales impuestos sobre los mismos, no podrá inscribirse o anotarse ningún otro de igual o anterior fecha que se le oponga o sea incompatible, por el cual se transmita o grave la propiedad del mismo inmueble o derecho real. Si sólo se hubiera extendido el asiento de presentación, no podrá tampoco inscribirse o anotarse ningún otro título de la clase antes

---

8 Por todas, Resolución de 23 de abril de 2018. B.O.E. núm. 115, de 11 de mayo de 2018, 49603; Resolución de 11 de junio de 2018 B.O.E. número 153 de 25 de junio de 2018, 64277; Resolución de 31 de octubre de 2018. B.O.E. núm. 280, de 20 de noviembre de 2018 página 112910. Resolución de 11 de diciembre de 2020. B.O.E. núm. 338, de 28 de diciembre de 2020, 121058-121068; Resolución de 23 de diciembre de 2020. B.O.E. núm. 19, de 22 de enero de 2021, 6359-6362.

expresada durante el término de sesenta días, contados desde el siguiente al de la fecha del mismo asiento". Debe atenderse al respecto a lo dispuesto en los arts. 24 y 25 L.H.

El art. 17 L.H. no va a impedir que se extienda el asiento de presentación del título rezagado incompatible, ya que será el Registrador quien habrá de determinar, en el momento de la calificación, si existe o no esa incompatibilidad y, en definitiva, si el título es o no inscribible. Y, en fin, señalar que la incompatibilidad existe cuando, por razón del contenido de los derechos derivados de los títulos, resulte imposible el ejercicio simultáneo de tales derechos por dos titulares distintos.

Así, pues, este principio se presenta cuando concurren derechos reales y surte distintos efectos en función de si son compatibles o incompatibles, ya que en el caso de los primeros, se manifiesta el rango -ordenación de forma cronológica de los derechos reales compatibles que han accedido al Registro en diferentes momentos- como criterio de prioridad; y en los segundos se produce el cierre registral -imposibilidad de inscribir un derecho real incompatible con otro inscrito con anterioridad- en cuanto a esos títulos.

II. LA CALIFICACIÓN REGISTRAL Y EL PRINCIPIO DE LEGALIDAD: ALCANCE, CONTENIDO E IMPUGNACIÓN

La función calificadora del Registrador se sustenta en la base del principio de legalidad y, éste, a su vez, es el fundamento de los principios de legitimación y de fe pública registral[9]. Los Registradores de la Propiedad tienen como misión califi-

---

9 CHICO y ORTIZ, J. M., Estudios sobre Derecho hipotecario, *opus cit.*, 43 y ss.; del mismo autor, "La calificación registral: Problemas", *opus cit.*, 52 y ss.; y MARTÍNEZ-CARDÓS RUIZ L. (2020). "Régimen de responsabilidad

car, bajo su responsabilidad, la legalidad de los documentos cuya inscripción se solicita. Deben, por tanto, verificar con la calificación que los títulos que acceden al Registro de la Propiedad sean verdaderos y válidos antes de proceder a su inscripción -si la calificación es positiva- o, en su caso, suspenderla o denegarla -si la calificación es negativa-, en caso de que se observe algún defecto subsanable o insubsanable.

La calificación registral es un cometido de carácter personalísimo e indelegable que el Registrador realiza con lo que resulta del título presentado para su inscripción y del contenido del Registro, pudiendo requerir, si es necesario, la aportación de otros documentos necesarios para poder calificar el título. La calificación va a formar parte de los principios hipotecarios, en concreto, ha sido incluido tradicionalmente dentro del principio de legalidad, aunque es de justicia reconocer que tiene entidad suficiente para configurar de manera autónoma un principio hipotecario.

El principio de calificación es entendido como aquel principio que da luz al control de validez de los documentos que se presentan en el Registro de la Propiedad y, el principio de legalidad fundamenta el acceso al Registro, únicamente, de títulos válidos. Ello queda regulado en el art. 3 L.H. al exigir, como regla general, titulación pública o auténtica. Todo ello, claro está, con las excepciones oportunas y con el control realizado, en todo caso, por el Registrador de aquellos títulos en virtud de los cuales se constituyen, adquieren, extinguen o modifican derechos cuya pretensión es obtener la necesaria publicidad que otorga el Registro de la Propiedad. Y en esta línea, la doctrina más autorizada[10] ha subrayado que el principio de

---

patrimonial de las Administraciones públicas y daños causados por los Registradores de la Propiedad". *RCDI*, (782), 3587 y ss.

10 GARCÍA GARCÍA, J.M. (2016). "El Registro de la Propiedad como instrumento al servicio de la protección de lugares naturales y su proyección sobre

legitimación es "el principio hipotecario en virtud del cual los asientos del Registro de la Propiedad se presumen exactos y veraces y, consecuencia de ello, al titular registral reflejado en los mismos se le considera legitimado para actuar en el tráfico y en el proceso como tal titular, es decir, tanto en el ámbito extrajudicial como en el judicial y en la forma que el propio asiento determina".

Con respecto a su regulación en nuestro ordenamiento jurídico, tenemos que atender al contenido del art. 38.1 L.H. al establecer que: "a todos los efectos legales se presumirá que los derechos reales inscritos en el Registro existen y pertenecen a su titular en la forma determinada por el asiento respectivo. De igual modo se presumirá que quien tenga inscrito el dominio de los inmuebles o derechos reales tiene la posesión de los mismos". Asimismo, es necesario estudiar el contenido del art. 97 L.H., por cuanto que recoge formulación negativa, con respecto a la cancelación de inscripciones, del citado principio; al art. 1.3 L.H. que subraya que compete a los Tribunales -norma que trae causa del principio de exactitud- la custodia del contenido que ofrece el Registro de la Propiedad[11]; y tras la reforma efectuada por la Ley 13/2015, de 24 de junio, también se atenderá a lo establecido en el art. 10.5 L.H. ya que establece

---

la seguridad del tráfico inmobiliario privado". *Revista de Derecho Patrimonial,* (39),103 y ss.; y el mismo autor, "La función registral y la seguridad de tráfico inmobiliario", *opus cit.,* 2239 y ss. Además, debemos subrayar que esta definición ha sido asumida casi literalmente por el Tribunal Supremo en Sentencia 4979/2005, de 19 de julio de 2005.

11 PAU PEDRÓN. A., *Elementos de Derecho Hipotecario, opus cit.,* 200 y ss.; OLIVEROS ROSSELLO, M. J. (2020). La valoración de bienes inmuebles (1), *Actualidad civil,* (2), 75 y ss. y ORTÍZ FERNÁNDEZ, M. (2021). "El principio de publicidad registral y sus manifestaciones: Especial atención a su dimensión formal y a la incidencia de los derechos fundamentales en su configuración". *Derecho Privado y Constitución,* (39), 287 y ss.

que, cuando la finca esté coordinada con el catastro, extiende los efectos del art. 38 L.H. a los datos de hecho.

En nuestro sistema inmobiliario registral, el Registro de la Propiedad nace, como ha expuesto algún autor[12] con la pretensión de constituir un plano jurídico con respecto a la propiedad y gravámenes que pesen sobre de cada una de las fincas. Y ello es porque la inscripción en el Registro de la Propiedad, como regla general, no es constitutiva y los posibles vicios del acto transmisivo o constitutivo no quedan subsanados con la inscripción. El Registro de la Propiedad no goza de infalibilidad, pero sí es posible afirmar que, tendencialmente, el Registro es exacto ya que trata de ofrecer una información lo más certera posible facilitando una seguridad razonable sobre la veracidad y la realidad de las manifestaciones vertidas. La querencia hacia la exactitud registral o hacia la presunción de veracidad del Registro de la Propiedad va a producir consecuencias tanto respecto de terceros adquirientes, dando lugar al principio de fe pública registral, como respecto del propio titular registral, a través del principio de legitimación registral, como hemos visto[13].

La redacción legal del principio de legitimación registral la encontramos en los arts. 1.3, 38.1 y 97 L.H. El art. 1.3 L.H. establece que: "los asientos del Registro practicados en los Libros

---

12 LACRUZ BERDEJO, J. L. y SANCHO REBULLIDA, F., *Elementos de Derecho Civil III Bis, Derecho Inmobiliario Registral, opus cit.*, 34 y ss. y JUÁREZ TORREJÓN, A. (2020). "La acción Pauliana. Consecuencias restitutorias, con especial atención a la protección de los subadquirientes y a la restitución de frutos". *Revista de Derecho Patrimonial,* (53), 4 y ss.

13 VELA SÁNCHEZ, A. J. (2007). "La fe pública registral en las ventas judiciales derivadas de embargos inmobiliarios". *ADC,* (12), 56 y ss. y ZAMORA MANZANO, J. L. (2004). *La publicidad de las transmisiones inmobiliarias.* Fundación *beneficientia et peritia iuris,* 77 y ss.

que se determina en los arts. 238 y ss., en cuanto se refieran a los derechos inscribibles, están bajo la salvaguardia de los tribunales y producen todos sus efectos mientras no se declare su inexactitud en los términos establecidos en esta Ley"; el art. 38.1 dispone que: "a todos los efectos legales se va a presumir que todos los derechos reales inscritos en el Registro existen y pertenecen a su titular en la forma determinada por el asiento respectivo. De igual modo se presumirá que quien tenga inscrito el dominio de los inmuebles o derechos reales tiene la posesión de los mismos. Y el artículo 97 establece que "cancelado un asiento se presume extinguido el derecho que ha dicho asiento se refiera"; Y, desde la entrada en vigor de la Ley 13/2015, de 24 de junio de reforma de la Ley Hipotecaria, el art. 10.5 L.H. establece que: "alcanzada en la coordinación gráfica con el catastro y inscrita a la representación gráfica de la finca en el registro se presumirá con arreglo a lo dispuesto en el art. 38 que la finca objeto de los derechos inscritos tiene la ubicación y delimitación geográfica expresada en la representación gráfica catastral que ha quedado incorporada al folio real. Esta presunción regirá igualmente cuando se hubiera incorporado al folio real una representación gráfica alternativa en los supuestos en que dicha representación haya sido validada previamente por una autoridad pública y hayan transcurrido seis meses desde la comunicación de la inscripción correspondiente al catastro sin que éste haya comunicado al registro que existan impedimentos a su validación técnica".

Normados, así, estos presupuestos, observamos como en la Ley Hipotecaria existe una presunción de exactitud del Registro de carácter *iuris tantum*, que alcanza a la existencia del derecho que ha sido inscrito, a su titularidad y a su extensión, así como a los datos físicos en caso de que, con el catastro, exista coordinación. Por tanto, mientras no se demuestre la inexactitud de lo inscrito, el titular registral debe ser considerado, como observa algún autor[14], como si el titular fuera verdadero, en cualquier lugar y tiempo y cualquier persona. Observamos la doble dimensión sustantiva y procesal de los efectos de la legitimación registral ya que, puede hacer valer activa o pasivamente en él la consideración de titular del derecho real inscrito a su favor en toda ocasión de la vida jurídica, tanto en juicio como fuera del mismo.

Y es que la protección de terceros constituye el núcleo del objeto a regular de la Ley Hipotecaria de 1861. Pero en este sentido, el Registro de la Propiedad limitaba su eficacia a la protección del adquirente, pero el mero hecho de tener inscrita la titularidad no iba a otorgar a su titular ayuda en la vida cotidiana. Será lo establecido en los arts. 24 y 41 de la Ley Hipotecaria de 1909 cuando, por vez primera, se aborda la protección del titular registral.

El art. 24 de la citada Ley ya recogía, con alguna que otra singularidad, los apartados segundo, tercero, cuarto y quinto del art. 38 de la Ley Hipotecaria actual. Por primera vez se regulaba la tercería registral con sobreseimiento de embargos; los requisitos necesarios para el ejercicio de acciones contradictorias del dominio o derechos reales inscritos; y la intervención en el proceso del tercer adquiriente de bienes de bienes anotados o bienes hipotecados. El art. 41 de la Ley Hipotecaria de 1909 fue el antecedente de la actual regulación, viniendo a reforzar la posición jurídica del titular inscrito y poniendo a su disposición un procedimiento que presentaba ventajas relativas a la obtención y a la restitución del inmueble de cualquier detentador o poseedor. Pero la Ley que data de 1909 no establece de manera formal el principio de legitimación registral.

---

14 YÁÑEZ VIVERO, F. (2000). "Deudas de un solo cónyuge y responsabilidad ganancial según la reciente jurisprudencia del Tribunal Supremo". *Anuario de Derecho Civil,* (53), 553 y ss. y VALLE FUENTES, E. (2010). "Consideraciones sobre la nueva Ley reformadora de la Ley Hipotecaria". *RDCI,* (21), 803 y ss.

Hubo que esperar a la reforma acontecida en 1944-46 para que quedara formulada con la necesaria precisión el principio registral de legitimación y la presunción de exactitud en los términos contemplados en los citados arts. 1.3, 38.1 y 97. De dicha reforma se deriva la redacción del actual art. 41 L.H. cuya redacción apenas se separa de lo contemplado en la primera redacción.

Cierto es que en un proceso corresponde a las partes aportar al juez las pruebas relativas al objeto de la controversia y su manifestación efectiva tiene lugar de distintas maneras. De una parte, se han de establecer con concreción aquellos hechos que apoyan su pretensión en el litigio y, de otra, han de probar los hechos afirmados en su propio interés[15]. Así, entendidas las cosas, la presunción de exactitud del Registro de la Propiedad va a afectar a esta segunda vertiente, esto es, aquel que alegue o afirme en un juicio, bien sea demandado, demandante o tercerista, una determinada conformación de una situación jurídica que está publicada por el Registro de la Propiedad, está dispensado, en virtud de lo establecido en el art. 385 LEC, de su prueba y únicamente debe aportar un certificado de la inscripción del Registro de la Propiedad. Por tanto, solo se debe probar la existencia de la inscripción, permaneciendo exento de probar la existencia o conformidad del derecho que queda bajo los efectos de la presunción citada. A quien se oponga, se le impone la carga de la prueba necesaria para destruir dicha presunción produciéndose una inversión de la carga de la prueba.

De ahí se deriva el hecho de que la presunción libere al titular inscrito del *onus probandi* y no solo es que no le impide que aporte pruebas, sino que el sector mayoritario de la doctrina le recomienda que aporte todas las pruebas que estén a su

---

15 ALONSO MAS, M. J. y REVUELTA PÉREZ, I. (2017). *Buena fe contra la demolición urbanística.* Aranzadi.

alcance para contrarrestar el eventual intento de un contrario de enervar la eficacia de la presunción registral. Porque, aun siendo válido y eficaz el documento es posible que triunfe la excepción de nulidad de la inscripción; que siendo ineficaz el título inscrito haya otro que atribuya materialmente el derecho al titular; o que realizada la inscripción mediante un documento válido exista un título[16]. El titular registral está, por tanto, legitimado para poder ejercitar las acciones basadas en el derecho real inscrito y únicamente debe exhibir la certificación registral, sin necesidad de aportar el título correspondiente al dominio o al derecho.

Como es bien sabido, las acciones reivindicatoria, confesoria y negatoria son acciones de contenido vindicatorio cuyo objetivo es integrar o reintegrar la posesión que le corresponde al titular de un derecho real que comporta facultades de goce o posesorias. Así, la acción reivindicatoria corresponde a aquel propietario que goza de la posesión frente al poseedor que no es propietario, con el objetivo de que se declare su derecho y se condene al demandado a la restitución del bien; la acción confesoria corresponde al titular de un derecho real limitado de goce que no tiene la posesión frente al poseedor del bien, con el objetivo de que se declare su derecho y se le restituya la posesión que corresponde al contenido de dicho derecho; y, en fin, la acción negadora corresponde al propietario del bien frente al poseedor que se presenta como titular de un derecho real limitado de goce, con el objetivo de que se declare la inexistencia del gravamen y cese la influencia física del demandado sobre el bien citado. Las acciones descritas le corresponden, por tanto, al titular de un derecho real al que se requiere que pruebe la titularidad del derecho descrito.

---

16 VIGIL DE QUIÑONES OTERO, D. (2019)." Artículos 223 a 237". *Comentarios a la Ley Hipotecaria.* Aranzadi, 123 y ss. y VÁZQUEZ ASENJO, O. G. (2010). *Aproximación a los principios gráficos hipotecarios.* Bosch.

Si atendemos al supuesto en el que el titular hubiera inscrito su derecho, sería suficiente con la exhibición de la certificación registral correspondiente sin que sea necesario aportar título alguno o, deba acreditar la existencia del derecho por cualquier otro medio de prueba. Con anterioridad a la reforma que tuvo lugar en 1944, la Jurisprudencia cerraba la puerta a esta posibilidad, que finalmente sí se recoge en la Ley que, sobre el particular, se aprueba en 1944. Suficiente es también, en lo relativo a la interposición de una acción declarativa de dominio frente a quien niegue o discuta su dominio con el fin de que se declare su titularidad dominical, la presentación de la certificación registral por parte del propietario que, teniendo o no, la posesión del inmueble deba probar su título de dominio. Asimismo, por cuanto que la Ley legitima al titular o al propietario de un derecho real para deslindar -art. 384 C.c.-, será suficiente con la aportación de una certificación registral para interponer acción de deslinde que incoe un procedimiento contencioso por el cauce del juicio declarativo que determine la cuantía arts. 251.3 y 6 de la Ley de Enjuiciamiento Civil.

En cambio, cuando el titular registral pretenda acudir a la vertiente no contenciosa, desde el año 2015 se ha establecido que el expediente será tramitado ante notario *ex* art. 200 L.H. Y, en virtud de lo estipulado en el art. 200.4 L.H., una vez iniciado el expediente, el notario debe notificarlo al Registro de la Propiedad, con el objeto de que se expida la correspondiente certificación de la finca con respecto tanto a su titularidad como a sus eventuales cargas. La doctrina discute si la tramitación sustanciada por esta vía se producirá únicamente cuando todas las fincas afectadas estén inscritas o, si también puede tener lugar cuando la finca colindante no está inscrita.

También es necesario subrayar que el titular registral está igualmente legitimado para ejercer las correspondientes acciones reales que el ordenamiento jurídico regula por medio de procesos sumarios con fundamento en el Registro de la Propiedad[17]. Nos referimos a la acción real hipotecaria y a la acción real registral. Con respecto a la primera acción, la real hipotecaria, es la acción que puede el acreedor hipotecario ejercitar para la realización del bien grabado a través del procedimiento regulado la Ley de Enjuiciamiento Civil[18]. Se trata de un procedimiento fundamentado en la inscripción de los extremos contenidos en el asiento de hipoteca y de manera ágil. Subrayar en este sentido que el titular que tiene inscrito su derecho, por el solo hecho de la inscripción, va a quedar legitimado para ejercitar la acción real registral con el objeto de ser reintegrado en la posesión que forma parte de tal derecho, *ex* art. 41 L.H., a través del procedimiento sumario *ex* arts. 250.1.7 de la Ley de Enjuiciamiento Civil[19].

Existe, a su vez, la posibilidad de proceder por los cauces preceptuados en el art. 250.1. 2 de la Ley de Enjuiciamiento Civil para hacer efectivo el derecho a poseer que le corresponde al titular, en atención a su derecho inscrito. Para ellos debe aportar la certificación registral de titularidad registral que haya cedido el bien inmueble en precario. Pero no hay unanimidad doctrinal sobre si sobre la base de la estricta inscripción sería posible interponer las correspondientes acciones de tutela sumaria de la posesión *ex* art. 250. 1. 4. I de la Ley de Enjuiciamiento Civil[20].

Algunos autores consideran que el titular registral puede ejercitar los interdictos con la mera presentación de certifi-

---

17 RAGEL SÁNCHEZ, L.F. (2017). "Capítulo 22: La sociedad de gananciales (I)". *Tratado de los regímenes económicos matrimoniales (I).* Aranzadi, 667 y ss.

18 Capítulo V, Título IV, Libro III LEC.

19 VALLET DE GOYTISOLO, J. (1980). "Las capitulaciones matrimoniales y su modificación". *Estudios sobre obligaciones, contratos, empresas y sociedades,* Montecorvo, 937 y ss.

20 SANZ FERNÁNDEZ, A. (1953). *Instituciones de Derecho hipotecario.* Reus, 92 y ss.

cación registral y sin necesidad de aportar prueba alguna, correspondiendo la carga de probar la carga la inexactitud del hecho de la posesión al demandado[21]. Otros tratadistas van a negar que la inscripción legitime al titular registral para ejercer interdictos al señalar que, los interdictos se fundamentan en el hecho de la posesión y la protegen desde el punto de vista material y, como es sabido, es presupuesto habilitante de los mismos el que haya perturbación en el disfrute o despojo en la tenencia y, esos actos físicos de despojo o de perturbación en la tenencia efectiva pueden derivarse del asiento y de su contenido[22].

Desde el año 2018 y, en virtud de lo establecido en el artículo 250,1.4 LEC, se hace necesario subrayar que el titular registral tiene legitimidad para solicitar la recuperación de la posesión en el caso de que tenga lugar una ocupación ilegal de la vivienda. Y, a pesar de que la Ley 5/2018, de 5 de junio reguló una nueva vía en el art. 250.1 LEC y le otorga apariencia de interdicto, sin embargo, se sigue fundamentando en el *ius possidendi* y no en el derecho a seguir poseyendo.

La presunción de exactitud va a legitimar al titular registral como demandado en todos aquellos procesos en que se sustancien acciones o pretensiones contra quienes sean propietarios o titulares de otro derecho real. *V.g.*, las demandas sobre daños accesión relaciones de vecindad deslinde división de cosa común, entre otras. De otro lado, el titular registral está pasiva-

---

21 ROCA TRÍAS, E. (2006). "Familia y Constitución". *Anuario de la Facultad de Derecho de la Universidad Autónoma de Madrid*, (10), 207 y ss.; PRADO GASCÓ, V. J. (2017). *La calificación gráfica registral*. Colegio de Registradores de la Propiedad. *La calificación gráfica registral*, Madrid, Colegio de Registradores de la Propiedad, 2017, 92 y ss.; y PAU PEDRÓN, A. "La comparación en Derecho Registral", *opus cit.*, 1031 y ss.

22 DE PABLO CONTRERAS, P., *La publicidad de los derechos reales. El Registro de la Propiedad*, *opus cit.*, 132 y ss.

mente legitimado en la acción reivindicatoria ejercitada por el dueño verdadero en la medida en que el Registro presume que ejerce el derecho a poseer que forma parte del contenido del derecho de propiedad que a su favor ha sido publicado. Y, en fin, el principio de legitimación registral también produce sus efectos cuando el titular registral es un tercero en un procedimiento de ejecución seguido entre otros sujetos, a saber, una tercería en procedimiento de apremio o una tercería registral, *ex* art. 38.3 L.H.; tercería en proceso de ejecución hipotecaria, *ex* artículo 38.4 L.H.; y, *ex* art. 38.5 L.H., el proceso de ejecución ordinaria cuando el bien ha pasado a manos de un tercer poseedor[23].

El alcance de la calificación es objeto del artículo 18 L.H., donde se habla de la legalidad de las formas extrínsecas de los documentos de toda clase, en cuya virtud se solicite la inscripción, así como de la capacidad de los otorgantes y la validez de los actos dispositivos contenidos en las escrituras públicas. La calificación de la legalidad de las formas extrínsecas varía dependiendo de la clase de documento frente al que nos encontramos[24]. Si se trata de un documento notarial, el Registrador calificará la competencia del notario que autoriza la escritura que motiva el asiento, la autenticidad del documento, los requisitos formales del título cuya inscripción se pretende, así como el cumplimiento del resto de las formalidades. Y en caso de ser un documento judicial, el Registrador calificara únicamente la competencia del órgano que lo expide, la coherencia que guarde el mandamiento con el expediente o procedimien-

---

23 SENA FERNÁNDEZ, F. (2002). "La coordinación entre el Registro y el Catastro ", *BCRE,* (82), 849 y ss.

24 DE REINA TARTIÈRE, G. (2017). "El procedimiento registral". *La Notaría,* (3), 70 y ss.; DÍAZ FRAILE, J. M. (2017). "La calificación de los documentos judiciales en la nueva Ley de Jurisdicción Voluntaria". *Anuario Derecho Civil,* (1), 217 y ss.; y DÍEZ-PICAZO, L. y GULLÓN BALLESTEROS A., *Sistema de Derecho Civil, opus cit.,* 63 y ss.

to en que hubiera dictado, las formalidades extrínsecas del documento presentado, y los posibles obstáculos que pudiesen surgir del Registro -art. 100 R.H.-. De la misma forma, ha de respetar el fundamento de las resoluciones y cooperar en su cumplimiento y cerciorarse del cumplimiento de los trámites procedimentales en relación con los derechos que se inscriben (RDGRN 1 de junio de 2001).

La calificación registral de documentos administrativos, *ex* art. 99 R.H. se extenderá, en todo caso, a la competencia del órgano, a la congruencia de la resolución con la clase de expediente o procedimiento seguido, a las formalidades extrínsecas del documento presentado, a los trámites e incidencias esenciales del procedimiento, a la relación de éste con el titular registral y a los obstáculos que surjan del Registro.

Además, el juicio que emitirá el Registrador sobre la capacidad alcanzará tanto a la capacidad de obrar de las personas para el acto en concreto, como también al poder de disposición y la legitimación para otorgar el acto jurídico dispositivo, lo cual comprende el juicio de identidad del titular que transmite el derecho y del titular que aparece inscrito en el Registro -aquí es donde entra en juego el principio registral del tracto sucesivo-, así como también el juicio de identidad entre el objeto del acto dispositivo y el del folio real. Es decir, que el objeto que se transmite sea el mismo que el que se encuentra inscrito en el Registro[25].

Ahora bien, el Registrador tiene un plazo para calificar. Es el art. 18 L.H. el encargado de establecer dicho plazo que es, como máximo, de quince días hábiles contados desde la fecha

---

25 BLANQUER UBEROS, R. (1996). "La tutela judicial del derecho a la inscripción del título". *Anales de la Academia Matritense del Notariado,* (35), 333 y ss.; AA.VV. (2015). *Manual de protección de datos de los Registros de la Propiedad,* Colegio de Registradores de la Propiedad, 34 y ss.; y BERKOVITZ RODRÍGUEZ-CANO, R. 2021). *Comentarios al Código Civil.* Aranzadi, 44 y ss.

del asiento de presentación. No obstante, si por cualquier circunstancia se retirase el título antes de inscribir el derecho, existiese un título previo pendiente de inscribir (y necesario por el principio del tracto sucesivo) o el título tuviese defectos subsanables, este plazo se computará desde la fecha de devolución del título, la inscripción del título previo o su subsanación. Entendemos pues, que la vigencia del asiento de presentación se entiende prorrogada hasta la terminación del plazo de inscripción.

Existe un supuesto extraordinario de prórroga de calificación hasta quince días más como máximo. El Registrador competente deberá formular una solicitud a la Dirección General de Seguridad Jurídica y Fe Pública dentro de los dos primeros días de plazo de inscripción donde haga constar las razones debidamente justificadas y fundamentadas. En caso de no obtener respuesta en el plazo de dos días desde que su solicitud tuviese entrada, se entenderá que la solicitud fue rechazada. Esta decisión no puede ser recurrida por el Registrador solicitante ya fuese esta expresa o tácita[26].

Si la calificación es positiva, se debe expresar en la nota de despacho la fecha de inscripción del derecho objeto del asiento, y en caso de ser negativa también, a los efectos del cómputo del plazo de quince días[27].

La calificación del Registrador puede adoptar tres formas: practicar el asiento (la inscripción, la anotación preventiva o la

---

26 BONET CORREA, J. (1990). *Código Civil con jurisprudencia, concordancias y doctrina*, Cívitas, 32 y ss.; CÁCERES ARMAS, F. y TEJERINA, B. (2019). "Principio registral. Tracto sucesivo". *Anuario de Derecho Civil,* (13), 169 y ss.; y CANO TELLO, C. A. (1992). *Manual de Derecho Hipotecario.* Cívitas, 21 y ss.

27 VALERO FERNÁNDEZ-REYES, A. (2011). "Los recursos contra la calificación registral". *Cuadernos de Carlos Fernández Crespo,* (31), 25 y ss. y TORRES LANA, J.A. (2017). "Causa e intención liberal en el actual régimen contractual". *Tratado de las liberalidades.* Aranzadi, 85 y ss.

cancelación del derecho), suspenderlo o denegarlo. En caso de que se practique la inscripción, el Registrador devuelve al presentante los títulos presentados, con nota de despacho en la que se expresa con todo detalle el asiento practicado, el tomo, folio y numero de la finca (art. 434-2 R.H.). Si es una inscripción será un número y en caso de ser una anotación preventiva, será una letra. No cabe recurso alguno contra la calificación por la que se practica la inscripción[28]. Si el Título presentado a inscripción contiene un defecto subsanable, se procederá a la suspensión del asiento total o parcialmente, dependiendo de si afecta a todo el documento o sólo a determinadas disposiciones, de acuerdo con los arts. 65 L.H. y 434 R.H. Se devuelven los documentos al interesado, alegando las causas de suspensión para que proceda a su subsanación, interponga recurso gubernativo, o bien acuda a los Tribunales de Justicia.

Por último, si el Registrador considera que el defecto que contiene el título es insubsanable, deniega la práctica del asiento, total o parcialmente. Si la denegación afecta sólo a algún pacto o estipulación el interesado podría mostrar su conformidad en que se prescinda de la parte afectada por el defecto insubsanable. O bien, el interesado podrá impugnar a través del recuso gubernativo o del recurso judicial que corresponda quedando en suspenso el asiento de presentación (arts. 66 L.H. y 101 y 436 R.H.). Si se impugna judicialmente, puede pedirse la anotación preventiva de demanda de amparo del artículo 42-1 L.H.

Como hemos dicho anteriormente, no cabe recurso alguno contra la calificación por la que se practica la inscripción. No obstante, sí será posible interponer recurso contra la calificación suspendiendo o denegando la práctica de asiento. Habla-

---

28 CARRETERO GARCÍA, T. (1984). "Los principios hipotecarios y el Derecho Comparado". *Revista de Derecho Registral,* (9), 34 y ss. y CASTÁN TOBEÑAS, J., *Derecho Civil Español, Común y Foral. Derecho de obligaciones, opus cit.* 89 y ss.

mos de recurso gubernativo y el llamado recurso judicial -art. 66 L.H.- Tras las STS 846/2000, de 22 de mayo que anulaba casi todos los artículos del Reglamento Hipotecario que regulaban el recurso gubernativo -arts. 11 y ss. R.H.-, la Ley 24/2001, de 27 de diciembre, de Medidas Fiscales, Administrativas y del Orden Social, introdujo una nueva regulación que comprendía el recurso gubernativo y el recurso judicial, junto con los preceptos del Reglamento hipotecario no anulados ni contrarios a la citada regulación de la Ley Hipotecaria[29].

El art. 324 L.H. dispone que las calificaciones negativas del Registrador pueden recurrirse potestativamente ante la Dirección General de Seguridad Jurídica y Fe Pública. Con la interposición de dichos recursos se pretende que sí se practique el asiento suspendido o denegado. Se procederá a recurrir en la forma y según los trámites previstos en los artículos subsiguientes, o llevar a cabo su impugnación directamente ante los juzgados de la capital de la provincia a la que pertenezca el lugar en que esté situado el inmueble, siendo de aplicación las normas del juicio verbal y observándose, en la medida en que le sean aplicables, las disposiciones contenidas en el artículo 328 L.H. Sólo podrá tener como objeto las cuestiones relacionadas con la calificación del Registrador, rechazándose cualquier otra pretensión basada en otros motivos o en documentos no presentados en tiempo y forma[30].

En virtud del art. 325 L.H., la legitimación para la interposición de los recursos contra la calificación registral corresponde *a:* "a) La persona, natural o jurídica, a cuyo favor se hubiera de

---

29 CASTRO y BRAVO, F. (2008). *Derecho Civil de España.* Civitas, 45 y ss.; CASTRO y BRAVO, F., *opus cit.,* 27 y ss.; y CERDEIRA BRAVO DE MANSILLA, G. y GALLEGO VERA, J. A. (2018). "Título XIII. De los Registros de la Propiedad y de bienes inmuebles". *Propuesta de Código Civil,* (8), 512 y ss.

30 GORDILLO CAÑAS, A., *El Registro de la Propiedad: principios y sistema, opus cit.,* 56 y ss.

practicar la inscripción, quien tenga interés conocido en asegurar los efectos de ésta, como transferente o por otro concepto, y quien ostente notoriamente o acredite en forma auténtica la representación legal o voluntaria de unos y otros para tal objeto; el defecto o falta de acreditación de la representación se podrá subsanar en el plazo que habrá de concederse para ello, no superior a diez días, salvo que las circunstancias del caso así lo requieran; b) el Notario autorizante o aquel en cuya sustitución se autorice el título, en todo caso; c) la autoridad judicial o funcionario competente de quien provenga la ejecutoria, mandamiento o el título presentado; d) el Ministerio Fiscal, cuando la calificación se refiera a documentos expedidos por los Jueces, Tribunales o Letrados de la Administración de Justicia en el seno de los procesos civiles o penales en los que deba ser parte con arreglo a las leyes, todo ello sin perjuicio de la legitimación de quienes ostenten la condición de interesados[31]".

Cabe señalar que la subsanación de los defectos que aprecia el Registrador en su calificación no imposibilita a las personas que ostentan la legitimación para recurrir la interposición del recurso[32].

El interesado tendrá un mes para interponer el recurso que se computa desde la fecha de la notificación de la calificación, de acuerdo con lo dispuesto en la Ley 39/2015, de 1 de octubre, del Procedimiento Administrativo Común de las Administraciones Públicas. El recurso debe contener los siguientes requisitos: el órgano al que se dirige el recurso; el nombre y

---

31 GUILARTE GUTIÉRREZ, V. (1992). "La naturaleza de la actual sociedad degananciales". *A.D.C.*, (45), 875 y ss.

32 LACRUZ BERDEJO, J. L. y SANCHO REBULLIDA, F., *Derecho de familia, opus cit.* 82 y ss.; GÓMEZ GÁLLIGO, F. J., "El principio de especialidad registral", *opus cit.*, 2389 y ss.; y GALACHO ABOLAFIO, A. (2020). "Principios marcarios frente a principios registrales simulación sobre un caso real". *Aprendizaje colaborativo y técnicas de simulación,* Bosch, 403 y ss.

apellidos del recurrente y, en su caso, cargo y destino del mismo; la calificación que se recurre, con expresión del documento objeto de misma y de los hechos y fundamentos de derecho; lugar, fecha y firma del recurrente y, en su caso, identificación del medio y del lugar que se señale a efectos de notificaciones; en el supuesto de presentación en los términos previstos en el párrafo tercero del art. 327 L.H., debe constar el domicilio del Registro del que se recurre la Calificación del Registrador, a los efectos de que sea inmediatamente remitido por el órgano que lo ha recibido a dicho Registrador. El recurso gubernativo se puede presentar en el Registro que emitió la calificación, en los registros y oficinas previstos en el artículo 16 de la Ley 39/2015, o bien en cualquier Registro de la Propiedad para que sea inmediatamente remitido al Registrador que calificó, acompañado del título objeto de la calificación y una copia de la calificación efectuada. Una vez recibido el recurso, el Registrador debe remitir un recibo que pruebe la fecha de presentación del mismo, con expresión de la fecha de presentación del recurso o sellar la copia que entregue el interesado. Además, el Registrador debe trasladar al notario o autoridad judicial el recurso para que en los cinco días siguientes desde la recepción del recurso realicen las alegaciones pertinentes[33]. Si tras de la recepción del recurso el Registrador mantuviera la calificación negativa, debe formalizar expediente que contendrá el título calificado, la calificación efectuada, el recurso, su informe y, en su caso, las alegaciones del Notario, autoridad judicial o funcionario no recurrente, remitiéndolo, bajo su responsabilidad, a la Dirección General en el inexcusable plazo de cinco días contados desde el siguiente al que hubiera concluido el plazo indicado en el número anterior. No obstante, si por el

---

33 PAU PEDRÓN, A. y DE FUENTES CORRIPIO, J. La capacidad en losnegocios sobre inmuebles, *opus cit.* 28 y ss. y RODRÍGUEZ ROSADO, B. (2019). "Mala fe y eficacia frente a terceros de los derechos de crédito". *Anales de la Academia Matritense del Notariado,* (59), 433 y ss.

contrario el Registrador opta por rectificar, deberá emitir la calificación dentro de los cinco días siguientes a la recepción del recurso, debiendo comunicar su decisión al recurrente y al Notario o autoridad judicial en los diez días siguientes a contar desde que se realizó la inscripción[34]. Poner también de relieve que la falta de emisión en plazo de los informes previstos en este precepto no impide la continuación del procedimiento hasta su resolución, sin perjuicio de la responsabilidad a que ello pudiera dar lugar.

Por su parte, la Dirección General debe resolver el recurso en un plazo de tres meses como máximo, que se calculan desde que el recurso tuvo su entrada en Registro de la Propiedad cuya calificación se recurre. Si transcurriese este plazo sin obtener resolución se entiende desestimado el recurso por silencio administrativo negativo, quedando como opción la vía jurisdiccional. La prórroga del asiento de presentación vence cuando haya transcurrido un año, y un día hábil, desde la fecha de la interposición del recurso gubernativo, pero en este caso es necesario que no exista interposición del recurso judicial[35].

Cuando se publica la resolución expresa por la que se estima el recurso en el Boletín Oficial del Estado, esta goza de carácter vinculante mientras no se anule por los Tribunales. Si se procede a su anulación, una vez firme, se publicará de la misma forma en el Boletín Oficial del Estado. Si, por el contrario, se estima el recurso, el Registrador entonces practicará la inscripción en los términos que dictase la resolución. El plazo

---

34 VALERO FERNÁNDEZ-REYES, A., "Los recursos contra la calificación registral", *opus cit.* 25 y ss. y VILELLA LLOP, P. (2022). "El derecho de reembolso de la sociedad de gananciales por aportaciones privativas de los cónyuges en la reciente jurisprudencia del Tribunal Supremo". *Derecho de Familia,* (5), 407 y ss.

35 MANZANO SOLANO, A. y MANZANO FERNÁNDEZ, M. M., *Instituciones de Derecho Registral Inmobiliario, opus cit.*, 53 y ss.

para practicar los asientos procedentes, computa desde que hayan transcurrido dos meses desde su publicación en el Boletín Oficial del Estado, a cuyo efecto, hasta que transcurra dicho plazo, sigue vigente la prórroga del asiento de presentación[36].

Como hemos comentado, las calificaciones negativas también son recurribles ante los órganos del orden jurisdiccional civil de la capital de la provincia a la que pertenezca el lugar en que esté situado el inmueble, siendo de aplicación las normas del juicio verbal. En este caso, la demanda debe efectuarse en el plazo de dos meses que se computan desde la notificación de la calificación o de la resolución dictada por la Dirección General. Si se trata de recursos desestimados por silencio administrativo, en el plazo de cinco meses y un día desde la fecha de interposición del recurso.

Ostentan la legitimación para acudir a la vía judicial los mismos que la tienen para recurrir ante la DGSJFP. Cuando se produce la recepción del expediente, el Letrado de la Administración de Justicia emplaza a los interesados para que puedan comparecer y personarse en los autos en el plazo de nueve días. No obstante, el Colegio de Registradores de la Propiedad y Mercantiles de España, el Consejo General del Notariado y los Colegios Notariales carecen de esta legitimación para recurrir. Únicamente podrán hacerlo el Registrador o el Notario cuando la misma afecte a un derecho del que sean titulares. Cuando se trate de la inscripción de derechos en los que la Administración ostente un interés directo, la demanda debe

---

36 COBACHO GÓMEZ, J. A. (2016). "Sentencia del Tribunal Constitucional 6/2008, de 21 de enero de 2008 (asiento de presentación registral)". *Comentarios a las sentencias del Tribunal Constitucional en materia civil.* Librería General, 709 y ss.

dirigirse contra el Ministerio Fiscal y esta será representada por un Abogado del Estado[37].

III. LA INSCRIPCIÓN Y EL PRINCIPIO DE VOLUNTARIEDAD

En algunos casos, para que un derecho nazca es necesaria su inscripción según la ley. Hablamos pues, de inscripción constitutiva. Es obligatoria la inscripción en aquellos casos en que la ley la exige en cuanto a ciertos títulos, pero la no inscripción no determina su nacimiento, sino una sanción por la omisión del procedimiento que la ley requiere.

En nuestro sistema registral sólo se exige la inscripción de ciertos derechos reales, pues, por regla general, la constitución de los derechos reales se produce con independencia del Registro de la Propiedad -arts. 609 y 1.095 C.c.- En nuestro ordenamiento jurídico la inscripción es, en general, declarativa y facultativa o voluntaria, no constitutiva ni obligatoria, con lo que se concluye que el principio hipotecario es el de "no necesidad de inscripción" para que este nazca. Sin embargo, cuando no se inscribe un derecho real, el titular de ese derecho no ostenta la eficacia *erga omnes* y la seguridad de la adquisición. Por tanto, la inscripción es, desde todo punto de vista, aconsejable. En cambio, la inscripción con carácter constitutivo sí se exige en las hipotecas, en la prenda sin desplazamiento de

---

37 GARCÍA GARCÍA, J. M., *Derecho Inmobiliario Registral o Hipotecario, opus cit.*, 67 y ss.; FANDOS PONS, P. (2019). "Las repercusiones geográficas de los principios hipotecarios tras la Ley 13/2015, de 24 de junio (II) el principio de legalidad. La calificación registral gráfica". *Revista Crítica de Derecho Inmobiliario*, (773), 1249 y ss. y CURÁ, J. M. (2016). "Renovación del pensamiento sobre el control de legalidad registral. Un nuevo formato de constitución de sociedades en la Sección Cuarta del Capítulo 1 de la Ley General de Sociedades". *Revista del Derecho Comercial y de las Obligaciones*, (277), 312 y ss.

la posesión y en el derecho de superficie. Es decir, estas no se originan hasta que se produce su inscripción en el Registro de la Propiedad.

A pesar de que se suela equiparar el concepto de inscripción con el de asiento registral, como hace el art. 41 R.H., lo cierto es que la inscripción constituye un asiento principal y definitivo cuya finalidad es dar publicidad registral a los hechos y derechos que se establecen en el art. 2 L.H. Cumple su función durante todo el periodo de vigencia y su duración es indefinida[38].

El principio de rogación, desde una perspectiva general, va a exigir que el procedimiento registral se inicie a instancia del interesado, de manera que el Registrador, salvo que concurran circunstancias excepcionales, no puede iniciar de oficio el procedimiento dirigido a practicar un asiento en el Registro de la Propiedad. ROCA SASTRE[39] ha puesto de manifiesto que el principio de rogación se fundamenta en la consideración de institución pública puesta al servicio de los particulares del Registro de la Propiedad.

La petición de inscripción por parte del particular puede ser expresa o tácita. Es expresa cuando existe una declaración de voluntad oral o escrita, pública o privada por la que se solicita al Registrador de la Propiedad la práctica del asiento. Y es tácita, cuando dicha petición es posible deducirla de los actos del interesado, *v.g.*, la presentación en el Registro de la Propiedad de aquel documento en el que consta el negocio jurídico

---

38 GABRIELLI, G., "La publicità legale nel sistema del Codigo Civile", *opus cit.* 34 y ss. y GARCÍA FLORES, M. E., "Control de la legalidad", *opus cit.*, 33 y ss.

39 PAU PEDRÓN, A. (2000). *Historia del Colegio de Registradores.* Colegio de Registradores, 106 y ss.; PALADINI, M., RENDA A. Y MINUSSI, D., *Manuale di Diritto Civile, opus cit.* 37 y ss.; y GARCÍA GARCÍA, J.M. (2014). *Código de la Legislación Inmobiliaria, Hipotecaria y del Registro Mercantil,* Civitas, 66 y ss.

o acto del que se deriva la mutación jurídico-real inmobiliaria y cuya inscripción se pretende.

Con respecto a las personas que pueden solicitar la operación registral correspondiente, el art. 6 L.H. establece que: "La inscripción de los títulos en el Registro podrá pedirse indistintamente: "por el que adquiera el derecho; Por el que lo transmita; por quien tenga interés en asegurar el derecho que se deba inscribir; y por quien tenga la representación de cualquiera de ellos". Se pone de relieve, de una parte, el carácter potestativo de la inscripción al establecer que *podrá pedirse indistintamente* por las personas que enumera, facultativo de la inscripción, y, de otro, que cualquiera de las personas citadas tiene legitimación para solicitar la inscripción, pero sin que exista orden de preferencia alguna.

Es necesario analizar por tanto lo establecido en el art. 39 L.H., a saber, "Se considerará comprendido en el apartado d) del art. 6 de la Ley a quien presente los documentos correspondientes en el Registro con objeto de solicitar la inscripción"; y el art. 40 que establece que: "Los Oficiales, Auxiliares y dependientes del Registro de la Propiedad no podrán presentar ningún documento para su inscripción en el Registro, salvo cuando estén comprendidos en los tres primeros apartados del artículo seis de la Ley". Y es que, como se ha adelantado líneas atrás, aun siendo excepcional, en determinados casos[40], siempre previstos en la Ley Hipotecaria y en el Reglamento que la desarrolla, es posible la actuación de oficio por parte del Registrador, pero, incluso, en estos supuestos, hay solicitud inicial de inscripción, *v.g.*, ocurre con la cancelación de cargas caducadas -art. 353.3 R.H.- con ocasión de la práctica de algún

40 GARCÍA VILA, J. (2017). "Los límites al control de legalidad notarial y registral de las cláusulas abusivas. Comentario crítico a las Resoluciones de la Dirección General de los Registros y del Notariado de 19 de octubre de 2016". *Revista de Derecho Civil,* (1), 183 y ss.

asiento o la expedición de una certificación. También se prevé actuación de oficio por parte del Registrador en el supuesto de que detectara un caso de doble inmatriculación de una misma finca o parte de ella en folios registrales distintos, tal y como se prevé de forma explícita el art. 209.1 L.H.

IV. EL TÍTULO Y EL PRINCIPIO DE TRACTO SUCESIVO

La doctrina más consolidada[41] ha subrayado que todo régimen hipotecario que siga el sistema de folio real y trate de lograr el mayor paralelismo entre el Registro de la Propiedad y la realidad jurídica extrarregistral ha de procurar que sea completo el historial jurídico de cada finca inmatriculada. De este modo los titulares se suceden en relación de causante-causahabiente configurando una cadena continua desde el inmatriculante hasta el último de los titulares registrales. Estamos, pues, ante la descripción del principio de tracto sucesivo cuyos efectos son positivos, por cuanto que permiten al titular registral disponer hipotecariamente del derecho registrado y, también negativos, al no permitir la inscripción de aquellos actos dispositivos que no se deriven del titular inscrito registralmente.

En esta línea acudimos al contenido de lo establecido en los arts. 20.1 y 2 L.H.: "Para inscribir o anotar títulos por los que se declaren, transmitan, graven, modifiquen o extingan el dominio y demás derechos reales sobre inmuebles, deberá constar previamente inscrito o anotado el derecho de la persona que otorgue o en cuyo nombre sean otorgados los actos referidos.

---

41 DÍAZ FRAILE, J. M., "La calificación de los documentos judiciales en la nueva Ley de Jurisdicción Voluntaria", *opus cit.* 217 y ss. y DEL CASTILLO MARTÍNEZ C. del C. (2020). "La teoría del título y el modo y los conflictos de adquisiciones inmobiliarias. Reflexión crítica sobre la doctrina de la Sala Primera del Tribunal Supremo al interpretar y aplicar los artículos 1473.2 C.c. y 34 de la LH", *opus cit.*,1995 y ss.

En el caso de resultar inscrito aquel derecho a favor de persona distinta de la que otorgue la transmisión o gravamen, los Registradores denegarán la inscripción solicitada. Cuando no resultare inscrito a favor de persona alguna el expresado derecho y no se acredite fuere inscribible con arreglo al artículo doscientos cinco, los Registradores harán anotación preventiva a solicitud del interesado, la cual subsistirá durante el plazo que señala el artículo noventa y seis de esta Ley". Y en el art. 105 R.H. se establece que: "No obstante lo dispuesto en el párrafo segundo del art. 20 de la Ley, los Registradores podrán suspender la inscripción de los documentos en los que se declare, transfiera grave, modifique o extinga el dominio y demás derechos reales sobre bienes inmuebles en el caso de que la persona que otorgue el acto o contrato alegase en el documento presentado ser causahabiente del titular inscrito o resultare tal circunstancia del Registro y del referido documento, y a solicitud del presentante extenderá anotación preventiva por defecto subsanable". En relación a las anotaciones preventivas de embargo, es necesario poner de relieve el contenido del art. 140 R.H. al establecer que: "Si la propiedad de la finca embargada apareciese inscrita a favor de una persona que no sea aquella contra quien se hubiese decretado el embargo, se denegará o suspenderá la anotación, según los casos".

Y en esta línea es posible afirmar que estamos ante un supuesto de tracto sucesivo abreviado cuando se permite agrupar en un solo asiento dos o más actos que, habitualmente, constarían en asientos separados. Ello supone un supuesto excepcional a la sucesión de los asientos registrales[42], pero, en ningún caso, al tracto sucesivo propiamente dicho ya que, sigue siendo necesario que todos los titulares del derecho figuren inscritos, aunque no necesariamente tiene que ser en asientos distintos.

---

42 MORELL y TERRY, J. (1928). *Comentarios a la Legislación Hipotecaria.* Reus, 23 y ss.

Del citado art. 20 L.H. resultan los siguientes supuestos: "1. No será precisa dicha inscripción previa para inscribir los documentos otorgados por los herederos cuando vendieren o cedieren a un coheredero fincas adjudicadas proindiviso a los vendedores o cedentes, pero en la inscripción que se haga habrá de expresarse dicha previa adjudicación proindiviso con referencia al título en que así constare. 2. Cuando en una partición de herencia, verificada después del fallecimiento de algún heredero, se adjudiquen a los que lo fuesen de éste los bienes que a aquél correspondían, deberá practicarse la inscripción a favor de los adjudicatarios, pero haciéndose constar en ella las transmisiones realizadas". En esta línea, observamos lo establecido en el art. 20 L.H. : "No será necesaria la previa inscripción o anotación a favor de los mandatarios, representantes, liquidadores, albaceas y demás personas que con carácter temporal actúen como órganos de representación y dispongan de intereses ajenos en la forma permitida por las leyes. Tampoco será precisa dicha inscripción previa para inscribir los documentos otorgados por los herederos cuando ratifiquen contratos privados realizados por su causante, siempre que consten por escrito y firmados por éste; y, cuando se trate de testimonios de decretos de adjudicación o escritura de venta verificada en nombre de los herederos del ejecutado en virtud de ejecución de sentencia, con tal que el inmueble o derecho real se halle inscrito a favor del causante".

Necesario es subrayar el contenido del art. 20 *in fine* L.H. al establer que: "No podrá tomarse anotación de demanda, embargo o prohibición de disponer, ni cualquier otra prevista en la ley, si el titular registral es persona distinta de aquella contra la cual se ha dirigido el procedimiento. En los procedimientos criminales y en los de decomiso podrá tomarse anotación de embargo preventivo o de prohibición de disponer de los bienes, como medida cautelar, cuando a juicio del juez o tribunal existan indicios racionales de que el verdadero titular de los mismos es el encausado, haciéndolo constar así en el mandamiento".

Excepción también es, *v.g.*, la inscripción de las fincas de reemplazo resultantes de los procedimientos de concentración parcelaria o la reanudación del tracto sucesivo interrumpido[43], que puede procurarse, según los casos, por diversas vías -arts. 208 L.H. y 37.3 de la Ley de Patrimonio de las Administraciones Públicas y 9 del Real Decreto 1.093/1.997, de 4 de julio.

El art. 20 L.H. determina la exigencia del principio registral del tracto sucesivo, que nos viene a decir que, para inscribir un título en el registro, debe constar previamente el derecho de la persona que otorga. De no ser así, el Registrador denegará la inscripción solicitada. Se aplicará de igual manera esta exigencia a las anotaciones preventivas, es decir, no se tomará anotación de demanda, embargo o prohibición de disponer[44], ni cualquier otra prevista en la ley, si el titular que aparece en el Registro es persona distinta de aquella contra la que se ha dirigido el procedimiento. Sin embargo, en los procedimientos criminales y en los de decomiso se puede como medida cautelar, tomar anotación de embargo preventivo o de prohibición de disponer de los bienes, cuando a juicio del tribunal existan sospechas racionales de que el verdadero titular de los mismos es el encausado, expresándolo así en el mandamiento (art. 20 i. f. L.H.)[45]. El efecto fundamental del principio de tracto sucesivo es que si quien transmite el bien no es el titular registral

---

43 PAU PEDRÓN, A. (1994). "Efectos de la inscripción en la constitución de los derechos reales". *RCDI,* (625), 2187 y ss.

44 LÓPEZ MAZA, S. (2019). *Prohibiciones de disponer: cuestiones generales y alguna que otra particular.* Aranzadi, 41 y ss.

45 CHICO y ORTIZ, J. M., *Estudios sobre Derecho hipotecario, opus cit.*, 76 y ss.; CANO TELLO, C. A., *Manual de Derecho Hipotecario, opus cit.*, 23 y ss.; y DÍAZ FRAILE, J. M., "La calificación de los documentos judiciales en la nueva Ley de Jurisdicción Voluntaria", *opus cit.*, 217 y ss.

que consta en el Registro, el adquirente no podrá inscribir su derecho si antes no se reanuda el tracto registral interrumpido.

V. LAS ADQUISICIONES A *NON DOMINO* Y EL PRINCIPIO DE FE PÚBLICA REGISTRAL

La fe pública registral es uno de los principios básico, no sólo de nuestro sistema hipotecario o registral, sino también de nuestro tráfico jurídico económico. Las adquisiciones realizadas a non domino son aquellas que se realizan de aquel que aparece como titular en el Registro de la Propiedad, pero no es el titular verdadero del bien. El principio de fe pública registral provoca la renuncia por parte del titular que no inscribió su derecho real, a favor de quien sí lo hizo a pesar de que lo adquiriese con posterioridad a aquel. Se presume la buena fe del tercero siempre y cuando no se pruebe que era conocedor de la inexactitud existente en el Registro[46].

Por tanto, el artículo 34 L.H. prevé para estos supuestos que "El tercero que de buena fe adquiera a título oneroso algún derecho de persona que en el Registro aparezca con facultades para transmitirlo, será mantenido en su adquisición, una vez que haya inscrito su derecho, aunque después se anule o resuelva el del otorgante por virtud de causas que no consten en el mismo Registro". Este precepto exige que adquiera un tercero[47]. Acudimos entonces a la Sentencia del Tribunal Supremo 56/2007 de 5 de marzo, dictada sobre el particular para

---

46 PEÑA BERNALDO DE QUIRÓS, M., *Derechos reales. Derecho hipotecario, opus cit.*, 39 y ss.; ROCA SASTRE, R. M. y ROCA-SASTRE MUNCUNILL, L., *Derecho hipotecario, opus cit.*, 45 y ss.; y SÁNCHEZ CALERO, F. J. y SÁNCHEZ-CALERO ARRIBAS, B., *Manual de Derecho Inmobiliario Registral, opus cit.*, 25 y ss.

47 SANZ FERNÁNDEZ, A., Instituciones de Derecho hipotecario, *opus cit.*, 76 y ss.; DÍAZ FRAILE, J. M. (2005). "Las tercerías de dominio en relación con el Registro de la Propiedad". *Revista Crítica de Derecho Inmobiliario,* (688), 482 y

determinar que entendemos como "tercero" a los efectos del art. 34 L.H., al tercer adquirente, es decir, al causahabiente de un titular registral. En la misma Dirección, las Sentencias del Tribunal Supremo de 20 de marzo de 2007 y de 20 de noviembre de 2008 establecen que la protección que dispensa el art. 34 L.H. al tercer adquirente exige necesariamente una transmisión intermedia que se anule o resuelva por causas que no consten en el Registro.

También se exige que la adquisición sea válida. En virtud del art. 33 L.H., la inscripción no convalida los actos o contratos que sean nulos con arreglo a las leyes. Como ya se ha señalado, el art. 34 L.H. requiere una adquisición válida, pues sólo convalida los defectos de titularidad y de falta de poder de disposición.

Asimismo, es necesario que el tercero adquiera de quien en el Registro aparece como titular del inmueble. La titularidad registral del transmitente debe constar tanto en el momento del acto de disposición, como en el de la inscripción del adquirente. Este requisito resulta ser una manifestación del principio de legitimación registral, ya que el transmitente debe aparecer en el Registro como titular registral y con facultad de disponer[48].

También es necesario que la adquisición sea a título oneroso. El art. 34 L.H. establece que el título por el que adquiere el tercero de buena fe sea un título oneroso. Lo cual no quiere decir que el tercer adquirente de buena fe a título gratuito quede totalmente desprotegido. De hecho, el propio artículo determina que los adquirentes a título gratuito gozarán de la misma protección registral que su transmitente. En defi-

---

ss. y GARCÍA GARCÍA, J.M. 2005). "Comentario del artículo 2011 del Código Civil". *Código Civil comentado.* Gaceta Jurídica, 81 y ss.

48 Por todas, STS 915/2005, de 11 de julio.

nitiva, el adquirente de buena fe a título gratuito como dijo LACRUZ[49] debe sufrir las acciones que por otras personas se hubieran podido ejercitar contra su causante.

Siempre se presumirá la buena fe del tercero mientras que no se pruebe que conocía la inexactitud del Registro. El art. 34 L.H. exige, como requisito la buena fe del adquirente para ostentar esa protección. A efectos registrales, como dice el artículo 1950 C.c., la buena fe se basa en la creencia de que la persona que transmite el derecho real es su verdadero titular, es decir, el desconocimiento de la inexactitud registral o vicios invalidatorios[50].

La protección que dispensa el art. 34 L.H. que exige que el tercer adquirente inscriba su adquisición[51]. Sin esta inscripción no se consolida su adquisición ni el adquirente quedaría protegido. Al adquirir de quien no es el verdadero propietario, sólo podría consolidar su adquisición a través de la usucapión. Únicamente con la inscripción en el Registro se consolida la adquisición a non domino de acuerdo con el contenido del Registro de la Propiedad.

Y en esta línea se hace necesario subrayar la importancia de la oponibilidad y la fe pública aparecen como principios, como reglas de la legislación hipotecaria de ordenamiento jurídico español formulados directamente u obtenidos por inducción de aquellos preceptos que dan a conocer las líneas esenciales de nuestro ordenamiento inmobiliario registral.

Derivado del principio de inoponibilidad, los actos inscribibles no inscritos no pueden perjudicar a tercero -art. 606 C.c. y

---

49 GARCÍA GARCÍA, J. M. (1994). "La finca como base del sistema inmobiliario". *Revista Crítica de Derecho Inmobiliario,* (645), 2437 y ss.

50 STS 194/1998, de 19 de octubre.

51 GALLEGO VERA, J. A., "El principio de tracto sucesivo", *opus cit.,* 1455 y ss.; y GARCÍA FLORES, M. E., "Control de la legalidad", *opus cit.,* 723 y ss.

32 L.H.- Y, consecuencia de ello, el tercero que inscribe su derecho en el Registro de la Propiedad existiendo un acto que se le opone se convierte en propietario pleno y *erga omnes* gracias a la inscripción -art. 1473 C.c.-. por tanto, aunque la inscripción no sea un más que un requisito de la constitución de un derecho, la inscripción adquiere un carácter cuasi constitutivo.

Por lo que respecta a la fe pública, el tercero que ha adquirido de un titular registral, de acuerdo con la apariencia que crea la inscripción, se convierte en propietario y no le perjudicará la resolución o anulación del derecho de su transmitente. Y en virtud de lo establecido en el art. 34 L.H., será mantenido en su adquisición operando la adquisición que resulta de la inscripción aún en el supuesto de existencia de un pretendido titular extrarregistral. Teniendo, siempre presente, *ex* art. 33 L.H. que la inscripción no convalidará los actos nulos.

Estas dos vertientes de la publicidad han sido entendidas desde perspectivas que le otorgan, de una parte, eficacia defensiva al Registro ya que, la protección para el titular registral no puede ser cuestionada en su derecho por acto inscribible sin contar con su intervención y, de otra parte, eficacia ofensiva que se concreta en el poder que una inscripción concede al titular del derecho para poder defenderlo, para disponer de él y, gracias a la inscripción, para resultar propietario[52].

Según se pretenda proteger al titular registral o a los terceros que adquieren sobre la base de la veracidad de las declaraciones del Registro, el principio de publicidad tiene un alcance distinto. Con respecto al primer supuesto, la publicidad

---

[52] FANDOS PONS, P. (2016). *Los efectos jurídicos en la identificación y descripción gráfica de las fincas registrales.* Tirant Lo Blanch, 142 y ss.; GALDEANO BONILLA, S. (2023). "Aspectos prácticos de la liquidación de gananciales". *Revista de derecho de familia: doctrina, jurisprudencia, legislación,* (98),15 y ss. y GONZÁLEZ PÉREZ, J. (1948). *Los derechos reales administrativos.* Civitas, 148 y ss.

registral da origen al principio de legitimación, que establece una presunción *iuris tantum* con respecto a la existencia y a la pertenencia del derecho inscrito en favor y en contra del titular registral, mientras no se demuestre que no concuerda con la realidad jurídica. *A contrario sensu,* cuando lo que se pretende es proteger a los terceros adquirentes que reúnan unos concretos requisitos, este principio de fe pública registral va a establecer la presunción *iuris et de iure* de que el contenido del Registro es exacto e íntegro.

La fe pública registral es considerada por la doctrina[53] una de los fundamentos básicos sobre las cuales se asienta el sistema registral ya que, con respecto a la clasificación de los principios hipotecarios es posible atender, de una parte, a los principios que estipulan los requisitos para la práctica de asientos en los Libros del Registro y, los principios, *v.g.*, la fe pública, que van a determinan los efectos sustantivos que resultan de la registración[54]. Y es que la fe pública registral únicamente opera en los sistemas registrales que establecen la existencia un Registro de titularidades y no en aquellos sistemas de Registro de Títulos. Y ello porque únicamente en los primeros los efectos sustantivos que resultan de la registración se extienden al título inscrito al que el Registro atribuye *eficacia erga omnes y* cognoscibilidad y

---

53 GORDILLO CAÑAS, A. (2001). "La inscripción en el Registro de la Propiedad (su contenido causal, su carácter voluntario y su función publicadora de la realidad jurídico-inmobiliaria o generadora de apariencia jurídica". *A.D.C.*, (8), 34 y ss.

54 DELGADO SHEELIE, A., "Aplicación de los principios registrales en la calificación registral. Redefiniendo los conceptos tradicionales y planteando los nuevos principios", *opus cit.*, 254 y ss.; LASARTE ÁLVAREZ C., Principios de Derecho Civil, *opus cit.*, 123 y ss.; y SABORIDO SÁNCHEZ, P., "La protección del usuario registral a través de la reforma de los principios registrales (al hilo de la búsqueda de coordinación entre Registro y Catastro)", *opus cit.*, 87 y ss.

a la titularidad real que el Registro publica, presumiendo que es exacta y válida.

Un importante sector doctrinal apoya la tesis monista, en virtud de la cual, el principio de fe pública registral va a presentar dos perspectivas. De una parte, una vertiente negativa, por cuanto que presume la integridad del Registro considerando inexistente lo que no conste en el Registro cuando el tercero realice su adquisición. El art. 606 C.c. y el art. 32 L.H. establecen que: "Los títulos de dominio o de otros derechos reales sobre bienes inmuebles, que no estén debidamente inscritos o anotados en el Registro de la Propiedad, no perjudican a tercero". Los arts. 13, 29 y 37 L.H. terminan de perfilar este contenido.

La vertiente positiva[55] va a presumir la exactitud del Registro, esto es, el tercero que cumple los requisitos legales adquiere un derecho con la extensión y el contenido con que aparece registrado y se le mantiene en su adquisición, aunque no exista o se resuelva el derecho del transferente. Así queda establecido en el art. 34 L.H.

Así las cosas, para los partidarios de la tesis monista, la Ley Hipotecaria se refiere al mismo tercero en todos los casos en que utiliza este término. Así tanto el tercero del art. 32 L.H. como el tercero del art. 34 L.H. es el mismo, a saber, el tercero protegido por la fe pública registral y que deberá reunir los mismos requisitos -art. 34 L.H.-

La tesis dualista sostiene la existencia de dos supuestos de tercero en la Ley Hipotecaria. De una parte, el tercero del art. 32 L.H., que responde al sistema de inoponibilidad latino que sustenta lo no inscrito frente a lo inscrito. De otra parte, el

---

55 DÍAZ FRAILE, J. M. (2015). "Exégesis de la Ley 13/2015 de 24 de junio, de Reforma de la Ley Hipotecaria, en materia de inscripción de representaciones gráficas". *BCRE,* (23), 859 y ss.

tercero que contempla el art. 34 L.H., queda fundamentado en la presunción de exactitud registral en beneficio del tercer adquirente y en la protección de la apariencia. Esto es, el art. 32 L.H. va a limitar su acción a la pugna entre un título inscrito y otro título que no lo está, pero no ofrece protección con respecto a la resolución del derecho del transmitente o a la nulidad. Para obtener esta protección tenemos que acudir a lo establecido en el art. 34 L.H. y concordantes.

¿Cuáles son, entonces, los requisitos que se le pueden exigir al tercero del art. 32 L.H.? En primer lugar debe tratarse de un adquirente del dominio u otro derecho real y ha de ser un titular que esté inscrito; también es habitual la exigencia de buena fe, aunque sobre el particular no hay unanimidad en la doctrina; también presenta discusión la cuestión sobre si debe ser un adquirente a título oneroso[56]; y sí hay, está casi unánimemente el que no sea preciso que el transmitente tenga inscrito su título – extendiendo así sus efectos a los casos de inmatriculación y reanudación del tracto del art. 32 L.H.-

El sector doctrinal partidario de la teoría doctrina dualista entiende que la para solucionar el problema de la doble venta la aplicación del art. 32 L.H. debe guardar conexión con el art. 1.473 C.c., y para solucionar el problema de la venta de cosa ajena, atender al art. 34 L.H.

El Tribunal Supremo, en Sentencia de 7 de septiembre de 2.007, sobre las relaciones entre los arts 1.473 C.c. y 32 y 34 L.H., revisa la Jurisprudencia anterior y sienta doctrina al señalar que el supuesto de doble venta tiene lugar, aunque las dos transmisiones no sean coetáneas y la primera ya esté consumada. Y es por ello por lo que hay que aplicar el art. 1.473 C.c. en relación

---

56 LÓPEZ RAMON, F. (2007). *Introducción al derecho urbanístico,* Marcial Pons, 127 y ss.; y MARÍN LÓPEZ, M.J. (2022). "La responsabilidad civil del Registrador". *RCDI,* (749), 1743 y ss.

con el art. 32 L.H., si el comprador que inscribe adquiere de quien no es titular registral y, en relación con el art. 34 L.H., si el segundo comprador que inscribe adquiere de un titular inscrito. El 1 de diciembre de 2010 el Tribunal Supremo confirma esta línea jurisprudencial y añade a su pronunciamiento la obligación que tiene el verdadero dueño privado de su derecho de dirigir su acción para lograr la indemnización no al adquirente de buena fe, sino a quien vendió indebidamente.

El ámbito de actuación de la fe pública registral en el ordenamiento jurídico español es el de asegurar al tercero la existencia, la titularidad y la extensión del derecho inscrito. Esto es, el tercero queda protegido por la fe pública contra todo aquello que no conste en el folio abierto a la respectiva finca, así lo establece el art. 13 L.H.: "Los derechos reales limitativos, los de garantía y, en general, cualquier carga o limitación del dominio o de los derechos reales, para que surtan efectos contra terceros, deberán constar en la inscripción de la finca o derecho sobre que recaigan".

Sin embargo, van a quedar fuera del ámbito de la protección de la fe pública registral: los datos de mero hecho, entendiendo como tal los datos descriptivos de las fincas inmatriculadas cuya realidad objetiva impone la naturaleza -medida superficial, destino de un local, etc.- ya que, frente a ésta no puede prevalecer una ficción; los datos relativos al estado civil o a la capacidad del titular registral ya que, se trata de circunstancias personales que no constituyen el contenido propio del Registro y, cuya determinación se lleva a cabo por medios extrarregistrales; la fe pública sólo se extiende a los derechos reales inmobiliarios que sean inscribibles y figuren inscritos.

El art. 34 L.H. encargado de normar el principio de fe pública, ha sido continuamente reformulado, y la redacción vigente establece: "El tercero que de buena fe adquiera a título oneroso algún derecho de persona que en el Registro aparezca con facultades para transmitirlo, será mantenido en su adquisición, una vez que haya inscrito su derecho, aunque después se anule o resuelva el del otorgante por virtud de causas que no consten en el mismo Registro. La buena fe del tercero se presume siempre mientras no se pruebe que conocía la inexactitud del Registro. Los adquirentes a título gratuito no gozarán de más protección registral que la que tuviere su causante o transferente". Al estudiar este precepto es posible distinguir tanto los presupuestos para su aplicación como sus consecuencias. Con respecto a los presupuestos ponemos de manifiesto que el tercero hipotecario ha de ser un adquirente del dominio u otro derecho real extraño al negocio adquisitivo de su transmitente y, ha de realizar su adquisición en virtud de un título, que en principio sea válido, seguido de la tradición, pues, como establece el art. 33 L.H.: "La inscripción no convalida los actos o contratos que sean nulos con arreglo a las leyes". Es necesario señalar que la adquisición del tercero debe ser de buena fe por cuanto que es uno de los principios fundamentales de nuestro sistema jurídico y ha de dirigir toda la vida jurídica. Y es que la buena fe goza de especial consideración en el ámbito del Derecho Inmobiliario Registral, por cuanto éste tiene por objeto dar seguridad al tráfico jurídico inmobiliario mediante la protección de la confianza depositada en la apariencia tabular que resulta de los pronunciamientos registrales. Su exigencia se deriva de la redacción del art. 34 L.H., requisito introducido por la reforma de 1.944-1.946 de acuerdo con la Jurisprudencia del Tribunal Supremo que, de forma reiterada la exigía.

Otro sector doctrinal[57] pone de relieve que no debe de confundirse la buena fe en el ejercicio de los derechos a la que se refiere el art. 7 C.c. con la buena fe en la adquisición de los

---

[57] GARCÍA GARCÍA, J. M., *Derecho Inmobiliario Registral o Hipotecario*, *opus cit.*, 137 y ss.; del mismo autor "La función registral y la seguridad de tráfico inmobiliario", *opus cit.*, 2239 y ss.; y DÍAZ FRAILE, J. M., "Las tercerías de dominio en relación con el Registro de la Propiedad", *opus cit.*, 482 y ss.

derechos reales. La buena fe del art. 34 L.H. es aquella que se sustenta en el desconocimiento por parte del tercero de la inexactitud registral ya que, el precepto establece que no existe buena fe cuando se prueba que el tercero "conocía la inexactitud del Registro" o, dicho de otro modo, es la ignorancia sobre el "desacuerdo que en orden a los derechos inscribibles existe entre el Registro y la realidad jurídica extrarregistral" -art. 39 L.H.-

Con respecto a la buena fe es posible diferenciar un aspecto positivo relativo a la creencia de que la persona de quien el tercero recibió la finca era dueño de ella y podía transmitir su dominio -art. 1.950 C.c.- y un aspecto negativo, por la ignorancia o el desconocimiento de los vicios invalidantes que pueden afectar a la titularidad del transmitente. Así entendida la buena fe del adquirente, como el desconocimiento de la inexactitud registral, un sector doctrinal precisa que tal desconocimiento ha de referirse a toda situación extrarregistral discordante con el Registro y a toda posibilidad de acción, causa o amenaza rescisoria, resolutoria o de nulidad, que pueda invalidar o desvirtuar una adquisición registral[58].

En esta línea, el Tribunal Supremo exige que debe ser perfecto el conocimiento de la inexactitud y, además, subraya que el adquirente no está obligado a acudir a otro medio de información jurídica que el Registro de la Propiedad, ni tampoco se le puede exigir una diligencia especial que lleve a una situación de culpa *lata*, como la normada por el art. 36 L.H. Al respecto de lo expuesto líneas atrás, no existe unanimidad doctrinal, pues, aunque el sector mayoritario suscribe que la buena fe es independiente de la idea de culpa y que la única diligencia exigida queda cubierta al acudir al Registro de la

---

58 GARCÍA VALDECASAS DE LA CRUZ, J., *El Registro de la Propiedad en el siglo XXI, opus cit.*, 240 y ss.

Propiedad y consultar sus libros, otros autores sostienen[59] que el error en el que sustenta la buena fe ha de ser excusable. A medio camino entre ambas posiciones se pone de manifiesto[60] que, si bien no es suficiente con la consulta en el Registro, tampoco debe exigirse al tercero una diligencia excesiva en la averiguación extrarregistral de la realidad jurídica. Se haría necesario examinar si su comportamiento es el más adecuado conforme a la diligencia exigida normalmente. En todo caso, hay que atender a la regla general resultante de los arts. 7 y 434 C.c., y el art. 34 L.H., que presume la buena fe del adquirente mientras no se pruebe que conocía del Registro la inexactitud de que se trate.

Por lo que se refiere al momento en que el adquirente ha de estar asistido por la buena fe, algún autor entiende[61] que es aquél en que su adquisición accede al Registro. *A contrario sensu,* otros tratadistas[62] y propio Tribunal Supremo, consideran que será el mismo momento de la propia adquisición. Dentro de esta posición se han observado dos posicionamientos jurisprudenciales. De una parte, los pronunciamientos que subrayan el momento de tradición de la cosa y aquéllos que ponen el acento en el momento de la celebración del contrato. Es necesario subrayar el pronunciamiento del Tribunal Supremo en sentencia de 20 de febrero de 1.996 donde se resta importancia a la buena o mala fe del transmitente ya que, aun aceptando hipotéticamente que el vendedor carezca de buena fe, nada impide que pueda darse en el adquirente. Tampoco es

---

59 MARTÍNEZ ROSADO, J. (2017). *Los pactos parasociales,* Marcial Pons, 124 y ss.; y MARTÍN ALIAS, J. I., "Situaciones jurídicas que ingresan en el Registro", *opus cit.*, 41 y ss.

60 HERNANDO COLLADOS, I., *El principio de legitimación registral y su tratamiento jurisprudencial, opus cit.*, 34 y ss. y HERNÁNDEZ BLÁZQUEZ, F., "Artículo 35. Inscripción de documentos notariales", *opus cit.*, 561 y ss.

61 GONZÁLEZ PÉREZ, J. (1948). *Los derechos reales administrativos.* Civitas, 57 y ss.

62 ALBALADEJO GARCÍA, M. (2020). *Curso de Derecho Civil.* Edisofer, 48 y ss.

relevante si el adquirente sufrió dolo, intimidación o violencia. Este extremo influye en la eventual anulación del acto adquisitivo, pero no en su condición de tercero -protegido- frente a la nulidad o resolución del título del transmitente.

Otro de los requisitos es que ha de tratarse de una adquisición que se deriva de un negocio jurídico a título oneroso, *v.g.*, la compraventa, la permuta, la dación en pago o la aportación a sociedad, siendo indiferente que la adquisición tenga origen voluntario -compraventa- o forzoso -adjudicación en subasta judicial- y siendo dudoso el caso de disolución de comunidad, aunque podría atenderse al carácter gratuito u oneroso del acto que dio origen a la comunidad.

Sin embargo, quedan excluidas las adquisiciones a título gratuito por razón de equidad, pero de ello no se deriva que los adquirentes a título gratuito queden desprotegidos completamente ya que, el art. 34 L.H. establece que: "No gozarán de más protección registral que la que tuviere su causante o transferente", de lo que se traduce que cuando la fe pública haya actuado en beneficio de un tercero concreto, todo adquirente posterior -aun siéndolo a título lucrativo- se beneficia de la citada protección. En el caso de una donación onerosa puede entenderse, en virtud de lo establecido en el art. 622 C.c., que el adquirente debe ser mantenido en su adquisición en la parte que tenga ese carácter de onerosidad, cediendo el resto ante el verdadero dueño.

Es necesario, además, que la adquisición se produzca en una persona que aparezca con facultades para transmitir en el Registro. Según algún sector doctrinal[63], de ello se deriva que

---

63 CRISTÓBAL MONTES, A. (1986). *Introducción al Derecho Inmobiliario Registral.* Librería General, 120 y ss.; y RODRÍGUEZ ROSADO, B. (2020). "La reserva de dominio: naturaleza y efecto sobre muebles e inmuebles". *ADC,* (2), 491 y ss.

el que transfiere debe tener inscrito en el Registro su derecho y así, entendidas las cosas, la fe pública no podrá proteger al inmatriculante, ni al que insta a la reanudación del tracto sucesivo o al que adquiere, faltando un eslabón en el tracto en el momento de la adquisición.

También se hace preciso que aquél que transfiere, conste en el Registro de la Propiedad con facultades para transmitir el derecho de que se trate, esto es, que aparezca legitimado para disponer registralmente, sin que conste ninguna limitación dispositiva inscrita. Asimismo, la adquisición debe ser derivativa, esto es, que debe traer causa del titular registral.

Sin embargo, no queda protegido por el art. 34 L.H. el que adquiere de modo originario por ocupación, usucapión o accesión; aquellos que lo hagan por resolución judicial -salvo que la intervención judicial tenga por objeto suplir el consentimiento que una de las partes se negó a prestar-; aquél a cuyo favor se inscriben las fincas de reemplazo en expedientes de concentración parcelaria; el que adquiere por ministerio de la ley -salvo que lo haga por expropiación forzosa-. Relativo a esta exigencia, se plantea la cuestión de determinar en qué momento debe el transmitente tener su título inscrito.

Para algún tratadista[64] es suficiente con que el título del transmitente figure inscrito en el momento en que se inscriba el título del adquirente -lo que ya es una exigencia del principio de tracto sucesivo-. Para otro sector doctrinal es necesario que el título del transmitente, al tiempo de celebrarse el negocio traslativo a favor del tercero, figure inscrito. El Tribunal Supremo a lo largo de más de dos décadas se ha pronunciado en la línea de esta última posición.

---

64 AMORÓS GUARDIOLA, M., *Legislación hipotecaria y jurisprudencia, opus cit.*, 49 y ss.

Necesario es, asimismo, que el derecho del transmitente se resuelva o se anule por causas que no consten en el mismo Registro. DÍEZ-PICAZO[65] sostiene que deben incluirse aquí los supuestos condición resolutoria, de anulabilidad, de incumplimiento de obligaciones bilaterales, de falsedad del título inscrito[66], de nulidad del asiento -art. 31 L.H. -, de rectificación del Registro -art. 40 L.H.; y, de modo general, deben incluirse todos los supuestos de extinción o ineficacia sobrevenida del negocio adquisitivo del transmitente.

Algún autor[67] sostiene que para el art. 34 L.H. no opere, tal circunstancia debe constar de manera nítida, o embebida en un asiento -retracto convencional- o como objeto propio de un asiento -anotación preventiva de demanda-. Así, el art. 37 L.H. constituye un complemento del art. 34 L.H. al establecer que: "Las acciones rescisorias, revocatorias y resolutorias no se darán contra tercero que haya inscrito los títulos de sus respectivos derechos conforme a lo prevenido en esta Ley. Se exceptúan de la regla contenida en el párrafo anterior: Las acciones rescisorias y resolutorias que deban su origen a causas que consten explícitamente en el Registro. Las de revocación de donaciones, en el caso de no cumplir el donatario condiciones inscritas en el Registro. Las de retracto legal, en los casos y términos que las leyes establecen. Las acciones rescisorias de enajenaciones hechas en fraude de acreedores, las cuales perjudicarán a tercero: Cuando hubiese adquirido por título gratuito; Cuando,

---

65 DE ÁNGEL YAGÜEZ, R. (1982). *Apariencia jurídica, posesión y publicidad inmobiliaria registral.* Universidad de Deusto, 12 y ss.

66 A *contrario sensu* se ha pronunciado GORDILLO CAÑAS, A. (2004). "Gananccialidad de la deuda: ¿Presunción, prueba o determinación legal?". *A.D.C.*, (21), 2517 y ss.

67 GÓMEZ GÁLLIGO, F. J. (2015). "Grandes expectativas derivadas de la ley 13/2015, de 24 de junio, en relación a la coordinación del Registro de la Propiedad y del Catastro. *CT/Catastro,* (7), 13 y ss. y GÓMEZ DE LA SERNA, P. (1862). *La Ley hipotecaria.* True World of Books, 237 y ss.

habiendo adquirido por título oneroso hubiese sido cómplice en el fraude. El simple conocimiento de haberse aplazado el pago del precio no implicará, por sí solo, complicidad en el fraude. En ambos casos no perjudicará a tercero la acción rescisoria que no se hubiere entablado dentro del plazo de cuatro años, contados desde el día de la enajenación fraudulenta. En el caso de que la acción resolutoria, revocatoria o rescisoria no se pueda dirigir contra tercero, conforme a lo dispuesto en el párrafo primero de este artículo, se podrán ejercitar entre las partes las acciones personales que correspondan".

Al analizar el contenido del precepto es conveniente subrayar que el titular extrarregistral siempre va a disponer de la acción de enriquecimiento para reclamar del transmitente, titular registral, lo percibido por la transmisión. Asimismo, si éste actuó de mala fe, podrá aquél exigir del mismo la correspondiente indemnización de daños y perjuicios.

Necesario es también que el adquirente inscriba su derecho ya que únicamente de la inscripción resultan los efectos a que da lugar la publicidad material del Registro de la Propiedad. Este requisito ha de entenderse en sentido amplio ya que determinados asientos, distintos de la inscripción, generan el objetivo de la fe pública registral.

El que el art. 34 L.H. estipule que "el tercero será mantenido en su adquisición", va a plantear dos cuestiones problemáticas: en primer lugar, si se trata de una verdadera adquisición y, en segundo, cuál sea el carácter de dicha adquisición. Al respecto, NÚÑEZ LAGOS[68] sostiene que no estamos ante una verdadera adquisición por parte del tercero, sino que nos situamos en presencia de un supuesto de irreivindicabilidad. Así las cosas, el verdadero dueño seguiría siéndolo, pero quedará

---

68 NÚÑEZ LAGOS, R., "El Registro de la Propiedad español", *opus cit.*, 217 y ss.

privado de la acción reivindicatoria, que no podría ejercitar frente al tercero hipotecario. Pero un amplio sector doctrinal suscribe que estamos ante una verdadera adquisición basada en la apariencia de titularidad que el Registro proporciona, no porque el transferente sea dueño, sino a pesar de que no es dueño, esto es, se produce por ministerio de la Ley. Estamos, además, en presencia de una adquisición *a non domino* en virtud de título y modo otorgados por quien no tiene el poder de disposición, aunque aparezca registralmente legitimado para ello y lo que se discute, entonces, es si se trata de una adquisición originaria o derivativa.

Sobre esta temática[69] algunos autores entienden que es originaria porque el tercero no sucede jurídicamente al verdadero propietario. Sin embargo, otros autores[70] subrayan que es derivativa porque el tercero deriva su posición de un titular tabular o formal, el titular inscrito. También es interesante atender a las posturas situadas a medio camino que defienden el carácter mixto de la adquisición, esto es, derivativa para aquello que consta en el Registro, en cuanto el tercero adquiere siempre con la extensión y los límites con que el derecho aparezca inscrito y, originaria con respecto a lo que no consta previamente inscrito y que no puede afectarle.

En conclusión, con la finalidad de dar seguridad al tráfico inmobiliario y sobre la base de la legitimación que la apariencia registral proporciona, la Ley Hipotecaria, convierte en irrevocable o definitiva la adquisición del tercero, que no se ve afectado por los vicios del acto adquisitivo de su transmitente, en los términos expuestos, ni por las inexactitudes o insuficiencias de los asientos registrales. Asimismo, la adquisición del tercero únicamente quedará asegurada en cuanto la misma se sustente

---

69 HERNÁNDEZ GIL, F., "Introducción al Derecho hipotecario", *opus cit.*, 11 y ss.

70 PUGLIATTI, S. (1989). *La Trascrizione.* Giufrè, 12 y ss.

en el contenido jurídico del Registro de la Propiedad. Y de este modo, la fe pública va a actuar siempre en favor del tercero ya que le beneficia y no puede perjudicarle. Y, en fin, cuando la fe pública haya actuado en beneficio de un determinado tercero, todo adquirente posterior se aprovecha de tal protección, aun siéndolo a título lucrativo.

Es necesario también poner de manifiesto que existen determinados casos previstos en la ley por los que se va a suspender de manera temporal los efectos de la fe pública[71], *v.g.*, el supuesto del art. 28 L.H. donde se establece que "Las inscripciones de fincas o derechos reales adquiridos por herencia o legado, no surtirán efecto en cuanto a tercero hasta transcurridos dos años desde la fecha de la muerte del causante. Exceptúense las inscripciones por título de herencia testada o intestada, mejora o legado a favor de herederos forzosos"; el art. 207 L.H. cuando señala que "Si la inmatriculación de la finca se hubiera practicado con arreglo a lo establecido en los números 1.°, 2.°, 3.° y 4.° del art. 204, el art. 205 y el art. 206, los efectos protectores dispensados por el art. 34 de esta Ley no se producirán hasta transcurridos dos años desde su fecha. Esta limitación se hará constar expresamente en el acta de inscripción, y en toda forma de publicidad registral durante la vigencia de dicha limitación"; los asientos de inscripción de fincas y derechos derivados de la concentración parcelaria no surtirán efecto respecto de terceros hasta transcurridos noventa días naturales a contar desde el siguiente al en que se extendió el asiento de inscripción, en el que se hará constar esta circunstancia -art. 235.1 de la Ley de Reforma y Desarrollo Agrario de 12 de enero de 1.973-; la fe pública se suspende por un año, prorrogable por otro, durante la reconstrucción de Registros destruidos -Leyes de 1.873 y 1.938 y disposiciones complemen-

71 SÁEZ RIPOLL, A. (2020). "El artículo 28 de la Ley Hipotecaria". *Notarios y Registradores,* (9), 45 y ss.

tarias-; y, en fin, incluir la reanudación del tracto sucesivo interrumpido por medio de certificación administrativa de dominio ya que, de acuerdo al art. 37.3 de la Ley 33/2003, de 3 de noviembre, del Patrimonio de las Administraciones Públicas: "Las inscripciones practicadas en esta forma estarán afectadas por la limitación de efectos establecida en el art. 207 de la Ley Hipotecarias".

Es necesario exponer la existencia de una serie de cargas y limitaciones del dominio que no necesitan constancia registral para su frente a terceros, *v.g.*, los derechos reales patentes llamados así por ser ostensiblemente visibles, por lo que no pueden ser desconocidos por ningún tercero y perjudicarles con independencia de que figuren o no en el Registro; las prohibiciones legales de disponer -art. 26. 1 L.H. establece que las prohibiciones de disponer o enajenar "establecidas por la Ley que, sin expresa declaración judicial o administrativa, tengan plena eficacia jurídica, no necesitarán inscripción separada y especial y surtirán sus efectos como limitaciones legales del dominio"-; y los derechos legales de adquisición preferente ya que por la propia publicidad de la Ley no necesitan de constancia registral para que puedan ser oponibles a terceros protegidos por la fe pública registral, entre otros.

La doctrina más autorizada sostiene que la publicidad registral es la exteriorización continuada e institucionalmente organizada de las situaciones jurídicas de trascendencia real con el objeto de aportar cognoscibilidad *erga omnes* y de la que se derivan efectos jurídicos sustantivos acerca de la situación publicada.

Al adentrarnos en esta definición observamos que es una forma de exteriorizar aquellas situaciones jurídicas de trascendencia real que se organizan institucionalmente, esto es, que es el Estado el que la ofrece, y no un particular. En nuestro ordenamiento jurídico esta función la ejercen profesionales especializados en la materia y sumamente cualificados para garantizar plenamente el eficaz cumplimiento de dichas finalidades. Vemos, pues, que estamos ante una publicidad de carácter institucional y en este sentido, es necesario poner de relieve la doble vertiente pública del Registro de la Propiedad. De una parte, como es sabido, el Registro de la Propiedad es un organismo público que depende del Ministerio de Justicia y, de otra, su contenido está abierto al ciudadano con interés legítimo en conocerlo[72].

También se observa que lo que produce no es el conocimiento efectivo de la información, sino la cognoscibilidad de aquello que se ha publicado y que está a se encuentra disposición de aquellos que tienen interés legítimo en conocer. Pero a diferencia de otros tipos de publicidad donde el que publicita se dirige al destinatario, en la publicidad registral el destinatario es el que debe manifestar su interés por conocer la información publicada.

En ocasiones, la publicidad que analizamos va a producir efectos sustantivos concretos, *v.g.*, en el supuesto de discordancia entre la realidad extrarregistral, y registral. Una vez que se comprueba que se ha dado cumplimiento a los requisitos legales, la realidad registral se impone a la extrarregistral, de manera que, quien no debería ser propietario de acuerdo con el Derecho sustantivo, pero ha adquirido de quien figura en el Registro de la Propiedad como propietario *ex* art. 34 L.H., se convierte en propietario extrarregistral y registralmente.

Así las cosas, es posible considerar la publicidad como un medio y como un fin ya que, de una parte, sirve para producir la cognoscibilidad de los derechos reales sobre un bien inmue-

---

72 BERROCAL LANZAROT, A.I. (2018). "La responsabilidad de los bienes gananciales. El ejercicio del comercio por persona casada y la posición del cónyuge no comerciante (I)". *RCDI*, (766), 995 y ss.

ble[73] -función informativa-, asegurando la información que proporciona -función de garantía- y, es fin por cuanto que el Registro de la Propiedad es el instrumento a través del que se realiza en nuestro Derecho la publicidad de los derechos reales inmobiliarios. Entendemos que son finalidades mediatas la protección de la seguridad jurídica y del tráfico y, derivada de la protección de ésta última finalidad, se pretende asegurar el fomento del crédito territorial, motor del tráfico aludido[74].

Ha sido un clásico en la doctrina aludir al principio de publicidad como un principio hipotecario informador nuestro sistema registral. Nos referimos a la publicidad entendida de una parte, como la puesta a disposición de información registral al legitimo interesado y, de otra, como garantía o aseguramiento de la información proporcionada protegiendo a quien confía en la información descrita. Estos son los dos pilares del Registro de la Propiedad español y de otros sistemas registrales de nuestro entorno jurídico. Pero los medios a través de los que se proporciona dicha protección, el distinto grado de intensidad de esa protección y la vinculación con los instrumentos de creación y transmisión de los derechos reales, van a marcan la diferencia entre los distintos sistemas registrales vigentes. Es por ello que la publicidad no es un principio hipotecario entre otros, la publicidad es la finalidad que estructura, da sentido y justifica la existencia del Registro de la Propiedad.

Por tanto, en nuestro sistema registral el principio de publicidad vemos cómo presentaría un desdoble de principios hipotecarios referidos a dos aspectos ya que va a ofrecer a la información que el Registro de la Propiedad ofrece el principio de exactitud o legitimación y el principio de fe pública registral.

---

[73] ALBALADEJO GARCÍA, M. (1978) "Comentarios al Código Civil y Compilaciones forales". *Revista de Derecho privado,* (13), 35 y ss.

[74] Estas últimas finalidades quedan descritas con toda claridad en la exposición de motivos de la Ley Hipotecaria de 1861.

Desde un punto de vista formal el principio de publicidad recoge la forma en la que particulares pueden conocer el contenido del Registro de la Propiedad que sirve como instrumento de información. Dicho principio se articula en los arts. 221 y ss. L.H. estableciendo que "los Registros de la Propiedad serán públicos para quienes tengan interés conocido en averiguar el estado de los bienes inmuebles o derechos reales inscritos presumiéndose el interés en toda autoridad empleado o funcionario público que actúe por razón de su oficio o cargo". Algún autor[75] sostiene que son seis los principios rectores de la publicidad formal; a saber, principio de claridad, principio de interés conocido, principio de publicidad jurídica, principio de respeto a la normativa sobre protección de datos de carácter personal, principio de publicidad directa, principio de publicidad profesional y sencillez de la publicidad formal.

Con respecto al principio de publicidad directa. La publicidad va a tener un carácter directo ya que permite el acceso de los ciudadanos sin necesidad de intervención de o profesionales empresas. En este sentido el art. 332 R.H. establece en el apartado segundo *in fine,* la libertad plena del interesado para consultar y comunicarse con el Registrador de la Propiedad por cualquier medio, físico o telemático, siempre que se evite la manipulación del contenido del archivo correspondiente. Igualmente se considera directa ya que la manifestación de los Libros del Registro se mantiene como un tipo de publicidad.

Por lo que se refiere al principio de publicidad jurídica, la publicidad de carácter formal va a constituir el elemento esencial del Registro de la Propiedad ya que su naturaleza pública es lo que va a permitir que gira alrededor de él el tráfico jurídico inmobiliario. Esta máxima es común al resto de los registros jurídicos, a saber, registro civil, de bienes muebles y

---

75 MARTÍNEZ DE AGUIRRE ALDAZ, C., "La publicidad registral I: la legitimación registral, consecuencias sustantivas", *opus cit.,* 465 y ss.

Registro Mercantil para el que no se exige el carácter conocido del interés.

También es relevante la derivada del Principio de interés conocido ya que la necesidad de que el interés de solicitante de la publicidad registral sea conocido por el Registrador art. 221 L.H. va a suponer que el Registro solo debe ser público para aquellos que justifican su interés legítimo.

El Principio que protege el respeto a la normativa sobre protección de datos de carácter personal y que tiene límite en las distintas formas de publicidad registral, viene regulado por la normativa de protección de datos al incidir en su normación en la publicidad registral tal y como se establece en el art. 222.6 L.H. por cuanto que impone que los Registradores de la Propiedad al calificar el contenido de los asientos registrales informarán y velarán por el cumplimiento de las normas aplicables sobre protección de los datos.

En lo relativo al principio de publicidad profesional, observamos la necesidad de un tratamiento profesional de la publicidad registral ya que los Registradores de la Propiedad tienen el deber de realizar este tipo de tratamiento en virtud de lo estipulado en el art. 222.4 L.H. donde se preceptúa la obligación del Registrador al tratamiento profesional de la publicidad formal. De ello se deriva que dicha publicidad debe expresarse de manera clara y sencilla, sin perjuicio de los casos legalmente previstos de certificaciones literales a instancia de cualquier interesado, de la autoridad judicial o de la autoridad administrativa. Y en esta línea se hace preciso que la publicidad refleje de manera fidedigna los datos y los asientos registrales, sin necesidad de extenderse a más de lo necesario para satisfacer el interés legítimo[76]. Como es posible colegir, el Princi-

---

[76] Por todas la Resolución de 16 de julio de 2020. B.O.E. núm. 211, 5 de agosto de 2020, 64123 y ss.; Resolución de 2 de septiembre de 2020. B.O.E. núm.

pio de claridad y sencillez de la publicidad formal abarloado con el principio de publicidad directa se deriva el principio de claridad y sencillez de la publicidad formal, que también se relaciona con el deber de protección de los consumidores y se los usuarios.

La adquisición del tercero de buena fe se encuentra limitada objetivamente por el contenido del Registro de la Propiedad, es decir, la adquisición se consolida con la inscripción. Así, el art. 37 L.H. establece que las acciones rescisorias, revocatorias y resolutorias no se darán contra tercero que haya inscrito los títulos de sus respectivos derechos conforme a lo prevenido en esta Ley; pero se exceptúan de la regla contenida en el párrafo anterior: las acciones rescisorias y resolutorias que deban su origen a causas que consten explícitamente en el Registro; las acciones de revocación de donaciones en el caso de no cumplir el donatario las condiciones inscritas en el Registro; las acciones de retracto legal, en los casos y términos que las leyes establecen; las acciones rescisorias de enajenaciones hechas en fraude de acreedores, las cuales perjudicarán a tercero: Cuando hubiese adquirido por título gratuito y cuando habiendo adquirido por título oneroso hubiese sido cómplice en el fraude. El mero conocimiento de haberse aplazado el pago del precio no implica, por sí mismo, que exista complicidad en el fraude. En ambos casos no perjudicará a tercero la acción rescisoria que no se hubiere entablado dentro del plazo de cuatro años, contados a partir del día de la enajenación fraudulenta[77].

261, de 2 de octubre de 2020, 83595 y ss.; y Resolución de 16 de septiembre de 2020. B.O.E. núm. 265, 7 de octubre de 2020, 86165 y ss.

77 GARCÍA GARCÍA, J.M., *Legislación Hipotecaria anotada y comentada, opus cit.*, 37 y ss.; GÓMEZ GÁLLIGO, F. J., *Defectos en los documentos presentados a inscripción en el Registro de la Propiedad. Defectos entre altas subsanables e insubsanables, opus cit.*, 89 y ss.; y HERNÁNDEZ BLÁZQUEZ, F., "Artículo 35. Inscripción de documentos notariales", *opus cit.*, 561 y ss.

En el caso de que la acción resolutoria, revocatoria o rescisoria no se pueda dirigir contra tercero, conforme a lo dispuesto en el art. 37.1 L.H., se podrán ejercitar entre las partes las acciones personales que correspondan -STS 32/2003, de 12 de junio-.

Quien cumple los requisitos que exige el artículo 34 de la ley hipotecaria, consolida entonces su adquisición, que será inatacable por cualquier otro incluido el que fuera verdadero titular sino por las causas que consten en el registro. Por tanto, el tercer hipotecario consolida *erga omnes* su adquisición y adquiere solo las cargas y gravámenes que constaban previamente en el registro.

No obstante, los efectos de la fe pública registral quedarían en suspensión en supuestos como las inmatriculaciones, por disponerlo el art. 207 L.H. y los supuestos de doble inmatriculación. Se exceptúan también las inscripciones a favor de los herederos forzosos por título de herencia testada o intestada de mejora o legado conforme al art. 28 L.H., pero este precepto ha sido recientemente suprimido por el art. 3 de la Ley 8/2022, Ley cuya Exposición de Motivos lo justifica "dado que los supuestos que eventualmente este artículo está llamado a proteger son muy residuales en comparación con el perjuicio que ocasiona en la sucesión de colaterales y extraños y la perturbación del tráfico, generando situaciones antieconómicas".

En los casos de inmatriculación quedan en suspenso los efectos durante dos años desde la fecha de inmatriculación en el supuesto del art. 207 L.H. En los supuestos de doble inmatriculación, los efectos de la fe pública registral del adquirente inscrito se neutralizan hasta que se solventa la cuestión[78].

---

[78] GORDILLO CAÑAS, A., *El Registro de la Propiedad: principios y sistema, opus cit.*, 56 y ss.; GONZÁLEZ y MARTÍNEZ, J., *Estudios de Derecho hipotecario. Orígenes, sistemas y fuentes, opus cit.*, 89 y ss.; y GÓMEZ GÁLLIGO, F. J., *Defectos en los documentos presentados a inscripción en el Registro de la Propiedad, opus cit.*, 23 y ss.

VI. NATURALEZA JURÍDICA DE LA INSCRIPCIÓN: SUS DIMENSIONES FORMAL Y MATERIAL

Al abordar la naturaleza de la inscripción como instrumento jurídico registral, debemos atender a la perspectiva tanto material como formal. Al analizar la vertiente material estudiaremos el resultado del acto que resulta de inscribir, esto es, el documento público del que se derivan situaciones jurídicas inmobiliarias que producen los efectos propios del sistema registral de publicidad vigente en nuestro país. De otra parte, cuando nos referimos a la inscripción desde el punto de vista formal, analizamos el acto de inscribir como la forma de constatar en los Libros del Registro lo que expresa el acto, título, hecho o circunstancia para que surta los efectos hipotecarios oportunos[79].

El examen de la naturaleza jurídica de la inscripción ha suscitado un intenso debate por parte de la doctrina, situándose el epicentro de la controversia en el alcance que dicha naturaleza puede proyectar en el nacimiento del derecho real. Es posible cuestionarse entonces si la inscripción es -o no- un trámite necesario para producir una modificación jurídico-real.

El sector doctrinal que sobre el particular mantiene una posición afirmativa entiende que estamos ante una inscripción constitutiva, ya que es requisito *sine qua non* para su modificación, constitución o extinción de los situaciones jurídico-reales. Estar ante un sistema de inscripción constitutiva aporta más elementos de fiabilidad ya que, al concordar nacimiento del derecho real e inscripción registral, hay muchas más posibilidades de alcanzar la necesaria seguridad jurídica. Pero descendiendo al terreno práctico, el sistema de inscripción va a pre-

---

79 CAPOTE PÉREZ, L. J. (2018). "La reanudación del tracto sucesivo". *Estudios sobre la representación gráfica de las fincas registrales,* (23), 239 y ss. y BADOSA COLL, F. (1971). Voz, "Justo título". Seix, 37 y ss.

sentar dificultades por cuanto que exige perfección absoluta en el título correspondiente y control extremo de la legalidad registral. La ausencia de documentación auténtica y el hecho de evadir el pago de los gastos y de los impuestos es causa de que la adquisición y la transmisión de un numero considerable de propiedades se lleve a cabo en documento privado. Es por ello que, en nuestro ordenamiento jurídico, la inscripción no es constitutiva por regla general. Así, es posible afirmar que el dominio puede adquirirse y los derechos reales pueden ser constituidos fuera del Registro y, en ocasiones, en contradicción con él[80]. Lo que el Registro aporta a los derechos reales es eficacia y protección, pero, como es bien sabido, la inscripción no es necesaria para que la modificación jurídico-real se produzca [81]. La regla general, por tanto, es que la inscripción tiene carácter declarativo[82].

Sobre esta temática se pronunció el Legislador en la exposición de motivos de la Ley Hipotecaria de 1944 estableciendo que: "Tampoco se ha considerado oportuno elevar la inscripción a requisito inexcusable para la constitución de aquellas relaciones jurídicas que emanen de un negocio jurídico. No se desconocen, ni de subvalorar son, las importantes razones que la casi totalidad de los tratadistas españoles aducen en defensa de la inscripción constitutiva. Pero, a pesar de reconocerse plenamente que las relaciones jurídicas inmobiliarias sin, por su singular naturaleza, de derecho necesario y que exigen una publicidad y forma notorios, es incuestionable que si más del sesenta por ciento de la propiedad no ha ingresado en el Re-

---

80 DE LOS MOZOS, J. L. (1972). "Crisis del principio de abstracción y presupuestos romanistas de la adquisición del dominio en el Derecho español". *AD, (4),* 1027 y ss.

81 DÍEZ-PICAZO, L., *Fundamentos del Derecho civil patrimonial, opus. cit.,* 56 y ss. y DIEZ PICAZO, L. 1976). "Autonomía privada y derechos reales". *RCDI,* 4, 19 y ss.

82 D'ORS, A. (1986). *Derecho Privado Romano.* Eunsa, 28 y ss.

gistro, de ningún modo puede ser aceptado el referido principio. No sólo porque quedaría, de hecho, inoperante, con el natural desprestigio de la norma legislativa, sino porque la inscripción constitutiva no haría más que agravar un estado posesorio completamente desconectado del Registro, con todas sus múltiples y serias consecuencias. Dadas las características de nuestra riqueza territorial, tan dividida entre modestos propietarios, sería empresa difícil hacer comprender a la extensa población rural las diferencias esenciales que median entre un vínculo meramente personal y una relación real. Cierto es que el vigente ordenamiento inmobiliario implica la coexistencia de dos clases de propiedad: la inscrita y la no inscrita, sometidas a regímenes distintos. Pero ínterin la mayor parte de ella permanezca al margen del Registro, no se podrán dictar, con esperanzas de éxito, las disposiciones adecuadas en evitación de semejante dualismo. La inscripción, si bien continúa siendo potestativa y de efectos declarativos, será en cambio, premisa ineludible, con las limitaciones que se establecen, para el ejercicio de los derechos sobre bienes inmuebles. De este modo quedarán debidamente tuteladas las relaciones jurídicas inmobiliarias, de acuerdo con su naturaleza y transcendencia social. Se corregirá en gran parte la divergencia que todavía subsiste, en proporción no desdeñable, entre el Registro y la realidad extrarregistral. Y se obtendrá la seguridad de que las declaraciones judiciales o administrativas descansan sobre la base sólida y segura del Registro de la Propiedad. Si no se concede a la inscripción carácter constitutivo, se le da, en cambio, tan singular sustantividad en los aspectos civil y procesal, que sólo las relaciones inscritas surtirán plena eficacia legal». El análisis de una lectura detallada de este texto pone de manifiesto que la posición del Legislador obedece a razones de oportunidad ya que es difícil de trasladar a la ciudadanía el cambio de sistema por cuanto que hay una gran parte de propiedad que ha quedado al margen del Registro[83]. Dicho esto, el Legislador va a reconocer la superioridad del sistema de inscripción constitutiva y, sin duda, pone de relieve las tesis que la doctrina expone a favor. Al tiempo, afirma que, por la naturaleza que poseen las relaciones inmobiliarias, la exigencia de publicidad es obligada.

Pero, en el momento de legislar, hay una obligación de tutela de los derechos inmobiliarios y, al no poder llevar esa tutela hasta el extremo, ha reforzado[84] la eficacia de la inscripción en los planos civil y procesal[85].

Desde la vertiente formal, la inscripción se presenta como la fase final del procedimiento[86] y la naturaleza del citado procedimiento ha planteado un intenso debate. Al respecto, la resolución de la DGRN de 13 de junio de 2014[87] establece que la función de la calificación registral presenta particularidades de notoria importancia respecto del régimen de las actividades de las administraciones públicas, a saber, la revisión de la actividad registral inmobiliaria no corresponde al orden jurisdiccional contencioso-administrativo, sino que es una de las expresamente atribuidas al orden jurisdiccional civil por razón de la naturaleza privada y patrimonial de los derechos que constituyen su objeto; La aplicación supletoria de las normas de procedimiento administrativo al ámbito de la calificación registral no puede aceptarse con carácter general ni de mane-

---

83 JEREZ DELGADO, C. (2004). *Tradición y Registro.* Colegio de Registradores de la Propiedad, 89 y ss.

84 VEGAS TORRES, J. (2000). *Derecho procesal civil. Ejecución forzosa. Procesos especiales.* Civitas, 90 y ss.

85 PAU PEDRÓN, A. (1994). “Efectos de la inscripción en la constitución de los derechos reales”. *RCDI,* (625), 2187 y ss. y DE LA RICA Y ARENAL, R. (1948). “El valor de la inscripción”. *RCDI,* (240), 273 y ss.

86 MIQUEL GONZÁLEZ DE AUDICANA, J., *Derecho Privado, opus cit.*, 47 y ss.

87 B.O.E. núm. 183, de 29 de julio de 2014, 60183 y ss.

ra abstracta; Aun cuando la Dirección General de Seguridad Jurídica y Fe Pública sea un órgano administrativo y sus resoluciones tienen naturaleza administrativa, la inserción de éstas en el ámbito de la función de calificación de los Registradores de la Propiedad las dota de características muy especiales[88] frente al régimen de la actividad administrativa, las cuales no sólo se han mantenido, sino que se han acentuado en las sucesivas modificaciones de la Ley Hipotecaria; la Resolución de la Dirección General no es un acto administrativo abstracto, sino que tiene como presupuesto y objeto un acto de calificación del Registrador, que no puede ser considerado por razón de su contenido como acto sujeto al Derecho administrativo, y su consecuente jurídico es el examen de su legalidad por parte del orden jurisdiccional civil; lo anterior no excluye la aplicabilidad del régimen administrativo cuando haya una remisión específica de la legislación hipotecaria a los aspectos de dicho régimen que considere aplicables a la función registral, o cuando se trate de normas administrativas que respondan a los principios generales materiales o de procedimiento propios de todo el ordenamiento.

En consecuencia, al igual que sucede con el Registro Civil, la actividad pública registral, se aproxima, en sentido material, a la jurisdicción voluntaria, si bien formalmente no es propiamente jurisdiccional, porque los Registradores de la Propiedad, aunque como los jueces no están sujetos en sus funciones al principio de jerarquía para enjuiciar el caso, sino que gozan de independencia en su calificación-, están fuera de la organización judicial[89]. En todo caso, es una actividad distinta de la

---

[88] ARRIETA SEVILLA L. J. (2018). *La finca registral como objeto del Registro de la Propiedad.* Thomson Reuteurs, 45 y ss.

[89] PEÑA BERNALDO DE QUIRÓS, M. (1978). "Acerca del artículo 1364 del Código Civil. *Anales de la Academia Matritense del Notariado,* (21), 355 y ss.

propiamente administrativa[90]. Como ha quedado expuesto, la actividad registral no está sujeta a las disposiciones administrativas, sino que viene ordenada por las normas civiles; Las cuestiones sobre las que versa -las situaciones jurídicas sobre la propiedad inmueble- son cuestiones civiles; Y, por la índole de las disposiciones aplicables y la de las cuestiones que constituyen su objeto, esta actividad está fuera del ámbito de la jurisdicción contencioso-administrativa. Lo que no significa que la actividad registral esté fuera del control jurisdiccional, puesto que las decisiones registrales dejan siempre a salvo la vía judicial ordinaria y las decisiones judiciales dictadas en el correspondiente proceso tienen siempre valor prevalente.

La inscripción, la publicidad jurídica institucional, es también un derecho. El derecho a la inscripción del título, aunque no esté expresamente regulado ni mencionado en nuestra legislación resulta explícitamente en nuestro sistema registral. Los artículos 1, 2 L.H. y 7 R.H. («deberán inscribirse los títulos...») llevan a la conclusión de que, aunque sea facultativa la decisión de pretender o no la inscripción, una vez pretendida su práctica es obligatoria siendo procedente. Especialmente, el artículo 6 L.H., al enumerar quiénes pueden pedir la inscripción, cita a «quien tengan interés en asegurar el derecho que se deba inscribir», lo cual supone el reconocimiento de un interés jurídicamente protegido[91].

LACRUZ[92] distingue, de una parte, la acción de inscribir como elemento final del proceso y, de otra, el resultado de este

---

90 RICCOBONO, S. (1912). "Traditio ficta". *SZ*, (33), 259 y ss. y RUBIO GARRIDO, T. (1993). *Contrato de compraventa y transmisión de la propiedad.* Real Colegio de España en Bolonia, 34 y ss.

91 MANZANO SOLANO, A. y MANZANO FERNÁNDEZ, M. M., *Instituciones de Derecho Registral Inmobiliario, opus cit.*, 121 y ss.

92 LACRUZ BERDEJO, J.L. (1990). *Elementos de Derecho Civil III Bis, Derecho Inmobiliario Registral.* Bosch, *opus cit.*, 96 y ss.

acto. Con respecto a la inscripción como acto terminal de un proceso es necesario poner de relieve que la acción de inscribir que realiza el Registrador no es un elemento autónomo, sino que obedece a unos presupuestos vinculados entre sí que constituye el proceso. La práctica de la inscripción por parte del Registrador es un acto debido por cuanto que no puede denegarla sin justificación. En todo caso, ha de proceder a practicarla si el Título tiene los requisitos establecidos por ley, bien por sí mismo o en relación con otros asientos que ya constan en el Registro. Además, es un acto voluntario, que no una declaración de voluntad, ya que la *vis volitiva* del Registrador no puede estar coaccionada.

En lo referente a la inscripción como resultado de la acción de inscribir, la inscripción da a conocer un determinado hecho a través de su contenido representativo y, sus efectos, que son autónomos, no le son dados ni por la voluntad manifiesta de incoar el procedimiento de acceso al Registro, ni por el Registrador al practicar el asiento, sino por la ley atendiendo al contenido del documento inscribible, que una vez consignado en el folio, goza de vida independiente.

VII. LA INSCRIPCIÓN Y EL ASIENTO: CONCEPTO Y TIPOS.

Con respecto al asiento como toma de razón o constatación en los Libros del Registro[93], observamos que la publicidad relativa a la situación jurídico-real de los bienes inmuebles constituye la médula del Derecho registral. Todo ello tanto en sentido material como en sentido formal ya que, se realiza almacenando informaciones en Libros, derivándose de ello que

---

93 DIEZ PICAZO, "Los bienes inmuebles en el Código Civil español", *opus cit.*, 937 y ss.

la operación fundamental es la realización de los asientos en los libros.

Presentado en sentido formal un documento en el Registro en el que se dé cuenta de un acto, hecho o circunstancia -título en sentido material- que debe ser publicado por el Registro en sus Libros se toma razón de aquellas particularidades que deben ser conocidas y publicadas. El traslado a los Libros y la toma en ellos de razón y de constancia es lo que se denomina asiento. Y, así entendido, se define como la constatación o expresión formal y solemne hecha en los Libros del Registro, de los actos, hechos y contratos que, por su naturaleza, puedan tener acceso al mismo. Se incluye, por tanto, todo tipo de constancia registral, esto es, lo mismo aquella que está destinada a describir los caracteres físicos de las fincas -declaración de obra nueva-; a modificar la distribución de las parcelas según consta en los Libros; la dirigida a publicar una transmisión de propiedad o de un derecho real limitado; si se ha puesto una demanda reivindicando la finca o se ha decretado su embargo[94]; o a hacer saber que la condición suspensiva o resolutoria se cumplió[95].

El traslado, la toma de razón o la constancia en los Libros del Registro se puede hacer de varias maneras. La primera es la de simple transcripción. En este sistema el asiento es una copia completa, integra y literal del documento. Es el sistema del Derecho francés y de los Derechos que han seguido sus pautas. Frente al sistema de transcripción, el llamado sistema o método de inscripción consiste en llevar al asiento no el documento íntegro, sino solamente mente un extracto de su contenido, que contenga aquellos datos o circunstancias que sean fundamen-

---

94 ESPEJO LERDO DE TEJADA, M. (2005). *Efectos jurídico reales del embargo de inmuebles en la Ley de Enjuiciamiento Civil.* Civitas, 67 y ss.

95 LACRUZ BERDEJO, J.L. (1992). *Derecho de familia, opus cit.*, 93 y ss.

tales y que tengan interés para la publicidad jurídico real[96]. En el sistema de inscripción se refunde y abrevia la referencia, y el asiento es un extracto de los elementos fundamentales del acto o contrato de que se trate. Este es el sistema seguido por el Derecho hipotecario español para la llevanza de los Registros.

Al lado de los dos métodos mencionados se puede todavía hablar de un tercero, que se conoce con el nombre de método de encasillado, en el cual el asiento consiste en una indicación sumaria, dentro de las correspondientes casillas o columnas, de aquellos datos o circunstancias a las que las mismas aluden[97].

Como hemos descrito líneas atrás cabe en sentido amplio identificar los conceptos de inscripción y asiento, incluso, en ocasiones, es la propia legislación hipotecaria la que lleva a cabo esta identificación, *v.g.*, el art. 2 L.H. El citado precepto así lo hace cuando genéricamente establece que en los Registros expresados en el artículo anterior se *inscribirán* los actos que en el mismo se relacionan. De la misma manera sucede con el artículo 18 L.H. que, al tratar de la calificación de los documentos *en cuya virtud se solicite la inscripción* emplea el término en sentido amplio o, con el artículo 41 R.H. al estipular que: "En los libros de los Registros de la Propiedad se practicarán las siguientes clases de asientos o inscripciones: asientos de presentación, inscripciones propiamente dichas, extensas o concisas, principales y de referencia, anotaciones preventivas, cancelaciones y notas marginales". Sin embargo, esta identificación entre inscripción y asiento quiebra en aquellos casos en que un sólo asiento contiene varias constataciones registrales,

---

96 VELA SÁNCHEZ, A. J. (2007). "La fe pública registral en las ventas judiciales derivadas de embargos inmobiliarios". *ADC,* (12), 56 y ss.

97 DIEZ PICAZO, L. (1966). "La tradición y los acuerdos traslativos en el Derecho español", *ADC,* (23), 555 y ss. y GARCÍA-BERNARDO LANDETA, A. (2007). "La doble venta y la venta de cosa ajena de bienes inmuebles". *Revista Jurídica del Notariado,* (64), 59 y ss.

en los diferentes supuestos de tracto abreviado[98] cuyo fundamento está en la necesidad de evitar inscripciones puramente formularias que tendrían una vida transitoria y que complicarían innecesariamente los asientos y el historial jurídico de la finca. Es el caso de las ventas o cesiones a un coheredero en los términos del artículo 20.3 L.H. o, el supuesto previsto en el artículo 20.6 L.H. cuando en una partición de herencia, verificada después del fallecimiento de algún heredero, se adjudiquen a los herederos del heredero fallecido bienes que correspondían a aquel[99]. En este caso la inscripción se practica a favor de los adjudicatarios, pero haciéndose constar en ella, más sucintamente, las transmisiones realizadas.

Ha puesto de manifiesto LACRUZ[100] que tres son las formas autónomas de ingreso en el Libro principal, llamado Libro de Inscripciones. Habitualmente, el procedimiento de inscripción se inicia a instancia de parte mediante la presentación del documento inscribible en el Registro. Es en ese momento cuando se practica el asiento de presentación en el denominado Libro Diario. Se trata de un asiento que no excluye la práctica de la correspondiente inscripción, anotación preventiva o nota marginal, sino que es un presupuesto de ellas y no tiene otra misión que prepararlas y suministrar la fecha inicial de la protección del Registro. No tiene una existencia autónoma junto a los asientos destinados a la publicidad, sino que los prepara y les permite producir sus efectos antes de nacer.

Los asientos registrales pueden ser clasificados con arreglo a diferentes criterios. En primer lugar, cabe distinguir entre

---

98 DIEZ PICAZO, L. (1967). "El negocio cancelatorio y la causa de la cancelación". *RDN,* (11), 37 y ss.

99 ROCA SASTRE, R.M., *La venta de cosa ajena, opus cit.*, 44 y ss.; y PUIG FERRIOL L. (1978). "De la asociación a compras y mejoras". *Comentarios al Código Civil y compilaciones forales,* vol. 2. Edersa, 23 y ss.

100 LACRUZ BERDEJO, J.L., *Derecho inmobiliario registral, opus cit.*, 49 y ss.

asientos principales y asientos accesorios. Los primeros son aquellos que tienen autonomía y función propia dentro del campo de la publicidad como las inscripciones y las anotaciones preventivas. Los segundos ejercen únicamente una función de carácter instrumental y están al servicio de otros asientos[101] como las notas marginales.

También es posible diferenciar asientos definitivos y asientos provisionales. Los asientos definitivos son los tienen una duración indefinida y que cumplen su función dentro de la publicidad durante todo su período de vigencia. Los asientos provisionales tienen una vigencia limitada por estar destinados a convertirse en otros asientos o a extinguirse por caducidad, pasado un plazo determinado de tiempo como los asientos de anotación preventiva.

Y, en fin, distinguimos también entre asientos de carácter positivo y de carácter negativo. Los asientos de carácter positivo exteriorizan el nacimiento o la aparición de un derecho o, este mismo derecho en la plenitud de su existencia. Los asientos de carácter negativo recogen la extinción de un derecho o la pérdida de vigencia de un asiento practicado con anterioridad, como los asientos de cancelación.

Define DIEZ-PICAZO[102] la anotación preventiva como el asiento registral de vigencia temporalmente limitada que enerva la eficacia de la fe pública registral a favor de titulares de situaciones jurídicas que no son inscribibles. Por su parte ROCA

---

101 MORELL y TERRY, J. (1928). *Comentarios a la Legislación Hipotecaria.* Reus, 56 y ss. e IZQUIERDO GRAU, G. (2019). "*La asociación de compras y mejoras*". *Revista Catalana de Dret Privat,* (20), 75 y ss.

102 DÍEZ-PICAZO, L., *Fundamentos del Derecho civil patrimonial, opus cit.*, 45 y ss.; DÍEZ-PICAZO, L. y GULLÓN BALLESTEROS A., *Sistema de Derecho Civil, opus cit.*, 65 y ss.; y DÍEZ-PICAZO, L., "Los bienes inmuebles en el Código Civil español", *opus cit.*, 937 y ss.

SASTRE[103] define la anotación preventiva como un "asiento principal, provisional y, en general, positivo, que se practica en los libros de inscripciones y quero. re por objeto asegurar las resultas de un juicio, garantizar un derecho perfecto, pero no consumado o preparar un asiento definitivo".

La anotación preventiva es un asiento temporal cuyo destino es extinguirse, ya sea por cancelación o por caducidad, o bien por su transformación en inscripción -art. 77 L.H.- La provisionalidad o temporalidad se predica del asiento de anotación, no del título que se anota preventivamente ni del derecho que así se publica[104].

La vida de las anotaciones preventivas, cualquiera que sea su origen y de acuerdo con el art. 86 L.H., será de cuatro años desde la fecha de la anotación misma, produciéndose así su caducidad, salvo aquellas que tengan señalado en la Ley un plazo más breve. No obstante, por orden de la autoridad que la decretó o a instancia del interesado, podrán las anotaciones prorrogarse por un plazo de cuatro años más, siempre que el mandamiento de prórroga sea presentado con anterioridad a la caducidad del asiento.

Así pues, debemos calcular el plazo de vigencia de las anotaciones preventivas desde la fecha de la anotación y no desde el asiento de presentación del mandamiento que las motiva -DGRN 12 de diciembre de 2000-, sin que puedan darse prórrogas indefinidas. Sólo aquellas anotaciones preventivas que se refieran a un título inscribible tienen la posibilidad de convertirse en inscripción. Es el caso de las anotaciones preventivas de suspensión por defectos subsanables, de legados o de

---

103 ROCA SASTRE, R. M. y ROCA-SASTRE MUNCUNILL, L., *Derecho hipotecario, opus cit.*, 54 y ss.

104 SÁNCHEZ CALERO, F. J. y SÁNCHEZ-CALERO ARRIBAS, B., *Manual de Derecho Inmobiliario Registral, opus cit.*, 75 y ss.; y SANZ FERNÁNDEZ, A. (1953). *Instituciones de Derecho hipotecario.* Reus, 34 y ss.

suspensión por imposibilidad del Registrador, entre otras. No pueden convertirse en inscripción las anotaciones de demanda, embargo o prohibición de disponer pues no pueden dar lugar a una inscripción, sino a situaciones de otro tipo[105].

Esta transformación de anotación a inscripción se produce cuando el titular registral a cuyo favor estuviere constituida, adquiera definitivamente el derecho anotado, de acuerdo con el art. 196 R.H., y ésta surte efectos desde la fecha de la anotación[106]. Se verifica tal conversión haciendo una inscripción de referencia en la cual se expresa: la letra y el folio de la anotación, la manifestación de que la anotación se convierte en inscripción, la causa de la conversión, el documento en virtud del cual se verifica dicha conversión, referencia en su caso al nuevo asiento de presentación y por último, la fecha y firma del Registrador. Además, la anotación preventiva es un asiento accesorio y no necesario que hace tránsito a otro asiento principal y definitivo, bien la inscripción o bien la cancelación.

Si nos remitimos a la Exposición de Motivos de la Ley Hipotecaria de 8 de febrero de 1861, encontramos que determinaba que "el objeto de la anotación preventiva era que en su día la sentencia tenga ejecución cumplida y que se extendía a los derechos reales que aún no han llegado a su perfección, ni están consumados, o que son eventuales, y transitorios, o que por falta de alguna circunstancia legal requieran subsanación antes de ser inscritos definitivamente en el Registro." Por tanto, se entiende que la anotación preventiva publica un derecho real todavía en formación, litigioso o con título defectuoso.

---

105 PEÑA BERNALDO DE QUIRÓS, M., *Derechos reales. Derecho hipotecario, opus cit.*, 36 y ss.; y PAU PEDRÓN, A., "El acta de inscripción", *opus cit.*, 12 y ss.

106 PAU PEDRÓN. A., *Elementos de Derecho Hipotecario, opus cit.*, 22 y ss.; y NÚÑEZ LAGOS, R., "El Registro de la Propiedad español", *opus cit.*, 217 y ss.

Cuando la anotación deba comprender todos los bienes de una persona, como en los casos de incapacidad -hoy los supuestos de discapacidad que limitadamente puedan acceder al Registro tras la reforma operada por Ley 8/2021 y por la vía del art. 142 R.H. son los dictados en procedimientos de concurso de acreedores- y otros análogos, el Registrador anotará todos los que se hallen inscritos a su favor. También podrán anotarse en este caso los bienes no inscritos, siempre que el Juez o el Tribunal lo ordene y se haga previamente su inscripción a favor de la persona gravada por dicha anotación. La anotación preventiva provoca una serie de efectos, según DÍEZ-PICAZO[107]. Al contrario de lo que sucede con la inscripción, lo inscrito en la anotación perjudica a tercero, pues entra en su ámbito de conocimiento todo el contenido que se publique en la anotación preventiva. Además, no provoca un efecto positivo al tratarse de un asiento temporal y transitorio. Es decir, el que adquiera de buena fe un derecho anotado preventivamente, sólo se mantiene en su adquisición si el derecho existe realmente y si pertenece a quien aparece como titular en la anotación preventiva y esta se consolida[108].

Los bienes objeto de anotación preventiva pueden ser enajenados o gravados, pero sin perjuicio del derecho de la persona a cuyo favor se hubiese hecho la anotación preventiva. Así pues, la transmisibilidad del derecho anotado preventivamente queda amparada por el art. 1.112 C.c., en cuya virtud todos los derechos adquiridos en virtud de una obligación son transmisibles con arreglo a las leyes, si no se hubiese pactado lo

---

107 DÍEZ-PICAZO, L., *Fundamentos del Derecho civil patrimonial, opus cit.*, 47 y ss.; y DÍEZ-PICAZO, L., "Los bienes inmuebles en el Código Civil español", *opus cit.*, 937 y ss.

108 LÓPEZ FRÍAS, A. (2020). "La buena o mala fe del tercero *ex* artículo 34 de la Ley Hipotecaria cuando la situación posesoria no coincide con la publicidad registral". *Revista Crítica de Derecho Inmobiliario,* (781), 2621 y ss.

contrario. Transmitido el derecho, no se extingue la anotación preventiva, sino que ésta permanece publicando dicho derecho, aunque ahora el titular del mismo sea otra persona[109].

Por otro lado, el art. 38 L.H. reserva la eficacia legitimadora sólo a la inscripción, careciendo de ella la anotación preventiva. Pueden pedir la anotación preventiva de sus respectivos derechos en el Registro correspondiente, de acuerdo con el art. 42 L.H. : el que demandare en juicio la propiedad de bienes inmuebles o la constitución, declaración, modificación o extinción de cualquier derecho real; el que obtuviere a su favor mandamiento de embargo que se haya hecho efectivo en bienes inmuebles del deudor; el que en cualquier juicio obtuviera sentencia ejecutoria condenando al demandado la cual debe llevarse a efecto por los trámites establecidos en la LEC; el que, demandando en juicio ordinario el cumplimiento de cualquier obligación, obtuviere, con arreglo a las leyes, providencia ordenando el secuestro o prohibiendo la enajenación de bienes inmuebles; el que propusiere demanda con objeto de obtener alguna de las resoluciones expresadas en el número cuarto del artículo segundo de esta Ley; los herederos respecto de su derecho hereditario, cuando no se haga especial adjudicación entre ellos de bienes concretos, cuotas o partes indivisas de los mismos; el legatario que no tenga derecho, según las leyes, a promover el juicio de testamentaria; el acreedor refaccionario mientras duren las obras que sean objeto de la refacción; el que presentare en el Registro algún título cuya inscripción no pueda hacerse por falta de algún requisito o por imposibilidad del Registrador; el que en cualquier otro caso tuviere derecho a exigir anotación preventiva, conforme a lo

---

109 MARTÍNEZ ORTEGA, J. C., *Actuación notarial y registral en la escritura de declaración de obra nueva, opus cit.* 56 y ss. y MEDINA SÁNCHEZ R.M. (2016). "Capítulo 2. Bienes gananciales". *Comunidad deGananciales, Cuestiones prácticas y actuales.* Universitaria Ramón Areces, 96 y ss.

previsto en la Ley hipotecaria o en otra Ley. En todo caso, la anotación preventiva es un asiento típico en el sentido de que sólo caben las expresamente previstas en la Ley[110].

El asiento de cancelación es un asiento de carácter negativo, principal y definitivo que manifiesta en el Registro de la Propiedad la pérdida total o parcial de vigencia de un asiento anterior. Se encuentra regulado en el art. 78 L.H. Así, el art. 76.1 L.H. establece que las inscripciones se extinguen en cuanto a terceros por su cancelación o por la inscripción de la transferencia de dominio o derecho real inscrito a favor de otra persona. No obstante, las inscripciones y anotaciones preventivas pueden ser canceladas sin dichos requisitos cuando el derecho inscrito o anotado quede extinguido por declaración de la Ley o resulte así del mismo título en cuya virtud se practicó la inscripción o anotación preventiva.

El Registrador califica, bajo su responsabilidad, la legalidad de los documentos en cuya virtud se soliciten las cancelaciones y la capacidad de los otorgantes, en los términos previstos para las inscripciones por los arts. 98, 99 y 100 R.H. Igualmente, también califica, bajo su responsabilidad, la competencia de los Jueces o Tribunales que ordenen las cancelaciones cuando no firmare el despacho el mismo que hubiere decretado la inscripción o anotación preventiva. Si dudare de la competencia del juez o Tribunal darán cuenta al Presidente de la Audiencia respectiva, el cual decidirá lo que estime procedente -art. 100 L.H.-

Como es bien sabido, la cancelación puede ser total o parcial. La cancelación total podrá solicitarse en los siguientes ca-

---

110 DE REINA TARTIÈRE, G., *Manual de Derecho Registral Inmobiliario, opus cit.*, 48 y ss.; DE LA FUENTE JUNCO, A., "Significado y alcance de la publicidad en los sistemas hipotecarios de folio personal y de folio real", *opus cit.*, 16 y ss. y MARTÍNEZ LABURTA, C. y MUÑOZ PÉREZ, A. F. (2019). *Revolución digital, Derecho Mercantil y Token economía.* Tecnos, 150 y ss.

sos previstos por el art. 79 L.H.: cuando se extinga por completo el inmueble objeto de las mismas; cuando se extinga también por completo el derecho inscrito o anotado; cuando se declare la nulidad del título en cuya virtud se hayan hecho; cuando se declare su nulidad por falta de alguno de sus requisitos esenciales, conforme a lo dispuesto en esta Ley. En cambio, puede pedirse y deberá decretarse, en su caso, la cancelación parcial según establece el art. 80 L.H.: cuando se reduzca el inmueble objeto de la inscripción o anotación preventiva y cuando se reduzca el derecho inscrito o anotado[111].

Cuando se produce la cancelación de un asiento se extingue el derecho al que dicho asiento se refería -art. 97 L.H. -, pero la cancelación de toda inscripción o anotación preventiva contendrá necesariamente las siguientes circunstancias, salvo pena de nulidad de la cancelación según estipula el art. 103 L.H. : la clase y fecha del documento en cuya virtud se haga la cancelación y el nombre del Notario que lo haya autorizado o el del Juez, Tribunal o Autoridad que lo hubiese expedido; el nombre y apellidos de la persona a cuya instancia o con cuyo consentimiento se verifique la cancelación; la expresión de quedar cancelado total o parcialmente el asiento de que se trate; la parte del inmueble que haya desaparecido, o la parte del derecho que se extinga y la que subsista, cuando se trate de cancelación parcial; y la fecha de la presentación en el Registro del título en que se haya convenido o mandado la cancelación[112].

---

[111] GALLEGO VERA, J. A., "El principio de tracto sucesivo", *opus cit.*, 1455 y ss.; GARCÍA GARCÍA, J. M., *Derecho Inmobiliario Registral o Hipotecario, opus cit.*, 63 y ss.; y GARCÍA VILA, J. A., "Los límites al control de legalidad notarial y registral de las cláusulas abusivas, *opus cit.*, 183 y ss.

[112] GÓMEZ GÁLLIGO, F. J., *Defectos en los documentos presentados a inscripción en el Registro de la Propiedad. Defectos entre faltas subsanables e insubsanables, opus cit.*, 56 y ss.; GONZÁLEZ y MARTÍNEZ, J., *Estudios de Derecho hipotecario. Orígenes, sistemas y fuentes, opus cit.*, 38 y ss.; MARTÍNEZ RODRÍGUEZ, N. (2022).

La nota marginal es un asiento accesorio, definitivo o temporal en el que se hacen constar determinados asuntos relacionados con el asiento principal, *v.g.*, la sujeción de este a determinados impuestos. Se practica al margen de la inscripción -arts. 435 y 436 R.H.-

Las menciones de derechos son las referencias registrales a aquellos derechos que no se han constituido e inscrito debidamente y sobre ellas pesa una especie de interdicción legal. La fe pública del Registro no se extenderá a la mención de derechos susceptibles de inscripción separada y especial -art. 29 L.H.- Las menciones de derechos susceptibles de inscripción especial y separada "no tendrán la consideración de gravámenes a los efectos de esta Ley y serán cancelados por el Registrador a instancia de parte interesada" *-ex* art. 98 L.H.- La cancelación establecida por la ley se simplifica en gran medida al poder hacerse por el hecho de expedirse certificación de cargas de la finca o cuando se practique cualquier asiento relativo a la finca o derecho afectado -art. 353 R.H.-

VIII. LOS ASPECTOS PROCESALES DE LA INSCRIPCIÓN

1. La presentación del documento en el Registro de la Propiedad

Como ha quedado expuesto, en el aspecto formal, la inscripción se presenta como un acto terminal de un proceso y comprende las siguientes fases: presentación del documento en el Registro de la Propiedad; petición de inscripción; califi-

---

"Liquidación de la sociedad de gananciales. Actualización del importe de créditos incluidos en el pasivo ganancial". *Cuadernos Civitas de jurisprudencia civil*, (120),183 y ss.

cación del Registrador; extensión del asiento registral; e interposición y resolución de la petición de calificación sustitutoria o del recurso gubernativo.

El art. 3 L.H. establece que documento constituye el título formal al disponer que: "Para que puedan ser inscritos los títulos expresados en el artículo anterior, deberán estar consignados en escritura pública, ejecutoria o documento auténtico expedido por Autoridad judicial o por el Gobierno o sus Agentes, en la forma que prescriban los reglamento". Por lo que respecta a los medios a través de los cuales se puede proceder a la presentación de un documento, los medios de recepción de documentos en el Registro hasta finales del siglo XX eran: la presentación por correo y la presentación física y ambas presentaciones tenían que producirse en el horario de apertura de oficina al particular. De hecho, el art. 252 L.H. sanciona los asientos de presentación practicados fuera de ese horario con la nulidad[113].

Con respecto a la prioridad no se plantean dudas ya que, lo determina bien el momento de la entrega del documento por el particular o, el acto en el que el Registrador procede a la apertura del correo[114]. Como se indicaba, en el año 1994 se aprueba el Real Decreto[115] que establece para Notarios y Registradores una obligación expresa de colaboración para la consecución de la seguridad en el tráfico inmobiliario. Introduce

---

113 TRUJILLO CABRERA, C. (2017). *Representación gráfica de las fincas en el Registro de la Propiedad.* BOE, 12 y ss.

114 DE GRADO SANZ, C. (2010). "Principio de prioridad en el sistema registral español". *Cuaderno del Seminario Carlos Hernández Crespo,* (25), 45 y ss.

115 Real Decreto 2537/1994, de 29 de diciembre, por el que se modifican determinados artículos de los Reglamentos Notarial e Hipotecario sobre colaboración entre las Notarías y los Registros de la Propiedad para la seguridad del tráfico jurídico inmobiliario. B.O.E. núm. 20, de 24 de enero de 1995, 2206 y ss.

en su regulación el citado Real Decreto dos aspectos importantes sobre el particular. De una parte, establece que el Notario puede y debe solicitar una nota simple con información continuada -mediante fax- al Registro de la Propiedad antes de autorizar una escritura. Dicha información, que el Registrador tiene obligación de mantener actualizada durante los nueve días siguientes. En esos nueve días, que se corresponden con el plazo del que dispone el Notario para autorizar la correspondiente escritura, el Registrador tiene la obligación de comunicar al Notario solicitante la presentación de cualquier documento judicial, notarial, o administrativo que afecte a la finca o a la solicitud de información realizada por cualquier otro Notario. La finalidad que impulsa al Legislador a introducir esta novedad es conocer fielmente la situación registral de la finca al firmar la escritura[116].

De otro lado, también supone una novedad regulatoria de esta temática la posibilidad de presentar mediante telefax los documentos inscribibles en el Registro de la Propiedad. El que nuestro ordenamiento jurídico norme este medio de presentación añade una ventaja por cuanto que es posible obtener la prioridad de forma inmediata tras expedir el documento judicial o administrativo correspondiente o, tras la firma de la escritura, todo ello sin tener que esperar a obtener o solicitar copia autorizada del documento administrativo al funcionario para su presentación al Registro, de la escritura o, aguardar a la entrega del mandamiento al procurador.

Así, entendidas las cosas, la comunicación sellada y firmada por el Notario de haber autorizado una escritura con los datos imprescindibles para la práctica del asiento adquirirá eficacia definitiva y se consolidará solo si en el plazo de diez días há-

---

116 SANSÓN, RODRÍGUEZ, M. V., *La transmisión de la propiedad, opus cit.*, 34 y ss, 1998 y URIARTE BERASATEGUI, J. (1950). "La tradición en el sistema inmobiliario español". *RCDI*, (5), 35 y

biles se presenta la copia autorizada de la escritura o el original del documento administrativo o judicial. Por otro lado, es importante resaltar que la admisión de la presentación por telefax permite la recepción del documento fuera de las horas de oficina ya que, una de las obligaciones que el citado Real Decreto impone a Registradores y Notarios es la contar con este medio telemático para la consecución de esta concreta y exclusiva finalidad, con operatividad las veinticuatro horas del día[117].

Con respecto a la prioridad registral, para determinar el momento exacto de la recepción de los documentos, la citada norma de 1994 diferencia si la recepción del fax tiene lugar en las horas en las que el Registro está abierto al público, presentándose, entonces, junto con los todos los documentos cuya recepción sea física y el orden correspondiente atendiendo a la hora de presentación o, si se recibe el fax fuera de las horas de oficina. En este último caso el asiento de presentación se extenderá dentro del horario de apertura del Diario, pero todos los recibidos fuera de hora, se presentarán a primera hora de la apertura del Diario, sin orden de prelación entre ellos, ni entre los que a primera hora se presenten físicamente. Esto es, en caso de conflicto de títulos recibidos por fax fuera de las horas o recibidos por fax fuera de hora y físicamente a primera hora, la solución al problema de prioridad no la da el Registro, sólo la puede dar el acuerdo de los interesados o los Tribunales, como en el caso de presentación simultánea de varios títulos relativos a la misma finca regulado en el artículo 422 R.H.

Con esta medida se pretendió no conceder prioridad a la presentación por fax frente a la presentación física que sólo se puede realizar en horas de oficina. Sin embargo, un impor-

---

117 MORELL y TERRY, J., *Comentarios a la Legislación Hipotecaria, opus cit.*, 123 y ss.

tante sector doctrinal[118] entiende que, el motivo esencial para adoptar esta solución fue el rango normativo de la reforma ya que, al no realizarse por Ley, pareció más prudente no relegar la presentación física.

La Ley de 27 de diciembre de 2001, modificada en 2005 por la Ley de 18 de noviembre, va a introducir, sin mucha claridad en su redacción, la presentación telemática de documentos en el Registro de la Propiedad con la firma electrónica reconocida del funcionario correspondiente. Tras un arduo debate doctrinal se establecieron unos criterios de prioridad, a saber, todos los documentos que se reciban dentro de las horas de apertura del Registro de la Propiedad al público se presentarán por el orden riguroso de recepción cualquiera que sea el medio de su presentación: telemática, física o telefax. Con respecto a aquellos documentos que se reciban fuera del horario de oficina vía telefax o telemática será preceptivo que los asientos de presentación se extiendan inmediatamente a la apertura del diario y que todos los documentos recibidos vía telefax se presentarán de forma simultánea con los que se presenten en ese momento bien física o telemáticamente, esto es, sin prioridad entre los mismos; y los recibidos telemáticamente fuera de horario se presentarán atendiendo a la hora de su recepción[119]. Así las cosas, aunque no puedan extenderse los asientos de presentación en otro momento que el instante

118 LACRUZ BERDEJO, J. L. y SANCHO REBULLIDA, F., *Derecho inmobiliario registral, opus cit.*, 34 y ss.; HERNÁNDEZ GIL, F., "Introducción al Derecho hipotecario", *opus cit.*, 4 y ss., LÓPEZ MEDEL, J., *Teoría del Registro de la Propiedad como servicio público, opus cit.*, 76 y ss.; OLIVEROS ROSSELLO, M. J., *La valoración de bienes inmuebles (1), opus cit.*, 65 y ss.; y PÉREZ PÉREZ, E., *Régimen jurídico estatal y autonómico de la propiedadinmobiliaria, opus cit.*, 58 y ss.

119 DE LA RICA Y ARENAL, R., "El valor de la inscripción", *opus cit.*, 273 y ss.; ROCA SASTRE, R. M. y ROCA-SASTRE MUNCUNILL, L., *Derecho hipotecario, opus cit.*, 89 y ss.; SÁNCHEZ JORDÁN, M. E. (2007). "Los actos de parcela-

de la apertura del Diario, en cada asiento constará como día, hora y minuto de la presentación el día, hora y minuto de la recepción vía telemática. Observamos, entonces, que cuando la presentación telemática o por telefax se realizan fuera de horas de oficina, la presentación telemática ha quedado privilegiada frente a la presentación por telefax, dato con una derivada crucial ya que, con carácter general, los Notarios utilizan este medio de presentación y los Tribunales y Juzgados, debido a la falta de medios, siguen utilizando como medio de presentación por telefax.

2. La calificación registral

Como señaló la Resolución de la DGRN de 8 de noviembre de 2011[120] a través de la calificación se determina si, conforme a nuestro ordenamiento jurídico, procede o no practicar el asiento sobre el hecho cuya registración se solicita. Con la calificación se contrasta si, el hecho cuya inscripción se solicita se adecua a la legislación vigente. Para proceder a la emisión de tal juicio el Registrador de la Propiedad se ayuda de unos medios: los documentos presentados y los asientos del Registro, sobre los que se ha de enjuiciar, también si cumplen la normativa aplicable al caso.

No obstante, podemos decir que en la regla de que los Registradores sólo pueden, taxativamente, calificar con arreglo a los documentos presentados y el contenido del Registro encontramos en la actualidad lo que parecen importantes excepciones, y en particular dos hipótesis en las cuales el Registrador se encuentra autorizado a consultar fuentes diferentes de los medios de calificación contemplados por el art. 18 L.H.:

---

ción contrarios a la normativa. *ADC,* (40), 12 y ss.; y SANZ FERNÁNDEZ, A., *Instituciones de Derecho hipotecario, opus cit.*, 37 y ss.

120 B.O.E. núm. 16, de 19 de enero de 2012, 4431-4446.

En primer lugar, el Registrador puede consultar los registros y archivos, principalmente electrónicos, a los que tenga acceso, cuando ha detectado algún defecto o insuficiencia en la documentación presentada. Con carácter general, la Resolución de la Dirección General de los Registros y el Notariado de 28 de febrero de 2012 abrió el camino para acceder a otros registros o archivos públicos como medio de calificación registral.

La indicada Resolución establece que: "Como ya tuvo ocasión de pronunciarse esta Dirección General en Resolución de 27 de febrero de 2012, el principio de rogación registral es perfectamente compatible con el reconocimiento al Registrador de un principio de aportación de prueba".

Es cierto que, en los procedimientos de inscripción registral, como en general ocurre en todos los iniciados a instancia de parte, la carga de la prueba corresponde, en principio, a quien pretende la inscripción. Ahora bien, ello no exime al Registrador de la facultad y también del deber, de aportar la que se encuentre en su poder por resultar de los asientos del registro y de proveerse de la que esté a su alcance, esto es, de aquella que el propio interesado le debería entregar, pero a la que él puede acceder con facilidad, no paralizando así el procedimiento y sirviendo, en consecuencia, al principio de celeridad y, en último término, a la satisfacción del interés general. Una circunstancia que claramente se dará en los casos, como el presente, en los que la prueba se encuentre en otros registros públicos y sea fácilmente accesible. Así deriva de los principios de facilidad probatoria, proporcionalidad y, en particular, los constitucionales de eficacia, legalidad y tutela del interés público, plenamente aplicables, como no podía ser de otro modo, a todos los procedimientos, como es el caso de los de inscripción en los registros de la propiedad, de aplicación del Derecho en el ejercicio de funciones públicas.

Esta doctrina por lo demás se ajusta a la sentada en la Resolución de consulta –vinculante no solo para los Registradores sino también para los notarios– de 12 de abril de 2002, dictada al amparo del artículo 103 de la Ley 24/2001, de 27 de diciembre, a solicitud del Consejo General del Notariado con audiencia de la Junta del Colegio de Registradores, en la que se entendió con carácter general que el Registrador podía atender a los asientos del Registro Mercantil en el ejercicio de su función calificadora.

La remisión de esta resolución al artículo 222.8, párrafo segundo de la Ley Hipotecaria sólo tiene sentido si los Registradores pueden consultar otros datos resultantes de los archivos de otras autoridades ya que como es sabido establece que "los Registradores, en el ejercicio de su función pública, estarán obligados a colaborar entre sí, así como con los órganos jurisdiccionales, las Administraciones públicas y los notarios".

Así pues, la Resolución de la DGRN de 28 de febrero de 2012 introdujo este criterio con el fin de relevar de la carga de la subsanación de los defectos a los usuarios del Registro en cuanto fuera posible, y esta doctrina, reiterada en otras muchas Resoluciones, normaliza este acceso a fuentes externas, pero se diría que además de utilizarse para subsanar defectos evitando que tenga que hacerlo el interesado -finalidad inmediata-, también procede cuando el Registrador quiere disponer de más elementos de juicio a la hora de examinar los documentos presentados y por consiguiente como verdadero medio de calificación o, en palabras de la doctrina de la DGRN que vamos a considerar "para el ejercicio adecuado de la calificación registral" -finalidad mediata-. Así, pues, manifestaciones de esta doctrina han sido, en primer lugar, el acceso del Registrador de la Propiedad al Registro Mercantil -con las facilidades Fichero Localizador de Entidades Inscritas, que es la plataforma de publicidad material desarrollada corporativamente por los Registros Mercantiles de España-, que el Registrador de la Propiedad puede consultar para aclarar o confirmar las circunstancias de la representación de las sociedades mercantiles que intervienen en los actos y contratos inscribibles, o las vicisitudes por las que atraviesen las mismas -forma social, transformación, liquidación, etc.- que puedan afectar a su capacidad jurídica o al poder de disposición sobre sus bienes inmuebles. El Centro directivo impone al Registrador de la Propiedad el deber de consultar específicamente el Registro Mercantil para liberar a los interesados de la carga de la prueba y facilitar la inscripción, cuando parezca necesario. La Resolución de 11 de junio de 2012 (BOE 26.07.2012) sostiene claramente que el Registrador de la Propiedad ha de calificar teniendo en cuenta la consulta al Registro Mercantil. Ante la posible existencia de un defecto en la representación de una sociedad mercantil, el Centro directivo explica que «el recurso podría (y debería) evitarse, y con ello las consiguientes molestias a los usuarios, si la Registradora, antes de poner la nota, hubiese consultado directamente el Registro Mercantil y se procurase los datos que sean necesarios para practicar la inscripción por cuanto le resultan fácilmente accesibles [...] La carga de la prueba corresponde, en principio, a quien pretende la inscripción; ahora bien, ello no exime al Registrador de la facultad, y también del deber, de aportar la que se encuentre en su poder por resultar de los asientos del registro y de proveerse de la que esté a su alcance, esto es, de aquella que el propio interesado le debería entregar pero a la que él puede acceder con facilidad». En la resolución de 30 de octubre de 2012 la Dirección insiste en el deber del Registrador de «consultar directamente el Registro Mercantil y procurarse los datos que sean necesarios para practicar la inscripción si son fácilmente accesibles». La Resolución de 27 de septiembre de 2014 con cita expresa de la Resolución anteriormente indicada, reitera que «como señalara la Resolución de 11 de junio de 2012, el recurso podría evitarse, y con ello las consiguientes molestias a los usuarios, si el Registrador, antes de poner la nota, hubiese consultado directamente el Registro Mercantil [...] pues el principio de rogación registral, en efecto, es perfectamente compatible con el reconocimiento al Registrador de un principio de aportación de prueba".

La aplicación de este nuevo criterio, en cuanto amplía los medios de calificación del Registrador, ha sido confirmada por el Tribunal Supremo, que declara explícitamente que es correcta la actuación de la Registradora que realiza la consulta al Registro Mercantil a fines de calificación. La STS 378/2021 de 1 de junio de 2021 (fundamento de Derecho 4º) al mismo tiempo que señala que: "...En los casos de nombramientos o apoderamientos inscritos en el Registro Mercantil, al juicio de suficiencia notarial se le superpone la presunción de exactitud y validez de los asientos del Registro", corrobora el criterio de acceso según se desprende claramente del apartado 3.- del fundamento de Derecho 4º: "En el caso sometido a nuestra consideración se produce una discrepancia entre la mención al tipo de órgano de administración que otorgaba el poder y el sistema de administración de la sociedad que figuraba en el propio documento y en el Registro Mercantil. Habida cuenta que el art. 18 L.H. exige la calificación registral tanto de la validez del acto dispositivo como de la capacidad de los otorgantes, resultó correcta la actuación de la Registradora que contrastó lo que figuraba en el Registro Mercantil, en tanto que su contenido afecta a los terceros confiados en la legalidad y legitimidad de lo que publica. Y ello llevó a la Registradora a la consecuencia lógica y ajustada a derecho de dotar de preferencia al cargo inscrito (en este caso, más que cargo, sistema de administración) frente al que no lo estaba, y que, sin embargo, fue quien otorgó el documento en representación de la sociedad. Esta consulta al Registro Mercantil y las consecuencias que resultan de la misma no queda excluida por el art. 98 de la Ley 24/2001, puesto que, a tenor del art. 18 L.H., el Registrador debe calificar bajo su responsabilidad la capacidad de los otorgantes y ello incluye lógicamente sus facultades, para cuya corroboración podrá comprobar el Registro Mercantil".

En segundo lugar, señalar que especialmente relevante resulta la consulta por parte del Registrador de la Propiedad del Registro Público Concursal. Este Registro es objeto de regulación en la ley concursal -Real Decreto Legislativo 1/2020, de 5 de mayo, por el que se aprueba el texto refundido de la Ley Concursal-, Capítulo IV del título XIII -arts. 560 a 566-. El art. 564.1 de la ley concursal (LC) otorga libertad de acceso al Registro público concursal, pues "el contenido del Registro público concursal será accesible por internet u otros medios equivalentes de consulta telemática." Eso sí, con efectos meramente informativos -art. 565 LC-. La consulta del Registro público concursal permite constatar la existencia o no de restricciones que afecten a las facultades de administración y disposición de las personas físicas o jurídicas. En este sentido podemos citar la Resolución de la DGRN de 26 de octubre de 2018, que interpreta que la coherencia y la funcionalidad del sistema legal exige que los Registradores de la propiedad, en el momento de calificar la capacidad de las partes, comprueben mediante la consulta del Registro público concursal si alguna de ellas tiene limitadas o suspendidas las facultades de administración y de disposición sobre los bienes y derechos que integran el patrimonio propio y que esa comprobación debe hacerse cuando el título se presenta originariamente a inscripción, y no después.

Pero lo que ocurre en el caso del Registro público concursal es que la propia ley prevé específicamente el acceso del Registrador al mismo al establecer por ejemplo en su art. 415.5 que "cuando se presente a inscripción en los registros de bienes, cualquier título relativo a un acto de enajenación de bienes y derechos de la masa activa realizado por la administración concursal durante la fase de liquidación, el Registrador comprobará en el Registro público concursal si el juez ha fijado o no reglas especiales de la liquidación, y no podrá exigir a la administración concursal que acredite la existencia de tales reglas".

En tercera instancia, subrayar que el acceso a otros registros o archivos públicos como medio de calificación registral no se limita al Registro Mercantil o el concursal, pues —recordando la doctrina inicial de la Resolución de 28 de febrero de 2012— el Registrador puede llevarlo a cabo cuando "la prueba se encuentre en otros registros públicos y sea fácilmente accesible". Por ello, en la Resolución de 10 de octubre de 2016 la DGRN considera también correcto el acceso hecho por los Registradores a su Servicio de Interconexión, que opera datos a nivel nacional, en un caso en que para fundamentar su nota de calificación y comprobar el carácter profesional o no del prestamista, la Registradora realizó una consulta a este Servicio de Interconexión, para averiguar, en suma, si la prestamista ejercía profesional o habitualmente la actividad de concesión de préstamos, y le era, en consecuencia, específicamente aplicable lo dispuesto en la Ley 2/2009, no las normas comunes del préstamo del Código Civil. La DGRN volvió a señalar: "Es doctrina de este Centro Directivo señalada en numerosas Resoluciones, que el Registrador en el ejercicio de su función calificadora sobre la legalidad, puede tener en cuenta los datos que resulten de organismos oficiales a los que pueda acceder directamente, no sólo para el mayor acierto en la calificación sino también para liberar a los interesados de presentar documentos que puede obtener directamente cuando ello le sea factible sin paralizar el procedimiento registral o cuando sea especialmente útil para el ejercicio adecuado de la calificación registral."

Por último, es preciso llamar la atención sobre la doctrina de la Resolución de la DGSJ 3 de enero de 2023 acerca de la acreditación del nombramiento y funciones de tutores y curadores y de la existencia de medidas de apoyo a discapacitados. En su fundamento de Derecho 7º, refutando expresamente la doctrina anterior favorable a la utilización de medios de prueba distintos al Registro Civil -e invocando el precedente de una anterior Resolución de 28 de octubre de 2014-, pone de relieve que "no es menos cierto que el criterio interpretativo reflejado en dicha Resolución -de 6 de noviembre de 2002- ha sido superado por la doctrina posterior de este Centro Directivo en relación con la prueba del estado civil de las personas que otorguen actos o contratos relativos al dominio y demás derechos reales sobre bienes inmuebles, a los efectos de su inscripción en el Registro de la Propiedad, que parte del criterio general de la necesidad de que las distintas circunstancias y hechos relativos al estado civil de las personas, cuando afectan a la titularidad de los derechos inscritos o a la legitimación de los otorgantes, por afectar a la validez del acto o contrato en que intervienen, deben ser acreditados mediante certificación de su inscripción en el Registro Civil. Este criterio general aparece reforzado, además, en casos como el presente en que dicha inscripción en el Registro Civil no sólo tiene efectos probatorios y de legitimación -art. 2 de la Ley del Registro Civil-, sino también de oponibilidad frente a terceros. Así, en tales casos no se trata sólo de "probar" la incapacitación y el nombramiento de representante –curador o titular de patria potestad prorrogada o rehabilitada– del incapacitado, sino que, en tanto no tenga lugar su inscripción en el Registro Civil, no son oponibles frente a terceros, por lo que no deberá accederse a la inscripción en el Registro de la Propiedad de actos o contratos otorgados en nombre de la persona con discapacidad por el representante sin aquella previa inscripción en el Registro Civil, ya que en caso contrario existe el riesgo de que se produzca una colisión entre la inoponibilidad de la incapacitación derivada de su falta de inscripción en el Registro Civil y la oponibilidad del Registro de la Propiedad en caso de que se inscriba la venta otorgada por el representante legal del incapacitado -o por éste con capacidad complementada por aquél- si el nombramiento del representante –por el motivo que sea– no llegara a inscribirse en el Registro Civil." Por tanto, no parece aventurado concluir: 1. Que el Registrador de la Propiedad no deberá acceder a la inscripción de actos o contratos otorgados en nombre de la persona con discapacidad por el representante sin previa inscripción en el Registro Civil; 2. y que a este efecto, y teniendo en cuenta la doctrina de la Resolución de 28 de febrero de 2012, en la medida que el Registrador tenga acceso al Registro civil podrá y deberá comprobar por sí mismo la existencia o no de la preceptiva inscripción en el Registro civil que aparece como requisito previo en estos casos para lograr la inscripción en el Registro de la Propiedad. De lo contrario, la carga de la prueba de la inscripción en el Registro Civil seguirá correspondiendo a los interesados.

En segundo lugar, el Registrador, a efecto de dar cumplimiento al nuevo escenario de coordinación con el Catastro iniciado a raíz de la Ley 13/2015[121], para lograr los propios fines de la concordancia del Registro de la Propiedad con la realidad jurídica extrarregistral y, otros fines específicos pero no menos importantes como la preservación del dominio público o el robustecimiento de los derechos inscritos -mediante la inscripción de la representación gráfica de la finca que, una vez coordinada con el Catastro gozará de la presunción de exactitud y veracidad del art. 10.5 y 38 L.H. -, tiene acceso al Catastro Inmobiliario,[122] pero también puede utilizar otras aplicaciones gráficas que suministran información territorial, por ejemplo el Plan Nacional de Ortofotografía Aérea (PNOA), Sistema Nacional de Cartografía de Zonas Inundables, o los planes generales de ordenación urbana[123].

---

[121] Ley 13/2015, de 24 de junio, de Reforma de la Ley Hipotecaria aprobada por Real Decreto de 8 de febrero 1946 y del texto refundido de la ley del catastro inmobiliario aprobado por Real Decreto legislativo 1/ 2004 de 5 de marzo. B.O.E. núm. 151, de 25 de junio de 2015.

[122] JIMÉNEZ GALLEGO C., *La nueva coordinación realidad Catastro-Registro, opus cit.*, 15 y ss.

[123] SABORIDO SÁNCHEZ, P., "La protección del usuario registral a través de la reforma de los principios registrales (Al hilo de la búsqueda de coordinación entre Registro y Catastro)", *opus cit.*, 87 y ss.; TRUJILLO CABRERA, C., "El procedimiento de incorporación de la representación gráfica geo referenciadas de la finca con base en la certificación catastral y su coordinación con el catastro", *opus cit.*, 49 y ss.; y GARCÍA GARCÍA, L., *La finca registral y el catastro, opus cit.*, 49 y ss.

A la hora de incorporar la representación gráfica de una finca al folio real de la misma -art. 9 L.H. -, bien sea en una operación de inmatriculación -procedimientos de los arts. 203, 205 y 206 L.H. -, de complemento de la descripción de la finca -arts 199 y 201.3- o de rectificación de su superficie y linderos -arts. 199 y 201-, es evidente que el Registrador, además de los medios de calificación que expresamente designa el art. 18 de la Ley Hipotecaria, podrá y deberá acudir a la información territorial y gráfica que proporcionan estas plataformas electrónicas, pero especialmente el Catastro. No sólo ya porque se trate de operaciones registrales que requieran aclaración o subsanación, sino para una calificación integral. No sólo ya porque el Registrador pueda hacerlo al amparo de la doctrina anteriormente expuesta que le permite/obliga a acceder a otros registros públicos cuando pueda fácilmente hacerlo, sino porque la propia Ley Hipotecaria en su art. 9. b) apartado 10º considera que esa información gráfica es un "elemento auxiliar de calificación".

La calificación sobre la base de elementos de información gráfica trata, por una parte, de garantizar los derechos de los titulares registrales, y de terceros, cuando se define la finca gráficamente y su representación se incorpora al folio real; pero también específicamente de proteger el dominio público de una manera eficaz. Por citar una entre las quizás ya decenas de resoluciones en este sentido, la Resolución de la DGRN de 18 de octubre de 2018, fundamento de Derecho 2º dice categóricamente que "es doctrina reiterada y consolidada que la protección que el Registro de la Propiedad brinda al dominio público no debe referirse únicamente a aquél que conste inscrito, tutela que se hace más evidente a partir de la entrada en vigor de la Ley 13/2015… "-doctrina sostenida por ejemplo en las Resoluciones de la DGRN 15 de marzo y 12 de abril de 2016, 4 de septiembre de 2017 y 7 de mayo de 2021 de la Dirección General de Seguridad jurídica y Fe pública, teniendo en consecuencia el Registrador la obligación especial de asegurarse de que las inscripciones de representaciones gráficas no invadan dominio público, tal y como impone el art. 9. b) apartado 5º de la Ley Hipotecaria.

3. La extensión del asiento

Poner en relación la extensión del asiento con el principio de rogación va a suponer, como señala la resolución de la DGSJFP, de 20 de julio de 2017[124] que, el procedimiento registral se inicia e impulsa por la parte y, salvo en supuestos expresamente regulados -art. 6 L.H. -, no por la actuación de oficio del Registrador de la Propiedad y su calificación no puede extenderse a cuestiones ajenas a la petición del presentante del título. Si se hubiere solicitado que el documento presentado se inscribiese de una determinada forma, para hacerlo de forma distinta es necesario, entonces, obtener del interesado la conformidad.

El art. 434.5º del Reglamento Hipotecario, al regular la nota al pie del título que detalla la calificación e inscripción del documento, establece que “en las notas de despacho se hará constar sucintamente el carácter o modalidad del asiento practicado cuando difiera de lo solicitado o pretendido en el título”. No hace referencia alguna a la intervención del presentante o del interesado del documento en la decisión de optar por inscribir el derecho de que se trate de un modo o carácter distinto al que pretende el interesado. Por ejemplo, puede que el adquirente de una finca haya expresado en el documento que la adquisición tiene carácter privativo, sin prueba al respecto, ni la intervención de su consorte para que pueda pronunciarse en el carácter de la adquisición y que, además, se trate de un adquirente casado bajo el régimen de la sociedad de gananciales y que adquiere constante matrimonio y a título

124 B.O.E. núm. 188, de 8 de agosto de 2017, 79006-79010.

oneroso. En tales circunstancias ¿puede decidir el Registrador inscribir con carácter presuntivamente ganancial y atenerse a la aplicación de la presunción -legal- de ganancialidad del art. 1361 del Código Civil? Esta actuación negaría implícitamente el carácter privativo solicitado, mediante el expediente de hacer una simple prevención formal al advertir o hacer "constar sucintamente el carácter o modalidad del asiento practicado" en la nota de despacho.

No lo parece de *lege data*. La Ley Hipotecaria al menos contiene dos preceptos aplicables a esta cuestión, los artículos 19 bis y 322.3 bis. El art. 19 bis se refiere a "cuando se trate de inscripción parcial en virtud de solicitud del interesado" y el art. 322.3 se refiere a "cuando la calificación suspensiva o denegatoria no afecte a la totalidad del título, el cual podrá inscribirse parcialmente a solicitud del interesado". Ambos parecen excluir la inscripción parcial si no hay solicitud del interesado.

No hay que olvidar que mientras el art. 434.5° del Reglamento Hipotecario debe su redacción al Real Decreto 3215/1982, de 12 de noviembre, el art. 19 bis de la Ley Hipotecaria fue introducido por la Ley 24/2001, de 27 de diciembre, de Medidas Fiscales, Administrativas y del Orden Social, y el art. 322.3 fue introducido también por la dicha ley y modificada su redacción por Ley 62/2003, de 30 de diciembre. Esto sugiere no sólo lo evidente, que las normas de la Ley Hipotecaria tienen un rango superior al precepto reglamentario, sino que el en todo caso, el art. 434.5° del Reglamento Hipotecario debe acompasarse a esas normas introducidas con posterioridad.

Podemos afirmar, por tanto, que conforme a la Ley Hipotecaria, el mismo criterio -la rogación o solicitud del interesado- rige tanto la inscripción parcial del derecho documentado como la inscripción de un derecho con un "carácter o modalidad" diferente al pretendido por el interesado. Este criterio ha sido confirmado por la doctrina de la DGRN.

La Resolución de la DGRN de 28 de mayo de 2005[125] en un caso donde el Registrador había suspendido la inscripción de una venta por precio aplazado garantizado con condición resolutoria y el notario adujo en el recurso que el defecto podía impedir la inscripción de la condición pero no impedía la inscripción de la venta, la DGRN recordó que ya antes de la introducción en la Ley Hipotecaria del art. 19 *bis,* "este Centro Directivo había declarado que la inscripción parcial de un documento tenía como presupuesto que el pacto o estipulación rechazados no afectaran a la esencialidad del contrato" y que "no puede desconocerse la unidad negocial tal como aparece configurada por los otorgantes... por cuanto ello implicaría la alteración del equilibrio negocial pretendido y atribuir al negocio efectos distintos de los requeridos por los interesados" [126]. Advierte además esta resolución que para la inscripción parcial no pueda bastar el consentimiento del presentante, aunque dicho presentante sea el Notario autorizante, sino que se necesita el consentimiento del directamente afectado o perjudicado por tal inscripción parcial.

La Resolución de DGRN de 2 de octubre de 2006[127] hizo una expresa remisión a la doctrina de la anterior de 28 de mayo de 2005 y por tanto a la doble exigencia que se exige para inscribir un asiento de modalidad distinta a la pretendida por el título calificado: que el pacto o estipulación rechazados no afecten a la esencialidad del contrato, y el consentimiento del interesado -que no del presentante-. Ambas resoluciones, la de 28 de mayo de 2005 y la de 2 de octubre de 2006, serán frecuentemente invocadas en adelante entre los fundamentos de Derecho de las Resoluciones del Centro directivo que traten este asunto.

---

125 B.O.E. núm. 123, de 9 de agosto de 2005.

126 Resolución DGRN, de 16 de octubre de 1989.

127 B.O.E. núm. 87, de 9 de noviembre de 2006.

La Resolución de 26 de julio de 2007[128] señaló que "conforme a los arts. 19 bis L.H. y 434 R.H., en caso de calificación negativa parcial del documento presentado, lo que debe hacer el Registrador es notificar el defecto por él apreciado, a la vista de lo cual el presentante o el interesado podrán solicitar la inscripción parcial del documento, sin perjuicio de su derecho a recurrir en cuanto a lo no inscrito [...] El Registrador ha de atenerse a lo querido por las partes en el documento presentado, sin poder actuar de oficio ni practicar asientos distintos de los solicitados". En esta Resolución apuntó la DGRN que la única excepción a este criterio es el caso de documentos judiciales, dadas las características de este tipo de documentación, que aconsejan que, en la medida de lo posible, el Registrador actúe de oficio cuando sea posible la inscripción parcial, a fin de dar cumplimiento a su deber constitucional de colaboración con las autoridades judiciales.

Así pues, es de esperar que, en las ocasiones en que los recurrentes invocan esta aparente posibilidad de que se inscriba el documento, aunque sea de modo distinto a como resultaba de sus estipulaciones, la DGRN zanje esta pretensión aplicando los criterios de esta doctrina. La Resolución de 10 de abril de 2014[129] centra la cuestión frente a la queja en este sentido del recurrente al señalar que «ni la escritura contiene previsión de inscripción parcial ni tal solicitud ha sido formulada por el presentante o interesado[130] y, en tales casos, el Registrador no podía actuar oficiosamente ignorando el principio de rogación vigente en nuestro sistema registral[131].

---

128 B.O.E. núm. 23, de agosto de 2007.

129 B.O.E. núm. 95, de 13 de mayo de 2014.

130 DÍAZ FRAILE, J. M. (2005). "Las tercerías de dominio en relación con el Registro de la Propiedad". *Revista Crítica de Derecho Inmobiliario,* (688), 482 y ss.

131 Arts. 19 bis L.H. y 323 R.H. y, por todas, la Resolución DGRN de 18 de febrero de 2014.

Pero en este caso, hay que reconocer que, a diferencia de lo más arriba expuesto, la DGRN parece admitir que para aceptar que la inscripción se haga de forma distinta a la que era previsible de acuerdo con las estipulaciones de la escritura, no esté sólo legitimado el interesado en el documento -es decir, el adquirente de la propiedad del inmueble o de un derecho real sobre el mismo, el propietario de la finca cuya hipoteca se quiere cancelar, en suma el interesado directo-, sino también el presentante del mismo, es decir, la persona que, con relación de mandato o no, incluso un *mero nuntius,* se encarga de la gestión del documento o se limita a dejarlo a cargo de una oficina pública. Y la DGRN repite algunas veces más este criterio aparentemente más abierto que legitimaría a interesado y a presentante a estos efectos de decidir la configuración registral del derecho, y podemos citar entre otras la Resolución de 20 de octubre de 2017[132]: "Como ha reiterado en numerosas ocasiones[133], la posibilidad de que el documento presentado sea objeto de inscripción parcial precisa de una doble condición: por un lado, que el interesado o presentante así lo hayan solicitado del Registrador -art. 19 *bis* L.H. _ y, por otra, que el pacto o estipulación rechazados no afecten a la esencialidad del contrato.

Pero esta ampliación es limitada a sus justos términos por la Resolución de 31 de octubre de 2018 que admite, sí, que la solicitud de inscripción parcial o en modalidad distinta al asiento solicitado se haga a instancia del presentante también, y no del interesado ; pero solamente si "no causa perjuicio alguno para nadie": "Consta en el presente caso la solicitud de inscripción parcial por parte del presentante de la escritura y dado que la

132 B.O.E. núm. 78, de 15 de noviembre.

133 Resoluciones DGRN de 13 de febrero de 2012; de 28 de febrero; de 10 de abril de 2014; de 18 de julio de 2014; de 14 de septiembre y de 19 de octubre de 2016, por todas.

inscripción parcial de la hipoteca, circunscribiendo la inscripción de la misma únicamente a la finca constitutiva de vivienda, no causa perjuicio alguno para nadie, y en especial al acreedor hipotecario, pues el valor de la vivienda hipotecada es suficiente para cubrir por sí sola la total responsabilidad hipotecaria, no hay obstáculo alguno para practicar tal inscripción parcial del derecho real de hipoteca."

La calificación efectuada por el Registrador de la Propiedad es una actividad revisable a través de la interposición de los correspondientes recursos según lo establecido en los arts. 324 y ss. L.H., atendiendo a que, una vez practicado un asiento, dicho asiento se encuentra bajo la salvaguardia de los Tribunales y, mientras no se declare su inexactitud, estará produciendo todos sus efectos tanto por la parte interesada como por los Tribunales de Justicia de conforme a la normativa vigente -art. 1.3 L.H.- Por tanto, el recurso contra la calificación negativa del Registrador no es el trámite habilitador para determinar la cancelación de los asientos practicados según establece la resolución de la DGRN de 11 de junio de 2020[134].

IX. LOS EFECTOS DE LA INSCRIPCIÓN

Un importante sector doctrinal entiende que al hablar de los efectos de la inscripción registral se debe abordar el conjunto de consecuencias que produce el hecho de que una inscripción se practique en los Libros del Registro. El Título II de la Ley Hipotecaria titulado *De la forma y efectos de la inscripción*, va a normar los efectos de la inscripción al tiempo que constituye el epicentro jurídico sobre el que abordar la función que nuestro ordenamiento jurídico otorga a la inscripción en la modificación jurídico-real.

---

134 B.O.E. núm. 207, de 31 de julio de 2020, 61211- 61215.

Con respecto a la distinción aludida líneas atrás entre inscripción constitutiva e inscripción declarativa observamos que, si la inscripción es constitutiva, el efecto de la inscripción es precisamente la producción de la consecuencia jurídico real ya que, la inscripción es un elemento de hecho que puede ser considerada como la causa -o concausa- de la consecuencia jurídico real. Pero cuando la inscripción es declarativa va a asumir una función de carácter informativo y probatorio[135].

Nuestro ordenamiento jurídico se sitúa al respecto en una posición intermedia, a saber, la inscripción no es constitutiva si por tal se entiende que es requisito imprescindible de la mutación jurídico-real; si Registro y realidad jurídica extrarregistral tienen que coincidir necesariamente; y si la exactitud del Registro está protegida por una presunción absoluta.

Pero la inscripción tampoco es declarativa al entender por tal la inscripción que se limita a ejercer una función de mera información y probatoria. Esta singularidad de nuestro sistema registral ha sido puesta de manifiesto por un sector doctrinal[136]al señalar que el Registro de la Propiedad español es un Registro en el cual la inscripción produce un efecto convalidarte porque trata de ser tendencialmente exacto. Por una parte, cabe pensar que la legislación registral está dirigida a otorgar su protección a los terceros[137] como máxima generalmente admitida ya que la Ley Hipotecaria es una *Ley de terceros.* Sin em-

---

135 PAU PEDRÓN, A., "Efectos de la inscripción en la constitución de los derechos reales", *opus cit*, 2187 y ss.

136 CUENA CASAS, M., *Función del poder de disposición en los sistemas de transmisión onerosa de los derechos reales, opus cit.*, 85 y ss.

137 VALLET DE GOYTISOLO, J. B., "Determinación de las relaciones jurídicas referentes a inmuebles susceptibles de trascendencia respecto de terceros", *opus cit.*, 34 y ss.; ZAMORA MANZANO, J. L., *La publicidad de las transmisiones inmobiliarias, opus cit.*, 43 y ss.

bargo, junto a la protección que la Ley dispensa a terceros[138] es preciso señalar también que, a través de la inscripción, se otorga una especial protección al titular inscrito. Se diferencian al respecto dos perspectivas, de una parte, la protección de titular inscrito y, de otra, la protección de los terceros.

Por otra parte, autores como LACRUZ[139], van a distinguir entre la eficacia de la inscripción ofensiva y la defensiva. Se denomina ofensiva al valor que la inscripción posee, no por la defensa practicada por el titular inscrito con respecto a una titularidad que anteriormente tiene, sino para atribuir a quien inscribe una titularidad firme e inalterable cuando la adquirida por él no debería tener en principios esos caracteres. Se hablan de efectos defensivos para referirse a la protección del titular inscrito. Al tratar propiamente de los efectos de la inscripción[140], procede distinguir entre presuntivos, constitutivos, defensivos y operantes[141].

En el sistema registral español, a pesar de lo dispuesto en el Código Civil, la inscripción cierra el ciclo de constitución del derecho real sobre la propiedad no inscrita siendo un factor complementario del título de la tradición. Efectivamente por el juego del artículo 32 L.H. el derecho real constituido sobre la propiedad inscrita pero no registrado puede ser siempre ignorado por el tercero que adquiera la finca en inscriba su título. El derecho real por tanto no tendrá la eficacia erga omnes cuando recaiga sobre la finca descrita si no se inscribe. Sin embargo, la inscripción no hace nacer derechos. La ins-

---

138 DE LA RICA MARITORENA, R. (1970). "Algo más sobre el Tercero en la Ley Hipotecaria". *RCDI,* (5), 123 y ss.

139 LACRUZ BERDEJO, J. L. y SANCHO REBULLIDA, F., *Elementos de Derecho Civil III Bis, Derecho Inmobiliario Registral, opus cit.*, 47 y ss.

140 DE LA RICA Y ARENAL, R., "Dualidad legislativa de nuestro régimen inmobiliario", *opus cit.*, 273 y ss.

141 CHICO Y ORTIZ, J.M., *Estudios sobre Derecho hipotecario, opus cit.*, 97 y ss.

cripción en nuestro derecho es simplemente declarativa, salvo en el caso de las hipotecas y otros supuestos[142], como ya ha quedado expuesto. Supongamos -dice LA RICA[143]- un censo o un usufructo que se establezca sobre Una finca inscrita mediante título válido y tradición o cuasi-tradición, pero sin que se inscriban en el Registro. ¿Puede afirmarse que ya, con sólo eso, ha quedado constituido el derecho real erga omnes, con eficacia frente a todos? La respuesta nos la da el artículo 32 L.H. y el art. 23 L.H. de 1861: "Los títulos de dominio o de otros derechos reales sobre bienes inmuebles que no estén debidamente inscritos o anotados en el Registro de la Propiedad no perjudican a tercero".

La eficacia *erga omnes*, característica de un derecho real perfecto, necesita de la inscripción en el Registro. La constitución eficiente sobre los bienes inscritos de cualquier derecho real, dominio incluido, requiere la presencia de tres variables: tradición, título e inscripción. A este proceso que cierra la constitución del derecho real algún sector doctrinal lo denomina proceso de consumación en vez de proceso de constitución del derecho real[144].

Con respecto a los efectos presuntivos, nuestro ordenamiento jurídico va a distinguir entre la presunción *iuris tantum* e *iuris et de iure*. Es presunción *iuris tantum* una presunción general legitimadora contemplada en el art. 38 L.H. de que el derecho inscrito existe y pertenece a su titular en la forma determinada por el asiento registral; la presunción posesoria del artículo 38 L.H. -en conexión con el artículo 35 L.H. -; y la de la buena fe de los artículos 34 y 35 L.H. Nuestra legislación hipotecaria

---

142 DISTASO, N., *Natura giuridica dell'ipoteca, opus cit.*, 58 y ss.

143 DE LA RICA MARITORENA, R., "La buena fe y la publicidad del Registro", *opus cit.*, 47 y ss.

144 PEÑA BERNALDO DE QUIRÓS, M., *Derechos reales. Derecho hipotecario, opus cit.*, 56 y ss.

contempla como *iuris et de iure* la legitimación absoluta del artículo 34 L.H. a favor del tercero y la del justo título a los efectos de la prescripción[145].

En lo referente a los efectos defensivos o inmunizantes nos referimos a la inmunidad general frente a títulos que no están inscritos -art. 32 L.H. -; la inmunidad especial frente a títulos anteriores o simultáneos no inscritos -art. 17 L.H. -; la inmunidad relativa frente a las acciones contradictorias de rectificación del derecho inscrito -art. 38.2 L.H.-; y a la inmunidad relativa frente a la usucapión -art. 36 L.H.-. Los derechos reales inscritos y la propiedad se rigen con preferencia por las normas especiales de la Ley Hipotecaria y los efectos inmunizantes de la inscripción frente a la usucapión no se producen a favor de cualquier titular inscrito, sino para solo en quien concurra la cualidad de tercero y diferenciando siempre entre derechos reales de contacto con el inmueble y los que no lo son.

La inscripción proporciona a su titular medios de defensa y medios ofensivos, en la medida en la que, a través de ellos, se puede hacer valer su propio derecho. Nos referimos a la facultad dispositiva registral del art. 20.1 L.H.; al ejercicio de las acciones reales dimanantes de los derechos inscritos por el procedimiento del art. 41 L.H.; y a la facultad del ejercicio judicial y administrativo del derecho *contrario sensu* a lo dispuesto en el artículo 313 L.H. -actual art. 319 L.H.-[146].

El ordenamiento jurídico español tuvo como objetivo normar un sistema registral que facilitara la entrada al Registro de los títulos válidamente constituidos y, los aspectos cruciales

---

145 LÓPEZ FRÍAS, A. (2012). "Una nueva reflexión sobre la singularidad jurídica de algunas propiedades inmobiliarias: especial referencia a los adarves, engalabernos y cobertizos. Cuestiones actuales y proyección de futuro". *Revista Crítica de Derecho Inmobiliario,* (733), 2567 y ss.

146 MANZANO SOLANO, *Instituciones de Derecho Registral Inmobiliario, opus cit.,* 543 y ss.

para lograr la correspondiente inscripción de los mismos, se recogen en los artículos 319 y ss. L.H. y 585 y ss. siguientes del R.H.

Por lo que respecta a la admisión de los documentos[147], es el art. 359.1 L.H. el que dispone que: los Consejos, las oficinas del Estado, los Juzgados, los Tribunales ordinarios y los Tribunales especiales no darán entrada a las escrituras o documentos de los que en el Registro no se haya tomado razón y, por los que se reconozcan constituyan, transmitan, extingan o modifiquen derechos reales sujetos excepción, si la finalidad de la presentación fue la de hacer efectivo un derecho que debió ser inscrito, en perjuicio de tercero. Si esos derechos hubieran tenido ya acceso al Registro de la Propiedad, su no admisión procederá independientemente de la persona contra quien se pretenda hacerlos valer ante oficinas, los Tribunales y los Consejos citados líneas atrás. Se excepciona de la citada prohibición la presentación de las citadas escrituras o documentos a efectos tributarios y aquellos expedientes relativos a la expropiación forzosa que se sigan contra aquellos que tengan tomada razón e el Registro de dicha situación[148].

Un importante sector doctrinal entiende que el artículo pretende potenciar la inscripción comprendiendo tanto a la finca inmatriculada como a la finca que no lo está. Algún autor ha señalado[149] que el principio de inscripción no constitutiva recogido desde 1861 en nuestra legislación hipotecaria encuentra un sólido contrafuerte a través de un sistema de inscripción estimulada al decretarse la inadmisión de documen-

---

147 VÁZQUEZ ASENJO, O. G. (2013). *Coordinación entre el Catastro y el Registro de la Propiedad.* Tirant Lo Blanch, 120 y ss.

148 VALLE FUENTES, E., "Consideraciones sobre la nueva Ley reformadora de la Ley Hipotecaria", *opus cit.*, 803 y ss.

149 CHICO y ORTIZ, J. M., "La calificación registral: Problemas", *opus cit.*, 45 y ss.

tos en el actual art. 319 L.H., tras la reforma efectuada por la Ley 24/2001. En 1944, tras la Ley de Reforma Hipotecaria, el principio que regula la inadmisión de documentos se configuró como principio especialmente férreo ya que, el su art. 355 establecía que las oficinas, consejos de Estado provincia o municipio, los juzgados y tribunales no admitirían escritura o documento alguno por el cual se reconozcan, transmitan, constituyan, modifiquen o extingan derechos reales sujetos a inscripción si previamente no se tomó en el Registro de la Propiedad razón de ellos razón. Únicamente se podría admitir el documento si el objeto de la presentación solo fuera ejercitar la acción de rectificación registral, corroborar un título posterior inscrito o pedir la declaración de nulidad y la correspondiente cancelación de algún asiento que impida la verificación de la inscripción del documento correspondiente. Así las cosas, el resultado al que nos condujo la ley aprobada en 1944 fue excesivamente severo y es por ello que quizá suaviza su redacción el Texto Refundido de 1946. Entre otras cuestiones, establece la no admisión únicamente cuando el objeto de la presentación sea hacer efectivo un derecho en perjuicio de tercero, derecho que, con carácter general, debió ser inscrito, con independencia de quien sea el particular contra el que se intenta hacer valer ese derecho, si este derecho hubiera tenido acceso al registro con anterioridad[150].

Entendemos, por tanto, que el precepto 319 L.H. se constituye como norma adjetiva que pretende sancionar la inadmisibilidad documental. Y es que, el artículo 585 R.H. establece que las resultas de la inadmisión de la escritura o del documento es su devolución del mismo al particular y, cuando corresponda, la suspensión del proceso del citado expediente hasta

---

150 GARCÍA GARCÍA, L., *Código de la Legislación Inmobiliaria, Hipotecaria y del Registro Mercantil, opus cit.*, 122 y ss. y ALBALADEJO GARCÍA, M., Comentarios al Código Civil y Compilaciones forales, *opus cit.*, 45 y ss.

que se vuelva a presentar el documento con la correspondiente nota de toma de razón en el Registro de la Propiedad. Esta inadmisibilidad no afecta al régimen jurídico sustantivo de los derechos. De otra parte, la ausencia de inscripción de un documento que debió ser inscrito actúa como elemento limitador de prueba, pero no elimina la posibilidad de que sea posible utilizar otros medios de prueba distintos de los que pueda resultar la existencia del derecho o de su propia efectividad[151].

Por tanto, si el artículo 319 L.H. establece que el objeto de la presentación del documento es hacer valer ante los citados tribunales, Consejo de oficinas un derecho o hacer efectivo aquel derecho que en su día debió ser inscrito, nos encontramos, pues, ante el ejercicio de un derecho real inmobiliario y, por tanto, un titular extrarregistral, la persona que lo ejercita[152].

X. LOS SUPUESTOS DE DOBLE INMATRICULACIÓN

La primera inscripción que se realiza de un inmueble que accede al Registro de la Propiedad es la de dominio y se denomina inmatriculación -art. 7 L.H.- Con ella se abre el folio real (la hoja registral) del inmueble y se le asigna a la finca un número propio, diferente y correlativo. A lo que se suma que el folio real de cada finca incorporará necesariamente el código

151 Resoluciones de la Dirección General de los Registros y del Notariado de 13 de junio de 2014 (BOE núm. 183, de 29 de julio de 2014, 60183-60193; de 8 de noviembre de 2011 (BOE núm. 16, de 19 de enero de 2012, 4431-4446); y Resoluciones Dirección General de Seguridad Jurídica y Fe Pública Resolución de 18 de febrero de 2020 (BOE núm. 182, de 2 de julio de 2020, 44261-44268); y de 20 de febrero de 2020 (BOE núm. 183, de 3 de julio de 2020, 46878-46891), entre otras.

152 BONET RAMÓN F. (2005). *Compendio de Derecho Civil.* Civitas, 45 y ss. y ARRIETA SEVILLA L. J. (2017), "Ordenación territorial y seguridad del tráfico en la contratación inmobiliaria". *RCDI,* (760), 605 y ss.

registral único de aquélla -art. 9 L.H.- En esta inscripción se determina la naturaleza del inmueble, así como todas las características que se sepan de él -identificación, situación y extensión. No obstante, puede ocurrir que una misma finca, o parte de ella, se encuentra inmatriculada en dos o más folios registrales distintos. Es lo que se conoce como doble inmatriculación. Existen varias reglas para proceder al respecto, en función del caso ante el que nos encontremos[153].Si se diese el caso de que la inmatriculación de la finca se realiza en dos folios distintos e independientes y esta se produce a favor del mismo titular, entendemos que existe doble inmatriculación.

Con respecto a la doble inmatriculación observamos que, aunque queda normada en el art. 209 L.H., en redacción dada por la Ley 13/2015, hay que poner de manifiesto la relevancia que sobre el particular tiene la jurisprudencia dictada en esta materia. Y al estudiarla observamos que se ha distinguido entre la doble inmatriculación parcial y total. Siendo total cuando la misma finca permanece incluida por completo en los folios registrales implicados. Es inmatriculación parcial en los demás supuestos, es decir, cuando la coincidencia sea solo con respecto a una parte de la finca.

La Jurisprudencia ha mostrado reparos con respecto a la admisión de los supuestos de doble inmatriculación parcial debido a las dificultades que presenta la distinción de estos casos en los supuestos de indeterminación de los linderos re-

---

153 NÚÑEZ JIMÉNEZ, J. P., "Urbanismo y seguridad jurídica control registral de legalidad urbanística en obras nuevas y propiedad horizontal", *opus cit.*, 153 y ss.; BERKOVITZ RODRÍGUEZ-CANO, R. (2014). *Prólogo a la legislación hipotecaria.* Tecnos, 57 y ss.; AMORÓS GUARDIOLA, M., *Legislación hipotecaria y jurisprudencia, opus cit.* 29 y ss.; y AA.VV. (1991). "Leyes Hipotecarias y Registrales de España". *Legislación complementaria.* Castalia, 45 y ss.

gistrales[154]. A pesar de ello, la calificación definitiva del caso como de doble inmatriculación depende de la prueba, es decir, únicamente habrá doble inmatriculación parcial cuando las partes implicadas o el Registrador competente identifiquen las fincas sobre la base de su descripción registral y ello resulte contradictorio.

A lo largo del tiempo, el Tribunal Supremo ha utilizado distintos criterios para solucionar este conflicto que se produce cuando se da la doble inmatriculación entre dos o más titulares registrales. Como ha señalado CLEMENTE MEORO[155], tales criterios se hallan ligados al caso y sólo pueden generalizarse con cautelas a casos similares.

La cuestión se produce cuando ambos titulares reúnen los requisitos que exige el artículo 34 L.H., puesto que ninguno de ellos puede entonces invocar la protección de la fe pública registral. En general, el Tribunal Supremo ha hecho prevalecer las normas de Derecho Civil sobre la del Derecho Hipotecario, es decir, priorizar la titularidad material sobre la formal[156]. Así, la STS 1 de marzo de 2016 establece que en los supuestos de doble inmatriculación han de resolverse conforme al Derecho

---

154 Sentencia del Tribunal Supremo 4355/1995, de 20 de julio, en la que inscritas las dos fincas y sin gozar la realidad física de protección registral alguna, el problema no es ya de doble inmatriculación, sino que la problemática se plantea con respecto a la determinación de la finca a la que corresponde la porción sometida a debate.

155 CLEMENTE MEORO, M. (2002). "Sobre el momento en que ha de ser de buena fe el tercero hipotecario". *Revista Crítica de Derecho Inmobiliario,* (673), 1851 y ss. y MARCO DE LA HOZ, A. (2013). *Supuestos de excepción al artículo 34 de la Ley Hipotecaria en la jurisprudencia urbanística. Especial referencia al tercer adquiriente de una edificación con licencia de obra anulada.* URJC, 12 y ss.

156 DÍEZ-PICAZO, L., "Los bienes inmuebles en el Código Civil español", *opus cit.*, 87 y ss.; DE REINA TARTIÈRE, G., *Manual de Derecho Registral Inmobiliario, opus cit.* 61 y ss.; y DE LA RICA y ARENAL, R., "Valor efectivo de la inscripción en la nueva legislación hipotecaria", *opus cit.*, 36 y ss.

Civil puro -entre otras, SSTS núm. 377/2013, de 31 mayo; núm. 299/2012 de 18 mayo y núm. 337/2008 de 30 abril, así como las anteriores de 31 octubre 1978, 28 marzo y 16 mayo 1980, 12 mayo 1983, 8 febrero 1991, 30 diciembre 1993, 28 enero y 27 mayo 1997, 12 marzo 1999, 18 diciembre 200 y 11 octubre 2004-. Aplicando el Derecho Civil, observamos que el dominio sobre una cosa se pierde cuando otro lo gana en virtud de prescripción adquisitiva o usucapión -art. 609 C.c.- con cumplimiento de los requisitos establecidos en el propio Código[157].

XI. EL PACTO DE NO INSCRIBIR

La atención que se presta a la autonomía de la voluntad en la inscripción de un documento tendrá diferentes derivadas en función de la fase del procedimiento en la que encuentre el documento a tratar. En una primera instancia, habría que atender a la fase procedimental anterior al inicio de su tramitación registral, esto es, una vez que tenemos formalizado el Título y todavía no se ha solicitado su inscripción, es posible que exista un pacto entre las partes de no inscripción. En segundo término, se debe prestar atención al momento que trascurre desde la petición de inscripción del documento hasta la práctica del asiento. En este caso, se desiste de la inscripción del documento en un momento en el que, a través del asiento de presentación, ya se ha iniciado el procedimiento. Y, en tercera instancia, es posible cuestionar la posibilidad de renuncia de los asientos una vez que ya han sido practicados[158].

---

157 DIEZ PICAZO, L. (1964). *La prescripción en el Código Civil*, Bosch, 58 y ss.

158 MANZANO SOLANO, A. y MANZANO FERNÁNDEZ, M. M., *Instituciones de Derecho Registral Inmobiliario, opus cit.*, 23 y ss.; NÚÑEZ LAGOS, R., "El Registro de la Propiedad español", *opus cit.*, 17 y ss.; PAU PEDRÓN, A., "Efectos de la inscripción en la constitución de los derechos reales", *opus cit.*, 2187 y ss.; y

Con el pacto para que no se realice una inscripción, nos referimos al posible acuerdo entre las partes para que, el derecho que entre ellas ha surgido, no se inscriba. Este tema ha sido debatido durante años por la doctrina más consolidada. Y es que, durante años, la admisibilidad o no del acuerdo entre el adquirente y el transmitente del derecho real ha generado distintos posicionamientos, en muchos casos antagónicos, dentro de la doctrina más consolidada[159]. Así las cosas, los argumentos que se oponen a su admisión sostienen que la protección del interés general y público del Estado hace necesaria la publicidad, por tanto, el derecho encaminado a conseguir la actuación del Registro de la Propiedad no caduca ni es renunciable.

Por el contrario, el sector doctrinal que sostiene la posibilidad de establecer un pacto de no inscripción y su validez explican que en determinadas circunstancias este acuerdo es posible que responda a razones legítimas siempre que ciña a un espacio temporal limitado y que de su falta de cumplimiento pueda exigirse la correspondiente indemnización. Expuestas las distintas posiciones, es necesario poner de manifiesto que, el acuerdo no vincula al Registrador de la Propiedad que deberá inscribir si se presenta el título en el Registro[160].

Apoya esta posición lo establecido en el artículo 14 R.H. donde, al establecer los requisitos necesarios para la inscripción del derecho de opción se pone de manifiesto el que se inscriba por el convenio expreso de las partes. Poner de manifiesto que el acuerdo para no proceder a su inscripción no supone que, con respecto a los derechos reales, se deje en manos

---

PEÑA BERNALDO DE QUIRÓS, M., *Derechos reales. Derecho hipotecario, opus cit.*, 89 y ss.

159 CHICO y ORTIZ, J. M., *Estudios sobre Derecho hipotecario, opus cit.*, 59 y ss.

160 ARRIETA SEVILLA L. J. (2017), "Ordenación territorial y seguridad del tráfico en la contratación inmobiliaria". *RCDI,* (760), 605 y ss. y DIEZ PICAZO, L., "Autonomía privada y derechos reales", *opus cit.*, 45 y ss.

de la voluntad de las partes decidir o no la inscripción de un concreto derecho.

Nuestro ordenamiento jurídico establece como regla general la inadmisibilidad de la renuncia de los asientos una vez que hayan sido practicados ya que, el asiento está custodiado por los Tribunales en virtud de lo establecido en el artículo 13 de la Ley Hipotecaria, pero el artículo 206.12 del Reglamento Hipotecario -en conexión con el art. 208 R.H.- establece que procederá la cancelación de las anotaciones preventivas si la persona a cuyo favor estuviera constituida dicha anotación renunciara a la misma o al derecho que con ella se le garantiza[161]. Salvo este concreto supuesto es posible concluir que es nula la renuncia de los asientos ya que, el Registro de la Propiedad es un organismo que contribuye con su función a la seguridad del tráfico jurídico y por tanto, no puede dejar su desarrollo a la voluntad de los particulares. Los ciudadanos pueden inscribir -o no-, pueden decidir si presentar en el Registro -o no- sus títulos y, pueden desistir -o no- de la petición de inscripción, pero una vez inscrito el derecho el particular no puede decidir por una declaración unilateral que se suprima la inscripción a su favor porque sería tanto como disponer a su albedrío de los asientos del Registro[162]. Entendidas, así las cosas, el hecho de presentar el documento va a determinar la incoación del procedimiento registral. No se obliga al presentante del documento a impulsarlo de oficio ya que, el procedimiento queda regulado por normas de carácter imperativas en las que el Registrador de la Propiedad, a través de su calificación determinará si el citado

---

161 CHICO y ORTIZ, J. M. (2000). *Estudios sobre Derecho hipotecario.* Marcial Pons, 15 y ss.; y DIEZ PICAZO, L. (1964) Las anotaciones preventivas". *RDN,* (7), 45 y ss.

162 DE LOS MOZOS, J. L. (1986). "El derecho de propiedad y la Constitución de 1978". *Propiedad, urbanismo, Derecho comunitario europeo y doctrina de la Dirección General de los Registros y del Notariado,* Tecnos, 23 y ss.

documento se ajusta o no a la normativa reguladora para su acceso al Registro. Dicho esto, no debe entenderse que la presentación del documento tiene carácter irreversible ya que, el particular que procede a su presentación puede suspenderlo o detenerlo. Entendiendo por suspensión una actuación tendente a detener este procedimiento, procediendo a reanudarlo dentro del plazo de vigencia del asiento de presentación, en todo caso. Si así no se hiciera, nos encontraríamos ante el desistimiento o el abandono o desistimiento de la presentación.

Dentro de la suspensión es necesario establecer la distinción entre suspensión del procedimiento causal y no causal. Con respecto al primer tipo de suspensión poner de manifiesto que tienen lugar cuando el que presenta el documento ha manifestado que desea suspender el procedimiento para resolver aquellos obstáculos que van a imposibilitar su pretensión. Este hecho puede tener lugar porque se retire el documento correspondiente para proceder al pago de los impuestos estipulados en el art. 427.2 R.H. En este sentido, el art. 254 L.H. va a impedir la inscripción en el Registro de los documentos sin que se haya acreditado el previo pago de los impuestos que devengare el acto o contrato que se pretenda inscribir. También establece la Ley Hipotecara al respecto en su art. 255 que antes de que se verifique el pago del impuesto podrá extenderse el asiento de presentación, pero, en ese caso, se suspenderá la calificación y la inscripción solicitada y se devuelve el título al presentante para que se satisfaga el impuesto en cuestión.

El art. 6 del Real Decreto 1039/2003, de 1 de agosto, establece que es posible también la retirada del documento para proceder a la calificación sustitutoria ya que, si la calificación efectuada sobre el documento fuera negativa o hubieran transcurrido quince días sin que se haya procedido a su sustanciación, el interesado puede solicitar la calificación de otro Registrador. Al respecto, la resolución de la DGRN, de 30 de enero de 2019[163], establece que la petición de una calificación sustitutoria es una forma de obtener una segunda calificación, pero siempre ceñida a los defectos esgrimidos por el Registrador sustituido. Así, el Registrador sustituto no puede añadir defectos nuevos a los apreciados inicialmente por el Registrador sustituido y su calificación debe ceñirse únicamente a la documentación aportada inicialmente y a los defectos planteados[164]. Si esta segunda calificación fuera también negativa no puede ser objeto de recurso, procede entonces devolver el título al particular para que, si lo desea, pueda interponer en la DGSJFP recurso frente a la primera calificación.

También es posible retirar un documento si se debe subsanar alguno de los defectos contemplados en el artículo 427.2 R.H.-en relación con los arts. 19,19 bis y 323 L.H.- Tras devolver el citado documento al Registro -dentro de la vigencia del asiento de presentación- se procederá a practicar la inscripción. En virtud de los art. 66 y 323 L.H., emitida y notificada la calificación negativa sobre sobre el documento, el particular también podrá retirar el título para poder interponer los correspondientes recursos.

Por lo que respecta a la suspensión no causal del citado procedimiento el particular presentante podrá retirar el documento sin necesidad de manifestar su intención o no de continuar el procedimiento. Esto puede suceder en cualquier momento del procedimiento mediante la retirada del título del Registro, pero si esa retirada tiene lugar transcurrido el plazo el plazo de 15 días de calificación -art. 18 L.H. -, el documento ya estará calificado o inscrito y extendido el asiento de presentación, el

---

163 B.O.E. núm. 46, de 22 de febrero de 2019, 17321 y ss.

164 DE LA RICA MARITORENA, R., "La buena fe y la publicidad del Registro", *opus cit.*, 10 y ss.; DE ÁNGEL YAGÜEZ, R., *Apariencia jurídica, posesión y publicidad inmobiliaria registral, opus cit.*, 123 y ss.; y DÍEZ-PICAZO, L. (1976). "Autonomía privada y derechos reales". *RCDI*, 4, 19 y ss.

particular retirará el documento con la única nota que la que exprese que ha sido presentado -art. 427.1 R.H.-[165]. Añadir que el art. 428 R.H. establece que una vez retirado el documento se devuelva una copia o ejemplar distinto del retirado y entonces, podrá despacharse el asiento con este documento cuando no haya duda de la similitud de ambas copias. Esta circunstancia debe hacerse constar en el documento y en la nota de despacho al margen del correspondiente asiento de presentación. Manifestar la relevancia de uno de los efectos de la devolución del documento y es que se debe reiniciar el procedimiento registral y, empiezan a contar de nuevo los plazos de calificación y despacho. Una vez practicada la inscripción, los efectos deben retrotraerse a la fecha del asiento de presentación -art. 255.3 L.H.- El art. 322.1 R.H. establece que, además, la retirada del título provoca la prórroga de los asientos de presentación de los títulos conexos[166].

El artículo 433 del Reglamento Hipotecario establece que, durante la vigencia del asiento de presentación, los interesados podrán desistir de forma total o parcial de dicha solicitud. Nos referimos a la expresa manifestación de voluntad definitiva del presentante o de los interesados de no ejercitar su legitima pretensión para inscribir, respecto de determinados derechos y bienes. Si ese desistimiento fuera total, deberá sustanciarse en documento o público privado con la firma legitimada nota-

---

165 La actuación del Registrador en este supuesto queda estipulada en el art. 427.3 R.H.-. Allí se establece que el Registrador indicarán la fecha de presentación y practicará nota al margen del asiento de presentación donde conste la devolución -firmada por el presentante del cuando el Registrador así lo exija-.

166 Resolución de la Dirección General de los Registros y del Notariado 20 de julio de 2017 (BOE núm. 188, de 8 de agosto de 2017, 79006-79010) y Resolución de la Dirección General de Seguridad Jurídica y Fe Pública de 11 de junio de 2020 (BOE núm. 207, de 31 de julio de 2020, 61211-61215), entre otras, Dirección General de Seguridad Jurídica y Fe Pública.

rialmente y, si el desistimiento afectara únicamente a una parte del contenido del documento, podrá realizarse verbalmente. En cualquier caso, el desistimiento debe hacerse constar en nota marginal del correspondiente asiento de presentación. El Reglamento que desarrolla la Ley Hipotecaria establece límites a la solicitud de desistimiento ya que, no podrá admitirse a trámite cuando el desistimiento sea causa de la imposibilidad de despachar otro documento que se hubiere presentado, todo ello, salvo que la petición de desistir contemple este según do documento y sea del mismo particular o, siendo de distinto titular, se solicite con las formalidades descritas líneas atrás. Si se tratara de documentos administrativos o judiciales, la solicitud de desistimiento debe ser solicitada por el funcionario u órgano que hubiese expedido el mandato, todo ello si, a juicio del Registrador, no se perjudica a un tercero, porque, en ese caso, el Reglamento que desarrolla la Ley Hipotecaria establece que el Registrador puede denegar dicha solicitud de desistimiento.

Nuestro ordenamiento jurídico establece los agentes del desistimiento que son: el que desiste y el Registrador que acepta el desistimiento. Con respecto al primer legitimado, el art. 433.1 R.H. adjudica legitimación para poder desistir tanto al presentante como al interesado, sin que sea necesario la solicitud conjunta del presentante y de los interesados. La resolución de 6 de marzo de 2017 de la DGRN[167], establece con respecto al concepto de interesado que debe entenderse aquel por cuya orden va a actuar el presentante.

En relación al segundo de los agentes legitimados para proceder a la desestimación, el Registrador de la Propiedad, es el llamado por nuestro ordenamiento jurídico para decidir sobre su admisión en virtud a los establecido en el art 433.3 y 433.5 R.H. Allí queda establecido, como adelantábamos líneas atrás,

---

167 B.O.E. núm. 70, de 23 de marzo de 2017, 20593 y ss.

que no podrá admitirse el desistimiento cuando dicho acto haga imposible el despacho de otro documento presentado, excepto que el desistimiento se refiera también a este documento, sea del mismo interesado o, que dándose estas circunstancias, a criterio del Registrador el desistimiento suponga un perjuicio para un tercero que ha confiado en la presentación del citado documento para realizar algún tipo de actuación con derivadas jurídico-económicas.

Con respecto lapso temporal que nuestro ordenamiento jurídico establece para poder ejercitar el desistimiento, del artículo 433.1 R.H. parece derivarse que puede ejercitarse durante toda la vigencia del asiento de presentación, pero es necesario matizar esta afirmación. Y es que el desistimiento únicamente podrá ejercitarse mientras que ese título no haya causado aún el preceptivo asiento. Así las cosas, una vez que el Registrador efectúe el citado asiento de inscripción, este asiento devendrá como definitivo, permaneciendo entonces *-ex* art. 1.3 L.H.– bajo la protección de los Tribunales[168]. El Reglamento Hipotecario nada establece con respecto al plazo del que dispone el Registrador para procedes a la admisión del desistimiento, pero para una mayor operatividad el plazo debe ser breve -art. 258.4 L.H.-, esto es, el mismo día de su presentación o el día siguiente hábil.

Una vez admitido el desistimiento por parte del Registrador, se produce la cancelación del asiento de presentación y ello quedará reflejado en nota marginal. Al tiempo, se da al

---

168 Resolución de la Dirección General de los Registros y del Notariado de 13 de junio de 2014 (BOE núm. 183, de 29 de julio de 2014, 60183-60193); de 8 de noviembre de 2011 (BOE núm. 16, de 19 de enero de 2012, 4431-4446); y Resoluciones de la Dirección General de Seguridad Jurídica y Fe Pública de 12 de junio de 2020 (BOE núm. 207, de 31 de julio de 2020, 61292-61301); y de 12 de noviembre de 2020 (BOE núm. 309, de 25 de noviembre de 2020, 104678), entre otras.

particular la posibilidad de ejercitar de nuevo en un futuro la solicitud de inscripción presentando de nuevo el título. Si el Registrador denegara el desistimiento se hará constar esta circunstancia por nota al margen del asiento de presentación y en el documento de solicitud y, según lo establecido en el art. 433.4 R.H. podrá interponerse recurso gubernativo correspondiente.

Capítulo III.

Los bienes inmuebles como objeto principal de la inscripción registral

I. LOS BIENES INMUEBLES: APROXIMACIÓN CONCEPTUAL

Entendemos que son bienes inmuebles, en sentido gramatical, aquellos que poseen una situación fija y no pueden ser desplazados sin que sufran deterioro. Son bienes muebles aquellas cosas que pueden ser trasladadas de un lugar a otro sin detrimento de su naturaleza, no teniendo, por tanto, situación fija. Las leyes civiles actuales no asumen de forma íntegra esta fórmula de definición ya que en ellas se están introduciendo desviaciones que modifican la naturaleza inmueble o mueble de algunos bienes. Es por ello, que existen distintos criterios legales para proceder a la determinación de los bienes muebles e inmuebles y diferentes categorías de ambos.

En Derecho comparado, tomando como parámetro el modelo francés y el modelo italiano, se ha diferenciado, de una parte, los bienes inmuebles por naturaleza, por destino y por determinación de la ley y de otra, bienes muebles por naturaleza y por determinación de la ley.

La doctrina más autorizada de nuestro país[1] distingue las cosas inmuebles por su naturaleza, por su incorporación, por

---

1 ALONSO MAS, M. J. y REVUELTA PÉREZ, I., *Buena fe contra la demolición urbanística, opus cit.*, 45 y ss. y ARNÁIZ EGUREN, R. (1998). "El concepto de

su destino y por analogía o aplicación, de las cosas muebles por su naturaleza y por aplicación o analogía.

Así, cosas inmuebles por su naturaleza se entiende que son exclusivamente el suelo y el subsuelo[2]. Cosas inmuebles por incorporación[3] serán todas aquellas que se hallen permanentemente unidas al suelo, a saber, acueductos, edificios, árboles, frutos pendientes, o plantaciones, entre otros[4]. La doctrina[5] se ha referido a las cosas inmuebles por destino a aquellas cosas que siendo en sí mismas cosas muebles están adheridas a un inmueble de manera que configuran un todo que permanentemente sirve a la utilización del inmueble, a sus fines a su explotación.

Algunos tratadistas[6], han puesto de manifiesto que la inmovilización de estas cosas nos posiciona ante una ficción legal que se sustenta en una razón práctica, a saber, evitar que aquellos objetos muebles, que son accesorios obligados de un fundo, sean en ciertos casos separados de los mismos sin contar con la voluntad del propietario y en perjuicio del interés general ya que, importa que los objetos accesorios sigan al fundo

---

finca y la trascendencia de su descripción en el Registro de la Propiedad y en el Catastro". *Revista Crítica de Derecho Inmobilliario,* (645), 365 y ss.

2 ARNÁIZ EGUREN, R. (2014). *El hecho urbanístico y su tratamiento en el Derecho positivo.* Civitas, 67 y ss. y ARRIETA SEVILLA L. J. (2009). "Aproximación sistemática a las bases gráficas registrales". *RADNT,* (19), 55 y ss.

3 DÍAZ FRAILE, J. M. (2015). "Exégesis de la Ley 13/2015 de 24 de junio, de Reforma de la Ley Hipotecaria, en materia de inscripción de representaciones gráficas". *BCRE,* (23), 859 y ss. y ARNÁIZ EGUREN, R. (2015). *Terreno y Edificación, Propiedad Horizontal y Prehorizontalidad.* Civitas, 121 y ss.

4 La doctrina civilista de nuestro entorno constitucional incluye estas cosas entre los inmuebles por naturaleza.

5 SENA FERNÁNDEZ, F. (2002). "La coordinación entre el Registro y el Catastro ", *BCRE,* (82), 849 y ss. y SERRANO MARTÍNEZ, F. (2013). "Panorama actual de la cartografía catastral". *CT: Catastro,* (49), 7 y ss.

6 PLANIOL, M., *Tratado Elemental, opus cit.*, 892 y ss.

para que el fundo pueda prestar todos aquellos servicios que le es posible. Y también se considera que esta creación legal no goza de utilidad para el Derecho moderno ya que, sería suficiente con establecer que los objetos accesorios muebles de un fundo que estén destinados a su explotación no pudieran, sin la voluntad del propietario, ser separados del mismo.

Se entiende que son cosas inmuebles por analogía las cosas incorporadas y que se asimilan a las cosas inmuebles por recaer sobre bienes de esta misma naturaleza. Son cosas muebles por naturaleza las que pueden ser transportadas desde un punto hasta otro, bien sea mediante exterior o propio. Son cosas muebles por analogía aquellos derechos o acciones cuyo objeto es obtener una cantidad de dinero o una cosa mueble aun cuando fuera a través de la cosa inmueble.

A diferencia de lo regulado en los países de nuestro entorno jurídico, nuestro ordenamiento no adopta en materia civil el sistema clasificatorio de grupos para concretar qué cosas son muebles o inmuebles, sino que utiliza el método de numeración contemplado en el art. 334Cc para los bienes inmuebles y, un criterio mixto de descripción, eliminación, definición o enumeración, para los bienes muebles. La doctrina más consolidada ha agregado a la organización de las cosas muebles e inmuebles un tercer grupo: los semovientes o que se mueven por sí mismos, esto es, los animales[7].

---

7 Pero, en puridad, los semovientes son considerados una variedad de bienes muebles y es por ello que, quizá, se advierte un silencio en el Código Civil sobre el particular.

II. LA CATEGORIZACIÓN DE LOS BIENES INMUEBLES SEGÚN EL DERECHO CIVIL ESPAÑOL

No contiene nuestro Código Civil un concepto general sobre los bienes inmuebles ni tampoco procede a clasificarlos en grupos[8], más bien procede a establecer sin un orden determinado los distintos supuestos en los diez apartados del artículo 334 C.c. Al respecto, para poder analizar de forma rigurosa los citados bienes podemos atender a una clasificación que cuenta con el aval de un sector mayoritario de la doctrina.

Con respecto a los bienes inmuebles por naturaleza o incorporación, podemos atribuirle este carácter, atendiendo a los establecido en el artículo 334.1 C.c. a las tierras, caminos, edificios, y construcciones de todo género adheridas al suelo. Atribuir naturaleza inmobiliaria a las tierras, caminos y edificios no pare ce que pueda presentar dificultades, pero sí parece que puede ofrecerlas la fórmula genérica "construcciones de todo género adheridas al suelo". Y en que esta redacción suscita la duda de si es preciso que dicha adherencia sea integral y directa como ocurre en el supuesto de sustentadas en pilares.

La doctrina sostiene al respecto que no es posible en esta materia establecer reglas generales ya que no les corresponde a todas las construcciones referidas la misma condición jurídica y su tipología presenta muchas diferencias[9]. La clave está en atender al tipo de su incorporación, que debe ser fija e íntima y no una mera adherencia externa[10].

---

8 Como han hecho los Códigos Civiles de Francia e Italia.

9 VÁZQUEZ ASENJO, O. G. (2013). *Coordinación entre el Catastro y el Registro de la Propiedad.* Tirant Lo Blanch, 56 y ss. y VIRGOS SORIANO, L. (2015). "La ortografía y la cartografía catastral". *CT: Catastro,* (83), 7 y ss.

10 Resolución conjunta de 23 de septiembre de 2020, de la Dirección General de Seguridad Jurídica y Fe Pública y de la Dirección General del Catastro. B.O.E. núm. 269, de 10 de octubre de 2020 y Resolución de 26 de abril de

En lo que se refiere a árboles, plantas y frutos pendientes mientras estén unidos a la tierra o formen parte integrante de un inmueble, el Código Civil exige que para que estos bienes sean considerados inmuebles deben estar unidos a la tierra o deben formar parte integrante de un inmueble. Algún autor[11] sostiene que esta condición disyuntiva es aplicable únicamente a los árboles y a las plantas, no así a los frutos, -que solo cuando estén pendiendo serán considerados bienes inmuebles-. Se cree en la posibilidad de que el Legislador se quiera referir a las maderas cuando constituyan la explotación de la finca. Hoy, el carácter de bien inmueble que se atribuye por el Código Civil a esta clase de bienes está afectado por algunas disposiciones especiales, *v.g.*, las que conciernen a la prenda sin desplazamiento de posesión porque se comprenden los frutos que estén pendiendo.

Las carreteras, los escoriales y las minas, mientras su materia esté unida al yacimiento y las aguas vivas[12], mientras permanezcan estancadas como establece el art. 334.8 C.c., se les considerará cosas inmuebles por naturaleza. Por tanto, las minas que constituyen el subsuelo y las aguas vivas o estancadas que

---

2019 de la Dirección General de Seguridad Jurídica y Fe Pública. B.O.E. núm. 114, de 13 de mayo de 2019, en las que se reafirma lo pronunciado por este órgano tiempo atrás y en las que se declara que no se deben considerar como inmuebles los hórreos o paneras sostenidos por pies de madera o piedra; donde se niega dicho carácter a los cajones o casetas que se empotran en las plazas o mercados y se considera inmueble el edificio permanente de baños construidos sobre una playa aun cuando sea de madera siempre que esté fijo adherido al suelo y no pueda trasladarse de un lugar a otro sin deshacerlo

11 MONTES, V. L. y ROCA, E. *et. al.* (1997). *Derecho de Familia,* Tirant Lo Blanch, 156 y ss. y PEÑA BERNALDO DE QUIRÓS, M. (1981). *Derecho de Familia.* Servicio de Publicaciones Facultad de Derecho, 37 y ss.

12 MOREU BALLONGA, J. L. (2009). "Evolución histórica y normativa estatal actual sobre aguas subterráneas". *Revista Crítica de Derecho Inmobiliario,* (714), 1769 y ss.

forman parte de ese suelo son cosas inmuebles por naturaleza. Pero al entrar en vigor la Ley de Minas de 19 de julio de 1944, se estipula que todas ellas son *bienes de la Nación* no parece correcto continuar hablando hablar de bienes inmuebles por cuanto que de la redacción del art. 333 C.c. no parece que se derive que sea susceptibles de apropiación[13]. Parecida observación podría hacerse tras la aprobación de la Ley de Aguas, en la medida que por regla general las aguas de toda clase, tanto continentales como subterráneas, renovables o no, pertenecen al dominio público hidráulico, aunque por excepción existen aguas de propiedad privada, que podrán estar inscritas en los Catálogos de Aguas Privadas de los Organismos de cuenca -*ex* arts. 1, 2, 10, disposiciones transitorias 1ª y 4ª del Real Decreto Legislativo 1/2001, de 20 de julio, por el que se aprueba el texto refundido de la Ley de Aguas-.

También está incluido todo lo que no esté unido a un inmueble de una manera fija de tal suerte que no pueda separarse de él sin que se quebrante la materia o se deteriore el objeto 334.3 C.c. Con esta redacción se pone de nuevo de manifiesto el contenido del art. 334.1 C.c. cuando cita las construcciones de todo género adheridas al suelo. Comprendidos en este epígrafe se encuentran los pozos, los canales, las tuberías de conducción, o las alcantarillas, por ejemplo.

Con respecto a los inmuebles por destino, un sector mayoritario de la doctrina, siguiendo a los tratadistas alemanes los denomina pertenencias y se ha subrayado la diferencia que existe entre los inmuebles por incorporación y por destino[14]. Así, un objeto que se incorpora al suelo se convierte en inmue-

---

13 JIMÉNEZ CLAR, A. (2018). "La incorporación de la representación gráfica del inmueble al catastro y el Registro de la Propiedad". *Estudio sobre la representación gráfica de las fincas registrales.* Aranzadi, 109 y ss.

14 GÓMEZ PERALS, M. (2017). "Relaciones entre el Registro de la Propiedad y el Catastro ¿Coordinación? *RCDI,* (699), 93 y ss.

ble "sea cualquiera el que lo haya incorporado", mientras que un objeto mueble pasa a convertirse en inmueble por destino solo cuando es afectado al fundo por el que es propietario de dicho fundo[15].

La doctrina más consolidada ha clasificado estos inmuebles distinguiendo dos tipos de destino, a saber, el destino industrial, agrícola o comercial y el destino suntuario.

El art. 334.5 C.c. establece que el destino agrícola, industrial o comercial va a comprender, en primer lugar, bienes inmuebles como máquinas, vasos, instrumentos o utensilios destinados por el propietario de la finca a la industria explotación que se realice en un edificio o heredad y que directamente concurran a satisfacer la necesidad de la explotación. Sin embargo, vemos que no se incluyen en este grupo las cosas inmuebles por su destino, elemento que marca la diferencia con lo regulado en el Derecho anterior al Código Civil, ya que con respecto a los animales destinados al cultivo[16], el fenómeno jurídico de inmovilización agrícola se produce respecto de los utensilios destinados a la agricultura, pero no con respecto a las juntas de labor o a los animales.

El art. 334.6 C.c. recoge los viveros de animales, colmenas, palomares, estanques de peces o criaderos análogos, cuando el propietario los haya colocado o los conserve con el propósito de mantenerlos unidos a la finca de un modo permanente formando parte de ella. Algún autor[17] ha puesto de manifiesto que a pesar de que el Código Civil solo menciona viveros de animales, colmenas, palomares, estanques de peces o criade-

---

15 Además, se requiriere que lo haga el propietario del mueble que se va a inmovilizar.

16 JIMÉNEZ GALLEGO, C. (2016). *La nueva coordinación realidad Catastro-Registro.* Tirant Lo Blanch, 57 y ss.

17 FANDOS PONS, P. (2016). *Los efectos jurídicos en la identificación y descripción gráfica de las fincas registrales.* Tirant Lo Blanch, 88 y ss.

ros análogos también hay que entender comprendidos en este precepto los animales que viven en ellos ya que tienen la consideración de bienes muebles como elementos que son accesorios de otros accesorios, mientras que los viveros lo sean del fundo al que estén unidos[18].

Con respecto al contenido del art. 334.7 C.c., como lo que hace bienes inmuebles a los abonos es su destino, es exigencia del Código Civil que esos abonos estén en los mismos campos que se van a abonar, esto es, los abonos destinados al cultivo de una tierra, deben estar en las tierras donde vayan a utilizarse. Así las cosas, un depósito de estiércol o una cantidad de abono almacenado en una granja no son *per se* bienes inmuebles[19].

Con respecto a los diques y a las construcciones a los que se refiere el art. 334.9 C.c. que, aunque sean flotantes están destinados por su objeto y condición a permanecer en un punto fijo de un lago, río o costa, Subrayar que, para los efectos del Derecho Mercantil, los diques flotantes tienen la consideración de bienes muebles ya que en el art. 148 del Reglamento del Registro Mercantil, de 20 de septiembre de 1919, se les considera buques y el en el art. 585 del Código de Comercio se les atribuye la calificación de bienes muebles.

Si atendemos al destino suntuario, son bienes inmuebles los relieves, las estatuas, las pinturas u otros objetos de ornamentación o de uso colocados en edificios o heredades por el dueño del inmueble de tal forma que sea manifiesto el propósito de unirlos de un modo permanente al fondo 334.4 C.c. Dicha colocación no obliga al dueño a un acto material, es suficiente con su asentimiento o una orden suya. Vemos que el epicentro

---

18 Opinión que tienen en contra, *v.g.*, ARRIETA SEVILLA L. J., (2014). "La representación geográfica de la finca y su coordinación con el Catastro en el proyecto de Ley de Reforma Hipotecaria". *RADNT,* (35), 73 y ss.

19 GARCÍA GARCÍA, J. M., "La finca como base del sistema inmobiliario", *opus cit.*, 2437 y ss.

lo constituye la intención del propietario de unir una cosa permanentemente a un fondo.

Si estudiamos los inmuebles por analogía, vemos que tienen esta consideración las servidumbres y demás derechos reales sobre bienes inmuebles y las concesiones administrativas de obras públicas *ex* art. 334.10 C.c.

Ya que la acción toma su carácter del derecho que protege, también se atribuye esta naturaleza a las acciones nacidas de derechos reales sobre bienes inmuebles.

Si atendemos al régimen establecido sobre el particular en la Ley Hipotecaria vemos como se estipula una restricción en sus aplicaciones prácticas ya que declara que los bienes muebles anejos, adheridos a los inmuebles, los frutos -cualquiera que sea la situación en que se encuentren-, y las rentas vencidas y que no han sido satisfechas al tiempo de exigirse el cumplimiento de la obligación garantizada, como no se establezca expresamente-, no se entienden hipotecados con los inmuebles a los que afectan. Vemos como el régimen de los bienes inmuebles por accesoriedad o incorporación ha sufrido una importante excepción en lo que concierne a la garantía hipotecaria.

Entre los inmuebles por naturaleza figuran las fincas entendidas en su consideración sustantiva y fundamental como un trozo de superficie terrestre que física o legalmente aparece individualizado y separado de las contiguas y sobre el que un sujeto ejercita relaciones dominicales[20].

Es necesario poner de manifiesto la importancia de la división de las fincas o predios en urbanos y rústicos para el Derecho inmobiliario -arts. 8-9 L.H. y 44 y 51 R.H.- y para el Derecho Civil con respecto, *v.g.*, el retracto de colindantes que contempla el art. 1523 C.c., o el arrendamiento, ya que da lugar a

---

20 PAU PEDRÓN. A., *Elementos de Derecho Hipotecario, opus cit.*, 67 y ss.

categorías de este contrato reguladas por normas distintas. Dicho esto, ni la Ley Hipotecaria ni tampoco el Código Civil no ofrecen un concepto o un criterio diferenciador. Al respecto, la Jurisprudencia dictada sobre la materia ha subrayado que para determinar si una finca es rústica o es urbana no basta con atender a la consideración de si está edificada o no. Lo crucial es estudiar la situación destino, cuál sea el elemento principal y cuál es el accesorio, si el edificio o la tierra. En esta línea algún autor[21] ha puesto de manifiesto que es necesario atender a cuatro criterios, a saber, a la situación, esto es, el lugar donde radica la finca, el campo o la ciudad; la construcción, la idea de suelo y vuelo, de edificio y de terreno; el destino, el uso o servicio a que la finca está destinado; y la accesoriedad. Por separado, ninguno de estos criterios va a proporcionar la diferenciación que buscábamos ya que es necesario que estos criterios interactúen se armonicen y se ponderen entre sí.

Nuestro ordenamiento jurídico, en el intento de aportar claridad a los diversos sentidos que en el lenguaje común y en el jurídico tiene la palabra mueble y las expresiones relacionadas con los bienes muebles e inmuebles, ha seguido las pautas marcadas por los Códigos Civiles italiano, francés y portugués. Y en esta línea, ha establecido unas reglas con el objetivo de establecer el valor que hay que atribuir aquellas, tanto en las cláusulas que corresponden a los actos privados como a los preceptos de las leyes.

Cuando en una venta, en un legado, en una donación o en cualquier otra disposición en la que se haga referencia a cosas muebles o inmuebles se transmita su posesión o propiedad -con todo lo que en ella se halle-, no se entenderán comprendidas en dicha transmisión en metálico los valores, los créditos y las acciones cuyo documento se halle en la cosa transmitida a

---

21 VÁZQUEZ ASENJO, O. G. (2010). *Aproximación a los principios gráficos hipotecarios.* Bosch, 49 y ss.

no ser que conste claramente la voluntad de extender la transmisión hasta dichos valores y derechos *ex* art. 347 C.c.

Atendiendo a lo establecido en el art. 346.1 C.c., "Cuando por disposición de la ley o por declaración individual se use la propia expresión legal de cosas o bienes inmuebles o de cosas y bienes muebles, se entenderán comprendidos en ella los numerados respectivamente en los arts. 334, 335 y 336 del Código Civil; además, cuando se tenga que emplear la palabra mueble, no se entenderán comprendidos el dinero, las alhajas, los créditos, los efectos de comercio, los valores, las colecciones científicas o artísticas, los libros, las medallas, las armas, las ropas de vestir, caballerías o carruajes y sus arreos, los granos, los caldos y mercancías, ni tampoco las cosas que no tengan por destino principal amueblar o alhajar las habitaciones, salvo en el caso en que del propio contexto de la ley o de la disposición individual se derive con nitidez lo contrario a lo establecido en el art. 346.2 C.c. La Jurisprudencia del Tribunal Supremo sobre el particular ha aportado luz sobre algunos de estos conceptos al establecer, en relación al art. 346.2 C.c. que no es suficiente con que se leguen los muebles y demás movibles para que se entiendan incluidos los títulos de la deuda pública. Con respecto al art. 347 C.c., ha establecido que, en el legado de un inmueble, con todo lo que se halle dentro del mismo, deben considerarse comprendidos los semovientes. Y no constituye obstáculo para ello si en el momento del fallecimiento del testador estuvieran los semovientes fuera de la casa si ordinariamente los albergaran en ella.

III. LA RELEVANCIA JURÍDICA DE LA RELACIÓN ENTRE BIENES INMUEBLES, COSAS REGISTRABLES Y FINCAS REGISTRALES

Es indudable la aplicación práctica de esta clasificación, aunque la tendencia en Derecho moderno es que vaya perdiendo su importancia. Entre esas aplicaciones podemos poner de relieve el distinto régimen jurídico que se aplica a la propiedad inmueble y a la propiedad mueble y la influencia que de ello se deriva para la doctrina de los derechos reales *ex* art. 10 C.c. También hay que atender a la superior protección que se dispensa a los últimos, en los casos, *v.g.*, de enajenación de bienes de los hijos que están sujetos a patria potestad -*ex* art. 164 C.c.-; en el supuesto de los menores emancipados -*ex* arts. 59 y 317 C.c.-; de la mujer -*ex* art. 1444 C.c.; en los supuestos de constitución de sociedad -*ex* art. 1668 C.c.-; o celebración del contrato de donación -*ex* art. 633 C.c.-.

En el intento de establecer una distinción acorde con la realidad entre cosas inmuebles y muebles y, atendiendo a las normas de publicidad a las que están vinculadas las cosas, un sector de la doctrina[22]ha establecido una distinción entre cosas registrables susceptibles de publicidad formal, esto es, que puedan tener acceso al Registro y, cosas no registrables susceptibles de publicidad material, pero no de publicidad registral o formal.

Por cosas no registrables entendemos que son aquellas que por su escasa importancia para las necesidades del crédito en general y, del tráfico jurídico en particular, están sometidas a las normas generales de publicidad *ex* art. 464 y concordantes del Código Civil, por lo que se refiere a los cambios o alteraciones sobre las mismas con respecto a su titularidad[23]. *A contrario sensu,* son cosas registrables aquellas que, atendiendo a su finalidad económica, su utilidad, o su importancia que con respecto al crédito deben cumplir, hacen que sea imprescindible que

---

22 PAU PEDRÓN, A., *Manual de Derecho registral inmobiliario, opus cit.*, 78 y ss. y PEÑA BERNALDO DE QUIRÓS, M., *Derechos reales. Derecho hipotecario, opus cit.*, 132 y ss.

23 PUIG BRUTAU, J., *Fundamentos de Derecho Civil, opus cit.*, 99 y ss. y PLANIOL M. (1950). *Tratado Elemental.* Librería Jiménez-Bravo, 45 y ss.

se deje constancia en un instrumento de publicidad registral o formal sus cambios de titularidad. Para determinar las cosas que se integran en cada grupo habrá que atender a la realidad del tráfico jurídico y a su evolución.

Podría atenderse al criterio global de individualizar las cosas siempre que sea posible su identificación. Si ello es posible, entonces podrá ser objeto de publicidad registral.

En conclusión y atendiendo a lo establecido en el art. 334 C.c., a los pronunciamientos de la doctrina más consolidada y a la Jurisprudencia existente sobre la materia, son bienes inmuebles las tierras, edificios, caminos y construcciones de todo género adheridas al suelo; Los árboles y plantas y los frutos pendientes, mientras estuvieren unidos a la tierra o formaren parte integrante de un inmueble; todo lo que esté unido a un inmueble de una manera fija, de suerte que no pueda separarse de él sin quebrantamiento de la materia deterioro del objeto; las estatuas, relieves, pinturas u otros objetos de uso u ornamentación, colocados en edificios o heredades por el dueño del mueble en tal forma que revele el propósito de unirlos de un modo permanente al fundo; las máquinas, vasos, instrumentos o utensilios destina dos por propietario de la finca a la industria o explotación que se realice en un edificio o heredad, y que directamente concurran a satisfacer las necesidades de la explotación misma; los viveros de animales, palomares, colmenas, estanques de peces o criaderos análogos cuando el propietario los haya colocado o los conserve con el propósito de mantenerlos unidos a la finca, y formando parte de ella de un modo permanente; los abonos destinados al cultivo de una heredad, que estén en las tierras donde hayan de utilizarse, Las minas, canteras y escoriales, mientras su materia permanece unida al yacimiento y las aguas vivas o estancadas; los diques y construcciones que, aun cuando sean flotantes, estén destinados por su objeto y condiciones a permanecer en un punto fijo de un río, lago o costa; y las concesiones administrativas de obras públicas y las servidumbres y demás derechos reales sobre bienes inmuebles.

Así, pues, de una parte, vemos que, todos los bienes inmuebles citados *supra* son registrables -en el Registro de la Propiedad-, pero también hay elementos que son, igualmente, registrables y que no gozan de naturaleza inmueble, *v.g.*, los derechos reales -hipoteca, servidumbre, entre otros-. Y, de otra, que todos los objetos muebles que se unen permanentemente a los inmuebles son considerados inmuebles, y por tanto, registrables.

Para abordar el estudio del concepto de finca partimos de lo establecido en el art. 26 del Real Decreto Legislativo por el que se aprueba el Texto Refundido de la Ley del Suelo y Rehabilitación Urbana[24] que establece que "es finca la unidad de suelo o de edificación atribuida exclusiva y excluyentemente a un propietario o varios en proindiviso, que puede situarse en la rasante, en el vuelo o en el subsuelo. Y cuando esa finca, conforme a la legislación hipotecaria, pueda abrir folio en el Registro de la Propiedad, entonces tendrá la consideración de finca registral". Por tanto, lo establecido en este precepto va a afectar a una de las categorías nucleares[25] sobre la que recae el objeto del Derecho, a saber, las fincas en particular y, el territorio general como base del nacimiento de los derechos reales y de actuación.

En las reformas legislativas llevadas a cabo en el siglo XIX se intentó liberar a la propiedad de sus servidumbres movilizándola y convirtiéndola en un valor para que así pudiera dar soporte al crédito territorial, sirviendo históricamente en lo fundamental el Registro de la Propiedad a esta finalidad. Así las cosas, observamos cómo pasa a primer término el valor de

---

[24] B.O.E. núm. 261, de 30 de octubre de 2015

[25] DE LA RICA MARITORENA, R. (1949). "La buena fe y la publicidad del Registro". *RCDI*, (10), 34 y ss.

la propiedad y la pertenencia a su titular. Se configura con carácter ilimitado y absoluto el derecho de propiedad de acuerdo con el sentido que se quiere dar a su contenido y derivado de ello, queda difuminado y relegado a un segundo término el objeto sobre el que recae el derecho.

Y es que el concepto de finca en su acepción material tuvo desde el primer momento relativa importancia. Lo crucial siempre fue y sigue siendo el sentido formal de finca, esto es, su vinculación a una titularidad cuya información la facilita el Registro de la Propiedad, más si cabe en un sistema registral cuando éste se lleva por el sistema de finca. Por tanto, formalmente finca es lo que abre folio registral, a pesar de que hay derechos reales, *v.g.*, una concesión administrativa o el aprovechamiento urbanístico que puede abrir folio registral, pero no es finca en el sentido material.

IV. LA FINCA COMO BASE DEL REGISTRO

1. El Registro y el sistema de folio real

La finca es la unidad de la que parte el Registro de la Propiedad ya que, para hacer constar su completo historial registral en el folio que a cada finca se le abrirá. Así, la consulta de dicho folio permitirá conocer quién es el actual propietario registral[26] y los gravámenes que sobre ella recaen a un tercero. Así las cosas, vemos como la finca se constituye como uno de los elementos nucleares del Derecho Inmobiliario Registral por cuanto que constituye el objeto sobre el que recae el derecho real y del que es posible expedir la correspondien-

---

26 CUENA CASAS, M. (1996). *Función del poder de disposición en los sistemas de transmisión onerosa de los derechos reales.* Bosch, 27 y ss.

te publicidad registral[27]. Es, por tanto, un concepto esencial para comprender el sistema compuesto principios y las normas hipotecarias[28] y, quien necesite conocer la situación jurídica de un inmueble determinado, tendrá que consultar el único historial que se ha abierto sobre la misma en el Registro de la Propiedad.

Pero, como hemos visto líneas atrás, la relevancia de la finca como basamento del sistema de folio real vigente en nuestro ordenamiento, incide tanto en el aspecto formal u organizativo y en el ámbito material ya que, es el instrumento sobre el que va a pivotar la aplicación correcta de los principios hipotecarios de tracto sucesivo, fe pública registral, especialidad, legitimación e inoponibilidad[29].

Y en esta línea vemos como una de las manifestaciones del principio hipotecario de especialidad se hace efectiva con la organización del Registro de la Propiedad por fincas ya que impone claridad y concreción tanto en el historial de los inmuebles como en los distintos derechos que recaen sobre ellos[30]. Al respecto, al Registrador de la Propiedad en su función cali-

---

27 ÁLVAREZ CAPEROCHIPI, J. A., *Derecho inmobiliario registral, opus cit.*, 89 y ss.; AMORÓS GUARDIOLA, M., *Legislación hipotecaria y jurisprudencia, opus cit.*,37 y ss. y ARNÁIZ EGUREN, R., "El concepto de finca y la trascendencia de su descripción en el Registro de la Propiedad y en el Catastro", *opus cit.*, 365 y ss.

28 CARRETERO GARCÍA, T., "Los principios hipotecarios y el Derecho Comparado", *opus cit.*, 56 y ss.; CERDEIRA BRAVO DE MANSILLA, G. y GALLEGO VERA, J. A., "Título XIII. De los Registros de la Propiedad y de bienes inmuebles", *opus cit.*, 512 y ss.; y CHICO y ORTIZ, J. M., *Estudios sobre Derecho hipotecario, opus cit.*, 124 y ss.

29 COSSÍO Y CORRAL, A., *Instituciones de Derecho Hipotecario, opus cit.*, 68 y ss.; y CRISTÓBAL MONTES, A., Introducción al Derecho Inmobiliario Registral, *opus cit.*,145 y ss.

30 DE LA FUENTE JUNCO, A., "Significado y alcance de la publicidad en los sistemas hipotecarios de folio personal y de folio real", *opus cit.*, 16 y ss.;

ficadora decide si adolece de alguna indeterminación incompatible con tal objetivo el título que se pretende inscribir [31].

De esta estructura organizativa por fincas se deriva la creación un completo e ininterrumpido historial que abre las puertas a la aplicación de los principios de legitimación, de tracto sucesivo y de fe pública, soportes basilares en los que se sustenta todo sistema inmobiliario que pretenda tener un nivel de seguridad jurídica óptimo[32]. De manera que, si un sistema registral no permitiera mediante una consulta del folio registral asegurar el conocimiento del historial de la finca, la operatividad de esos principios se vería mermada y no ofrecería las necesarias garantías para la operatividad del tráfico jurídico. Nuestro ordenamiento jurídico en materia hipotecaria ha normado los recursos suficientes para resolver los eventuales defectos que pudieran plantearse, *v.g.*, los expedientes de doble inmatriculación y otros procedimientos que consientan que el contenido del Registro de la Propiedad y la realidad física y jurídica extrarregistral concuerden[33].

Algún sector doctrinal en atención al sistema de ordenación del Registro de la Propiedad ha identificado en el ámbito del Derecho comparado dos sistemas, a saber, el modelo de folio real *vs.* folio personal. Nuestro ordenamiento jurídico opta por el sistema de folio real -de origen germánico-, esto es, la

---

DE LA RICA y ARENAL, R. (1948). "El valor de la inscripción". *RCDI,* (240), 273 y ss. y DE LA RICA y ARENAL, R., "El valor de la inscripción", *opus cit.*, 273 y ss.

31 Defectos respecto de la aplicación de este principio hipotecario son, *v.g.*, la falta de determinación de coordenadas sobre el territorio en el que se declara una edificación o recae un derecho de superficie o la ausencia de límite temporal en la constitución de un derecho real.

32 Este aspecto es destacado por DE LOS MOZOS, J. L., "El derecho de propiedad y la Constitución de 1978", *opus cit.*, 301 y ss. y DE PABLO CONTRERAS, P., *La función legitimadora de la posesión y de la inscripción, opus cit.*, 79 y ss.

33 Los arts. 198-210 L.H. fueron objeto de una reforma crucial a través de la Ley 13/2015, de 24 de junio.

finca es el núcleo de la llevanza del Registro de la Propiedad[34], *ex* arts. 243 y 8 L.H. El término folio real se adopta por primera vez en la Ley 13/2015, de 24 de junio, cobrando un protagonismo absoluto al fijar su atención en la delimitación e identificación de los inmuebles que pueden acceder al Registro y en su publicidad registral y, como elemento innovador se regula *v.g.*, el sistema de alertas geográficas registrales regulado en el art. 203.7 L.H. [35], o la incorporación del código registral único al folio real de la representación gráfica de la finca -ex art. 9 L.H. -, que es fijo para cada finca. Estas incorporaciones intentan solventar el factor que mayor debilidad presenta el sistema registral en nuestro país, a saber, la delimitación de la finca objeto de publicidad registral y la existencia, en determinados supuestos, de importantes problemas de ubicación. Este modelo establecido de ordenación no se vería alterado por una eventual implantación del folio real electrónico[36], pero de esta introducción sí se derivaría una importante modificación con respecto a la llevanza física de libros visados judicialmente y foliados.

Pero, a pesar de la importante aportación que supuso la llevanza a través de medios informáticos del Registro *ex* art. 238 L.H.–que trascurre en paralelo a la información que contiene

---

34 Alemania, Suiza, Austria y España se acogen al sistema de folio real. En Francia, sin embargo, se adopta el sistema de folio personal, pero basado en un fichero de personas en el que se van archivando los títulos en orden cronológico hasta que se encuadernan cuando llegan a un volumen determinado.

35 Lo relevante de estad aportaciones se muestra en la publicidad registral al facilitar al interesado la consulta de la situación jurídica del inmueble a través del código registral único o su representación gráfica. Así lo establece de Resolución de la Dirección General de los Registros y del Notariado de 3 de noviembre de 2015.

36 El art. 19 y la disposición adicional número 13 de la Ley 14/2013, de 27 de septiembre.

el Libro físico -ya digitalizado-, en verdadero avance radica en entender el formato electrónico desde el punto de vista del tratamiento de los datos contenidos en los asientos y la interoperabilidad de la información. Pero mientras no regule el desarrollo del folio real vía electrónica, continua vigente el actual sistema de libros físicos visados judicialmente y foliados que, además, son ellos los únicos que gozan de fe pública *ex* art. 240 L.H., sin perjuicio del tratamiento que en materia informática pueda hacerse de ellos[37].

Nuestro ordenamiento jurídico vigente en materia registral regula el sistema de folio real y a través del mismo, en el Registro se procede a la apertura a cada finca, que es identificada por un número y que corresponde a un único historial registral que se constata en folios numerados de un concreto tomo y libro[38]. Si la finca tuviera que ser trasladada a otra sección, es posible que cambie de número, pero siempre mantendrá su código registral único, o también es posible que su historial pueda constar en tomos diferentes, pero de ello no se deriva una duplicidad o una ruptura con respecto al historial de la finca que consta en el Registro de la Propiedad[39].

En el año 2014 se puso de relieve que la importancia del sistema de folio real reside en realidad en la aplicación de los principios hipotecarios y en los efectos jurídicos de los asien-

---

37 GORDILLO CAÑAS, A., El Registro de la Propiedad: principios y sistema, *opus cit.*, 97 y ss. y HERNÁNDEZ BLÁZQUEZ, F., "Artículo 35. Inscripción de documentos notariales", *opus cit.*, 561 y ss.

38 HERNÁNDEZ GIL, F., "Introducción al Derecho hipotecario", *opus cit.*, 6 y ss. y JIMÉNEZ CLAR, A., "La incorporación de la representación gráfica del inmueble al catastro y el Registro de la Propiedad", *opus cit.*, 109 y ss.

39 RDGRN de 29 de mayo de 2015. B.O.E. núm. 158 de 3 de julio de 2015, 54543 y ss.

tos[40]. Este aspecto nuclear del sistema de folio real se norma en nuestro ordenamiento en el art. 13 L.H. al establecer que: "los derechos reales limitativos, los de garantía y en general, cualquier carga o limitación del dominio o de los derechos reales, para que surtan efectos contra terceros, deberán constar en la inscripción de la finca o derecho sobre el que recaigan."

La Dirección General de los Registros y del Notariado ahonda en este punto al establecer que: "Cada finca o entidad hipotecaria aparece inscrita bajo folio y número especial, con objeto de que las terceras personas a quienes la inscripción interese sepan donde han de encontrar cuanto al inmueble haga relación y cuanto defina su situación jurídica sin temor a las limitaciones consignadas en otros asientos diferentes." [41] Así las cosas, para que sea posible pueda ofrecer garantía al tercero, es indispensable que el contenido del historial registral sea único, completo y que esté articulado conforme a las normas de tracto sucesivo y especialidad de nuestro sistema, permitiendo, en todo caso, la virtualidad plena de los principios hipotecarios de legitimación, de fe pública registral, de calificación, de oponibilidad, y de claridad.

2. *El concepto de finca.*

Por todo lo expuesto, es necesario establecer una definición de finca que permita diferenciarla de otras figuras también asociadas a bienes inmuebles afines. Así, en el Diccionario de

---

40 En las conclusiones del Congreso Mundial de Derecho Registral celebrado en Chile en el año 2014 se estableció "la importancia del sistema de folio real como ordenador de derechos reales y como base de la confianza del sistema por cuanto facilita la identificación de los derechos transmisibles y protegidos que permiten el desarrollo económico y la paz social".

41 Resolución DGRN de 5 de febrero de 2013. B.O.E. núm. 54 de 3 de marzo de 2013, 16999 y ss.

la Real Academia Española encontramos que la acepción de finca indica que es: "propiedad inmueble, rústica o urbana", nos encontramos, pues, con una definición muy amplia que comprende realidades de naturaleza inmobiliaria distintas. Tampoco aporta luz en este punto ni el Código Civil ni la Ley Hipotecaria ya que, aunque el art. 334. 5 y 334.6 C.c. sí define las cosas inmuebles, no es habitual que el legislador establezca definiciones[42].

En cambio, aunque no exentas de crítica, sí encontramos en los trabajos de la doctrina civilista definiciones, *v.g.*, "trozo de terreno cerrado por una línea poligonal perteneciente a un solo propietario o a varios proindiviso», siendo finca registral «siempre que fuere susceptible de abrir folio registral". Como adelantábamos, algunos tratadistas[43] han planteado objeciones a esta definición aportando la que sigue: "finca es un bien inmueble consistente en el espacio suficientemente delimitado y susceptible de aprovechamiento independiente, con una titularidad unitaria y objeto de tráfico como unidad, y por ello susceptible de abrir folio registral, conforme al principio de especialidad"[44].

Ha sido admitido por la Dirección General de los Registros y del Notariado que, bajo el concepto de finca existen realidades distintas que no se identificaban con la concepción tradi-

---

42 DE REINA TARTIÈRE, G., "El valor de la inscripción en el Registro de la Propiedad inmueble español", *opus cit.*, 14 y ss. y DÍAZ FRAILE, J. M., "Exégesis de la Ley 13/2015 de 24 de junio, de Reforma de la Ley Hipotecaria, en materia de inscripción de representaciones gráficas", *opus cit.*, 859 y ss.

43 DÍEZ-PICAZO, L., "Los bienes inmuebles en el Código Civil español", *opus cit.*, 937 y ss. y FANDOS PONS, P., "Las repercusiones geográficas de los principios hipotecarios tras la Ley 13/2015, de 24 de junio (II) el principio de legalidad. La calificación registral gráfica", *opus cit.*, 1249 y ss.

44 Resolución DGRN de 18 de septiembre de 2019. B.O.E. núm. 269, de 8 de noviembre de 2019, 123284 y ss. y de 24 de enero de 2020. B.O.E. núm. 170, de 18 de junio de 2020, 42000 y ss.

cional en puridad. Así, en 1987 la DGRN después de poner de manifiesto que los límites registrales no deben coartar las soluciones que exigen las necesidades de las relaciones de carácter económico, siempre que se respeten las normas fundamentales que estructuran el régimen inmobiliario. Del mismo modo también admitió la DGRN la apertura de folio autónomo a una unidad de carácter subterráneo destinada a un local de aparcamiento formado por la agrupación de diferentes porciones de subsuelo segregadas de otras fincas, por ser objeto unitario de los derechos[45]. También admitió en 2002 la DGRN[46] la inscripción como finca independiente de una unidad de carácter subterráneo que estuviera constituida por un volumen edificable en un subsuelo de carácter público, previa desafectación correspondiente como bien demanial de aquella unidad, configurándola como bien patrimonial.

La primera norma en definir el concepto de finca, fue la Ley 8/2007, de 28 de mayo, de suelo -art. 17-, hoy es el art. 26 del Real Decreto Legislativo 7/2015, de 30 de octubre el que establece de igual manera la definición de finca[47], a saber, "Constituye finca la unidad de suelo o de edificación atribuida exclusiva y excluyentemente a un propietario o varios en proindiviso, que puede situarse en la rasante, en el vuelo o en el subsuelo. Cuando, conforme a la legislación hipotecaria, pueda abrir folio en el Registro de la Propiedad, tiene la consideración de finca registral". Observamos como el concepto de finca ha dejado de ser, de manera exclusiva, perimetral y procede a

---

45 Resolución DGRN de 14 de mayo de 2019. B.O.E. núm. 136, de 7 de junio de 2019, 59589 y ss.

46 Resolución DGRN de 5 de abril de 2002. B.O.E. núm. 129 de 30 de mayo de 2002, 19363 y ss.

47 Este artículo está dedicado a la "Formación de fincas y parcelas, relación entre ellas y complejos inmobiliarios" y se integra en el Título II Bases del régimen del suelo, reglas procedimentales comunes y normas civiles, dictado al amparo de las competencias estatales en materia civil.

incluir junto a la unidad de suelo, la de edificación, pudiendo aquélla situarse en la rasante, en el subsuelo o en el vuelo[48]. Vemos, pues, que es necesario atender en primera instancia a la finca como objeto de derecho delimitado suficientemente para poder ser objeto de tráfico jurídico, con independencia de la llamada propiedad volumétrica, esto es, si se sitúa en el suelo, en espacios cúbicos, en el vuelo o subsuelo. Lo necesario es que la definición sea perfecta con respecto al espacio sobre el que recae el derecho y a su relación jurídica con el suelo al que afecta, ya que va a suponer una modificación de la extensión normal del dominio de la finca matriz que corresponde al suelo[49]. Esta concepción de la finca como unidad de suelo o edificación que puede situarse en distintas capas horizontales refuerza aún más la necesidad de que queden definidos con precisión los límites perimetrales del suelo sobre el que se proyecta y los propios del espacio cúbico que conforma el objeto de derecho, propósito para el que tanto la representación gráfica del suelo como del espacio constituyen herramientas importantes[50]. Este artículo también pone de relieve el que la finca sea susceptible de ser "atribuida exclusiva y excluyentemente a un propietario o varios en proindiviso", lo que se comprende al ser esencial la citada atribución del derecho de propiedad. Y para poder proteger la exclusividad de su derecho, el propietario tiene a su disposición la acción negatoria, la acción de deslinde, la acción reivindicatoria y la acción que regula el

---

48 FANDOS PONS, P., *Los efectos jurídicos de la identificación y descripción grafica de fincas registrales, opus cit.*, 74 y ss.; GALACHO ABOLAFIO, A., "Principios marcarios frente a principios registrales simulación sobre un caso real", *opus cit.*, 403 y ss.; GARCÍA FLORES, M. E., "Control de la legalidad", *opus cit.*, 723 y ss.; y GARCÍA GARCÍA, J. M., *La finca registral y el Catastro, opus cit.*, 91 y ss.

49 Resolución DGRN de 24 de febrero de 2007. B.O.E. núm. 81 de 4 de abril de 2007, 14.714 y ss.

50 Arts. 9. b) y 202.3 L.H.

art. 41 L.H. [51]. Cada fragmento delimitado del territorio solo puede pertenecer bien a un propietario o a varios propietarios en proindiviso. No es posible que en el mismo folio confluyan distintos propietarios con derechos sobre fragmentos de terreno diferenciadas, aunque como estableció la DGRN en 2012, sí con respecto a los derechos limitados de goce[52].También se deriva de lo establecido en el citado precepto que el hecho de que no toda finca en sentido material o civil puede constituir una finca registral de manera que será únicamente "cuando conforme a la legislación hipotecaria, pueda abrir folio en el Registro de la Propiedad".

En puridad, entendemos por finca registral la finca que tiene folio abierto en el Registro de la Propiedad por haber sido inmatriculada a través de su primera inscripción de dominio[53] y de la asignación de un código registral que es único[54]. Antes de llegar a ese momento, El Registrador de la Propiedad debe calificar con el fin de verificar que la finca que se pretende inscribir concentra los requisitos necesarios para ser inmatriculada conforme a lo establecido en la Ley Hipotecaria[55]. Con esta definición es posible distinguir de una parte, las fincas civiles o materiales que no han accedido al Registro de la Propiedad o

---

51 Art. 200 L.H. con relación a las fincas inscritas y arts. 204 y ss. Ley de Jurisdicción Voluntaria para fincas que no están inscritas.

52 B.O.E. núm. 62 de 13 de marzo, 23399 y ss.

53 Art. 7 L.H.

54 Art. 9 L.H.

55 GARCÍA GARCÍA, J. M., "La función registral y la seguridad de tráfico inmobiliario", *opus cit.*, 2239 y ss.; GARCÍA VILA, J., "Los límites al control de legalidad notarial y registral de las cláusulas abusivas. Comentario crítico a las Resoluciones de la Dirección General de los Registros y del Notariado de 19 de octubre de 2016", *opus cit.*, 183 y ss.; y GÓMEZ GÁLLIGO, F. J., *Defectos en los documentos presentados a inscripción en el Registro de la Propiedad. Defectos entre faltas subsanables e insubsanables, opus cit.*, 65 y ss.

que tienen prohibido su acceso por carecer de algún elemento que para su inscripción es indispensable y de otro lado, fincas especiales susceptibles de abrir un folio registral y, a pesar de ello, no se ajustan de manera plena a la definición expuesta[56].

3. Las fincas y sus diversas clasificaciones

3.1. Fincas rústicas y urbanas

La realidad inmobiliaria desde el punto de vista físico es una sola pues el territorio es igual para todas las instituciones y todos los sujetos. Lo que sí es susceptible de variación es con respecto a esa realidad inmobiliaria, la manera de ordenarla, representarla y definirla. Así, es posible encontrar definiciones en las que se pretende encuadrar los bienes inmuebles en atención a la finalidad que la institución o la normativa implicada persiga. Y ello hace que, de una parte, puedan apreciarse efectos de carácter positivos derivados de la especialización y, de otra, se susciten problemas de coordinación. Así entendidas las cosas, la legislación catastral será la que trata de definir el inmueble en atención a criterios en los que predominen atributos que manifiesten riqueza económica. De otra parte, la legislación urbanística será la encargada de ordena el territorio a través de las técnicas de calificación y clasificación para definir el uso comercial, industrial, residencial o agrario a que, para buscar una ordenación racional del espacio, debe destinarse

56 GÓMEZ PERALS, M., "Relaciones entre el Registro de la Propiedad y el Catastro ¿Coordinación?, *opus cit.*, 93 y ss. y GONZÁLEZ y MARTÍNEZ, J., *Estudios de Derecho hipotecario y Derecho civil, opus cit.*,178 y ss.; GARCÍA GARCÍA, L., Legislación Hipotecaria anotada y comentada, *opus cit.*, 219 y ss.; y GÓMEZ DE LA SERNA, P., La Ley hipotecaria, *opus cit.*, 186 y ss.

el suelo[57]. Por su parte, para nuestro ordenamiento jurídico en materia hipotecaria lo crucial es la definición del objeto del derecho de propiedad como núcleo de atribución de legítimos derechos que sean susceptibles de grabación trasmisión en el tráfico jurídico con toda seguridad[58].

En atención a la naturaleza de la finca podemos diferenciar rústicas y urbanas. Esta circunstancia debe hacerse constar en el asiento respectivo al comienzo de la descripción de la finca y tiene extrema relevancia con respecto a la calificación que debe efectuar el Registrador de la Propiedad, por tener que acreditación dicha naturaleza, y por las consecuencias jurídicas que se derivan de la legislación aplicable al respecto. Pero nuestro ordenamiento jurídico en materia hipotecaria no ofrece la nitidez necesaria para diferenciar entre finca rústica y urbana y lo deja a criterio del Registrador en su función calificadora, evitando pronunciarse sobre el particular.

Nuestro sistema estipula que la inscripción debe contener "la descripción de la finca objeto de inscripción, con su situación física detallada y los datos relativos a su naturaleza, expresando si es rústica o urbana, además cuando conste acreditada, se expresará por nota al margen la calificación urbanística, medioambiental o administrativa correspondiente, con expresión de la fecha a la que se refiera" [59]. En este sentido, observamos que presenta dificultades dar una definición sobre la naturaleza civil de la finca habida cuenta de la cantidad de nor-

---

57 DÍAZ FRAILE, J. M., "Exégesis de la Ley 13/2015 de 24 de junio, de Reforma de la Ley Hipotecaria, en materia de inscripción de representaciones gráficas", *opus cit.*, 859 y ss.

58 GARCÍA GARCÍA, J. M. (2020). *Legislación Hipotecaria anotada y comentada.* Aranzadi y ARNÁIZ EGUREN, R., "El concepto de finca y la trascendencia de su descripción en el Registro de la Propiedad y en el Catastro", *opus cit.*, 65 y ss.

59 Art. 9 L.H. y 51.1 R.H.

mas vigentes sobre el particular. La Dirección General de los Registros y del Notariado estableció en 2017[60] que: "se puede llegar a la conclusión de que el predio rústico se distingue fundamentalmente del urbano: primero, por su situación y emplazamiento en el campo o en la población; segundo, por el aprovechamiento o destino (explotación agrícola, pecuaria o forestal, frente a vivienda, industria o comercio) y tercero, por la preponderancia de uno de esos elementos, si ambos concurren en un mismo predio o por la relación de independencia que entre ellos existía, como principal el uno y accesorio el otro".

Es necesario subrayar que, en la resolución de conflictos de esta naturaleza, la jurisprudencia civil no entiende que esté vinculada a la clasificación urbanística del suelo ya que considera que es una determinación de hecho que va a constituir en la búsqueda de la interpretación legal un factor indiciario más[61].

Observando la praxis registral anterior a la regulación actual, cuando se procedía a inmatricular una finca no se exigía que existiera correspondencia descriptiva con la certificación que ofrecía el catastro. Se hacía constar, entonces, a través de las manifestaciones de las partes en el título – independientemente del criterio utilizado-, la situación, la edificación o el destino, la naturaleza de la finca. Derivado de la falta de acreditación fehaciente se entiende la dificultad que suponía para el Registrador cuestionar la naturaleza que se le había atribuido a la finca.

Fue el art. 53.7 de la Ley 13/1996, de 30 de diciembre, el que establece como obligación la aportación de la certificación

---

60 Resolución DGRN, de 17 de abril de 2017.BOE núm. 101, de 28 de abril, 33485 y ss.

61 Sentencias del Tribunal Supremo de 14 de noviembre de 1991 y 18 de abril de 1997.

catastral descriptiva y gráfica de la finca, en términos totalmente coincidentes con la descripción de esta en dicho título junto al título inmatriculador[62]. Se estaba así introduciendo en la definición de la finca, si bien referido a la clasificación catastral del inmueble, un elemento objetivo. Pero el que la clasificación catastral de los inmuebles pudiera no ser coincidente con la considerada por otras normas y su interpretación jurisprudencial[63] con la necesaria calificación del Registrador apoyada en nuevos elementos como la información gráfica, es lo que sustenta la tesis de que la constancia registral de la naturaleza urbana o rústica de una finca no sea automática ya que el Registrador puede motivar una duda que cuestione la identidad de la finca registral -*ex* art. 9 L.H.- sobre la base de las manifestaciones de las partes y la certificación catastral[64].

Respecto a la calificación urbanística, la Ley Hipotecaria parece asumir que una misma finca puede presentar una naturaleza rústica o urbana y sin embargo haber constancia acreditada de una clasificación urbanística que no se compadece

---

62 A través de la Instrucción de 26 de marzo de 1999 -BOE núm. 91, de 16 de abril de 1999-, la Dirección General de los Registros y del Notariado aclaró que sólo los títulos autorizados con posterioridad a la entrada en vigor de la Ley 13/1996, de 30 de diciembre, "están sujetos a la necesidad de acompañar certificación descriptiva y gráfica para los supuestos de inmatriculación, de fincas rústicas y urbanas, cualquiera que sea la fecha en que se presenten en el Registro, sin perjuicio de la conveniencia de su aportación en todo caso".

63 Es necesario poner de manifiesto la diferencia existente entre la calificación catastral del inmueble y su calificación urbanística. Así lo puso de manifiesto la Sentencia 2159/2014 de 30 de mayo de 2014 reclamando una interpretación coherente de ambas normativas.

64 JEREZ DELGADO, C., *Tradición y Registro*, *opus cit.*, 84 y ss.; LACRUZ BERDEJO, J. L. y SANCHO REBULLIDA, F., *Derecho inmobiliario registral, opus cit.* 211 y ss.; y LÓPEZ BARBA, E., "Títulos inscribibles. "Negocios de familia" y Registro de la Propiedad", *opus cit.*, 73 y ss.

exactamente con aquella[65]. Y ello es posible por la existencia en nuestro ordenamiento jurídico de diferentes situaciones básicas de suelo urbanizado y rural y la competencia autonómica sobre la calificación y clasificación urbanística[66].

Cuando la legislación hipotecaria vigente hace referencia a la calificación urbanística[67] debe entenderse en sentido amplio, de manera que la categoría, la clase, categoría y la calificación del suelo, como datos descriptivos de sumo interés para la publicidad registral pueden hacerse constar en el asiento correspondiente. Debe constar, asimismo, la fecha de la acreditación, que queda justificada en el carácter dinámico del planeamiento y la situación urbanística de la edificación existente en la finca *ex* art. 28.4 del Texto Refundido Ley del Suelo y Rehabilitación Urbana (TRLSRU), del que se dejará constancia en virtud de la resolución municipal tras haberse producido la comunicación registral de declaración de obra por antigüedad sin licencia. Se hace referencia en este supuesto a la situación de fuera de ordenación o asimilado, según la denominación autonómica en que la concreta edificación puede encontrarse[68].

La regulación de las situaciones básicas del suelo se encuentra en el art. 21 del Real Decreto Legislativo 7/2015 y supuso el

---

65 LÓPEZ MEDEL, J., *Teoría del Registro de la Propiedad como servicio público, opus cit.*, 44 y ss.; LÓPEZ FRÍAS, A., "La buena o mala fe del tercero *ex* artículo 34 de la Ley Hipotecaria cuando la situación posesoria no coincide con la publicidad registral", *opus cit.*, 2621 y ss.; y MANZANO SOLANO, A. y MANZANO FERNÁNDEZ, M. M., *Instituciones de Derecho Registral Inmobiliario, opus cit.*, 111 y ss.

66 El art. 21 TRLSRU 7/2015, de 30 de octubre.

67 Esta previsión se introduce por RD de 4 de septiembre de 1998 –ex art. 51 R.H.- como consecuencia de la reforma introducida en la Ley ole 13/1996, siguiendo la línea de la necesaria coordinación entre la realidad física y la jurídico-registral, previendo la constancia registral de las referencias catastrales y la calificación urbanística acreditada.

68 El interesante preámbulo del Real Decreto-ley 8/2011, de 1 de julio.

cambio de concepto de "clase de suelo" a "situación" debido a la necesidad de respetar en las técnicas urbanísticas las competencias autonómicas[69]. El vocablo "situación" viene a significar que el suelo debe contemplarse desde su realidad de hecho y existen dos supuestos, suelo urbanizado y rural. El suelo rural es el que no está físicamente urbanizado, mientras que el urbanizado es aquel que ha completado su urbanización de hecho. De estas premisas se deriva un efecto crucial: la situación del suelo va a determinar el contenido del derecho de propiedad del mismo, lo que incide, de manera especial, en el régimen de valoraciones, como resulta del articulado y de la Exposición de Motivos de la Ley citada. Es necesario subrayar que no existe contradicción entre el régimen estatal de situaciones básicas -urbanizado y rural-, la triple clasificación prevista en la normativa supletoria estatal que data del texto refundido de 1976, y en la totalidad de las legislaciones autonómicas -urbanizable, no urbanizable y urbano-.

La posibilidad de inscribir un arrendamiento de fincas que en el Registro constan como fincas urbanas que, atendiendo a la calificación urbanística se hallan enclavadas en zona de suelo urbano no consolidado, y en virtud de un informe municipal "a los efectos de la ley del suelo estatal, las parcelas están en situación básica de suelo rural", analizando la legislación aplicable dada la naturaleza de la finca, fue analizada por la Dirección General de los Registros y del Notariado en 2017 y es un claro ejemplo de lo expuesto líneas atrás[70].

La situación básica del suelo tiene efectos jurídicos relevantes conforme establece la normativa estatal, como la ausencia

---

69 Ello a pesar de que el Tribunal Constitucional en Sentencia 61/1997 -BOE núm. 99, de 25 de abril de 1997, 3 y ss.- ha amparado la regulación estatal de la "clasificación" del suelo, acorde al art. 149.1.1 CE.

70 Resolución DGRN de 17 de abril de 2017. B.O.E. núm. 101, de 28 de abril de 2017, 33485 y ss.

de derecho de realojamiento o de retorno en el suelo en situación rural, la exclusión del régimen especial de arrendamientos urbanos y rústicos, para el que los elementos de ordenación urbanística y territorial permitan o prevean su paso a la situación de suelo urbanizado[71]. Pero la aplicación efectiva de esa derivada va a depender de lo que se defina en cada territorio como suelo vinculado a una actuación de urbanización y a su correspondiente clasificación urbanística siendo esta clasificación la que de ordinario podrá ser objeto de acreditación municipal permitiendo que así conste en el correspondiente folio del Registro de la Propiedad[72]. La situación básica, desde el punto de vista de la legislación estatal, en que se encuentre la finca tiene especial interés cuando la finca, a efectos expropiatorios, urbanísticos o de responsabilidad patrimonial, debe ser objeto de valoración. Ello tiene lugar atendiendo a su situación básica de suelo y no a su clasificación urbanística, hecho que resulta de la realidad física en los términos previstos por los arts. 21 y 34 y ss. TRLSRU y no de la previsión en el planeamiento[73]. Y es que la situación básica del suelo no es un dato que deba tener cabida en los asientos registrales, a diferencia de la categoría, la clasificación o la clase dado que va a depender de la realidad fáctica del terreno y, dicha realidad no puede ser considerada definitiva hasta que sea determinada

---

71 Art. 13.2. d) TRISRU y art. 7 de la Ley 49/2003, de 26 de noviembre, de Arrendamientos Rústicos -así como la prohibición de parcelaciones urbanísticas o de fraccionamientos contrarios a la normativa de unidades mínimas de cultivo en el suelo en situación rural no sometido al régimen de una actuación de urbanización -ex art. 16. 2 TRLSRU-

72 Art. 230 de la Ley 5/2014, de 25 de julio, de Ordenación del Territorio, Urbanismo y Paisaje, de la Comunidad Valenciana y el art. 145 de la Ley 9/2001, de 17 de julio, del Suelo, de la Comunidad de Madrid.

73 MANZANO SOLANO, A. y MANZANO FERNÁNDEZ, M. M., *Instituciones de Derecho Registral Inmobiliario, opus cit.*, 47 y ss. y NÚÑEZ LAGOS, R., "El Registro de la Propiedad español", *opus cit.*, 217 y ss.

como tal por una Comisión o Jurado de valoración aplicada a un concreto procedimiento[74].

En atención al ámbito y normativa aplicable, esto es, catastral -urbana y rústica-; civil -retractos o arrendamientos-; urbanístico -urbanizable, no urbanizable y urbano-; situación básica -rural y urbanizado- para establecer los distintos tipos de suelo es posible afirmar que no es útil estipular equivalencias de carácter absoluto entre ellos sin que ello sea inconveniente para que existan coincidencias y el Registrador al calificar pueda tener en cuenta los asientos registrales a efectos de hacer constar las circunstancias del art. 9 L.H. y los datos diferentes que resultan de los documentos que se han presentado[75].

Cabe, entonces, sobre la base de la certificación catastral que es coherente con su descripción la posibilidad de hacer constar la naturaleza rústica de la finca –destino, situación, aprovechamiento, o edificación- y, además, reflejar de manera diferenciada la calificación de urbano no consolidado si es que así resulta de la correspondiente certificación administrativa que lo acredite. Para ello debe hacerse constar la fecha a la que se refiera y ser valorada en un eventual procedimiento expropiatorio en situación básica de rural.

La forma de concebir para el Derecho urbanístico los conceptos de parcela y solar, pueden quedar relacionado con el plano conceptual o teórico y con la figura de la finca registral. Al estudiar la descripción registral de una finca nos encontra-

---

74 MORELL y TERRY, J., *Comentarios a la Legislación Hipotecaria, opus cit.*, 91 y ss. y NÚÑEZ JIMÉNEZ, J. P., "Urbanismo y seguridad jurídica control registral de legalidad urbanística en obras nuevas y propiedad horizontal", *opus cit.*, 63 y ss.

75 ARRIETA SEVILLA, L. J., *La finca registral como objeto del Registro de la Propiedad, opus cit.*, 59 y ss.; BLANQUER UBEROS, R., "La tutela judicial del derecho a la inscripción del título", *opus cit.*, 333 y ss.; y ARRUÑADA SÁNCHEZ, B., *La seguridad jurídica en España, opus cit.*, 121 y ss.

mos con la referencia a una parcela o a un solar sin que en todos los supuestos se den las circunstancias legales para que la finca tenga desde el punto de vista urbanístico tal condición. Y ello es porque, de una parte, el terreno está pendiente de ser organizado, porque padece una inadecuación sobrevenida o porque la parcela mínima no se cumple[76].

Por supuesto, existen casos de correspondencia exacta, *v.g.*, las fincas de resultado en la reparcelación, donde cada finca registral se compadece con una parcela apta para su respectivo aprovechamiento y, cuyas peculiaridades se harán constar en la primera inscripción. Pero existen otros supuestos de correspondencia imposible, como el que corresponde a las fincas especiales que, por su naturaleza, u otros de difícil correspondencia que se refieren generalmente a fincas formadas con anterioridad a una determinada norma urbanística o inscritas[77].

También es posible atender a diferencias de menor entidad, a saber, aquellas que afectan a las superficies o a los linderos para las que el Legislador ha previsto instrumentos específicos. Tal es el caso de la normalización de fincas que hace las veces de título hábil para adaptar la descripción de la finca registral a las determinaciones que prevé el planeamiento para la parcela en cuestión, sin que afecte a su titularidad y hasta ciertos límites máximos que son los que permiten evitar las reparcelaciones correspondientes[78].

---

[76] GÓMEZ PERALS, M., "Relaciones entre el Registro de la Propiedad y el Catastro ¿Coordinación?, *opus cit.*, 93 y ss.

[77] JIMÉNEZ CLAR, A., "La incorporación de la representación gráfica del inmueble al catastro y el Registro de la Propiedad", *opus cit.*, 109 y ss.

[78] DÍAZ FRAILE, J. M., "Exégesis de la Ley 13/2015 de 24 de junio, de Reforma de la Ley Hipotecaria, en materia de inscripción de representaciones gráficas", *opus cit.*, 859 y ss. y ARRIETA SEVILLA L. J., "La representación geográfica de la finca y su coordinación con el Catastro en el proyecto de Ley de Reforma Hipotecaria", *opus cit.*, 73 y ss.

También puede haber una falta de correspondencia que se deriva de que la mera previsión en planeamiento no es elemento suficiente para dar por consumada la transmisión del dominio y afectación al uso previsto ya que, la adquisición de la propiedad queda sometida a la regla del art. 609 C.c. que responde a la teoría del título y del modo, salvo en los casos de adquisición *ope legis*. Es por ello que en determinados supuestos es posible encontrar fincas registrales de titularidad particular en cuya descripción aparezca su destino a vial público, por ejemplo[79].

La jurisprudencia existente sobre la materia entiende que no es posible reconocer el hecho de que, de la certificación registral resulte prueba absoluta respecto de la situación urbanística de las fincas ya que, las descripciones registrales no disfrutan de la protección de la fe pública registral, ni tampoco existe una presunción de exactitud registral que considere como probado que son zonas verdes o viales las fincas litigiosas. Dicho esto, nada impide que a la hora de enjuiciar la buena del tercero adquiriente, no deba ser tenida en cuenta[80].

Y, en fin, debemos subrayar que parcela urbanística y finca registral inmueble catastral son conceptos distintos tomados de su respectiva legislación y para finalidades distintas, por lo que se entiende que carece de utilidad buscar la correspondencia absoluta entre ellas. Pero al hacer referencia a una misma realidad de carácter inmobiliaria, cuyas singularidades económicas y jurídicas despiertan enorme interés para el tráfico jurídico. Y, como quedó patente en la Ley 13/2015, de 24 de

---

79 FANDOS PONS, P., *Los efectos jurídicos de la identificación y descripción grafica de fincas registrales*, *opus cit.*, 39 y ss. y ARRIETA SEVILLA L. J. (2017), "Ordenación territorial y seguridad del tráfico en la contratación inmobiliaria". *RCDI*, (760), 605 y ss.

80 GARCÍA GARCÍA, J. M., "La finca como base del sistema inmobiliario", *opus cit.*, 2437 y ss.

junio, es deseable progresar en la coordinación de las distintas instituciones implicadas[81].

3.2. Fincas materiales y registrales.

En el estudio del concepto de finca, observamos cómo ha sido posible diferenciar entre el sentido material de concepto de finca y la finca que es susceptible de abrir folio registral por cumplir todos los requisitos previstos en la legislación hipotecaria, a saber, unidad mínima de cultivo, concordancia con la certificación catastral, licencia urbanística, entre otras[82]. Pero, al tiempo, ha sido posible concluir que no toda finca entendida en sentido material, que se caracteriza por constituir una unidad de suelo que es atribuida a uno o varios propietarios en proindiviso, puede tener acceso al Registro de la Propiedad y constituir con número propio una finca registral.

Ha sido la jurisprudencia del Tribunal Supremo dictada sobre ejercicio del retracto arrendaticio lo que ha puesto de manifiesto la relevancia que en la práctica tiene la distinción entre fincas materiales registrales al establecer que: “debe sostenerse que para el Derecho sustantivo, en el ámbito del derecho de retracto arrendaticio, y sin perjuicio de las operaciones registrales que puedan llevarse a cabo, lo decisivo es la realidad de la finca material configurada como objeto del contrato arrendaticio, y no la finca registral” [83]. La tesis de esta primacía se sostiene en de una parte, en la posibilidad de la realización de actos posteriores por parte del titular registral que vayan a mo-

---

81 GARCÍA GARCÍA, J. M., *La finca registral y el Catastro, opus cit.*, 134 y ss.

82 ARRUÑADA SÁNCHEZ, B. (2020). *La seguridad jurídica en España*, Fedea, 75 y ss.; CÁCERES ARMAS, F. y TEJERINA, B., “Principio registral. Tracto sucesivo”, *opus cit.*, 169 y ss.

83 STS 16 de abril de 2018 (ROJ: STS 1439/2018) citando como ejemplo la STS de 11 de julio de 2012.

dificar la configuración de la finca registral; de otro lado, en la voluntariedad de la inscripción; y, en fin, en el exiguo acceso registral del derecho del arrendatario[84]. Se ha subrayado que para que la unidad registral tenga valor decisorio en este ámbito es necesario que, en atención a dicha referencia registral, las partes hayan delimitado el objeto de la cosa arrendada. También es importante esta distinción entre fincas registrales y materiales para el Derecho urbanístico, *v.g.*, fincas ya que existen para la realidad jurídica porque, desde el punto de vista civil y urbanístico, fueron formadas válidamente, pero no se compadecen con el planeamiento que está en vigor[85]. Se deriva de ello la imposibilidad del Ayuntamiento para otorgar la licencia de parcelación que Notario y Registrador deben exigir *ex* art. 26 de la Ley Estatal de Suelo, y por tanto se impide también la apertura de folio registral propio a las dichas fincas[86].

Se ha tratado de defender por parte de Dirección General de Seguridad Jurídica y Fe pública[87] una solución que, de una parte, permitiera conciliar la posición jurídica de la propiedad que ha sido acreditada en la realidad extrarregistral y que persiste al margen de la protección del Registro de la Propiedad, y de otra, acatar la ordenación urbanística cuyo seguimiento corresponde en exclusiva a la Administración, sin perjuicio de la colaboración del Registro de la Propiedad. Así es posible anali-

---

84 BERKOVITZ RODRÍGUEZ-CANO, R., Prólogo a la legislación hipotecaria, *opus cit.*, 89 y ss.; BADOSA COLL, F., voz, "Justo título", *Nueva Enciclopedia Jurídica, opus cit.*, 213 y ss. y GONZALES BARRÓN, G. H., "Constitución y principios registrales", *opus cit.*, 297 y ss.

85 GONZÁLEZ y MARTÍNEZ, J., *Estudios de Derecho hipotecario y Derecho civil, opus cit.*, 88 y ss. y CAMY SÁNCHEZ-CAÑETE, B., *Comentarios a la legislación hipotecaria, opus cit.*, 213 y ss.

86 GONZÁLEZ y MARTÍNEZ, J., *Estudios de Derecho hipotecario y Derecho civil, opus cit.*, 90 y ss. y CANO TELLO, C. A., *Manual de Derecho Hipotecario, opus cit.*, 34 y ss.

87 Sentencia del Tribunal Supremo 6341/2012, de 14 de febrero de 2012.

zar en cada supuesto el fondo del documento que es aportado por el Ayuntamiento y que no tiene que ser compadecerse con la licencia, con la legalización o con la declaración de innecesariedad de la licencia *-ex* art. 26.2 TRLSRU-[88]. Es suficiente con que sea reconocida, con los elementos de prueba de que dispone, la existencia de la parcelación por la Administración, aunque no cumpla para obtener la licencia con las prescripciones del planeamiento en vigor[89].

3.3. Fincas continuas y discontinuas.

Entendemos por finca continua aquellas fincas que hacen referencia a unidades de edificación o suelo y que forman un espacio definido por sus linderos con una determinada superficie sin solución de continuidad[90]. Finca discontinua es la que está formada por fragmentos entre sí separados, pero que presentan unos caracteres específicos que justifican el que se les dé un tratamiento unitario como objeto de derecho que puede abrir folio en el Registro de la Propiedad y constituye finca propia. El núcleo de su fundamento reside en la finca funcional, esto es, en la idea de que distintas unidades de suelo, atendien-

---

88 GORDILLO CAÑAS, "La inscripción en el Registro de la Propiedad (su contenido causal, su carácter voluntario y su función publicadora de la realidad jurídico-inmobiliaria o generadora de apariencia jurídica", *opus cit.*, 213 y ss. y LACRUZ BERDEJO, J. L. y SANCHO REBULLIDA, F. (1984). *Derecho inmobiliario registral.* Bosch y JIMÉNEZ GALLEGO C., *La nueva coordinación realidad Catastro-Registro, opus cit.*, 56 y ss.

89 Resolución DGSJFP de 19 de octubre de 2020. B.O.E. núm. 291 de 4 de noviembre de 2020, 95953 y ss.

90 JEREZ DELGADO, C., *Tradición y Registro, opus cit.*, 75 y ss. y JIMÉNEZ CLAR, A., "La incorporación de la representación gráfica del inmueble al catastro y el Registro de la Propiedad", *opus cit.*, 109 y ss.

do a su conexión y destino común, puedan considerarse como una única finca registral[91].

La extensa regulación de la citada materia -art. 8.2 L.H. y art. 44.2-3-4 y 5 R.H.- ha impulsado a que la Dirección General, a propósito del conocimiento de diferentes casos de fincas funcionales, haya establecido el que no pueda admitirse, en todo caso, la agrupación de fincas discontinuas a pesar de que se definan como unidad de explotación ya que, deben confluir unos concretos requisitos para que puedan tener folio registral unitario en el Registro de la Propiedad[92]. Estudiando estos pronunciamientos observamos que para la formación de una finca registral discontinua la DRSFP exige el otorgamiento de la correspondiente escritura de agrupación; una base objetiva para que se pueda constituir una unidad de finca, sin que sea suficiente la única voluntad del propietario; la existencia de conexión o relación de dependencia de alguno de los fragmentos con la finca o fincas que tienen la consideración de principales, teniendo que acreditar que objetivamente están en una situación de dependencia o servicio con la misma de manera permanente por razón de la propiedad no bastando tan solo el tener un arrendamiento; y en el caso de que no sea posible hablar de porción principal y dependiente, de que las dos porciones se encuentren en situación objetiva de mutua dependencia o servicio común de fincas resultantes de la titularidad de la propiedad y no de un arrendamiento u otro tipo de negocio jurídico.

El que exista una diversidad de regímenes jurídicos sobre los elementos que pasen a integrarse en la finca funcional, no

---

91 LÓPEZ BARBA, E., "Títulos inscribibles. "Negocios de familia" y Registro de la Propiedad", *opus cit.*, 73 y ss.; HERNÁNDEZ GIL, F., "Introducción al Derecho hipotecario", *opus cit.*, 5 y ss.

92 Resolución DGRN 23 de abril de 2018. B.O.E. núm. 115, 11 de mayo de 2018, 49603 y ss.

constituye impedimento para la formación de la dicha finca, pero en esos supuestos, los elementos nucleares del principio de especialidad exigen detallada concreción con respecto al régimen jurídico a que puedan estar sujetas y la determinación de las cargas individuales que las afecten[93]. Y todo ello porque del desarrollo futuro de ese régimen jurídico o de esas cargas, puede derivarse la exclusión del conjunto del elemento al que se manera singular afecten. *V.g.*, piénsese que puede ocurrir en el supuesto de la ejecución de una hipoteca que gravase uno de los componentes; en el supuesto de reversión; o que se proceda a hacer efectiva la afección real *ex* art. 9.5 de la Ley de Propiedad Horizontal en cuanto a uno de ellos. Y es que la integración en la finca orgánica no va a determinar el que pierdan su individualidad, por lo que en el folio que se abra al conjunto habrá de constar la particularidad de cada uno de sus componentes junto a su descripción[94].

3.4. Fincas matrices y resultantes

La conexión que existe entre las fincas registrales nos permite diferenciar entre fincas matrices y fincas resultantes nuevas. Así, la finca matriz es aquella finca madre de todas las fincas que, en virtud de actos posteriores del titular, se forman a partir de ella[95]. En determinados supuestos es porque proceden históricamente de la finca madre y, en otros casos, no es que procedan, sino que forman parte de la misma, por conexión

---

93 Resolución DGRN 27 de febrero de 2003. B.O.E. núm. 85, de 9 abril 2003, 3796 y ss. donde se admite que una de las fincas esté sujeta al régimen de propiedad horizontal.

94 La regulación que sobre la materia aborda el art. 45 R.H.

95 NÚÑEZ JIMÉNEZ, J. P., "Urbanismo y seguridad jurídica control registral de legalidad urbanística en obras nuevas y propiedad horizontal", *opus cit.*, 63 y ss. y NÚÑEZ LAGOS, R., "El Registro de la Propiedad español", *opus cit.*, 217 y ss.

permanente e histórica. *A contrario sensu*, las fincas resultantes o nuevas son las fincas que, a lo largo de su historial registral, se han ido formando a partir de la finca matriz.

Un sector de la doctrina[96], en atención al modelo de conexión entre las fincas resultantes o nuevas y la finca matriz, ha estudiado en primer término la conexión por procedencia. En este supuesto nos encontramos ante una conexión de carácter histórico de las fincas resultantes con la matriz ya que son fincas que se han independizado completamente de la finca matriz pero que proceden de ella, *v.g.*, el supuesto de modificación de entidades hipotecarias, a saber, división, segregación, agregación y agrupación. En estos casos la conexión a estudiar es de carácter histórico y se da respecto al título adquisitivo y a las cargas. Con respecto a las cargas, la nueva finca va a arrastrar todas las cargas que ya tenía la finca matriz, sin perjuicio de las nuevas cargas que sobre la nueva finca puedan constituirse. En lo referente al título adquisitivo, como la modificación hipotecaria, decir que no constituye título adquisitivo propiamente, por cuanto que se mantiene el título adquisitivo de la finca matriz vigente hasta la inscripción de un nuevo título en el folio que se le abre a la nueva finca[97].

Esta conexión manifiesta su reflejo, dentro de la mecánica registral, en la nota marginal que en el folio de la finca matriz debe practicarse. Allí deben constar los datos de las fincas registrales nuevas y, en el folio de éstas, en el lugar donde consta

---

96 MANZANO SOLANO, A. y MANZANO FERNÁNDEZ, M. M., *Instituciones de Derecho Registral Inmobiliario, opus cit.*, 101 y ss. y MARCO DE LA HOZ, A., *Supuestos de excepción al artículo 34 de la Ley Hipotecaria en la jurisprudencia urbanística. Especial referencia al tercer adquiriente de una edificación con licencia de obra anulada, opus cit.*, 234 y ss.

97 MORENO FLORES, R. M., RAMS ALVESA, J., y RUBIO SAN ROMÁN, J., *Apuntes de Derecho Inmobiliario Registral, opus cit.*, 45 y ss. y LÓPEZ MEDEL, J., *Teoría del Registro de la Propiedad como servicio público, opus cit.*, 123 y ss.

la primera inscripción, deberán reseñarse las cargas que proceden de la finca matriz y el título de adquisición que en su folio consta[98]. Vemos, pues, la importancia de saber que las nuevas fincas estarán afectadas por las cargas propias que se inscriban en lo sucesivo en su folio, pero además por la procedencia, también quedarán afectadas por las limitaciones y cargas que estén gravando a su finca matriz, ordenadas, en todo caso, conforme al principio de prioridad vigente en nuestro sistema registral. Estamos ante una conexión de carácter meramente histórico ya que las fincas nuevas que se han formado tienen vida independiente y no guardan más relación que la que resulta, por razón de las cargas y título de adquisición, de su origen[99].

En segundo término, analizamos la conexión por procedencia y por pertenencia. Nos encontramos ante una conexión permanente y que se mantiene a lo largo de la vida de esas nuevas fincas. Se suela dar en los casos de propiedad horizontal, en urbanizaciones particulares y en los conjuntos inmobiliarios[100].

La conexión de finca matriz y fincas nuevas en lo referente a los conjuntos inmobiliarios y urbanizaciones particulares, es similar al supuesto de propiedad horizontal, pero con las singularidades propias del supuesto -art. 26 TRISRU- y, según

---

98 MORENO FLORES, R. M., RAMS ALVESA, J., y RUBIO SAN ROMÁN, J., *Apuntes de Derecho Inmobiliario Registral, opus cit.*, 23 y ss.; MARTÍN ALIAS, J. I., "Situaciones jurídicas que ingresan en el Registro", *opus cit.*, 123 y ss.; y MANZANO SOLANO, A. y MANZANO FERNÁNDEZ, M. M., Instituciones de Derecho Registral Inmobiliario, *opus cit.*, 79 y ss.

99 PAU PEDRÓN, A., "La comparación en Derecho Registral", *opus cit.* Estudios en homenaje a Tirso Carretero, 1985, 1031 y ss. y ORTÍZ FERNÁNDEZ, M., "El principio de publicidad registral y sus manifestaciones: Especial atención a su dimensión formal y a la incidencia de los derechos fundamentales en su configuración", *opus cit.* 287 y ss.

100 PAU PEDRÓN, A., *Manual de Derecho registral inmobiliario, opus cit.*, 93 y ss. y OLIVA IZQUIERDO, A. M., *La nueva coordinación Registro-Catastro, opus cit.*, 45 y ss.

establece la DGRN el tratamiento desde el punto de vista registral dependerá de cada caso, siendo posible acudir a la técnica del "triple folio" en los casos más complejos[101]. De este modo, como ha dictaminado la DGRN[102], es posible preservar la posición del acreedor hipotecario, no siendo, así, necesario el consentimiento del mismo para inscribir una segregación y posterior agregación de la parte segregada a otra finca ya que, el gravamen hipotecario seguirá gravando la finca. Y, con respecto a la coordinación gráfica de fincas configuradas de este modo, tal coordinación sólo puede plantearse en la propiedad horizontal respecto al solar que constituye el suelo común[103].

Si la conexión tiene lugar por titularidad *ob rem*, la titularidad del dominio de una finca se determina por referencia a los que sean propietarios de otra finca. En el ámbito del complejo inmobiliario o de la propiedad horizontal, se utiliza con frecuencia esta figura, *v.g.*, la mancomunidad de uso o disfrute sobre una finca entre propietarios de una o varias comunidades, el supuesto de las plazas de aparcamiento vinculadas a las viviendas o la configuración de elementos procomunales. Pero lo cierto es que los supuestos más frecuentes se presentan en el ámbito de la propiedad horizontal, aunque no son exclusivas de dicho contexto ya que en el entorno de las fincas y explotaciones rústicas puede cumplir su función institucional[104].

Como consecuencia jurídica relevante se deriva que los actos de transmisión y gravamen han de producirse sobre am-

---

101 Resolución DGRN de 2 de abril de 1980.BOE núm. 129, de 29 de mayo de 1980, 11787 y ss.

102 Resolución DGRN de 16 de febrero de 2016. B.O.E. núm. 61, de 11 de marzo de 2016, 19555 y ss.

103 Resolución DGRN de 7 de octubre de 2020. B.O.E. núm. 269, 10 de octubre de 2020, 86918 y ss.

104 Resolución DGRN de 28 de octubre de 2013. B.O.E. núm. 280, de 22 de noviembre de 2013, 93144 y ss.

bas fincas de manera conjunta y no solo sobre una de ellas y a favor de un mismo adquirente en tanto se mantenga dicha vinculación[105]. Este vínculo se presenta de manera excepcional y, en la medida en que restringe el principio de libre disposición, es preciso que confluya una causa de carácter económico y jurídico que justifique la citada conexión como una relación de dependencia, accesoriedad, servicio o destino[106]. Pero para que esta estructura jurídica surta dichos efectos deberá estar determinada ley o su constitución debe resultar de la inscripción registral sin pueda presumirse ni establecerse de forma tácita que en ningún caso. Y la titularidad *ob rem* ha de reflejarse en ambas fincas, siendo conveniente que en la inscripción de la finca que consideramos de acceso conste la titularidad a favor de quien sea titular registral de la finca a la que está vinculada identificada por los datos que consten en el Registro de la Propiedad[107].

Con respecto al caso de propiedad horizontal, la conexión entre la finca matriz y las fincas nuevas va a ofrecer las siguientes particularidades[108], a saber, la finca matriz no sólo es la finca de procedencia históricamente, sino que es la finca de la que forman parte los distintos departamentos o entidades que la componen a lo largo de su vida; en la finca matriz se hacen constar y persisten los elementos comunes del total edificio en la medida en que subsista el régimen de propiedad horizontal; en la finca matriz constan, asimismo, los estatutos o las normas del régimen de propiedad horizontal que afectan a todas las

---

105 Resolución DGRN de 31 de octubre de 2018. B.O.E. núm. 280, 20 de noviembre de 3018, 112910 y ss.

106 Resolución DGRN de 3 de septiembre de 1982. B.O.E. núm. 238, de 5 de octubre de 1082, 27962 y ss.

107 ROCA SASTRE, R. M. y ROCA-SASTRE MUNCUNILL, L., *Derecho hipotecario, opus cit.*, 128 y ss.

108 PRADO GASCÓ, V. J., *La calificación gráfica registral, opus cit.*, 56 y ss.

fincas nuevas que componen la misma; por lo que respecta a su titularidad, ésta sólo figura de forma provisional o histórica en la finca matriz ya que, sólo en un primer momento se produce una coincidencia entre la titularidad de la finca matriz y las entidades que la componen ya que en el futuro éstas tendrán su propia titularidad y desarrollo propio, quedando petrificada en la matriz una titularidad antigua que, con el tiempo, no tendrá vigencia[109].

Por lo que se refiere a las nuevas fincas que se forman por apertura de folio, es necesario atender a que en sus respectivas inscripciones y hacer constar la conexión con la matriz, al tener que expresarse que cada una forma parte de la finca matriz; ha de hacerse constar, también, la cuota que a cada una de las fincas le corresponde en los elementos comunes de la finca matriz y ello puede o no ser coincidente con la cuota de gastos que corresponde a la propiedad horizontal; también ha de reflejar los derechos de uso exclusivo los anejos sobre determinados fragmentos de elementos comunes, en el caso de que en el folio específico del departamento y no sólo en el folio de la finca matriz, se les haya atribuido; que en cuanto a las normas o estatutos de la propiedad horizontal, se estará a lo que conste en el folio general de la finca matriz, por cuanto que constituye la inscripción extensa de cada una de las entidades que la constituyen; que con respecto a las cargas, cada una de las entidades tendrá aquellas cargas de procedencia de la finca matriz y además, las específicas de ella que en el futuro se vayan produciendo; y, en fin, que con respecto a la titularidad, si desde un primer momento se produjera coincidencia, cada

---

[109] SENA FERNÁNDEZ, F., "La coordinación entre el Registro y el Catastro ", *opus cit.*, 849 y ss. y SANZ FERNÁNDEZ, A., Instituciones de Derecho hipotecario, *opus cit.* 172 y ss.

entidad, fruto de las propias vicisitudes de su historial, tendrá su propia titularidad[110].

La consignación registral de la conexión es similar al supuesto descrito anteriormente, pero, en este caso hay que reflejar la actualidad de la conexión, diciendo que "forma parte de dicha finca matriz", en vez de reflejar que se trata de una finca que procede o que se forma de una determinada finca matriz[111]. De este extremo se dejará constancia en las inscripciones de cada una de las nuevas fincas donde se expresará que forman parte de aquélla y, también, en la nota marginal de la finca matriz en que conste la referencia registral de los distintos departamentos que la componen. Subrayar, además, que en los casos de división o segregación de entidades de la propiedad horizontal puede ocurrir que concurran en la propiedad horizontal el supuesto de conexión histórica con una finca matriz y conexión permanente con otra finca matriz[112].

En los casos en los que opera el principio de subrogación real es el entorno en el que se da fundamentalmente la distinción entre fincas originarias y fincas resultantes. En determinados supuestos se mantiene un nexo entre las fincas resultantes y las fincas originarias, pero desde la perspectiva registral, que no sustantiva, en otros supuestos se romperá toda conexión entre las nuevas fincas y las antiguas. En los casos de inscripción de

---

110 SÁNCHEZ CALERO, F. J. y SÁNCHEZ-CALERO ARRIBAS, B., Manual de Derecho Inmobiliario Registral, *opus cit.*, 127 y ss.

111 SABORIDO SÁNCHEZ, P., "La protección del usuario registral a través de la reforma de los principios registrales (al hilo de la búsqueda de coordinación entre Registro y Catastro)", *opus cit.*, 87 y ss.

112 ROCA SASTRE, R. M. y ROCA-SASTRE MUNCUNILL, L., *Derecho hipotecario, opus cit.*, 128 y ss.; RODRÍGUEZ ROSADO, B., "Mala fe y eficacia frente a terceros de los derechos de crédito", *opus cit.*, 433 y ss.; VIRGOS SORIANO, L., "La ortografía y la cartografía catastral", *opus cit.*, 7 y ss.; y VÁZQUEZ ASENJO, O. G., La información territorial asociada a las bases gráficas registrales, *opus cit.* 47 y ss.

proyectos de equidistribución, *ex* arts. 23 y 68 TRLSRU, en los que donde actúa la subrogación real, -excepto en los supuestos de adquisición originaria-, es necesario que el título determine la correspondencia entre fincas de resultado y de origen, *ex*-art. 7.4 RD 1093/1997, de 4 de julio, extremo imprescindible para calificar el traslado de titularidades y cargas correcto[113].

En la inscripción de fincas resultantes de concentración parcelaria, nuestro ordenamiento jurídico establece -art. 235 del Texto Refundido aprobado por Decreto de 12 de enero de 1973- que todas las fincas de reemplazo deben ser inscritas sin hacer referencia a las parcelas de procedencia en cuya equivalencia se adjudican, a pesar de que estas parcelas aparezcan inscritas a nombre de personas distintas de aquellas con quienes se entendió el procedimiento de concentración a título de dueño[114]. De esta obligación resulta la existencia de supuestos de doble inmatriculación entre fincas resultantes de la concentración y fincas de origen por cuanto que no se deja constancia registral del hecho de que estén afectadas por un procedimiento de concentración parcelaria ni posteriormente, en el momento de la inscripción de las actas de reorganización, se cancela el folio real de dichas fincas adjudicadas por subrogación real en correspondencia con las fincas de origen que han sido aportadas al procedimiento descrito, en el folio de las fincas de origen[115]. Así las cosas, no se ha adoptado para

---

113 Esta concordancia es analizada en la Resolución DGRN de 28 de mayo de 2015. B.O.E. núm. 158, de 3 de julio de 2015, 54537 y ss.

114 VÁZQUEZ BOTE, E., "La publicidad registral, base de la seguridad jurídica del tráfico de bienes inmuebles. El Registro de la Propiedad como garantía de dicha seguridad", *opus cit.*, 1557 y ss. y VALLET DE GOYTISOLO, J. B., "Determinación de las relaciones jurídicas referentes a inmuebles susceptibles de trascendencia respecto de terceros", *opus cit.*, 68 y ss.

115 VALLE FUENTES, E., "Consideraciones sobre la nueva Ley reformadora de la Ley Hipotecaria", *opus cit.*, 211, 803 y ss. y URIARTE BERASATEGUI, "La tradición en el sistema inmobiliario español", *opus cit.*, 75 y ss.

la propiedad rústica la misma sistemática registral que en los procedimientos de reorganización de la propiedad de carácter urbano. Estos se basan en la minuciosa constancia registral con respecto a la equivalencia entre fincas de resultado y fincas de origen y en la cancelación preceptiva del folio real de todas aquéllas[116].

La Dirección General ha establecido la oportunidad del procedimiento regulado en art. 209 L.H., tras la reforma efectuada por la Ley 13/2015, dedicado a la regulación de la subsanación de la doble o múltiple inmatriculación de una misma finca o de parte de ella en folios registrales distintos, con especialidades derivadas de la singularidad del proceso de concentración parcelaria, en el intento de dar solución a los problemas planteados[117].

3.5. Fincas comunes y especiales

La definición de finca registral descrita integra realidades diferentes que no susceptibles de ser delimitadas físicamente y cuyo fundamento se sostiene en su tratamiento como objeto de derecho susceptible de tráfico jurídico independiente y con valor patrimonial. Ello da lugar a las llamadas fincas especiales. Estamos ante fincas en las que prima en su definición la noción de tráfico individualizado y pertenencia, sin importar la demarcación perimetral de la finca continua o discontinua. De ello se deriva, asimismo, que se impongan determinadas exigencias que posibilitan su perfecta identificación y delimitación en la definición de las fincas especiales. Subrayar que, con respecto al concepto de finca especial, en sentido amplio y susceptible

---

116 Así queda normado en los artículos 7 y ss. del Real Decreto 1093/1997, de 4 de julio.

117 Resolución DGRN de 29 de noviembre de 2019. B.O.E. núm. 7, de 8 de enero de 2020, 1578 y ss.

de integrar realidades distintas siempre deberá estar referido a inmuebles que sean identificables, ya que no estará justificado su acceso al Registro de la Propiedad de otro modo[118].

Un amplio sector doctrinal ha incluido en el amplio concepto de finca especial figuras como las concesiones administrativas; las fincas en aprovechamiento por turno, en propiedad horizontal o el complejo inmobiliario; las aguas; el aprovechamiento urbanístico; y las parcelaciones indivisas en garajes o trasteros[119].

Por lo que se refiere a la concesión administrativa, es numerosa la normativa reguladora sobre el particular en función del tipo de bien público en cuestión teniendo como finca especial los siguientes elementos nucleares: Es necesario abrir folio propio a la concesión que sea distinto al que habitualmente se abre al dominio público sobre el que se va a constituir; la primera inscripción en el folio abierto de la concesión no debe ser de dominio, sino del derecho real limitado que ostenta el concesionario y que es de naturaleza administrativa; es limitada la duración del derecho concesional y va a depender de la regulación especial que cada uno tenga; es posible que se incorporen terrenos para ser afectos a la concesión que son adquiridos por expropiación forzosa o por título distinto; En determinadas concesiones se van a practicar inscripciones principales y otras de referencia cuando las aguas atraviesan varios términos municipales y, debe hacerse constar la excepción principal de la concesión en el Registro que corresponda

---

118 TRUJILLO CABRERA, C., Representación gráfica de las fincas en el Registro de la Propiedad, *opus cit.*, 58 y ss. y SERRANO MARTÍNEZ, F., "Panorama actual de la cartografía catastral", *opus cit.*, 7 y ss.

119 ALONSO MAS, M. J. y REVUELTA PÉREZ, I., Buena fe contra la demolición urbanística, *opus cit.*, 56 y ss, y ARNÁIZ EGUREN, R., "El concepto de finca y la trascendencia de su descripción en el Registro de la Propiedad y en el Catastro", *opus cit.*, 365 y ss.

al punto de arranque y, las correspondientes inscripciones de referencia, constarán en los demás Registros que atraviese la concesión[120].

Por lo que respecta al aprovechamiento urbanístico subrayar que su práctica ha generado mucha incertidumbre, debido fundamentalmente, a la problemática que supone definir una figura que procede del urbanismo y que posee carácter técnico. Con el aprovechamiento urbanístico estamos ante una figura de carácter instrumental que sirve a la efectividad de la equidistribución de cargas y beneficios que del planeamiento se derivan[121].

Muchos son los pronunciamientos de la Dirección General de Seguridad Jurídica y Fe Pública que dan soporte a la tesis del aprovechamiento urbanístico subjetivo como objeto de derecho. Y lo hace sobre la base de la regulación del Real Decreto 1093/1997, de 4 de julio, donde se admite la posibilidad de que el aprovechamiento urbanístico de una finca que forma parte del contenido del dominio, esto es, que está implícito en la descripción perimetral de la finca registral, pueda llegar a independizarse y, a modo de agregación, poder pasar a formar parte de la finca a la que se incorpora. Todo ello, teniendo que hacerse constar por nota marginal o, pasar a formar finca regis-

---

120 LÓPEZ RAMON, F. (2007). *Introducción al derecho urbanístico.* Marcial Pons, 234 y ss.; ARNÁIZ EGUREN, R., El hecho urbanístico y su tratamiento en el Derecho positivo, *opus cit.*, 123 y ss.; y VIRGOS SORIANO, L., "La ortografía y la cartografía catastral", *opus cit.*, 7 y ss.

121 VÁZQUEZ ASENJO, O. G. (2019). *La información territorial asociada a las bases gráficas registrales.* Tirant Lo Blanch, 45 y ss. y LÓPEZ FRÍAS, A. (2012). "Una nueva reflexión sobre la singularidad jurídica de algunas propiedades inmobiliarias: especial referencia a los adarves, engalabernos y cobertizos. Cuestiones actuales y proyección de futuro". *Revista Crítica de Derecho Inmobiliario,* (733), 2567 y ss.

tral independiente en los casos *ex* artículo 39 del real decreto 1093/2007, que los admite[122].

Con respecto a las aguas, existían numerosos supuestos de dominio privado de aguas que, de acuerdo a lo establecido en el Código Civil, podían haber sido objeto de tráfico independiente del predio en el que estaban ubicadas hasta la entrada en vigor de la Ley de Aguas, de 2 de agosto de 1985. En línea con esta regulación el art. 66 R.H. ha estipulado que "las aguas de dominio privado, conforme a lo dispuesto en el art. 334.8 C.c., tengan la consideración de bienes inmuebles, podrán constituir una finca independiente e inscribirse con separación de aquella que ocuparen o en que naciera". Independientemente, se podrá hacer constar, en la inscripción de la finca de que formen parte como una cualidad de las mismas, la existencia de aguas[123]. Así, pues, desde el punto de vista registral, las aguas privadas se podían encontrar en estas situaciones, a saber, como finca independiente del predio en el que se encuentra. En este supuesto pudiera ser objeto de tráfico independiente de la finca en que se encontrara de manera que, su titular podría conservar la finca, transmitir o grabar el agua, o formar una comunidad de Regantes con cuotas sobre el agua a favor de cada partícipe[124]. Todo ello con la particularidad de que cada una de los turnos o cuotas del agua se configuraba como finca independiente especial que abre un folio para

---

122 MOREU BALLONGA, J. L., MOREU BALLONGA, J. L. (2009). "Evolución histórica y normativa estatal actual sobre aguas subterráneas". *Revista Crítica de Derecho Inmobiliario,* (714), 1769 y ss.

123 FANDOS PONS, P., Los efectos jurídicos de la identificación y descripción grafica de fincas registrales, *opus cit.*, 47 y ss.

124 DÍAZ FRAILE, J. M., "Exégesis de la Ley 13/2015 de 24 de junio, de Reforma de la Ley Hipotecaria, en materia de inscripción de representaciones gráficas", *opus cit.*, 859 y ss. y ARRIETA SEVILLA L. J., "La representación geográfica de la finca y su coordinación con el Catastro en el proyecto de Ley de Reforma Hipotecaria", *opus cit.*, 73 y ss.

consignar en dicho folio, *ex* art. 66 R.H., con separación todas las transmisiones y gravámenes relativos a dicha cuota; como fracción integrante de la finca que consta en su descripción y es objeto de disposición juntamente con ella[125]; como derecho de una finca sobre otra finca bajo la fórmula de una servidumbre de aguas. Tras la entrada en vigor de la Ley de Aguas, de 2 de agosto de 1985, es posible afirmar que la norma general establece que todas las aguas son dominio público, salvo las excepciones que expresamente en la ley quedan establecidas[126]. Los criterios de la ley de 1985 han sido íntegramente recogidos por el Real Decreto Legislativo 1/2001, de 20 de julio, por el que se aprueba el texto refundido de la Ley de Aguas.

Son fincas especiales los engalabernos por cuanto que existe en ellos una integración o superposición de dependencias de uno o varios edificios donde no se respeta la proyección vertical del dominio que estaba determinado por el perímetro del suelo sobre el que recae[127]. Esta finca especial ha sido estudiada por la Dirección General de Seguridad Jurídica y Fe Pública estableciendo en sus resoluciones[128] la existencia de este fenómeno constructivo relativo a la superposición de inmuebles. En los engalabernos la edificación de uno de ellos, en parte, se realiza sobre el vuelo de otro. Se da así lugar a situaciones de

---

125 Resolución de la Dirección General de Seguridad Jurídica y Fe Pública, de 12 de noviembre de 2020. B.O.E. núm. 309 de 25 de noviembre de 2020, 104678 y ss.

126 SORIA MARTÍNEZ, G. (2010). "Comentario a la Resolución de 30 de mayo de 2009". *Revista Crítica de Derecho Inmobiliario,* (717), 362 y ss.

127 SÁNCHEZ JORDÁN, M. E. (2007). "Los actos de parcelación contrarios a la normativa. *ADC,* (40), 12 y ss.

128 Valga por todas la Resolución DGRN de 10 de octubre de 2007. B.O.E. núm. 264 de 31 de noviembre de 2017, 104298 y ss.

inmisión en distinto edificio de algunas habitaciones u otros elementos del inmueble[129].

En cuanto a la participación indivisa de local con asignación de uso exclusivo de plaza de garaje o trastero, atendemos aquí, como supuesto especial, el previsto en el art. 68 del Reglamento Hipotecario y art. 53. b. del Real Decreto 1093/1997, de entre las distintas posibilidades de configurar los garajes o trasteros registralmente. El objeto de configuración de la cuota indivisa como finca especial fue el de clarificar el folio registral del garaje en el intento de evitar la aglutinación en un mismo folio de las titularidades en perjuicio de la claridad del sistema que obstaculizaba la clasificación del tracto sucesivo y la búsqueda de titularidades. Estamos ante una finca especial que abre folio independiente a cada una de las participaciones indivisas que tengan asociadas el uso de su plaza o trastero respectivo, permitiendo, así, inscribir en el mismo los actos sucesivos de gravamen y transmisión que recaigan sobre ellas[130].

La inclusión de la propiedad horizontal, el aprovechamiento por turno y los complejos inmobiliarios en el concepto de finca especial responde a su especial configuración a través del art. 68 y ss., a la técnica registral de la pluralidad de folio, que se sustenta en la conexión por pertenencia y que permite articular un régimen en el que van a coexistir elementos comunes y elementos privativos.

El derecho de superficie se integra en las fincas especiales por ser susceptible de abrir folio independiente según estable-

---

129 SENA FERNÁNDEZ, F., "La coordinación entre el Registro y el Catastro ", *opus cit.*, 849 y ss. y ARNÁIZ EGUREN, R., *Terreno y Edificación, Propiedad Horizontal y Prehorizontalidad, opus cit.*, 76 y ss.

130 VIRGOS SORIANO, L., "La ortografía y la cartografía catastral", *opus cit.*, 7 y ss. y DÍAZ FRAILE, J. M., "Exégesis de la Ley 13/2015 de 24 de junio, de Reforma de la Ley Hipotecaria, en materia de inscripción de representaciones gráficas", *opus cit.*, 859 y ss.

ce la Dirección General de Seguridad Jurídica y Fe Pública[131], Y es que este organismo, sin pronunciarse sobre las distintas teorías elaboradas acerca de la naturaleza del derecho de superficie, sostiene que el superficiario es el titular temporal del dominio sobre lo construido y del derecho de tener o de mantener aquello que se ha edificado[132].

---

131 Por resolución de 15 de febrero de 2012. B.O.E. núm. 62 de 13 de marzo de 2012, 23399 y ss.

132 ARNÁIZ EGUREN, R. (2015). *Terreno y Edificación, Propiedad Horizontal y Prehorizontalidad.* Civitas, 94 y ss.

Capítulo IV.

Los bienes inmuebles en el marco de la sociedad de gananciales

I. LA ORGANIZACIÓN ECONÓMICA DEL MATRIMONIO: EL RÉGIMEN MATRIMONIAL Y SU PROYECCIÓN EN EL REGISTRO DE LA PROPIEDAD

Al referirnos al régimen económico matrimonial aludimos a la esfera patrimonial del matrimonio, puesto que la convivencia en toda unión matrimonial, sea cual sea el régimen económico elegido, exige solventar una serie de asuntos de los que se ocupa la regulación legal de su régimen económico, a saber, cargas del matrimonio y forma de contribución de cada consorte; organización de la titularidad sobre los bienes y los poderes domésticos de los cónyuges; necesidad de equilibrar los patrimonios de los consortes por las contribuciones de uno u otro a la economía familiar; y la responsabilidad frente a terceros de los cónyuges por las deudas generadas durante su vida marital. Este aspecto es uno de sus elementos diferenciadores del matrimonio y las uniones de hecho no matrimoniales, ya que en las uniones de hecho no matrimoniales, no hay un régimen económico y, aunque hubiera algún modelo de acuerdo de organización económica o de asunción de cargas familiares, no tendría efectos frente a terceros, ni siquiera aunque se otorgara escritura pública notarial al respecto ya que, no serían propiamente unas capitulaciones matrimoniales ni se le aplicarían sus reglas específicas por analogía[1].

---

1 DÍAZ GIRÓN, I. (2022). "Calificación y determinación de los bienes de la sociedad de gananciales". *Derecho de Familia,* Aranzadi, 127 y ss.

El régimen económico matrimonial se sustenta en la regulación de los medios económicos que sirven a los fines propios del matrimonio de carácter extrapatrimonial. Dicho régimen debe incluir aspectos tales como el equilibrio entre los patrimonios de los cónyuges, como consecuencia de gastos o ingresos realizados con cargo al patrimonio privativo de uno de ellos y que deben ser compensados a costa del patrimonio privativo del otro o, en su caso, de la masa común de ambos esposos[2]. Así las cosas, el régimen económico matrimonial va a articular un conjunto de soluciones para abordar los problemas económicos derivados de las relaciones entre los cónyuges y también las relaciones que se dan entre los consortes y los terceros[3].

Es en este punto donde debemos destacar que tienen una particular importancia los actos o negocios jurídicos realizados conforme al régimen económico matrimonial o dentro de éste por los que uno o ambos cónyuges llevan a cabo adquisiciones de bienes, particularmente los inmuebles. Porque el Derecho español confiere un estatuto a estas adquisiciones dentro del marco del Código Civil, pero sobre todo conforme al Reglamento Hipotecario —arts. 90 a 96— que es la norma que desarrolla las del Código Civil en esta materia, precisando los requisitos y efectos de estas adquisiciones matrimoniales a través del Registro de la Propiedad, con su natural dimensión de publicidad y juego de los principios hipotecarios, que permitirán oponer esos actos a terceras personas e incluso reforzar los efectos entre los cónyuges. En concreto, la legitimación registral (cfr. art. 38 de la Ley Hipotecaria), proporcionada por la titularidad resultante del acto de adquisición, será decisiva a la hora de otorgar los actos de administración y disposición de los bienes matrimoniales. Por no mencionar los efectos fa-

---

2 RAMS ALBESA, J. (1992). *La sociedad de gananciales.* Tecnos, 12 y ss.

3 SÁNCHEZ ROMÁN, F. (2008). "Estudios de Derecho Civil". *Derecho de Familia,* Analecta, 15 y ss.

vorables de la fe pública a las adquisiciones que los cónyuges hagan a título oneroso y que las preservará frente a las reclamaciones de otros en la medida que dichos cónyuges, además de adquirir a título oneroso, adquieran con los demás requisitos establecidos por el art. 34 de la Ley Hipotecaria.

La regulación hipotecaria de la inscripción de los bienes conforme al régimen económico matrimonial no implica ninguna peculiaridad en cuanto a la titularidad ni el poder de disposición inherente a la legitimación registral y los consortes podrán inscribir los actos que otorguen como cualesquiera otros titulares registrales, y por supuesto los que son fruto de los acuerdos matrimoniales.

En España rige la autonomía de la voluntad en las relaciones patrimoniales entre los cónyuges, esto es, los consortes pueden elegir el régimen patrimonial que regulará su matrimonio. Se constituye, pues, un sistema convencional en el que los esposos pueden optar entre los regímenes previstos y, ante la falta de elección, rige el régimen que el Legislador establece como régimen supletorio. No obstante, no existe una elección activa del régimen económico matrimonial, sino que es por defecto en la mayor parte de los supuestos[4].

El Código Civil establece como régimen económico matrimonial supletorio la sociedad de bienes gananciales, aunque no es así en todo el Estado español ya que, en Cataluña y en Baleares el régimen económico matrimonial supletorio es el régimen de separación de bienes. En la Comunidad Valenciana fue establecido también este régimen por la Ley 10/2007, de 20 de marzo, de Régimen Económico Matrimonial Valenciano,

---

4 ZARRALUQUI SÁNCHEZ-EZNARRIAGA, L. (2008). "Acuerdos prematrimoniales. Hacia la validez de los pactos preventivos de la ruptura conyugal". *Economist &Juris,* (16) y 18 y ss.

pero la ley fue declarada inconstitucional en este extremo[5]. Asimismo, los regímenes forales tienen sus particularidades en Aragón, Vizcaya, Navarra y en determinadas zonas de Extremadura con el fuero de Baylío. Asimismo, el régimen se puede igualmente modificar durante la vigencia del matrimonio. Y, a falta de un convenio sobre las capitulaciones en el que los consortes puedan determinar los detalles de su régimen matrimonial, surge efecto el régimen económico matrimonial supletorio[6].

Los principios básicos de la regulación legal del régimen económico matrimonial en el Código Civil español son, en primer término, el principio de libertad de pacto. Y es que dentro del ámbito del matrimonio y de la familia es donde más facilidades existen para regular los intereses propios con escasa intervención. Esta libertad se manifiesta en la elección del régimen económico que se desee entre los regímenes legalmente existentes. Asimismo, también existe libertad para alterar o modificar los regímenes legales ya elegidos. Y, es que, en defecto de pacto, el Legislador ha previsto *ex* art. 1316 C.c., un régimen supletorio de primer grado -régimen de gananciales- y, un régimen económico de segundo grado que se aplica cuando únicamente se pacta la exclusión del régimen económico matrimonial legal, que es el régimen de separación de bienes, *ex* art. 1435.2 C.c. Este amplio margen de autonomía se refleja en

5 La STC nº 82/2016, de 28 de abril de 2016 (Recurso de inconstitucionalidad 9888/2007) declaró inconstitucional la Ley 10/2007 indicando que el Derecho foral valenciano no existía ni se aplicaba en la Comunidad en el momento de entrada en vigor de la Constitución (cfr. art. 149.1 regla 8ª de la misma, que contiene la cláusula de respeto constitucional a los Derechos civiles forales o especiales *allá donde existan*).

6 SALAS CARCELLER, A. (2022). "El régimen de gananciales tras la ruptura afectiva de la convivencia matrimonial: comentario de la sentencia de la sala primera del Tribunal Supremo núm. 464/2022, de 6 de junio". *Revista Aranzadi Doctrinal,* (10), 132 y ss.

la posibilidad de efectuar posibles transacciones y renuncia de derechos[7].

Pero esta autonomía de la voluntad de los consortes está sujeta a los límites recogidos en el art. 1328 C.c., regulador de las capitulaciones matrimoniales, a saber, las leyes, las buenas costumbres y la igualdad entre los cónyuges. Los esposos pueden celebrar toda clase de contratos entre sí durante la vigencia del matrimonio *ex* art. 1323 C.c. y, en lo que se refiere a las consecuencias del contenido de este precepto, es posible que surja algún problema en cuanto la posibilidad de ejercitar acciones judiciales entre sí o, con respecto al cómputo del plazo prescriptivo entre consortes durante el período de convivencia[8].

Con respecto a la exigencia de forma en estos pactos, se establece que debe ser otorgados mediante escritura pública notarial de capitulaciones matrimoniales *ex* art. 1327 C.c. y ante la pregunta de si son válidos los pactos con eficacia interna sin elevación a escritura pública, un sector doctrinal interpreta que dependerá, en buena medida, de la *ratio* del art. 1327 C.c. Pero, únicamente esta exigencia de forma alcanza a los pactos sobre régimen económico en sentido estricto y no a otras estipulaciones que puede contener ese formato y que podrían ser modificadas sin necesidad de acudir a un Notario[9].

En cambio, más flexible formalmente es el criterio del Reglamento (UE) 2016/1103, aplicable al régimen económico matrimonial dentro de su ámbito de aplicación ("regímenes

---

7 REBOLLEDO VARELA, A. L. (2017). *Empresas, Sociedades y Actividades Económicas en la Liquidación de la Sociedad de Gananciales.* Aranzadi, 120 y ss.

8 RAGEL SÁNCHEZ, L. F. (2017). "Capítulo 24: La sociedad de gananciales (3). La gestión de la sociedad". *Tratado de Derecho de Familia, Los regímenes económico matrimoniales* (I). Aranzadi, 901 y ss.

9 PÉREZ CALVO, I. (2016). "Capítulo II: Casos dudosos de ganancialidad o privatividad". *Comunidad de gananciales, cuestiones prácticas y actuales.* Ramón Areces, 139 y ss.

económicos matrimoniales con repercusiones transfronterizas", como describe el considerando 14) al regular en su artículo 25 la validez formal de las capitulaciones matrimoniales, pues establece que "las capitulaciones matrimoniales se expresarán por escrito, fechado y firmado por ambos cónyuges[10]. Se considerará como escrito toda comunicación efectuada por medios electrónicos que proporcione un registro duradero del acuerdo." Ahora bien, el Reglamento conoce y acepta la realidad de que los ordenamientos jurídicos de los Estados miembros a veces optan por un mayor rigor formal en esta cuestión y por ello en el art. 25.3 dispone claramente que "si la ley aplicable al régimen económico matrimonial impone requisitos formales adicionales, dichos requisitos serán de aplicación." Y así ocurre con la legislación española, este Reglamento es fruto de una cooperación reforzada entre varios Estados miembros.

Por otra parte, el Reglamento (UE) 2016/1103 proyecta su influencia sobre la regulación hipotecaria condicionando el presupuesto de hecho a que responde el art. 92 del Reglamento Hipotecario, según nuestra tesis, más adelante expuesta. Bástenos decir aquí que, en el caso —muy usual— de falta de pacto de ley aplicable o capitulaciones matrimoniales, el Reglamento opta en primer lugar por la aplicación al régimen económico matrimonial de la ley del Estado donde los cónyuges tienen su residencia habitual (art. 26.2). Es un cambio de criterio por tanto notable porque el art. 9.2 del Código Civil había optado por la ley personal. Por medio del nuevo criterio, naturalmente, se tenderá a incrementar el número de casos en los que, habiendo elemento extranjero[11], la adquisición de un inmueble haya de practicarse con arreglo al régimen econó-

---

10 ARNÁIZ EGUREN, R. (2015). *Terreno y Edificación, Propiedad Horizontal y Prehorizontalidad*. Civitas, 140 y ss.

11 RICCOBONO, S. (1912). "Traditio ficta", *SZ*, (33), 259 y ss.

mico matrimonial correspondiente al punto de conexión que es la residencia habitual de los cónyuges y, por consiguiente, la aplicación del Reglamento europeo tenderá a favorecer en territorio de Derecho común un aumento de casos en los que el régimen económico matrimonial de los cónyuges sea el de la sociedad de gananciales, aun siendo extranjeros ambos.

Juega de este modo el Reglamento europeo, y el hecho frecuente de la falta de acuerdos capitulares, a favor del incremento cuantitativo de la institución de la sociedad de gananciales.

Todo ello hacer recomendable replantearse el enfoque de las adquisiciones de cónyuges extranjeros residentes en España e incluso la redacción del art. 92 del Reglamento Hipotecario, como veremos en el último capítulo de este trabajo.

II. EL CONCEPTO Y LA NATURALEZA DE LA SOCIEDAD DE GANANCIALES

El régimen económico matrimonial de bienes gananciales se caracteriza por la separación del patrimonio común o ganancial del patrimonio de cada uno de los cónyuges. El patrimonio ganancial, básicamente, lo integran los rendimientos del trabajo de ambos cónyuges, las rentas de capital -ya sean de carácter privativo o ganancial- y los bienes adquiridos a título oneroso a costa del caudal común. El patrimonio de cada uno de los cónyuges lo integran los bienes y derechos pertenecientes a cada consorte antes de comenzar el régimen, los adquiridos después a título gratuito por cada uno de ellos y, los adquiridos por subrogación de otros privativos o por el ejercicio de derechos de esta naturaleza[12].

---

12 ROCA GUILLAMÓN, J. (2009), en el Prólogo en PÉREZ PÉREZ, E., *Las cotitularidades sobre bienes inmuebles*. Bosch, 10, afirma que: "no cabe duda de que la confluencia de titularidades concurrentes sobre un mismo objeto

El concepto legal de sociedad de gananciales nos lo ofrece el art. 1344 C.c. al decir que: "Mediante la sociedad de gananciales se hacen comunes para el marido y la mujer las ganancias o beneficios obtenidos indistintamente por cualquiera de ellos, que le serán atribuidos por mitad al disolverse aquélla". Pero en este precepto no se contiene una definición propiamente dicha de tal sociedad, sino que establece la consecuencia fundamental de la regulación de dicho régimen[13]. Es por ello por lo que la doctrina ha definido de modo más concreto y preciso la sociedad de gananciales como "aquella situación que la voluntad privada o la ley en su defecto declara establecida entre los cónyuges en virtud de la cual éstos ponen en común y hacen suyos por mitad, al disolverse el régimen, los beneficios obtenidos indistintamente por cualquiera de ellos durante el mismo"[14].

La comunidad matrimonial de bienes, desconocida para el Derecho romano, surge en el Derecho germánico y en España aparece por primera vez en el *Liber Iudiciorum*, concretamente, en una Ley de Recesvinto. De ahí pasará al Fuero Viejo y al Fuero Real. Las Partidas, debido a su inspiración romanística, intentan reducir su alcance e introducen el sistema dotal y serán las *Leyes del Estilo* las que creen la actual presunción de ganancialidad. El Código Civil lo regula con la novedad importante, tomada de las legislaciones forales, de permitir la libertad de pacto antes del matrimonio para fijar el régimen económico

---

material responde también a la existencia de una comunidad de intereses que no siempre es el resultado de una imposición o de una sobrevenida situación de hecho, como sucede en la comunidad hereditaria, sino que es intencionadamente buscada para la consecución de un objetivo común".

13 DÍEZ-PICAZO, L. (1966). "La tradición y los acuerdos traslativos en el Derecho español". *ADC*, (23), 555 y ss.

14 FAUS I PUJOL, M. (2020). "Reglas sobre la administración de los bienes gananciales". *Práctico Derecho de Familia*, (54), 47 y ss.

matrimonial, estableciendo el sistema de gananciales como régimen supletorio de primer grado[15].

La Ley de 24 de abril de 1958 limitó las facultades del marido en orden a la disposición de los bienes inmuebles y establecimientos mercantiles, exigiendo el consentimiento de la mujer. La Ley de 2 de mayo de 1975 no modificó el régimen de sociedad de gananciales, pero introdujo una importante novedad, la de permitir la mutabilidad del régimen económico matrimonial constante matrimonio. La Ley de 13 de mayo de 1981 va a regular de nuevo la sociedad de gananciales en régimen de igualdad entre los cónyuges cumpliendo así el principio constitucional de equiparación entre ambos[16].

Con respecto a la naturaleza de esta comunidad la doctrina extranjera ha planteado varias teorías. De una parte, los antiguos comentaristas de las costumbres francesas consideraban los bienes comunes del marido, reconociendo a la mujer un eventual derecho a obtener su cuota en la disolución del matrimonio. En la actualidad este sistema está casi absolutamente abandonado[17].

De la evolución de esta primera postura nace la conceptualización de este régimen como una sociedad de carácter civil impulsada por el dato de su denominación, al que no fue extraño la remisión que hacía el antiguo art. 1395 C.c. a las reglas del contrato de sociedad como Derecho supletorio[18]. Pero es

---

15 M. A. FERNÁNDEZ GONZÁLEZ-REGUERAL, M. A. (2016). "Capítulo IV: La administración de la sociedad de gananciales en el Código Civil". *Comunidad de gananciales, Cuestiones prácticas y actuales.* Universitaria Ramón Areces, 253 y ss.

16 FERRARA, F. (1941). *Diritto della persona e di familia.* Giuffre, 47 y ss.

17 REYES LÓPEZ, M., J. (2023). "Cargas y deudas de la sociedad legal de gananciales". *GPS Familia,* (6), 481 y ss.

18 TUDELA CHORDÁ, S. (2023). "La capitalización de la pensión por alimentos en la liquidación del régimen económico matrimonial". *Revista Boliviana de Derecho,* (35), 466 y ss.

sencillo advertir las dificultades que plantea esta tesis, debido a los aspectos que separan ambas instituciones, por lo que se sostiene que, en todo caso, estaríamos ante una sociedad especial distinta de las sociedades ordinarias[19].

Un tercer posicionamiento considera a la sociedad de gananciales como una comunidad ordinaria o por fracciones. Sin embargo, otros autores consideran la comunidad conyugal como un patrimonio adscrito a un fin, como es el levantamiento de las cargas del matrimonio, al igual que la dote. Asimismo, se la ha considerado en ocasiones como un patrimonio autónomo, pero dotado de personalidad jurídica distinta de la personalidad de los consortes. Esta tesis que tuvo cierta aceptación en Alemania y Francia cuenta hoy con escasos partidarios ya que, en las leyes no suele encontrarse reconocimiento de la comunidad conyugal como ente jurídico.

La opinión mayoritaria es la que considera que esta figura es una aplicación de la comunidad de tipo germánico o propiedad en mano común o, lo que es lo mismo, un patrimonio autónomo separado y común del que serían titulares indistintamente ambos cónyuges sin tener ninguno de ellos el derecho actual a una cuota, lo que conlleva que no pueden disponer de mitades indivisas de bienes comunes.

Sensu contrario a esta concepción se alega que la comunidad en mano común representa una noción imprecisa que no es usual en los Derechos latinos y no resuelve el problema de la naturaleza jurídica de la comunidad de bienes[20]. La DGRN optó por la tesis de la comunidad germánica en las resoluciones de principios del siglo pasado de 1917 y 1927, pero en 1986

---

19 ECHEVARRÍA ECHEVARRÍA, S. (1982). "Sociedad de gananciales, ganancialidad, bienes gananciales y ganancias". *R.D.N.*, (116), 7 y ss.

20 CADARSO PALAU, J. (1993). *Sociedad de gananciales y participaciones sociales.* Tecnos, 150 y ss.

se admite la existencia de cuotas o participaciones, pero con carácter indisponible. El Tribunal Supremo se ha pronunciado admitiendo la naturaleza de comunidad germánica, pero de manera incidental[21].

Tras la crucial reforma en materia civil de 1981 ha habido nuevas aportaciones doctrinales sobre el particular y, mientras algunos autores afirman que se trata de una comunidad diferida, para otros autores no existe comunidad, ni actual ni diferida, sino un mero régimen económico matrimonial al que se ajustan determinados bienes[22]. El Código Civil estableció en su primera redacción que la sociedad de gananciales nace el día de la celebración del matrimonio, siendo nula toda estipulación en contrario. Esta tesis obedecía al principio de inmutabilidad del régimen económico matrimonial eliminado por la reforma de 2 de mayo de 1975. Actualmente establece el art. 1345 C.c. que: "La sociedad de gananciales empezará en el momento de la celebración del matrimonio o, posteriormente, al tiempo de pactarse en capitulaciones". Por tanto, en Derecho común, la sociedad de gananciales comenzará a regir; al contraer matrimonio, si no se pactó lo contrario en capitulaciones matrimoniales; cuando lo dispongan las capitulaciones matrimoniales, en su caso; si se pactó un régimen diferente, al volver a capitular para pactar la sociedad de gananciales; y, como supuesto especial, el que resulta de los arts. 1373 y 1374 C.c.

Según el primero de ellos, "cada cónyuge responde con su patrimonio personal de las deudas propias y, si sus bienes privativos no fueran suficientes para hacerlas efectivas, el acreedor podrá pedir el embargo de bienes gananciales, que será inmediatamente notificado al otro cónyuge, y éste podrá exigir que

---

21 CARDÓS ELENA, J. M. (2023). "La gestión de la sociedad de gananciales". *GPS familia,* (34), 449 y ss.

22 MARTÍNEZ SANCHIZ, J. A. (2009). "Reservas contables y sociedad de gananciales". *Cuadernos de derecho y comercio,* (52), 11 y ss.

en la traba se sustituyan los bienes comunes por la parte que ostenta el cónyuge deudor en la sociedad conyugal, en cuyo caso el embargo llevará consigo la disolución de aquélla". Para este supuesto va a señalar el art. 1374 C.c. que: "Tras la disolución a que se refiere el artículo anterior se aplicará el régimen de separación de bienes, salvo que, con el plazo de tres meses, el cónyuge del deudor opte en documento público por el comienzo de una nueva sociedad de gananciales".

Como se señalaba, existe controversia sobre la naturaleza de la sociedad de gananciales. Muchos autores confirman que se trata de una sociedad especial. No obstante, a pesar de que el Código Civil utiliza los términos sociedad de gananciales, podemos comprobar que no es realmente una sociedad en sí ya que, no existe intención de crear un negocio, de repartir beneficios, de ánimo de lucro, no se aplican las normas sobre administración y disposición de bienes, ni se rige por las reglas de disolución de la sociedad[23].

Como se ha señalado, han sido varias las posiciones que sobre el particular se han cernido a lo largo del tiempo y, con la promulgación del Código Civil de 1889, se adoptó por el Legislador, la sociedad de gananciales como régimen económico matrimonial supletorio de primer grado. La sociedad de gananciales asumida por el Código Civil, se caracterizó por tener un único administrador que recaería sobre la figura del marido, que la mujer estaría sujeta a la llamada *licencia marital* y, que el marido podría disponer a título oneroso de los bienes gananciales sin necesidad de consentimiento de su cónyuge.

---

23 MARTÍNEZ SANCHIZ, J. A. (2009). "Reservas contables y sociedad de gananciales". Cuadernos de derecho y comercio, (52), 11-36 y GALLEGO DOMÍNGUEZ, I. (2018). La disolución y liquidación de la comunidad de gananciales y las acciones y participaciones sociales de carácter ganancial. Tirant Lo Blanch, 1003 y ss.

Es la teoría del señorío exclusivo del esposo[24], que consideraba al marido como propietario único de los bienes habidos durante el matrimonio.

Mediante este sistema, el régimen de gananciales se presentaba como un modelo de compensación y comunicación de beneficios a favor de la esposa. Con la reforma del Código Civil de 24 de abril de 1958 empieza a ser obligatorio el consentimiento de la mujer o, en su caso, autorización judicial, para realizar actos de disposición a título oneroso sobre bienes gananciales, en concreto, sobre bienes inmuebles.

Otra crucial transformación es la introducida por la Ley de 2 mayo de 1975, cuando acaba con la inmutabilidad del régimen de gananciales constante matrimonio ya que, se permitía a los esposos modificar convencionalmente el régimen económico durante la vigencia del matrimonio, hecho que supuso un auténtico avance, reconociéndose una mayor autonomía a los esposos al flexibilizarse el régimen económico matrimonial.

Aunque hoy prevalece la tesis de la sociedad de gananciales como comunidad germánica, no faltan en la doctrina otras propuestas. En su momento algunos autores vieron en ella características de la comunidad romana o de la sociedad civil (ya vemos que no se sostienen) e incluso algunos como COSSÍO[25] se mostraron favorables a reconocerle personalidad jurídica. De esto hoy en día nos encontramos lejos. El artículo 541.1 de la Ley de Enjuiciamiento Civil prohíbe que se despache ejecución frente a la comunidad de gananciales y de por sí es un reproche a esta posibilidad. La tesis que concibe a la sociedad de gananciales como una persona jurídica es difícil de sostener ya que si hay un elemento en lo que está de acuerdo la mayor parte de la doctrina es la carencia de personalidad jurídica de

24 Basada en la doctrina de DUMOLIN, BEAUMANOIR y POTHIER.

25 DE COSSÍO y CORRAL, A., *opus cit.*, 162 y ss.

la sociedad de gananciales, puesto que el Código Civil no la considera como tal.

Mayoritariamente, la jurisprudencia y la doctrina, y la Dirección General de los Registros y el Notariado[26] (en adelante, DGRN), vienen interpretando que la sociedad o comunidad de gananciales es una comunidad de bienes de tipo germánico o en mano común. Numerosos autores lo dan por supuesto y así lo sostienen quienes últimamente han tratado esta cuestión (así, LACRUZ y SANCHO[27], RAMS ALBESA[28] o PÉREZ PÉREZ[29]). El Tribunal Supremo (en adelante TS) ha respaldado esta tesis mayoritaria, recientemente en sentencias como las de 17 de enero de 2018, a la que nos referiremos más adelante, o en la de 18 de febrero de 2009 en la que, al tiempo que niega a la comunidad de gananciales la cualidad de persona jurídica, le otorga la consideración de comunidad especial, donde la propiedad de los bienes está en mano común. Por otro lado, la STS de 8 de febrero de 2007 señala el imposible encaje de la sociedad de gananciales en el régimen de la comunidad de bienes regulada en el artículo 392 C.c., "al faltar por completo el concepto de parte o cuota característica de la comunidad de tipo romano", siendo "más bien la sociedad ganancial de tipo germánico, en la que corresponde a los esposos una participación sobre la globalidad de los bienes, por lo que no cabe decir que cada uno es titular por mitad concreta de todos y cada uno de los bienes del haber conyugal, cuando se trata más bien de

---

26 La Dirección General de Seguridad Jurídica y Fe Pública ha sucedido en sus funciones a la Dirección General de los Registros y el Notariadopor Real Decreto 139/2020, de 28 de enero, B.O.E. 29 de enero.

27 LACRUZ BERDEJO y SANCHO REBULLIDA, *opus cit.*, 395 y ss.

28 RAMS ALBESA, J., *opus cit.*, 33 y ss.

29 Así lo constata este autor, aunque a su juicio las situaciones de comunidades en mano común son fundamentalmente "una construcción teórica, un modelo más aparente que real". PÉREZ PÉREZ, *opus cit.*, 599 y ss.

participación que se determinará y precisará con las necesarias operaciones de disolución y liquidación".

Esta doctrina deja claras las características de esta comunidad especial en un aspecto tan importante como los derechos de cada uno de los cónyuges en ella: no recaen sobre bienes en concreto, sino sobre el patrimonio ganancial en conjunto. Y, lógicamente, esto explica que la inscripción en el Registro de la Propiedad de un bien inmueble adquirido por ambos cónyuges para la comunidad de gananciales, no refleje cuotas o porciones ideales entre ellos (a diferencia de la inscripción de fincas a favor de personas en comunidad ordinaria de bienes donde es regla registral señalar cuotas "con datos matemáticos que permitan conocerlas indudablemente", art. 54 R.H.). La idea de cuota propia de la comunidad romana es, entonces, ajena a la sociedad de gananciales, y consecuentemente tampoco cabe en ésta la *actio communi dividundo ex* art. 400.1.

En buena medida comparten estas características las comunidades matrimoniales de los Derechos forales.

La DGRN recoge las tesis del TS acerca de la naturaleza de comunidad germánica de la sociedad de gananciales. Así lo hace últimamente la Resolución de 6 de noviembre de 2019, invocando la STS de 17 de enero de 2018[30] antes citada, que insiste en las características de la sociedad de gananciales (inexistencia de cuotas, imposibilidad consiguiente de disponer de ellas e improcedencia de la acción de división de la cosa común), ya desarrolladas en Resolución de la DGRN de 2 de febrero de 1983.

Desde otra perspectiva, se ha visto en la comunidad de gananciales un patrimonio separado, sometido a normas especia-

---

30 En el Fundamento de Derecho 4 de la Resolución, esta invoca la STS de 17 de enero de 2018. BOE núm. 285, de 27 de noviembre de 2019, 130265 a 130277.

les de administración y disposición, afecto al sostenimiento de las cargas del matrimonio y cuyo objeto, una vez producida la disolución y liquidación de la sociedad de gananciales, sería el de las ganancias que corresponderían por mitad a ambos cónyuges conforme al artículo 1344 C.c. La DGRN acoge esta tesis, aunque sólo para el caso de que se haya disuelto la sociedad de gananciales y mientras no se lleve a cabo su liquidación (Resoluciones de 27 de enero de 2015 ó de 7 de noviembre de 2019).

La profunda reforma de la institución de la sociedad de gananciales en el Código Civil por la Ley de 13 de mayo de 1981 y en el Reglamento Hipotecario (por Real Decreto de 12 de noviembre de 1982), ha llevado a autores a considerar que se ha alterado un tanto la naturaleza de comunidad germánica de la sociedad de gananciales, de que ambos textos legales, particularmente el Reglamento Hipotecario, introducen una disociación entre ganancialidad y titularidad. La ganancialidad se interpretaría como carácter o cualidad de los bienes y derechos adquiridos por alguno de los cónyuges o por ambos, pero el carácter ganancial no conllevaría la titularidad conjunta del mismo, sino un efecto jurídico que se traduciría en que los actos de gestión y disposición de los bienes adquiridos con este carácter hayan por regla general de obtener el consentimiento del cónyuge no titular (admitiéndose que el titular pueda realizar por sí solo ciertos actos sobre los bienes gananciales, art. 94.2 R.H.).

Es clara la posición del Tribunal Supremo, el criterio de la DGRN o Dirección General de Seguridad y Fe Pública no parece haber vacilado nunca a este respecto, y la mayoría de la doctrina considera que nos encontramos una comunidad que recae sobre las ganancias y beneficios que los cónyuges adquieran durante el matrimonio, formando así un patrimonio separado y diferente de sus respectivos patrimonios privativos[31].

---

31 SSTS de 27 de mayo de 1980, 13 de julio de 1988, 12 de junio de 1990, 4 de marzo de 1994, 25 de febrero de 1997. Resoluciones de la DGRN de 30

La inscripción en el Registro de la Propiedad, según el artículo 9.e) de la Ley Hipotecaria, debe realizarse a favor de "la persona natural o jurídica a cuyo favor se haga la inscripción". Esta "persona" es el denominado *titular registral* en el ámbito del Derecho Inmobiliario Registral. El artículo 51.9 R.H. complementariamente establece que deberá hacerse constar en la inscripción a su favor "si el sujeto es soltero, casado, viudo, separado o divorciado y, de ser casado y afectar el acto o contrato que se inscriba a los derechos presentes o futuros de la sociedad conyugal (doble condición), el régimen económico matrimonial y el nombre y apellidos y domicilio del otro cónyuge".

Así las cosas, la tesis que mejor fundamenta la sociedad de gananciales es la teoría de comunidad germánica, donde prevalece el Derecho común por encima del derecho del individuo. Aquí se defiende la existencia de un patrimonio autónomo y común del que son titulares ambos consortes, los cuales ostentan una cuota sobre el patrimonio común, pero de la que no pueden disponer ni ejercitar de manera individual mientras que la comunidad exista. Esto es, los bienes pertenecen de forma colectiva a todos ambos esposos sin que cada uno de ellos tenga una cuota predeterminada. Si se produce la extinción de la comunidad, la cuota que les corresponde sí se materializará sobre el patrimonio y se procederá a la división y adjudicación de la parte del patrimonio que les corresponda[32].

Entendemos que esta teoría se aproxima a la noción que mantiene nuestro ordenamiento jurídico de la sociedad de gananciales, en la que los esposos son, de manera conjunta, propietarios de todos los bienes que la forman, pero sin tener adjudicada una cuota concreta sobre cada bien. Y, como decía-

---

de junio de 1927, 19 de octubre de 1927, 12 de diciembre de 1935, 8 de noviembre de 1944, 20 de octubre de 1958 y 2 de febrero de 1983.

32 SERRANO MARTÍNEZ, F. (2013). "Panorama actual de la cartografía catastral". *CT: Catastro,* (49), 7 y ss.

mos líneas atrás, no se podrá determinar la parte concreta del patrimonio que corresponde a cada cónyuge hasta que no se efectúe la liquidación de la sociedad de gananciales[33].

Lo cierto es que el régimen económico de bienes gananciales es una institución compleja y difícil de enmarcar, prueba de ello encontramos en nuestro Código Civil, donde se regula la sociedad de gananciales en los arts. 1344 a 1410 C.c. pero sin ofrecer una descripción exacta[34].

Una de las características evidentes de las comunidades de tipo germánico es la igualdad de sus miembros o partícipes, idea que el Código Civil ha infundido plenamente a la sociedad de gananciales. Ahora bien, si hablamos de la igualdad y libertad de los cónyuges no existe posición doctrinal unánime y existen matices. Los autores se encuentran con la disyuntiva todavía sin solventar de si las capitulaciones matrimoniales son capaces de producir reales regímenes matrimoniales que surtirán efectos en cuanto a aquellos terceros que entren en relación con la economía matrimonial en ellos regulada; o bien, a la inversa, si las capitulaciones matrimoniales únicamente deben ceñirse a un régimen y en su caso, realizar cambios sobre el mismo, siempre en la medida en que su propia regulación normativa lo permita.

Dichas normas incluidas en los regímenes económico matrimoniales son principalmente internas y su puesta en práctica debe tener en alta consideración tanto la igualdad y la independencia de los cónyuges, como el equilibrio patrimonial entre ambos. Y por su parte, son las reglas generales del tráfico

---

33 VARGAS BENJUMEA, I. (2014). *El fraude en la disolución y liquidación de la sociedad de gananciales.* Aranzadi, 78 y ss.

34 FERNÁNDEZ CANALES, C. (2013). *Sociedad de gananciales y vivienda conyugal.* Reus, 45 y ss.

jurídico las que deben primar en cuanto al aspecto externo de su aplicación sobre cualquier otra cuestión.

La igualdad en el marco de libertad y plena capacidad de obrar ha supuesto, en primer lugar y de forma principal, que cada cónyuge pueda gestionar directamente, sin intermediación del otro todos sus bienes y derechos privativos, así como ejercer su profesión u oficio con entera libertad sin necesidad de aprobación del otro cónyuge y sin poder establecer prohibición alguna por parte de este. No obstante, cada uno de ellos puede comprometer los gananciales directamente, así como responden subsidiariamente con sus propios bienes de las obligaciones contraídas. A su vez, se les reconoce a los cónyuges la condición de gestores o cogestores de los bienes y derechos consorciales.

En cuanto a la configuración de la sociedad de gananciales, observamos que se caracteriza por su gran complejidad, que es precisamente la que le permite adaptarse a las más variadas economías familiares, lo cual supone una ventaja práctica a la que debe en buena medida su éxito histórico y su pervivencia.

Para el desarrollo de la sociedad de gananciales es preciso distinguir entre los contenidos patrimoniales de dimensión individual y aquellos otros que entran en comunidad. Por esta razón, debe regularse bajo "unidades patrimoniales" que permitan mantener y preservar la totalidad de aquellos bienes que por ley o por voluntad de los cónyuges, cuando esto es posible, son y deben seguir siendo de titularidad exclusiva de uno de los cónyuges y no de la sociedad[35].

Ahora bien, estas unidades patrimoniales, que conocemos bajo el nombre de masas patrimoniales, no constituyen verdaderos patrimonios en el sentido legal estricto del art. 1.911 C.c.,

---

[35] DE LA CÁMARA ÁLVAREZ, M. (1986). "La sociedad de gananciales y el Registro de laPropiedad". *A.D.C,* (39), 339 y ss.

ya que, por un lado, las masas privativas no contienen todo el acervo patrimonial que es atribuible a su respectivo titular, y por otro lado, la masa ganancial está compuesta por bienes y derechos que son de titularidad conjunta de los cónyuges sin especial atribución de cuotas.

Es cada vez más evidente que las tres masas -las dos privativas y la ganancial- juegan un papel principal en la configuración del régimen, ya que ninguna de ellas está exenta de responsabilidad respecto de las posibles cuestiones a las que se encuentra sometido el conjunto. Todos estos movimientos de bienes que afectan a las masas privativas no constituyen una simple y pura mutación interna de sus contenidos materiales, sino que a través del devenir funcional y finalista que es propio de la economía familiar, tienen, como mínimo, un reflejo contable en la masa consorcial, que es la que teóricamente deberá subvenir a las necesidades de la familia[36].

Estamos ante la existencia de un modo concreto de auxiliar a las cargas del matrimonio basado en la generación de recursos –los frutos de las masas privativas y las actividades remuneradas de los cónyuges- que se integran en la masa ganancial, apoyada subsidiariamente en cada una de las masas privativas.

La disciplina normativa de la masa ganancial se basa en: conformación, integración de recursos, responsabilidad y gestión de la misma, constituye el núcleo del régimen. En la sociedad de gananciales destacamos todo aquello que tiene referencia consorcial y por tanto afecta directamente a la masa ganancial. No obstante, no podemos dejar de examinar la función, existencia y consistencia de las masas privativas y las relaciones que

---

36 GALLARDO RODRÍGUEZ, A. (2023). "La atribución de ganancialidad y la aportación de bienes privativos a la sociedad de gananciales: repercusiones sobre el derecho de reembolso." *La Ley Derecho de Familia: Revista jurídica sobre familia y menores,* (37), 3 y ss.

surgen entre las tres masas, de las que depende el equilibrio del régimen. Sólo así se conseguirá la garantía de las efectivas libertad e igualdad de los cónyuges.

Dos son los efectos cruciales que se despliegan de la naturaleza de la comunidad de gananciales. El primero es el relativo a que los consortes están obligados a permanecer en la comunidad, no siendo posible la división salvo en los casos en los que el Código Civil prevé su extinción, *ex* arts. 1392, 1393 y 1373 C.c. El segundo de los efectos supone que ninguno de los cónyuges puede disponer por sí solo por actos *inter vivos* de los derechos que él tenga sobre bienes gananciales.

No obstante, los artículos 93 y 94 del Reglamento Hipotecario conceden cierto juego a la actuación unilateral del cónyuge que sea el titular registral de un bien inmueble ganancial, permitiendo la inscripción de las "agrupaciones, segregaciones o divisiones de estas fincas, las declaraciones de obra nueva sobre ellas, la constitución de sus edificios en régimen de propiedad horizontal y cualesquiera otros actos análogos" que no se requiere que sean llevados a cabo por ambos cónyuges sino que basta que sean "realizados por si solo por el titular registral". A estos actos no puede negárseles alcance dispositivo[37].

De todo lo expuesto es posible colegir que prevalece el aspecto personal sobre el aspecto económico ya que el consorcio es accesorio a un matrimonio, esto es, existe por él y para él, es por ello que, tanto la condición de comunero como el patrimonio conyugal en sí, no son susceptibles de ser enajenados.

Por otro lado, como hemos expuesto anteriormente, la sociedad de gananciales no constituye una persona jurídica. Los

---

37 VÁZQUEZ ASENJO, O. G. (2009). *La información territorial asociada a las bases gráficas registrales*. Tirant Lo Blanch, 12 y ss. y VIRGOS SORIANO, L. VIRGOS SORIANO, L. (2015). "La ortografía y la cartografía catastral". *CT: Catastro*, (83), 7 y ss.

bienes pertenecen conjuntamente a los cónyuges, y, por tanto, sus derechos se resuelven en participaciones, como sucede en la copropiedad de una cosa. Estas participaciones no recaen sobre el patrimonio como un todo, esto es, el derecho afecta al objeto indeterminadamente ya que la cuota existe sólo sobre el conjunto y por ello se le califica de comunidad universal.

Como hemos comentado, los sueldos, rentas y, en general, los frutos del trabajo o de los bienes de uno y otro cónyuge configuran el patrimonio común de los esposos. La sociedad conyugal se presenta, pues, como un patrimonio que tiene a través de sus dueños la llamada *capacidad de ganar* ya que cualquiera de los ingresos nace ya como parte del patrimonio ganancial[38].

El Código Civil no nos da una definición de lo que debe entenderse por sociedad de gananciales, sino que se limita a señalar los efectos de la comunidad en el momento de la liquidación. Por ello, muchos autores[39] han tratado de dar una definición, estableciendo que la sociedad de gananciales se caracteriza "por atribuir a determinados bienes y derechos la condición de comunes, constituyendo de este modo un patrimonio común para los esposos que se encuentra sometido a unas cargas y deudas comunes, las cuales tienen su origen en las necesidades del matrimonio como de los respectivos patrimonios privativos, destinándose los remanentes que existieran a su disolución a su reparto por mitad entre ambos cónyuges"[40].

---

38 FERNÁNDEZ GONZÁLEZ, M. B. (2016). "Capítulo I: El régimen económico matrimonial de la comunidad de gananciales". *Comunidad de Gananciales, Cuestiones prácticas y actuales.* Universitaria Ramón Areces, 23 y ss.

39 OSTOS MOTA, M. J. (2016). "Capítulo VI. Extinción de la comunidad de gananciales", *Comunidad de Gananciales, cuestiones prácticas y actuales.* Universitaria Ramón Areces, 353 y ss.

40 FOSAR BENLLOCH, E. (1982). "La separación y el divorcio en el derecho español vigente". *Estudios de Derecho de Familia.* Bosch, 49 y ss.

Dicho de otro modo, convivirán los tres patrimonios a la vez en aquellos matrimonios en los que se establezca este régimen, esto es, los patrimonios privativos de cada uno de los esposos y el patrimonio común de ambos.

De hecho, un sector doctrinal al analizar la sociedad de gananciales destaca de ella, de una parte, la convivencia existente entre dichos patrimonios y, de otra, el respeto a la autonomía de cada consorte[41]. El régimen de comunidad protege al cónyuge que se dedica a las labores domésticas, entendiendo que tanto las tareas del hogar como las directamente lucrativas son necesarias y complementarias para satisfacer el interés familiar, lo que justifica que si hay ganancias sea justo computarlas a ambas actividades.

La RDGRN de 25 noviembre 2004 subraya lo expuesto líneas atrás al expresar que la sociedad de gananciales es una comunidad de tipo germánico donde el derecho de cada cónyuge afecta de manera indeterminada al objeto, sin atribución de cuotas ni facultad de pedir la división material mientras dure la sociedad, a diferencia de lo que ocurre con el condominio romano. Es por ello que en la sociedad de gananciales no se es propietario de la mitad de los bienes comunes, sino que ambos cónyuges de manera conjunta[42], son titulares del patrimonio ganancial.

Al respecto, la RDGRN de 30 enero de 2006 establece que, para la adjudicación de la mitad indivisa de una finca con el objeto de sufragar el legado de su cuota ganancial hecho por la causante, se va a requerir la previa liquidación de la sociedad de gananciales formada por la testadora y su cónyuge. Así, la

---

41 CUADRADO PÉREZ, C. (2017). "Capítulo 19: El Régimen económico matrimonial. Disposiciones generales", *Tratado de Derecho de Familia, Los regímenes económicos matrimoniales,* vol.I. Aranzadi, 67 y ss.

42 DE LA CÁMARA ÁLVAREZ, M. (1969). "La separación de hecho y la sociedad de gananciales". *ADC,* (3), 30 y ss.

RDGRN de 31 enero 2006 establece al respecto que: "La sociedad de gananciales es una comunidad de tipo germánico, en la que el derecho que ostentan ambos cónyuges afecta indeterminadamente a todo el patrimonio ganancial, sin atribución de cuotas ni derecho a pedir la división material. En una sociedad de gananciales no se es dueño de la mitad de los bienes comunes, sino que ambos esposos conjuntamente son titulares del patrimonio ganancial".

III. EL COMIENZO DE LA SOCIEDAD DE GANANCIALES Y SU CONSTATACIÓN EN EL REGISTRO DE LA PROPIEDAD MEDIANTE LA INSCRIPCIÓN DE LAS CAPITULACIONES MATRIMONIALES

En cuanto al momento en el que da comienzo la sociedad de gananciales y, por tanto, a hacerse comunes para los esposos los bienes obtenidos, el art. 1345 del Código Civil establece que: "La sociedad de gananciales empezará en el momento de la celebración del matrimonio o, posteriormente al tiempo de pactarse en capitulaciones".

El régimen de gananciales, *ex* art. 1316 C.c., es el régimen supletorio de primer grado en nuestro ordenamiento jurídico, esto es, aquellos cónyuges que no pacten algo distinto cuando vayan a contraer matrimonio, quedarán sometidos a este régimen de forma automática. Así, cuando los futuros cónyuges lo pacten expresamente en capitulaciones matrimoniales se constituye el régimen de gananciales, *ex* art. 1315 C.c.

Subrayar que el régimen de gananciales comienza cuando los cónyuges que no hubiesen pactado capitulaciones matrimoniales previas, estuvieran sometidos por aplicación de las normas de Derecho Foral -balear o catalán- a un régimen económico distinto, que ahora deciden sustituir por el de régimen de gananciales. O, de existir capitulaciones matrimoniales durante la vigencia del matrimonio, el régimen de gananciales comenzará cuando los cónyuges sustituyan por éste el régimen inicialmente pactado, *ex* arts. 1315, 1325 y 1326 del Código Civil.

Desde luego, no está previsto que el Registro de la Propiedad haga constar sin más el nacimiento de la sociedad de gananciales ni siquiera mediante un documento fehaciente como podría ser la celebración del matrimonio. Ello, además, podría exigir una determinación previa de la ley aplicable al régimen económico matrimonial, especialmente en el caso de que alguno de los cónyuges tuviera vecindad foral y no común[43]. El ingreso de la sociedad de gananciales en el Registro de la Propiedad se produce a través de las adquisiciones de los bienes para la sociedad de gananciales o bien mediante la inscripción de las capitulaciones matrimoniales que versen sobre la sociedad de gananciales constituida o que va a constituirse conforme al art. 75 del Reglamento Hipotecario.

No es posible que el régimen de gananciales comience antes de la celebración del matrimonio. En tal sentido, no puede considerarse válido el pacto en capitulaciones matrimoniales[44] por el que el referido régimen comience a producir efectos durante la convivencia de hecho previa a la celebración del matrimonio y sólo producirá efectos después de celebrado este. En cambio, es perfectamente admisible que se otorguen capitulaciones matrimoniales antes de la celebración del matrimonio en las que se estipule la aplicación del régimen de la sociedad de gananciales al matrimonio, pacto que queda supeditado a que se contraiga matrimonio y que pierde totalmente sus efectos "en el caso de no contraerse en el plazo de un año" (art. 1334 C.c.).

---

43 DE PABLO CONTRERAS, P. (2020). *Curso de Derecho Civil III. Derechos reales.* Aranzadi, 201 y ss.

44 DE REINA TARTIÈRE, G. (2003). *Manual de Derecho Registral Inmobiliario.* La Ley, 145 y ss.

El art. 75.2º del Reglamento Hipotecario prevé para este supuesto que si, en tal caso (habiéndose celebrado capitulaciones matrimoniales), el matrimonio no se hubiere contraído, se suspenderá la inscripción y podrá tomarse anotación preventiva de suspensión, que se convertirá en inscripción cuando se acredite la celebración de aquél o se cancelará a solicitud de cualquiera de los otorgantes si, transcurridos un año y dos meses desde la fecha de las capitulaciones, no se hubiere acreditado que el matrimonio se celebró dentro del plazo de un año desde dicha fecha."

La cancelación de esta situación anómala[45] (hay capitulaciones pero no matrimonio), enjuiciada dentro del término legal (de caducidad), está facilitada en extremo, pues no se requiere que la solicitud sea otorgada en documento público, aunque deberá ser fehaciente, por lo que cualquiera de las personas que otorgaron las capitulaciones podrá requerir la cancelación total del asiento practicado en el Registro de la Propiedad por medio de instancia con firma notarialmente legitimada, ratificada ante el Registrador e incluso firmada electrónicamente de modo que quede acreditada la identidad del solicitante.

El art. 1327 C.c. determina que "Para su validez, las capitulaciones habrán de constar en escritura pública". Se trata de un requisito ad solemnitatem, que es necesario para su validez. Este negocio sólo será válido si se hace constar en escritura pública, sin que pueda admitirse en otro tipo de documento, configurándose como un supuesto de nulidad absoluta por falta de forma el otorgamiento de capitulaciones en cualquier otro tipo de documento, como por ejemplo un documento privado.

---

45 AZAUSTRE GARRIDO, M. D. (2022). "A propósito de la reclamación de créditos entre cónyuges por pagos realizados tras la disolución de la sociedad de gananciales". *Revista de Derecho de Familia: doctrina jurisprudencia y legislación*, (97), 27 y ss.

Al respecto se ha señalado que "el formalismo de las capitulaciones matrimoniales se explica por la importancia que revisten las aportaciones hechas por los cónyuges, por la trascendencia de los pactos que en materia sucesoria puedan contener, por las reglas que determinan el régimen económico del matrimonial. Es por ello por lo que el único documento público en el que pueden constar las capitulaciones matrimoniales para ser válidas es en escritura pública, no pudiendo esta ser sustituida por ningún otro documento".

Con respecto al momento de su otorgamiento, el art. 1326 C.c. autoriza que puedan otorgarse antes o después de celebrado el matrimonio, pero con la matización que establece el art. 1334 C.c. a saber, "todo lo que se estipule en capitulaciones bajo el supuesto de futuro matrimonio quedará sin efecto en el caso de no contraerse en el plazo de un año".

La libertad en cuanto al momento de su otorgamiento no se ha establecido siempre de igual forma puesto que, hasta la reforma de 2 de mayo de 1975 se prohibía que se pactaran capitulaciones una vez celebrado el matrimonio, pero con esta reforma se introduce el principio de mutabilidad del régimen económico matrimonial en materia de capitulaciones postnupciales, concediendo una gran flexibilidad a los cónyuges para que puedan cambiar el régimen económico del matrimonio una vez celebrado que éste se ha celebrado.

Establece el art. 75 del Reglamento Hipotecario que "de conformidad con el artículo 1.333 del Código Civil, serán inscribibles en el Registro de la Propiedad las capitulaciones matrimoniales en cuanto contengan respecto a bienes inmuebles o derechos reales determinados, alguno de los actos a que se refieren los artículos 2. de la Ley y 7 de este Reglamento."

Esta habilitación reglamentaria expresa facilita la inscripción de todos los negocios o pactos con transcendencia real inmobiliaria que contengan las capitulaciones matrimoniales[46], desde transmisiones de bienes a acuerdos regulatorios del uso o la disposición de los mismos, pasando por la concesión de derechos de disfrute sobre determinados bienes. Todo lo que dentro del contenido de las capitulaciones matrimoniales afecte a los bienes inmuebles de modo directo e inmediato.

Con respecto al contenido esencial de las capitulaciones, serían todas las estipulaciones relativas al régimen económico del matrimonio y cualquier otra disposición por razón del mismo, esto es, donaciones por razón del matrimonio, *ex* art. 1341 C.c., promesa de mejorar o no mejorar, *ex* art. 826 C.c., entre otras, así como incluir cualquier otro acuerdo de índole distinta que, aunque no tenga una relación directa con el matrimonio en sí, los cónyuges han decidido incluirlo. Incluso se podrían incorporar las consecuencias económicas para el caso de ruptura.

Asimismo, los límites que se deben observar a la hora de otorgar capitulaciones matrimoniales son los que establece el art. 1328 C.c. que establece que "será nula cualquier estipulación contraria a las Leyes o a las buenas costumbres o limitativa de la igualdad de los derechos que corresponda a cada cónyuge". Los límites de la Ley, son, pues, diáfanos y no generan du-

---

[46] FERNÁNDEZ CAMPOS, J. A. (1998), en *El fraude de acreedores: la acción pauliana,* Bolonia, 127-145 y 162, trata en particular la impugnación de las capitulaciones matrimoniales en perjuicio de acreedores; la necesidad o no de promover su nulidad; las diferencias entre la acción pauliana de la de simulación o la inevitable cuestión de si un fraude de esta naturaleza incurre o no en el tipo del delito de alzamiento de bienes; la aplicabilidad o no del art. 1401 a los créditos no consorciales; y las implicaciones del carácter subsidiario de la acción pauliana. Parece claro que sus conclusiones son, en gran medida, aplicables a los negocios entre cónyuges cuando se hacen en fraude de acreedores y no, únicamente, en los casos en que el fraude se perpetra en capitulaciones o con ocasión de una modificación del régimen económico matrimonial.

das. Pudiera ser que el límite que más controversias origina[47] es el que se refiere a la igualdad de los cónyuges, así, el art. 1328 C.c. sanciona con nulidad las estipulaciones contrarias a los límites que el mismo establece, entendiendo por nulidad absoluta o de pleno Derecho que, en principio, afectaría únicamente al pacto o acuerdo que infringiera lo dispuesto en el precepto. Así, podría extenderse a todo el negocio jurídico, por aplicación de las normas en materia de nulidad contractual *ex* art. 1335 C.c.: "La invalidez de las capitulaciones matrimoniales se regirá por las reglas generales de los contratos. Las consecuencias de la anulación no perjudicarán a los terceros de buena fe".

Con relación al régimen económico matrimonial se admite que en virtud de capitulaciones y gracias a la libertad que en este ámbito se reconoce a los cónyuges, estos puedan hacer uso de las capitulaciones matrimoniales[48], sea para pactar el sometimiento al régimen matrimonial supletorio de primer grado, como es el régimen de gananciales, en todos los territorios sujetos al Código Civil, o bien sometiéndose al régimen matrimonial de gananciales, pero introduciendo modificaciones mediante las capitulaciones[49], esto es, planificando su propio régimen o, acogerse a cualquier otro régimen de los previstos en nuestro ordenamiento jurídico .

También pueden los cónyuges hacer un inventario de sus respectivas aportaciones al matrimonio para poder en el futuro demostrar la privatividad de las mismas y destruir la presun-

---

47 GARCÍA CARRERES, M. R. y FERRER SAMA, J.L. (2018). "Capítulo 3: Regímenes económico matrimoniales". *Memento Práctico. Familia,* (7), 650 y ss.

48 Sin olvidar que esta facultad tiene límites en el perjuicio de tercero y en particular respecto de acreedores por créditos consorciales. *Vid.*, sobre el particular, FERNÁNDEZ CAMPOS, *opus cit.*, 127-145.

49 MILLÁN FERNÁNDEZ, J.M. (2009). *Los procedimientos de Separación, Divorcio y Nulidad Matrimonial en la Ley de Enjuiciamiento Civil.* Aranzadi, 67 y ss.

ción de ganancialidad del art. 1361 C.c. y pueden, asimismo, mediante capitulaciones determinar el carácter ganancial y privativo que van a tener determinados bienes y, de esta manera, actuar al margen de las reglas contenidas en el Código Civil para la concreción del carácter de los bienes. Asimismo, también pueden encomendar la gestión o la disposición de los bienes al otro consorte, así como modificar las reglas establecidas sobre la gestión y disposición de los bienes gananciales. Otra vía podría ser establecer reglas por las que se regiría la liquidación de su sociedad dando un destino diferente a los bienes del establecido. Para algún autor sería posible la renuncia total o parcial a esta participación, que sería válida en la medida que no contraviniera el orden público y tampoco perjudicara a terceros, ya que esta cuestión sí que haría plantearse la eventual intención de los consortes de defraudar a los acreedores. Sería posible que uno de los cónyuges renunciara a los bienes que le pudieran corresponder en la liquidación, pero no se contempla la posibilidad que mediante una renuncia se librara de su responsabilidad por las deudas que fueran comunes.

La existencia de capitulaciones matrimoniales en un matrimonio no suple en caso de ruptura al convenio regulador. La finalidad de otorgar las capitulaciones matrimoniales es la de permitir un mayor campo de actuación a la autonomía de la voluntad de los consortes permitiendo que puedan decidir determinados aspectos de su régimen económico para adecuarlo a sus circunstancias. En las capitulaciones se podrá prever y contemplar todo aquello que no vaya en contra de la igualdad de los derechos de cada uno de los cónyuges, todo tipo de pactos, y por consiguiente también los que regulen situaciones de ruptura matrimonial. Pero no pueden reemplazar el convenio regulador que debe acompañar al divorcio de todos los matrimonios, que tiene una función clara precisamente para regular las consecuencias más importantes de la ruptura matrimonial. No obstante, los pactos acordados en las capitulaciones matrimoniales en contemplación del fin del matrimonio habrán de ser respetados, e incluidos en el convenio regulador (o el convenio regulador deberá acomodarse a ellos) en la medida en la que fueron pactos que voluntariamente consintieron y a los que se sometieron los esposos.

IV. LA DISTINCIÓN ENTRE BIENES PRIVATIVOS Y BIENES GANANCIALES

El régimen de la sociedad de gananciales se caracteriza porque atribuye a determinados bienes y derechos de los cónyuges la condición de comunes o gananciales.

Con ellos se constituye un patrimonio perteneciente a ambos, que se halla afecto a unas cargas o deudas comunes y que destina los bienes que existan a su disolución a ser repartidos por mitades entre ambos cónyuges. El art. 1344 C.c. dispone que: "Mediante la sociedad de gananciales se hacen comunes para los cónyuges las ganancias o beneficios obtenidos indistintamente por cualquiera de ellos, que le serán atribuidos por mitad al disolverse aquella". Este artículo hace referencia a la consecuencia que tiene la disolución de la comunidad de gananciales, esto es, una vez establecido el haber de ésta, se repartirá, *ex* art. 1404 C.c., por mitad entre los cónyuges o sus respectivos herederos[50].

Es una característica típica de las comunidades limitadas o restringidas de bienes la identificación de tres patrimonios: dos, los privativos de los cónyuges, y el tercero —y definitorio de la comunidad— el patrimonio común o consorcial, en este caso los bienes gananciales.

Como anunciábamos, la masa común de la sociedad de gananciales se configura por las ganancias que ambos consortes

---

50 MARTÍNEZ ROSADO, J. (2017). *Los pactos parasociales.* Marcial Pons, 124 y ss.

obtengan durante el matrimonio, por los rendimientos que produzcan tanto el patrimonio ganancial como el privativo de cada uno de ellos, así como por lo adquirido con bienes gananciales o con fondos cuyo origen privativo no pueda demostrarse. Los bienes que pertenezcan privativamente a los consortes quedarían fuera de esta masa[51].

Los cónyuges pueden ser, a su vez, cotitulares de bienes no sometidos a las reglas de la comunidad de gananciales y corresponderán, proindiviso, a cada uno de ellos, como sucede por ejemplo con los bienes adquiridos durante el matrimonio con fondos de uno los cónyuges cuya procedencia privativa pueda demostrarse, o los adquiridos por ambos cónyuges antes del matrimonio.

Pero cometeríamos un error si nos limitáramos a ver la sociedad de gananciales, en tanto que se rige por unas normas claras en cuanto a la adquisición y gestión de los bienes, como un sistema matrimonial, comunidad o régimen fijo o inamovible. Al contrario, en el Código Civil la visión de la sociedad de gananciales en el Código Civil es dinámica y contiene un factor, la autonomía de la voluntad de los cónyuges, que permite la mutabilidad o modificación del carácter de los bienes adquiridos constante matrimonio —e incluso de los bienes privativos—.

En efecto, el régimen económico matrimonial de la sociedad de gananciales según el Código Civil está dominado por el principio de la autonomía de la voluntad de los cónyuges, en primer lugar. A este principio podemos sumar otros dos muy relevantes: la *vis attractiva* de la ganancialidad, cuya manifestación más importante es la presunción de ganancialidad que

---

51 RAGEL SÁNCHEZ, L.F. (2017). "Capítulo 25: La Sociedad de Gananciales (4). El pasivo de la sociedad" *Tratado de Derecho de Familia, Los regímenes económico matrimoniales* (I). Aranzadi, 1041 y ss.

permite suponer gananciales los bienes adquiridos por cualquiera de los cónyuges constante matrimonio, vigente este régimen, y que sólo puede desvirtuarse en —al menos en cuanto a las de bienes inmuebles— por medio de una prueba documental pública (cfr. art. 95.2º del Reglamento Hipotecario); y el principio de la subrogación real, por el que, podríamos decir, se establece una relación de causalidad entre el carácter del bien adquirido y el dinero —u otro bien, corporal o incorporal— empleado para su adquisición... a menos que los cónyuges (volviendo al primer principio), por el juego de la autonomía de la voluntad, decidan otra cosa.

La autonomía de voluntad que se reconoce a los cónyuges casados en régimen de gananciales hace que dicho régimen se convierta en un modelo flexible y cómodo para los consortes sujetos a él ya que, les permite hacer las modificaciones en capitulaciones que estimen oportuno, transmitirse bienes, celebrar entre ellos contratos, modificar los convenios, cambiar la calificación de los bienes y las demás modificaciones del régimen que deseen, siempre que se respeten los límites de la autonomía de voluntad, a saber, *ex* arts. 1255 y 1328 C.c., ley imperativa, el orden público, la moral, las buenas costumbres y el principio de igualdad de los consortes. Y es que el régimen de bienes gananciales se norma a través de una serie de principios que, por su naturaleza especial, otorgan a los bienes del matrimonio de una serie de reglas particulares, que afectan a su calificación, a su administración y disposición, a las cargas y a las responsabilidades, entre otros[52].

La amplia autonomía reconocida a los cónyuges en el ámbito ganancial, hace que, independientemente de la clasificación de bienes privativos y gananciales contenida *ex* arts. 1346, 1347

---

52 DE LOS MOZOS, J. L. (1972). "Crisis del principio de abstracción y presupuestos romanistas de la adquisición del dominio en el Derecho español". *AD,* (4), 1027 y ss.

y ss. C.c., los cónyuges puedan cambiar la calificación de los bienes en algunos casos y dentro de los límites permitidos.

La sociedad de gananciales tiene como característica básica la presunción de ganancialidad *ex* art. 1361 C.c., en cuya virtud se presumen gananciales los bienes existentes en el matrimonio mientras no se pruebe que pertenecen con carácter privativo a uno de los cónyuges. El fundamento de este principio es ofrecer un criterio que aporte una solución a la calificación de los bienes. Así, el art. 1361 C.c. introduce sobre esta premisa una presunción *iuris tantum* de ganancialidad de los bienes, admitiendo la posibilidad de que, a través de una prueba en contrario, se pueda demostrar que el bien no tiene naturaleza ganancial sino privativa y, corresponderá la carga de la prueba a quien alegue que el bien es privativo, sin perjuicio de que la prueba pueda consistir, *ex* art. 1324 C.c., en la confesión del otro consorte[53].

Esta presunción alcanza a todos los bienes existentes en el matrimonio, abarcando a los bienes adquiridos a título oneroso por uno de los cónyuges sin que conste que el importe de la contraprestación era de carácter privativo y aun sin expresar que adquiere el bien para la sociedad de gananciales, estando, entonces, ante un bien presuntivamente ganancial. En caso de bienes inmuebles, el bien se inscribirá a nombre del consorte adquirente, *ex* art. 94.1 del R.H., con carácter presuntivamente ganancial.

De igual forma ocurrirá, dentro de la idea de comunidad, con las cuentas bancarias, independientemente de la titularidad de las mismas se presume ganancial el saldo existente,

---

53 Con respecto a la presunción *iuris tantum* de ganancialidad, la STS 121/1997 de 7 abril, en la que se adquiere un solar por la esposa y la obra nueva se declara a su nombre, concurriendo el marido a ambas escrituras para prestar la asistencia y la licencia requerida.

aparezcan a nombre de uno de los cónyuges o de los dos. El art. 1324 C.c. vuelve a manifestar el principio de autonomía que se reconoce en el ámbito ganancial y recoge la llamada confesión de privatividad de los bienes conyugales y que tiene como objeto probar que, determinados bienes son propios de uno de los cónyuges, para lo que bastará la confesión del otro consorte. Ocurre que dicha confesión no perjudicará a los herederos forzosos del que confiesa, ni a los acreedores, bien sean de la comunidad, o de cada uno de los esposos. Mediante dicha confesión se puede desvirtuar el carácter de un bien que, conforme al art. 1347 y 1361 C.c., sería bien ganancial.

Sobre el particular, la RDGRN de 5 marzo 1999 estableció que la presunción de ganancialidad tenía un alcance *erga omnes*, requiriendo, su desvirtuación, una prueba satisfactoria y suficiente en su conjunto. Asimismo, establece que la confesión de privatividad tiene un efecto de carácter limitado, que sólo va a operar en el ámbito interconyugal, sin producir perjuicio a los herederos forzosos del confesante ni a los acreedores comunes o de uno de los consortes, de lo que se deriva que dicha confesión no es por sí sola suficiente para desvirtuar aquella presunción en perjuicio de éstos[54].

La ganancialidad en los bienes que ingresan constante la sociedad de gananciales es asimismo favorecida por dos negocios relativamente modernos y ya muy caracterizados (sobre todo por la DGRN): la atribución de ganancialidad conforme al art. 1355 del Código Civil y la aportación a la sociedad de gananciales realizada al amparo de la libre contratación conyugal establecida por el art. 1323 del Código Civil.

Igual sucede con la atribución de ganancialidad que reconoce el art. 1355 C.c., al reconocer que los cónyuges de común

---

54 GIMÉNEZ DUART, T. (1982). "La gestión de la comunidad de gananciales". *A.D.C.*, (35), 571 y ss.

acuerdo pueden atribuir la condición de gananciales a los bienes que adquieran a título oneroso constante matrimonio, cualquiera que sea el origen del precio o de la contraprestación y la forma y plazos en que se satisfaga. Además, el art. 1355.2 C.c. establece que: "Si la adquisición se hiciere en forma conjunta y sin atribución de cuotas, se presumirá su voluntad favorable al carácter ganancial de tales bienes". La norma contenida en este precepto supone una excepción a la enumeración que del carácter de los bienes[55] se contiene en los arts. 1346 y 1347 C.c.

En concreto, se permite a los esposos que, aunque un bien fuera de naturaleza privativa conforme a lo dispuesto en el art. 1346 C.c., se pueda modificar el carácter del mismo y convertirlo en bien de carácter ganancial, siempre que ambos cónyuges estén de acuerdo y el bien se haya adquirido constante matrimonio. Asimismo, el art. 1323 C.c. dispone que "Los cónyuges podrán transmitirse por cualquier título bienes y derechos y celebrar entre sí toda clase de contratos".

En los supuestos en los que a través de capitulaciones matrimoniales se modifique la regla general, sin olvidar que el art. 1328 C.c. impone que dentro de los límites de los pactos capitulares es necesario respetar el principio de igualdad de ambos cónyuges, por lo que un acuerdo que atentara contra el mismo, *v.g.*, un pacto que reviviera la antigua potestad marital, sería nulo.

El Código Civil excepciona el principio general de actuación conjunta reconociendo que los cónyuges pueden actuar por sí solos. Así, el cónyuge que no actúa quedará amparado por el art. 1383 C.c., al reconocerle el derecho a recabar infor-

---

55 LÓPEZ FRÍAS, A. M. (2022). "La asignación convencional del carácter privativo a los bienes adquiridos a título oneroso o por uno de los cónyuges a efectos de su inscripción en el Registro de la Propiedad". *Revista de Derecho Civil,* (4), 269 y ss.

mación sobre la situación y los rendimientos de cualquier actividad económica sobre los bienes de naturaleza ganancial[56]. El cónyuge titular registral que haya realizado actos sobre fincas gananciales que consistan en agrupaciones, segregaciones o divisiones de estas fincas, declaraciones de obra nueva sobre ellas, o constitución en régimen de propiedad horizontal u otros actos análogos deberá prestar al otro la información requerida por el art. 1383 del Código Civil.

Tras la reforma de 1981, la sociedad de gananciales se ha configurado como el régimen matrimonial que mejor se acoge a los principios constitucionales de igualdad y no discriminación por razón de sexo entre los cónyuges. Su funcionamiento ha quedado normado en más de sesenta preceptos del Código Civil, donde queda patente el amplio espacio que se reconoce a la voluntad de los esposos y se sigue manteniendo este régimen como el supletorio de primer grado en los matrimonios sujetos al Código Civil.

V. LA MUTABILIDAD DEL CARÁCTER DE LOS BIENES DE LA SOCIEDAD DE GANANCIALES

Como examinaremos otras veces, debido a la preponderancia del principio de la autonomía de la voluntad en el régimen económico matrimonial de la sociedad de gananciales, la DGSJFP ha admitido que los esposos pueden atribuir carácter privativo a un bien ganancial, pacten o no compensación a cargo de los bienes privativos y siempre que el desplazamiento pactado aparezca causalizado[57]. Como decimos, esta opción

---

[56] MEDINA SÁNCHEZ, R.M. (2016). "Capítulo 2. Bienes gananciales". *Comunidad de Gananciales, Cuestiones prácticas y actuales.* Universitaria Ramón Areces, 96 y ss.

[57] Resoluciones de la Dirección General de los Registros y del Notariado de 25 de septiembre de 1990, 21 de enero de 1991 y 30 de julio de 2018.

interpretativa requiere no obstante un análisis que haremos más adelante.

La doctrina ha expuesto argumentos en contra de esta posibilidad ya que no hay un principio general ni un artículo que admita la atribución de privatividad, en sentido inverso a la de ganancialidad a que se refiere el art. 1355 C.c., en virtud del cual los esposos puedan atribuir carácter privativo a los bienes adquiridos a título oneroso, ya que la confesión de privatividad del art. 1324 C.c. es en puridad un medio de prueba. Además, no debe de ser confundida la libre contratación entre los cónyuges, *ex* art. 1323 C.c., ni el principio informador del *favor consortialis* que inspira el art. 1355 C.c., con la confesión de privatividad recogida en el art. 1324 C.c., ya que ésta última es un medio de prueba. Asimismo, el interés de los acreedores de la sociedad de gananciales debe estar protegido por una liquidación que contenga su inventario y, en consecuencia, la declaración de la privatividad tiene su marco en la confesión del art. 1324 C.c., sin perjuicio de que se puedan producir transmisiones, con su causa, entre los consortes, *ex* art. 1323 C.c., mediante donación, compraventa u otros contratos[58].

Esta tesis fue rechazada por RDGRN de 25 de septiembre de 1990, en los términos siguientes: "Por una parte, las normas jurídicas no pueden ser interpretadas desde la perspectiva de evitar el fraude de los acreedores[59], el cual, además, tiene suficiente remedio en las correspondientes accione de nulidad y rescisión o en la aplicación de las normas que se hubiere tra-

---

58 GARRIDO DE PALMA, V. M. (1994). "Derecho de Familia". *Anuario de Derecho Civil,* (1), 315 y ss.

59 FERNÁNDEZ CAMPOS, J. A., en su obra *El fraude de acreedores: la acción pauliana, opus cit,* 7-38, analiza el perjuicio pauliano o *eventus damni* y, en particular, el perjuicio a la garantía patrimonial del art. 1911 del Código Civil (29 y ss.) o, la insolvencia como presupuesto de la acción pauliana (33 y ss.)

tado de eludir. Por otra, no puede desconocerse la proclamación, tras la reforma del Código Civil de 13 de mayo de 1981, de la libertad de contratación entre los cónyuges (principio recogido en el artículo 1.323 del Código Civil, respecto del cual, el artículo 1.355 del Código Civil no es sino una aplicación particular para una hipótesis concreta, de la que no puede inferirse, por tanto, la exclusión legal de los demás supuestos de contratación entre esposos) que posibilita a estos, para, actuando de mutuo acuerdo, provocar el desplazamiento de un concreto bien ganancial al patrimonio de uno de ellos por venta (vid. resolución de 2 de febrero de 1983), permuta, donación u otro título suficientemente causalizado y cuyo régimen jurídico vendrá determinado en función de esa específica causalización (609, 1.255, 1.261 del Código Civil), así pues, admitido ese trasvase patrimonial de un bien ya ganancial, debe igualmente admitirse que los cónyuges, con ocasión de la adquisición de determinado bien a tercero, puedan convenir que éste ingrese de manera directa y *erga omnes* en el patrimonio personal de uno de ellos a pesar de no haberse acreditado la privatividad de la contraprestación, siempre que dicho negocio conyugal atributivo (que mantiene su sustantividad y autonomía jurídica pese a su conjunción con el negocio adquisitivo) obedezca a una causa adecuada que justifique la no operatividad del principio de subrogación real (1.347.3.º del Código Civil) cual, por ejemplo, la previa transmisión gratuita de la contraprestación a favor del cónyuge adquirente, el derecho de reembolso al que se refiere el artículo 1.358 del Código Civil, etc.. Dicho negocio atributivo no debe confundirse con la confesión de privatividad, pues la virtualidad de ésta a efectos de la calificación del bien, sobre ser relativa en su ámbito subjetivo (artículo 1.324 del Código Civil), queda subordinada a la realidad o inexactitud del hecho confesado, *ex* art 1.234 C.c."

Así, pues, como puso de manifiesto la DGSJFP por Resolución de 30 de julio de 2018, el pacto de privatividad será siempre admisible, pero se exigirá su causalización en los supuestos en que sea previa o simultánea a la adquisición y en los casos en que sea posterior, sin que ello signifique que haya que acudir a contratos de compraventa o donación entre esposos. Pero como se exponía en la Resolución DGRN de 22 de junio de 2006, dicho requisito de especificación causal del negocio ha de ser interpretado en sus justos términos. Así se ha considerado que es suficiente que se mencione la gratuidad u onerosidad de la aportación, o que la misma resulte o se deduzca de los concretos términos empleados en la redacción de la escritura pública[60].

En el supuesto que estudiamos se concluye que los esposos, por pacto, están determinando el carácter privativo de los bienes comprados por el marido, abstracción hecha de que no haya podido acreditarse el carácter privativo de dichos bienes mediante la aplicación directa del principio de subrogación real por faltar la prueba fehaciente de la naturaleza privativa del dinero que se ha empleado, a falta en el Derecho común de una presunción legal como la establecida en el art. 213 del Código de Derecho Foral de Aragón, de modo que ambos cónyuges en ejercicio de su autonomía de la voluntad, excluyen el juego de la presunción de ganancialidad del art. 1361 C.c. y, como expone el recurrente, en la escritura calificada queda expuesto el carácter oneroso del negocio entre los cónyuges, en el sentido de que hay una perfecta conmutatividad sinalagmática entre los fondos empleados en la adquisición y el carácter de lo adquirido.

Y así, en atención a las circunstancias de hecho y a los Fundamentos de Derecho aludidos, la Dirección General ha acordado estimar el recurso interpuesto y asimismo, revocar la calificación impugnada.

---

60 JARILLO GÓMEZ, J. L. (2016). "Capítulo 2. Bienes Privativos". *Comunidad de gananciales, Cuestiones prácticas y actuales.* Ramón Areces, 81 y ss.

Este pronunciamiento entrar en conflicto, de una parte, con la confesión de privatividad que tiene sus efectos propios, ya que, v.g., cuando uno de los cónyuges confiesa que un bien es privativo del otro cónyuge, habrá que estar a los efectos que se deriven de esta confesión ya que, cuando muera el cónyuge confesante, sus legitimarlos tendrán que ratificar las ventas que, con respecto a ese bien privativo, haga el cónyuge superviviente[61].

Y, en segundo término, hay que atender al problema que se deriva del conflicto que se entabla con el art. 1355 C.c. ya que, este precepto admite que los cónyuges de común acuerdo atribuyen carácter común a un bien, pero no parece, en principio, que le puedan atribuirle carácter privativo[62].

Atendiendo al principio de mutabilidad del régimen económico matrimonial, es necesario poner de manifiesto que la ley autoriza la posibilidad de dar por concluido, en todo momento y sin limitaciones, el régimen que se ha elegido al comienzo del matrimonio, Esta modificación va a exigir un pacto o acuerdo de los consortes. Para ello, ha de acudirse al Notario para otorgar capitulaciones, incluso cuando en origen no se hubieran otorgado, sino que se hubiera aplicado de régimen económico matrimonial supletorio.

El Legislador no previó la posibilidad de dar por extinguido de manera unilateral o por desistimiento el régimen económico matrimonial elegido, únicamente se contempla la extinción del régimen económico de gananciales en situaciones de crisis matrimonial, esto es, divorcio o separación judicial. No está prevista, asimismo, la extinción automática en caso de falleci-

---

61 GORDILLO CAÑAS, A., (2004). "Ganancialidad de la deuda: ¿Presunción, prueba o determinación legal?". *A.D.C.,* (21), 2517 y ss.

62 GIMÉNEZ DUART, T. (1982). "Los bienes privativos y gananciales tras la reforma de 13 de mayo del1981". *R.C.D.I.,* (548), 117 y ss.

miento o de separación de hecho. El art. 1317 C.c. regula esta cuestión y establece la inoponibilidad frente a terceros.

El art. 1317 C.c. ha sido objeto de aplicación jurisprudencial estableciendo que su efecto no es la nulidad de la modificación del régimen económico matrimonial ni es un caso de fraude de acreedores[63] que exija el cumplimiento de lo contemplado en el art. 1291 C.c. y ss., sino que es una mera oponibilidad. Así, pues, el contenido de lo pactado no va a afectar a terceros y subsiste frente a éstos el régimen económico matrimonial anterior, incluso aun cuando haya sido ya disuelto y liquidado. El tercero no va a tener que probar nada, en todo caso, podría anularse el pacto si se probara la simulación o, rescindirse, en el caso de que se probara el fraude de acreedores[64]. Y, para que se dé esa inoponibilidad es necesario que se trate de derechos ya adquiridos por terceros antes de la modificación del régimen económico matrimonial[65]. En cualquier caso, este criterio —el límite en el perjuicio de terceros— parece lógico y de hecho es el que tiene en cuenta el Reglamento 2016/1103 (UE) *ex* arts. 22.3 y 28.

Centrándonos en el régimen de comunidad de bienes subrayar, en primer lugar, que se caracteriza por la formación de una masa común con la totalidad o con parte de los bienes de uno y otro cónyuge. En caso de que se produzca la disolución de ésta, se distribuirán, entonces, los bienes que la integran.

La doctrina identifica diferentes modelos de comunidad matrimonial de bienes. Suelen dividirse en dos grandes gru-

---

63 La situación de fraude de acreedores puede examinarse en FERNÁNDEZ CAMPOS, J. A., *El fraude de acreedores: la acción pauliana, opus cit,* 127-145 y, en particular, con ocasión de una modificación del régimen económico matrimonial, 162.

64 FERNÁNDEZ CAMPOS, J. A., *opus cit.*, 143.

65 COBACHO GÓMEZ, J. A. (1990). "La deuda alimentaria". *RDU,* (5), 275 y ss

pos, los sistemas de comunidad universal, en la que todos los bienes de los cónyuges se hacen comunes de los esposos, con independencia del título por el que los hayan adquirido o la naturaleza del bien, y los de comunidad limitada o restringida de bienes, donde se hacen comunes ciertos bienes pero no todos (estando generalmente excluidos de la comunidad los adquiridos por títulos privativos como la donación o los que tenía cada uno de los cónyuges antes de la celebración del matrimonio o el inicio de la comunidad). Entre estas últimas, las comunidades limitadas de bienes, consideramos a la comunidad o sociedad de gananciales, que esencialmente tiene por objeto las adquisiciones a título oneroso, junto a otras clases de comunidad como las de muebles y adquisiciones, en la que tanto los bienes que integran el patrimonio ganancial, como los bienes muebles presentes o futuros de los esposos formarían la masa común[66].

A falta del convenio en capitulaciones en el que los consortes determinan los detalles de su régimen matrimonial, surge efecto el régimen económico matrimonial supletorio. Llamamos capitulaciones matrimoniales al acuerdo entre las personas que van a contraer matrimonio o, los que ya son esposos por el que, a través del otorgamiento de escritura ante Notario, se norma la organización económica de los consortes o una modificación de la regulación ya existente.

Con respecto al contenido de las capitulaciones, éstas recogerán las estipulaciones relativas sobre el régimen económico matrimonial y otras estipulaciones sobre el matrimonio o convivencia matrimonial, esto es, los pactos prematrimoniales en previsión de una eventual ruptura de la convivencia o del matrimonio; las donaciones entre los consortes y de terceros hecha a los esposos; los pactos sobre materia sucesoria, *v.g.*,

---

66 CAPOTE PÉREZ, L. J. (2018). "La reanudación del tracto sucesivo". *Estudios sobre la representación gráfica de las fincas registrales,* (23), 239 y ss.

designación de cónyuge con capacidad de mejorar, *ex* art. 826 C.c., o, donaciones para el caso de muerte, *ex* art. 1341 C.c.; los pactos sobre organización de la convivencia y la educación de los hijos; y el reconocimiento de hijos, *ex* art. 120.2 C.c.[67]

En relación a los límites, el art. 1328 C.c., establece que las capitulaciones no deben ser contrarias a las leyes, a las buenas costumbres y no limitar la igualdad de derechos entre consortes. No se excluye los pactos de delegación de funciones de manera exclusiva a uno de los esposos entendido como el efecto del reparto de tareas pactado. Habría que pensar en una suerte de reciprocidad o de concesiones mutuas.

La capacidad que se exige para otorgar capitulaciones matrimoniales es la misma que la que se exige para contraer matrimonio. El art. 1329 C.c. contempla al menor no emancipado que con arreglo a la ley pudiera casarse. Al respecto, podría entenderse que parte de esta norma estaría derogada en el sentido de que, únicamente, los menores emancipados pueden otorgar capitulaciones, porque sólo ellos son los que pueden contraer matrimonio. El Legislador podría haber previsto la modificación de esta norma, pero no lo ha hecho, queda, por tanto, la duda de si es necesaria la intervención de los padres o del tutor en el supuesto de matrimonio de menor que previamente estaba emancipado. Con respecto a los incapacitados se mantiene lo dispuesto en el art. 1330 C.c.[68]

Para modificar las capitulaciones matrimoniales, el art. 1331 C.c. exige la intervención de quienes habían participado en las primeras capitulaciones o en las anteriores capitulaciones pactadas. No cabe la modificación de manera unilateral, excepto en los casos legalmente tasados. Si hubieran intervenido otras

---

67 DE LOS MOZOS, J. L., *opus cit.*, 65 y ss.

68 BORRUEL GARCÉS, Y. (2022). "La atribución de Privatividad en la sociedad de gananciales ¿un nuevo negocio jurídico?". *Diario La Ley,* (17), 134 y ss.

personas, *v.g.*, en calidad de donantes, el art. 1331 C.c. va a exigir su participación para poder modificar las capitulaciones correspondientes.

En cuanto a sus efectos, se exige que el matrimonio se celebre en el plazo de un año, cuando se otorgan capitulaciones antes que el matrimonio se celebre, si no, decaerán en su eficacia y, en su caso, habría que volver a otorgarlas. Pero la eficacia de las capitulaciones no decaerá por el transcurso de ese plazo si se contemplan otras disposiciones de contenido diferente, *v.g.*, el reconocimiento de un hijo, *ex* art. 120.2 C.c. Para que surtan eficacia frente a terceros, será necesaria la inscripción en el Registro Civil o en el Registro de la Propiedad, pero se podría defender su eficacia si los terceros conocían su existencia y su contenido a pesar de no estar inscritas en el Registro[69].

La doctrina ha destacado que el Código Civil contempla tres vías para modificar el carácter privativo o ganancial de los bienes, a saber, la confesión, la atribución de ganancialidad y la transmisión entre consortes. No obstante, como examinaremos con más detalle, últimamente la Dirección General de Seguridad Jurídica y Fe Pública ve además, como reverso de la atribución de ganancialidad, la posibilidad de realizar una atribución de privatividad por simple convenio entre cónyuges[70].

Con respecto a la confesión de privatividad, nos encontramos ante un expediente que podríamos denominar *de vía única* pues sólo se produce en el sentido de ganancial a privativo

---

69 ARREBOLA BLANCO, A. (2022). "La liquidación de la sociedad de gananciales", *Las crisis familiares. Tratado práctico interdisciplinar.* Aranzadi, 401 y ss.

70 Las posibilidades de negociar entre cónyuges que ofrecen los artículos 1323 y 1355 han sido objeto de estudio como el realizado por GASPAR LERA, S. (2016). "*Los negocios de configuración del patrimonio común en la sociedad de gananciales: autonomía privada de los cónyuges y Registro de la Propiedad*". *Revista Crítica de Derecho Inmobiliario,* (753), 255 y ss.

y no a la inversa y, *de carácter parcial* ya que, basta para probar la privatividad entre cónyuges, pero no frente a los acreedores y legitimarios del confesante. Subraya en este sentido el art. 1324 C.c. que "Para probar entre cónyuges que determinados bienes son propios de uno de ellos, será bastante la confesión de uno de ellos, pero tal confesión no perjudicará por sí sola a los herederos forzosos del confesante ni a los acreedores, sean de la comunidad o de cada uno de los cónyuges".

Este artículo, que fue reformado por la Ley de 13 de mayo de 1981, contiene una regla de extraordinaria importancia. Con anterioridad a la reforma era un problema sumamente discutido el de la validez y eficacia que debía poseer la manifestación que hacía un cónyuge sobre la pertenencia exclusiva del otro de un determinado bien, ya que podía ser considerado un caso de donaciones entre cónyuges, que estaban prohibidas antes de 1981.

Un sector doctrinal sostiene que el Legislador ha seguido una vía intermedia bastante acertada, pues otorga a la confesión el valor de prueba bastante entre los consortes cuando el problema de la calificación de un bien se origina entre ellos o sus herederos voluntarios, pero, sin embargo, no le da valor por sí sola frente a terceros. Se trata de un precepto claramente imperativo[71].

En cuanto a su naturaleza, algún autor sostiene[72] que este precepto se refiere a la *confesión* probablemente por un arrastre histórico, pero que en la actualidad debe extenderse además de a los negocios jurídicos traslativos entre cónyuges, a los negocios jurídicos de reconocimiento o de fijación cuyo objeto es dotar de certidumbre a una situación jurídica que carecía

---

71 DÍEZ PICAZO y GULLÓN BALLESTEROS, *opus cit.*, 124 y ss.

72 DÍEZ PICAZO, *opus cit.*, 145 y ss.

de ella, como en el caso de los bienes de titularidad dudosa y, también, a la genuina confesión, ya sea judicial o extrajudicial.

En segundo lugar, la atribución inicial de ganancialidad viene contemplada en el art. 1355 C.c., que señala que "podrán los cónyuges, de común acuerdo, atribuir la condición de gananciales a los bienes que adquieran a título oneroso durante el matrimonio, cualquiera que sea la procedencia del precio o contraprestación y la forma y plazo en que se satisfaga. Si la adquisición se hiciere en forma conjunta y sin atribución de cuotas, se presumirá su voluntad favorable al carácter ganancial de tales bienes". Este precepto establece una derogación por vía convencional del principio de subrogación real establecido por los arts. 1346.3 y 1347.3 C.c. Se habla de una atribución hecha al tiempo de la adquisición ya que, si se tratara de una atribución en un momento posterior, ya no nos encontraríamos en el supuesto del art. 1355 C.c., sino ante una aportación a la sociedad de gananciales o transmisión entre consortes. Según la mayor parte de la doctrina, mediante la atribución inicial nace a favor del cónyuge titular de la contraprestación un derecho de crédito contra su consorte por la mitad del bien comunicado[73]. Otros autores, y la última doctrina de la Dirección General de Seguridad Jurídica y Fe Pública, sostienen la hipótesis inversa, es decir, la privatización inicial y directa de un bien adquirido con fondos comunes. Pero, así como la atribución de ganancialidad puede ser tácita, como en el caso de la adquisición conjunta y sin atribución de cuotas del art. 1355.2 C.c., la atribución de privatividad habrá de ser siempre expresa[74]. En cualquier caso, la atribución o convenio de privatividad *ab initio* es una posibilidad que deberemos examinar por separado, pues su admisión no es totalmente pacífica, y desde luego deslindar de la confesión de privatividad.

---

[73] LÓPEZ FRÍAS, A. M., *opus cit.*, 251 y ss.

[74] MARTÍNEZ RODRÍGUEZ, N., *opus cit.*, 15 y ss.

En tercer lugar, la transmisión entre cónyuges es el método de alteración más directo. Viene recogido en el art. 1323 C.c., que establece que "el marido y la mujer podrán transmitirse por cualquier título bienes y derechos y celebrar entre sí toda clase de contratos". Este precepto se refiere tanto a las transmisiones onerosas como a las gratuitas, superando así la antigua prohibición de donaciones entre cónyuges, tradicional en nuestro Derecho hasta la reforma de 13 de mayo de 1981. Contempla tanto el movimiento de bienes privativos entre consortes como la transmisión de un bien ganancial a un patrimonio privativo o, la hipótesis contraria de ganancialización. Se ha planteado la cuestión de si la ganancialización de un bien por esta vía es un negocio jurídico autónomo o va a requerir la utilización de cualquiera de los negocios traslativos típicos. La DGRN ha declarado en resoluciones de 1992 y 1993 que en estos supuestos de ganancialización de un bien previamente privativo es imprescindible expresar la causa. Ello ha llevado a algún autor[75] a entender que es necesaria la utilización de alguno de los métodos clásicos, tesis que ha sido contradicha por quienes interpretan que lo que lo que la DGRN exige es expresar el carácter gratuito u oneroso de la ganancialización o privatización.

Nuestro Código Civil no proporciona un concepto claro y exacto de lo que significan las capitulaciones matrimoniales, como decíamos, se limita a indicar en el artículo 1325 cuál es su contenido: "En capitulaciones matrimoniales podrán los otorgantes estipular, modificar o sustituir el régimen económico de su matrimonio o cualesquiera otras disposiciones por razón del mismo". Las capitulaciones matrimoniales son un contrato a través del cual los ya cónyuges o futuros contrayentes establecen los acuerdos que consideren oportunos para regir su régi-

75 CHICO Y ORTIZ, J. M., (1993). "La sociedad conyugal de gananciales y las aportaciones a la misma". *Revista Crítica de Derecho Inmobiliario,* (614), 219 y ss.

men económico matrimonial, sin perjuicio de poder tener un contenido más amplio y fijar reglas para la liquidación del régimen. Las capitulaciones matrimoniales son una consecuencia del principio de autonomía que cada vez se ha ido haciendo más visible en el ámbito matrimonial. Tras la reforma operada por el Código Civil en 1975 se permitió la posibilidad de que fueran postnupciales, lo que provocó que las mismas adquirieran más fuerza e importancia; aunque es tras la reforma de 1981 cuando se produce un auténtico cambio en materia de regímenes matrimoniales. El otorgamiento de capitulaciones matrimoniales se revela como un acto personalísimo, no dando cabida a su realización mediante representante, quedando excluida tanto la representación voluntaria como la legal[76].

Tras la supresión del art. 1330 por la Ley 8/2021, de 2 de junio y con arreglo a las normas generales establecidas en el Código Civil, las personas con discapacidad, para otorgar las capitulaciones matrimoniales, deberán en su caso contar con las medidas de apoyo en el ejercicio de su capacidad jurídica, sean de origen voluntario, legal o judicial (cfr. arts. 249 y 250 C.c.). Quienes desempeñen medidas de apoyo, y puedan concurrir al otorgamiento de capitulaciones conforme al art. 1331, deberán observar las limitaciones impuestas por el art. 251 del Código Civil. Además, el art. 252 prevé que "el que disponga de bienes a título gratuito en favor de una persona necesitada de apoyo podrá establecer las reglas de administración y disposición de aquellos, así como designar la persona o personas a las que se encomienden dichas facultades. Las facultades no conferidas al administrador corresponderán al favorecido por

---

76 BARCELÓ DOMENECH, J., BARCELÓ DOMENECH, J. (2022). "La liquidación de la sociedad de gananciales con base en el valor convenido por los cónyuges: criterios para la interpretación de la renuncia a la acción rescisoria". *Estudios de Derecho Privado en homenaje al profesor Salvador Carrión Olmos,* (17), 209 y ss.

la disposición de los bienes, que las ejercitará, en su caso, con el apoyo que proceda. Igualmente podrán establecer los órganos de control o supervisión que se estimen convenientes para el ejercicio de las facultades conferidas."

VI. ESPECIAL CONSIDERACIÓN DE LA VIVIENDA HABITUAL

La vivienda habitual queda protegida especialmente por la ley al tratarse, no solo de una vivienda con destino conyugal, sino de una vivienda en la que, además, de los esposos, viven los hijos comunes o los que cada cónyuge antes del matrimonio hubiera tenido. Así, no solo el Código Civil va a establecer una tutela especial de la vivienda familiar en su art. 1320, también lo hace, por ejemplo, el Derecho Civil de Cataluña, en su art. 231.9 y el Derecho Civil aragonés en el art 190 del Código regulador del Derecho Foral de Aragón. Con respecto a los supuestos de aplicación, la RDGSJFP, de 29 de octubre de 2020 pone de relieve que la función normativa se encuentra en la necesidad de asegurar al otro consorte y, a su través a la familia, el espacio dedicado a la convivencia frente a actos de disposición que pudiera llevar a cabo el cónyuge que es propietario de la vivienda o que fuera titular de un derecho sobre ella, al que se impide cualquier actuación que pueda privar del uso compartido de este bien al consorte[77].

Se subraya, además, que el consentimiento que se requiere para el acto de disposición es exclusivamente el del cónyuge que es titular de esta vivienda o del derecho sobre ella y no el consentimiento de los hijos. No importa la fecha en que la hubiera adquirido la vivienda o el derecho que exista sobre

---

[77] ADÁN GARCÍA, M. E. "La comunidad de bienes y el régimen económico matrimonial", *opus cit.*, 381 y ss.

ella y que sea de carácter privativo o sea ganancial y, asimismo, es indiferente cuál sea el régimen económico del matrimonio. Se aplica, pues, el término *disposición* a todo acto de enajenación o gravamen sobre la vivienda, y, asimismo, como señala la RDGRN de 19 de diciembre de 2017, para llevar a cabo actos de disposición sobre viviendas que estén realizados por solo uno de los cónyuges, cualquiera que sea el régimen económico matrimonial que tengan, incluido el régimen de separación de bienes, exige que se exprese si dicha vivienda es o no la habitual de la familia.

Se aplica este precepto, por tanto, a las enajenaciones de carácter voluntario a título oneroso o a título gratuito del inmueble, a la transmisión de la nuda propiedad, aunque haya reserva del usufructo. Comprende, pues, los actos que implican sustraer al uso común los derechos sobre la vivienda familiar tal como la constitución de un usufructo, de un derecho de habitación o de uso o, la constitución de una hipoteca en garantía de una obligación ya que, en el caso de un incumplimiento, se puede producir la realización forzosa del inmueble la constitución de servidumbre que afecta al uso de la vivienda y, no se exige en una servidumbre sobre la azotea que no compromete el uso de la vivienda[78]. Cuando tenga lugar la extinción de la comunidad, en el caso de un inmueble en que haya una o más de una vivienda que pertenezcan a titulares distintos, si se procede a la extinción de comunidad y correspondientes adjudicaciones, deberá hacerse constar en la escritura que la vivienda no respectivamente adjudicada no tiene carácter de vivienda habitual de los otros comuneros.

Asimismo, la RDGRN de 22 de mayo de 2006 establece que no se aplica a la hipoteca de una vivienda otorgada para su adquisición ya que, si no hay obstáculo para que un cónyuge

---

78 Resolución de la Dirección General de los Registros y el Notariado de 13 de junio de 2018.

adquiera en solitario una vivienda que ya está gravada con una hipoteca, aunque pasara a ser la vivienda familiar -no es de aplicación el art. 1320 C.c.-, no hay, asimismo, problema cuando el acto de gravamen se realiza en la escritura inmediata posterior a la compra y tiene por objeto la financiación de la propia vivienda hipotecada[79]. La justificación es que entre la compra de vivienda y simultáneo préstamo hipotecario sobre ella la DG ve un negocio complejo antes que dos negocios que deben cumplir los requisitos propios de cada uno independientemente y considera preferente al principal, que es la compra.

Con respecto a la extinción de la comunidad de una vivienda indivisible adquirida por solteros y que ahora están divorciados la Resolución de la Dirección General de los Registros y del Notariado, de 18 de diciembre de 2015 discute si, para poder determinar si es necesario o no el consentimiento de otra persona para disponer de la finca, debe manifestarse si existe o no unión de hecho formalizada del consorte transmitente y, en tal caso, que la vivienda no se constituya como la vivienda habitual de dicha unión o, directamente esta circunstancia última. Se establece al respecto que, todo comunero puede obligar a extinguir la comunidad por medio de la venta de la vivienda por la vía de la acción de división, al ser esta indivisible. Y esta manera de distinguir la comunidad no debe verse supeditada ni al consentimiento prestado por los cónyuges de los otros titulares ni, tampoco, a la autorización judicial supletoria ya que, ello supondría introducir una limitación a la acción de división, que es de orden público y está estimulada y favorecida por el Legislador[80].

---

79 JIMÉNEZ MUÑOZ F. J., "Los bienes privativos en el régimen económico matrimonial de gananciales en España.", *opus cit.*, 933 y ss.

80 PEREÑA VICENTE, M., "El negocio de atribución a la sociedad de gananciales", *opus cit.*, 45 y ss.

Por lo que se refiere a las expresiones que constan en una escritura pública, parece que lo más exacto es utilizar la expresión del Código Civil: *vivienda habitual del disponente, ex* art. 1320 C.c. y art. 91 R.H. o, *vivienda familiar, ex* art. 96 C.c., no siendo tan precisa la fórmula *residencia habitual, ex* art. 1406 C.c., ni tampoco la expresión *domicilio conyugal* que es admitida como sinónimo de vivienda familiar. Pero con la intención de simplificar esta redacción algunos Notarios han decidido exponer simplemente que a ninguna vivienda le afecta la limitación del art. 1320 C.c. Es cierto que esta opción es más sencilla pero menos clarificadora para los otorgantes, que deberán ser debidamente advertidos de la consecuencia de cualquier manifestación al respecto falsa o errónea.

Asimismo, con respecto a la naturaleza del derecho de uso de la vivienda familiar, es necesario poner de manifiesto que es éste un derecho de configuración judicial ya que se constituye *ope sententiae*[81], bien si es acordado por los cónyuges o, si entre ellos hay desacuerdo. Asimismo, es un derecho de carácter familiar en el que tanto la doctrina más consolidada como las Resoluciones de la Dirección General lo han calificado así y para el que se establecen, *ex* art. 96 del C.c. con respecto a su eficacia, ciertas limitaciones a la disposición de la vivienda. Está considerado, además, como un derecho no patrimonial, ajeno a la clasificación entre derechos personales y reales ya que esta división es una división de los derechos de carácter patrimonial y, el citado derecho de uso es de orden puramente familiar y no tiene carácter patrimonial. Es un derecho con trascendencia real y es que, que éste no sea un derecho real no significa que carezca de trascendencia real que justifique su inscripción,

---

[81] STS 43/1994 de 14 de julio.

pues mediante este hecho se garantiza su oponibilidad general frente a los terceros que adquieran[82].

La atribución del uso de la vivienda familiar comporta distintas facultades, a saber: una facultad de ocupación provisional y temporal[83]; una limitación con respecto al ejercicio de las facultades dispositivas por parte del cónyuge *-ex* consorte- titular del dominio[84]. En cuanto a la limitación de estas facultades debemos aludir al art. 96 *in fine* C.c. que establece que para disponer de la vivienda familiar cuyo uso corresponde al consorte no titular se necesitará el consentimiento de ambas partes o autorización judicial[85]. En lo relativo a la facultad de ocupación provisional debemos subrayar que está condicionada por la titularidad preexistente, esto es, el uso viene condicionado por el título previo que habilitaba el uso de la vivienda constante el matrimonio ya que, la sentencia no puede atribuir una titularidad diferente de la que hasta entonces se tenía sobre la citada vivienda, ni tampoco puede generar un derecho nuevo, sino únicamente puede proteger el que hasta ese momento la familia tenía[86], *v.g.*, en el supuesto de mero precario, no se va a generar un derecho a permanecer, por lo que, únicamente, mientras subsista la tolerancia podrá seguir cumpliéndose la decisión judicial de uso de la vivienda[87].

Asimismo, es una facultad limitada temporalmente ya que se trata de un uso temporal cuya duración dependerá de las

---

82 LÓPEZ IGLESIAS, L. "La atribución de privatividad a bienes de la sociedad de gananciales por acuerdo de los cónyuges y su inscripción en el Registro de la Propiedad.", *opus cit.,* 45 y ss.

83 STS 117/1997 de 4 de abril.

84 Resolución DGRN de 25 de octubre de 1999.

85 OSUNA COSTA, J., "La extinción del condominio y la naturaleza ganancial o privativa de los bienes recibidos por esa causa", *opus cit.,* 129 y ss.

86 STS 345/2004 de 31 de diciembre.

87 STS 102/1990 de 21 de mayo.

circunstancias que aconsejaron su constitución[88]. Para la inscripción del derecho, no es imprescindible el señalamiento de un plazo y en este punto es posible distinguir si hay hijos o no, pues no habiendo hijos el art. 96.3 C.c. establece que podrá acordarse el uso de tales bienes por el tiempo que prudencialmente se establezca.

Al tratar la limitación de las facultades dispositivas, se observa que no es exigible el consentimiento del otro consorte o la autorización judicial, siempre que se disponga por el esposo titular -que esté separado judicialmente- de una vivienda. Al respecto, La RDGRN de 31 de marzo de 2000 establece al respecto los siguientes criterios: el consentimiento del otro consorte o la autorización de tipo judicial únicamente es exigible cuando sobre la vivienda se hubiera constituido un derecho de uso, pero no es un requisito que deba exigirse en cualquier supuesto de enajenación por un esposo separado de una vivienda en previsión de que exista dicha atribución de uso. Asimismo, es posible añadir que si no consta inscrito dicho derecho de uso en el Registro de la Propiedad no podría, en principio, afectar a un tercero ya que, se presume, *ex* art. 38 L.H., que los derechos existen y pertenecen a su titular en los términos establecidos en el asiento registral. Y, a diferencia de lo que sucede en lo establecido en el art. 1320 C.c., no será necesaria en la venta la manifestación de manera expresa de que no existe atribución de uso. Dicha inexistencia de atribución de uso está incluida en la declaración de tipo genérico que se hace de que la finca está libre de gravámenes y cargas, que se refuerza por la correspondiente información registral correspondiente.

En lo referente al titular y al beneficiario del derecho de uso, tal y como sucede de manera usual con los derechos de tipo familiar, un aspecto a tratar es el interés protegido por el

---

[88] SSTS 178/1994 de 14 de julio y 87/2004 de 22 de abril.

derecho atribuido y, otro distinto, el elemento que se refiere a la titularidad de tal derecho, que es exclusivamente del cónyuge a cuyo favor se atribuye el mismo porque es el cónyuge a quien se atribuye de manera exclusiva la situación de poder en que el derecho consiste ya que la limitación a la disposición de la vivienda se remueve únicamente con su consentimiento. Por tanto, no es necesario que establecer titularidad a favor de los hijos, que son beneficiarios, pero no titulares, mientras que es titular del uso el cónyuge.

Con respecto a los aspectos registrales, al estar ante un derecho de naturaleza familiar y no patrimonial, el principio de especialidad, debe moderarse[89]. En cuanto a los requisitos generales, la RDGRN de 19 de septiembre de 2007 los establece para facilitar el que la atribución de uso pueda acceder al Registro de la Propiedad[90].

Así, es necesario el reconocimiento judicial del derecho de uso en un proceso de crisis de carácter matrimonial y, tanto si media un acuerdo entre las partes como si no existe, nos encontramos ante un derecho de configuración judicial.

Dicho lo anterior, es necesario subrayar que en la aplicación del principio de especialidad debe primar la moderación, ya que de la configuración del derecho de uso con carácter familiar se derivan consecuencias de carácter registral ya que, los requisitos para su inscripción no se aplican tan rigurosamente como si se tratara, propiamente dicho, de un derecho real, *v.g.*, lo que ocurre con el derecho real de usufructo[91].

---

89 LÓPEZ BELTRÁN DE HEREDIA, C., *La liquidación de la sociedad de gananciales, opus cit.*, 154 y ss.

90 PÉREZ MARTÍN, A. J., "Normas de administración, conservación y disposición de bienes gananciales: aspectos sustantivos y procesales", *opus cit.*, 27 y ss.

91 LACRUZ BERDEJO, J. L. *Derecho de familia, opus cit.*, 56 y ss.

Otra exigencia necesaria para que el uso pueda inscribirse de manera autónoma es que se atribuya al cónyuge que no es el titular registral o que siendo el titular registral no es el único y, en este caso, el uso gravará la otra titularidad. En el caso de la RDGRN de 28 de mayo de 2005, el cónyuge gravado era solo titular de una cuota indivisa de la finca, perteneciendo al resto a otros propietarios y, en este supuesto, cabe inscribir la atribución de uso sobre la cuota de la que es titular el cónyuge que ha sido gravado. Así, pues, no será inscribible la atribución de uso a favor del cónyuge que sea el propietario único de la vivienda y será cancelable el uso inscrito cuando, con posterioridad, el titular resulte único titular de la misma produciéndose, así, una confusión de derechos. *V.g.*, ocurre así, cuando a resultas de la sociedad de gananciales, la finca sobre la que recae el uso es adjudicada al cónyuge titular de ese derecho en pleno dominio.

Con respecto a la incidencia en el Registro de la Propiedad de la vivienda familiar, la normativa sobre la atribución de su uso establece en el art. 96 C.c. que, en defecto de acuerdo de los consortes aprobado por el juez, el uso de la vivienda familiar y, asimismo, de los objetos de uso ordinario, corresponde a los hijos y al cónyuge en cuya compañía se queden y para disponer de la vivienda y de los bienes expuestos cuyo uso corresponde al cónyuge que no es titular, se requiere el consentimiento de ambas partes o, en su caso, la autorización judicial correspondiente[92].

Así entendidas las cosas, se debe atender tanto a la atribución del uso como al Registro y a las limitaciones a la disposición de la vivienda familiar. Sobre el particular y, con respecto

---

92 POVEDA BERNAL, M. I., "Consideraciones en torno al llamado "negocio jurídico de aportación" a la sociedad de gananciales. La transmisión de bienes de los patrimonios privativos al ganancial y su incardinación en nuestro sistema contractual", *opus cit.,* 799 y ss.

a los criterios para la atribución del uso de la vivienda familiar, la Sentencia 43/2017 del Tribunal Supremo, de 23 de enero de 2017, establece como norma general que cuando existen hijos menores de edad, el interés de éstos, *ex* art. 96. 1 C.c., es el que determinará la atribución del uso de la vivienda familiar, que corresponderá al progenitor custodio y a ellos. Al respecto, únicamente existen dos elementos que minimizan el rigor de la norma, a saber, uno de ellos tiene lugar cuando la vivienda no tenga el carácter de vivienda familiar y, de otra parte, cuando el hijo no precise de la vivienda por encontrarse satisfecha, a través de otros medios, la necesidad de habitación.

La Jurisprudencia ha señalado la diferencia que existe cuando, de una parte, los hijos permanecen con uno solo de los consortes cuando se establece la custodia compartida señalando que quedan en compañía de un cónyuge. Así, el art. 96 C.c. establece como criterio prioritario, en caso de ausencia de acuerdo entre los consortes, que el uso de la vivienda familiar corresponde a los hijos y al cónyuge en cuya compañía permanezcan[93]. En esta línea, la STS 117/2017 de 28 de febrero, reitera el hecho de que "la atribución del uso de la vivienda familiar a los hijos menores de edad es una manifestación del principio del interés del menor que no puede ser limitado por el juez salvo lo establecido en el art. 96 C.c.". Pero el Pronunciamiento del Tribunal Supremo en Sentencia 64/2018, de 20 de noviembre de 2018, ha precisado que el derecho de uso de la vivienda familiar deja de existir en los supuestos en que se introduce un tercero en la vivienda por tener una relación estable de pareja con la consorte que se benefició del uso por haberle sido asignado la custodia de los hijos. Este pronunciamiento se sustenta en que la introducción de una tercera persona hace que la vivienda pierda su antigua naturaleza familiar por servir a una familia distinta en su uso. Y es por ello que se

---

93 STS 183/2017 de 14 de marzo.

afirma que no es posible mantenerlos en el uso de un inmueble que no tiene el carácter de domicilio familiar ya que, dejó de servir a los fines que determinaron la atribución del uso en el momento de la ruptura del matrimonio[94].

En lo relativo al derecho de uso de la vivienda familiar y el acceso al Registro de la Propiedad, estudiamos en primera instancia, la naturaleza jurídica de tal derecho y, al respecto, la RDGRN de 19 de enero de 2016, se establece que lo procedente es considerar este derecho como un derecho de carácter familiar y el no tiene carácter patrimonial sino puramente familiar para cuya eficacia se establecen limitaciones a la disposición de dicha vivienda. Las consecuencias especiales que se derivan como la disociación entre titularidad del derecho y el interés protegido por el mismo ya que, de una parte se atiende al interés protegido por el derecho atribuido, que en este caso es el interés familiar y facilitar la convivencia entre los hijos y el cónyuge a quien se atribuye la custodia, y otro factor a atender es la titularidad de tal derecho, que es exclusivamente del consorte a cuyo favor se atribuya el mismo ya que, es a tal cónyuge a quien se le atribuye exclusivamente la situación de poder en que el derecho consiste, ya que la limitación a la disposición de la vivienda con su solo consentimiento se remueve. Y, de ello se deriva que el uso atribuido a un consorte es un derecho oponible frente a terceros y, por tanto, en los términos que disponga la resolución judicial correspondiente va a tener acceso al Registro de la Propiedad[95].

Una vez que se ha inscrito, es una carga sobre la finca que la autoriza. Y, así lo establece la RDGRN de 25 de octubre de

---

94 CHICO Y ORTIZ, J. M., "La sociedad conyugal de gananciales y las aportaciones a la misma", *opus cit.*, 219 y ss.

95 BERROCAL LANZAROT, A.I., "La responsabilidad de los bienes gananciales. El ejercicio del comercio por persona casada y la posición del cónyuge no comerciante (I)", *opus cit.*, 995 y ss.

1999 al precisar que, independientemente de que sea o no un derecho real, lo cierto es que constituye, en todo caso y con efecto *erga omnes,* una limitación a las facultades dispositivas del cónyuge propietario, por lo que debe tener acceso al Registro de la Propiedad[96]. La Resolución de la Dirección General de los Registros y del Notariado, de 5 de septiembre de 2016 va a advertir que, inscrito este derecho en el Registro de la Propiedad, para ejecutar una hipoteca anterior a la inscripción de la atribución del uso, tiene que ser demandado el usuario en el procedimiento de ejecución hipotecaria y requerido de pago. El caso del derecho de uso de la vivienda no es equiparable a la comunicación de la ejecución ocupantes de hecho y arrendatarios. Así, la STS 323/2010 de 3 de noviembre, que recoge lo establecido en la STS 26/2010 de 18 de enero de, establece que el Código Civil no ha querido conferir a la atribución de la vivienda familiar, a diferencia de lo que ha ocurrido en derecho catalán, la naturaleza de derecho real[97].

Con respecto a los efectos si es que no constara inscrito el derecho de uso y adquiriera un tercero de buena fe la RDGRN de 31 de marzo de 2000, ha señalado que cuando el usuario pudiendo hacerlo no ha inscrito su derecho en el Registro de la Propiedad, no podrá oponerlo frente a terceros que si hayan inscrito los suyos, *v.g.,* el adquirente del inmueble que cumpla los requisitos del art. 34 L.H. y, si hubiera hipoteca no podría intervenir en el procedimiento de ejecución ni tampoco tener intervención en el mismo en la forma prevista en el art. 662 de la Ley de Enjuiciamiento Civil[98].

---

96 ALBALADEJO GARCÍA, M., *Curso de Derecho Civil, opus cit.,* 268 y ss.

97 LINACERO DE LA FUENTE, M., "Régimen económico matrimonial III. Capitulaciones matrimoniales. Donaciones por razón del matrimonio", *opus cit.,* 261 y ss.

98 RODRÍGUEZ-PALMERO SEUMA, P. y GARCÍA DE ARRIBA MARCOS, R., "La *causa matrimonii* en el negocio de atribución de bienes en favor de la sociedad de gananciales", *opus cit.,* 3483 y ss.

VII. LA SOCIEDAD DE GANANCIALES Y LAS OTRAS COMUNIDADES LIMITADAS DE BIENES DEL DERECHO ESPAÑOL ESPECIAL O FORAL

El régimen de la sociedad de gananciales se incardina dentro de los sistemas de comunidad limitada o restringida de bienes. Como es bien sabido, junto al régimen común del Código Civil, siempre en el ámbito de los regímenes legales supletorios, conviven regímenes económico-matrimoniales propios del Derecho especial o foral cuya existencia reconoce la Constitución (art. 149.1 regla 8ª).

La regulación de los mismos es objeto de la legislación autonómica competente en la materia:

En Galicia es la Ley 2/2006, de 14 de Junio, de Derecho Civil de Galicia. Su art. 177 establece que el régimen económico matrimonial será el convenido por los cónyuges en capitulaciones matrimoniales. En defecto de convenio o ante ineficacia del mismo, el régimen que se establece es el propio de la sociedad de gananciales[99].

En el País Vasco, la Ley 5/2015, de 25 de junio, de Derecho Civil Vasco determina que, en defecto de pacto, se establecen dos regímenes legales supletorios: el general de gananciales, por remisión al Código Civil, aplicable a quienes tengan la vecindad civil vasca común (apartado 1 del art. 127 de la Ley 5/2015), y el especial de la *comunicación foral* de bienes, aplicable a quienes tengan la vecindad civil local vizcaína (art.127.2 y 3 de la ley 5/2015). Por consiguiente, si ambos contrayentes son vecinos de la tierra llana de Bizkaia, Llodio o Aramayona, el matrimonio se regirá, a falta de pacto, por el régimen de comunicación foral de bienes -regulado por el Capítulo Segun-

---

99 AVILÉS GARCÍA, J., *Libertad e igualdad en la nueva sociedad de gananciales, opus cit.*, 12 y ss.

do, del Título III-. Si sólo uno de los cónyuges tiene vecindad civil vizcaína, regirá, a falta de pacto, el régimen de bienes correspondiente a la primera residencia habitual común de los cónyuges, y a falta de ésta, la que corresponda al lugar de celebración del matrimonio[100].

En la Comunidad Foral de Navarra, la Compilación de Navarra o Fuero Nuevo de Navarra, aprobada por la Ley 1/1973, de 1 de marzo y modificada por la Ley Foral 21/2019, de 4 de abril, que establece la libertad de pacto en capitulaciones matrimoniales, y en defecto de ello, regirá la *sociedad conyugal de conquistas,* regulado en sus artículos 82 a 91.

En Aragón, el Decreto Legislativo 1/2011, de 22 de marzo, del Gobierno de Aragón, por el que se aprueba, con el título de «Código del Derecho Foral de Aragón», el Texto Refundido de las Leyes civiles aragonesas, que establece que el régimen económico matrimonial es el pactado por los cónyuges en capitulaciones matrimoniales, y en defecto de ello el denominado "régimen de consorcio conyugal".

En Cataluña, es el Código Civil de Cataluña, aprobado por Ley 25/2010 de 29 de Julio, en concreto su Libro II.

En las Islas Baleares, el Decreto Legislativo 79/1990, de 6 de septiembre, por el que se aprueba el Texto Refundido de la Compilación del Derecho Civil de las Islas Baleares, reformada la materia por la Ley 7/2017, de 3 de agosto, por la que se modifica la Compilación de Derecho Civil de las Illes Balears. El régimen económico matrimonial que rige en defecto de capitulaciones o "espolits" es el de separación de bienes.

---

100 AZAUSTRE GARRIDO, M. D., "Atribución de ganancialidad, aportación de bienes y derecho de reembolso: encrucijada de negocios jurídicos y su resolución desde la óptica de diez sentencias del Tribunal Supremo", *opus cit.*, 33 y ss.

En la Comunidad Valenciana: Ley 10/2007, de 20 de Marzo, de la Generalitat, de Régimen Económico Matrimonial Valenciano, estableció el régimen económico matrimonial de separación de bienes como legal supletorio, pero fue declarada la inconstitucionalidad y la nulidad de esta Ley por Sentencia del TC 82/2016, de 28 de abril, con los efectos previstos en sus fundamentos de Derecho 7 y 8 y por tanto, sin perjuicio de los regímenes de los matrimonios que durante la vigencia de esta ley y a su amparo adquirieron el régimen económico matrimonial de separación de bienes y no hicieron capitulaciones matrimoniales para alterarlo.

Como bien se ve, varias de las leyes forales o autonómicas establecen regímenes de comunidad iguales al régimen económico matrimonial de la sociedad de gananciales del Derecho común —como Galicia—, o afines al mismo—no iguales, con regulación propia—: Navarra, Aragón y País Vasco. Todos ellos se enmarcan en los sistemas matrimoniales de comunidad limitada de bienes, regulando la existencia de patrimonios privativos y comunes[101]. A ellos debemos añadir instituciones singulares que rigen en un ámbito territorial concreto como la catalana *asociación a compras y mejoras* y que participa de esta naturaleza limitada, pero también un régimen económico matrimonial peculiar, de comunidad universal de bienes, en el Fuero del Baylío.

El marco registral de las inscripciones a favor de estas comunidades se encuentra en el art. 90.1 y 2 del Reglamento Hipotecario que, respetando sus peculiaridades, dispone que los bienes que con arreglo al Derecho foral o especial aplicable correspondan a una comunidad matrimonial (conquistas, comunicación foral, consorcio aragonés…), se inscribirán a nombre del cónyuge o de los cónyuges adquirentes, expresándose,

---

101 PUIG FERRIOL L., "De la asociación a compras y mejoras", *opus cit.*, 12 y ss.

cuando proceda, el carácter común y, en su caso, la denominación que aquélla (la comunidad o sociedad conyugal) tenga[102]. En el caso de alteraciones sobrevenidas en el carácter de los bienes adquiridos por uno de los cónyuges, prevé el Reglamento Hipotecario que "si los bienes estuvieren inscritos a favor de uno de los cónyuges y procediera legalmente, de acuerdo con la naturaleza del régimen matrimonial, la incorporación o integración de los mismos a la comunidad podrá hacerse constar esta circunstancia por nota marginal."

En cambio, Cataluña y Baleares, habiendo optado por el régimen legal de separación de bienes, las adquisiciones conyugales se regirán por la vía del art. 90.3 del Reglamento Hipotecario, y los bienes adquiridos por ambos cónyuges se inscribirán a nombre de uno y otro, en la proporción indivisa en que adquieran conforme al artículo 54 de este Reglamento. Huelga decir que los bienes adquiridos por cada uno de los cónyuges bajo este régimen se inscribirán con carácter propio o privativo.

Puesto que el interés de este tema radica en las especialidades de estos tipos de comunidad con respecto a la comunidad o sociedad de gananciales regulada en el Código Civil, Derecho común, al tiempo que se ofrece una breve idea acerca de ellos expondremos las reglas de aplicación a las adquisiciones y actos de disposición.

1. El régimen de comunicación foral de Vizcaya y la Llanada alavesa

De conformidad con el artículo 127.1 de la Ley 5/2015, de 25 de junio, de Derecho Civil Vasco, el régimen económico matrimonial legal supletorio en el País Vasco en general es el

---

102 ALBALADEJO GARCÍA, M., *Instituciones de Derecho Civil, opus cit.*, 356 y ss.

de la sociedad de gananciales (lo que conllevará la operativa civil y registral expuesta en el primer capítulo); pero existe una notoria especialidad y es que según dispone su artículo 127.2, cuando ambos contrayentes sean vecinos de la tierra llana de Bizkaia, de Aramaio (Aramayona) o Llodio, el matrimonio se regirá, a falta de pacto, por el régimen de comunicación foral de bienes.

Según el artículo 129, en virtud de la comunicación foral se harán comunes, por mitad entre los cónyuges todos los bienes, derechos y acciones, de la procedencia que sean, pertenecientes a uno u otro, por cualquier título, tanto los aportados como los adquiridos en constante matrimonio y sea cual fuere el lugar en que radiquen, y según el artículo 132.2, se entenderán comunicados todos los bienes, derechos y acciones que cualquiera de los cónyuges obtenga hasta el momento de la disolución del matrimonio.

Es importante tener en cuenta que la comunidad foral funciona en cierto modo como una comunidad diferida de bienes, pues (art 132.1), aunque nace con el matrimonio, sólo se consolida en el momento de su disolución por fallecimiento de uno de los cónyuges dejando hijos o descendientes comunes; es entonces cuando opera la comunicación de los bienes y sólo entonces los bienes pasan a ser comunes.

Los bienes adquiridos en régimen de comunicación foral se inscribirán, por tanto, conforme al artículo 90.1 del Reglamento Hipotecario, a nombre del cónyuge o de los cónyuges adquirentes, expresándose cuando proceda su carácter común y la denominación de este régimen foral. En su caso, podrá hacerse uso de la posibilidad del artículo 90.1 párrafo 2º y, cuando se dé el caso de que un bien haya de incorporarse a esta comunidad matrimonial, podrá hacerse constar por nota marginal, y parece que así podrá hacerse cuando lo requiera la aportación de un bien a la comunidad (artículo 127 de la ley vasca) o cuando proceda hacer constar la distinción entre bienes "ganados" y bienes procedentes de uno de los cónyuges (artículo 133).

De acuerdo con el artículo 135.1, en la comunicación foral, los actos de disposición de bienes requerirán el consentimiento de ambos cónyuges. Si uno de los cónyuges se negara a otorgarlo, podrá el juez autorizar la disposición si lo considera de interés para la familia. Por consiguiente, nos hallamos ante reglas análogas a las de los artículos 93 y 94 del Reglamento Hipotecario (y del artículo 1377 C.c.) y la calificación registral conforme al artículo 18 de la Ley Hipotecaria exigirá el consentimiento de ambos cónyuges para los actos dispositivos otorgados en la escritura pública pertinente.

2. El régimen de conquistas en Navarra

El régimen económico matrimonial legal supletorio en Navarra, a falta de capitulaciones, es el de la sociedad de conquistas, que se regirá por las disposiciones de esta Compilación en lo que no hubiese sido especialmente acordado entre los cónyuges, como indica la ley 87 de la Compilación navarra (últimamente reformada por Ley Foral 21/2019, de 4 de abril, de modificación y actualización de la Compilación del Derecho Civil Foral de Navarra o Fuero Nuevo).

La sociedad de conquistas de Navarra es, como ya explicaron LACRUZ BERDEJO y SANCHO REBULLIDA[103], un sistema de comunidad de ganancias sustancialmente, pero que incluye, como es propio del Derecho navarro, importantes concesiones a la autonomía de la voluntad, de conformidad con la Ley 88.1, pues por pacto se pueden convertir en bienes de conquista adquisiciones hechas con dinero privativo de

103 LACRUZ BERDEJO J. L. y SANCHO REBULLIDA F., *Derecho de familia, opus cit.*, 543 y ss.

uno de los cónyuges; y, viceversa, pueden hacerse propios de un cónyuge bienes adquiridos mediante bienes comunes. Parecen estos autores, pues, haber advertido una diferencia que la doctrina de la Dirección General de Seguridad Jurídica y Fe Pública sobre la atribución de privatividad pasa por alto —el Código Civil, art. 1355, permite a los cónyuges atribuir a cualquier bien la condición de ganancial, pero no viceversa—y es que, si la autonomía de la voluntad es un principio importante de la sociedad de gananciales, en rigor tienen aún un papel mayor en el Derecho navarro y la Ley 88.1 citada.

Parece oportuno mencionar también que la Compilación también incluye la posibilidad de constituir una comunidad universal, con mayor extensión objetiva que las de las comunidades restringidas de bienes, por vía de capitulaciones matrimoniales (ley 100).

La naturaleza de la sociedad de conquistas es, pues, la de una comunidad limitada de adquisiciones a título oneroso de naturaleza similar a la del Código Civil, pero con mayor alcance. Así pues, el funcionamiento y aplicación del artículo 90.1 del Reglamento Hipotecario a las adquisiciones de bienes de conquistas se explica por sí sólo: en todos los casos previstos en que lo sea por aplicación de la Ley 88 de la Compilación navarra, se hará constar el carácter común del bien, como de conquista (y también cuando sea presuntivamente de conquista, es decir, cuando su pertenencia privativa no conste), identificando de paso la comunidad de bienes con su nombre típico y tradicional y, por consiguiente, dejando claro frente a terceros cuál es el régimen aplicable a los actos de disposición.

Respecto a éstos, la regla de la ley 94 es que la administración y disposición de bienes de conquista se rige por lo pactado en capitulaciones matrimoniales o en escritura pública, por lo que el Registrador habrá de estar a estos documentos en el ejercicio de la función calificadora que le atribuye el artículo 18 de la Ley Hipotecaria y parece lógico que pueda solicitar su presentación para poder examinarlos y comprobar si la disposición se ajusta a lo pactado. En defecto de pacto la gestión o disposición de los bienes comunes corresponderán a ambos cónyuges conjuntamente, por lo que sus requisitos pueden considerarse análogos a los previstos para los actos de disposición de bienes gananciales. Por tanto, si un bien consta inscrito a favor de la sociedad de conquistas, no habrá cuestión cuando el acto dispositivo sea otorgado por ambos cónyuges.

3. El consorcio conyugal aragonés

De conformidad con el Decreto Legislativo 1/2011, de 22 de marzo, del Gobierno de Aragón, que aprueba el «Código del Derecho Foral de Aragón», el régimen económico matrimonial aragonés es el llamado "consorcio conyugal" (artículo 193). La Ley aragonesa ha optado por denominar su régimen de comunidad con el nombre de "consorcio conyugal" argumentando que es una práctica bastante extendida, y por denominar "consorciales" a los bienes comunes del matrimonio.

El consorcio conyugal aragonés puede clasificarse entre las comunidades restringidas de bienes, cuyo objeto son básicamente las adquisiciones a título oneroso, y se caracteriza (como en el caso navarro) por reconocer la libertad de los cónyuges de atribuir en todo momento carácter consorcial o privativo a los bienes que deseen, libertad que podrán ejercitar en el momento de su adquisición conforme al artículo 215.

A efectos de Derecho Inmobiliario Registral hay que destacar, por tanto, que las adquisiciones a título oneroso de bienes inmuebles tendrán carácter consorcial —salvo estipulación en contrario, como hemos visto—, y se inscribirán como tales de conformidad con el artículo 90.1 del Reglamento Hipotecario, expresándose la denominación de esta típica comunidad aragonesa, el consorcio conyugal. En cuanto a los bienes privativos, aclara su Exposición de Motivos (cfr. apartado 20) que "puede decirse que los bienes adquiridos durante el matrimonio, distintos de los que tengan carácter personal, solo son privativos –salvo voluntad distinta de los cónyuges– cuando se adquieren a título lucrativo y en determinados supuestos en que la adquisición está relacionada de algún modo con el patrimonio privativo. Entre estos supuestos, merece destacarse el de la compra celebrada antes del matrimonio por precio aplazado, caso en que el bien, cualquiera que sea su clase y destino, es siempre privativo, salvo que la totalidad del precio se pague durante el matrimonio con fondos comunes..." Supuesto este último en el que se inscribirán no como privativos sino como consorciales y para el consorcio conyugal de conformidad con el artículo 90.1 del Reglamento Hipotecario, como es lógico.

El Código aragonés contiene una singular presunción de privatividad en su artículo 213.1, al contemplarse que "adquirido bajo fe notarial dinero privativo, se presume que es privativo el bien que se adquiera por cantidad igual o inferior en escritura pública autorizada por el mismo notario o su sucesor, siempre que el adquirente declare en dicha escritura que el precio se paga con aquel dinero y no haya pasado el plazo de dos años entre ambas escrituras." En cualquier caso, si con posterioridad al momento de la adquisición tiene lugar un acuerdo de los cónyuges, acogiéndose al principio *standum est chartae,* para cambiar el carácter de alguno de los bienes, de privativo a consorcial o de consorcial a privativo, podrá constatarse en el Registro de la Propiedad esta modificación mediante la nota marginal a que se refiere el artículo 90.1 párrafo 2º del Reglamento Hipotecario que, en este sentido, prevé que si los bienes estuvieren inscritos a favor de uno de los cónyuges y procediera legalmente, de acuerdo con la naturaleza del régimen matrimonial, la incorporación o integración de los mismos a la comunidad podrá hacerse constar esta circunstancia por nota marginal. Aunque la norma hipotecaria sólo parezca recoger el paso de un bien privativo a bien de la comunidad de que se trate, no parece haber inconveniente, siguiendo las orientaciones del Código foral, que mediante esta nota marginal los cónyuges excluyan un bien del consorcio, dándole la consideración de bien privativo.

En cuanto a los actos de disposición, la Ley aragonesa es rotunda al imponer "una gestión que compete exclusivamente a dos personas, consideradas absolutamente en pie de igualdad". Ahora bien, junto a este principio de igualdad, preside el régimen económico matrimonial el de libertad, pues "los cónyuges pueden pactar sobre la gestión del patrimonio común sin otros límites que los genéricos del *standum est chartae*: la Constitución y las normas imperativas del Derecho aragonés."

Por tanto, aunque en principio la regla es la gestión conjunta en virtud del principio de igualdad, esto puede cambiar si es la voluntad de ambos cónyuges optar por la gestión indistinta, otorgando los capítulos pertinentes, que requieren escritura pública (artículo 195), si bien de cara al Registro de la Propiedad será de esperar que, en el ámbito de la calificación registral, la elección de los cónyuges de la gestión indistinta sea acreditada fehacientemente, por medio habitualmente del documento notarial en el que se haya formalizado. De otro modo, y como en el caso de los bienes de conquista navarros, cuando la finca figure inscrita a favor del consorcio, si la disposición es hecha por ambos cónyuges, no habrá más cuestión.

Además admite la ley aragonesa ciertos casos la legitimación individual o actuación unilateral de uno de los cónyuges: para los actos de administración (artículo 230.a) y para algunos actos de gestión de bienes consorciales relevantes a efectos del Registro de la Propiedad, estos últimos en tenor muy similar a lo dispuesto por el artículo 94.2 del Reglamento Hipotecario para los bienes gananciales (artículo 230.b), pues cada uno de los cónyuges está legitimado para realizar por sí solo sobre los bienes que integran el patrimonio común los "actos de modificación inmobiliaria de fincas inscritas expresamente para el consorcio conyugal, como agrupaciones, segregaciones, divisiones, declaraciones de obra nueva o constitución de edificios en régimen de propiedad horizontal" precisando que "si estuvieran inscritas con carácter presuntivamente consorcial, para su inscripción dichos actos deberán ser otorgados por el cónyuge que las hubiera adquirido", lo que parece por otra parte muy conforme con el principio registral de tracto sucesivo (cfr. artículo 20 de la Ley Hipotecaria).

Importante peculiaridad de la ley aragonesa es el derecho de viudedad: "cuando un bien mueble sale del patrimonio común o del privativo se extingue el derecho expectante sobre el mismo, salvo que se haya enajenado en fraude del derecho de viudedad (artículos 280 y 282), mientras que el mismo derecho sobre los bienes inmuebles por naturaleza y las empresas o explotaciones económicas no se extingue o menoscaba por su enajenación". Sin embargo, excede de este trabajo el tratamiento registral de la eficacia del derecho de viudedad más allá de la enajenación.

4. La asociación de compras y mejoras del Camp de Tarragona

La asociación a compras y mejoras es una institución regulada por el Código Civil catalán (artículo 232.25-27) que se aleja del régimen legal de separación propio de Cataluña y cuya naturaleza se aproxima al de la sociedad de gananciales del Código Civil. Ahora bien, su ámbito territorial se reduce al territorio de donde es propia, el Camp de Tarragona y algunas otras comarcas.

Esta institución consiste en que cada cónyuge puede asociar al otro a las compras y mejoras que haga durante el matrimonio. En lo que interesa al ámbito registral, se entiende por compras "los bienes que, constando la asociación, cualquiera de las personas asociadas adquiera a título oneroso u obtenga por su actividad profesional o trabajo".

En cualquier caso, la asociación a compras y mejoras debe pactarse expresamente en capítulos matrimoniales, donde los cónyuges podrán estipular los "pactos de la constitución del régimen". Es de suponer que para lograr la inscripción de los bienes con carácter común (y señalándose la denominación de esta asociación, aspecto relevante para determinar de antemano las normas de administración y disposición peculiares de la misma) conforme al artículo 90.1 del Reglamento Hipotecario, será preciso justificar adecuadamente la existencia y vigencia de la asociación, normalmente por medio del documento notarial de capítulos en el que se haya estipulado, máxime porque esta modalidad de inscripción es excepcional en un territorio donde el régimen económico matrimonial legal supletorio es el de separación de bienes.

En cuanto a los actos de administración y disposición, el Código Civil catalán dispone que "la administración de la asociación a compras y mejoras corresponde al asociado que se indique en los capítulos. En defecto de designaciones, corresponde a todos los asociados." También autoriza al "administrador único de la asociación", a disponer a título oneroso de los bienes que la constituyen, si procede, sin que intervenga nadie más. Para lo cual, si el bien es común, deberá justificar la realidad y vigencia de su nombramiento como administrador único a efectos de calificación registral conforme al artículo 18 de la Ley Hipotecaria.

Debemos diferenciar la asociación a compras y mejoras de otros pactos de régimen económico matrimonial catalán que generan o pueden generar comunidad de bienes: el *agermanament* y la *convinença* o *mitja guardanyeria*.

El *agermanament*, o pacto de mitad por mitad, es otro pacto matrimonial amparado por el Código Civil catalán (en su artículo 232-28) y es propio del Derecho de Tortosa. Al igual que la asociación a compras y mejoras, tiene carácter consuetudinario y exige un pacto expreso en capítulos matrimoniales, pero da lugar a una comunidad de diferente naturaleza a ésta, pues en ella claramente se distinguen entre los cónyuges partes iguales en los bienes adquiridos, así como una ampliación objetiva respecto de la asociación a compras y mejoras -y en general de las comunidades restringidas de bienes-puesto que la comunidad del *agermanament* incluye todos los bienes que tengan los cónyuges al casarse o en el momento de convenir el pacto de agermanament y los que adquieran por cualquier título y por tanto no sólo las adquisiciones por título oneroso celebradas constante matrimonio. Aunque el artículo 90.1 del Reglamento Hipotecario parece susceptible de aplicarse al *agermanament*, es de esperar que la inscripción del bien en común refleje las correspondientes porciones indivisas, pues se trata de una comunidad por mitades. En cuanto a los actos de administración y disposición de los bienes inscritos para la comunidad bajo agermanament, la regla será la gestión conjunta, pues esto es lo propio a la comunidad de bienes o comunidad romana, pero al otorgarse los pactos constitutivos del régimen puede estipularse otra cosa.

La *convinença*, o *mitja guadanyeria*, regulada por el artículo 232-29 del Código Civil catalán asociación propia del Valle de Arán, exige un pacto expreso en capítulos matrimoniales; es de destacar que la *convinença* también puede establecerse entre los progenitores y los hijos, e incluso entre extraños, pactando que los bienes ganados y los que se ganarán queden en comunidad mientras subsista la asociación.

5. La comunidad universal del Fuero del Baylío, en algunos territorios de Extremadura

La primera aproximación al Fuero del Baylío exige precisar que, a diferencia de los sistemas matrimoniales de comunidades de bienes que se observan como regímenes legales supletorios en España, que son de tipo limitado o restringido, el

Fuero del Baylío establece una comunidad de bienes de tipo universal.

En este punto seguiremos al autor de una obra monográfica sobre el Fuero del Baylío, de VILLALBA LAVA[104].

El fuero del Baylío es una institución consuetudinaria que se aplica en 19 localidades de Extremadura (Badajoz), ámbito territorial[105] determinado por la existencia constatada de estas costumbres jurídicas (se discute su observancia en la ciudad de Ceuta). El régimen económico matrimonial se caracteriza por establecer una comunidad universal de bienes entre los cónyuges y produce desde la celebración del matrimonio, por consiguiente, el efecto de convertir en comunes los bienes aportados y también adquiridos con posterioridad, tal como sucede en cualquier otro régimen de comunidad de esta clase[106].

VILLALBA LAVA trata específicamente la publicidad registral de los bienes inmuebles sometidos al Fuero del Baylío[107], y se decanta por la postura del autor hipotecarista CAMY, que entendía procedente hacer constar en la inscripción de los bienes adquiridos constante matrimonio su sometimiento al Fuero del Baylío, y en el caso de tratarse de bienes aportados, extender nota marginal para expresar que están afectos a la comunidad universal del Fuero del Baylío. Como vemos, es una solución que se acomoda íntegramente al artículo 90.1 del Reglamento Hipotecario en sus dos modalidades de constatación registral.

Y dadas las características del régimen de comunidad que tratamos, señala este autor que "ni que decir tiene que ha de

---

104 VILLALBA LAVA, M. VILLALBA LAVA, M. (2007). *El Fuero del Baylío como Derecho foral de Extremadura.* Asamblea de Extremadura, 305 y ss.

105 VILLALBA LAVA, M., *opus cit.* 305.

106 VILLALBA LAVA, M., *opus cit.*, 424 y ss.

107 VILLALBA LAVA, M., *opus cit.*, 430.

concurrir la voluntad de ambos cónyuges para la validez de los actos de disposición de bienes inmuebles[108]", extremo que exigirá en todo caso la calificación del Registrador conforme al artículo 18 de la Ley Hipotecaria.

108 VILLALBA LAVA, M., *opus cit.*, 482.

Capítulo V.

La adquisición de bienes inmuebles con carácter privativo o exclusivo de uno de los cónyuges y su inscripción en el Registro de la Propiedad

I. BIENES PRIVATIVOS POR SU ORIGEN Y BIENES PRIVATIVOS ADQUIRIDOS CONSTANTE MATRIMONIO

1. Planteamiento

Bajo este epígrafe se estudia la propiedad de aquellos bienes y derechos para cuya preservación, en manos y bajo la titularidad del cónyuge a que pertenecen, se constituyeron los regímenes de comunidad limitados a las ganancias, adquisiciones o conquistas; se trataba y se trata de mantener un verdadero nexo entre una persona y determinados bienes y derechos que se identifican con ella, que llevan, en cierto modo, incorporadas sus personales señas de identidad, por lo que funcionalmente pueden relacionarse con una idea primaria de troncalidad, tomando básicamente en consideración que marido y mujer son generadores de parentelas, pero entre sí no son ni deben ser, en principio, parientes, que pueden fundar casa, pero pertenecen a casas distintas; así el casado mantiene un acervo de bienes con los que se le identifica en tanto que individuo aislado y no como miembro generante o cogestor de una economía matrimonial[1].

Esta privatividad básica quiere diferenciar por contraste el carácter de los bienes y derechos a los que afecta respecto de aquellos otros que son «ganados» constante el régimen, pues la idea de ganancialidad debe guardar una relación generatriz lo más directamente posible con la onerosidad. Si es ganancial lo que se adquiere con recursos ahorrados después de atender a las cargas consorciales, deberá ser privativo lo que se adquirió antes de tener que atender tales cargas o sin estar los recursos empleados adscritos a tal fin o tener por destinatario el bien de uno de los cónyuges con abstracción total del otro en un desplazamiento sin correspectivo.

La sociedad de gananciales, con ventaja sobre otros regímenes económico-matrimoniales del mismo tipo, mantiene este tratamiento de privatividad tanto para inmuebles como para toda clase de bienes muebles, lo que hace de él un régimen tradicionalmente equilibrado entre la individualidad y la comunidad que debería caracterizar en principio la vida matrimonial en todos los aspectos, y que mantiene un principio de estabilidad respecto de la economía individual y particular de un cónyuge al tiempo que hace al otro partícipe de ésta en cuanto a los resultados.

Con carácter previo a analizar las diferentes clases de adquisiciones privativas contemplamos un primer elenco teniendo en cuenta la trascendencia de la regulación del Reglamento Hipotecario y su complementariedad respecto de la del Código Civil[2].

---

1 ARREBOLA BLANCO, A. (2022). "Las cargas del matrimonio: un concepto jurídico indeterminado". *Revista Crítica de Derecho Inmobiliario*, (794), 2981 y ss.

2 CHICO Y ORTIZ, J. M. (1978). "El derecho de familia y el Registro de la Propiedad". *Revista general de legislación y jurisprudencia*, (245), 343 y ss.

En primer lugar, "son privativos -indica el art. 1346.1° C.c.- los bienes y derechos que le pertenecieran [a un cónyuge] al comenzar la sociedad", y así se inscribirán a nombre del adquirente sin ninguna particularidad. De ahí que sea innecesario que el art. 95 R.H. añada nada en este punto.

El art. 91.2 R.H. de alguna manera representa una salvedad a esta regla de privatividad en el caso (frecuente por otra parte) de que uno de los cónyuges "antes de comenzar la sociedad" haya adquirido por precio aplazado una vivienda y ésta se destine a vivienda familiar[3], situación en la que continuarán sucediéndose los pagos de los plazos, probablemente con dinero ganancial (cfr. artículo 1347.1° C.c.); el R.H. pone buen cuidado de declarar que de entrada el hecho de dedicar la vivienda a la familia "no alterará la inscripción a favor de éste [el cónyuge que la adquirió en estado de soltero]", o lo que es lo mismo, continuará teniendo carácter privativo, pero admite a su vez la posibilidad de que por medio de nota marginal "se hagan constar con posterioridad los pagos" aplazados especificando "el carácter ganancial o privativo del dinero entregado". Lo cual es una vía probatoria de primer orden para la aplicación del artículo 1357.2 C.c., que conduce a una ganancialidad sobrevenida y parcial de la vivienda, en proporción a los fondos privativos y gananciales invertidos.

En segundo lugar, dispone el artículo 95 R.H. que se inscribirán como bienes privativos los "que legalmente tengan tal carácter". Y esto lo decide el art. 1346 C.c. Se inscribirán con carácter privativo:

---

3 COBACHO GÓMEZ, J. A. (1985). "El uso de la vivienda familiar y el interés de los hijos". *Anales de Derecho,* (8), 141 y ss. y CUADRADO PÉREZ, C. (2008). "Deudas privativas de los cónyuges y sociedad de gananciales", *Homenaje al profesor Manuel Cuadrado Iglesias,* vol.I. Aranzadi, 415 y ss.

1.º Los bienes adquiridos por uno de los cónyuges, constante la sociedad de gananciales, a título gratuito (art. 1346.2), esto es, por herencia, legado o donación. Salvedad hecha del art. 1353 (y art. 93.1 R.H.), puesto que, si se dona o deja en testamento un bien a ambos cónyuges, conjuntamente y sin designación de porciones indivisas entre ellos, ese bien se considerará ganancial salvo declaración contraria del donante o testador.

2.º Los adquiridos, dice el artículo 1346.3 C.c., "a costa o en sustitución de bienes privativos", es decir, por subrogación real. La subrogación real es uno de los principios rectores de la organización de la sociedad de gananciales en el Código Civil. Parece, en rigor, operar en la calificación del bien como privativo o ganancial, pero no en la titularidad del mismo

Esta idea encuentra continuidad[4] en el art. 1347.4º, según la cual son bienes privativos "los adquiridos por derecho de retracto perteneciente a uno solo de los cónyuges" (artículo 1346.4º), y esto, aunque se haya hecho el pago con fondos comunes, sin perjuicio del derecho de reembolso a favor de la sociedad de gananciales (art. 1346, *in fine*).

También en el art. 1354 C.c., que distingue entre titularidad y carácter de los bienes adquiridos: "Los bienes adquiridos mediante precio o contraprestación en parte ganancial y en parte privativo, corresponderán proindiviso a la sociedad de gananciales y al cónyuge o cónyuges en proporción al valor de las aportaciones respectivas". Debemos advertir, no obstante, que la doctrina de la Dirección General de Seguridad Jurídica y Fe Pública ven en los arts. 1354 o 1356 del Código Civil manifestaciones del principio de accesión "económica", aunque es

4 DÍAZ-MALNERO FERNÁNDEZ, C. (2022). "El impacto de la TIC y las redes sociales en la liquidación de la sociedad de gananciales". *Derecho de familia.* Aranzadi, 153 y ss. y DÍEZ-PICAZO, L., *opus cit.*, 937 y ss.

indudable que en estas normas está presente la idea de que el carácter de la adquisición depende del carácter de los fondos y por tanto en sentido amplio.

Ciertamente, en cuanto a los bienes comprados a plazos o en parte, parte de la doctrina se inclina por considerar las respuestas de los artículos 1354 y 1356 del Código Civil el principio de accesión económica, que ven distinto del de subrogación real.

En ese sentido y aún con esa salvedad, entendemos que el principio de subrogación real parece latir de todos modos en la solución del Código de atender a la naturaleza del dinero utilizado en el primer pago para determinar el carácter del bien que se adquiera por precio aplazado: si se emplea dinero privativo de uno de los cónyuges en la primera cuota o primer pago, el carácter será privativo; si se emplea dinero ganancial, el carácter será ganancial, y así lo dispone el art. 1356. Aunque siempre sin perjuicio del derecho de reembolso a la sociedad o al cónyuge según corresponda (artículo 1356.2), y con la señalada excepción del art. 1357.2 para el caso de la vivienda familiar comprada a plazos durante el matrimonio, pues si fue comprada por uno de los cónyuges antes de comenzar la sociedad y la totalidad o parte del precio aplazado se paga con dinero ganancial, procederá aplicar el art. 1354 C.c. y la comunidad por cuotas a que conduce. A su vez, el art. 91.3 del Reglamento Hipotecario dispone que "la determinación de la cuota indivisa de la vivienda familiar habitual que haya de tener carácter ganancial, en aplicación del artículo 1.357.2 del Código Civil, requerirá el consentimiento de ambos cónyuges, y se practicará mediante nota marginal."

En cualquier caso, el art. 91.2 del Reglamento Hipotecario precisa que "el posterior destino a vivienda familiar de la comprada a plazos por uno de los cónyuges antes de comenzar la sociedad, no alterará la inscripción a favor de éste, si bien, en las notas marginales en las que se hagan constar con posterioridad, los pagos a cuenta del precio aplazado se especificará el carácter ganancial o privativo del dinero entregado", lo cual constituye la posibilidad más directa de facilitar la determinación de la proporción en que se adquiere con carácter ganancia o privativo.

Pero, por otra parte, la subrogación real en el caso de un bien privativo puede ceder por el ejercicio de la autonomía de la voluntad de los cónyuges. Los cónyuges pueden recurrir a la confesión de privatividad —incluso a la atribución de privatividad según la doctrina de la Dirección General de Seguridad Jurídica y Fe Pública— o, si optan por infundirles pleno carácter ganancial, la aportación a la sociedad de gananciales conforme a los artículos 1323 y 1355 del Código Civil. En este sentido, BERROCAL LANZAROT[5] cita la Sentencia del Tribunal Supremo, Sala de lo Civil, de 30 de junio de 2009, que dice que "la calidad ganancial o privativa de un bien no depende de declaraciones unilaterales de los cónyuges (salvo el caso del artículo 1324 del Código Civil), sino que su naturaleza viene fijada o por la ley o por la voluntad de los cónyuges".

En una interpretación que una Resolución de 25 de septiembre de 1990 vino a admitir aun reconociendo objeciones doctrinales, concediendo que los cónyuges pueden convenir por su libre voluntad que un bien adquirido constante matrimonio ingrese en el patrimonio de uno de ellos y no en el común, a pesar de no acreditarse la privatividad de la contraprestación, siempre que tal convenio obedezca a una causa adecuada que justifique la no operatividad del principio de subrogación real. Esta tesis de la DGRN considera imprescindible expresar la causa de la atribución: permuta, donación

---

[5] BERROCAL LANZAROT, A. I. (2023). "La confesión de privatividad y la presunción de ganancialidad. su operatividad frente a los acreedores y herederos ante el pacto de atribución de la privatividad". *Revista Crítica de Derecho Inmobiliario,* (798), 12-45.

u otro título suficientemente causalizado, que determinará su régimen jurídico. La última doctrina de la Dirección General de Seguridad Jurídica y Fe Pública acentúa esta orientación y, como veremos, admite sin ambages la atribución de privatividad, por la cual los cónyuges —o uno de ellos respecto de la declaración de otro— reconocen como privativo puro, no por confesión, un bien adquirido por uno de ellos constante matrimonio y a título oneroso. No obstante lo cual, la subrogación real continúa teniendo un papel relevante en la dinámica de la sociedad de gananciales.

3.º También son legalmente privativos de uno solo de los cónyuges los derechos personalísimos que le pertenezcan, es decir, los bienes y derechos patrimoniales inherentes a la persona y no transmisibles entre vivos.

Entre los derechos reales inmobiliarios contaríamos en este capítulo los derechos de uso y habitación[6], que por naturale-

---

6 En FERNÁNDEZ CAMPOS, J.A. (1999). "La transmisibilidad de los derechos reales de uso y habitación (análisis de los artículos 523 y 525 del Código Civil)". *Anales de Derecho*, (17), 85 y ss., el autor examina la transmisibilidad y, por tanto, las posibilidades de que estos derechos -de carácter personalísimo-, puedan ser hipotecados o embargados, así como el carácter dispositivo o imperativo del art. 525 C.c. Comparte la tesis de ALBALADEJO de que el precepto no constituye Derecho cogente, puesto que el art. 523 C.c. establece que el uso y la habitación se regularán por su título constitutivo lo que, evidentemente, los trae al terreno de la autonomía de la voluntad. Para FERNÁNDEZ CAMPOS la oposición a la transmisibilidad de los derechos de uso y habitación deriva más bien de su naturaleza, pues "un derecho de uso que permite su cesión o transmisión no es un verdadero derecho de uso, sino otro derecho real o un derecho de usufructo limitado en cuanto a su contenido" (114-115). En cuanto a la hipotecabilidad de los derechos de uso y habitación el autor no desconoce, en absoluto, la prohibición rotunda del art. 108.3º de la Ley Hipotecaria pero también sugiere, siempre partiendo de negar que el art. 525 sea Derecho cogente, que la hipoteca de estos derechos sería posible en la medida que su título constitutivo admita la transmisibilidad de los mismos (117). La espinosa cuestión de si los derechos de uso y habitación son embar-

za son personalísimos e indisponibles (artículo 525 C.c.) y probablemente también las servidumbres personales del artículo 531 C.c.

En cuanto al usufructo, ciertamente es un derecho personalísimo si se concede en contemplación a la persona o la vida de uno de los cónyuges, pero será privativo o ganancial en función de que su título de constitución sea gratuito u oneroso[7].

Las demás causas del art. 1346 (apartados 6º a 8º, resarcimiento por daños inferidos a la persona de uno de los cónyuges o a sus bienes privativos, ropas y objetos de uso personal, instrumentos necesarios para el ejercicio de la profesión u oficio) carecen prácticamente de trascendencia registral. Hipotéticamente cabe, por ejemplo, que los instrumentos del art. 1346.8º forman parte de un inmueble de modo que no pueda separarse de él sin quebrantamiento de la materia o deterioro del objeto (cfr. art. 334.3º del Código Civil).

---

gables o no se contestaría, en principio, con la respuesta doctrinal generalizada de la que el autor parte en su estudio: sólo puede ser embargable lo que es enajenable. Es muy interesante su observación acerca del Código argentino que, al prohibir que se embargue el uso cuando tiene carácter alimenticio, implícitamente admite el embargo en otro caso. Por lo que, aun admitiendo la opinión general, vuelve el autor a subrayar que, en la medida que el título constitutivo configure como transmisibles los derechos de uso y habitación, sí podrían considerarse embargables. En sus conclusiones, destaca que el art. 525 resulte hoy un tanto anacrónico y que de *lege ferenda* sea adecuado ligar la transmisibilidad (las correlativas hipotecabilidad o embargabilidad) al título constitutivo. La posición del autor abona la razón de restringir la intransmisibilidad de los derechos de uso y habitación a los casos en los que éstos se contemplan con carácter alimenticio o de sustentación de la persona que es su titular.

7 ESCOBAR NAREDO, S. (2022). "Comentario de la Sentencia del Tribunal Supremo, Sala Primera, 10/2022, de 10 de enero, sobre aportación de bienes privativos a la sociedad de gananciales". *Revista del Centro de Estudios Jurídicos y de Posgrado,* (2), 130 y ss.

Por supuesto, el ordenamiento admite diferentes tipos de adquisiciones con carácter privativo que van más allá del ámbito estrictamente inmobiliario real o registral, pero que escapan de este estudio por razón de su objeto.

2. Adquisición anterior al establecimiento del régimen.

Entre los bienes que el art. 1.346 reconoce como privativos de cada uno de los cónyuges figuran en el número 1° «Los bienes y derechos que le pertenecieran al comenzar la sociedad».

En particular, el art. 91.2 del Reglamento Hipotecario advierte de que el posterior destino a vivienda familiar de la comprada a plazos por uno de los cónyuges antes de comenzar la sociedad, no alterará la inscripción a favor de éste.

El Código Civil, como podemos ver, mantiene la concepción tradicional de la privatividad consustancial al sistema, si bien aclara y mejora su expresión formal respecto de su antecedente próximo el derogado art. 1.396-1.°, que, con poca fortuna y no poca restricción, declaraba privativos los bienes «que aporte al matrimonio como de su pertenencia». El ámbito material del precepto derogado parecía que por su expresión, debería quedar constreñido a una categoría específica de bienes[8], de dimensión mucho más teórica que práctica, cuáles eran los bienes parafernales, para los que la expresión «aportados al matrimonio» resultaba conveniente y más o menos oportuna, pues el igualmente derogado art. 1.381 los definía diciendo que son parafernales los bienes que la mujer aporta al matrimonio sin incluirlos en la dote y sobre los que la mujer conservaba el dominio y la administración.

---

8 GALLEGO DOMÍNGUEZ, I. (1995). *Las parejas no casadas y sus efectos patrimoniales.* Colegio de Registradores de la Propiedad, 112 y ss.

Para la doctrina y la jurisprudencia generadas en torno al citado art. 1.386-1º se consideró necesario matizar el contenido a los efectos de poder aplicar a cada grupo de bienes su particular régimen de gestión, en manifestación de COSSÍO[9]: los bienes dotales, cuya propiedad será privativa del marido o de la mujer, según sea estimada o inestimada la dote, sin perjuicio de las obligaciones de garantía y restitución; los bienes parafernales, que son los bienes de la mujer que no tengan el carácter de dotales; los bienes propios o capital del marido.

El actual art. 1.346-1.° C.c. hace referencia a bienes y derechos, sin que ello suponga una ampliación del régimen de gananciales, se trata más bien de una explicitación del contenido tradicional de los privativos en este régimen, pues en él la comunidad no se extendió nunca a los muebles y a los derechos con valor de bienes muebles, siendo ésta una de las características de diferenciación respecto de otros regímenes que, como la histórica comunidad legal francesa, la aragonesa o el régimen de conquistas navarro, hacían que este tipo de bienes ingresasen inmediatamente en la comunidad, con algunas matizadas excepciones de interés.

Es la pertenencia a uno de los cónyuges lo que, en el sistema de gananciales histórico y actual, resulta determinante para seguir siendo privativo un bien y no la calificación legal del tipo de bien de que se trate[10]. En este concreto y preciso sentido la regulación legal de la sociedad de gananciales ha favorecido siempre la identificación real de las masas patrimoniales, sin tener necesidad la crítica doctrinal y la jurisprudencia de adentrarse en el enojoso problema del tratamiento diferencial de los derechos respecto de los bienes muebles y de los dere-

---

9 DE COSSÍO Y CORRAL, A., *opus cit.*, 157 y ss.

10 GARCÍA VICENTE, J. R. (2023). “Últimas sentencias del Tribunal Supremo sobre sociedad de gananciales”. *La Ley Derecho de Familia: Revista jurídica sobre familia y menores,* (37), 46 y ss.

chos de los que el respectivo cónyuge fuese titular en tiempo anterior al establecimiento de la sociedad; es por ello por lo que en él no ha tenido prácticamente desarrollo, y el poco que ha tenido es desde luego reciente, el tratamiento de los bienes privativos por relación y, en especial la subrogación real por empleo y reempleo.

La sociedad de gananciales, naturalmente dejando aparte los efectos excesivamente perturbadores que sobre él proyectan las interpretaciones legales, jurisprudenciales y doctrinales que ha recibido la presunción de ganancialidad, constituye el régimen económico-matrimonial en el que más eficazmente puede mantenerse el equilibrio[11] entre las masas patrimoniales privativas y la consorcial que lo constituyen, toda vez que los derechos de crédito (considerados con un claro exceso de dualismo sistemático como bienes muebles) no cambian de titular por la entrada en vigor de un régimen económico matrimonial comunitario.

La introducción del término derechos en el art. 1.346-1.° resulta oportuna y pertinente, conforme a la constante interpretación del derogado art. 1.396-1.°, por cuanto el nuevo texto hace coincidir la línea de pensamiento histórico con la literalidad del mismo sin que se hagan necesarias para el futuro especiales precisiones interpretativas; de igual modo sirve el precepto para hacer resaltar como único elemento necesario para predicar la privatividad de un bien o derecho el de la pertenencia o no al cónyuge que sea titular del mismo con anterioridad a la entrada en vigor para ambos de la sociedad de gananciales.

---

11 LÓPEZ FRÍAS, A. (2012). "Una nueva reflexión sobre la singularidad jurídica de algunas propiedades inmobiliarias: especial referencia a los adarves, engalabernos y cobertizos. Cuestiones actuales y proyección de futuro". *Revista Crítica de Derecho Inmobiliario,* (733), 2567 y ss.

La pertenencia anterior de los bienes, pero también de los derechos, resuelve entre nosotros algunos problemas que pueden plantearse[12], si bien no con la crudeza y trascendencia que tuvieron en Francia bajo la vigencia de su sistema histórico de *communauté de meubles et acquêts.*

Un amplio sector de la doctrina francesa estuvo siempre preocupado por la doble atracción que ejercía la masa consorcial respecto de los muebles y las adquisiciones, por ello trató de poner especial énfasis, tanto bajo la vigencia del Derecho de costumbre como durante la vigencia del régimen legal del Code de 1804, en las medidas de salvaguarda de la integridad de los patrimonios privativos de los cónyuges.

A este fin construyó una variada gama de hipótesis casuísticas encaminadas a dejar bien patente y fuera de toda duda que lo que interesa a la hora de determinar la privatividad originaria de un determinado bien es que la causa adquirendi esté situada temporalmente en un momento anterior a la vigencia de la comunidad legal.

Si la causa *adquirendi* es efectivamente anterior al nacimiento de la comunidad el bien será privativo, ello aunque el derecho real inmobiliario haya dado lugar a uno de crédito (reputado, como sabemos, bien mueble) y la acción ejercida constante la comunidad, o la forma ad solemnitatem haya sido cumplida en iguales circunstancias, todas estas situaciones se consideran meros pasos intermedios en un iter obligado en la adquisición de derechos privativos que traen su causa de la anterior tenencia de bienes también privativos. POTHIER ha dejado constancia de un buen número de tales construcciones hipotéticas en las que la causa *adquirendi* sirve para declarar

12 LACRUZ BERDEJO, J. L. (1950). "En torno a la naturaleza jurídica de la comunidad de gananciales del Código Civil". *Revista General de Legislación y Jurisprudencia,* XIX,(24), 7 y ss.

originariamente privativos determinados bienes para los que las normas de costumbre compiladas compelían a la declaración como bienes comunes, bien es verdad que en la mayoría de tales supuestos el gran jurista lo que se afana en subsanar son los defectos de forma que impedían la aplicación ordinaria de la subrogación real, pues este derecho, esencial para la conservación de las masas privativas, se ha presentado siempre en Francia bajo una estrechísima concepción formalista, de ahí, en ellos, las constantes apelaciones a la equidad frente a la letra de la ley. Es por esto último por lo que BOULANGER trata despectivamente todo ese esfuerzo casuista, lo denomina de «escuela» y afirma de él que es un intento de «popularización embarulladora» del derecho que es propio de los regímenes matrimoniales comunitarios[13].

Para nuestro sistema histórico y actual de gananciales todas estas aportaciones de la doctrina francesa han tenido tan sólo una importancia directa relativa, en razón de no haber predicado nunca la comunidad automática y retroactiva para los muebles y por ende de los derechos de crédito.

Ahora bien, sí ha servido como enseñanza doctrinal para dejar bien establecido que aquello que interesa conocer a la hora de determinar la privatividad originaria no es sólo la pertenencia de un bien a su titular con anterioridad a la vigencia de la sociedad de gananciales -cuestión que en principio sólo plantea problemas de prueba, aunque a veces de difícil o imposible verificación sino también de la causa *adquirendi* que provoca el ingreso material o formal del bien de que se trate en la correspondiente masa privativa. Ello permitió, por ejemplo, resolver las atribuciones a las distintas masas de los bienes que se adquieren por usucapión iniciada antes de la constitución de la sociedad de gananciales y consumada en plena vigencia

---

13 MONTERO AROCA, J. (2008). *Disolución y liquidación de la sociedad de gananciales.* Tirant Lo Blanch, 56 y ss.

de ésta; además ha servido para otorgar a la subrogación real —formal y no formal— la importancia que verdaderamente tiene, aunque ciertas interpretaciones muy arraigadas de la presunción de ganancialidad, en relación con la naturaleza jurídica de la masa ganancial, hayan impedido, impidan en cierto modo, jueguen todavía negativamente para alcanzar el deseado equilibrio económico entre las distintas masas[14].

3. Adquisiciones a título gratuito

Los bienes adquiridos a título gratuito han recibido siempre la condición y la caracterización de bienes privativos en nuestra sociedad de gananciales y, en general, en todos los regímenes de estructura comunitaria. Las orientaciones normativas en la materia han venido siendo decididamente favorables a este efecto, hasta el punto que en los regímenes en los que se predica la comunidad de los muebles (en la comunidad legal francesa o en el régimen legal aragonés) la privatividad no sólo alcanza a los inmuebles recibidos a título gratuito, sino también a aquellos muebles caracterizados por pertenecer al acervo familiar.

La idea de principio gira en torno a que la atribución de un bien a título gratuito, sea por sucesión, sea por donación[15], presupone por parte del disponente la contemplación del favorecido, bien como miembro integrante de su propia familia[16], entendida las más de las veces troncalmente, bien como detentador de unas determinadas cualidades relevantes o de unos méritos contraídos respecto de él; lo que hace resaltar el carácter personalísimo tanto en el atribuyente cuanto en

14 LÓPEZ BELTRÁN DE HEREDIA, C. (2008). *Disolución y liquidación de la sociedad de gananciales.* Tirant Lo Blanch, 126 y ss.

15 DÍEZ-PICAZO, L., *opus cit.*, 16 y ss.

16 LASARTE ÁLVAREZ C., *opus cit.*, 175 y ss.

la persona del atributario del que no tiene que participar, en principio y de ordinario, el cónyuge de este último, al menos directamente y por lo que a la pura titularidad de la cosa se refiere. Modernamente, además, se viene aduciendo en favor de la privatividad de tales adquisiciones, con razón, el dato sumamente relevante de que la causa de la adquisición, en el sentido clásico del art. 1.274 C.c., se genera y se sitúa en un ámbito externo a la sociedad de gananciales y, en su consecuencia, ésta no tiene por qué verse incrementada por otras fuentes que no sean las de fructificación, en sentido amplio, de los bienes privativos y de los comunes y de los resultados del trabajo de los propios cónyuges.

Conforme a esta clásica orientación el art. 1.346-2.° C.c. —siguiendo a su precedente inmediato el derogado art. 1.396-2.° C.c.- declara que son privativos de cada cónyuge: «los que adquiera después (de comenzada la sociedad) por título gratuito».

Pese a la claridad y la lógica de esta tradicional formulación es de advertir que esta previsión normativa no fue entendida siempre así ni con este alcance, ya que una amplia tendencia doctrinal francesa anterior a la codificación de 1804 y construida sobre una interpretación restrictiva del Derecho de costumbres[17] concluyó que tan sólo pueden reputarse privativos los inmuebles adquiridos a título de sucesión declarando, en consecuencia, comunes todos los demás procedentes de adquisiciones a título gratuito, con lo que se ampliaba considerablemente el punto de vista comunitarista de aquel derecho tradicional que ya venía limitando tal efecto cuando la atribución provenía de la donación de un tercero no familiar 1°. Contra esta tendencia se manifestará POTHIER, como decidido defensor de la privatividad de todas las adquisiciones a título gratuito: «lo mismo ocurre con los beneficios y las rentas. Estas

---

17 BUSTOS VALDIVIA, C. (2004). *La indivisión que sigue a la disolución de la sociedad de gananciales: la comunidad postganancial.* Comares, 124 y ss.

cosas se reputan inmuebles y de la misma naturaleza que las heredadas, son susceptibles de tener la cualidad de propios: esto es porque, cuando se atribuyen a uno de los cónyuges, aunque sea durante el matrimonio, por sucesión directa o colateral de cualquiera de sus parientes, estas cosas le pertenecen como propios de sucesión, y son parejamente propios en la comunidad»", posición que llegará a ser dominante en la doctrina francesa posterior que verá con buenos ojos la ampliación a determinados bienes muebles, salvo disposición expresamente contraria, es decir, cuando está destinada a la comunidad por voluntad del propio disponente.

El legislador español del 81 ha seguido, una vez más, el antecedente francés en la materia recogiendo y haciendo suya la letra del art. 1.405 del Code en su versión de 1965. No es fácil entender, ni intuir las razones que pueden subyacer en la norma de referencia[18], para que una liberalidad en favor de los cónyuges sin especial designación de partes se presuma iuris tantum hecha en favor de la masa ganancial, cuando la liberalidad es hecha en testamento la presunción tiene el mismo valor que si fuere iuris et de iure; es difícil pensar que el disponente, queriendo favorecer a ambos cónyuges, desee también para estos bienes unas reglas específicas de gestión y responsabilidad, cuando es más que probable que en la formación de su voluntad liberal de donar o legar ho haya contado absolutamente nada el régimen económico-matrimonial vigente entre los beneficiados. Las argumentaciones que he encontrado en favor de la ganancialidad o consorcialidad de estos bienes adolecen de ausencia de verdaderas razones ‘, tal vez por ello el legislador italiano de 1975, con mucho más realismo que el legislador francés y el español posterior, se pronunció en el art.

---

18 FERNÁNDEZ CANALES, C., *opus cit.*, 183 y ss.; y NIETO ALONSO A., *opus cit.*, 157 y ss.

179-b) del Codice en favor de la privatividad[19] para «los bienes adquiridos posteriormente al matrimonio por efecto de donación o sucesión, cuando en el acto de la liberalidad o en el testamento no se haya especificado que aquéllos sean atribuidos a la comunidad», es decir, deja en manos del disponente la posibilidad excepcional de que la atribución se haga en favor de la comunidad; esta solución, con ser la más congruente con las orientaciones inspiradoras de las reformas del Derecho de familia, ha sido criticada por SCHLESINGER por entender que se debe únicamente a la excesiva influencia que ha ejercido sobre los legisladores italianos la legislación francesa y afirma paladinamente que al testador o donante no tiene razón de ser que se le reconozca la facultad de hacer entrar o no un bien en la masa común, ya que el disponente es un tercero ajeno al gobierno de la comunidad y como tal debería ser tratado por la norma.

La presunción de una voluntad en el disponente con eficacia en la caracterización de los bienes donados o legados conduce a situaciones de difícil solución, como cuando este tipo de atribución resulta ser inoficiosa o la disposición testamentaria daña las legítimas de los herederos forzosos, siendo uno de los cónyuges beneficiarios, a su vez, heredero forzoso[20]. O bien, cuando el atribuyente quiere revocar la donación por ingratitud de uno sólo de los donatarios. Deberán pues los órganos jurisdiccionales, limitar decididamente los efectos de este art. 1.353 C.c. a los casos de donación o designación testamentaria de un tercero extraño con el que los donatarios no tienen un parentesco directo, tal y como previniera en su tiempo el Derecho histórico francés anterior a la codificación y sin que con ellos se resuelvan todos los problemas potencialmente po-

---

19 MARTÍNEZ ROSADO, J., *opus cit.*, 17 y ss.

20 VALLET DE GOYTISOLO, J., *opus cit.*, 10 y ss; y SÁNCHEZ ROMÁN, F., *opus cit.*, 152 y ss.

sibles. No cabe sino concluir que en este concreto precepto el legislador no ha medido las consecuencias que se derivan de la introducción un texto perturbador y discorde con la estructura y las bases del sistema normativo de la sociedad de gananciales.

En otro orden de problemas, la doctrina anterior a la reforma de 1981 venía admitiendo unánimemente que la regla general de la privatividad de los bienes legados o donados no podía ser alterada en modo alguno por la existencia de una modalidad o carga que pesase sobre el donatario o legatario, dando lugar lógicamente a un derecho de recompensa en favor de la masa gananciales si la carga se cumplía a expensas de la masa ganancial, en frase de SANZ FERNÁNDEZ[21]: «la prestación accesoria o complementaria en dinero no altera la naturaleza privativa de la adquisición, cualquiera que sea la procedencia del dinero invertido. Las consecuencias de que este dinero sea privativo o ganancial únicamente repercuten en las indemnizaciones o colaciones que procedan conforme al Código Civil, al liquidar la sociedad conyugal». No obstante la unanimidad doctrinal anterior, la presencia actual de un texto con vocación de regla general, como es el art. 1.354 C.c., y el sin que el supuesto objeto de análisis haya dado lugar a la configuración de una norma de excepción frente a esta regla, obliga a plantearse la cuestión de si en las donaciones onerosas el bien adquirido será, conforme a la tradición doctrinal, íntegramente privativo o lo será sólo en la proporción en que corresponda al ánimo liberal y ganancial en el resto[22]. Creo que el problema puede obviarse entendiendo, a rajatabla, que la finalidad del art. 1.354 C.c. es la de resolver definitivamente el problema de la creación abusiva de un patrimonio privativo por la vía de aplicación de la subrogación real con saldo adi-

---

21 SANZ FERNÁNDEZ, F., *opus cit.,* 143 y ss.

22 COBACHO GÓMEZ, J. A. (1990). "El cumplimiento del deber de alimentos". *Centenario del Código Civil,* (1), 507 y ss.

cional negativo originado por un contrato mixto de permuta y compraventa', pues no puede olvidarse que la modalidad o carga participa de la naturaleza jurídica propia de la prestación, y por ello debe aplicarse en toda su extensión a las donaciones o legados onerosos, a estos últimos por analogía, la mencionada regla general del establecimiento de una comunidad ordinaria entre la masa privativa de atributario lucrativo y la masa ganancial, por aplicación del arts. 619 y 622 en relación con el art. 1.354 C.c.: tal vez con la excepción del supuesto conocido en la tradición francesa bajo la denominación de arrangement de famille, que examinaré a continuación.

4. Bienes adquiridos por convenio familiar

Nuestro Derecho positivo de la sociedad de gananciales no ha conocido nunca una regulación explicita equivalente de la tradicional francesa del arrengement de famille (art. 1.405-3 Code), en virtud de la cual se adquieren como propios los bienes abandonados o cedidos por un ascendiente en favor de uno de los cónyuges, bien sea para que éste se cobre con ello lo que se le adeuda por el cedente[23], bien sea con la carga de satisfacer la deuda del atribuyente para con otros terceros, siempre con la debida recompensa en favor de la comunidad si ha lugar a ello.

Esta institución fuertemente arraigada en la tradición francesa se ha venido reputando desde POTHIER como un negocio a título oneroso, valorando en más la dación en pago o la asunción de deuda que la potencial liberalidad que la transmisión puede, más bien suele, encerrar, por lo que la atribución del bien en favor de la masa privativa del cónyuge adquirente se construye como una auténtica excepción a la regla de ganan-

---

23 SALAS CARCELLER, A., *opus cit.*, 201 y ss.

cialidad de los bienes adquiridos a título oneroso. Excepción que se dirige fundamentalmente a potenciar una vía por la que se posibilite la conservación de los bienes, singularmente los inmuebles, en el seno de una familia troncalmente entendida y no limitada tan sólo a sus básicos elementos celulares-, como uno de los aspectos más salientes de su identidad y de su pervivencia histórica.

La institución del arreglo de familia u otra similar debió haberse introducido entre nosotros tiempo ha, pues si en algo peca nuestra legislación común general y muy especialmente la reforma del Derecho de familia de 1981, es de partir cada vez más de la contemplación de la familia como una pura unidad celular completamente desgajada de la familia troncal y de su marco referencial histórico importando modelos foráneos y sin tomar en consideración que la realidad social no se agota con el modelo urbano de aluvión, para quienes por desgracia es indiferente la adopción de un régimen u otro; pero es evidente que para el ámbito rural y para otros tipos de familia urbana la ligazón con determinados bienes constituye una realidad social que el legislador no debería haber dejado de lado.

La solución más apropiada para este supuesto no es la del modelo francés del arrangement de famille, sino que pasa por la adopción de una concepción más amplia a través de la cual se entienda que los bienes de familia son privativos cualquiera que sea el título mediante el cual se adquieran, con las debidas recompensas a que diere lugar su adquisición en favor del consorcio. La razón de su origen familiar debería bastar para esta atribución de titularidad privativa, pues como pone de manifiesto CORNU, esta razón «justifica suficientemente su conservación en el patrimonio privado del adquirente», Con este fundamento que representa un claro interés superior que las normas deber proteger, entiendo que se puede y se debe admitir la inaplicabilidad del art. 1.354 C.c. para este caso y para los similares, pues su función-interés protegible es coincidente con la nueva concepción de los bienes privativos.

II. ADQUISICIÓN E INSCRIPCIÓN DE LOS BIENES COMO PRIVATIVOS

1. La titularidad

Con respecto a la inscripción en el Registro de la Propiedad de los actos de disposición y administración a título oneroso sobre bienes gananciales especial importancia lo establecido en el art. 51.9 R.H. que determina que, la inscripción del bien a favor de uno de los cónyuges expresará el nombre y apellidos del cónyuge del esposo titular registral y, de lo establecido en los arts. 93.4 y 94.1 R.H. se deriva que, a efectos de propiedad, del hecho de aludir al esposo del titular en el Registro de la Propiedad no se deriva que el inmueble quede inscrito a nombre de los dos cónyuges ya que, se considera como titular únicamente al cónyuge que ha adquirido[24].

En lo relativo a los bienes inmuebles, es necesario diferenciar los diferentes tipos en los que se puede inscribir un bien de carácter ganancial, a saber, bien inscrito a nombre de ambos cónyuges; bien inscrito a nombre de un cónyuge como ganancial; y, bien adquirido como presuntivamente ganancial. En el primer caso, el bien se inscribirá a nombre de los dos esposos, así, ambos cónyuges ostentarán tanto la titularidad material como formal del mismo, lo que implica que, para hacer cualquier acto de administración o disposición a título oneroso sobre él, será necesario el consentimiento expreso del otro esposo o, en su caso, la autorización judicial de carácter supletorio[25]. Con respecto a la inscripción de un bien como bien ganancial o como bien presuntivamente ganancial, da lugar a un desdoble de titularidades, esto es, la titularidad de

---

24 CUADRADO PÉREZ, C., *opus cit.*, 127 y ss.

25 DE VERDA Y BEAMONTE, J. R., *opus cit.*, 154 y ss.

tipo formal corresponde al cónyuge a nombre del que se ha practicado la inscripción del bien ganancial y la titularidad de tipo material, al ser materialmente ganancial, la ostentarán los dos esposos.

Algún sector doctrinal[26] ha subrayado que estas dos titularidades no se contradicen, sino que producen una suerte de apoderamiento legal a favor del titular formal de tal manera que, el titular formal queda legitimado para actuar en nombre del otro esposo como si hubiesen actuado los dos cónyuges. Con respecto a los efectos derivados del Registro de la Propiedad, si el bien aparece inscrito a nombre de uno de los esposos, de los arts. 93.4 y 94.3 R.H. se deriva la necesidad del consentimiento expreso, de asentimiento o de autorización judicial supletoria, para que sea posible inscribir los actos de disposición, de igual forma ocurre cuando el bien aparecía inscrito a nombre de ambos esposos. Este requisito establecido por el reglamento hipotecario está en consonancia con la norma establecida en el art. 1384 C.c., donde se legitima a uno de los esposos para actuar en nombre del otro, el esposo que es titular del bien que está inscrito podrá realizar los actos de administración por sí solo.

Se procede a inscribir como bienes privativos del cónyuge adquirente aquellos bienes que han sido adquiridos durante la sociedad de gananciales y que legalmente tienen carácter privativo. Asimismo, todos los actos inscribibles relativos a los bienes privativos se llevarán a cabo por el cónyuge adquirente de manera exclusiva, aun antes de proceder a la liquidación de la sociedad conyugal disuelta. Con respecto a los actos de administración o de disposición realizados a título oneroso con respecto a los bienes adquiridos a título oneroso y a costa del caudal común, por ambos cónyuges para la comunidad de ga-

26 GARRIDO DE PALMA, V. M., *opus cit.*, 156 y ss.

nanciales, atribuyéndoles de común acuerdo tal condición o, adquiriéndolos en forma conjunta y sin atribución de cuotas, para su inscripción, será necesario que se hayan realizado por ambos cónyuges, por uno cualquiera de ellos con el consentimiento del otro o, con la autorización judicial supletoria[27].

Los actos de disposición a título gratuito de los bienes que han sido adquiridos a título oneroso y a costa del caudal común por ambos cónyuges para la comunidad de gananciales, que se les atribuya de común acuerdo tal condición o, adquiriéndolos de forma conjunta y sin atribución de cuotas, se inscribirán cuando fueren realizados por ambos cónyuges conjuntamente o, por uno de ellos con el consentimiento del otro cónyuge. Los actos de disposición relativos a los bienes adquiridos a título oneroso por uno sólo de los cónyuges para la sociedad de gananciales, será preciso para su inscripción que se hayan realizado conjuntamente por ambos cónyuges o por uno cualquiera de ellos con el consentimiento del otro o con la autorización judicial supletoria[28].

Sin embargo, aquellos actos de disposición a título gratuito de los bienes adquiridos a título oneroso por uno sólo de los cónyuges para la sociedad de gananciales, se inscribirán cuando fueren realizados por ambos cónyuges conjuntamente o, por uno de ellos concurriendo el consentimiento del otro para su inscripción[29].

Se podrán inscribir, asimismo, con respecto a las agrupaciones, segregaciones o divisiones de estas fincas, las declaraciones de obra nueva sobre ellas, la constitución de sus edificios en régimen de propiedad horizontal y cualesquiera otros actos análogos realizados por el titular registral. Se consagra, así, una

---

27 PAU PEDRÓN, A. y DE FUENTES CORRIPIO, J., *opus cit.*, 87 y ss.

28 ROCA TRÍAS, E., *opus cit.*, 145 y ss.

29 CADARSO PALAU, J., *opus cit.*, 23 y ss.

categoría al efecto: los actos de riguroso dominio, entendidos como aquellos actos en los que, porque no está tan presente en ellos la idea de disposición, como ocurre, *v.g.*, con la declaración de obra nueva, la segregación de una finca, el alquiler, la agrupación de fincas o la división de fincas, que permite que los efectúe únicamente el titular registral[30].

En lo relativo a los actos de disposición a título oneroso de los actos de riguroso dominio agrupaciones, segregaciones o divisiones de estas fincas, las declaraciones de obra nueva sobre ellas, la constitución de sus edificios en régimen de propiedad horizontal y cualesquiera otros actos análogos realizados por si solo por el titular registral, será necesario que hayan sido otorgados por el titular registral con el consentimiento de su consorte o, en su defecto, con autorización judicial, para su inscripción. Y así, los actos de disposición a título gratuito se inscribirán cuando se hubieran realizado por ambos cónyuges de manera conjunta o, por uno de ellos concurriendo el consentimiento del otro cónyuge[31].

2. *La confesión del consorte del carácter privativo de un bien*

2.1. Aproximación conceptual

Todos los actos inscribibles que sean relativos a bienes privativos del cónyuge adquirente y los bienes adquiridos durante la sociedad de gananciales que tengan legalmente carácter privativo, se llevarán a cabo exclusivamente por el cónyuge ad-

---

30 FERNÁNDEZ CANALES, C., *opus cit.*, 224 y ss.

31 COBACHO GÓMEZ, J. A. (2020). "El régimen económico matrimonial de comunidad universal de bienes en España y en el resto de países del mundo: su génesis, evolución y régimen legal vigente". *Anuario de la Facultad de Derecho de la Universidad Extremadura*, (36), 1113 y ss.

quirente aun antes de proceder a la liquidación de la sociedad conyugal disuelta. Si la privatividad resultara únicamente de la confesión del consorte, se hará constar dicha circunstancia en la inscripción registral y ésta se practicará a nombre del cónyuge a cuyo favor se haga dicha inscripción[32].

El cónyuge a nombre del cual se practica la inscripción registral, necesitará para los actos de disposición realizados después del fallecimiento del cónyuge confesante, el consentimiento de los herederos forzosos de éste, si los tuviere, salvo que el carácter privativo del bien resultare de la partición de la herencia.

Pero si la justificación o confesión de privatividad hiciera referencia, únicamente, a una parte del precio o de la contraprestación, la inscripción registral se practicará a nombre del cónyuge a cuyo favor se haga aquélla en la participación indivisa que se indique en el título y, a nombre de uno o ambos cónyuges, según proceda, para su sociedad de gananciales en la participación indivisa restante del bien adquirido. La justificación o la confesión de la privatividad que se hagan con posterioridad a la inscripción se hará constar mediante nota marginal.

Siguiendo a RAGEL SÁNCHEZ[33], entendemos por confesión de privatividad la declaración unilateral realizada por el cónyuge que no adquiere el bien, expresando que dicho bien es privativo del cónyuge adquirente.

La confesión de privatividad tiene lugar cuando, constante matrimonio y a título oneroso, se adquiere un bien por un solo de los consortes casados en régimen legal de gananciales y su cónyuge hace una mera confesión del carácter privativo de la contraprestación que se ha efectuado.

---

32 FERRARA F., *opus cit.*, 25 y ss.

33 RAGEL SÁNCHEZ, L. F., *opus cit.*, 17 y ss.

El bien en cuestión puede ser inmueble o mueble, pero en el caso de bienes muebles es más difícil encontrar prueba de dicha confesión, cosa que no ocurre en el caso de los bienes inmuebles en escritura pública. Este aspecto reviste especial importancia en las adquisiciones de bienes que van a tener acceso al Registro de la Propiedad ya que se va a requerir que los cónyuges estén sujetos al régimen legal de gananciales; que la adquisición se haga por un solo cónyuge, ello no impide que se adquiera una cuota a nombre de un cónyuge por confesión de privatividad del otro consorte y, que otra cuota del mismo bien pueda ser adquirida con carácter ganancial; que la adquisición sea a título oneroso; que el precio o la contraprestación no haya sido justificado expresamente porque de serlo, ya no es bien privativo confesado, es bien privativo que no está sujeto al régimen especial de los bienes privativos confesados; que si demuestra más tarde la procedencia privativa de la contraprestación, el bien dejaría de ser privativo por confesión para ser bien privativo acreditado[34].

Acerca de la naturaleza de la confesión de privatividad, en la doctrina se ha acomodado a esta figura entre los negocios jurídicos de fijación[35]. Pero actualmente se atiende a su consideración como medio de prueba, antes que como negocio jurídico. BERROCAL LANZAROT[36] recoge en este sentido la doctrina de la Resolución de 13 de febrero de 1999 o de la STS de 25 de septiembre de 2001: una prueba de plena eficacia entre las partes, pero no respecto de los herederos forzosos ni de acreedores terceros.

---

34 HERNÁNDEZ ANTOLÍN, J.M. (2012). "Régimen jurídico de los bienes privativos confesados". *RCDI,* (730), 857 y ss.

35 MENÉNDEZ MATO, J.C. (2021). "El contrato de fijación jurídica en el ordenamiento español: análisis de su situación actual." *Revista de Derecho Civil,* (34), 91 y ss.

36 BERROCAL LANZAROT, A. I., *opus cit.,* 2298 y ss.

Con respecto a los sujetos, el confesante debe ser uno de los cónyuges y, dentro de ellos, aquel consorte a quien perjudique la confesión. Confesión normada en el art. 1324 C.c. que no tiene carácter personalísimo, por lo que, fallecido un cónyuge, la posibilidad de confesar se transmite a sus herederos. Pero es necesario subrayar al respecto que, como la confesión recogida en el art. 1324 C.c. es una declaración de verdad dirigida a constatar que unos determinados bienes tienen como titular exclusivo uno de los consortes y no es un negocio jurídico traslativo de dominio. Asimismo, que como el matrimonio produce de Derecho la emancipación, *ex* art. 316 C.c.; y, que como la confesión del art. 1324 C.c. no perjudica ni a los legitimarios ni a los acreedores del confesarte, por sí sola, basta para poder realizar esta confesión con la emancipación.

Al respecto, el Tribunal Supremo en Sentencia 402/2006 de 29 de noviembre afirma que el confesante a los efectos del art. 1324 C.c., ha de tener poder de disposición y capacidad de obrar. Un sector doctrinal ha defendido esta tesis al considerar que el confesante debía tener capacidad para disponer del bien que es objeto de la confesión.

Con respecto al objeto de la confesión, el legislador ha establecido *ex* art. 1324 C.c., que ha de recaer sobre hechos y situaciones jurídicas ya que, lo habitualmente se confiesa es la titularidad de los bienes, pero no cabe que se produzca confesión sobre datos de Derecho. Aun así, si se tuviera por objeto la producción de una transmisión patrimonial entonces estaríamos ante un negocio jurídico simulado, tras el que se podría ocultaría una donación. Esta confesión o manifestación podrá ser impugnada por los herederos legitimarlos del confesante y por él mismo, cuando se den determinadas circunstancias como error, dolo, engaño o falta de capacidad del que la hace, en cuyos casos sí faltaría el consentimiento, propiamente dicho. Subrayando que lo que se impugna es únicamente la valoración de la confesión y no el negocio jurídico que se ha aseverado[37].

Los requisitos de carácter circunstancial se ciñen al tiempo y a la forma. Con respecto al tiempo, la confesión deberá tener lugar durante el matrimonio, pero comprendiendo el supuesto de separación descrito en el art. 1324 C.c. La resolución de la Dirección General de los Registros y el Notariado, de 27 de junio de 2003, establece que es posible la confesión con posterioridad al fallecimiento de uno de los cónyuges. Se transmite la posibilidad de confesar a sus herederos sin que exista precepto legal alguno que imponga que se deba hacer dentro de una partición hereditaria. En cuanto a la forma, cabe la posibilidad de que sea judicial o extrajudicial y, en este último supuesto, cabe que sea intervivos o mortis causa no requiriendo la fórmula intervivos forma específica alguna, si bien ha de señalarse la conveniencia de que conste en documento a efectos probatorios. Cuando afecta a bienes inmuebles, la forma adecuada de hacerlo es a través de un acta de confesión para que, así, el Notario pueda consignar la manifestación del cónyuge sobre la naturaleza propia o ganancial de un bien determinado posibilitar su inscripción en el Registro de la Propiedad. La posibilidad de confesión mortis causa se someterá a las formalidades propias del testamento por tener que estar dentro de este documento.

Cuando el régimen económico matrimonial por el que se rigen unos consortes es el régimen de bienes gananciales hay un principio legal en torno al cual se articula su regulación: la presunción de ganancialidad que establece el artículo 1361 C.c. ya que, se presumen bienes gananciales aquellos bienes existentes en el matrimonio mientras no se pruebe que pertenecen de manera privativa a uno de los dos consortes. Pero

37 ECHEVARRÍA ECHEVARRÍA, S., *opus cit.*, 126 y ss.

este principio no va a impedir que en el momento en el que un cónyuge adquiere manifieste que dicha adquisición se realiza con dinero privativo y, además, haya la confesión de este hecho por el otro consorte. La confesión de privatividad tiene lugar cuando, constante matrimonio -casados en régimen legal de gananciales-, se adquiere un bien a título oneroso por un solo de los cónyuges y, su consorte confiesa el carácter privativo de la contraprestación que se ha efectuado[38]. El bien adquirido puede ser inmueble o mueble, pero en el caso de bienes muebles es difícil encontrar prueba de la confesión realizada, cosa que no ocurre en el caso de los bienes inmuebles por constar dicho hecho en la escritura pública[39].

Por lo que se refiere a las adquisiciones de los bienes que van a tener acceso al Registro de la Propiedad, para que la confesión que analizamos sea declarada válida se va a requerir que los cónyuges estén casados en el régimen económico matrimonial de gananciales; asimismo, la adquisición debe hacerse solo por uno de los consortes -ello no impide que pueda adquirirse una cuota a nombre de un esposo por confesión de privatividad del otro consorte y otra cuota del mismo bien pueda ser adquirida con carácter ganancial-; además, que la adquisición sea de naturaleza onerosa; que el precio o la contraprestación no ha de resultar acreditado de manera expresa porque, de ser así, ya no es bien privativo confesado, sino bien privativo, no estando sujeto, entonces, al régimen de los bienes privativos confesados; y, en fin, que si con posterioridad se demuestra el

38 DOMÍNGUEZ LUELMO, A. A., TORRES GARCÍA D. F. y SÁNCHEZ-CALERO ARRIBAS, B., *opus cit.*, 245 y ss.

39 ESCRIBANO, C. y RAGA SASTRE, N. (2017). "Capítulo 21: Las capitulaciones matrimoniales. Las donaciones por razón de matrimonio", *Tratado de Derecho de Familia*, vol. III, *Los Regímenes Económico Matrimoniales* (I). Aranzadi, 491 y ss.

origen privativo de la contraprestación, el bien seria privativo acreditado y no privativo confesado.

2.2. Requisitos

Dispone el art. 1324 del Código Civil que para probar entre esposos que determinados bienes son privativos de uno de ellos, basta la confesión del otro cónyuge. Asimismo, señala que tal confesión por sí sola no podrá perjudicar a los herederos forzosos del esposo confesante, ni a los acreedores, bien sean de la comunidad o bien de cada uno de los esposos.

La confesión de privatividad representa, como hemos visto, un medio de prueba para imprimir a la adquisición el carácter privativo cuando, como suele ser normal y ordinario, se lleva a cabo mediante precio o dinero.

En el marco del Código Civil y del Reglamento Hipotecario, la privatividad nunca se presume y —como veremos— ha de ser probada legalmente. En la organización de la sociedad de gananciales son importantes presupuestos la vis atractiva de la ganancialidad —con la relevante presunción de ganancialidad de las adquisiciones dentro de la sociedad de gananciales— y el principio de subrogación real en las adquisiciones para la sociedad de gananciales explicitada en las reglas de que se consideran privativos los bienes adquiridos a costa o en sustitución de bienes privativos y gananciales los adquiridos a título oneroso a costa del caudal común, bien se haga la adquisición para la comunidad, bien para uno solo de los esposos, de conformidad con los artículos 1346.3° y 1347.3° respectivamente. Es fácil comprender que si un bien privativo se adquiere por permuta de otro bien privativo, será también privativo. En cambio, no es tan fácil probar la procedencia del dinero que determine el carácter de la adquisición. La doctrina y la jurisprudencia ponen de manifiesto que una de las características del dinero es la fungibilidad: una suma o unidad de dinero es indistinguible o indiferenciable de otra y difícil de demostrar de donde proviene o procede.

La STS 10/2020, de 15 de enero, expone que la norma del Código Civil posibilita en la práctica una verdadera subrogación de bienes en el patrimonio privativo cuando se utiliza dinero de esa misma procedencia y no es fácil de acreditar. Ello responde a la idea de que lo que se dice es verdad, probablemente, por lo que mientras no perjudique a terceros, acreedores o legitimarios del confesante, el efecto de la confesión prevalece[40]. Y por tanto, con sus limitaciones, la privatividad por confesión faculta al cónyuge a cuyo favor se haya hecho la confesión para otorgar los actos inscribibles inscritos como privativos confesados durante la vigencia de la sociedad de gananciales "exclusivamente" (art. 95.4 del Reglamento hipotecario).

Dada la importancia de preservar los efectos propios de la confesión —exclusividad de la disposición por el cónyuge a cuyo favor se ha hecho, indemnidad de los acreedores y terceros— y de diferenciar el régimen del bien privativo confesado del bien privativo puro, el art. 95.4 R.H. establece que en los supuestos en que la privatividad resulte únicamente de la confesión del consorte, se deberá hacer constar dicha circunstancia en la inscripción, que se practicará a nombre del esposo a cuyo favor se haga dicha confesión. De este modo, el Registro de la Propiedad publicará la privatividad de la adquisición marcando esta importante peculiaridad.

Una vez inscrito el bien con el carácter de privativo confesado, en vida del confesante el titular registral podrá disponer de él libremente, pero deviene necesario un requisito formal para garantizar los derechos preservados por esta figura. La

---

40 ATIENZA LÓPEZ, J. I. (2003). "Tercería de Dominio. Bienes gananciales". *CEFLegal: revista práctica de derecho. Comentarios y casos prácticos,* (27), 1 y ss.

Resolución de la DGRN de 19 de abril de 2021— impone al cónyuge titular el deber de manifestar en la escritura de transmisión que el consorte confesante vive pues, si no, resultará preciso el consentimiento de los herederos forzosos al acto de disposición. Como dice la DGRN: "si la privatividad resultare sólo de la confesión del consorte, y consta dicha circunstancia en la inscripción...", para disponer de un bien privativo por confesión, el cónyuge a cuyo favor se hizo la confesión debe manifestar, al otorgar el acto dispositivo, que el confesante está vivo, pues de otro modo deberán prestar consentimiento los herederos forzosos del confesante."

Tras la aceptación por la doctrina de la Dirección General de Seguridad Jurídica y Fe Pública de la atribución de privatividad o pacto de atribución de privatividad, nos apresuramos a adelantar una diferencia clara entre la confesión de privatividad y el negocio jurídico de atribución de privatividad a un bien por medio de convenio de los cónyuges en el momento de la adquisición. Este último requiere causalización y la confesión no[41].

Lo describe perfectamente la Resolución de la Dirección General de Seguridad Jurídica y Fe Pública de 17 de diciembre de 2020 (B.O.E. núm. 8, de 9 de enero de 2021), que aborda el caso en el que uno de los cónyuges declara —y el otro consiente— que «la compra se ha efectuado con dinero propio de ella y para ella, solicitando la inscripción de la finca adquirida en concepto de bien privativo». Para el centro directivo "no se trata de un caso de adquisición de un bien de carácter privativo por confesión (manifestación de voluntad unilateral efectuada por una persona, relativa a unos hechos que conoce con anterioridad y que como regla general perjudican o no benefician al confesante), pues la manifestación o declaración

---

41 FERNÁNDEZ DE VILLAVICENCIO ALVAREZ OSSORIO, M. C. (1997). *La cogestión de los bienes gananciales.* Marcial Pons, 14 y ss.

sobre dicho carácter privativo es efectuada por ambos cónyuges, conjuntamente, por lo que hay que concluir que se trata de un «negocio jurídico de atribución» realizado al amparo del artículo 1355 del Código Civil; pero dicha atribución debe obedecer «a una causa concreta, que justifique la no sujeción al principio de subrogación real del artículo 1347, número 3 del Código Civil (o Ley 88, número 2 de la Compilación Foral Navarra), o lo que es lo mismo, es necesaria la «causalización» para que el pacto de privatividad sea admisible, y en consecuencia el negocio jurídico del cual surge este válidamente conformado»". Se confirma el defecto "en cuanto de la escritura calificada no resulta si lo que se formaliza es una confesión sobre el carácter privativo del dinero empleado en la adquisición de la finca, de suerte que deba practicarse la inscripción a nombre del cónyuge a cuyo favor se hiciera dicha confesión (cfr. artículo 95.4 del Reglamento Hipotecario), o se documenta un negocio entre los cónyuges por el que determinan el carácter privativo del bien comprado por la esposa, abstracción hecha de que no haya podido acreditarse el carácter privativo del mismo mediante aplicación directa del principio de subrogación real por faltar la prueba fehaciente del carácter privativo del dinero empleado, de modo que ambos consortes, en ejercicio de su autonomía de la voluntad, excluyen el juego de la presunción del carácter de bien[42] de conquista que tendría la finca adquirida conforme a la ley 88 de la Compilación del Derecho Civil Foral de Navarra o Fuero Nuevo".

En cualquier caso, la atribución de privatividad es examinada separadamente más adelante. A pesar de la expresada necesidad de causalización, ocurre es que las facilidades de la atribución de privatividad podrían dejar vacío de contenido el

---

[42] RUIZ ALCARAZ, S. (2016). "La presunción de ganancialidad del artículo 1361 del Código Civil". *Actualidad Civil,* (12), 5 y ss.

art. 95 del Reglamento Hipotecario e inermes a los herederos forzosos y, sobre todo, acreedores, protegidos por esta norma.

2.3. Eficacia respecto de legitimarios y acreedores

Como hemos dicho, el Reglamento Hipotecario puntualiza que todos los actos relativos a estos bienes que sean inscribibles se realizarán exclusivamente por el esposo a cuyo favor se haya hecho la confesión[43]. Sin embargo, este cónyuge, el cónyuge a cuyo favor se haya hecho la confesión, va a necesitar para los actos de disposición que se realicen después del fallecimiento del cónyuge confesante, el consentimiento de los herederos forzosos de éste, si los tuviere, salvo que resulte de la partición de la herencia el carácter privativo del bien. La confesión, *ex* art. 1324 Código Civil no perjudicará a los acreedores ni a los herederos forzosos bien sean de la comunidad o de cada uno de los esposos.

La Resolución de la Dirección General de Seguridad Jurídica y Fe Pública, de 7 de febrero de 2020 declara que, fallecido el cónyuge confesante y, abierta su sucesión, es necesaria la concurrencia del consorte confesante y, cuando fallezca, la de sus herederos forzosos.

En este sentido, la Resolución de la Dirección General de Seguridad Jurídica y Fe Pública de 30 de junio 6 de 2022 destaca que el art. 95.4 del Reglamento Hipotecario implica la necesidad de consentimiento de los herederos forzosos del confesante en la enajenación que realice el cónyuge favorecido por la confesión. Señala el centro directivo que la confesión de privatividad no aparece configurada en nuestro ordenamiento como una declaración de voluntad que fije frente a todos el

---

[43] Resolución DGRN de 7 de noviembre de 2018 sobre la aportación a una sociedad de una finca privativa por confesión.

carácter privativo del bien al que se refiere (sin perjuicio de su posible impugnación si se efectúa en fraude o perjuicio de terceros o no se corresponde con la realidad), sino como un simple medio de prueba de esta circunstancia, que opera en la esfera interconyugal y que carece de virtualidad para desvirtuar por sí sola la presunción de ganancialidad recogida en el artículo 1361 del Código Civil (cfr. artículo 1.324 del Código Civil). Aunque, precisa el centro directivo, también es cierto que esta presunción de ganancialidad tampoco es un título de atribución legal de esa cualidad a los bienes del matrimonio en tanto no conste que pertenecen privativamente a uno u otro cónyuge -o a ambos proindiviso-, sino uno más de los medios de prueba (cfr. artículo 385 de la Ley de Enjuiciamiento Civil). Planteándose el sentido y el alcance de esta figura, la Dirección General de Seguridad Jurídica y Fe Pública[44] razona que al margen de la existencia de algunas resoluciones judiciales que reconocen determinada eficacia a la confesión frente a los herederos forzosos tras el fallecimiento del confesante, creando una prueba de privatividad que les afecta y recayendo sobre dichos legitimarios la carga de la prueba necesaria para desvirtuar dicha presunción. E insiste (aunque esto parece evidente) que, en el ámbito registral, la norma del citado artículo 95.4 del Reglamento Hipotecario debe ser aplicada, mientras no sea derogada o declarada ilegal. La Dirección General pone también de relieve que, aunque el citado precepto reglamentario no establece distinción cuando exige, en tales casos, el consentimiento de los herederos forzosos del cónyuge confesante para la inscripción de la enajenación realizada por el supérstite, dicha regla no es aplicable cuando los derechos legitimarios aparecen configurados como un mero derecho a un valor patrimonial atribuible por cualquier título (como

---

44 BENAVENTE MOREDA, P. (2010). "Inscripción de los bienes gananciales y privativos en el Registro de la Propiedad. Análisis de la jurisprudencia de la D.G.R.N." *Revista jurídica Universidad Autónoma de Madrid*, (21), 227 y ss.

ocurre con la legítima en Derecho catalán conforme al artículo 451-1 del Código Civil de Cataluña). Es decir: no cualquier legitimario puede invocar las facultades que le otorga el estatus del bien privativo confesado, sino solamente aquellos que cuya legítima es *pars bonorum,* como los herederos forzosos del Código Civil.

Del mismo modo, la Resolución de 29 de junio de 2023 («BOE» núm. 169, de 17 de julio) subraya que, aunque un cónyuge tenga a su favor inscrito un bien privativo por confesión, para adjudicárselo por herencia se requiere la intervención del legitimario.

Es la restricción especificada por el art. 1324 del Código Civil lo que, por otra parte, ha llevado a la Dirección General de Seguridad Jurídica y Fe Pública —Resolución de 19 de abril de 2021— a exigir que cuando ya inscrito el bien como privativo confesado, el cónyuge titular va a disponer de él, es preciso que manifieste en la escritura de transmisión que el consorte vive pues, si no, devendrá automáticamente necesario la autorización de los herederos forzosos al acto de disposición: "si la privatividad resultare sólo de la confesión del consorte, y consta dicha circunstancia en la inscripción...", para disponer de un bien privativo por confesión, el cónyuge a cuyo favor se hizo la confesión debe manifestar, al otorgar el acto dispositivo, que el confesante está vivo, pues de otro modo deberán prestar consentimiento los herederos forzosos del confesante[45]. Y esto aunque el estado civil del cónyuge a cuyo favor se confesó la privatividad haya cambiado y sea el de divorcio, imponiéndose al notario en este punto que cumpla el artículo 159.3° del Reglamento Notarial, «si el otorgante fuere casado, separado judicialmente o divorciado, y el acto o contrato afectase o pudiese afectar en el futuro a las consecuencias patrimoniales de

---

45 GUILARTE GUTIÉRREZ, V. (1991). *Gestión y responsabilidad de los bienes gananciales.* Lex Nova, 156 y ss.

su matrimonio actual, o en su caso, anterior, se hará constar el nombre y apellidos del cónyuge a quien afectase o pudiese afectar, así como el régimen económico matrimonial», pues, dada la relevancia que respecto del acto dispositivo formalizado en la escritura tiene el hecho de que viva o no el *ex* cónyuge de la otorgante divorciada, el notario autorizante debe recoger en tal instrumento público la manifestación de aquélla sobre tal extremo. Sólo de este modo, según el centro directivo, quedan suficientemente cubiertas, fuera del proceso, las necesidades del tráfico jurídico.

Por tanto, del estudio conjunto de los artículos 1324 del Código Civil y 95 del Reglamento Hipotecario, se observa de una parte, la validez de la confesión *inter partes* y, de otra, la limitación frente a terceros de sus efectos. No se discute la validez de la confesión entre los cónyuges. Normalmente concurren los dos y se produce en el momento de la adquisición, aunque puede tener lugar en un momento posterior[46].

Para analizar los efectos frente a terceros, acudimos a la STS 12/2001 de 15 de enero, donde se establece que la confesión surte toda su eficacia entre consortes y, asimismo, respecto a terceros. Siquiera los herederos forzosos del cónyuge confesante pueden impugnar la trascendencia de lo confesado cuando por su exceso en el contenido económico o, por su falsedad perjudique sus derechos hereditarios. Asimismo, pueden impugnarla también los acreedores que, en razón de una propiedad que no haya dejado de ser lo que por confesión se dice que ha cambiado y sobre la que, por lo mismo, puedan pretender realizar sus créditos. Siquiera para ello han de pro-

---

[46] La Dirección General de los Registros y del Notariado advierte que, en todo caso la exige que conste el NIF del confesante. *Vid., v.g.,* por todas, la Resolución de la Dirección General de los Registros y del Notariado de 13 de marzo de 2012, donde incluso se establece que sea posible que la confesión tenga lugar en el momento de la liquidación de la sociedad conyugal.

bar la falsedad de dicha confesión y la imposibilidad de poder cobrar sus créditos sobre otros bienes ya que, de otro modo, dado el tiempo posterior del origen de sus créditos, han de pasar por lo que resulte de la confesión hecha de privatividad, al no haber sido desvirtuada, como le correspondería hacer a la entidad recurrida, sin poder exigirse prueba de lo contrario a la parte que ya tiene a su favor aquel reconocimiento confesado y cuyo fondo persistirá mientras no sea, a través de prueba adecuada, físicamente impugnado[47]. Pues, desde luego, como señala la STS 270/2004 de 8 de octubre, aunque la confesión del art. 1324 C.c. da lugar a una fuerte presunción legal y evita tener que acudir a la prueba corriente de presunciones, cabe desvirtuarla por vicios en la voluntad, como el error, dolo, engaño o falta de capacidad del confesante

Los terceros a quienes la confesión de privatividad no les afecta son tanto los herederos como los acreedores, con respecto a los primeros, a pesar de que haya confesión de privatividad, en el momento de la herencia se precisará la concurrencia de todos los interesados, y por tanto de los legitimarios incluidos[48]. Con respecto a los segundos, la confesión de privatividad no puede perjudicar a los acreedores, pero surge la cuestión de saber si, en materia de embargos sobre bienes inscritos a nombre de un consorte con confesión de privatividad, cuando se demanda al confesante, basta para trabar una finca la notificación al titular registral, quien inscribe a su nombre con la confesión del otro consorte de que el bien es privativo.

Al respecto, la Dirección General de los Registros y del Notariado se pronunció en su Resolución de 13 de febrero de 1999 y establece que la regulación del art. 1373 del Código

47 REYES GALLUR, J.J. (2015). *La liquidación del régimen de gananciales y separación de bienes: aspectos procesales y sustantivos.* Civitas, 123 y ss.

48 Tal como establece la Resolución de la Dirección General de los Registros y del Notariado, de 13 de junio de 2003.

Civil, donde "cada cónyuge responde con su patrimonio personal de las deudas propias y, si sus bienes privativos no fueran suficientes para hacerlas efectivas, el acreedor podrá pedir el embargo de los bienes gananciales, que será inmediatamente notificado al otro cónyuge y éste podrá exigir que en la traba se sustituyan los bienes comunes por la parte que ostenta el cónyuge deudor en la sociedad conyugal, en cuyo caso el embargo llevará consigo la disolución de aquella", no se aplica a estos bienes inscritos a nombre de un cónyuge, con confesión de privatividad por el otro. Para poder trabar tal bien por deudas del cónyuge que confiesa, habrá que demandar a ambos cónyuges para que se declare la ganancialidad del bien y de la deuda y se ejecute aquél o, demandar al cónyuge deudor en su carácter de tal, y ambos para que se declare la ganancialidad del bien y así poder proceder contra la parte de ese bien que corresponde al cónyuge que es deudor.

En la misma línea, la Resolución de la Dirección General de los Registros y del Notariado, de 28 de julio de 2015, establece que ante la indeterminación que se produce en la titularidad del bien privativo por confesión, lo más respetuoso con el principio establecido constitucionalmente de protección jurisdiccional de los derechos e intereses; con los principios registrales de tracto y de salvaguarda judicial de los asientos del Registro de la Propiedad; y, con las exigencias de seguridad del tráfico, sería adoptar la solución que pudiera garantizar de manera suficiente los derechos de todos los interesados, tanto si el bien es efectivamente privativo como si es ganancial, lo que también asegura una posición de la ejecución inatacable. Pero estas consideraciones ponen de manifiesto que no es suficiente la mera notificación del embargo al cónyuge deudor para poder trabar el bien privativo por confesión en un procedimiento seguido, de manera exclusiva, contra el confesante por deudas que contrajo de manera unilateral. Sensu contrario, Por el contrario, debe demandarse a los dos cónyuges, dirigiendo pretensiones distintas contra cada uno.

Al respecto, la Sentencia del Tribunal Supremo, de 26 de diciembre de 2002, establece que la presunción de ganancialidad se norma en el art. 1361 C.c. e implica una alteración de la doctrina con respecto a la carga de la prueba ya que, el que alega el carácter ganancial de un bien que ha sido adquirido constante la comunidad de gananciales, no tiene que probar que el bien es ganancial, sino que se presume[49]. Es el que alega lo contrario el que tiene que probarlo y la prueba tiene que ser satisfactoria, concluyente y suficiente. Sin embargo, es distinta la situación para los bienes que se confiesan privativos, tal y como expresa la Resolución DGRN, de 10 de abril de 2015, donde para desvirtuar el alcance *erga omnes d*e la presunción de ganancialidad, se exige una prueba satisfactoria y suficiente, asimismo, es necesario que el consentimiento del consorte que no queda titular sea concreto y determinado sobre cada finca. En la misma línea, se dicta la Resolución de la Dirección General de los Registros y del Notariado, de 2 de febrero de 2017, al precisar que, para inscribir una adquisición como privativa alegando ser de naturaleza privativa el precio o la contraprestación -no como privativa por confesión-, no basta la confesión del consorte con una prueba indiciaria. La DGRN ha manifestado un criterio estricto en relación a la aplicación del criterio de subrogación real establecida en el art. 1346.3 C.c., recordando que el art. 95.2 R.H. determina que el carácter privativo de la contraprestación o del precio del bien adquirido deberá mediante prueba documental pública, justificarse. La RDGSJFP de 26 de febrero de 2020, afirma al respecto que la acreditación documental plena se entiende que sea la fe notarial ya que, en el procedimiento registral no existe posibilidad de

49 AVILÉS GARCÍA, J. (1992). *Libertad e igualdad en la nueva sociedad de gananciales.* Montecorvo, 259 y ss.

admitir otros medios de prueba, cuya emisión habría de llevar aparejado la posibilidad de contradicción[50].

La confesión no puede perjudicar la legítima de los herederos forzosos del cónyuge confesante y, para poder determinar su legítima se debe computar en el haber del confesante, la mitad del valor de los bienes sobre los que recayó la confesión, para el supuesto de que fueran bienes gananciales o, su valor total, si queda demostrado que eran bienes propios del confesante, *ex* art. 818 C.c., precepto crucial en lo referente a la base de cálculo de la legítima, que permite averiguar si ésta ha quedado no respetada por los actos dispositivos del causante o del testador. En el caso de que en el caudal hereditario haya bienes suficientes para sufragar la legítima, no existe, entonces, problema al no haber perjuicio para los legitimarlos, debiendo ser satisfechas con bienes distintos de los confesados al no poder exigir estos herederos que se les pague con los bienes confesados la legítima[51].

Pero si no hubiese suficientes bienes, los legitimarlos deberán proceder siguiendo un orden, a saber, en primer lugar, se reducirán los legados de acuerdo con lo establecido en los arts. 817 y 820 del Código Civil; en segundo término, se reducirán las donaciones, *ex* arts. 654 y 656 del Código Civil.; y, a continuación, si después del anterior no se ha podido satisfacer la legítima, se podrá impugnar la confesión, sin tener que demostrar su falsedad, solo se acogerán al sistema de las presunciones legales de los arts. 1361, 1441 y 1414 del Código Civil. Con arreglo a las normas generales de la Ley Hipotecaria, los herederos forzosos que impugnen las adquisiciones ya hechas

---

50 DURÁN RIVACOVA, R. (2021) "El acto atributivo de ganancialidad". *Cuestiones jurídicas relevantes sobre la economía conyugal.* Aranzadi, 17 y ss.

51 MARIÑO PARDO, F.M. (2016). "Aportación de bienes privativos a la sociedad de gananciales". *Revista de Derecho de Familia: doctrina, jurisprudencia, legislación,* (71), 81 y ss.

podrán pedir la anotación preventiva de la demanda, puesto que su reclamación reviste trascendencia real (cfr. art. 42.1 de la Ley Hipotecaria).

Se desprende del art. 1324 del Código Civil que si el bien confesado está inscrito en el Registro de la Propiedad a favor del cónyuge favorecido por la confesión o, a favor de la sociedad de gananciales de ser esta la beneficiada por la declaración, *ex* art. 95.4 R.H., y si con posterioridad al fallecimiento del cónyuge confesante falleciese alguno o todos los herederos forzosos sin oponerse o sin cuestionar la confesión, en tal caso, no pasará a sus herederos el derecho que les otorga el art. 1324 del Código Civil [52]. Y es que el sentido de la confesión consta en el Registro de la Propiedad con anterioridad a la muerte de todos o alguno de los herederos forzosos del confesante y, antes del fallecimiento del propio confesante dicha declaración inscrita se entiende, conocida por ellos, lo que les permite ejercer su derecho desde la muerte del cónyuge confesante si es que les perjudica[53].

Como ya hemos indicado, la confesión por sí sola no perjudicará a los acreedores ya sean acreedores de la comunidad o lo sean de cada uno de los cónyuges. El art. 1324 del Código Civil establece como los acreedores pueden serlo tanto de la comunidad como de cada uno de los cónyuges[54]. En el último supuesto, si los acreedores son del cónyuge no confesante, al incrementar el patrimonio de su deudor, la confesión, en principio, les beneficia. Pero sus créditos han de tener fecha anterior a la confesión ya que, si son posteriores, tendrán que

---

52 GAGO SIMARRO, C. "El legado de bien ganancial", *Cuestiones jurídicas relevantes sobre la economía conyugal.*), *opus cit.*, 263 y ss.

53 MORENO VELASCO, V. (2009). "La atribución de la ganancialidad por voluntad de los propios cónyuges." *Diario La Ley,* (34), 12 y ss.

54 LABORDA PEÑALVER, S. (1990). "La anotación preventiva de embargo de bienes ex gananciales". *Revista jurídica de la Región de Murcia,* (11), 73 y ss.

soportar la eficacia de la confesión a no ser que prueben que ha sido realizada en fraude de sus derechos o es falsa[55].

Tanto los acreedores de la sociedad de gananciales o del confesante, si no tienen otra forma de satisfacer su derecho de crédito, podrán dirigirse contra los bienes que han sido objeto de la confesión (en su caso por medio de la anotación preventiva de embargo del art. 41.2º de la Ley Hipotecaria), pero habrán de atender al régimen económico matrimonial de los cónyuges y, además, tener en cuenta que la mera confesión, no puede afectarles, en contra de las presunciones legales de los arts. 1361, 1441 y 1414 del Código Civil [56].

Es necesario subrayar que no es posible extender una anotación preventiva de embargo acordado en un procedimiento seguido contra un cónyuge, sobre bienes inscritos a favor de su consorte con carácter privativo por confesión del embargado. Para poder trabar esos bienes debe demandarse a los consortes dirigiendo pretensiones distintas contra cada uno como posibilita el art. 538.2.3 LEC y, en el sentido de la respuesta aportada por el art. 14, el art. 4.2 R.H., que establece que: "cuando se trate de bienes inscritos *ex* art. 95.4 R.H., el embargo será anotable si la demanda se hubiera dirigido contra el cónyuge a cuyo favor aparezcan inscritos los bienes, sea o no el cónyuge deudor". El Registrador de la Propiedad habrá de observar lo establecido en el R.H. si no resulta contrarios al precepto del Código Civil que desarrolla, ya que, ante la indeterminación que se produce en la titularidad del bien que se ha confesado

---

55 FERNÁNDEZ CAMPOS, J. A., en *El fraude de acreedores: La acción pauliana, opus cit.,* 127 y ss. trata especialmente el supuesto en el que, mediante las capitulaciones, los cónyuges otorgan pactos en fraude de sus acreedores (*consilium fraudis*).

56 CARPIO GONZÁLEZ, I. (1991). "Aportación a la sociedad de gananciales (conversión voluntaria de bienes privativos en gananciales)". *Boletín de Información del Ilustre Colegio Notarial de Granada,* (125), 1177 y ss.

privativo, la posición más respetuosa con el principio de protección jurisdiccional de los derechos e intereses; con los principios registrales de tracto y salvaguarda judicial de los asientos del Registro de la Propiedad; y, con las exigencias de seguridad del tráfico jurídico, es adoptar una solución que garantice de manera suficiente los derechos de todos los interesados, tanto si el bien es privativo como si es ganancial, asegurando una posición inatacable de la ejecución.

Y es que no sería de recibo que el cónyuge no deudor que es titular por confesión del bien que se pretende embargar, interponga una tercería de dominio alegando la condición privativa de los bienes, que deberá demostrar al margen de la mera confesión, o probando la existencia de otros bienes del cónyuge deudor o de la sociedad de gananciales con los que sufragar la deuda. Así es como se demostraría que dicha confesión no perjudica a los acreedores del cónyuge confesante[57].

2.4. La aseveración contraria del confesante hecha con posterioridad

Parece coherente con las características de la confesión de privatividad lo dispuesto en el art. 95.6 del Reglamento Hipotecario para impedir una revocación o retractación hecha unilateralmente por el confesante: "No se consignará (en el Registro de la Propiedad) la confesión contraria a una aseveración o a otra confesión previamente registrada de la misma persona."

Como manifestación del principio de que nadie puede ir contra sus actos propios, nada suele reprocharse al precepto

---

57 MAGARIÑOS BLANCO, V. (1991). "El órgano de administración de la sociedad de gananciales y la adquisición de bienes". *Academia Sevillana del Notariado*, (7), 395 y ss.

hipotecario. BERROCAL LANZAROT[58] resume esta postura diciendo que la norma registral tiene sentido, pues en aras de la seguridad jurídica no se puede permitir que la confesión pueda ser modificada por su autor a su arbitrio; pero indica también que algunos autores se muestran críticos con el precepto, como RAGEL SÁNCHEZ, para quien el art. 95. 6º del Reglamento Hipotecario entra en contradicción con el art. 1324 del Código Civil, que es una norma de un rango superior.

Sin embargo, desde una perspectiva registral, es claro, como veremos, que, una vez constatado el carácter un bien o inscrito un derecho "en la forma determinada por el asiento respectivo" (cfr. art. 38 de la Ley Hipotecaria), la inscripción no puede rectificarse sin el consentimiento del titular registral perjudicado por ella —el consorte a cuyo favor está inscrito el bien—. Se revela desde este punto de vista el art. 95. 6º del Reglamento Hipotecario como un reflejo de los principios de tracto sucesivo (art. 20 L.H.) y legitimación registral (art. 38 L.H.) que llevan consigo la correlativa protección del art. 40 de la Ley Hipotecaria, impidiendo la modificación de los asientos registrales sin el consentimiento de su titular o una resolución judicial dictada en un procedimiento en el que el titular registral haya sido parte.

En suma, no es que el art. 95. 6º vulnere el art. 1324 del Código Civil, es que aunque no existiera ese precepto hipotecario el Registrador no podría proceder de otra manera que denegando la inscripción de la aseveración contraria hecha unilateralmente por el confesante, en aplicación de los más elementales principios hipotecarios.

Esta cuestión pertenece al delicado tema de la rectificación del carácter de los bienes gananciales en función de los intereses —que podrían ser contrapuestos— de los cónyuges. Ya la

---

58 BERROCAL, LANZAROT, A. I., *opus cit.*, 127 y ss.

Resolución de la DGRN de 23 de marzo de 2004 entendió que, inscrito un bien como ganancial, no se modificará su carácter por la mera manifestación del esposo reconociendo que la adquisición la realizó la esposa con dinero privativo ya que el único medio de rectificar el error será a través de una rectificación con las pruebas oportunas.

La RDGRN de 27 de junio de 2005 (BOE del 18 de agosto de 2005) revocó la nota de la Registradora de la Propiedad que en el caso de unos cónyuges que sujetos al régimen de gananciales adquieren un bien; con posterioridad y con ocasión del convenio de separación confiesan que el bien es privativo de la mujer, manifestando ser privativa la procedencia del dinero empleado en su adquisición; la Registradora no admitió la inscripción por ser la aseveración actual contraria a otra anterior, aduciendo que tal bien se adquirió conjuntamente por ambos cónyuges y en la aplicación del artículo 95.6 R.H. En rigor, este argumento contrario a la inscripción se basa en una suerte de la aplicación de la doctrina de los actos propios a las manifestaciones hechas por ambos cónyuges con ocasión de un negocio. Pero tal interpretación es rechazada por la DGRN, que estima que verdaderamente no hay una aseveración contraria anterior, pues, aunque adquirieron por compra ambos cónyuges, nada afirmaron nada sobre la procedencia del dinero invertido (por lo que no hay caso de actos propios) y porque entre ellos —ex 1324— es prueba la confesión[59].

Asimismo, la Resolución de la Dirección General de los Registros y del Notariado, de 23 de agosto de 2011, ha tratado un supuesto en el que el cónyuge que sobrevive rectifica el régimen matrimonial con su causante, sin más. La DGRN ha entendido al respecto que no basta la simple manifestación del interesado, esto es, del cónyuge sobreviviente heredero del

---

[59] ESTRADA ALONSO, E., "La titularidad de los bienes en la disolución de la unión extramatrimonial", *opus cit.*, 107 y ss.

premuerto y, ni siquiera es suficiente una diligencia posterior de manifestación complementaria por éste, sino que debe ser una conclusión derivada de aquellas manifestaciones a la que llegue el propio Notario autorizante en el propio título.

Por otra parte, en la Resolución de la Dirección General de los Registros y del Notariado, de 23 de abril de 2008, se establece que la mera afirmación realizada por los cónyuges en el convenio regulador respecto del carácter privativo de los fondos empleados en la construcción de la vivienda es suficiente para inscribirla con carácter privativo de la esposa[60].

Contiene la Resolución de la DGRN de 4 de junio de 2012 («BOE» núm. 155, de 29 de junio de 2012) la doctrina más completa sobre el art. 95.6 del Reglamento Hipotecario. Llama la atención sobre el alcance que tiene una confesión expresa, no implícita, que conduce a la práctica de la inscripción con carácter privativo. El centro directivo entiende que el art. 95.6 tiene naturaleza imperativa, es terminante en sus efectos e impide la aseveración o declaración contraria del confesante a posteriori, existan o no terceros, pero muy especialmente si hay terceros que hayan inscrito o anotado su derecho confiados en el carácter privativo del bien. Es clara la DGRN en su fundamento 4.: "... la disposición del artículo 95.6 del Reglamento Hipotecario, que tiene carácter imperativo, dada la naturaleza de la norma y sus términos («no se consignará»), se ajusta a lo dispuesto en el artículo 1324 del Código Civil y los principios generales del ordenamiento. En cuanto al artículo 1324 del Código Civil porque bien claramente expresa que la confesión del otro cónyuge es a los efectos de hacer prueba «entre cónyuges», disponiendo el mismo precepto que

---

60 LÓPEZ IGLESIAS, L. (2020). "La atribución de privatividad a bienes de la sociedad de gananciales por acuerdo de los cónyuges y su inscripción en el Registro de la Propiedad." *La Ley Derecho de Familia: Revista jurídica sobre familia y menores,* (25), 24 y ss.

no puede perjudicar a los acreedores (en este caso, no hay que olvidarlo, la confesión no es una prueba autónoma sino que pretende la rectificación de algo anteriormente probado)."

Confirma además la DGRN la opinión dominante, que ve en este supuesto una manifestación de la doctrina de los propios actos: "En cuanto a los principios generales, porque uno de esos principios es la coherencia de la propia conducta, reiteradamente reconocido por la jurisprudencia, según el cual «nadie puede ir válidamente contra sus propios actos» (doctrina de los actos propios). El artículo 95.6 del Reglamento Hipotecario alude precisamente a la confesión contraria de la misma persona, lo que implica que se basa en dicho principio general: quienes declararon expresa y reiteradamente que el bien inscrito es ganancial no pueden a través de una simple confesión cambiar el carácter ganancial del bien pasándolo a privativo de uno de ellos."

Proporciona, en fin, esta Resolución, sustento a la opinión de que aunque no existiera el art. 95.6 del Reglamento Hipotecario, la calificación registral sería la misma y no admitiría la aseveración contraria a la confesión hecha con posterioridad por el confesante: "A la misma conclusión se llega con los principios generales del sistema registral (en particular, el principio de expresión necesaria de la causa) en la mano. Siendo nuestro sistema hipotecario de expresión causal, según ha declarado en numerosas Resoluciones este Centro Directivo, no es posible que un bien ya inscrito como bien ganancial e integrado por tanto en el patrimonio ganancial, por declaración reiterada de ambos cónyuges[61], pase a ser bien privativo por una mera confesión contraria a la registrada, pues este acto de

61 CARRASCO PERERA, A. (1986). "Sociedad de gananciales. Tercería de dominio. Deudas comunes y deudas privativas. Anotación preventiva de embargo sobre bienes gananciales." *Cuadernos Civitas de jurisprudencia civil*, (12), 4005 y ss.

confesión carece de expresión causal suficiente para provocar una salida del patrimonio ganancial para entrar en el patrimonio de uno de los cónyuges, pues el mero consentimiento no es causa suficiente para provocar una transmisión patrimonial en nuestro sistema. Las salidas y entradas de bienes de un patrimonio a otro, es decir, las atribuciones patrimoniales, cuando el bien está ya inscrito como reconocidamente ganancial por declaraciones de ambas cónyuges repetidamente realizadas, sólo puede tener lugar por un acto que sirva de causa al desplazamiento patrimonial, que no puede ser sustituido por una mera confesión de privatividad contraria a la propia confesión registrada."

Por lo demás, de nada serviría tampoco plantear la existencia de un error obstativo o una discordancia entre la voluntad interna y la declarada, porque aparte de que la rectificación exigiría la intervención de los otorgantes de todos los títulos otorgados y el consentimiento de los titulares inscritos o anotados, no tendría tampoco causa suficiente, partiendo de los actos concluyentes realizados con posterioridad y reiteración por ambos cónyuges, y por ello sin necesidad de entrar en este momento acerca de las consecuencias de un hipotético error de esa naturaleza, que tampoco se ha planteado en este recurso.

3. Sobre la necesidad de acreditación mediante prueba documental pública el carácter privativo del dinero

Uno de los principios rectores de la sociedad de gananciales es la vis atractiva de la ganancialidad y éste es el fundamento de la importante norma subsidiaria que representa el art. 1361 C.c., que establece: "Se presumirán gananciales los bienes existentes en el matrimonio mientras no se pruebe que pertenecen privativamente a uno de los dos cónyuges".

Del Código Civil, pues, se desprende que, a diferencia de la ganancialidad, la privatividad no se presume en absoluto y que antes, al contrario, es preciso probar la privatividad del precio o contraprestación por el que se adquiere un bien[62]. Y, ya en el ámbito hipotecario, el art. 95.2 del Reglamento Hipotecario establece en términos rotundos:

"El carácter privativo del precio o de la contraprestación del bien adquirido deberá justificarse mediante prueba documental pública".

Fuera del caso de permuta (de bienes identificables), la justificación de la naturaleza privativa o ganancial del precio no es sencilla por una sencilla razón: la fungibilidad del dinero. La procedencia del dinero invertido en la adquisición es difícil de demostrar y el procedimiento registral carece de una fase probatoria de los elementos aducidos: todo debe resultar de los documentos presentados (cfr. artículo 18 de la L.H.).

Ni la jurisprudencia del Tribunal Supremo ni la doctrina de la Dirección General de Seguridad Jurídica y Fe Pública permiten paliar el rigor de las dificultades de prueba que representa la fungibilidad del dinero.

La STS de 20 de septiembre de 1999 pone en duda que los documentos administrativos, bancarios y comerciales representen por sí una prueba sólida de la ganancialidad o privatividad de los fondos a que se refieren.

La DGRN comparte y sigue este criterio. La RDGRN de 10 de octubre de 2005 determinó que un resguardo de transferencia bancaria no rompe la presunción de ganancialidad. La RDGRN de 25 de octubre de 2007 señaló que el pago con cargo a cuenta corriente a nombre de un solo cónyuge no acredita el carácter privativo de la adquisición. Y ha sostenido úl-

---

[62] RODRÍGUEZ-PALMERO SEUMA, P. y GARCÍA DE ARRIBA MARCOS, R. (2006). "La causa matrimonii en el negocio de atribución de bienes en favor de la sociedad de gananciales." *Boletín del Colegio de Registradores de España*, (130), 3483 y ss.

timamente la Dirección General de Seguridad Jurídica en un caso (R. de 26 de febrero de 2020) que "no puede tomarse en consideración la certificación bancaria con la que el recurrente pretende acreditar el carácter privativo del dinero empleado en la compraventa a la que se refiere este recurso".

En fin, traemos a colación la sentencia del Tribunal Supremo núm. 295/2019 de 27 de mayo (ROJ: STS 1591/2019) en un caso de liquidación de la sociedad de gananciales, donde el Pleno de la Sala de lo Civil declara que "parece razonable concluir que la condición de ganancial basada en la sola declaración del cónyuge adquirente es meramente presuntiva y el adquirente puede probar en un proceso judicial el carácter privativo de los fondos a efectos de que se declare que el bien adquirido es privativo".

En definitiva, la privatividad de una adquisición, frente a la gran eficacia con que la ley dota a la presunción de ganancialidad del artículo 1361 C.c., exige al cónyuge adquirente que aporte una prueba documental pública[63].

Por supuesto, nos referimos a la privatividad en sentido estricto o privatividad pura, diferente de la categoría de privatividad confesada o lograda a través de la declaración o confesión del otro cónyuge.

Podemos distinguir dos aspectos en la prueba de la privatividad:

¿Puede, de algún modo tener relevancia como prueba de privatividad la manifestación, hecha por el adquirente en la escritura de compra, de que el precio de la misma procede de la venta de un bien privativo de valor equivalente o superior, acompañando el documento público donde se formalizó esta última? Parece que podemos descartarlo incluso en este caso.

---

63 LÓPEZ FRÍAS, A., *opus cit.*, 269 y ss.

La manifestación del cónyuge adquirente nunca puede probar la privatividad o el origen de los fondos con que se realiza la adquisición pues, como veremos, tiene en contra el obstáculo que representa la fungibilidad del dinero.

En el ámbito registral, parece que la DGRN ha vedado tal posibilidad. La Resolución de 28 de noviembre de 1983 declaró que en los casos en los que un adquirente casado manifiesta haber empleado fondos privativos para la adquisición del inmueble y solicita la inscripción con carácter privativo, ésta, la inscripción, no puede practicarse en el sentido solicitado sino que procede hacerla como presuntivamente ganancial, dada la esencial fungibilidad del dinero; en el mismo sentido insiste la Resolución de 21 de mayo de 1998, pues la manifestación sólo prueba que existió en su día un dinero privativo, pero no que se empleara en la nueva adquisición.

En esta línea, la DGRN, en la Resolución de de 2 de febrero de 2017 (BOE 22 de febrero), tampoco concede valor de prueba de privatividad a la manifestación en acta notarial, simultánea a la escritura de formalización de la compraventa, hecha por el cónyuge adquirente y ratificada por la esposa[64], de que se adquirió la finca con cargo a unos fondos privativos procedentes de un depósito realizado en estado de soltero, lo que es certificado por la entidad de crédito.

En la Resolución de 7 de noviembre de 2018 («BOE» núm. 288, de 29 de noviembre de 2018), la DGRN reitera que en el ámbito registral, para la inscripción de un bien con carácter privativo, el artículo 95 del Reglamento Hipotecario exige –al margen del supuesto de confesión de privatividad por el consorte– que, en las adquisiciones a título oneroso, se justifique

64 TOFIÑO PADRINO, A. (2016). "La intervención judicial en los casos de desacuerdo conyugal y en la administración de bienes gananciales." *Revista de Derecho de Familia: doctrina, jurisprudencia, legislación*, (73), 27 y ss.

el carácter privativo del precio o contraprestación mediante prueba documental pública suficiente, sin que la mera afirmación de la procedencia privativa del dinero empleado sea suficiente dado, sobre todo, el carácter fungible del dinero[65].

No sorprende, pues, que la Dirección General de Seguridad Jurídica y Fe Pública haya declarado que no puede tomarse en consideración para probar la privatividad ni la certificación bancaria que acredita que los fondos son privativos (Resolución de 26 de febrero de 2020) o que el pago del precio se ha hecho con cargo a cuenta corriente a nombre de un solo cónyuge (R. 25 de octubre de 2007, B.O.E. 23.11.2007).

La comparación del ordenamiento civil común con los forales tampoco favorece las posibilidades de privatividad que tratamos. Carece el Código Civil de una presunción legal favorable a la privatividad como la que establece la Ley aragonesa en su artículo 213.1, al contemplarse que "adquirido bajo fe notarial dinero privativo, se presume que es privativo el bien que se adquiera por cantidad igual o inferior en escritura pública autorizada por el mismo notario o su sucesor, siempre que el adquirente declare en dicha escritura que el precio se paga con aquel dinero y no haya pasado el plazo de dos años entre ambas escrituras." Y sin perjuicio de que, si con posterioridad al momento de la adquisición tiene lugar un acuerdo de los cónyuges, acogiéndose al principio *standum est chartae*, para cambiar el carácter de alguno de los bienes, de privativo a consorcial o de consorcial a privativo, podrá constatarse en el Registro de la Propiedad esta modificación mediante la nota marginal a que se refiere el artículo 90.1 párrafo 2° del Reglamento Hipotecario.

---

65 OÑATE CUADROS, F. J. (2020). "Adquisición de bienes con carácter privativo por cónyuges casados en régimen de gananciales." *El notario del siglo XXI: revista del Colegio Notarial de Madrid,* (93), 172 y ss.

Por consiguiente, podemos estimar que en el ámbito del Derecho común se establece rígidamente la exigencia o necesidad de acreditar la privatividad de los fondos empleados para la adquisición mediante prueba documental pública, y que además la prueba debe ser directa, y en absoluto por indicios.

En segundo lugar, al igual que la confesión, cabe la justificación a posteriori del carácter privativo. De ello se ocupa el art. 95.6 R.H.: "La justificación o confesión de la privatividad hechas con posterioridad a la inscripción se harán constar por nota marginal. No se consignará la confesión contraria a una aseveración o a otra confesión previamente registrada de la misma persona".

La primera parte de este precepto resulta clara: el reflejo registral del carácter privativo sobrevenido no requiere una nueva inscripción de modificación sino tan sólo una nota marginal.

La segunda parte del precepto marca el ámbito de aplicación de la primera y priva de eficacia a la confesión de privatividad realizada por un cónyuge que previamente haya aseverado o confesado la ganancialidad del bien inscrito[66]. La RDGRN de 9 de enero de 2001 trata un caso en el que, inscrita una finca adquirida constante matrimonio por la esposa "para su sociedad conyugal", con posterioridad el marido presenta en el Registro una solicitud para que se haga constar (al margen de la inscripción de dicha finca) el carácter de bien privativo de la misma, justificando esta circunstancia mediante el testimonio de la confesión de dicha esposa de haberse adquirido con fondos privativos, confesión hecha en las medidas provisionales de separación. Aparte de otras razones, básicamente,

66 SANCIÑENA ASURMENDI, C., y GAGO SIMARRO, C. (2022). "Aportación de bien privativo a la sociedad de gananciales." *Anuario de derecho civil*, (4), 1451 y ss.

se deniega el acceso al Registro de la confesión de privatividad porque ésta es contraria a la aseveración anterior de la esposa adquirente, de conformidad con el art. 95.6 del Reglamento hipotecario. En cualquier caso, los intentos unilaterales de los cónyuges para modificar el carácter de un bien inscrito en un asiento anterior tropiezan frontalmente con las normas generales de rectificación registral, que exigen siempre el consentimiento del titular registral o una resolución judicial en procedimiento en el que éste haya sido parte, de conformidad con los arts. 20 y 40 de la Ley Hipotecaria.

Constatadas las dificultades de inscribir privativamente un bien constante la sociedad de gananciales por la iniciativa del cónyuge adquirente (hasta el punto de que incluso contando con la colaboración de su consorte a lo sumo puede inscribirlo con carácter privativo confesado, pero no privativo puro), no extraña que en la actualidad se haya abierto paso la tendencia a facilitar la inscripción de un bien como privativo, privativo puro y no meramente confesado, por convenio entre los cónyuges, a través de la doctrina de la Dirección General de Seguridad Jurídica y Fe Pública favorable a la atribución de privatividad al bien adquirido por convenio o consentimiento de ambos cónyuges.

No podemos, sin embargo, dejar de reconocer que en la opción por imponer rigidez en la prueba documental subyace también el intento de obstaculizar que mediante el *consortium fraudis*[67] entre cónyuges se encubran traspasos patrimoniales en perjuicio de terceros (o de los legitimarios) o que no han sido declarados convenientemente, a efectos fiscales por ejemplo[68].

---

67 FERNÁNDEZ CAMPOS, J. A., *El fraude de acreedores: La acción pauliana, opus cit.*, 127.

68 PEREÑA VICENTE, M. (2008). "El negocio de atribución a la sociedad de gananciales." *Diario La Ley*, (9), 67 y ss.

Aunque es un requisito previo para la inscripción el hecho de acreditar el cumplimiento de los deberes fiscales de presentación de la escritura en la Administración competente, las funciones de gestión, liquidación, comprobación e inspección fiscal, no corresponde al Registrador de la Propiedad, sino a la Administración fiscal o a la oficina liquidadora competente. El fraude no se presume y debe probarse, por tanto, la acreditación de los posibles traspasos o movimientos de dinero entre cónyuges, requerirá una instrucción de un procedimiento administrativo por Hacienda, que podrá exigir la justificación de los movimientos de fondos entre los cónyuges, en caso de haberse producido y, por tanto, adoptar conforme a Ley, las decisiones que en el ámbito de sus competencias estime oportunas[69].

Asimismo, se señala que, salvo en el improbable caso de que el transmitente fuera parte en la operación supuestamente fraudulenta, los acuerdos entre los cónyuges no pueden afectar a la validez y a la eficacia de la transmisión, y que no perjudicarán los derechos de acreedores y legitimarios que no pasan por el Registro de la Propiedad. La presunción legal de ganancialidad, no implica una prueba incontrovertible en contrario, más bien, sólo deberá prevalecer cuando del título de adquisición no resulte una cosa distinta. Sin olvidar que la escritura pública ni puede ni debe limitarse a obtener la pretendida inscripción registral, eliminando todo rastro de incertidumbre jurídica, con independencia del ámbito personal a que sus efectos se extiendan. La determinación del carácter ganancial o privativo de lo adquirido por acuerdo entre los cónyuges o disposición legal no cierra por el círculo de relaciones jurídicas, ni entre ellos, ni respecto de legitimarios y acreedores.

---

69 ESCOBAR NAREDO, S. (2022). "Comentario de la STS sala 1ª, 10/2022, de 10 de enero sobre aportación de bienes privativos a la sociedad de gananciales." *Revista del Centro de Estudios Jurídicos y de Postgrado CEJUP,* (2), 130 y ss.

Se recurre, por tanto, a lo establecido en el art. 1358 C.c. para señalar que es de aplicación siempre que exista un desequilibrio patrimonial entre las masas afectadas del patrimonio, independientemente de que el bien sea de carácter ganancial o privativo, por disposición legal o por acuerdo entre los cónyuges, siempre que no sea expresamente excluido y prevalece sobre la presunción de ganancialidad, incluso cuando ambos cónyuges o uno de ellos adquieren un bien para la sociedad de gananciales. Así lo señala la jurisprudencia del Tribunal Supremo más reciente [70].

Puesto que los bienes existentes en el matrimonio se presumen gananciales mientras no se pruebe que pertenecen privativamente a uno de los dos cónyuges de conformidad con el art. 1361 del Código Civil, si se combina esta presunción con la afirmación de que son bienes gananciales los adquiridos a título oneroso a costa del caudal común, *ex* art. 1347.3 C.c., resulta, entonces, que todos los bienes adquiridos por título oneroso constante matrimonio son de carácter gananciales si no se demuestra que la adquisición se realizó con fondos propios.

Y, así, el cónyuge que sostenga el carácter privativo de un bien adquirido a título oneroso debe probar el carácter privativo del dinero empleado en la adquisición, a efectos de los arts. 1346.3, 1354 o 1356 C.c. Para poder probar entre cónyuges que determinados bienes son propios de uno de ellos, o que lo es el dinero empleado en su adquisición, basta la confesión del otro, pero dicha confesión por sí sola no perjudica ni a los acreedores ni a los herederos forzosos del confesante, sean de la comunidad o de cada uno de los cónyuges, *ex* art. 1324 C.c.

---

70 Marco normativo de las adquisiciones conyugales y del derecho reembolso, según la Sentencia del Pleno de la Sala 1.ª del Tribunal Supremo, de 27 de mayo de 2019.

De otra parte, dada la amplitud con que el art. 1323 C.c. admite la libertad de los pactos y contratos entre los esposos, son posibles los acuerdos en virtud de los cuales se atribuya carácter ganancial a bienes privativos de uno de ellos, *v.g.*, por haber sido adquiridos antes de la sociedad o, haber sido adquiridos a título gratuito constante la sociedad. Y, en esta línea, el art. 1355 C.c. permite que los cónyuges atribuyan de común acuerdo carácter ganancial a un bien adquirido a título oneroso durante la vigencia de la sociedad de gananciales, con independencia de la procedencia de los fondos utilizados para la adquisición[71].

Se trata, en el momento de la adquisición, de la atribución de ganancialidad, ya que el efecto del art. 1355 C.c. es que el bien ingresa en el patrimonio ganancial directamente. Si los fondos utilizados hubieran sido gananciales, el bien adquirido sería ganancial por aplicación del art. 1347.3 C.c. y no haría falta la voluntad de las partes para atribuir carácter ganancial al bien adquirido. El art. 1355 C.c. va a permitir que los cónyuges atribuyan carácter ganancial a bienes que, serían privativos, con arreglo a los criterios de determinación legal, de no existir tal acuerdo[72]. Puesto que los bienes que son adquiridos a costa de bienes privativos son de carácter privativo, *ex* art. 1346.3 C.c., el art. 1355 C.c. permite que los cónyuges atribuyan carácter ganancial a los bienes adquiridos con fondos privativos de un cónyuge, sustituyendo con su voluntad la determinación le-

---

71 SANZ VIOLA, A. M. (1987). "La gestión de los bienes gananciales y las adquisiciones a título oneroso, y a costa del caudal común, realizadas por uno de los cónyuges por separado". *Revista Crítica de Derecho Inmobiliario,* (583), 1753 y ss.

72 POVEDA BERNAL, M. I. (1997). "Consideraciones en torno al llamado "negocio jurídico de aportación" a la sociedad de gananciales. La transmisión de bienes de los patrimonios privativos al ganancial y su incardinación en nuestro sistema contractual." *Revista Crítica de Derecho Inmobiliario,* (73), 799 y ss.

gal de los bienes correspondientes. A pesar de que el art. 1355 C.c. no lo menciona de manera expresa, los cónyuges pueden atribuir carácter ganancial en su totalidad a bienes adquiridos mediante precio que sea en parte ganancial y en parte privativo *ex* art. 1354 C.c. Frente a la atribución del carácter ganancial realizada voluntariamente por los cónyuges, la prueba posterior del carácter privativo del dinero invertido sería irrelevante a efectos de alterar la naturaleza del bien que, por la declaración de voluntad de los cónyuges, ha quedado fijada[73].

Pero la prueba del carácter privativo del dinero que, frente a la presunción de ganancialidad contemplada en el art. 1361 C.c., incumbe al que lo alegue, puede ser determinante del derecho de reembolso a favor de que aporte, *ex* art. 1358 C.c. Es necesario poner de manifiesto que, la existencia del reembolso hace razonable la exigencia del consentimiento de los dos cónyuges para la atribución de ganancialidad a un bien que sería privativo ya que, tal atribución hace nacer un derecho de reembolso a favor de quien aportó los fondos. Por tanto, el derecho de reembolso procede, por aplicación de lo establecido en el art. 1358 C.c. aunque en el momento de la adquisición no se hubiere hecho reserva alguna. Y ello por varias razones, a saber, en nuestro ordenamiento la donación no se presume, por lo que el reembolso que contempla el art. 1358 C.c. para equilibrar los desplazamientos entre las masas patrimoniales, siempre que no se excluya expresamente, procede; el acuerdo de los dos cónyuges para atribuir la ganancialidad al bien no va a convertir en ganancial el dinero que ha sido empleado para su adquisición y, va a generar un crédito *por el valor satisfecho, ex* art. 1358 C.c.; y, la adquisición de los bienes comunes es *de cargo* de la sociedad de gananciales, *ex* art. 1362.2.C.c.

---

73 RODRÍGUEZ MARTÍNEZ, M. E. (1999). "Cambio de régimen económico matrimonial y embargo de bienes gananciales y privativos. Comentario a la STS de 4 febrero 1999." *Revista Aranzadi de derecho patrimonial,* (3), 385 y ss.

En cuanto a la atribución de ganancialidad, el art. 1355.I C.c. exige el *mutuo acuerdo*, es decir, el consentimiento de ambos cónyuges. A continuación, el art. 1355.II C.c. facilita la prueba de la existencia del convenio de atribución de ganancialidad en los casos de adquisición en forma conjunta y sin atribución de cuotas, porque en este caso presume la voluntad favorable de los cónyuges al carácter ganancial de los bienes. Por ello, para desvirtuar esta presunción de la voluntad común favorable a la ganancialidad no es suficiente con probar que el precio pagado es de carácter privativo. Aquel que esté interesado en desvirtuar la presunción que establece el art. 1355.2 C.c. debe probar que no existía la voluntad común de que el bien se integrara en el patrimonio ganancial en el momento de realizar la adquisición[74].

De otra parte, el art. 1355 C.c. no va a contemplar la atribución de ganancialidad de manera unilateral, esto es, por voluntad de un solo cónyuge. La declaración de aquel cónyuge que, al adquirir un bien de manera individual, manifiesta hacerlo para la sociedad de gananciales, guarda coherencia con la presunción de ganancialidad, *ex* art. 1361 C.c., pero no le atribuye al bien adquirido la condición de ganancial, por sí sola. Ante un precepto que exige para la atribución de ganancialidad el común acuerdo de los cónyuges y, solo presume voluntad común favorable en los supuestos de adquisición conjunta sin atribución de cuotas, hay que entender que si adquiere un solo cónyuge, es el consorte no adquirente quien debe probar la existencia del acuerdo, dado que es un hecho positivo exigido

---

74 LINARES GIL, M. I. (1997). "Responsabilidad de los bienes gananciales por las deudas tributarias régimen especial del artículo 1373 del Código Civil." *Crónica tributaria,* (12), 155 y ss.

por la norma como presupuesto para la atribución del carácter ganancial[75].

Si estamos ante un bien inmueble, la declaración del cónyuge en la que se exprese que el bien se adquiere para la sociedad de gananciales da lugar a que el bien inmueble se inscriba a nombre del cónyuge adquirente con esta indicación, *ex* art. 93.4 R.H., sin que para que ello se dé, sea necesario demostrar que los fondos invertidos son de carácter ganancial. Sensu contrario, si el dinero empleado fuera privativo, la inscripción del bien adquirido con carácter privativo del cónyuge requiere la justificación del carácter privativo del precio mediante prueba documental pública. Esta previsión del art. 95.2 R.H. está en coherencia con la prueba que puede apreciar el Registrador de la Propiedad. Por tanto, parece que es razonable concluir que el carácter ganancial del bien basado en la declaración del cónyuge adquirente es meramente presuntivo y, así, el adquirente puede probar en un proceso judicial la condición privativa de los fondos para que se declare que el bien adquirido es de carácter privativo[76].

Por todo ello, cuando adquiere un bien uno solo de los cónyuges con su dinero privativo, aunque declare adquirir para la sociedad, es el cónyuge no adquirente que está interesado en que se califique el bien como ganancial el que debe probar la existencia de tal acuerdo. Y, debe ser así en atención a que el art. 1355 C.c. exige *común acuerdo* de los cónyuges para poder atribuir carácter ganancial a un bien adquirido a título oneroso durante la vigencia de la sociedad, con independencia del origen de los fondos, y solo presume la voluntad común en

---

75 MARIÑO PARDO, F.M. (2022). "El pacto de atribución de ganancialidad del artículo 1355 del Código Civil en la jurisprudencia reciente". *La Ley Derecho de Familia: Revista jurídica sobre familia y menores,* (35), 104 y ss.

76 ENGONGA OBAMA, F. (2015). "La acción del cónyuge preterido en la sociedad de gananciales." *Revista de Derecho UNED,* (16), 121 y ss.

casos de adquisición conjunta sin que exista atribución de las cuotas correspondientes. Además, cuando los cónyuges atribuyen carácter ganancial de común acuerdo a los bienes adquiridos con dinero privativo de uno de ellos o, con dinero en parte privativo y en parte ganancial, el hecho de la prueba del carácter privativo del dinero no resulta irrelevante ya que determina un derecho de reembolso a favor del aportante, aunque éste, *ex* art. 1358 C.c., no haya hecho reserva en el momento de la adquisición del bien.

Si cuando el cónyuge que con fondos propios realizó la adquisición para la sociedad de gananciales, a falta de acuerdo en contrario, que no se presume, tiene derecho de reembolso de su valor actualizado, y forzoso será considerar que en caso inverso ocurriría lo mismo. La única salvedad con respecto al Registro de la Propiedad es que el cónyuge que adquiere deberá acreditar a través de una prueba documental pública la naturaleza privativa del dinero empleado y, a falta de dicha prueba, el bien se adquiere *ex* art. 94.1 R.H., a nombre del cónyuge que ha adquirido con carácter presuntivamente ganancial[77].

Esta conclusión es válida en el caso de adquisición por parte de uno solo de los cónyuges, *ex* art. 94.1 R.H. También se llega a esta conclusión si adquieren ambos cónyuges, pero sin que haya acuerdo expreso de atribuir carácter ganancial o privativo a lo adquirido, que es el caso contemplado en el art. 93.1 R.H.[78]

---

77 OSUNA COSTA, J. (2004). "La extinción del condominio y la naturaleza ganancial o privativa de los bienes recibidos por esa causa." *Revista Jurídica del Notariado,* (52), 129 y ss.

78 RAMS ALBESA J.J., *opus cit.,* 152 y ss.

4. La adaptación del marco normativo del Código Civil al Registro de la Propiedad en el Reglamento Hipotecario

Parece que la doctrina de la Dirección General de Seguridad Jurídica y Fe Pública[79] acerca de la atribución de privatividad está inspirada en las legislaciones forales de Navarra y Aragón, y que traspasa la interpretación inicial de la regulación hipotecaria y del Código Civil. El estudio de la regulación en los Derechos de Aragón y de Navarra permite visibilizar los distintos supuestos y sus semejanzas y diferencias con lo establecido en el Código Civil.

Así, el art. 211 del Código de Derecho Foral de Aragón, relativo a bienes privativos establece que: "Son bienes privativos de cada cónyuge los que le pertenecieren al iniciarse el consorcio y los enumerados en los apartados siguientes: Los adquiridos en escritura pública a costa del patrimonio común si en el título de adquisición ambos cónyuges establecen la atribución privativa a uno de ellos": el artículo 213, relativo a la presunción de privatividad. "Adquirido bajo fe notarial dinero privativo, se presume que es privativo el bien que se adquiera por cantidad igual o inferior en escritura pública autorizada por el mismo notario o su sucesor, siempre que el adquirente declare en dicha escritura que el precio se paga con aquel dinero y no haya pasado el plazo de dos años entre ambas escrituras". La presunción que admite en un juicio prueba en contrario, a saber, artículo 214, relativo al reconocimiento de privatividad: "Se considerará privativo un bien determinado cuando la atribución por un cónyuge de tal carácter al dinero o contraprestación con que lo adquiera sea confirmada por declaración o confesión del otro, que habrá de constar en documento públi-

---

[79] RAMS ALBESA, J.J. (1991). "Resolución de la DGRN de 25 de septiembre de 1990. Sociedad de gananciales. Masas Patrimoniales. Confesión de privaticidad de bienes." *Cuadernos Civitas de jurisprudencia civil,* (25), 1 y ss.

co si ha de acceder al Registro de la Propiedad. La titularidad y libre disposición del bien así adquirido, aun fallecido el otro cónyuge, no puede quedar afectada o limitada sino por el ejercicio de las acciones que puedan corresponder a acreedores y legitimarios en defensa de su derecho"; el artículo 215, relativo a la ampliación o restricción de la comunidad: "A efectos de extender o restringir la comunidad, ambos cónyuges podrán, mediante pacto en escritura pública, atribuir a bienes privativos el carácter de comunes o, a éstos, la condición de privativos, así como asignar, en el momento de su adquisición, carácter privativo o común a lo adquirido. Salvo disposición en contrario, los pactos regulados en este precepto darán lugar al correspondiente derecho de reembolso o reintegro entre los patrimonios privativos y el común"[80].

Por lo que respecta al Derecho de Navarra, observamos que no regula la cuestión de manera tan sistemática, elige un sistema que limita los derechos de reembolso y, presume el pacto en la Compilación o Fuero de Navarra: "Ley 89, en lo relativo a bienes privativos. Son bienes privativos de cada cónyuge: Los excluidos de las conquistas en virtud de pactos o disposiciones (…) Los adquiridos con cargo a bienes de conquista si en el título adquisitivo ambos cónyuges hacen constar la atribución privativa a uno de ellos. (...)". Con respecto a los reembolsos, es necesario atender a lo establecido en los números 2, 6, 7 y 8 y, se entenderá sin perjuicio de los reembolsos que procedan y que deberán ser actualizados al momento en que se hagan efectivos, ya sea durante la vigencia de la sociedad conyugal o al tiempo de su liquidación".

---

80 MARTÍNEZ OLIVER, R. (2019). "La jurisprudencia reciente en materia de liquidación de sociedad de gananciales." *Cuaderno de Familia: Boletín Jurídico. Boletín de Infancia, Familia y Capacidad de la Asociación Judicial Francisco de Vitoria,* (5), 28 y ss.

Pues bien, insistimos en que parece que, de alguna manera, la interpretación que lleva a cabo el Tribunal Supremo y la DGRN acerca los sistemas común y foral aragonés y navarro. A sensu contrario, la adquisición con un determinado carácter presupone el pacto o convenio entre los cónyuges —la voluntad se erige en fuente para decidir el carácter del bien— y excluye el derecho de reembolso, salvo que sea salvado expresamente[81].

Pero en rigor el Reglamento Hipotecario no contempla de manera expresa el supuesto de adquisición por parte de ambos cónyuges atribuyendo a lo adquirido carácter privativo *ab initio*. Únicamente se hace alusión, a contrario, que resulta del art. 93.1 cuando atribuye carácter ganancial a los bienes adquiridos a título oneroso y a costa del caudal común por ambos cónyuges en forma conjunta y sin atribución de cuotas. De manera que, si hubieran adquirido con atribución de cuotas, es decir, con carácter privativo, la inscripción ganancial o privativa vendrá determinada, aunque fuera a costa del caudal común, por lo establecido en el título de adquisición. De otra parte, los arts. 94.1 y 95.1 R.H. tienen por objeto solamente la adquisición por parte de uno sólo de los cónyuges, esto es, el supuesto en que el cónyuge no adquirente no consienta la adquisición por parte del otro. Pero no el supuesto de adquisición por ambos cónyuges con carácter privativo o para uno de ellos con el consentimiento del otro cónyuge.

Por tanto, se concluye que la exigencia de prueba documental pública que acredite la procedencia privativa del dinero para poder inscribir con el mismo carácter privativo del ad-

---

81 ARGELICH COMELLES, C. (2016). "La naturaleza ganancial o privativa de arrendamiento de la vivienda familiar." *Revista de Derecho Civil*, (4), 125 y ss.

quirente sólo tendría sentido si nos encontrásemos en alguno de los casos siguientes[82].

En primer término, cuando la adquisición es verificada con carácter privativo por el cónyuge que adquiere sin el consentimiento de su cónyuge, para enervar la ganancialidad a los efectos del Registro de la Propiedad. Asimismo, si el principio de subrogación real hubiera tenido carácter imperativo, de tal forma que no fuera posible atribuir, *ab initio* y por acuerdo, tal carácter privativo a lo adquirido con los fondos gananciales.

Además, si el principio de subrogación real restringiera la autonomía de la voluntad de los esposos, de tal forma que éstos sólo podrían atribuir carácter privativo a los bienes adquiridos con fondos de carácter ganancial en los casos legalmente previstos, no admitiéndose, otra excepción que la confesión de privatividad, fuera de ellos.

Pero la doctrina del TS[83] y, sobre todo, de la Dirección General de Seguridad Jurídica y Fe Pública, entiende que el Código Civil va a permitir que los consortes de común acuerdo puedan adquirir bienes con carácter privativo independientemente del carácter de los fondos que se emplean en la adquisición, surgiendo en este supuesto el derecho de reembolso actualizado del valor y, el Reglamento Hipotecario no puede impedir u obstaculizar tal propósito. Y así, para conseguir un resultado que sea acorde con la reciente jurisprudencia sobre el particular se deben aplicar sus preceptos en sus propios términos[84].

---

82 PÉREZ CEBADERA, M. A. (2017). "El procedimiento de liquidación del Régimen Económico Matrimonial previsto en los artículos 806-810 LEC." *La Ley Derecho de Familia: Revista jurídica sobre familia y menores*, (15), 123 y ss.

83 STS 48/2001 de 31 de enero.

84 GÓMEZ GÁLLIGO, F. J. (2023). "Cuestiones civiles y registrales de actualidad en relación a la vivienda habitual familiar." *Actualidad jurídica iberoamericana*, (19), 384 y ss.

La Sentencia del Tribunal Supremo de 11 de diciembre de 2019 acepta la alegación del que recurrente entendiendo que "el hecho de que se ingresara el dinero privativo en cuentas comunes no convierte el dinero en común y que, de acuerdo con la doctrina de esta Sala, cuando el dinero privativo se confunde con el ganancial, si no se prueba que se ha destinado a la adquisición de bienes determinados, hay que concluir que se ha destinado al levantamiento de las cargas familiares y procede el derecho a su reintegro a cosa del patrimonio común", reiterando que "De acuerdo con la jurisprudencia de esta Sala, salvo que se demuestre que su titular lo aplicó en beneficio exclusivo, procede el reembolso del dinero privativo que se confundió con el dinero ganancial poseído conjuntamente pues, a falta de prueba, que incumbe al otro cónyuge, se presume que se gastó en interés de la sociedad."

Surge entonces la cuestión de qué debería entenderse por prueba documental pública del carácter del dinero. Habrá que estar a la trascendencia práctica de la causa jurídica concreta en cuya virtud el bien adquirido es privativo, ya que según establece el art. 95.4 R.H.: "Si la privatividad resultare sólo de la confesión del consorte, se expresará dicha circunstancia en la inscripción y ésta se practicará a nombre del cónyuge a cuyo favor se haga aquélla[85]. Todos los actos inscribibles relativos a estos bienes se realizarán exclusivamente por el cónyuge a cuyo favor se haya hecho la confesión, quien, no obstante, necesitará para los actos de disposición realizados después del fallecimiento del cónyuge confesante el consentimiento de los herederos forzosos de éste, si los tuviere, salvo que el carácter privativo del bien resultare de la partición de la herencia." Podríamos preguntarnos, entonces, qué ocurriría en el caso de

---

85 TINTORE GARRIGA, M. P. (2017). "Los regímenes económicos matrimoniales en nuestro ordenamiento." *La Ley Derecho de Familia: Revista jurídica sobre familia y menores,* (15), 124 y ss.

que, una vez fallecido el cónyuge confesante, se pretendiera ejecutar una hipoteca posterior, los legitimarios negaran la ratificación de tal confesión. De aquí vendría la necesidad jurídica, el interés, en que la inscripción se verifique con carácter privativo puro por ser esa, a mayor abundamiento, la voluntad de los consortes y no poder negarse un interés legítimo del acreedor hipotecario[86].

La exigencia de acreditación de prueba documental pública del origen privativo de los fondos cuando hay acuerdo entre los cónyuges no sólo restringe de forma discriminatoria e inconstitucional la libertad de contratación entre cónyuges, sino que sobre no resultar de ningún precepto con rango legal ni ninguna razón objetiva, carece de proporcionalidad y nos lleva al campo de la *probatio diabolica*.

Con respecto a la incidencia de la Ley 5/2015, del Derecho civil vasco en esta problemática decir que, a pesar de que en nuestro Derecho interno rige el principio de inmutabilidad de la ley aplicable al matrimonio, *ex* art. 9.2 C.c.-, tal principio no excluye que pueda alterarse el contenido concreto establecido por dicha ley y, además, en determinados casos, la modificación de dicha ley si llegara a ser aplicable al caso el Reglamento UE 2016/1103[87].

De otro lado, el art. 9.3 C.c. va a admitir la validez de las capitulaciones matrimoniales y de los pactos por los que se estipule, sustituya o modifique el régimen económico del matrimonio en relación con determinados bienes, respetando siempre las disposiciones imperativas establecidas por la ley aplicable y, en particular, los derechos adquiridos y, no los simplemente ex-

---

86 DÍEZ-PICAZO L., *opus cit.*, 178 y ss.

87 DÍAZ-MALNERO FERNÁNDEZ, C., "El impacto de la TIC y las redes sociales en la liquidación de la sociedad de gananciales", *opus cit.*, 243 y ss.

pectantes, por terceros que actúen de buena fe[88]. Si se alteraba la regulación del régimen de gananciales establecido en el Código Civil, ocurrió con la reforma introducida el 13 de mayo de 1981, afectaría a los matrimonios sujetos al régimen legal que se sometan en el futuro y, a los actos *pro futuro* de los cónyuges casados con anterioridad y con sujeción a un régimen legal supletorio[89]. Se reflexiona sobre este tema porque la entrada en vigor de la ley 5/2015 del Derecho Civil Vasco refuerza el principio de autonomía de la voluntad que rige en el sistema de régimen económico matrimonial del Código Civil, y que según el art. 127 LDCV se establece que: "A falta de capitulaciones o cuando resulten insuficientes o nulas, el matrimonio se regirá por las normas de la sociedad de gananciales establecidas en el Código Civil". Se discute si esta previsión debe entenderse como una remisión directa y estática a la regulación del Código Civil en el momento de la entrada en vigor de la Ley o, si por su carácter genérico y de referencia a una normativa en conjunto, debe tener carácter más dinámico que incluya los cambios jurisprudenciales consecuencia de su aplicación supletoria. Independientemente de la tesis que se suscriba, serán de aplicación los principios generales de la legislación civil vasca que implican la aplicación del Derecho supletorio siempre que no sea contrario a los principios inspiradores del Derecho Civil vasco, como el principio de libertad civil, a saber, art.1: "Constituyen el Derecho civil de la Comunidad Autónoma del País Vasco las disposiciones de esta ley, la costumbre y los principios generales del Derecho que lo inspiran"; art. 3: "En defecto de ley o de costumbre foral aplicable, regirá como supletorio el Código Civil y las demás disposiciones generales. Las futuras modificaciones de estas leyes se aplicarán cuando

---

88 GARCÍA CARRERES, Mª. R. y FERRER SAMA, J. L., "Capítulo 3: Regímenes económico matrimoniales", *opus cit.*, 12 y ss.

89 MEDINA SÁNCHEZ R.M., "Capítulo 2. Bienes gananciales", *opus cit.*, 156 y ss.

no sean contrarias a los principios inspiradores del Derecho Civil vasco"; art. 4:" De acuerdo con el principio de libertad civil, tradicional en el Derecho Civil vasco, las leyes se presumen dispositivas y la renuncia a los derechos de ellas derivados será válida en tanto no contraríen el interés o el orden público ni perjudique. a tercero". Por tanto, una interpretación rigorista de los preceptos del Código Civil y del Reglamento Hipotecario, limitativa de la autonomía de la voluntad de los cónyuges, se expone que sería contraria a los principios y preceptos que inspiran el sistema del Código Civil y a los del Derecho Civil vasco que, por disposición legal, coincidente por lo demás con los restantes Derechos Civiles autonómicos, necesariamente articulan por remisión del Derecho Civil común la aplicación de carácter supletorio[90] .

Y, en fin, se concluye que, aunque sean diferentes las esferas de actuación de Registradores y notarios y, de otra parte, de los jueces y tribunales, en atención a las diferentes circunstancias y procedimientos en que se ejercen sus respectivas funciones y los efectos de sus decisiones respectivas, por imperativo de razones de seguridad jurídica, deben estar basadas en aquellos criterios que la jurisprudencia ha asentado como doctrina legal[91]. Se expone, además, que la calificación que se recurre restringe el ámbito de autonomía de la voluntad y de contratación entre los consortes reconocido por los arts. 1323, 1355 y 1255 C.c. De otra parte, el recurrente no entiende la alusión a que el Registrador pueda cuestionar -dentro de los límites de su función de calificación- los juicios del Notario, pero así los

---

90 MENÉNDEZ MATO, J.C. (2021). "El contrato de fijación jurídica en el ordenamiento español: análisis de su situación actual." *Revista de Derecho Civil*, (34), 91 y ss.

91 Argumento que la DGRN utiliza con cuando en las adquisiciones y transmisiones verificadas por cónyuges sujetos a un derecho extranjero exige acreditar su contenido y también su interpretación y aplicación por parte de la Jurisprudencia.

hechos que estén bajo su fe, *ex* arts. 1 LN y 1 RN, puesto que el juicio del Notario no se proyecta a la naturaleza de lo adquirido, que es consecuencia del acuerdo entre los consortes y no de los principios de subrogación real ni de presunción de ganancialidad, subsidiarios de aquella siempre[92].

Se señala que la práctica de algunos Registros de la Propiedad de inscribir la adquisición con carácter privativo bien consentida o, bien acordada por ambos cónyuges por confesión por si acaso, no está ajustada a Derecho cuando de la escritura resulta que la privatividad no nace sólo de la confesión del carácter privativo del dinero, sino de la autonomía de la voluntad de los cónyuges por haber adquirido, *ab initio,* determinados bienes con carácter privativo. En esa circunstancia, el reconocimiento del carácter privativo del precio, no condiciona el carácter de la adquisición y, sus efectos se limitarán a explicitar si existe o no el derecho de reembolso, en atención a las circunstancias del supuesto. Si no fuera así, el negocio de atribución o el acuerdo sería irrelevante.

Siguiendo lo establecido en la Sentencia del Pleno de la Sala Primera del Tribunal Supremo, de 27 de mayo de 2019, se trata de la atribución de privatividad en el mismo momento de la adquisición. El efecto que se deriva del art. 1355 C.c. es que el bien en cuestión ingresa directamente en el patrimonio privativo y, si los fondos que se han utilizado son de carácter privativo, el bien adquirido sería privativo por aplicación del art. 1346.3 C.c. y, no sería necesario la voluntad de las partes para atribuir al bien adquirido carácter privativo ya que, los bienes adquiridos a costa de bienes privativos son de naturaleza privativa, *ex* art. 1346.3 C.c.

---

92 GÓMEZ GÁLLIGO, F. J., "Cuestiones civiles y registrales de actualidad en relación a la vivienda habitual familiar", *opus cit.*, 57 y ss.

Se expone, también, que el art. 1361 C.c. establece una presunción de ganancialidad y, a falta de acuerdo, deberá acreditarse el carácter privativo del dinero o el precio a través de prueba documental pública si la adquisición la verifica uno sólo de los cónyuges, *ex* art. 95.2 R.H. o, ambos cónyuges sin especificar que lo hacen para la sociedad de gananciales o, sin atribución de cuotas, *ex* art. 93.1 R.H. Pero lo que permiten los arts. 1355 y 1323 C.c. es que los cónyuges puedan atribuir el carácter privativo a los bienes adquiridos con fondos de carácter ganancial, sustituyendo con su voluntad la determinación legal de los bienes en cuestión.

La protección de los acreedores y de los legitimarios es necesaria siempre cuando se confiesa el carácter privativo del dinero y podrán ejercitar las acciones que en Derecho les asistan frente a los cónyuges o sus herederos, independientemente de la mayor o menor dificultad probatoria derivada de las presunciones legales y del carácter real o personal de dichas presunciones[93].

Por tanto, puede entenderse la necesidad de inscribir con carácter privativo puro el bien adquirido, porque al ser esta la voluntad de los esposos, tiene legalmente tal carácter, *ex* arts. 95.1 y 96.1 Reglamento Hipotecario, y sería incorrecto e ilegal inscribirlos con carácter de *privativos por confesión* ya que se habría destruido la presunción legal de ganancialidad[94]. Y estos argumentos son favorables a que los cónyuges casados en régimen legal de gananciales pueden atribuir libremente *ab initio* a lo adquirido carácter privativo, con independencia del carácter del dinero o los fondos empleados en su adquisición.

---

93 ARRÉBOLA BLANCO, A., "La disolución y liquidación de la sociedad de gananciales", *opus cit.*, 2981 y ss.

94 GARRIDO DE PALMA, V. M., "Derecho de Familia", *opus cit.*, 54 y ss.

Ciertamente, no podemos negar que son fundados los argumentos de esta tesis favorable a la atribución de privatividad, y al enervamiento de la presunción de ganancialidad y las reglas de la subrogación real mediante el juego de la autonomía de la voluntad.[95].

Pero tampoco podemos ignorar que en el fondo parecen de *lege ferenda*, dado que también existen argumentos contrarios a ella: que un simple declaración, incluso de los dos cónyuges, no basta para atribuir a los bienes carácter privativo ni tiene eficacia para destruir la presunción de ganancialidad del artículo 1361 C.c.; que para que la subrogación real en su modalidad de reemplazo otorgue la cualidad de privativo a un bien, se requiere probar, de manera indubitada y no por indicios, el nexo de unión entre el precio que se satisface y el dinero privativo y esta indubitada prueba no ha sido acreditada; y, por supuesto, que la manifestación de los esposos de que no procede reembolso alguno entre los patrimonios privativo y ganancial de ambos pudiera invitar a pensar que los cónyuges desean realizar un negocio conyugal atributivo, sin que conste en el documento tal negocio ni expresarse con precisión la causa adecuada que justifique la no operatividad del principio de subrogación real. Razones también bien fundadas y que atienden a la regulación actual del Código Civil. Posición que en realidad reconduce las posibilidades de privatividad a la privatividad por confesión y sólo reconoce a la declaración conyugal esta eficacia, pero nunca la privatividad pura, reservada a acreditar con prueba documental pública el carácter privativo de los fondos utilizados.

Con todo —como reseñamos al tratar la atribución de privatividad anteriormente, y de modo además reiterado—, la Dirección General de Seguridad Jurídica y Fe Pública no vacila

---

95 CÁCERES ARMAS, F. y TEJERINA, B., "Principio registral. Tracto sucesivo", *opus cit.*, 169 y ss.

en aceptar favorablemente que cuando una persona casada en régimen de gananciales compra, compareciendo su esposa, haciendo prevalecer la autonomía de la voluntad[96] sobre el principio de subrogación real establecido por las normas del Código Civil para la sociedad de gananciales, conviniendo o consintiendo en la inscripción de la adquisición de la finca con carácter privativo (puro y no por confesión). Bastando, a los efectos de colmar los requisitos de causa de la atribución, que manifiesten que el dinero con el que se ha efectuado la citada adquisición es privativo, de modo que no procederá compensación o reembolso alguno actual o futuro entre los patrimonios ganancial y privativo de los cónyuges, sin perjuicio de las acciones que en el momento de la liquidación de la sociedad de gananciales pudieran corresponder a acreedores o legitimarios en caso de demostrarse su falta de certeza[97]. También parece aceptar la Dirección General de Seguridad Jurídica y Fe Pública hipotéticamente, que siendo dinero ganancial, baste la declaración de los cónyuges que procederá el reembolso adecuado al tiempo de la liquidación.

Deja pues la Dirección General de Seguridad Jurídica y Fe Pública el terreno expedito para que los cónyuges casados en régimen de gananciales pueden atribuir a lo adquirido, *ab initio* y a su voluntad, carácter privativo, independientemente del carácter del dinero o de los fondos empleados para adquirirlo; pues en la colisión entre el principio de la autonomía de la voluntad y los principios de subrogación real y presunción legal de ganancialidad establecidos por el Código Civil concede preferencia al primero de ellos. Sólo con que se tengan ciertas

---

96 Arts. 4 y 125 de la Ley 5/2015, del Derecho Civil Vasco, así como los arts. 1255 y 1355 del Código Civil.

97 CARRASCO PERERA, A., "Sociedad de gananciales. Tercería de dominio. Deudas comunes y deudas privativas. Anotación preventiva de embargo sobre bienes gananciales", *opus cit.*, 154 y ss.

consideraciones como la causalización (más genérica que otra cosa) y en su caso sobre si existe o no el derecho de reembolso entre las masas patrimoniales privativas y gananciales[98], pues, según la Dirección General de Seguridad Jurídica y Fe Pública, en caso de que no se aplique el principio de subrogación real en las adquisiciones onerosas, en virtud del cual los bienes adquiridos tienen la misma naturaleza ganancial o privativa que tuviesen los fondos utilizados o la contraprestación satisfecha, para evitar el desequilibrio entre los patrimonios de los cónyuges, surge como contrapeso el correspondiente derecho de reembolso a favor del patrimonio que sufraga la adquisición, *ex* art. 1358 C.c.

5. La controvertida cuestión de la atribución de privatividad por pacto entre cónyuges

Hemos expuesto que en el sistema del Código Civil y el Reglamento Hipotecario las adquisiciones de inmuebles se inscriben con carácter privativo siempre que medie prueba, documental y pública, o bien la confesión del consorte. Pero no por ello debemos dejarnos de plantear la siguiente cuestión: ¿Puede establecerse la privatividad por el simple ejercicio de la autonomía de la voluntad, por una mera decisión de los cónyuges en este sentido? ¿Es posible atribuir privatividad a los bienes adquiridos mediante un convenio estipulado entre los cónyuges o la declaración de ambos con ese propósito? ¿Lo admite el Código Civil?

La dificultad de la prueba de la privatividad, así como los efectos limitados de la confesión parecen forzar un tanto la situación cuando los cónyuges, aún estando en la sociedad de

---

98 FERNÁNDEZ DE VILLAVICENCIO ALVAREZ OSSORIO, M. C., *La cogestión de los bienes gananciales, opus cit.*, 456 y ss.

gananciales como régimen que desean seguir conservando, anhelan que determinados bienes se consideren privativos de uno de ellos. Si esa es la voluntad conyugal, resulta natural celebrar un negocio jurídico donde, por medio de sendas declaraciones de voluntad, los cónyuges establezcan la privatividad del bien adquirido, normalmente en el propio momento de la adquisición, es decir, ab initio, sin aportar prueba al respecto ni sometiéndose al régimen de la confesión.

La cuestión también puede formularse de otra manera: si, dentro del Código Civil, por el ejercicio de su autonomía de la voluntad los cónyuges pueden decidir que un bien sea privativo de uno de ellos a todos los efectos.

Pues bien, no podemos desconocer la doctrina reciente de la Dirección General de Seguridad Jurídica y Fe Pública acerca de la privatividad de la adquisición, que parece haber ido evolucionando hasta llegar al punto de admitir la eficacia de la mera declaración o convenio de ambos cónyuges como medio único y suficiente para establecer el carácter privativo en el momento de su adquisición, es decir, prescindiendo de prueba que acredite fehacientemente la privatividad y con carácter además de privativo puro y no confesado.

Como veremos a continuación, esta doctrina de la Dirección General de Seguridad Jurídica y Fe Pública parece admitir además no sólo que baste la voluntad de ambos cónyuges para atribuir carácter privativo a un bien, sino además que lo hagan mediante una atribución o convenio en gran medida abstracto pues, si no desligado totalmente de la causa, no requiere gran expresión de ella.

La Resolución de 8 de septiembre de 2021 rebate la calificación negativa del Registrador que rechazaba inscribir la privatividad de la adquisición en favor de uno de los cónyuges mediante la declaración o acuerdo de ambos en ese sentido. La DGSJ entendió que "los cónyuges, por pacto, están determinando el carácter privativo de los bienes comprados por la esposa, abstracción hecha de que no haya podido acreditarse el carácter privativo de dicha participación mediante aplicación directa del principio de subrogación real por faltar la prueba fehaciente del carácter privativo del dinero empleado (a falta en el Derecho común de una presunción legal como la establecida en el artículo 213 del Código de Derecho Foral de Aragón), de modo que ambos consortes, en ejercicio de su autonomía de la voluntad, excluyen el juego de la presunción de ganancialidad del artículo 1361 del Código Civil; y, como alegan los recurrentes, en la escritura calificada queda explicitado el carácter oneroso del negocio entre los esposos".

La doctrina de esta Resolución se fundamenta en que el Código Civil reconoce a los cónyuges la más plena libertad de contratar entre ellos en el artículo 1323, que el artículo 1355 es sólo una manifestación de ese principio y que, a la vista de este art. 1355, "debe igualmente admitirse que los cónyuges, con ocasión de la adquisición de determinado bien a tercero, puedan convenir que éste ingrese de manera directa y erga omnes en el patrimonio personal de uno de ellos a pesar de no haberse acreditado la privatividad de la contraprestación".

La conclusión de la Dirección General de Seguridad Jurídica y Fe Pública es, por tanto, que la atribución de privatividad cabe en el Código Civil en los mismos términos que la atribución de ganancialidad, como producto de la interpretación conjunta de los artículos 1355 y 1323. Y a pesar de la ausencia de una norma expresa (como la aragonesa), como el propio centro directivo reconoce.

Esta Resolución representa la evolución de una línea que comenzó a bosquejar la Dirección General de Seguridad jurídica y Fe pública en resoluciones previas (las Resoluciones de 12 de junio de 2020 y 15 de enero de 2021). La Resolución de 9 de septiembre de 2021 (publicada en el B.O.E. de 25 de octubre) reitera la doctrina de la Resolución de 8 de septiembre de 2021, en un supuesto donde uno de los cónyuges se adjudicaba una vivienda como socio cooperativista, declarando el otro cónyuge que los fondos empleados para la adquisición eran privativos exclusivamente de su consorte, con el resultado de que la Dirección General de Seguridad jurídica admite que se inscriba la vivienda en concepto de bien privativo puro y no, como podríamos suponer también, como bien privativo confesado.

En definitiva, si ambos consortes "en ejercicio de su autonomía de la voluntad" "pueden convenir" que el bien ingrese en el patrimonio de uno de ellos como privativo en el momento de su adquisición "a pesar de no haberse acreditado la privatividad", podemos seguramente llegar a la conclusión de que, en aplicación de esta doctrina, que con tal que exista acuerdo entre los cónyuges, y que hagan una declaración en tal sentido, el bien puede calificarse como privativo en el momento de su adquisición y como tal inscribirse, ni siquiera como privativo confesado sino como privativo puro, y sin quedar muy claro en qué medida puede exigirse expresar la causa de la adquisición. Es decir, como si se equipararan tal declaración y la prueba documental pública a efecto de determinar la inscripción con carácter de bien privativo puro. Sin necesidad alguna de recurrir a la confesión de privatividad y sus efectos (que, mucho nos tememos, pueden quedar vaciados de contenido y aplicación por la reciente y más permisiva doctrina).

Sin embargo, el Código Civil confiere argumentos para enjuiciar críticamente e incluso desestimar este criterio del Centro directivo que, de adoptarse en los términos de las resoluciones mencionadas, conduciría a la inscripción de bienes con carácter privativo por la mera declaración o convenio, sin más. Argumentos que pueden aducirse para rechazarlo son las siguientes.

En primer lugar, en el Código la atribución de privatividad tiene lugar bien en el ámbito del artículo 1323, lo que necesariamente requiere un contrato o causa entre los cónyuges, o bien por medio de la confesión prevista en artículo 1324, sometida a ciertas reglas de funcionamiento y de la que se derivan consecuencias jurídicas muy específicas. La atribución de privatividad por la voluntad de los cónyuges, insistimos, en la regulación del Código, no tiene más modalidades que éstas. La primera nos remitiría a un contrato y la segunda a negar que pueda obtenerse la privatividad pura.

Bastaría con citar la STS 394/2020 de 12 de febrero, que a su vez recoge doctrina precedente, para poder afirmar que la jurisprudencia es clarísima en cuanto a la recepción en el Código Civil de la atribución de ganancialidad por voluntad común de los cónyuges, y sus requisitos y efectos. Pero no puede decirse lo mismo en cuanto a la supuesta correlación que si ve la Dirección General de Seguridad Jurídica y Fe Pública entre atribución de ganancialidad y atribución de privatividad, de la que en la jurisprudencia no se encuentra huella más allá de la genérica afirmación de que el art. 1323 y 1355 permiten los desplazamientos patrimoniales entre los patrimonios privativo y ganancial, porque estos artículos son invocados siempre para justificar la ganancialidad de un bien que podría ser privativo. Sí que ha declarado el Tribunal Supremo a menudo que las adquisiciones de bienes tienen el carácter que proceda conforme a la ley y a la voluntad de los cónyuges. Pero la voluntad de los cónyuges, se entiende, en el marco del Código Civil (que es distinto del Código foral aragonés).

En segundo lugar, el Código Civil en su artículo 1355 permite expresamente a los cónyuges atribuir la ganancialidad a un bien privativo, pero no hay nada correlativo para la privatividad; no alude en forma alguna en que se pueda obrar a la inversa: no contempla que los cónyuges puedan atribuir la privatividad a un bien por su libre voluntad, que es lo que sí admite el art. 1355 para la ganancialidad.

Y una interpretación sistemática no conduce precisamente a la conclusión de que del mismo modo que los cónyuges pueden de mutuo acuerdo atribuir la ganancialidad a un bien, a sensu contrario pueden de mutuo acuerdo atribuir la privatividad a ese bien.

Para mostrar bien esta diferencia podemos contrastar el régimen del Código Civil con el de las legislaciones navarra y aragonesa.

La sociedad conyugal de conquistas navarra es, como la sociedad de gananciales, una comunidad restringida de bienes, fundamentalmente de adquisiciones a título oneroso. Esto se pone de manifiesto con la simple lectura de la ley 88, que determina el ámbito de los bienes de conquistas de un modo parecido al del art. 1347 del Código Civil, pero con una diferencia importante: la Ley 89.1 de la Compilación Navarra establece que "son bienes privativos de cada cónyuge los excluidos de las conquistas en virtud de pactos o disposiciones." Por tanto, prevé y admite expresamente la privatividad en virtud de pacto o convenio entre cónyuges. El Código Civil carece de una norma similar. Sí permite la Compilación navarra, además, por su parte, la atribución de conquista también en virtud de pacto de los cónyuges, en su art. 88.1, cuyos efectos son similares a los del art. 1355. Por su parte, LACRUZ y SANCHO REBULLIDA ya habían constatado esta diferencia entre ambos regímenes, el común y el foral navarro[99].

Lo mismo encontramos en el Código del Derecho Foral de Aragón (Decreto Legislativo 1/2011, de 22 de marzo), cuyo artículo 211.a) establece que son bienes privativos "los que, durante el consorcio, ambos cónyuges acuerden atribuirles carácter privativo." Y en virtud de acuerdo pueden igualmente atribuir al bien la consideración de consorcial (cfr. art. 210.2.b).

Así pues, si se contrastan las regulaciones de la sociedad de gananciales en el Código Civil y las de ambas comunidades li-

---

99 LACRUZ BERDEJO J. L. y SANCHO REBULLIDA, F., *opus cit.*, 543 y ss.

mitadas de adquisiciones, conquistas y consorcio, podemos observar de forma clara las diferencias entre ellas a este respecto y en concreto la ausencia en el Código Civil de una norma que prevea y admita la privatividad por acuerdo, y expresamente, como la importancia de esta cuestión requiere.

En tercer lugar, no puede omitirse ni hacer de menos la eficacia de la presunción de ganancialidad del art. 1361: el Código presume gananciales todos los bienes que no pertenezcan privativamente a uno de los cónyuges, presunción iuris tantum que sólo puede ser desvirtuada mediante una adecuada prueba de la privatividad del bien adquirido y, en este sentido y con relación a la materia que tratamos (las adquisiciones inmobiliarias a efectos de inscripción registral), prueba que no puede ser otra que la documental pública, como precisa el art. 95.2 del Reglamento Hipotecario. Sin que parezca existir ningún otro resquicio a otra suposición en contrario, parece claro que las reglas de prueba de privatividad exigen la acreditación fehaciente de la misma y no parece que la mera declaración de voluntad de uno de los cónyuges lo sea: su naturaleza no es distinta de la confesión.

Así lo contempla la jurisprudencia, que deja clara la interpretación del art. 95.2 del Reglamento Hipotecario y su exigencia de prueba documental pública para desvirtuar la presunción de ganancialidad. Por ejemplo, la STS 295/2019 de 27 de mayo señala que: "Si se trata de un inmueble, la manifestación del cónyuge de que el bien se adquiere para la sociedad da lugar a que el bien se inscriba a nombre del cónyuge adquirente con esta indicación (art. 93.4 R.H.), sin que para ello se exija demostración de que los fondos invertidos son gananciales. Por el contrario, aunque el dinero empleado fuera privativo, la inscripción del bien adquirido como privativo del cónyuge requiere la justificación del carácter privativo del precio mediante prueba documental pública. Esta previsión expresa del art. 95.2 Reglamento Hipotecario es coherente con el tipo de prueba que puede apreciar el Registrador de la Propiedad."

Aspecto pacífico en la doctrina del centro directivo, pues resume la RDGRN de 7 de noviembre de 2018, en el ámbito registral, que, para obtener la inscripción de un bien con carácter privativo al margen del supuesto de confesión de privatividad por el consorte, el artículo 95 del Reglamento Hipotecario exige que, en las adquisiciones a título oneroso, se justifique el carácter privativo del precio o contraprestación mediante prueba documental pública suficiente, sin que la mera afirmación de la procedencia privativa del dinero empleado sea suficiente, dada la fungibilidad del dinero (aspecto éste reiteradamente puesto de relieve por la doctrina del centro directivo), circunstancia, reconoce la DGRN, que hace especialmente difícil la prueba de la privatividad de la contraprestación que consiste en dinero. En este caso pone de manifiesto la DGRN las dificultades de prueba de la privaticidad del dinero, sin que ello sea óbice para que insista en que la privaticidad debe gozar de una acreditación documental plena (pues en el procedimiento registral no existe la posibilidad de admisión de otros medios de prueba, cuya admisión habría de llevar pareja la posibilidad de contradicción). Así pues, el criterio del centro directivo registral está lejos de flexibilizar la prueba de la privatividad del dinero (y el Código Civil carece de un precepto como el artículo 213 de la ley aragonesa, que establece una presunción de privatividad iuris tantum favorable a la privatividad en ciertos casos, ya que "adquirido bajo fe notarial dinero privativo, se presume que es privativo el bien que se adquiera por cantidad igual o inferior en escritura pública autorizada por el mismo notario o su sucesor, siempre que el adquirente declare en dicha escritura que el precio se paga con aquel dinero y no haya pasado el plazo de dos años entre ambas escrituras").

Pues bien, de los tres argumentos invocados en contra de la doctrina favorable a la atribución de privatividad, el segundo —la ausencia de normas que permitan la atribución de privatividad como los que sí tienen los Derechos aragonés y navarro— es decididamente rebatido por el centro directivo registral, partidario de interpretar como bastante el argumento de que la atribución privativa cabe en nuestro ordenamiento porque se deduce a contrario sensu del art. 1355 del Código Civil.

En cambio, el argumento tercero —la presunción de ganancialidad sólo se desvirtúa por la prueba documental pública *ex* art. 95.2 R.H. o por la confesión con los efectos limitados de ésta— parece más bien ser obviado por la Dirección General de Seguridad Jurídica y Fe Pública.

Es el primero de ellos, es decir, la exigencia de que no pueda haber atribución privativa sin causa porque esa causalización viene exigida por el art. 1323 C.c. ("toda clase de contratos"), centra el debate y obliga a nuevas precisiones.

El requisito de la causalización de la misma se da por supuesto en la Resolución de la DGSJFP de 30 de noviembre de 2022, que lo considera "necesario": nuevamente asistimos a un caso en el cual los cónyuges solicitan expresamente en escritura pública que determinado bien o derecho (una participación indivisa de una finca) se inscriba a nombre privativamente de uno de los esposos «por haber sido adquirida con tal carácter y no por confesión». Y dichos esposos «manifiestan, a los únicos efectos de lo dispuesto en el artículo 1.358 del Código Civil, que los fondos con los que se ha efectuado la citada adquisición son privativos según lo dispuesto en el artículo 1346 del Código Civil, de modo que no procederá compensación o reembolso alguno actual o futuro entre los patrimonios ganancial y privativo de los sin perjuicio de las acciones que en el momento de la liquidación de la sociedad de gananciales pudieran corresponder a acreedores o legitimarios en caso de demostrarse su falta de certeza».

Esta declaración para es para el centro directivo bastante para satisfacer las exigencias de causalización derivadas del art. 1323, pues implica el carácter oneroso de la adquisición por cuanto se alude a que se realiza mediante fondos (privativos). Lo justifica la DGSJFP entendiendo que «dicha exigencia de especificación causal del negocio ha de ser interpretada en sus justos términos. En este sentido, se ha considerado suficiente que se mencione la onerosidad o gratuidad de la aportación, o que la misma resulte o se deduzca de los concretos términos empleados en la redacción de la escritura»".

Es decir, no cabe duda de que la DGSJFP fundamenta su doctrina en el art. 1323, que exige la causalización de la atribución, que la atribución tenga por causa un contrato. Pero prescinde de la identificación del contrato o negocio causal que en concreto constituye la causa de la transmisión. En la doctrina hipotecarista, GARCÍA GARCÍA[100], crítico con la doctrina del centro directivo, ve en la atribución de privatividad una "causalización-fantasma" y opina que la Dirección General exagera tanto en el concepto como en el propio argumento de la fungibilidad del dinero que le sirve para justificarse; este autor entiende que en último término, dentro de nuestro sistema causalista, la atribución requeriría que o bien se exprese que es a título gratuito o bien que, si es onerosa, se exprese el contrato que le sirve de causa. No parece satisfecho con la expresión genérica de la causa con la que se conforma el centro directivo.

Y, ciertamente, no han faltado ocasiones en que el centro directivo ha exigido rigurosamente la identificación del negocio o título material: así ocurre en la Resolución de 26 de mayo de 2021, que requiere que en una partición se especifique que la adjudicación a uno de los herederos lo es por consentir los otros un exceso de adjudicación del heredero, o producto de una renuncia formal; o en la Resolución de 26 de noviembre de 2020, que exige detallar la causa de la adjudicación ("no se pueden adjudicar al cónyuge supérstite, sin más, bienes privativos del causante por el concepto de pago de sus derechos en la sociedad conyugal, sino que habrá de expresarse la verdadera

---

100 GARCÍA GARCÍA, *opus cit.*, 2964 y ss.

causa de esta adjudicación…”). O, en la Resolución de 19 de febrero de 2020, oponiéndose a un negocio abstracto como la fiducia (“… es doctrina de este Centro Directivo que lo que accede a los libros registrales es el título material por el que se produce la transmisión o la declaración del dominio … y por ello es necesaria la expresión de la causa (cfr. Resolución de 19 de enero de 1994)” — o la Resolución de 10 de marzo de 2004 (BOE del 14 de abril de 2004)—). O, en la RDGRN de 31 de julio de 2014 (BOE 23.09.2014), al rechazar la inscripción de una «subrogación a título oneroso» sin especificación del negocio subyacente “sin manifestación alguna sobre el negocio subyacente o causa de la subrogación” (invocando doctrina reiterada de que «la causa de los contratos es un elemento esencial de los mismos (arts. 1261.3 y 1275 C.c.) y, para que pueda registrarse cualquier acto traslativo, se requiere la expresión de la naturaleza del título causal: [...] la causa es determinante, no sólo de la validez del negocio jurídico, sino también de sus efectos, y debe inexcusablemente constar en el título para posteriormente reflejarse en la inscripción, por lo que no juega la presunción que establece el art. 1277 C.c., pues, aunque se presumiese su existencia, así como su licitud, del Registro no resultarían los efectos del negocio para determinar de qué forma estaría protegido el titular registral». O en la resolución de 16 de enero de 2013 (BOE 18.02.2013) al rechazar que se inscriban desplazamientos patrimoniales en virtud de consentimiento abstracto («… la necesaria expresión de la causa en la adquisición a favor de los vendedores no se produce en este caso con la claridad necesaria»; incluyendo una causa aleatoria). En definitiva, el escrúpulo en la identificación de la causa es una constante en la doctrina del centro directivo que sin embargo no se da en este caso, que es el de un pacto abstracto o cuasi abstracto.

Puesta en el contexto de su propia doctrina, la exigencia de una causalización tan pálida -“en sus justos términos”, dice la Dirección- resulta difícil de explicar. Más parece que esta doctrina en último término invita a confundir la "causa" con los "motivos", según la tradicional doctrina de la causa, puesto que una cosa es la función objetiva, económica y social del negocio —la causa— y otra la voluntad subjetiva de los conyuges que por alguna razón —motivos— desean que el inmueble adquirido figure como privativo.

Y, como consecuencia inevitable, esta doctrina del pacto abstracto o cuasi abstracto determinante de la privatividad favorece que a través del mero acuerdo o convenio entre cónyuges éstos puedan desbordar los límites de la confesión de privatividad y orillar el interés de herederos forzosos y acreedores, pues como dice la Resolución "ambos consortes, en ejercicio de su autonomía de la voluntad, excluyen el juego de la presunción de ganancialidad del artículo 1361 del Código Civil. Y la onerosidad del negocio entre los cónyuges resulta de los concretos términos empleados en la redacción de la escritura, habida cuenta de la manifestación vertida por los cónyuges a los únicos efectos de lo dispuesto en el artículo 1358 del Código Civil, antes transcrita, de modo que, no obstante esta confesión de privatividad a estos limitados efectos –inter partes–, la atribución de privatividad tiene, erga omnes, carácter oneroso y así resultará de su inscripción en el Registro".

En fin, no parece, pues, acomodarse la doctrina del centro directivo a la que sigue el Tribunal Supremo para acreditar la privatividad. La STS 295/2019, de 27 de mayo señala: "(...) aunque el dinero empleado fuera privativo, la inscripción del bien adquirido como privativo del cónyuge requiere la justificación del carácter privativo del precio mediante prueba documental pública. Esta previsión expresa del art. 95.2 R.H. es coherente con el tipo de prueba que puede apreciar el Registrador de la Propiedad..." Antes, al contrario, admitiendo la doctrina de la Dirección General de Seguridad Jurídica y Fe Pública un mayor grado de abstracción (o un menor grado de explicitud de la causa, depende como se mire) la doctrina del centro directivo limita e impide que la calificación registral pueda extenderse al examen de las exigencias de cada tipo de contrato oneroso en particular.

Previamente, en dos resoluciones de 12 de junio de 2020 y 15 de enero de 2021, la DGSJFP ya había admitido un pacto de determinación del carácter privativo de los bienes adquiridos por compra faltando prueba fehaciente del carácter privativo del dinero empleado, sobre la base del principio de autonomía de la voluntad; pero en este caso jugaba la preferencia del principio de autonomía de la voluntad establecido en los arts. 4 y 125 de la Ley 5/2015, del Derecho civil vasco (aunque también se consideraron de aplicación los arts. 1255 y 1355 del Código Civil), y podía razonablemente suponerse que la peculiaridad de la ley vasca influyera fuera relevante en el fondo.

Estas resoluciones se remitían a la de la DGRN 13 de noviembre de 2017. En cualquier caso, en el caso concreto ambos cónyuges consentían «en la adquisición de la finca con carácter privativo» del marido y solicitaban expresamente « que se inscriba a nombre del cónyuge adquirente por haber sido adquirida con tal carácter y no por confesión», manifestando además —última pieza argumental manejada por el centro directivo— «... a los únicos efectos de lo dispuesto en el artículo 1.358 del Código Civil, que el dinero con el que se ha efectuado la citada adquisición es privativo» del marido comprador, por provenir de la herencia de su padre, formalizada en la escritura que se reseña, «de modo que no procederá compensación o reembolso alguno actual o futuro entre los patrimonios ganancial y privativo de los cónyuges, sin perjuicio de las acciones que en el momento de la liquidación de la sociedad de gananciales pudieran corresponder a acreedores o legitimarios en caso de demostrarse su falta de certeza»". En definitiva, esta fórmula permite prescindir fácilmente de la exigencia de acreditación de la privatividad por prueba documental pública y orillar o excusar los problemas derivados de la naturaleza fungible del dinero (a efecto de que opere la subrogación real, comunicando al bien inmueble adquirido la naturaleza de los fondos invertidos en la adquisición).

La doctrina de estas resoluciones de 12 de junio de 2020 y 15 de enero de 2021 es, por tanto, la misma. En ellas la DGSJFP da a entender que la doctrina del pacto de privatividad siempre ha existido y que es pacífica (trae a colación y cita como precedentes las Resoluciones de la Dirección general de los Registros y del Notariado de 25 de septiembre de 1990, 21 de enero de 1991 y 30 de julio de 2018), y que en el fondo el único requisito a exigir es "su causalización, tanto en los supuestos en que sea previa o simultánea a la adquisición, como en los casos en que sea posterior, sin que ello signifique que haya que acudir a contratos de compraventa o donación entre cónyuges", causalización, por supuesto, interpretada en sus justos términos ("dicha exigencia de especificación causal del negocio ha de ser interpretada en sus justos términos"), estimando suficiente "que se mencione la onerosidad o gratuidad de la aportación, o que la misma resulte o se deduzca de los concretos términos empleados en la redacción de la escritura".

Concluye el centro directivo que estamos ante un pacto otorgado por los cónyuges en ejercicio de su autonomía de la voluntad por el que se determina el carácter privativo del inmueble adquirido, y que es suficiente para excluir tanto la prueba fehaciente que exige la subrogación real (la prueba del carácter privativo del dinero empleado) como la presunción de ganancialidad del art. 1361 del Código Civil. Para justificar su carta de naturaleza jurídica, la DGSJ abraza el argumento de la libre contratación entre cónyuges establecida por el art. 1323 (que además debe prevalecer sobre el art. 1324 que considera "en puridad un medio de prueba").

Y, aunque el Centro directivo no lo diga expresamente, supera el marco de la confesión de privatividad, permitiendo a los cónyuges, por medio de un pacto, calificar el bien sin los límites de la misma establecidos por el interés legítimo de acreedores y herederos forzosos. "Dicho negocio atributivo no debe confundirse con la confesión de privatividad, pues la virtualidad de ésta a efectos de la calificación del bien, sobre ser relativa en su ámbito subjetivo (artículo 1.324 del Código Civil), queda subordinada a la realidad o inexactitud del hecho confesado (vid. artículo 1.234 del Código Civil)".

Por tanto, desde un punto de vista crítico, hay que señalar lo siguiente:

1. Por la vía de la doctrina diseñada, la admisión del convenio entre cónyuges (abstracto en gran medida) para establecer o determinar la privatividad de un bien, puede vaciar de contenido lo dispuesto en los artículos 1324 del Código Civil y 95. 4º, 5º y 6º del Reglamento Hipotecario, es decir, el régimen de la confesión de privatividad, y abrir una brecha donde sea posible lesionar los intereses de acreedores o herederos forzosos.
2. En particular, no satisface la necesaria protección de terceros, en particular los acreedores (y tampoco los intereses de los herederos forzosos, aunque sean causahabientes y no terceros) la articulación de modo más bien abstracto del pacto de determinación del carácter privativo, con la única exigencia de una lacónica causalización o expresión de causa (repetimos: "dicha exigencia de especificación causal del negocio ha de ser interpretada en sus justos términos"). Las verdaderas exigencias de causa fueron planteadas por la Resolución de la DGRN de 25 de septiembre de 1990, que distingue entre causa del negocio que debería precisarse en función de la clase de contrato en particular (art. 1323 del Código Civil), y la causa de la atribución patrimonial, pues alude a lo que llama "conjunción con el negocio adquisitivo" de la atribución[101].

---

[101] La Resolución de 25 de septiembre de 1990 indica: "siempre que dicho negocio conyugal atributivo (que mantiene su sustantividad y autonomía jurídica pese a su conjunción con el negocio adquisitivo) obedezca a una

3. Nada habría que objetar a una interpretación amplia del art. 1323 y a la posibilidad de que los cónyuges celebren entre sí toda clase de contratos gozando de la más plena autonomía de la voluntad, pero no hay que olvidar que también esto tiene ciertos límites, los establecidos en los arts. 1255 y 1258 del Código Civil, la ley y la buena fe entre ellos.
4. En estas tres Resoluciones —de 12 de junio de 2020 y 15 de enero de 2021— late cierta incoherencia interna. Las (débiles) exigencias de causalización se satisfacen porque los cónyuges pactan que "no haya derecho de reembolso", por lo quela causa del pacto de atribución de privatividad, tendría que ser una causa gratuita y no onerosa como paradójicamente señalan las tres Resoluciones. Causa gratuita que bien podría haberse invocado, ya que en este punto no hay cuestión y causa gratuita equivale a causa *donandi* y es pacífico que conforme al art. 1274 siempre consiste en la liberalidad del bienhechor.
5. Mediante la interpretación que realiza el centro directivo, se llega al extremo de lograr el mismo resultado que se alcanza mediante la aplicación de las leyes aragonesa o navarra, o vasca, a pesar de carecer el Código Civil de normas al efecto que sí poseen estas legislaciones forales. Pero la interpretación que hace el centro directivo sobre la base de los artículos 1323 y 1355, puesta sistemáticamente en relación con las leyes forales, no es convincente, y se mantiene la sombra de que en realidad se trata de una interpretación forzada y no aceptada ni regulada por el Código Civil.

---

causa adecuada que justifique la no operatividad del principio de subrogación real (1.347. 3 C.c.) cual, por ejemplo, la previa transmisión gratuita de la contraprestación a favor del cónyuge adquirente, el derecho de reembolso al que se refiere el artículo 1.358 C.c. etc."

6. El grado de tensión interpretativa es máximo cuando se confronta la regla de que la presunción de ganancialidad sólo puede ceder a la privatividad pura mediante prueba documental pública, pues no sólo hay una norma taxativa a este respecto, el art. 95.2 del Reglamento Hipotecario, sino también una jurisprudencia constante que lo respalda. Obsérvese que la regla además obra en el marco del art. 95 del Reglamento Hipotecario, dedicado a los bienes inscritos como privativos por confesión. Pues fuera de esas dos posibilidades —privatividad acreditada por documental pública, privatividad por confesión— no hay ninguna otra expresa en la regulación hipotecaria (ni civil).

A pesar de todas estas objeciones, la Dirección General de Seguridad Jurídica y Fe Pública considera actualmente culminada su labor de construcción de esta doctrina, lo que es claro en la Resolución de 4 de julio de 2022, que además nos permite contestar afirmativamente (al menos dentro del ámbito registral y en la medida que la doctrina del centro directivo tiende a crear una aplicación e interpretación uniforme en las calificaciones registrales) a la cuestión que iniciaba este apartado —si existen o no más posibilidades de introducir la privatividad de una adquisición, dentro del ámbito del Código Civil, y en concreto plantearnos el caso de que la privatividad sea establecida mediante una declaración o convenio hecho por ambos cónyuges que así lo afirme—.

Mientras el Tribunal Supremo lo que admite es que el carácter de la adquisición es decidido por la ley o por los cónyuges, pero nada hace sugerir que vaya más allá y admita la atribución de privatividad, no consta jurisprudencia al respecto, el centro directivo concluye que existen —aparte de la privatividad directa de la adquisición *ex lege*, por aplicación del art. 1346— tres maneras de acreditar o "fuentes" de la privatividad: la prueba fehaciente y plena, la confesión del consorte —de estas dos nunca tuvimos duda— y, en tercer lugar, el convenio de atribución de carácter privativo —la discutible novedad—, cuyo único requisito aparente es la causalización de tal convenio, entendida en los "justos términos" (más bien débiles o superficiales) a que su doctrina los reduce.

Así detalla la citada resolución de 4 de julio de 2022 estas tres "fuentes" de privaticidad:

Primera. Justificar indubitadamente el carácter privativo del bien. Si el bien es fungible, como ocurre con el dinero, dicha justificación debe realizarse siempre mediante prueba documental pública. En este sentido, esta Dirección General en su reciente Resolución de fecha 30 de mayo de 2022 ha manifestado que «el rastro del dinero privativo que se dice invertido en la adquisición ha de gozar de una acreditación documental plena, pues en el procedimiento registral no existe la posibilidad de admisión de otros medios de prueba, cuya admisión habría de llevar pareja la posibilidad de contradicción. Esa conclusión viene avalada por el contenido del artículo 95.2 del Reglamento Hipotecario que, como se ha expuesto anteriormente, exige, con el limitado alcance de regular su acceso registral, que, en las adquisiciones a título oneroso, se justifique el carácter privativo del precio o de la contraprestación mediante prueba documental pública. Fuera del proceso esa exigencia se viene entendiendo necesario que sea directamente la fe notarial –y no tanto las manifestaciones de parte interesada plasmadas en soporte documental público– la que ampare la privatividad del precio invertido. En otro caso, la presunción de ganancialidad proyecta tabularmente sus efectos, hasta su impugnación judicial; y esta es la solución estricta que rige en el ámbito registral en tanto no haya una modificación normativa que flexibilice este extremo (como la legislación civil especial de Aragón, por ejemplo –vid. artículo 213 del Código de Derecho Foral de Aragón–). No obstante, no debe descartarse una interpretación flexible del referido artículo 95.2 del Reglamento Hipotecario que, atendiendo a la realidad social (cfr. artículo 3.1 del Código Civil), lleve a admitir la inscripción del bien con carácter privativo sobre la base de manifestaciones del comprador que, constando en documento público, tengan como soporte algún dato adicional.

Segunda. Que un cónyuge confiese el hecho del carácter privativo de la contraprestación con la que se adquirió el bien por el otro cónyuge, con lo que se sujeta al régimen especial de los artículos 1324 del Código Civil y 95.4 del Reglamento Hipotecario.

Tercera. Que los cónyuges celebren un negocio jurídico de atribución de carácter privativo, pero dejando claramente expresada la causa onerosa o gratuita de dicho negocio. que en el caso debatido los cónyuges, en ejercicio de su autonomía de la voluntad, excluyen la aplicación de la presunción de ganancialidad del art. 1361 C.C., quedando explicitada en la escritura el carácter oneroso del negocio entre los esposos.

Por tanto, "fuentes" que resultan: las dos primeras, confirmadas íntegramente por la legislación vigente y la jurisprudencia. Y la tercera, exclusivamente de la doctrina de la Dirección General de Seguridad Jurídica y Fe Pública.

Esta doctrina sobre las tres "fuentes de privatividad" ha sido reiterada en todos sus términos, y por tanto afianzada, por las Resoluciones de 24 de mayo de 2023 (BOE de 22 de junio) y 7 de julio de 2023 (BOE 26 de julio de 2023).

En conclusión, la atribución de privatividad dentro del Código Civil, para la Dirección General de Seguridad Jurídica y Fe Pública, es admisible como consecuencia lógica de haberse admitido la atribución de ganancialidad (cfr. art. 1355 C.c.) y, cómo ésta, presupone, necesariamente, una causalización, y queda supeditada a que se exprese, aunque de modo más bien parco. A modo de resumen, citamos la doctrina de la última Resolución en la materia que seguimos, que es la de 7 de julio de 2023 (fundamento de Derecho 3°):

"...el pacto de privatividad siempre será admisible si bien será necesaria su causalización, tanto en los supuestos en que sea previa o simultánea a la adquisición, como en los casos en que sea posterior, sin que ello signifique que haya que acudir a contratos de compraventa o donación entre cónyuges. Ahora bien, como se indicó en la referida Resolución de 22 de junio de 2006, dicha exigencia de especificación causal del negocio ha de ser interpretada en sus justos términos. En este sentido, se ha considerado suficiente que se mencione la onerosidad o gratuidad de la aportación, o que la misma resulte o se deduzca de los concretos términos empleados en la redacción de la escritura.

Esta necesidad de existencia de una causa se explica por su repercusión en los correspondientes requisitos y efectos del negocio jurídico.

Conceptualmente, para que la causa sea gratuita o a título lucrativo, debe concurrir el requisito de que el desplazamiento patrimonial que se opera con dicho negocio carezca de contraprestación equivalente, ni pasada, ni presente, ni futura. En cuanto a sus requisitos formales, el negocio jurídico de atribución gratuita de privatividad, si se refiere a bienes inmuebles, deberá constar en escritura pública como requisito «ad solemnitatem» (cfr. artículo 633 del Código Civil). Y en cuanto a sus efectos, existiendo legitimarios, esa liberalidad deberá computarse a los efectos de determinar si es inoficiosa (artículos 636, 654 y 817 del Código Civil), pues resulta evidente que por vía de atribución de privatividad gratuita no se pueden perjudicar los derechos legitimarios de los herederos forzosos. También podrá quedar sujeta a una posible rescisión por perjuicio a acreedores (artículos 1291.3 y 1297 del Código Civil); y, en materia concursal deberá tenerse en cuenta a los efectos de lo previsto en el artículo 227 de la Ley concursal, al disponer que «el perjuicio patrimonial se presume, sin admitir prueba en contrario, cuando se trate de actos de disposición a título gratuito, salvo las liberalidades de uso, y de pagos u otros actos de extinción de obligaciones cuyo vencimiento fuere posterior a la declaración del concurso, excepto si contasen con garantía real».

En sentido inverso, conceptualmente, para que sea onerosa la causa del negocio de atribución de privatividad a un bien que sin dicho negocio tendría carácter ganancial o presuntivamente ganancial, es preciso que ese desplazamiento patrimonial tenga su compensación correlativa, es decir, que concurra otro desplazamiento patrimonial de importe equivalente en sentido contrario, ya sea ese otro desplazamiento previo al negocio (cuando se compensa una deuda preexistente que identifique debidamente); simultáneo (cuando en el mismo acto se recibe una prestación equivalente); o futuro, (cuando el desplazamiento patrimonial equivalente y de signo contrario queda diferido a un momento posterior). Si se expresa que la causa del negocio de atribución de privatividad (o de ganancialidad) es onerosa, pero no se concreta si la compensación equivalente es pasada, presente o futura, el Código Civil presume esto último al disponer en su artículo 1358 que: "cuando conforme a este Código los bienes sean privativos o gananciales, con independencia de la procedencia del caudal con que la adquisición se realice, habrá de reembolsarse el valor satisfecho a costa, respectivamente, del caudal común o del propio, mediante el reintegro de su importe actualizado al tiempo de la liquidación".

Capítulo VI.

La adquisición de bienes inmuebles para la sociedad de gananciales y su inscripción en el Registro de la Propiedad

I. BIENES INSCRIBIBLES COMO GANANCIALES Y TIPOS DE INSCRIPCIÓN

La adquisición de bienes gananciales y la calificación del carácter de los mismos está regulada por los arts. 1347 a 1361 del Código Civil. De la inscripción de las mismas cuando tienen por objeto bienes inmuebles y derechos reales se ocupa el Reglamento Hipotecario, que en este punto desarrolla directamente lo dispuesto en el Código Civil.

La adquisición de bienes gananciales puede realizarse por cualquiera de los modos y títulos de adquisición previstos en el artículo 609 del Código Civil. En cualquier caso, el Código Civil determina en su artículo 1347 la ganancialidad de ciertas clases de adquisiciones constante matrimonio o gananciales que lo son por ministerio de la ley[1]. En este precepto los supuestos más relevantes desde el punto de vista registral son: los relativos a regla general de adquisiciones a título oneroso, a costa del caudal común (1347.3º) obviamente, que además

---

1 GALLEGO DOMÍNGUEZ, I., "La disolución y liquidación de la comunidad de gananciales y las acciones y participaciones sociales de carácter ganancial", *opus cit.*, 125 y ss.

define la esencia de esta comunidad matrimonial (limitada de adquisiciones a título oneroso; pero también el que declara gananciales los bienes "adquiridos por derecho de retracto de carácter ganancial, aun cuando lo fueran con fondos privativos, en cuyo caso la sociedad será deudora del cónyuge por el valor satisfecho", es decir, la ganancialidad por juego de la subrogación real (1347.4ª), y el que rige las adquisiciones de establecimientos mercantiles que, no obstante, no parece implicar ninguna especialidad respecto a las normas generales (1347.5º).

La doctrina y la jurisprudencia son unánimes al destacar cuáles son los principios que intervienen en la dinámica de la sociedad de gananciales, que son los que decidirán la calificación de un bien como ganancial o como privativo de uno de los cónyuges. El primero y más destacado sería la autonomía de la voluntad, reflejado especialmente en los arts. 1323 y 1355 del Código Civil, que permiten a los cónyuges que de mutuo acuerdo otorguen los pactos que les convengan y atribuyan carácter ganancial a los bienes. Junto a este principio juega la vis atractiva de la ganancialidad, manifestada especialmente a través de la presunción de ganancialidad del art. 1361 del Código Civil —que puede ser rota por el acuerdo de los cónyuges, como veremos— y el principio de subrogación real, constatado en varios artículos del Código Civil pero que cede ante el ejercicio de la autonomía de la voluntad de los cónyuges, como asimismo veremos. Ante el Registro de la Propiedad la formalización de las adquisiciones, cristalizando la voluntad de los adquirentes en función de estos principios, determinará la modalidad de inscripción.

La inscripción de las adquisiciones de los bienes gananciales, como decíamos, está regulada por los arts. 93 y 94 del Reglamento hipotecario, en redacción dada por el R.D. de 12 de noviembre de 1982, reforma que respondió a la Ley de 13 de mayo de 1981.

El artículo 93 dispone:

"1. Se inscribirán a nombre de marido y mujer, con carácter ganancial, los bienes adquiridos a título oneroso y a costa del caudal común por ambos cónyuges para la comunidad o atribuyéndoles de común acuerdo tal condición o adquiriéndolos en forma conjunta y sin atribución de cuotas.

En la misma forma se inscribirán los bienes donados o dejados en testamento a los cónyuges conjuntamente y sin especial designación de partes, constante la sociedad, siempre que la liberalidad fuere aceptada por ambos y el donante o testador no hubiere dispuesto lo contrario.

2. Para la inscripción de los actos de administración o de disposición, a título oneroso, de estos bienes será preciso que se hayan realizado conjuntamente por ambos cónyuges, o por uno cualquiera de ellos con el consentimiento del otro o con la autorización judicial supletoria.

3. Los actos de disposición a título gratuito de estos bienes se inscribirán cuando fueren realizados por ambos cónyuges conjuntamente, o por uno de ellos concurriendo el consentimiento del otro.

4. Los bienes adquiridos a título oneroso por uno sólo de los cónyuges para la sociedad de gananciales se inscribirán, con esta indicación a nombre del cónyuge adquirente. Para la inscripción de los actos de disposición de estos bienes se estará a lo dispuesto en los apartados 2 y 3 de este artículo y para la de los actos enumerados en el apartado 2 del artículo siguiente, se estará a lo que en él se dispone."

El artículo 94, por su parte, dispone:

"1. Los bienes adquiridos a título oneroso por uno solo de los cónyuges, sin expresar que adquiere para la sociedad de gananciales, se inscribirán a nombre del cónyuge adquirente con carácter presuntivamente ganancial.

2. Serán inscribibles las agrupaciones, segregaciones o divisiones de estas fincas, las declaraciones de obra nueva sobre ellas, la constitución de sus edificios en régimen de propiedad horizontal y cualesquiera otros actos análogos realizados por si solo por el titular registral.

3. Para la inscripción de los actos de disposición a título oneroso de los bienes inscritos conforme al apartado 1 de este artículo, será necesario que hayan sido otorgados por el titular registral con el consentimiento de su consorte o, en su defecto, con autorización judicial.

4. Los actos a título gratuito se regirán por lo dispuesto en el apartado 3 del artículo anterior.

Las normas del Reglamento Hipotecario conducen a sistematizar las adquisiciones de bienes gananciales en tres modalidades de inscripción: 1) inscripción de las adquisiciones hechas por los dos cónyuges, que es conjunta a favor de ambos cónyuges; 2) inscripción a favor de uno de ellos, individualmente, para la sociedad de gananciales; 3) inscripción de las adquisiciones hechas por uno de los cónyuges sin expresar que son para la sociedad de gananciales.

Y atendiendo a los supuestos de hecho a los que se refieren estos preceptos podemos diferenciar, esquemáticamente, las siguientes situaciones:

1º) Inscripción de la finca a nombre de ambos cónyuges expresándose su carácter *ganancial*: aplicación del artículo 93.1 R.H. Bienes adquiridos constante matrimonio —constante el régimen económico matrimonial— por los dos cónyuges declarando que la adquisición se realiza para la sociedad de gananciales.

Esta modalidad se produce en los siguientes casos:

A. En todo caso si los bienes son adquiridos a título oneroso a costa del caudal común por ambos cónyuges (art. 1347 C.c.).

B. Atribuyéndoles de común acuerdo tal condición (art. 1355.1 C.c.) o adquiriéndolos de forma conjunta y sin atribución de cuotas (art. 1355.2 C.c.).

C. En las donaciones o disposiciones testamentarias a favor de ambos los cónyuges conjuntamente y sin especial designación de partes, constante la sociedad, siempre que la liberalidad fuere aceptada por ambos y el donante o testador no hubiere dispuesto lo contrario.

Por tanto, procederá inscribir con carácter ganancial:

A) Los bienes adquiridos por ambos cónyuges a título oneroso y a costa del caudal común; lo que constituye el reflejo registral de lo dispuesto por el art. 1347.3 C.c., que dispone que esta clase de adquisiciones serán gananciales y por tanto el carácter ganancial del bien adquirido quedará constatado en la inscripción en el Registro de la Propiedad, con esta indicación ("carácter ganancial") o la de similar alcance "para la sociedad de gananciales".

Estas adquisiciones, como las efectuadas por uno de los cónyuges para la sociedad de gananciales, dice la doctrina, se realizan por aplicación del principio de subrogación real[2], por verificarse con fondos gananciales o en virtud de derechos gananciales, y en contraste con las hipótesis reguladas por los arts. 1355 y 1353 del Código Civil, a las que el art. 93 del Reglamento Hipotecario se refiere de forma separada.

B) Los bienes inmuebles y derechos reales a los que los cónyuges atribuyen de común acuerdo condición de gananciales o los adquieren de forma conjunta y sin atribución de cuotas, por aplicación del art. 1355 C.c., que admite que los cónyuges, siempre de acuerdo, así lo hagan "cualquiera que sea la procedencia del precio o contraprestación y la forma o plazos en que se satisfaga". Y esta atribución puede ser hecha de forma expresa o tácita.

En el primer caso estamos ante lo que se conoce en la doctrina y en la práctica como aportación a la sociedad de ganan-

---

2 DE LA CÁMARA ÁLVAREZ, M., "La sociedad de gananciales y el Registro de la Propiedad", *opus cit.*, 343 y ss.

ciales, figura contemplada por la DGRN, que exige que este negocio tenga una causa, pues entiende este organismo que las aportaciones han de hacerse bien por donación (causa gratuita) o bien a través de un contrato seguido de tradición conforme con el artículo 609 del Código Civil (causa onerosa), pues la DGRN rechaza las transmisiones abstractas del dominio (cfr. Resoluciones de la DGRN de 23 de septiembre de 2016 (B.O.E. 14 de octubre) o de 24 de noviembre de 2015 (BOE 17 de diciembre).

Se diferencia de este negocio el de comunicación de bienes que tiene lugar con ocasión del cambio de régimen económico matrimonial —del anterior de separación de bienes al de comunidad de gananciales— por la aportación de bienes de los cónyuges al patrimonio común[3], pues no precisa de expresión de ninguna otra causa de las anteriormente señaladas según el criterio de las Resoluciones de 8 de mayo de 2000 y la anterior en similar sentido, de 21 de diciembre de 1998.

En el caso de atribución tácita estaremos cuando nos atengamos a la regla interpretativa del artículo 1355 del Código Civil, que establece que "si la adquisición se hiciere "en forma conjunta y sin atribución de cuotas se presumirá su voluntad favorable al carácter ganancial de tales bienes".

C) Los bienes donados o dejados en testamento a los cónyuges conjuntamente y sin especial designación de partes, constante la sociedad, siempre que la liberalidad fuere aceptada por ambos y el donante o testador no hubiere dispuesto lo contrario (art. 93.1. 2º del Reglamento Hipotecario); en perfecta correspondencia con el artículo 1353 del Código Civil.

---

3 NIETO ALONSO, A., "La atribución voluntaria de ganancialidad: Reflejo de la autonomía privada en el régimen económico matrimonial: a propósito del artículo 1355 del Código Civil", *opus cit.,* 125 y ss.

Evidentemente, si se atribuyen o designan partes, iguales o desiguales, en que los cónyuges adquieran el bien, y —como veremos— en aplicación de los arts. 1346.2° del Código Civil y 95. 1° del Reglamento Hipotecario, estos bienes se inscribirían con carácter privativo en la proporción que el testador o donante señalara en la liberalidad.

Así pues, en cualquiera de estos tres casos, de conformidad con el art. 93.1 R.H., se practicará inscripción a favor de los cónyuges con carácter *ganancial*. La titularidad en la inscripción será, pues, conjunta o a nombre de ambos cónyuges, y no producto de la mera ganancialidad de lo adquirido, sino porque ambos cónyuges han otorgado el título de adquisición.

Y, mientras el caso primero o A) es aplicación del principio de subrogación real[4], queda claro que los otros dos (B y C) no lo son: en el primer caso —1355 del Código Civil— porque se atiende a la autonomía de la voluntad, que prevalece sobre la procedencia de los fondos o títulos empleados para la adquisición, y en el segundo caso —1353— porque se trata de adquisiciones a título gratuito producidas sin contraprestación o conmutación alguna, no hay un bien que reemplace a otro en su situación jurídica sino un bien que se incorpora a un patrimonio sin que nada salga de él a cambio.

2°.) Los bienes adquiridos a título oneroso por uno solo de los cónyuges *para la sociedad de gananciales,* que "*se inscribirán con esta indicación" a nombre del cónyuge adquirente,* conforme a lo que establece el art. 93.4 del Reglamento hipotecario.

Este precepto, junto al artículo 94.2 R.H., abona las razones doctrinales que alegan que el Reglamento Hipotecario ha aco-

---

4 DE LA CÁMARA ÁLVAREZ, M., "La sociedad de gananciales y el Registro de la Propiedad", *opus cit.*, 27 y ss.; y GALLARDO RODRÍGUEZ, A., "La atribución de ganancialidad y la aportación de bienes privativos a la sociedad de gananciales: repercusiones sobre el derecho de reembolso", *opus cit.*, 3 y ss.

gido la distinción entre titularidad y ganancialidad, o, dicho de otro modo, bienes gananciales de titularidad conjunta y bienes gananciales de titularidad individual. Pues el art. 1347.3 C.c. atribuye el mismo efecto a la adquisición conjunta (para la comunidad) y a la individual (para uno de los esposos), pero la diferenciación que introduce el artículo 93.4 sí resulta relevante en cuanto a la titularidad de lo adquirido, y a la titularidad sigue el efecto de conferir al titular la facultad de administrar la finca (al amparo del art. 1384) e incluso ciertas facultades de disposición dentro de los términos y límites del citado artículo 94.2 del Reglamento Hipotecario.

La STS 1591/2019 de 27 de mayo, respecto de la adquisición por uno de los cónyuges manifestando que adquiere "para su sociedad de gananciales", permite plantear la controversia de si pueden ser finalmente privativos en todo o en parte cuando posteriormente demuestra el adquirente en un procedimiento de liquidación de gananciales que utilizó fondos privativos. El Tribunal Supremo así lo entiende pues si los fondos usados son privativos, por subrogación real los bienes serían privativos (art. 1346.3 CC) pero si se recurre a la atribución conjunta de ganancialidad en virtud del artículo 1355 el bien se convierte en ganancial, puesto que entra en juego la autonomía de la voluntad de los cónyuges expresada en este precepto y en el que proclama la libre contratación entre ellos, el art. 1323.

Si al realizar la adquisición el cónyuge no expresa que lo hace "para la sociedad de gananciales", y tampoco invoca, ni justifica, su privatividad, nos hallaremos ante el caso siguiente.

3º.) Los bienes adquiridos a título oneroso por uno solo de los cónyuges *sin expresar que adquiere* para la *sociedad de gananciales, se inscribirán a nombre del cónyuge adquirente con carácter presuntivamente ganancial*, en aplicación del artículo 94.1 R.H.

Este precepto es la versión registral de la presunción de ganancialidad establecida por el art. 1361 C.c.: "Se presumen gananciales los bienes existentes en el matrimonio mientras no se pruebe que pertenecen privativamente a uno de los cónyuges."

Es destacable que el Reglamento Hipotecario, ante la falta de declaración al respecto por el cónyuge adquirente, simplemente la suple aplicando la ley, ley que a falta de acreditación reputa gananciales todos los bienes que el matrimonio adquiera.

Obviamente esta presunción es *iuris tantum* y debemos plantearnos cómo es posible rebatirla o desvirtuarla una vez inscrito el bien con carácter presuntivamente ganancial.

La prueba contraria es objeto de examen más adelante, pero podemos adelantar que desde el punto de vista registral aparece ligada a la idea de la rectificación del registro y por tanto a efectos registrales el medio de prueba contrario deberá cumplir con los requisitos de la legislación hipotecaria. En este sentido, la Resolución de 27 de julio de 2020, de la Dirección General de Seguridad Jurídica y Fe Pública (BOE de 6 de agosto) en la que este organismo considera que a la hora de cambiar el carácter presuntivamente ganancial de una finca nos hallamos, en tesis general y, como veremos, en el ámbito de la rectificación por inexactitud registral y ello exige cumplir los requisitos de los artículos 20 y 40 de la Ley Hipotecaria, indicando, en concreto, que para modificar el carácter ganancial o presuntivamente ganancial del bien inscrito en como tal en el Registro de la Propiedad "es preciso o bien acreditar fehacientemente los hechos de los que resultaría no aplicable el régimen de gananciales o bien contar con el consentimiento de aquellos cuya posición jurídica sea vea afectada por el pronunciamiento registral o bien resolución judicial en la que estos hayan tenido la posibilidad de intervenir en la forma prevista por el ordenamiento (Resoluciones de 23 de marzo de 2004, 1 de octubre de 2007 y 23 de agosto de 2011, entre otras), supuestos que no concurren en el caso que nos ocupa". Así pues, la mera solicitud unilateral de alguno de los cónyuges (el titular registral o el no titular) no sería bastante en ningún caso[5], sino que deberá contarse con el consentimiento de ambos cónyuges para pasar el bien de presuntivamente ganancial a privativo.

II. LA SUBROGACIÓN REAL EN LA ADQUISICIÓN DE BIENES PARA LA SOCIEDAD DE GANANCIALES

1. Concepto, naturaleza y ámbito de la subrogación real

La subrogación real consiste en la sustitución jurídica de un bien por otro en el patrimonio de una misma persona, de tal modo que el bien nuevo, ya sea una cosa mueble o inmueble, un crédito o una indemnización, ocupe el lugar del bien antiguo para ser sometido a su mismo régimen.

Es pacífica la posición de los autores[6] que se refieren a la subrogación como la figura en virtud de la cual la situación jurídica que, en cierto aspecto, califica o afecta a una cosa concreta pasa a calificar o afectar en igual sentido la cosa que haya reemplazado o sustituido a aquélla, cuando la misma haya sido objeto de enajenación o pérdida.

A la vista de estas definiciones, es necesario poner de relieve la necesidad de que exista una relación de causalidad entre la salida de una cosa de la situación jurídica en cuestión y la entrada de otra. Es por ello, por lo que no podría provocar subrogación real una adquisición a título gratuito o sin equivalente, pues no hay idea conmutativa, nada sale del patrimonio para que otra cosa lo reemplace, sino que la cosa adquirida

---

5 ALBALADEJO GARCÍA, M., *Instituciones de Derecho Civil, opus cit.*, 156 y ss.

6 ROCA SASTRE, R. M. y ROCA-SASTRE MUNCUNILL, L., *Derecho hipotecario opus cit.*, 156 y ss.

viene a agregarse sin más al resto de los bienes que integran el patrimonio del beneficiado por la liberalidad.

Incluso algunos autores[7] ponen en duda el concepto de subrogación real cuando la cosa se sustituye por dinero si éste no queda individualizado, ya que podría confundirse consumirse en otro patrimonio, dada la fungibilidad propia del dinero.

En cualquier caso, la subrogación real requiere los siguientes presupuestos:

1º Un cambio de cosas o elementos patrimoniales. Una cosa (que entra en un patrimonio) reemplaza a otra (que sale de ese mismo patrimonio) por causa de enajenación *-ex voluntate-* o pérdida *-ex necesitate-*. Requisito esencial para que pueda producirse este supuesto es que la sustitución se efectúe sobre la base de una relación de causalidad. Es preciso, por tanto, una conexión directa entre la cosa enajenada o perdida y la cosa que la sustituye. Con respecto a ésta última, es conveniente insistir que ha de ser una cosa equivalente a la primera, por lo que, como hemos dicho, no puede provocar subrogación real una adquisición a título gratuito. La subrogación real se va a apoyar, pues, en el sentido económico del derecho, es decir, en el valor pecuniario de la cosa, más que en su individualidad en sentido material.

2º El mantenimiento de idéntica situación jurídica, a pesar del cambio operado de cosas. Lo que no implica persistencia de la naturaleza del derecho. La subrogación real provoca que el precio obtenido, la indemnización lograda o la cosa o elemento sustitutorio se encuentren sujetos a la misma situación jurídica y por tanto con la misma titularidad y sometimiento a la misma afección o

---

7 DÍEZ-PICAZO, L. y GULLÓN BALLESTEROS A., *Sistema de Derecho Civil, opus cit.*,112 y ss.

gravamen de la cosa vendida, siniestrada, perdida o destruida. *V.g.*, en caso de siniestro de un edificio asegurado, la subrogación real no va a convertir el dinero obtenido como indemnización en un bien inmueble, pero sí quedará afecto dicho dinero, *v.g.*, a las responsabilidades de la deuda asegurada con la hipoteca de dicho edificio (art. 110 de la Ley Hipotecaria).

El fundamento de esta figura hay que encontrarlo en la equidad o quizás en razones de técnica jurídica. En este sentido, a semejanza de las nociones de enriquecimiento sin causa, abuso del derecho o imprevisión, el fundamento de la subrogación real se articula sobre la noción de derecho, en la salvaguardia del crédito y la organización jurídica en general[8], ya que sería frágil la base del crédito si aquellos derechos sustentados en un bien individualizado pudieran perderse por el mero hecho de que desapareciera este bien del patrimonio. Su razón última estaría, por tanto, en el principio de justicia conmutativa, esto es, dar a cada uno lo suyo para prevenir o remediar el equilibrio patrimonial que injustamente hubiera sido perturbado.

La naturaleza de la subrogación real ha sido estudiada desde distintas perspectivas. La teoría clásica, queda representada por aquellos tratadistas[9] que entienden que la subrogación real constituye una ficción, ya que se basa en la fungibilidad de los elementos de un patrimonio. Teniendo como epicentro de su tesis el aforismo *in iudiciis universalibus, pretium succedit loco rei et res loco pretii*, este sector doctrinal sostiene que todo valor que entra en una universalidad jurídica se encuentra subrogado al derecho al que reemplaza. A *sensu* contrario, cuando se

---

8 BONNECASE, J. (2000). *Introducción al estudio del Derecho,* Tenis, 267 y ss. y del mismo autor, (2020). *La escuela de la exégesis en Derecho Civil.* Ediciones Jurídicas Olejnik, 118 y ss.

9 AUBRY, C. y RAU, C. (2010). *Curso de Derecho Civil de acuerdo con el método de Zachariae.* Hachette,1869 y ss.

trata de bienes considerados de manera individual, la subrogación real no puede ser admitida, en principio, ya que hace falta una decisión de partes o una decisión legal.

La posición francesa denominada moderna[10], después de estudiar las críticas dirigidas a la posición doctrinal expuesta líneas atrás, pone de relieve que la subrogación real debe ser admitida, con normalidad, siempre que se trate de conservar para su propio destino el valor de un bien sometido a una afectación especial y, además, siempre que se trate de asegurar la restitución de una masa de bienes. Salvo en los supuestos descritos, esta doctrina entiende que a la subrogación real sólo podrán darle aplicación la ley o la voluntad de las partes.

Un tercer posicionamiento más extremo[11] va a criticar las teorías anteriores y defiende que la subrogación real, esencialmente, es una institución jurídica relativa a un patrimonio considerado en un momento dado de su existencia. La idea de patrimonio tiene funciones muy relevantes en Derecho civil como la garantía frente a los acreedores (art. 1901 C.c.), los bienes comunes matrimoniales afectos a la potestad doméstica o a las cargas del matrimonio en general o la herencia (art. 657 C.c.) y en ciertas circunstancias es importante su preservación y la de sus elementos. La función de la subrogación real consiste, en los casos de enajenación o pérdida de uno de estos elementos, en trasladar de pleno un derecho o, en virtud de la voluntad de los interesados -salvo intereses de tercero- sobre el bien individualizado adquirido en sustitución, aquellos derechos que gravaban el bien que dejó de formar parte del patrimonio.

---

10 PLANIOL, M., *Tratado Elemental, opus cit.*, 245 y ss.; y RIPERT, G. (2017). *Derecho Natural y positivismo jurídico.* Dalloz, 22 y ss.

11 BONNECASE, J., *opus cit.*, 67 y ss.

Para delimitar negativamente la naturaleza jurídica de la subrogación real, debemos negar que sea un principio general del Derecho propiamente dicho. Tampoco es un modo autónomo de adquisición de la propiedad y los derechos reales puesto que no lo enuncia el art. 609 del Código Civil y sólo indirecta o remotamente —en la medida que la propiedad y los derechos reales se adquieren y se transmiten por la ley— puede considerarse aludida por éste. Asimismo, tampoco se puede aseverar que sea una institución jurídica puesto que carece, desde su origen, de normas jurídicas que establecen qué es, cuáles son sus fines y cuáles son sus medios.

En fin, para algunos autores[12] la subrogación real ha de describirse, con cierto carácter abstracto, como un *fenómeno* de persistencia de una situación jurídica, a pesar del cambio de la cosa originariamente afectada, proyectándose intacta la situación jurídica sobre el elemento primordial que ha sustituido al elemento reemplazado.

En todo caso, la subrogación real, desde una perspectiva dinámica, explica las modificaciones en el objeto de la relación jurídica real, sin afectar al sujeto o al contenido de la relación, entendiendo por contenido las facultades y deberes propios de cada posición jurídica de la relación jurídica.

Dentro de la dinámica de los derechos reales, la subrogación representa un caso de modificación en el objeto de la relación jurídica que puede tener lugar bien por la voluntad de las partes cuando, sobre la base de una causa jurídica idónea -por ejemplo una compraventa-, sustituyen un bien por otro, manteniéndose como hemos dicho una idéntica situación jurídica, pues esa voluntad de las partes ha decidido someter el bien nuevo a la afectación, la obligación de restituir, o cualquier otra relación a la que el bien antiguo estaba sujeto; o bien en

12 ROCA SASTRE, R. M. y ROCA-SASTRE MUNCUNILL, L., *opus cit.*, 98 y ss.

los casos expresamente previstos en la Ley, aunque la doctrina entiende que también puede darse en otros análogos.

Considerando esto último, observamos que existen diferentes casos de subrogación real previstos por la ley:

A) Con relación al patrimonio de las personas, concebido al modo clásico como "universitas iuris" -es decir, entendiendo de modo ideal que el patrimonio de una persona tiene cierta unidad y entidad que trasciende al conjunto de cosas que lo componen- vemos que aparentemente la subrogación real tiene siempre operatividad, pues es fácil de comprender y admitir que el elemento que entra en un patrimonio, en sustitución de otro que salió de él, queda sujeto a la responsabilidad patrimonial universal que proclama el artículo 1911 del Código Civil, es decir, está afectado a la garantía patrimonial que ofrece una persona frente a sus acreedores. En cambio, en la doctrina[13] a veces se desdeña esta conclusión aduciendo que esta consecuencia es obrada por el principio de fungibilidad de los elementos patrimoniales.

B) En los patrimonios especiales o patrimonios separados, es decir, aquellos conjuntos de bienes que pertenecen a personas determinadas y tienen un fin en Derecho, parece que podemos ver más claramente los casos de subrogación real. Dentro del Código Civil hay varios de ellos:

- Patrimonios matrimoniales y específicamente el patrimonio formado por los bienes de la sociedad de gananciales, que es distinto al patrimonio privativo de cada uno de los cónyuges. El Código Civil en su artículo 1347.3 declara gananciales los adquiridos "a título oneroso a

---

13 GALLARDO RODRÍGUEZ, A. (2023). "La atribución de ganancialidad y la aportación de bienes privativos a la sociedad de gananciales: repercusiones sobre el derecho de reembolso." *La Ley Derecho de Familia: Revista jurídica sobre familia y menores,* (37), 3 y ss.

costa del caudal común" y en su art. 1346.3 considera privativos los adquiridos "a costa o en sustitución de los bienes privativos". Es clara la idea de que el bien que ha sido adquirido en sustitución de otro tiene la misma naturaleza o situación jurídica del sustituido o consumido. La subrogación real es uno de los ejes o principios de la regulación de la sociedad de gananciales dentro del Código Civil junto a la presunción de ganancialidad —pero condicionados por el de autonomía de la voluntad de los consortes— y a esto nos referiremos más extensamente.

- Patrimonio del ausente, artículos 187 y 197 C.c. Si el ausente reaparece "recobrará sus bienes en el estado en que se encuentren y tendrá derecho al precio de los que se hubieran vendido, o a los bienes que con este precio se hayan adquirido",
- Patrimonio hereditario, cuando por ejemplo los herederos ejercitan las acciones o derechos que formaban parte de la masa hereditaria dejada por el causante, pues los bienes y derechos obtenidos como resultado de esas acciones también se incorporan a la herencia. Es el mismo principio por el que, cuando los acreedores ejercitan la acción subrogatoria en lugar del deudor (art. 1111 C.c.), los bienes obtenidos por el ejercicio de ésta ingresan en el patrimonio del deudor, donde ya podrán ser agredidos por ellos. En este sentido, obrando por unanimidad los herederos pueden enajenar bienes de la herencia yacente, pero el precio obtenido pasará a formar parte de la masa hereditaria en espera de su división o partición[14].

---

14 ARREBOLA BLANCO, A., *opus cit.*, 22 y ss.; y CARRASCO PERERA, A., *opus cit.*, 156 y ss.

- Patrimonio sujeto a fideicomiso. Los bienes que sustituyan a los bienes fideicomitidos indudablemente formarán parte del fideicomiso.
- Reservas hereditarias. Las enajenaciones de bienes sujetos a reserva hereditaria hechas conforme a Derecho son válidas, pero el precio obtenido por ellas formará parte de la reserva y en su caso podrá ser asegurado con hipoteca (art. 967 C.c.).

C) Respecto de bienes concretos, la subrogación real sólo actúa cuando la Ley lo prevé expresamente o en los casos asimilables por analogía. Entre los supuestos citados por la doctrina constan los siguientes:

- El de la hipoteca sobre finca que ha sufrido expropiación o un siniestro asegurado (art. 110 L.H.) o una concesión que es resuelta conforme a Derecho (art. 175 R.H.), sustituyendo a la finca o a la concesión la cantidad de dinero que constituya la prima del seguro, el justiprecio o la indemnización al concesionario, que quedarán afectados a las responsabilidades de la finca o concesión.
- Subrogación en la hipoteca en garantía de dote (art. 183 de la L.H.).
- En la comunidad de bienes, cuando uno de los comuneros enajena o hipoteca su cuota, según el art. 399 del Código Civil "el efecto de la enajenación o de la hipoteca con relación a los condueños estará limitado a la porción que se adjudique en la división al cesar la comunidad". Así lo entiende la Resolución de la DGRN de 16 de marzo de 2016, que declara que cuando la carga afecta exclusivamente a la cuota de uno de los condueños, la división de la cosa común implica en aplicación del principio de subrogación real, el arrastre de las cargas que pesaban sobre la cuota a la finca adjudicada por así disponerlo el artículo 399 del Código Civil.

- Usufructo sobre cosa expropiada o siniestrada, o sobre una acción real reivindicatoria (arts. 515, 518 y 486 C.C.).

- Cuando una cancelación sea otorgada por herederos fiduciarios o usufructuarios, cuando no sean conocidos los fideicomisarios o nudo propietarios respectivos, éstos deberán invertir el importe de los derechos reales extinguidos en valores del Estado a favor de quienes puedan tener derecho a tal importe, y por tanto afectos a la entrega que haya de hacerse a los fideicomisarios (art. 178.4 R.H.)

- Si se pierde la finca sujeta a censo enfitéutico, el valor del seguro quedará afecto al pago del capital del censo (arts. 1.625 a 1.627 C.C.).

- En los procesos de concentración parcelaria (con arreglo a la ley de reforma y desarrollo agrario de 1973 y la legislación autonómica aplicable), las *fincas de reemplazo* sustituyen a las fincas originarias incluidas en el ámbito de la concentración.

- En las reparcelaciones o actuaciones de ejecución de los sistemas de actuación urbanística, cuando tiene lugar la adjudicación de *parcelas de resultado* al propietario de las fincas de origen incluidas en la unidad de actuación en la que se ejecuta un proyecto de equidistribución urbanística, conforme a lo previsto a la Ley de Suelo o TRLS (Real Decreto Legislativo 7/2015, de 30 de octubre, por el que se aprueba el texto refundido de la Ley de Suelo y Rehabilitación Urbana), cuyo art. 23 se refiere expresamente a la subrogación real, que es desarrollada por el RD 1093/1997. De todos los supuestos citados este último es el que tiene un tratamiento legal más amplio, pues tanto el TRLS como el RD 1093/1997 precisan con detalle su extensión y funcionamiento.

2. El principio de subrogación real en la sociedad de gananciales

Como ya hemos apuntado, el principio de subrogación real es uno de los ejes principales de la organización de la sociedad de gananciales junto con la presunción de ganancialidad y la *vis attractiva* de la ganancialidad.

Así lo entiende la jurisprudencia, por ejemplo, en la STS 1591/2019, de 27 de mayo de 2019 antes citada[15].

En cuanto a la DGRN, como expresivamente dice la Resolución de 2 de febrero de 2017 (BOE nº 45, 22 de febrero de 2017; fundamento 2º): "Esta Dirección General ha mostrado un criterio estricto en relación a la aplicación del criterio de subrogación real establecido en el artículo 1346.3 del Código Civil."

Y ciertamente, numerosas resoluciones de la DGRN son consecuentes con el principio de subrogación real que, en pocas, palabras, resulta omnipresente en las adquisiciones inmobiliarias hechas por los cónyuges a título oneroso dentro de la sociedad de gananciales y en el marco de los arts. 93 y 94 del Reglamento Hipotecario[16]. Últimamente, no obstante, fundamentalmente a raíz de la doctrina que admite la atribución de privatividad, la orientación de la Dirección General de Seguridad Jurídica y Fe Pública conduce a que la autonomía de la voluntad de los cónyuges gane terreno al principio de subrogación real: la subrogación real, dentro del Código Civil,

---

15 SSTS 248/1999 de 20 de septiembre, 32/2003 de 14 de enero y 107/2003 de 10 de febrero.

16 Resoluciones de la Dirección General de los Registros y del Notariado de 9 de diciembre de 1943, 20 de enero de 1983, 28 de noviembre de 1988, 21 de mayo de 1998, 18 de octubre de 1999, 7 de diciembre de 2000, 13 de octubre de 2003, 10 de octubre de 2005, 11 de octubre de 2006, 25 de octubre de 2007, 22 y 31 de marzo de 2010, 8 de junio de 2012, 10 de abril de 2015 y 11 de mayo de 2016, entre otras.

siempre ha podido ser modulada por los cónyuges y sus acuerdos sobre los bienes, pero, parece, a partir de ahora lo será en mayor medida.

Queda, en cualquier caso, recogido el principio de subrogación real por el Código Civil en su artículo 1347.3, que declara gananciales los adquiridos "a título oneroso a costa del caudal común", y en su art. 1346.3 considera privativos los adquiridos "a costa o en sustitución de los bienes privativos". En estos preceptos[17] se acoge con claridad la figura en toda su extensión: la situación que caracterizaba a un bien sustituido o consumido pasa a calificar al bien sido adquirido en sustitución de aquél, o a sus expensas.

DE LA CÁMARA ALVAREZ[18] excluye de la subrogación real las adquisiciones en virtud de retracto o derecho de adquisición preferente *ex* arts. 1346.4º y 1347.4º (frente a autores como GIMÉNEZ DUART que así lo consideran), limitándola a los supuestos de las adquisiciones a título oneroso por uno o ambos cónyuges a costa del caudal común, generalmente con dinero del que no se ha expresado su procedencia o en cualquier caso en que la contraprestación tenga carácter ganancial.

Es congruente con el principio de subrogación real el art. 1354 del Código Civil, al establecer que los bienes adquiridos mediante precio o contraprestación, en parte ganancial y en parte privativo, corresponderán proindiviso a la sociedad de gananciales y al cónyuge o cónyuges en proporción al valor de las aportaciones respectivas. La Sentencia de la Sala Primera de lo Civil del Tribunal Supremo 319/2023 de 28 de febrero (Roj: STS 565/2023–ECLI:ES:TS:2023:565) representa una aplica-

---

17 Que son fórmulas expresivas de la idea de la subrogación real a tenor de lo más generalmente arriba expuesto, pesar de que CÁMARA ALVAREZ considere que la expresión "a costa o en sustitución" es "poco feliz", *opus cit*, 398 y ss.

18 DE LA CÁMARA ÁLVAREZ, M., *opus cit.*, 412 y ss.

ción rigurosa del art. 1354 del Código Civil al estimar que deben computarse para calcular la cuota privativa de uno de los cónyuges todo el dinero que éste aplicó a la adquisición antes del matrimonio (en régimen de gananciales) que procedía de la venta de una finca privativa. A pesar de que al formalizar la escritura de adquisición los futuros cónyuges en gananciales declararon adquirir por mitades indivisas, se probó en juicio la mayor aportación de uno de ellos. Por lo que, previa o simultáneamente a inscribir la adjudicación del dominio de la finca como consecuencia de la liquidación de la sociedad de gananciales, sería preciso inscribir la rectificación de la cuantía de las cuotas mediante el testimonio de la sentencia que así lo declara. En cualquier caso, es la privatividad o la ganancialidad de los fondos empleados lo que infunde carácter al bien, ahora bien, se exige de los cónyuges una determinación de la voluntad meramente formal pero necesaria para la inscripción en el Registro de la Propiedad: en el momento de la adquisición, al formalizarla, conforme a la regla del art. 54 del Reglamento Hipotecario y como exigencia del principio hipotecario de especialidad, deberán señalar con precisión la porción o cuota indivisa privativa y la ganancial con datos matemáticos que permitan conocerlas indudablemente[19].

También es congruente con este principio el art. 1356 al disponer que "los bienes adquiridos por uno de los cónyuges, constante la sociedad por precio aplazado, tendrán naturaleza ganancial si el primer desembolso tuviera tal carácter, aunque los plazos restantes se satisfagan con dinero privativo. Si el primer desembolso tuviere carácter privativo, el bien será de esta naturaleza." La idea de que, conforme al art. 1356 del Código Civil, el desembolso inicial con dinero privativo imprime carácter privativo al bien y, por tanto, sólo debe inscribirse de

---

[19] RIBERA PONT, M. C. (1983). "La atribución de ganancialidad del artículo 1.355 del Código Civil." *Revista Crítica de Derecho Inmobiliario*, (559), 1413 y ss.

este modo, es reflejada por la Resolución de 24 de mayo de 2023: "En el caso de bienes adquiridos por uno de los cónyuges por precio aplazado constante la sociedad de gananciales, el citado artículo 1356 del Código Civil determina su carácter ganancial o privativo atendiendo a la naturaleza de la aportación con la que se realice el desembolso inicial." Pero la Dirección General de Seguridad Jurídica y Fe Pública no considera que se trate de un supuesto de subrogación real: "En el caso de bienes adquiridos por uno de los cónyuges por precio aplazado constante la sociedad de gananciales, el citado artículo 1356 del Código Civil determina su carácter ganancial o privativo atendiendo a la naturaleza de la aportación con la que se realice el desembolso inicial. Por ello, no se trata de una aplicación del referido principio de subrogación real sino del criterio que se ha denominado doctrinalmente como «accesión económica».

El mismo sentido de la subrogación real —que no parece muy diferente del de la denominada accesión económica, en realidad— subyace en la doctrina de la DGRN acerca de la extinción de condominio o división de la cosa común, cuando determina que a la finca o porción adjudicada al *ex* condómino o partícipe se le atribuye necesariamente el mismo carácter, privativo o ganancial, que tenía su adquisición. Precisamente, la Resolución de la DGRN de 13 de noviembre de 2017 (BOE 30.11.2017) destaca el principio de subrogación real y entiende que la finca adjudicada tras la extinción de la copropiedad conserva la misma naturaleza que tenía la titularidad originaria de la condueña adjudicataria, es decir la cuota indivisa de la que trae causa la adjudicación, que en el caso examinado era privativa: "Por ello, debe estimarse fundado el criterio del Registrador por el que exige que se determine la participación de los bienes o el bien que ha sido adjudicado en pago de la participación inscrita con carácter privativo por confesión."

El principio de subrogación real cede en los casos en los que el Código Civil ya establece legalmente el carácter del bien[20], como ocurre con los bienes privativos adquiridos por título gratuito o antes de la celebración del matrimonio, o cuando actúan las reglas de la accesión inmobiliaria, en la medida que el propietario del suelo hace suyo lo edificado con el mismo carácter de su titularidad[21]. Estos son los casos de bienes a los que CÁMARA ÁLVAREZ se ha referido como "adquiridos al margen e independientemente del principio de subrogación real" o "con abstracción del principio de subrogación real"[22].

Por lo demás, el principio de subrogación real puede ser modalizado por dos factores: el juego de la autonomía de la voluntad que los arts. 1355 y 1323 del Código Civil confieren a los cónyuges en la sociedad de gananciales y la importante excepción en pro de la vivienda habitual introducida por el art. 1357.2º del Código Civil. A ellos nos referimos a continuación.

3. La modalización de la subrogación real por la autonomía de la voluntad de los cónyuges

Tanto la jurisprudencia como la doctrina de la Dirección General de Seguridad Jurídica y Fe Pública han insistido una y otra vez que la subrogación real y la presunción de ganancialidad son principios fundamentales de la sociedad de gananciales, aunque en no pocas veces se matiza que esto ocurre sin perjuicio de la autonomía de la voluntad de los cónyuges, a quienes el Código Civil autoriza a atribuir la condición de

---

20 Resolución de 30 de mayo de 2023 («BOE» núm. 153, de 28 de junio de 2023), fundamento 4º.

21 Resolución de 30 de mayo de 2023 («BOE» núm. 153, de 28 de junio de 2023), fundamento 3º.

22 FAUS I PUJOL, M., "Reglas sobre la administración de los bienes gananciales", *opus cit.*, 73 y ss.

bienes gananciales a los adquiridos conforme al art. 1355 y a contratar libremente entre sí, de acuerdo con el art. 1323.

Sin embargo, recientemente, la Dirección General de Seguridad Jurídica y Fe Pública ha reforzado el juego de la autonomía de la voluntad como factor que modaliza la subrogación real en el caso de las adquisiciones a favor de la sociedad de gananciales. La subrogación real y la presunción de ganancialidad normalmente tienden a producir el resultado de calificar como bien ganancial o presuntamente ganancial a cualquiera adquirido mediante dinero, dada la exigencia de prueba documental pública para acreditar la privatividad de los fondos y lo restrictivo con lo que se impone, como explicamos al referirnos a la atribución de privatividad y a la prueba documental pública en un punto anterior. Y esta severidad aparente en la prueba no es extraña al sistema, pues su dinámica obedecer a la *vis attractiva* de la ganancialidad[23].

Examinada más extensamente la doctrina de la atribución de privatividad elaborada por la Dirección General de Seguridad Jurídica y Fe Pública en el apartado correspondiente, y citadas las Resoluciones que la sustentan, nos centramos en la más reciente Resolución de 30 de mayo de 2023 («BOE» núm. 153, de 28 de junio de 2023).

En ella (fundamento 3º) el centro directivo se hace eco del principio de subrogación real "enunciado con carácter general en los artículos 1347.3.º del Código Civil («son bienes gananciales (...) Los adquiridos a título oneroso a costa del caudal común») y 1346.3. º («son privativos de cada uno de los cónyu-

---

[23] JIMÉNEZ LINARES, M. J. (2023). "Comentario a la STS de 5 de octubre de 2022 (RJ 2022, 4835). La omisión voluntaria de un bien ganancial y las llamadas cláusulas cierre en la liquidación de la sociedad de gananciales ¿son formas de renuncia de la acción de complemento o adición de complemento o adición de la sociedad de gananciales?". *Cuadernos Civitas de jurisprudencia civil,* (112), 25 y ss.

ges (...) Los adquiridos a costa o en sustitución de bienes privativos»)". y a continuación introduce el matiz de señalar que "sin embargo, este principio no es de aplicación universal", para explicar que a la subrogación real "se anteponen otros criterios que el legislador ha considerado como prioritarios para determinar la naturaleza de los bienes, como pueden ser el de la accesión (cfr. artículo 1359 del Código Civil), el de la autonomía de la voluntad (cfr. artículo 1355 del Código Civil) o el del carácter del propio bien del que deriva el derecho a la adquisición (cfr. artículos 1346.4, 1347.4 o 1352 del Código Civil)."

Y añade "(...) ciertamente, el principio de autonomía de la voluntad de los cónyuges casados en régimen de gananciales permite que, para la determinación del carácter ganancial o privativo de un bien o derecho determinado, los cónyuges puedan, bien en el momento de la adquisición, bien con posterioridad, alterar el carácter que resultaría de aplicar las reglas establecidas en el Código Civil referidas."

En conclusión, y como consecuencia de la adopción de la doctrina de atribución de privatividad —cuya crítica también hacemos— la Dirección General de Seguridad Jurídica y Fe Pública admite que en todo momento, "bien en el momento de la adquisición, bien con posterioridad", es decir, ya por medio de la atribución de ganancialidad —conforme al art. 1355— ya en el marco de la libre contratación entre cónyuges —art. 1323—, los cónyuges en ejercicio de su autonomía de la voluntad puedan modificar el carácter del bien adquirido[24].

---

[24] GARCÍA GARCÍA, J.M. (2021). "Comentario crítico de las tres resoluciones de 15 de enero de 2021 y de 12 de junio de 2020 (1.ª y 4.ª): el pacto de atribución de carácter privativo de un bien por los cónyuges y la confesión de privatividad. Autonomía de la voluntad y causa". *Revista Aranzadi Doctrinal*, (5), 12 y ss.

En consecuencia, la voluntad de los cónyuges expresada al otorgar el documento público que la formaliza, podrá decidir la modalidad de inscripción registral a pesar de la presunción de ganancialidad y de la apariencia de una subrogación real, siempre y cuando se acomoden al esquema de los arts. 1355 y 1323 del Código Civil, que vienen a exigir la causalización de su decisión.

4. La modalización de la subrogación real a favor de la vivienda familiar comprada por precio aplazado

El principio de subrogación real —aunque quizás se prefiera el de accesión económica— late también en la solución del Código de atender a la naturaleza del dinero utilizado en el primer pago para determinar el carácter del bien que se adquiera por precio aplazado: si se emplea dinero privativo de uno de los cónyuges en la primera cuota o primer pago, el carácter será privativo; si se emplea dinero ganancial, el carácter será ganancial, y así lo dispone el art. 1356, siempre sin perjuicio del derecho de reembolso a la sociedad o al cónyuge según corresponda (artículo 1356.2).

Pero el Código Civil establece la importante excepción del art. 1357.2 si el bien comprado a plazos es la vivienda familiar, aunque fuera comprada por uno de los cónyuges antes de comenzar la sociedad, y en la medida que en el pago del precio se utilice dinero ganancial: en ese caso procederá aplicar el art. 1354 C.c. y la comunidad por cuotas a que conduce, una cuota privativa —la que pertenece al cónyuge por el dinero privativo invertido— y una cuota ganancial —en proporción a los fondos gananciales empleados en el pago del precio (o, como veremos, del préstamo mediante el cual el precio de adquisición se ha financiado)

Pues bien, el art. 91.2 del Reglamento Hipotecario dispone que el posterior destino a vivienda familiar de la comprada a plazos por uno de los cónyuges antes de comenzar la sociedad, no alterará la inscripción a favor de éste, si bien, en las notas marginales en las que se hagan constar con posterioridad, los pagos a cuenta del precio aplazado se especificará el carácter ganancial o privativo del dinero entregado. Evidentemente el título inscribible será un acta notarial de manifestaciones otorgada por ambos cónyuges.

A continuación, en función del carácter de las cantidades invertidas e hipotéticamente reflejadas en el Registro de la Propiedad, sería de aplicación el art. 91.3 del Reglamento Hipotecario, que dispone que "la determinación de la cuota indivisa de la vivienda familiar habitual que haya de tener carácter ganancial, en aplicación del artículo 1.357.2 del Código Civil, requerirá el consentimiento de ambos cónyuges, y se practicará mediante nota marginal." Mediante esta operación se podrá constatar el reparto de la titularidad[25] por cuotas, privativa y ganancial, de la vivienda familiar comprada y podrá saberse en qué proporción pertenece a la sociedad de gananciales y en qué proporción al cónyuge que verificó la adquisición antes de comenzar este régimen económico matrimonial.

Al pago de parte del precio en la formación del proindiviso sobre la vivienda familiar a que conduce el art. 1357 la STS 3146/2016, de 7 de julio[26] equiparó el pago del préstamo hipotecario que financió la adquisición de ese precio. La sentencia se refiere a un hecho socialmente muy frecuente ("El supuesto se circunscribe a que los futuros esposos hagan aportaciones privadas antes de casarse, para la adquisición de la vivienda que va a ser familiar, y una vez casados paguen los plazos restantes, constante matrimonio, con dinero ganancial"). Con

---

25 AZAUSTRE GARRIDO, M. D. (2021). "¿Puede uno de los cónyuges vender el 50 por ciento de sus bienes gananciales?". *Economist & Jurist,* (248), 80 y ss.

26 ROJ: STS 3146/2016–ECLI:ES:TS: 2016:3146

relación a la aplicación del art. 1357 señala que "Se aprecia que cuando se compra la vivienda y el ajuar familiar antes del inicio de la sociedad de gananciales, por precio total o parcialmente aplazado, no se aplica la regla establecida en el párrafo primero del artículo 1357 C.C., que determinaría la privacidad de tales bienes, sino la norma general del artículo 1354, de suerte que aún cuando se hayan comprado antes de comenzar la sociedad de gananciales, corresponderán proindiviso al cónyuge comprador y a la citada sociedad en proporción al valor de las aportaciones respectivas." Y "cuando la vivienda ha sido comprada conjuntamente por ambos esposos, antes de contraer matrimonio por precio aplazado, de forma que una parte del precio se pagó cuando aún eran solteros, con dinero privativo de ellos, y el resto durante el matrimonio y con dinero ganancial, corresponde proindiviso a la sociedad de gananciales y a los dos esposos en proporción al valor de las respectivas aportaciones, naturalmente si se trata de la vivienda familiar, por aplicación del artículo 1354 C.c. en relación con el párrafo segundo de 1357 del mismo Texto legal". Es doctrina muy consolidada, pues "así se pronunció la Sala en Sentencias de 23 de marzo de 1992, 7 de junio 1996, 9 de marzo 1998, 3 de abril de 1998 y 18 de diciembre de 2000. Incluso se llegó a aplicar tal normativa, habiéndose acreditado que sólo se pagó durante el matrimonio un solo plazo, en la sentencia de 16 marzo 2007, pues, aunque las circunstancias fuesen muy singulares «no puede conducir más que a una crítica del modo en que el legislador ha regulado el sistema... no a prescindir del precepto»."

Concluye la sentencia que "El Tribunal de la sentencia citada, reiterada en la de 23 de marzo de 1992, sentó doctrina en el sentido de que, a efectos y aplicación de lo dispuesto en los artículos 1357 y 1354 C.c., son plenamente equiparables las amortizaciones de la hipoteca solicitada para el pago del precio y los pagos de una compraventa a plazos. Así se infiere de la sentencia de 18 diciembre de 2000 que hace mención al pago de «algunos de los plazos del crédito hipotecario». "Por todos lo expuesto se ha de convenir que las cantidades del préstamo hipotecario abonadas constante matrimonio conllevan que se le atribuya a dicho bien, en esa parte, el carácter ganancial, perteneciendo en proindiviso por esa cuota al activo de la sociedad de gananciales".

El art. 1357.2º del Código Civil tiene notoria presencia en la cuestión de la inscripción de los convenios reguladores donde conforme al art. 90 del Código Civil se verifica la liquidación de la sociedad de gananciales. Desde el punto de vista registral, debemos partir del presupuesto de que la Dirección General de Seguridad Jurídica y Fe Pública ha puesto obstáculos a la utilización del testimonio aprobatorio de la sentencia del convenio regulador cuando la misma se refiere a bienes privativos[27].

Según el centro directivo, y en tesis general, este título no es el idóneo para la inscripción de adjudicaciones de bienes privativos, pues este capítulo excede del ámbito de aplicación del art. 90 del Código Civil: "sólo son inscribibles aquellos actos que, conforme al artículo 90 del Código Civil, constituyen el llamado contenido típico del convenio regulador, fuera de los cuales, y sin afectar a la validez y eficacia de los actos consignados en un documento que no pierde el carácter de convenio privado objeto de aprobación judicial, su acceso a los libros del Registro requiere su formalización en los títulos establecidos en el artículo 3 de la Ley Hipotecaria, es decir el documento público notarial, al tratarse de un acto voluntario y consciente celebrado por los interesados, fuera de una contienda o controversia entre los mismos". "La aprobación de lo que

---

27 RODRÍGUEZ RODRIGO, J. (2021). "Retroactividad de las capitulaciones matrimoniales al momento de celebración del matrimonio. Comentario de la SAP de Murcia, de 23 abril 2020." *Cuadernos de Derecho Transnacional,* (1), 1062 y ss.

constituye el contenido legal del convenio no puede servir de cauce formal para otros actos que tienen su significación negocial propia, cuyo alcance y eficacia habrán de ser valorados en función de las generales exigencias de todo negocio jurídico y de los particulares que imponga su concreto contenido y la finalidad perseguida." Y, en fin, "la adjudicación de un bien inmueble perteneciente a uno de los excónyuges, adquirido antes del matrimonio, de carácter privativo, es un negocio ajeno al contenido típico del convenio regulador por lo que para su inscripción en el Registro de la Propiedad es necesaria la oportuna escritura pública o, en su defecto, la sentencia firme dictada por juez competente en el procedimiento que corresponda". A pesar de ello, no niega en absoluto la DGRN al testimonio de la aprobación judicial del convenio la calidad de documento público a efectos del art. 3 de la Ley Hipotecaria. Este criterio, tal como ha sido expuesto, puede tomarse de una de las últimas resoluciones sobre esta cuestión, la Resolución de 2 de octubre de 2019 (BOE núm. 274, de 14 de noviembre de 2019), pero puede considerarse doctrina consolidada dado que numerosas resoluciones ya la han afirmado reiteradamente sin grandes variaciones.

De este modo, los cónyuges, si desean llegar a acuerdos que implican transmisión entre ellos de bienes privativos suyos, deben recurrir a otro título formal susceptible de inscripción, la escritura pública: "Fuera de este ámbito [la liquidación de los bienes estrictamente gananciales], en vía de principios, las transmisiones adicionales de bienes entre cónyuges, ajenas al procedimiento de liquidación (y tales son las que se refieren a bienes adquiridos por los cónyuges en estado de solteros no especialmente afectos a las cargas del matrimonio), constituyen un negocio independiente, que exige acogerse a la regla general de escritura pública para su formalización." (cfr. Resolución de 23 de noviembre de 2015, fundamento de Derecho 5º). Rechaza por tanto el centro directivo la inscripción de los acuerdos relativos a bienes puramente privativos que los cónyuges hayan tenido a bien realizar con ocasión del convenio regulador[28].

Sin embargo, y ello es lo que hace especial esta cuestión, de la "regla general de escritura pública para su formalización" se exceptúa la adjudicación de la vivienda familiar cuando sea de aplicación el art. 1357.2º del Código Civil. En ese caso, la DGRN ha admitido como título inscribible el testimonio de la resolución judicial aprobatoria del convenio regulador y sólo excepcionalmente en este caso considera innecesario formalizar dicha adjudicación en escritura pública, siempre y cuando, como señala entre otras la Resolución de 23 de noviembre de 2015, este negocio tenga "su adecuado reflejo documental, siendo preciso plasmarlo así, nítidamente, en el correspondiente documento, sin que pueda pretenderse en todo caso su inscripción por el mero hecho de que conste en el convenio regulador de la separación, cuyo contenido propio es un negocio que es exclusivamente de liquidación de la sociedad conyugal (cfr. artículos 1.397 y 1.404 del Código Civil y 18 de la Ley Hipotecaria).

Ello conduce a documentar suficientemente los antecedentes que permitan identificar esta situación, debiendo referirse en particular las partes al carácter de vivienda habitual de la finca y a haberse hecho desembolsos con dinero ganancial. Sólo así podrá el Registrador conocer que se halla ante la situación que responde al presupuesto de hecho del art. 1357.2º, sea por compra directa por precio aplazado, sea por compra con hipoteca en garantía de con el que se financia el pago del precio, a los efectos de poder calificarlo favorablemente e inscribirlo. De otro modo, es decir, si no resulta claramente en el

---

28 MARTÍNEZ RODRÍGUEZ, N. (2023). "Comentario a la STS de 19 de diciembre de 2022 RJ 2022, 5507). Régimen económico de gananciales. Liquidación de la sociedad por los herederos. Bienes que integran el activo ganancial." *Cuadernos Civitas de jurisprudencia civil,* (112), 273 y ss.

convenio que la finca inscrita como privativa que es objeto del mismo a) tiene la consideración de vivienda familiar, y b) en su adquisición se ha empleado dinero ganancial, no podremos reconocer que estamos ante la situación que por excepción regula el art. 1357.2º del Código Civil, el Registrador carecerá de antecedentes que le permitan llegar a esa conclusión y probablemente este acuerdo entre los cónyuges reciba una calificación desfavorable[29].

Por otro lado, no puede sorprendernos que el Registrador de la Propiedad decida sobre la inscripción o no de un documento de origen judicial, que ha obtenido la aprobación judicial pertinente. Podríamos aducir que los convenios deben ser aprobados judicialmente siempre que no resulten perjudiciales para alguno de los cónyuges o dañosos para los hijos, sin más limitaciones, y que una cosa es que un convenio resulte perfectamente inocuo para los cónyuges y adecuado para regular sus intereses, y otra cosa muy distinta es que cumpla con los requisitos técnicos propios de la materia registral, pero esta explicación es muy general y es conveniente ofrecer una más específica, que es la justificación de la calificación registral que en este punto realiza la DGRN: "la calificación registral, tratándose de documentos judiciales, como es la sentencia de aprobación de un convenio regulador, no entra en el fondo de la resolución judicial, ni en la validez del convenio regulador aprobado judicialmente, sino en si constituye título inscribible para la práctica del asiento registral teniendo en cuenta los aspectos susceptibles de calificación registral conforme a los artículos 100 del Reglamento Hipotecario y 522.1 de la Ley de Enjuiciamiento Civil, que hace referencia a la calificación registral de los obstáculos derivados de la legislación registral"

---

29 MARTÍNEZ RODRÍGUEZ, N., "Liquidación de la sociedad de gananciales. Actualización del importe de créditos incluidos en el pasivo ganancial", *opus cit.*, 286 y ss.

(Resolución de 9 de marzo de 2013). "La determinación de si el convenio regulador aprobado judicialmente constituye o no, y en qué términos, título hábil para la inscripción de los actos realizados en el mismo entra dentro de la calificación registral, porque la clase de título inscribible afecta a los obstáculos derivados de la legislación del Registro, en cuyo artículo 3 de la Ley Hipotecaria se prevén diferentes clases de documentos públicos en consonancia con cada uno de los actos a que se refiere el artículo 2 de la propia Ley, sin que sean documentos intercambiables sino que cada uno de ellos está en consonancia con la naturaleza del acto que se contiene en el correspondiente documento y con la competencia y congruencia según el tipo de transmisión de que se trate" (Resolución de 23 de noviembre de 2045).[30]

No obstante, otra doctrina de la DGRN atiende al hecho incontrovertible de que los cónyuges identifican cuál ha sido la vivienda familiar y deciden su destino, más allá del "uso" al que parece limitarlo el art. 90 del Código Civil y, sin más, entiende que cuando nos hallamos ante la vivienda familiar, su adjudicación en el convenio regulador y su formalización mediante testimonio de la aprobación del mismo es inscribible sin otras exigencias formales y por supuesto sin escritura pública. Es doctrina plasmada en resoluciones como las de 29 se septiembre de 2014 (BOE 27.10.2014), que reitera en el sentido indicado la doctrina de otras muchas resoluciones, por ejemplo, la de 19 de diciembre de 2013 (BOE 31.01.2014), que añade la posibilidad de que el título inscribible sea un auto judicial por el que se homologa una transacción relativa a la liquidación de sociedad de gananciales en un proceso declarativo al efecto.

---

30 RIVAS ANDRÉS, R. (2005). "Juegos florales en la disposición de bienes gananciales: ¿Es posible hacer actos dispositivos sobre la ganancialidad sin tocar la titularidad? *La notaría,* (22), 33 y ss.

Ya una Resolución de la D.G.R.N. de 3 de junio de 2006 (BOE de 24 de julio de 2006) precisó que era título inscribible la sentencia firme de divorcio que aprobaba el convenio regulador propuesto por los cónyuges, que incluye la liquidación de la disuelta sociedad de gananciales, cuando incluía vivienda familiar respecto a la cual se habían realizado pagos del precio aplazado de la misma, con dinero ganancial, afectando a la titularidad privativa inicial[31].

A los efectos del art. 1357.2º, la vivienda incluye la plaza de aparcamiento, según la Resolución de 29 de julio de 2022, que permite la inscripción del convenio regulador donde se liquida la sociedad de gananciales conforme al art. 90 del Código Civil, presuponiendo la asimilación jurisprudencial de la compra con hipoteca a la compra por precio aplazado, atendiendo al "hecho de que se hayan adquirido conjuntamente y se trate de inmuebles situados en el mismo edificio, circunstancias que son suficientes para que se considere que la adquisición de la plaza de garaje se asimila a la de la vivienda propiamente dicha".

III. LA PRESUNCIÓN DE GANANCIALIDAD

1. Antecedentes, significado y aspectos generales

La presunción de ganancialidad es un concepto legal relacionado con el régimen económico del matrimonio y la forma en que se tratan los bienes y las propiedades adquiridas durante el matrimonio. Para entender los antecedentes de esta

---

31 ESCOBAR NAREDO, S., "Comentario de la Sentencia del Tribunal Supremo, Sala Primera, 10/2022, de 10 de enero, sobre aportación de bienes privativos a la sociedad de gananciales", *opus cit.*, 22 y ss.; y LÓPEZ IGLESIAS, L., *opus cit.*, 132 y ss.

presunción, es necesario analizar el contexto histórico y las raíces legales que han dado forma a esta noción en diferentes jurisdicciones[32].

Históricamente, en muchas culturas y sistemas legales, los matrimonios eran vistos como uniones económicas en las que los cónyuges compartían los bienes adquiridos durante el matrimonio. En la Edad Media y en el sistema feudal de Europa, por ejemplo, los bienes y propiedades adquiridos durante el matrimonio se consideraban propiedad conjunta de ambos cónyuges. Esto se basaba en la idea de que el matrimonio era una colaboración económica y social en la que ambas partes contribuían al bienestar de la familia.

Con el tiempo, esta noción de propiedad compartida se fue adaptando y evolucionando en diferentes jurisdicciones y sistemas legales. A medida que las sociedades evolucionaron y las leyes matrimoniales se desarrollaron, surgieron diferentes regímenes económicos matrimoniales que regían cómo se trataban los bienes adquiridos durante el matrimonio. Uno de los conceptos clave en este proceso es el de "presunción de ganancialidad".

Se trata de una regla legal que parte del principio de que los bienes adquiridos durante el matrimonio se consideran gananciales, es decir, propiedad conjunta de ambos cónyuges, a menos que se demuestre lo contrario. Esta presunción tiende a reflejar la idea de que el trabajo y los esfuerzos de ambos cónyuges contribuyen al bienestar económico de la familia, y por lo tanto, ambos deben compartir los beneficios y las responsabilidades financieras por igual. Este principio abona el de la *vis attractiva* de la ganancialidad, que favorece que el

---

32 MARTÍNEZ SANCHIZ, J.A. (2006). "Presunción de ganancialidad". *Academia Sevillana del Notariado,* (4), 221 y ss.

patrimonio consorcial se acreciente antes que los privativos de los consortes[33].

A lo largo del tiempo, las legislaciones de diferentes países han adoptado enfoques diversos en relación con la presunción de ganancialidad. Algunos países tienen regímenes matrimoniales de comunidad de bienes, donde todos los bienes adquiridos durante el matrimonio son considerados gananciales, mientras que otros tienen regímenes de separación de bienes, donde cada cónyuge mantiene la propiedad de lo que adquiere individualmente.

En España, la presunción de ganancialidad tiene profundas raíces históricas que se remontan a las influencias romanas y al derecho germánico, así como a las costumbres y tradiciones locales. A lo largo de los siglos, esta presunción ha evolucionado y se ha reflejado en diversas leyes y códigos civiles que han regido los regímenes económicos matrimoniales en el país.

Durante el período de dominio romano en la Península Ibérica, se establecieron las bases de muchos conceptos legales que influyeron en la posterior formación del derecho español. En el derecho romano, existía la idea de que los bienes adquiridos durante el matrimonio eran considerados gananciales y pertenecían a la comunidad conyugal. Esta noción de comunidad de bienes se fusionó con las tradiciones germánicas y visigodas que también influyeron en la región

Con la cristianización de la Península y la influencia de las leyes canónicas de la Iglesia Católica, surgieron regulaciones específicas sobre el matrimonio y la propiedad conyugal. Durante la Edad Media, las Siete Partidas (un cuerpo legal redactado por el rey Alfonso X de Castilla en el siglo XIII) establecieron disposiciones que se asemejaban a la presunción de

---

[33] DE CASTRO FERNÁNDEZ, J. M. (1987). "Ganancialidad y tercería de dominio". *Revista jurídica de Catalunya,* (4), 1011 y ss.

ganancialidad, otorgando a los cónyuges derechos sobre los bienes adquiridos durante el matrimonio.

La consolidación de la presunción de ganancialidad en España se produjo con la promulgación del Código Civil en 1889, bajo el reinado de Alfonso XIII. El Código Civil español estableció el régimen económico matrimonial de gananciales, en el que se presumía que los bienes adquiridos durante el matrimonio eran propiedad común de ambos cónyuges, a menos que se estableciera un acuerdo de separación de bienes[34].

Este régimen de gananciales se mantuvo en el Código Civil español de 1889 hasta la reforma realizada en 1975. La reforma introdujo importantes cambios en las leyes matrimoniales, permitiendo a las parejas elegir entre el régimen de gananciales y el régimen de separación de bienes de manera más flexible. Aunque la presunción de ganancialidad sigue siendo la norma general en el régimen de gananciales, la reforma brindó más libertad a las parejas para adaptar su régimen económico según sus preferencias y necesidades.

"Se presumen gananciales los bienes existentes en el matrimonio mientras no se pruebe que pertenecen privativamente al marido o a la mujer" estableció el art. 1.361 del Código Civil tras la reforma de la Ley de 13 de mayo de 1981.

La Ley 13/2005, de 1 de julio varía ligeramente su redacción: "Se presumen gananciales los bienes existentes en el matrimonio mientras no se pruebe que pertenecen privativamente a uno de los dos cónyuges".

Se trata de un precepto tradicional que, como sentencia la doctrina mayoritaria, es esencial para la conformación de la so-

---

34 SERNA VALLEJO, M., *opus cit.*, 156 y ss. y COBACHO GÓMEZ, J. A. (2018). *Notas sobre la evolución en España de los derechos de la familia y de las personas.* Aranzadi, 34 y ss.

ciedad y además, se trataba de una manera de solventar la problemática que supone a veces este régimen, pues además de proteger los intereses del cónyuge no administrador el juego real de la presunción, no interfería en el régimen de gestión y responsabilidad que se predicaba del consorcio, ni perjudicaba la solvencia de la mujer que ejercía alguna actividad económica distinta de la potestad doméstica.

Establece la Sentencia del T.S. de 8 de enero de 1968, que la presunción tenía por finalidad, "resolver las dudas que con frecuencia se presentan acerca de la procedencia y carácter de determinados bienes del matrimonio, y evitar, a la vez, que las simples manifestaciones de los interesados puedan encubrir donaciones entre los cónyuges". La presunción, como ha dejado bien sentado la doctrina mayoritaria sobre los regímenes comunitarios, no opera en materias de derecho, sino que se limita a establecer quien debe probar la pertenencia de un bien a una determinada masa privativa, prueba que en definitiva versará, en la práctica exclusivamente, sobre si tenía el bien causa adquirendi anterior al consorcio, ser ésta personalísima o ser la adquisición gratuita, quedando el plano de lo jurídico restringido a si se han dado los requisitos exigibles para que opere la subrogación real y a si se pueden dar éstos, según las circunstancias, una vez operada la adquisición, de forma tal que se pueda oponer la privatividad frente a los acreedores consorciales o privativos del cónyuge coposeedor no titular de la cosa y, por supuesto, frente al otro cónyuge que considera que el bien es de titularidad consorcial.

En el ámbito inmobiliario registral la presunción de ganancial es extendida naturalmente por el art. 94 del Reglamento Hipotecario a todas las adquisiciones hechas por un cónyuge sin expresar que son para su sociedad de gananciales. Tal y como la Sentencia del TS de 8 de enero de 1968 interpreta, la presunción de ganancialidad opera en relación con los bienes de los que se dude sobre su carácter privativo o ganancial, y no respecto a los bienes que la ley —art. 1346 del Código Civil—

considera legalmente privativos. Pero lo cierto es que la fungibilidad del dinero, sus características, que lo hace indiferenciado y poco susceptible de trazabilidad, unidas a las exigencias de prueba documental pública impuestas por el art. 95.2º del Reglamento Hipotecario —y que son además consecuencia del principio de legalidad en su dimensión de titulación auténtica conforme al art. 3 de la Ley Hipotecaria— facilitan sobremanera, crean una inercia difícil de superar, y conducen a la inscripción con carácter presuntivamente ganancial, que es la respuesta del art. 94 del Reglamento Hipotecario.

La presunción de ganancialidad, que cubrió una función económico-social de primera magnitud en su proyección histórica, puede crear hoy inconvenientes funcionales en el sistema actual de gananciales, ya que los bienes inmuebles han adquirido una importancia capital en las economías familiares y, además, a la adopción por el legislador de un sistema de gestión conjunta o de habilitaciones concurrentes por la masa ganancial[35].

2. Efectos de la presunción de ganancialidad

La presunción de ganancialidad, permaneciendo idéntica a lo largo de su dilatada historia en su formulación literal y en su función primaria, ha desempeñado papeles bastante diferentes en el régimen, dependiendo la intensidad de estas funciones sobreañadidas de la configuración de la gestión que se asigna a los cónyuges en cada caso sobre la masa ganancial.

La presunción de ganancialidad sólo puede comportarse de forma ecuánime tanto en el ámbito social como en el económico cuando se prevé, de un lado, una administración y disposi-

---

[35] SORIA MARTÍNEZ, G. (2010). "Comentario a la Resolución de 30 de mayo de 2009". *Revista Crítica de Derecho Inmobiliario,* (717), 362 y ss.

ción disjunta de los cónyuges para la mayor parte de los bienes e incumbencias consorciales y, de otro, si se habilitan medios de prueba adecuados capaces de demostrar la procedencia privativa de los medios y recursos empleados en la adquisición de otros bienes privativos, de tal manera que las masas privativas puedan conservarse intactas sin correr ningún riesgo.

La STS 469/2009, de 30 de junio interpreta que "la calidad ganancial o privativa de un bien no depende de declaraciones unilaterales de los cónyuges (salvo el caso del Art. 1324 CC), sino que su naturaleza viene fijada o por la ley o por la voluntad de los cónyuges." Al haberse probado la adquisición por uno de los cónyuges por título de permuta por otro bien privativo, se considera destruida la presunción de ganancialidad "y debe aplicarse lo dispuesto en el art. 1346.3 C.C., que declara privativos aquellos bienes adquiridos "a costa o en sustitución de los bienes privativos", de modo que se incluye tanto la subrogación real, como la permuta". Una vez fijado legalmente el carácter del bien, el mismo sólo puede ser modificado "por las declaraciones de los cónyuges en los negocios jurídicos que puedan efectuar o cuando cambien de régimen económico matrimonial", es decir, mediante la autonomía de la voluntad[36] que les reconoce el art. 1323 C.c.

Porque, ciertamente, la voluntad de los cónyuges puede modificar el sentido de la presunción de ganancialidad de forma incluso radical, como llega a suceder cuando, por decisión conjunta, los cónyuges la deshacen atribuyendo carácter privativo a un bien expresamente en el momento de la adquisición. Este convenio de atribución de privatividad, con plena eficacia desvirtuadora de la presunción de ganancialidad, ha sido admitido por la Dirección General de Seguridad Jurídica y Fe Pública en doctrina reciente, en los términos que examinaremos.

---

[36] RIVERA SABATÉS, V. (2006). "Acerca de la presunción de ganancialidad del artículo 1361 CC." *Revista de derecho privado,* (9), 63 y ss.

En cualquier caso, el ámbito propio de la presunción de ganancialidad entre los cónyuges, es decir, donde ésta debe desplegar sus efectos favorables a la ganancialidad, es el de las adquisiciones respecto de las cuales exista duda acerca del carácter del bien adquirido. No debería extenderse a supuestos en los cuales el art. 1346 impone ninguna la privatividad de adquisición en los casos claros que no requieren prueba, particularmente los de los bienes adquiridos antes del matrimonio, los adquiridos a título gratuito o por la subrogación real de un bien acreditadamente privativo. El Derecho vedará en este caso a que el consorte no adquirente pueda invocar la presunción de ganancialidad y una pretensión en este sentido será evidentemente temeraria. Si el carácter del bien aparece así fijado, sólo podrá alterarse, como decimos, por medio de las negociaciones o contratos entre los cónyuges, que concuerden en la voluntad de aportarlos al patrimonio común.

En este sentido, en el caso de que, resultando privativo el bien adquirido, manifiestamente (por ejemplo, porque se adquiere mediante permuta de otro privativo), y uno o ambos consortes solicitaran la inscripción de la adquisición con carácter ganancial, y puesto que no hay espacio a la duda al respecto del carácter del bien, la respuesta hipotecaria será la denegación de la inscripción solicitada. Cuestión distinta será que, hecha esa adquisición, ambos cónyuges realicen un negocio para aportar el bien privativo al patrimonio ganancial: en ese caso sí se inscribirá el bien como ganancial[37].

En los casos de duda, evidentemente, la presunción favorece la ganancialidad y la carga de la prueba se desplaza al cónyuge que afirma la privatividad. Por ello, como veremos, si el bien aparece inscrito en el Registro de la Propiedad a favor de

---

[37] LÓPEZ LIZ, J. (1998). *Bienes inmuebles y sociedad conyugal: adquisición, administración y disposición, hipoteca y embargo, con particular estudio del derecho real de uso especial de la vivienda familiar.* Bosch, 23 y ss.

un cónyuge con carácter presuntivamente ganancial no bastará la declaración de este titular registral para modificar el carácter del bien convirtiéndolo en privativo sino que —y conviene destacar esta peculiaridad registral— será preciso tratar el caso como rectificación de asiento inexacto y por tanto contar con el consentimiento del otro cónyuge por aplicación del art. 40 de la Ley Hipotecaria (o resolución judicial en un proceso donde dicho cónyuge haya tenido la debida intervención).

La virtud que puede adornar mejor a un régimen económico-matrimonial comunitario radica en la simpleza de su estructura interna, es decir, que esta entorpezca lo menos posible las reglas ordinarias de tráfico y evite aquellos posibles imprevistos que puedan surgir derivados de dudas acerca de la titularidad de los bienes. Para ello, cuando se trata de configurar el esqueleto del régimen económico-matrimonial es preciso dedicarle suma atención y cuidado.

Los terceros contratantes con cónyuges bajo sociedad de gananciales no tienen por qué soportar la exigencia a la contraparte de la prueba del carácter de los bienes afectados por la relación contractual que establecen, ni tener que contar de antemano con una solvencia movible.

La adopción de la cogestión para los bienes consorciales, como principio pretendidamente general, al operar junto con una no matizada presunción de ganancialidad debería conducir, en buena lógica, a una interpretación singularmente restringida de los arts. 1.322 y 1.384 C.c., o lo que es lo mismo, a un práctico colapso del tráfico jurídico, estrictamente no comercial, para el consorcio y consecuentemente a una aplicación cercana a la literalidad del art. 1.370.

Inscrito en el Registro de la Propiedad un bien con carácter presuntivamente ganancial será considerado en perjuicio de tercero de igual modo que si fuera ganancial y sin diferencia alguna, como efecto natural del principio de legitimación registral (cfr. art. 38 de la Ley Hipotecaria), es decir, de la regla de que a todos los efectos legales se presumirá que los derechos inscritos en el registro existen y pertenecen a su titular en la forma determinada por el asiento respectivo.

Por consiguiente, en su caso, en la medida que niegue la ganancialidad deberá demandar a ambos cónyuges. Cualquiera de los cónyuges puede ejercitar la defensa de los bienes y derechos comunes por vía de acción o de excepción (art. 1385 del Código Civil), pero a efectos registrales de tracto sucesivo (art. 20 de la Ley Hipotecaria) será necesario, para anotar la demanda, demandar a ambos cónyuges.

Es evidente que la presunción de ganancialidad favorece a los acreedores del consorcio y perjudica a aquellos que son titulares de bienes privativos cuya responsabilidad abarca a los privativos del deudor y a la mitad de los comunes *ex* art. 1.373 C.c.; otra cosa es que este efecto tenga que perjudicar en mayor o menor medida en función de determinadas interpretaciones o a partir de la libre valoración del juez de las pruebas sobre la privatividad de los bienes adquiridos que dan lugar al nacimiento y marcan la extensión de una determinada responsabilidad[38].

Este efecto, a partir de la realidad estructural del régimen, difícilmente se puede corregir. Ahora bien, ni la presunción de ganancialidad ni la demostración contraria de privatividad de los inmuebles inscritos como presuntivamente gananciales deberían alterar las bases de la responsabilidad predeterminado respecto de un acreedor concreto, es decir, si un bien inscrito en el registro figura en él como presuntivamente ganancial en el momento de contraerse la relación de crédito-deuda no

---

38 DÍEZ-PICAZO, L., *Sistema de Derecho Civil, opus cit.*, 87 y ss.; DE REINA TARTIÈRE, G., "El valor de la inscripción en el Registro de la Propiedad inmueble español", *opus cit.*, 257 y ss.

podrá ser sustraído por demostración posterior de su privatividad, de las responsabilidades consorciales ya contraídas o de las derivadas de las deudas privativas del otro cónyuge con los límites propios del art. 1.373 C.c.

Esta privatividad del bien sólo puede ser opuesta a los acreedores mencionados mediante la interposición de la tercería de dominio cuando el aparente ingreso del bien en el consorcio es posterior al nacimiento del crédito.

3. Medios de prueba frente a la presunción de ganancialidad

La inexistencia de medios reglados para la demostración de la privatividad proporciona un mayor valor a la presunción contraria toda vez que, además de estar abierta a todos los bienes obrantes en la economía familiar cuya pertenencia exclusiva a un cónyuge no conste indubitadamente, la adquisición de bienes de cualquier clase a título oneroso, constante la sociedad de gananciales, se considerará hecha a costa del caudal común, por lo que la presunción no cumple su estricta función sino que se amplía innecesariamente, pues en un régimen de gestión conjunta o igualitariamente disjunta debería rechazar cualquier cuestión encaminada a favorecer o perjudicar la posición de los cónyuges en el consorcio y a los acreedores según sean de ambos o de uno de ellos.

Salvo con relación al tiempo de la admisión de la demostración de la privatividad, en todos los demás aspectos de la cuestión, es decir cuando está probada o es admitida la privatividad de un bien determinado, a la titularidad ya establecida no tiene porqué reconocérsele un valor distinto según se trate de los propios cónyuges o de uno de ellos frente a los herederos del otro y frente a los acreedores del otro o del consorcio.

La confesión de privatividad -explica LACRUZ[39]- no es un título de adquisición, sino un medio de prueba, por ello puede dejarse sin eficacia cuando se cuenta con otras pruebas que la contradigan o que se sobrepongan a ella.

En tesis general, la presunción de ganancialidad puede rebatirse por todos los medios de prueba admisibles en Derecho. Sin embargo, la calificación registral se ciñe a un ámbito mucho más restringido que un proceso ordinario, pues se limita a los documentos presentados y los asientos registrales y carece de fase de alegaciones y de prueba. Por esto, principalmente, como vamos a tener ocasión de examinar, en el ámbito registral la prueba contra la presunción de ganancialidad llega a ser verdaderamente restringida.

No es sencillo cumplir las condiciones impuestas por la DGRN para desvirtuar la presunción de ganancialidad de las adquisiciones constante matrimonio a través de prueba documental pública —regla general del art. 95.2º del Reglamento Hipotecario—.

Podría utilizarse, alternativamente, otro medio de prueba: la confesión de del cónyuge del adquirente de la privatividad de los fondos empleados por el otro cónyuge en la adquisición.

Pero es muy posible que precisamente las dificultades de la prueba documental pública y la limitación de los efectos de la confesión respecto de herederos forzosos y acreedores hayan sido las razones subyacentes para que la actual Dirección General de Seguridad Jurídica y Fe Pública haya aceptado como bastante el convenio de los cónyuges para atribuir o decidir la privatividad de la adquisición y, por consiguiente, destruir la presunción de ganancialidad (y la posible aplicación de la subrogación real).

---

39 LACRUZ BERDEJO, J. L., "En torno a la naturaleza jurídica de la comunidad de gananciales del Código Civil", *opus cit.*, 213 y ss.

4. La presunción de ganancialidad y el Registro de la Propiedad

El Reglamento hipotecario establece en su art. 95.2 que para la inscripción de bienes inmuebles adquiridos a título oneroso como privativos de un cónyuge es preciso aportar prueba documental pública de la procedencia privativa del numerario invertido en la adquisición o de la contraprestación efectuada por el cónyuge que pretende el empleo o reempleo de los mismos; posición de la norma enteramente lógica que, al decir de la doctrina, probablemente debió haberse acogido en el articulado del Código Civil y no en este texto reglamentario.

En su consecuencia, el art. 94.1 del Reglamento Hipotecario mantiene en buena lógica que «los bienes adquiridos a título oneroso por uno solo de los cónyuges, sin expresar que adquiere para la sociedad de gananciales, se inscribirán a nombre del cónyuge adquirente con carácter presuntivamente ganancial».

Esta titularidad presuntiva o mejor este condicionamiento presuntivo de la titularidad formal, como ha puesto de relieve LACRUZ, permite que el cónyuge adquirente pueda demostrar, en cualquier momento la sociedad, que es dueño exclusivo y por tanto titular privativo de tales bienes, cumpliendo con el requisito de prueba formal del art. 95.2 indicado.

El sistema de presunción del art. 1.361 C.c., aunque sería preferible a todas luces que operase exclusivamente en la liquidación del régimen (porque con bastante probabilidad los bienes sobre los que opera serán en realidad privativos), está pensado y redactado en presente, y por tanto obliga a tratar a los gananciales presuntos como si efectivamente lo fueran en tanto no se pruebe lo contrario.

Ciertamente, la doctrina de la DGRN, hoy Dirección General de Seguridad Jurídica y Fe Pública, comparte el postulado de que la calificación registral de que los dos ejes que regulan la dinámica de las adquisiciones de bienes para la sociedad de gananciales son la subrogación real y la presunción de ganancialidad[40] —manifestación de la denominada *vis attractiva* de la ganancialidad—, que son dos principios que, claramente, determinan e informan la calificación registral que, como sabemos, el art. 18 de la Ley Hipotecaria extiende a la capacidad y validez de los actos dispositivos contenidos en las escrituras públicas. El funcionamiento del primero se trata en otra parte de este trabajo.

Como hemos indicado más arriba, la presunción de ganancialidad da lugar a una específica categoría de inscripción de bienes, los adquiridos con carácter presuntivamente ganancial explícitamente de conformidad con el art. 94.1 del Reglamento Hipotecario.

La calificación del carácter de la adquisición de los bienes adquiridos constante la sociedad de gananciales —privativo, ganancial, o como estamos tratando, presuntivamente ganancial, depende absolutamente del título adquisitivo presentado a calificación. Si es un título gratuito como la donación, como hemos indicado, el bien será inscrito con carácter privativo —legalmente tiene ese carácter, conforme a los artículos 95.1 del Reglamento Hipotecario y 1346.2º del Código Civil—. Si es por título oneroso por el que uno de los cónyuges adquiere un bien inmueble o finca "sin expresar que adquiere para la sociedad de gananciales", la inscripción se hará "a nombre del cónyuge adquirente con carácter presuntivamente ganancial", de acuerdo con los artículos 94.1 del Reglamento Hipotecario y 1361 del Código Civil. Ahora bien, lógicamente en el cuerpo de la inscripción registral, como ya hemos señalado, constará el nombre y apellidos del consorte por exigirlo el art. 51.9 del Reglamento Hipotecario -lo que impedirá confundir esa socie-

40 COBACHO GÓMEZ, J. A. (2005). "Notarios, Registradores y Corredores de Comercio". *Comentarios del Estatuto de Autonomía de la Región de Murcia.* Aranzadi, 783 y ss.

dad de gananciales con otra sociedad de gananciales de la que hipotéticamente en otro tiempo forme parte el adquirente.-

Por tanto, la inscripción con carácter presuntivamente ganancial está supeditada a ciertos presupuestos de signo negativo:

1°. Que el título no sea oneroso

2°. Que no hayan adquirido ambos cónyuges, sino sólo uno de ellos.

3°. Que el cónyuge adquirente no haya manifestado que adquiere para la sociedad de gananciales

La jurisprudencia, la DGRN y la doctrina han destacado la existencia en nuestro ordenamiento común del principio de *vis attractiva* de la ganancialidad de la que la presunción de ganancialidad es una de sus manifestaciones principales, siempre en el terreno de las adquisiciones a título oneroso, con el consiguiente desplazamiento de la carga de la prueba hacia quien impugne la ganancialidad y afirme la privatividad. Sin embargo, los medios de prueba para rebatir la presunción de ganancialidad en el terreno registral son muy restringidos. Para destruir la presunción de ganancialidad, la doctrina de la DGRN exige el consentimiento o intervención del cónyuge no adquirente o la prueba documental pública. En principio, no debería haber problema para enervar ab initio la presunción de ganancialidad en el caso de que el no adquirente manifieste su voluntad favorable a la privatividad del bien cumpliendo los requisitos de cualquiera de sus modalidades: la confesión, la transmisión o quizás la mera atribución de privatividad debidamente causalizada. Pero, de otro modo, la DGRN señala que la presunción de ganancialidad sólo se destruye mediante documental pública[41].

---

41 CUADRADO PÉREZ, C., "Capítulo 19: El Régimen económico matrimonial. Disposiciones generales", *opus cit.*, 156 y ss.

Evidentemente, cumple una decisión judicial el requisito de prueba formal pública, como en el supuesto de la R. 14 de febrero de 2005 (BOE del 6 de abril de 2005), en la que subraya que es cierto que el fallo de la sentencia no se pronuncia sobre el carácter del bien objeto del recurso, pero que no lo es menos que el artículo 95.2 del Reglamento Hipotecario permite la constancia registral del carácter del precio o contraprestación del bien adquirido siempre que se presente prueba documental pública, y tal prueba documental se realiza cumplidamente en el presente supuesto, pues el juez, con unos elementos de juicio mucho más amplios que aquellos que pudiera tener el Registrador, considera probado que el precio con el que se adquirió era privativo de la titular registral. En el mismo sentido mencionaríamos la Resolución de 17 de septiembre de 2012 (BOE 25 de octubre de 2012).

La exigencia de prueba documental pública[42] para destruir la presunción de ganancialidad en el ámbito registral es casi absoluta en términos prácticos. A pesar de que la DGRN declare aceptar que son admisibles cualesquiera medios de prueba admitidos en Derecho, la prueba suficiente para destruir la presunción es considerada en términos en conjunto restrictivos y, como decimos, realmente limitados a la documental pública. El centro directivo ha rechazado medios de prueba que en sede judicial probablemente correrían mejor suerte. Así, podemos citar ciertos casos en los que se ha tratado de utilizar medios de prueba que podemos considerar naturales a tenor de las circunstancias.

La Resolución de 22 de julio de 2016 (B.O.E. 19 de septiembre de 2016) rechaza que, a efectos registrales, puedan admitirse documentos bancarios aparentemente acreditativos del movimiento de fondos para la adquisición, que no son ap-

---

42 GORDILLO CAÑAS, A., "Ganancialidad de la deuda: ¿Presunción, prueba o determinación legal?", *opus cit.*, 23 y ss.

tos para destruir la presunción de ganancialidad. A pesar de que el centro directivo reconozca (en tesis general) que dicha presunción puede destruirse por cualquiera de los medios de prueba admitidos en Derecho, precisa que "en el ámbito registral, y para obtener la inscripción de un bien con carácter privativo, el artículo 95 del Reglamento Hipotecario exige –al margen del supuesto de confesión de privatividad por el consorte– que, en las adquisiciones a título oneroso, se justifique el carácter privativo del precio o contraprestación mediante prueba documental pública[43] suficiente, sin que la mera afirmación de la procedencia privativa del dinero empleado sea suficiente dado, sobre todo, el carácter fungible del dinero (cfr., por todas, las Resoluciones de 12 de junio de 2013 y 2 de marzo de 2016)."

Tampoco los cheques o letras de cambio utilizados en la adquisición —no ya la justificación de la cuenta de la que proceden los fondos—, son aptos para desvirtuar la presunción de ganancialidad. Ya declaró la DGRN que un resguardo de transferencia bancaria no rompe la presuncion de ganancialidad en la R. 10 de octubre de 2005 (BOE de 24 noviembre de 2005). En otro supuesto, mantuvo que el hecho de que el medio de pago sea un cheque con cargo a una cuenta cuyo único titular sea uno de los cónyuges no cumple las exigencias del artículo 95.2 R.H. de acreditar la privatividad con prueba documental pública[44], criterio de la Resolución de la DGRN de 11 de octubre de 2006 (BOE de 18 de noviembre de 2006):" Es doctrina reiterada de este Centro Directivo (Vid Resoluciones citadas en los Vistos) que para inscribir como privativo un bien adquirido por persona casada, ha de acreditarse por prueba

---

43 BORRUEL GARCÉS, Y., "La atribución de Privatividad en la sociedad de gananciales ¿un nuevo negocio jurídico?", *opus cit.*, 125 y ss.

44 GARCÍA GARCÍA, J. M., *opus cit.*, 98 y ss. y NOGUEROLES PEIRÓ, N., "Artículo 60. Inscripción de documentos públicos extranjeros", *opus cit.*, 759 y ss.

documental pública (artículo 3 de la Ley Hipotecaria y 95.2 del Reglamento Hipotecario), todas las circunstancias que con arreglo a los artículos 1.346 y siguientes del Código Civil, y según las hipótesis, determinen aquel carácter. En este supuesto, no puede estimarse como suficientemente probado que dichas circunstancias se cumplan. Además de que la fe pública no puede alcanzar a la veracidad intrínseca de las declaraciones de voluntad de las partes, no basta el pago de letras de cambio o cheques sobre una cuenta corriente de la que es titular el comprador para poder inscribir dicha adquisición como privativa. Teniendo presente el carácter inequívoco de dicha prueba y la especial fungibilidad del numerario, no puede estimarse como suficiente que dicha cuenta corriente esté a su nombre, sino tener presente los criterios de los artículos 1.346 y 1.347 para concederles carácter privativo o ganancial, artículos de los cuales se desprende que la titularidad bancaria no puede estimarse como suficiente. Dicha titularidad nos indica que el contrato de cuenta corriente fue efectivamente suscrito por la compradora, pero nada nos indica sobre la procedencia o naturaleza del numerario que fue ingresado en ella[45]. Reiterando la necesidad de una prueba pública y concluyente y no bastando los meros indicios para inscribir dicho bien como privativo, ha de concluirse que la inscripción en esas circunstancias ha de verificarse como presuntivamente ganancial (artículo 94 del Reglamento Hipotecario)."

Mantiene la presunción de ganancialidad inscrita la Dirección General de Seguridad Jurídica y Fe Pública si la adquisición tuvo lugar por medio de un documento del que podía resultar la privatividad pero que es privado[46] y no público. Es

---

45 LACRUZ BERDEJO, J. L. y SANCHO REBULLIDA, F., *Derecho inmobiliario registral opus cit.*, 65 y ss.

46 POVEDA BERNAL, M. I. "Consideraciones en torno al llamado "negocio jurídico de aportación" a la sociedad de gananciales. La transmisión de bie-

una postura lógica puesto que el art. 95.2º del Reglamento Hipotecario acepta sólo "prueba documental pública". Como hemos indicado, y parece oportuno volverlo a señalar, el centro directivo registral establece una vinculación directa del título adquisitivo con el carácter de la adquisición, entendiéndose además que éste es el que se corresponda con el título en sentido formal que otorgan las partes, la escritura pública. Pero aun cuando a los documentos públicos presentados en el Registro de la Propiedad se incorporara un documento privado contradictorio con ese carácter ganancial, y a pesar de exigir registralmente el cónyuge adquirente su rectificación posterior, la presunción no se ve enervada, según interpreta la Resolución de 27 de julio de 2020, de la Dirección General de Seguridad Jurídica y Fe Pública («BOE» núm. 212, de 6 de agosto); pues la rectificación del registro implicaría la de un derecho inscrito a favor de una persona que no interviene —el otro miembro de la sociedad de gananciales— y la rectificación del registro sólo podría hacerse con el consentimiento de esta última o bien por medio de una resolución judicial en un procedimiento en el que haya tenido la debida intervención, como consecuencia de los principios de tracto sucesivo (art. 20 de la Ley Hipotecaria)y rectificación sin perjuicio de tercero (art. 40 de la Ley Hipotecaria). En definitiva, viene a ser absoluta la exigencia de prueba documental pública para enervar la presunción de ganancialidad si falta la colaboración del otro miembro de la sociedad de gananciales.

Y aun sucede que incluso en algunos casos el documento público no se considera bastante para desvirtuar la presunción de ganancialidad[47]. La R. 15.12.2006 (BOE 19.01.2007) señala

---

nes de los patrimonios privativos al ganancial y su incardinación en nuestro sistema contractual", *opus cit.*, 124 y ss.

47 LINACERO DE LA FUENTE, M. (2019). "Sociedad de gananciales. Disposiciones generales. Bienes privativos y bienes gananciales." *Tratado de Derecho*

que la afirmación en capitulaciones de que no hay bienes gananciales no es suficiente prueba de privatividad y ni siquiera tiene valor de confesión a efectos del art. 1324 del Código Civil. La Dirección, citando las R. 08.02.1977, R. 11.02.1977 y R. 26.02.1977 indica que «tratándose de un bien adquirido a título oneroso por uno de los cónyuges constante matrimonio, el bien se presumía ganancial mientras no se demostrara lo contrario», y que «el art. 95 R.H. exige que, en las adquisiciones a título oneroso, se justifique el carácter privativo del precio o de la contraprestación mediante prueba documental pública». En este caso considera que esa prueba podría ser «la confesión efectuada con posterioridad a la adquisición de la finca, en un documento público», pero «lo que ocurre es que en el presente caso dicha confesión no ha quedado acreditada, y no puede atribuirse virtualidad confesoria –como se pretende en el escrito de recurso– a la escritura de capitulaciones matrimoniales, otorgada con posterioridad a la compra, en la que se hace constar, genéricamente, que no existen bienes gananciales, sin referencia alguna al carácter de la finca de que se trata en este expediente».

En fin, una situación de separación de hecho no destruye tampoco la presunción de ganancialidad del art 1361 del Código Civil ni del art 95. 2º L.H., según la citada RDGRN 11 de octubre de 2006 (BOE de 18 de noviembre). El centro directivo argumenta no sólo que "el carácter privativo del precio o contraprestación debe justificarse por prueba documental pública" —la regla general—, sino también que, para poder invocarse y destruir la presunción de ganancialidad por no ser la adquisición constante matrimonio, la causa de disolución de la sociedad ganancial del art 1393.3º debe ir acompañada de

---

de Familia: Aspectos sustantivos. Procedimientos. Jurisprudencia. Formularios. Tirant Lo Blanch, 277 y ss.

una decisión judicial a petición de uno de los cónyuges[48]. De otro modo, da a entender la DGRN, incluso si existiera separación de hecho y se acreditara fehacientemente, al mantenerse *de iure* y no disuelto el vínculo conyugal, las adquisiciones hechas por cada uno de los cónyuges seguirían presididas por la presunción de ganancialidad.

IV. LA ATRIBUCIÓN DE GANANCIALIDAD EN LA DOCTRINA DE LA DGSJFP

Junto a la presunción de ganancialidad, estima la Dirección General de Seguridad Jurídica y Fe Pública que el régimen económico matrimonial de la sociedad de gananciales se articula sobre la base del principio de subrogación real[49], pues no puede desconocerse la relevancia de los preceptos que atribuyen carácter ganancial o consorcial a los bienes adquiridos a título oneroso constante su vigencia y con cargo al acervo común, de conformidad con los arts. 1346.3 y 1347.3 C.c. del Código Civil ("Son bienes gananciales (…) Los adquiridos a título oneroso a costa del caudal común" y 1346.3 C.c.: "son privativos de cada uno de los cónyuges (…) Los adquiridos a costa o en sustitución de bienes privativos"). Pero advierte el centro directivo, y obra en consecuencia, que este principio no es de aplicación universal, y que pueden anteponerse a él otros principios también ponderados por el legislador para determinar la naturaleza de los bienes, como el principio de accesión, *ex* art. 1359 del Código Civil, o el del carácter (personalísimo) del propio

---

48 LÓPEZ FRÍAS A. M., "La asignación convencional del carácter privativo a los bienes adquiridos a título oneroso o por uno de los cónyuges a efectos de su inscripción en el Registro de la Propiedad", *opus cit.*, 154 y ss.

49 RODRÍGUEZ LÓPEZ, G. (2021). "Los actos dispositivos y de administración de los cotitulares y el Registro de la Propiedad." *Comunidad de bienes.* Tirant lo Blanch, 759 y ss.

bien del que deriva el derecho a la adquisición, *ex* arts. 1346.4, 1347.4 y 1352 del Código Civil y, especialmente, el principio de autonomía de la voluntad proclamado por el art. 1355 Código Civil, y respaldado por una regulación del régimen económico matrimonial por parte del Código Civil que se caracteriza por conceder un lugar destacado al principio de libertad entre cónyuges, manifestado en los arts. 1315, libertad en la determinación del régimen económico, 1325, libertad en cuanto a su estipulación, modificación o sustitución, 1328, libertad de pacto en tanto las estipulaciones no sean contrarias a las leyes o las costumbres o limitativas de la igualdad de derechos que corresponda a cada cónyuge, y 1323, posibilidad de transmitirse los cónyuges por cualquier título bienes y derechos y celebrar entre sí toda clase de contratos, entre otros, sin más limitaciones *ex* art. 1315, que las establecidas en el Código Civil[50].

El art. 1355 del Código Civil dispone que podrán los cónyuges, de común acuerdo, atribuir la condición de gananciales a los bienes que adquieran a título oneroso durante el matrimonio, cualquiera que sea la procedencia del precio o contraprestación y la forma y plazos en que se satisfaga. Si la adquisición se hiciere en forma conjunta y sin atribución de cuotas, se presumirá su voluntad favorable al carácter ganancial de tales bienes.

Al permitir que los consortes atribuyan carácter ganancial a los bienes que adquieran a título oneroso durante el matrimonio, independientemente de cuál sea la procedencia y la forma y plazos de satisfacción del precio o contraprestación, tal atribución hecha conforme al art. 1355 se encuadra dentro del amplio reconocimiento de la autonomía privada y, va a cons-

---

[50] MARAÑÓN ASTOLFI, M. (2021). "La atribución voluntaria de ganancialidad y la libertad de pactos entre los cónyuges: Comentario a la Sentencia del TS de 12 de febrero de 2020 (RJ 2020, 374)". *Revista Aranzadi de derecho patrimonial,* (54),123 y ss.

tituir una manifestación esencial del principio de libertad de pactos que se hace evidente en el art. 1323 Cc[51].

Y es la aplicación de este principio lo que posibilita que, aunque no confluyan los presupuestos del art. 1355 del Código Civil, los consortes atribuyan la condición de gananciales a bienes que fueran privativos. Ya admitió la Dirección General, en Resolución de 10 de marzo de 1989 el pacto de atribución específico de ganancialidad a la edificación realizada con dinero ganancial sobre un suelo con carácter privativo de uno de los consortes, poniendo de manifiesto que "aun cuando la hipótesis considerada no encaje en el ámbito definido por la norma del art. 1355 C.c., que contempla la posibilidad de asignar de modo definitivo el carácter ganancial solamente respecto de los bienes adquiridos a título oneroso, tanto si hubiere indeterminación sobre la naturaleza de la contraprestación al tiempo de la adquisición como si ésta fuera inequívocamente privativa, no por ello ha de negarse la validez y eficacia del acuerdo contenido en la... escritura calificada, toda vez que los amplios términos del art. 1323 C.c. posibilitan cualesquiera desplazamientos patrimoniales entre los cónyuges y, por ende, entre sus patrimonios privativos y el consorcial, siempre que aquéllos se produzcan por cualquiera de los medios legítimos previstos al efecto –entre los cuales no puede desconocerse el negocio de aportación de derechos concretos a una comunidad de bienes no personalizada jurídicamente o de comunicación de bienes como categoría autónoma y diferenciada con sus propios elementos y características–, y cuyo régimen jurídico vendrá determinado por las previsiones estipuladas por los contratantes dentro de los límites legales (arts. 609, 1255 y 1274 C.c.) y subsidiariamente por la normativa del Código Civil". Este pronunciamiento ha

51 PÉREZ MARTÍN, J. (2021). "La separación de hecho y la calificación ganancial o privativa de bienes y deudas." *Revista de Derecho de Familia: doctrina, jurisprudencia, legislación*, (91), 353 y ss.

sido confirmado en las Resoluciones de 14 de abril de 1989; 7 y 26 de octubre de 1992; 11 de junio de 1993; 28 de mayo de 1996; 15 y 30 de diciembre de 1999; 8 de mayo de 2000, 21 de julio de 2001; 17 de abril de 2002; 12 de junio y 18 de septiembre de 2003; 22 de junio de 2006; 6 de junio de 2007; 29 y 31 de marzo y 19 de octubre de 2010; 19 de enero; 13 de junio y 3 de septiembre de 2011; 13 de noviembre de 2017; y 30 de julio de 2018, entre otras[52].

Aunque lo cierto es que este caso tiene a favor la vis atractiva de la ganancialidad que en nuestra doctrina viene a ser poco menos que indiscutible.

Con esta respuesta jurídica la DGRN hace prevalecer el principio de la autonomía de la voluntad de los cónyuges sobre los principios de subrogación real y de accesión.

En atención a la citada doctrina de la Dirección General, los elementos constitutivos del negocio por el que se produce el desplazamiento entre los patrimonios privativo y consorcial han de quedar concretados de manera debida, también con respecto de la causa de la transferencia patrimonial, que no podrá presumirse a efectos registrales. Pero como se expuso en la Resolución de 22 de junio de 2006 —y han continuado las resoluciones ya citadas en el específico apartado en que se estudia la atribución de privatividad—, el requisito de concreción causal del negocio ha de ser interpretada *en sus justos términos*[53].

Esto último se sustancia en dos exigencias muy genéricas: una causalización de la que basta que resulte si la atribución se hace con causa gratuita (por mera liberalidad) u onerosa

---

52 CHAPARRO MATAMOROS, P. (2021). "La comunidad de bienes en la doctrina de la Dirección General de los Registros y del Notariado." *Comunidad de bienes.* Tirant lo Blanch, 1269 y ss.

53 FERNÁNDEZ SANTANA, L. (2021). "Gananciales: aspectos prácticos." *Comunidad de bienes.* Tirant Lo Blanch, 405 y ss.

(generando derecho de reembolso a favor del patrimonio consorcial) y una alusión a la muy remota "causa matrimonii".

En primer lugar basta, pues, con que se mencione la gratuidad o la onerosidad de la aportación, o que se deduzca de los términos empleados en la escritura ya que "los referidos pactos de atribución de ganancialidad tienen la finalidad de ampliar el ámbito objetivo del patrimonio consorcial, para la mejor satisfacción de las necesidades de la familia, y por ello están trascendidos por la relación jurídica básica -la de la sociedad de gananciales, cuyo sustrato es la propia relación matrimonial-[54]. Se trata de sujetar el bien al peculiar régimen de afección propio de los bienes gananciales, en cuanto a su administración, disposición, cargas, responsabilidades, liquidación que puede conducir a su atribución definitiva a uno u otro cónyuge, de acuerdo con las circunstancias de cada uno, o sus respectivos herederos". A ello se añade que cabe "entender que el desplazamiento patrimonial derivado del negocio jurídico de atribución de ganancialidad tiene una identidad causal propia que permite diferenciarlo de otros negocios jurídicos propiamente traslativos del dominio, como la compraventa, la permuta (el cónyuge que aporta no espera obtener un precio u otra contraprestación), o la donación (la aportación no se realiza por mera liberalidad).

Y en segundo lugar, la Dirección General de Seguridad Jurídica y Fe Pública ve justificación de esta figura en la denominada *causa matrimonii,* de la que, históricamente pueden encontrarse algunas manifestaciones como la admisión de las donaciones *propter nupcias* de un consorte al otro –a pesar de la prohibición general de donaciones entre cónyuges–, o la antigua dote. Y es que, aun cuando no puedan confundirse la

54 VELA SÁNCHEZ, A. J. (2019). "Cesión de bien ganancial por un solo cónyuge a cambio de alimentos y principio de fe pública registral: A propósito de la STS, Sala 1ª, de 29 de noviembre de 2018." *Diario La Ley,* (64), 147 y ss.

estipulación capitular y el pacto específico sobre un bien concreto, la misma causa que justifica la atribución patrimonial en caso de aportaciones realizadas mediante capitulaciones matrimoniales (cfr. la Sentencia del Tribunal Supremo de 26 de noviembre de 1993, según la cual "Siendo los capítulos por su propia naturaleza actos jurídicos cuyo tratamiento es el de los onerosos, difícilmente podría ser impugnado como carente de causa. Con respecto a lo establecido en la Resolución de 21 de diciembre de 1998, debe considerarse que es suficiente para justificar los desplazamientos patrimoniales derivados de pactos extracapitulares de ganancialidad[55], sin necesidad de mayores concreciones respecto del elemento causal del negocio. En los dos supuestos estamos ante convenciones que participan de la misma *iusta causa traditionis*, justificativa del desplazamiento patrimonial *ad sustinenda oneri matrimonii*".

Como ya hemos mencionado, en otras ocasiones el centro directivo ha exigido una más rigurosa expresión de la causa, viniendo a imponer que se identificara el negocio o título material que motiva el desplazamiento o atribución patrimonial: en la Resolución de 26 de noviembre de 2020, que exige detallar la causa de la adjudicación ("no se pueden adjudicar al cónyuge supérstite, sin más, bienes privativos del causante por el concepto de pago de sus derechos en la sociedad conyugal, sino que habrá de expresarse la verdadera causa de esta adjudicación…"). O, en la Resolución de 19 de febrero de 2020, oponiéndose a un negocio abstracto como la fiducia ("… es doctrina de este Centro Directivo que lo que accede a los libros registrales es el título material por el que se produce la transmisión o la declaración del dominio … y por ello es necesaria la expresión de la causa (cfr. Resolución de 19 de enero

---

55 BERROCAL LANZAROT, A. I. (2020). "La sociedad de gananciales: confesión de ganancialidad, atribución voluntaria de la ganancialidad y derecho de reembolso." *Revista Crítica de Derecho Inmobiliario*, (781), 3045 y ss.

de 1994)" — o la Resolución de 10 de marzo de 2004 (BOE del 14 de abril de 2004)—. O en la RDGRN de 31 de julio de 2014 (BOE 23.09.2014), al rechazar la inscripción de una «subrogación a título oneroso» sin especificación del negocio subyacente "sin manifestación alguna sobre el negocio subyacente o causa de la subrogación" (invocando doctrina reiterada de que «la causa de los contratos es un elemento esencial de los mismos (arts. 1261.3 y 1275 C.c.) y, para que pueda registrarse cualquier acto traslativo, se requiere la expresión de la naturaleza del título causal: [...] la causa es determinante, no sólo de la validez del negocio jurídico, sino también de sus efectos, y debe inexcusablemente constar en el título para posteriormente reflejarse en la inscripción, por lo que no juega la presunción que establece el art. 1277 C.c., pues, aunque se presumiese su existencia, así como su licitud, del Registro no resultarían los efectos del negocio para determinar de qué forma estaría protegido el titular registral». O en la resolución de 16 de enero de 2013 (BOE 18.02.2013) al rechazar que se inscriban desplazamientos patrimoniales en virtud de consentimiento abstracto («... la necesaria expresión de la causa en la adquisición a favor de los vendedores no se produce en este caso con la claridad necesaria»; incluyendo una causa aleatoria). En definitiva, el escrúpulo en la identificación de la causa es una constante en la doctrina del centro directivo que sin embargo no se da en este caso, que es el de un pacto abstracto o cuasi abstracto[56].

En cambio, de un tiempo a esta parte, la Dirección General de Seguridad Jurídica y Fe Pública aligera los requisitos concernientes a la fundamentación de la causa del negocio. "En sus

56 RAGEL SÁNCHEZ, L. F. (2018). "Bienes gananciales y privativos. Disolución del régimen por separación. Nulidad del convenio regulador. Adquisición en arrendamiento financiero: Comentario a la STS de 13 septiembre 2017 (RJ 2017, 3916)". *Cuadernos Civitas de jurisprudencia civil,* (106), 117 y ss.

justos términos" significa actualmente que la causalización no puede omitirse formalmente pero que se entiende suficiente declarar que la atribución se hace a título oneroso o a título gratuito (en el primer caso la onerosidad genera un derecho de reembolso a favor del cónyuge que ha invertido fondos propios en la adquisición de un bien inmueble al que se ha atribuido carácter ganancial; en el segundo casos no hay reembolso alguno). Sólo la total ausencia o abstracción de la causa en la escritura por la que se formalice la aportación a la sociedad de gananciales puede impedir la inscripción de la misma en el Registro de la Propiedad.

Capítulo VII.

La administración y disposición de bienes gananciales desde la perspectiva registral

I. ACTOS O NEGOCIOS DE ADMINISTRACIÓN Y DISPOSICIÓN: ASPECTOS GENERALES

El Código Civil se refiere a "actos" de administración (art. 1376) y de disposición (art. 1377) sobre los bienes gananciales. El Reglamento Hipotecario sigue esta orientación en sus arts. 90 a 95 y son su objeto, siempre, los "actos" conjuntos o individuales de los cónyuges. La Ley Hipotecaria en su art. 1.1. alude a actos y contratos.

La categoría de los actos jurídicos, es decir, aquellos en que interviene la voluntad humana, engloba la de los negocios jurídicos, cuya primera acepción codificada[1] se acomoda apropiadamente al tipo de actos que se inscriben en el Registro de la Propiedad: "un acto es un negocio jurídico cuando la acción de la voluntad se dirige, de acuerdo con las leyes, a constituir, extinguir o cambiar una relación jurídica". Esta relación jurídica será de trascendencia jurídico real inmobiliaria.

El Registro de la Propiedad no tiene por objeto otros actos que los originados por la voluntad de sus titulares registrales —aunque la suplan, como ocurre en las resoluciones judicia-

---

1 El Código Civil de Sajonia (1863), según cita DE CASTRO Y BRAVO, F. (1985). *El negocio jurídico.* Civitas, 20 y ss.

les— que estén destinados a producir una mutación jurídico real, y no meros hechos (sin perjuicio de que la voluntad del titular registral sea constatarlos otorgando el correspondiente negocio jurídico), y desde luego no los actos meramente materiales aunque sean de disposición (como la destrucción de la cosa, sin perjuicio de que se haga constar en el registro su demolición y cancelación por el procedimiento apropiado)[2].

Por consiguiente, aun reconociendo la flexibilidad y el rigor doctrinal del término "acto" o "acto jurídico", y precisamente con relación a administración y disposición, veremos que la categoría que más concuerda con la naturaleza de estos actos en cuanto inscribibles en el Registro de la Propiedad, es la de negocios jurídicos, y concretamente negocios jurídicos patrimoniales.

Por ello, optamos por seguir a DÍEZ-PICAZO[3] para distinguir, como clases de negocios jurídicos patrimoniales, las categorías de negocios de disposición, negocios de administración y negocios de atribución. No parece exagerado afirmar que tanto el Código Civil como el Reglamento Hipotecario al regular los actos de administración y disposición de los bienes de la sociedad de gananciales incluyen en su ámbito los negocios jurídicos y que sus normas son de aplicación a verdaderos negocios jurídicos, antes que a simples actos.

Destaca DÍEZ-PICAZO que el concepto de "disposición" dentro de nuestro Derecho Positivo, ha sido utilizado ya por el legislador en su preciso significado técnico en el artículo 1377 del Código Civil. Concepto que debe entenderse coincidente por completo con las normas del Reglamento Hipotecario que

---

2 BERROCAL LANZAROT, A. I. (2018). "La responsabilidad de los bienes gananciales. El ejercicio del comercio por persona casada y la posición del cónyuge no comerciante (II)". *RCDI*, (766),1519 y ss.

3 DÍEZ-PICAZO, L., "Autonomía privada y derechos reales", *opus cit.*, 74 y ss.

desarrollan el art. 1377 del Código Civil, en particular los arts. 93 y 94.

Para este autor "en un sentido muy general puede decirse que son actos o negocios jurídicos de disposición aquellos actos y negocios jurídicos por medio de los cuales un derecho subjetivo actualmente existente es inmediatamente transformado, modificado o extinguido."

Y por tanto, "partiendo de esta idea pueden comprenderse, claramente, dentro del concepto general de los negocios de disposición, los siguientes:

1.° Los negocios de enajenación o negocios traslativos, por medio de los cuales el titular de un derecho transmite de manera inmediata dicho derecho a otra persona.

2.° Los negocios dirigidos a la constitución de un gravamen o de un derecho real sobre una cosa (v. gr.: el negocio de concesión de un usufructo o de una hipoteca).

3.° La renuncia abdicativa, por medio de la cual el titular de un derecho hace voluntaria dejación de éste extinguiéndolo.

En el estricto significado técnico que hemos esbozado, según DÍEZ-PICAZO, los negocios de disposición "se contraponen a los negocios jurídicos obligatorios, es decir, a aquellos negocios jurídicos por medio de los cuales las partes constituyen entre ellas una relación obligatoria."

En cambio, en cuanto a los negocios de administración, considera DÍEZ-PICAZO que (a diferencia de la noción de disposición, empleada con gran precisión técnica) la idea de actos o negocios de "administración" es utilizada por el Código Civil con mucha frecuencia "pero la puntualización del concepto no es cuestión sencilla, ni pacífica". "En algunos pasajes, los "actos de administración" aparecen contrapuestos a los "actos que exceden de la administración ordinaria". Otras veces se contraponen los "actos de administración" a los "actos de riguroso dominio" y entre estos últimos sitúa el Código el transigir, el enajenar, el hipotecar y el realizar cualquier otra actividad semejante (cfr. art. 1713)."

La reflexión de este autor, como veremos, tiene importancia en cuanto a las posibilidades de actuación unilateral de los cónyuges en sociedad de gananciales[4] en el muy relevante a efectos registrales art. 94 del Reglamento Hipotecario, que autoriza al cónyuge titular registral a otorgar unilateralmente ciertos actos, como excepción a la regla general de cogestión o actuación conjunta (si el bien está inscrito con carácter presuntivamente ganancial).

DÍEZ-PICAZO no renuncia, de todos modos, a definir o al menos acotar el concepto de actos o negocios jurídicos de administración: "En sentido general pueden considerarse como actos o negocios jurídicos de administración aquellos que tienen por finalidad la conservación y la defensa de los bienes que forman parte de un patrimonio, y los actos dirigidos a obtener de los bienes aquellos rendimientos que normalmente deben proporcionar de acuerdo con su destino económico". Así, puede decirse que son actos de administración los siguientes:

1.° Los actos de finalidad conservativa, como pueden ser los actos y contratos tendentes a realizar en una cosa las reparaciones ordinarias o los dirigidos a facilitar su custodia (v. gr.: depósito).

2° Los actos encaminados a la defensa de los bienes frente a los posibles ataques o violaciones procedentes de terceras personas.

---

4 JIMÉNEZ MUÑOZ F. J. (2019). "Los bienes privativos en el régimen económico matrimonial de gananciales en España." *Homenaje a José María Castán Vázquez: liber amicorum.* Tirant lo Blanch, 933 y ss.

3.° Los actos dirigidos a obtener de unos bienes su rendimiento normal de acuerdo con su destino económico. Por ejemplo, es un acto de administración la venta de los frutos de la cosecha de una finca. Es también un acto de administración el arrendamiento de una cosa, cuando la manera normal de explotar dicha cosa consista en arrendarla."

Constata DÍEZ-PICAZO que a veces se ha tratado de contraponer como un concepto contrario al de los actos de administración el de los actos de disposición. A su juicio "este punto de vista no es exacto. Un negocio jurídico puede ser al mismo tiempo un acto de disposición y un acto de administración, pues puede ocurrir que la obtención del normal rendimiento de un capital exija enajenar o disponer de algunos bienes (verbi gracia: el caso ya citado de la venta de los frutos de una cosecha)."

DÍEZ-PICAZO pone de manifiesto así la existencia de actos o negocios que, en realidad, no podemos deslindar claramente como de administración o disposición. Es una opinión digna de ser tenida en cuenta en particular desde el punto de vista registral. Ocurre así con los arrendamientos, la declaración de obra nueva y otras modificaciones de entidades hipotecarias o incluso con ciertas declaraciones a los que la ley atribuye eficacia limitatativa respecto del dominio inscrito, como la indivisibilidad de la finca, la constatación de la inundabilidad del terreno o la manifestación de haberse desarrollado o no en la finca actividades contaminantes. La naturaleza de estas actuaciones o negocios sobre bienes gananciales puede exceder o no del ámbito de la administración descrito tan atinadamente por DÍEZ-PICAZO, según las circunstancias, que indicarán si nos hallamos ante un acto de administración, o bien de riguroso dominio, es decir, de disposición. Así, la jurisprudencia y la doctrina de la DGRN, para considerar al arrendamiento como acto de administración o administración, atienden a la circunstancia de que se haya pactado por una duración de menos de seis años o de más. Todo ello sin perjuicio de la importante peculiaridad hipotecaria introducida por el art. 94 del Reglamento Hipotecario, que admite abiertamente la actuación unilateral del titular registral del bien inscrito con carácter presuntivamente ganancial.

Por otra parte, a pesar de que el Código Civil no la recoge explícita o directamente, DÍEZ-PICAZO distingue, como hemos dicho, una tercera categoría dentro del régimen de la sociedad de gananciales, el negocio de atribución patrimonial, que merece una referencia. "El concepto de actos y negocios de atribución (explica el autor) tiene una gran transcendencia práctica, pues sirve para perfilar la distinción entre negocios onerosos y negocios gratuitos, así como para establecer la distinción entre negocios causales y negocios abstractos. Es, además, una idea necesaria para construir la llamada doctrina del enriquecimiento sin causa."

Concluyendo lo que debe ser una introducción a los conceptos de administración y disposición, entendemos que la categoría de la atribución patrimonial no carece de interés desde el punto de vista registral puesto que nuestro sistema no es abstracto sino causalista, aunque dicha categoría en el ámbito hipotecario, en definitiva, se vería sometida a los requisitos propios del régimen de los actos de disposición[5].

La idea de atribución patrimonial surge en la doctrina alemana, donde el sistema de transmisión de la propiedad y los derechos reales es de carácter abstracto, y significa básicamente la transferencia de un derecho subjetivo de un patrimonio a otro patrimonio. La transferencia existirá en el ámbito jurídico real. Subyacerá en ella una causa (gratuita, onerosa, un enri-

---

5 LINACERO DE LA FUENTE, M. (2019). "Sociedad de gananciales. II. Cargas y responsabilidades. Administración. Disolución y liquidación." *Tratado de Derecho de Familia: Aspectos sustantivos. Procedimientos. Jurisprudencia. Formularios.* Tirant Lo Blanch, 309 y ss.

quecimiento injusto o sin causa...) que se enjuiciará en la esfera obligacional, en Derecho alemán, puesto que, en el sistema registral español, como elemento expreso, sí deberá aflorar la causa de la atribución patrimonial.

De cualquier forma, en el sistema registral español el negocio de atribución deberá reunir los mismos requisitos que el de disposición, en el cual se subsumirá, aun conservando su autonomía como categoría doctrinal. Porque, como dice DÍEZ-PICAZO, el concepto de atribución no coincide necesariamente con el de "disposición": "Un acto puede ser al mismo tiempo acto de disposición y atribución (v. gr.: la transmisión de un derecho). Puede, sin embargo, haber disposición. y no existir atribución (v. gr.: en la renuncia abdicatoria de un derecho). A la inversa, puede existir atribución y no haber disposición (v. gr.: cuando se presta un servicio o se realiza un trabajo)."

Pero, en rigor, en la esfera registral, toda atribución será la de un inmueble o derecho real y se le aplicarán los mismos requisitos legales que a la disposición de los derechos.

II. LA GESTIÓN CONJUNTA DE LOS GANANCIALES POR LOS CÓNYUGES-TITULARES REGISTRALES COMO REGLA GENERAL

1. Sus rasgos principales

La Ley 11/1981, de 13 de mayo, de modificación del Código Civil en materia de filiación patria potestad y régimen económico del matrimonio[6] reformó el Código Civil con la intención de conseguir la igualdad de los cónyuges establecida

---

[6] *B.O.E.* núm. 119, de 19 de mayo de 1981, 10725-10735.

por los arts. 14 y 32 CE. Esta importante modificación afectó fundamentalmente, *ex* art. 1375 C.c., a la regulación de la administración y disposición de los bienes gananciales y será la Sección Cuarta del Capítulo IV, integrado en el Título III del libro IV, titulado *De la administración de la sociedad de gananciales,* la que da cabida a los arts. 1375 a 1391 que norman la materia objeto de nuestro estudio[7].

Así, el art. 1375 del Código Civil establece que: "En defecto de pacto en capitulaciones, la gestión y disposiciones de los bienes gananciales corresponde conjuntamente a los cónyuges, sin perjuicio de lo que se determina en los artículos siguientes".

Es manifiesto, pues, que tanto la administración como la disposición de los bienes gananciales, tal y como además resulta confirmado por los arts. 1376 a 1378 C.c., se someten en el Código a la regla de la actuación o gestión conjunta de los cónyuges.

Aun cuando nos hemos referido al concepto de negocio de administración (y las dificultades de fijarlo), siguiendo a DÍEZ-PICAZO, entendemos por actos de administración todos los actos dirigidos a la conservación y explotación de los derechos y de los bienes, con el objetivo de salvaguardar el patrimonio corrigiendo o intentando evitar su deterioro cuando éste se haya producido y, realizando todos los actos que son necesarios para potenciar la rentabilidad de la cosa que es administrada[8].

Igualmente es pacífico entender por acto de disposición aquel que tiene como fin el gravamen o la transmisión del

---

7 RIVERA FERNÁNDEZ, M. (2020). *El régimen económico matrimonial en el Derecho común.* Reus, 131 y ss.

8 TOVAR PULIDO, R. (2020). "La regulación del matrimonio y los bienes gananciales por la normativa histórica española (SS. XVI-XIX)". *Anuario de la Facultad de Derecho. Universidad de Extremadura,* (36), 863 y ss.

derecho o del bien en cuestión que produce con respecto al patrimonio una disminución. En este sentido, reiteramos en que en opinión de DÍEZ-PICAZO el Código Civil (su art. 1377) trata el concepto de disposición con precisión técnica, como más arriba quedó mencionado.

El Código Civil hace uso del concepto de gestión en ocasiones para hacer referencia a los actos de disposición y en otras, para aludir a los actos de disposición[9].

La doctrina se ha visto en la necesidad de fijar también ante el silencio de la norma el ámbito material de la codisposición, y en su consecuencia ha ido estableciendo con bastante precisión en sus sucesivas interpretaciones, la diferenciación de qué sea para la sociedad de gananciales administración y disposición y así dejar establecido en buena medida el ámbito material de cada una de ellas. DÍEZ-PICAZO advierte de la existencia de actos o negocios que, en realidad, no podemos deslindar claramente como de administración o disposición. Sin embargo, LACRUZ, seguido por la mayoría de los autores, apunta que «la distinción entre las dos suertes de actos es la habitual, y no requiere mayor explicación. Los actos de disposición afectan a la sustancia del patrimonio ganancial y los de administración a la explotación y rentabilidad: ambos pueden ser fácticos o jurídicos, y uno y otros pueden consistir en enajenaciones, pues mientras la venta de un campo ganancial entraña disposición, la de los frutos del mismo no sale del ámbito de la administración. Los litigios pueden ser también lo uno o lo otro, así como la transacción y el compromiso y añade: "Las obligaciones pueden ser actos de disposición" en el sentido en que emplea esa expresión el art. 1.377. No son, por supuesto, enajenaciones, pero pueden afectar a la sustancia del patrimonio, como si se

---

9 RAGEL SÁNCHEZ, L. F., *opus cit.*, 117 y ss.

contrae un préstamo de importe muy elevado para invertirlo en incumbencias comunes.

El supuesto en el que uno de los esposos sea representante legal del otro y se produzca una atribución global de la actuación individual de uno de ellos sobre el patrimonio ganancial, también queda contemplado en la ley (tras la reforma operada por ley 8/2021), así el art. 1387 C.c. "La administración y disposición de los bienes de la sociedad de gananciales se transferirá por ministerio de la ley al cónyuge nombrado curador de su consorte con discapacidad, cuando le hayan sido atribuidas facultades de representación plena." Sin variar el criterio anterior a la ley 8/2021, de manera automática *-ope legis-* se produce la trasferencia de la gestión de los bienes gananciales al cónyuge que se ha nombrado curador representativo de su consorte en un procedimiento que afecta a su capacidad, o al cónyuge nombrado representante legal mediante procedimiento de declaración de ausencia (cfr. art. 181 y 184.1 C.c. y siguientes)[10]. En el caso de que conforme al régimen anterior a la ley 8/2021 el cónyuge hubiera sido nombrado tutor será de aplicación lo dispuesto en la Disposición Transitoria 2ª de esta ley y "a los tutores de las personas con discapacidad se les aplicarán las normas establecidas para los curadores representativos".

El cónyuge representante tendrá, por tanto, íntegramente, la administración y disposición de los bienes gananciales, "plenas facultades", precisa el art. 1389 C.c. Pero con dos importantes salvedades: que el Juez, cuando lo considere de interés para la familia, establezca cautelas o limitaciones, y que, en todo caso, para realizar actos de disposición sobre inmuebles (y otros bienes) el cónyuge representante legal "necesitará autorización judicial".

---

10 LINACERO DE LA FUENTE, M. (2019). "Familia y Derecho de Familia." *Tratado de Derecho de Familia: Aspectos sustantivos. Procedimientos. Jurisprudencia. Formularios.* Tirant Lo Blanch, 29 y ss.

La redacción del art. 1389 sufrió una modificación tras la reforma operada por Ley 15/2015, de Jurisdicción Voluntaria y, en su virtud, se omitió del precepto la expresión *con previa información sumaria.* La autorización judicial se concederá o denegará tras llevarse a cabo los trámites regulados en las normas comunes de procedimiento de la Ley 15/2015 según prevé expresamente el art. 90.1.e de la misma, y a las que más adelante haremos mención. Algún autor ha criticado el párrafo segundo de este precepto al entender que sus limitaciones no se compadecen con las legitimaciones individuales contempladas en el Código Civil[11].

Asimismo, es posible que el cónyuge al que se le transfieren las facultades de gestión acordadas por sentencia judicial goce de una posición de actuación más limitada de la que tendría si no hubiese pedido nada vía judicial, y a las restricciones del art. 1389.2 del Código Civil, se puede sumar el hecho de que el tutor o el representante legal puede quedar sujeto a las restricciones y cautelas que haya podido fijar el Magistrado.

Por su parte, el art. 1388 C.c. establece que: "Los Tribunales podrán conferir la administración a uno solo de los cónyuges cuando el otro se encontrare en imposibilidad de prestar consentimiento o hubiere abandonado la familia o existiere separación de hecho[12]". El procedimiento para que un Juez pueda otorgar las facultades del art. 1388 C.c. es el procedimiento de jurisdicción de voluntaria que se regula en los arts. 13 a 22 LJV 2015[13]. La competencia para ello corresponde al juzgado de primera instancia del lugar donde esté o haya estado el último

---

11 PRETEL SERRANO, J.J. (1993). "Artículo 1389 C.c.". *Comentario del Código Civil.* Ministerio de Justicia, 754 y ss.

12 El legislador no ha especificado qué debe entenderse por abandono de la familia, por lo que deberá ceñirse a aquellos casos en los que ha sido condenado penalmente como autor de un delito de abandono de la familia.

13 PRETEL SERRANO, J.J., *opus cit.,* 752 y ss.

domicilio en común y no se necesita la intervención de procurador ni abogado, salvo que los intereses económicos que estén en juego sean superiores a 6000 €. Será preceptiva la intervención del Ministerio Fiscal siempre que existan menores o personas con la capacidad modificada para así, asegurar y velar por sus intereses[14].

La doctrina[15] ha analizado la transferencia de la administración que contempla esta norma subrayando que la transferencia de las facultades de la administración se produce por decisión del Juez y, mientras que esta decisión no sea firme se entenderá que no se ha producido. Existe la posibilidad de que la resolución judicial pueda acceder al Registro de la Propiedad mediante nota marginal de conformidad con el art. 96.2 del Reglamento Hipotecario

Cuando la transferencia se produce respecto de los actos de administración, entendemos que el concepto de administración es económico y no jurídico, *ex* arts. 1375 y 1376 del Código Civil, por lo que también, *ex* art. 1381, puede comprender actos dispositivos. Y es que se trata de administrar bienes propios y no ajenos, por tanto, debe entenderse en sentido amplio el concepto de administración. Además, la transferencia estará vigente mientras subsista la situación de separación, imposibilidad o abandono y, cuando cesen estas circunstancias será preciso un nuevo pronunciamiento judicial en procedimiento de jurisdicción voluntaria[16].

Lo establecido en el art. 1389 C.c. completa la redacción del art. 1388 C.c. al estipular que: "El cónyuge en quien recaiga la

---

14 BERROCAL LANZAROT, A. I., *opus cit.*, 125 y ss.

15 ARREBOLA BLANCO, A., *opus cit.*, 236 y ss.

16 LINACERO DE LA FUENTE, M. (2019). "Régimen económico conyugal I. Consideraciones generales." *Tratado de Derecho de Familia: Aspectos sustantivos. Procedimientos. Jurisprudencia. Formularios.* Tirant Lo Blanch, 217 y ss.

administración en virtud de lo dispuesto en los dos artículos anteriores tendrá para ello plenas facultades, salvo que el Juez, cuando lo considere en interés de la familia, y previa información sumaria, establezca cautelas o limitaciones. En todo caso, para realizar actos de disposición, sobre inmuebles, establecimientos mercantiles, objetos preciosos o valores mobiliarios, salvo el derecho de suscripción preferente, necesitará autorización judicial". En el supuesto de enajenación de valores mobiliarios gananciales que consten a nombre del cónyuge que es gestor, se aplicará lo establecido en el art. 1384 del Código Civil.

Pues bien, en tanto que el Reglamento Hipotecario desarrolla en este aspecto lo dispuesto por el Código Civil y que como tal ha de incorporar la regla general de la actuación o gestión conjunta de los bienes gananciales, una vez que los cónyuges que los han adquirido se han convertido mediante la inscripción en titulares registrales de los mismos, apreciamos, en primer lugar que las normas hipotecarias trasladan al ámbito registral fielmente la citada norma de gestión conjunta, pues imponen el requisito de que los actos de administración y de disposición tanto a título oneroso como a título gratuito hayan sido realizados u otorgados por ambos cónyuges:

"Para la inscripción de los actos de administración o de disposición, a título oneroso, de estos bienes será preciso que se hayan realizado conjuntamente por ambos cónyuges, o por uno cualquiera de ellos con el consentimiento del otro o con la autorización judicial supletoria" (art. 93.2º)

"Los actos de disposición a título gratuito de estos bienes se inscribirán cuando fueren realizados por ambos cónyuges conjuntamente, o por uno de ellos concurriendo el consentimiento del otro (art. 93. 3º)".

"Para la inscripción de los actos de disposición a título oneroso de los bienes inscritos conforme al apartado 1 de este artículo, será necesario que hayan sido otorgados por el titular registral con el consenti-

miento de su consorte o, en su defecto, con autorización judicial (art. 94. 3º)"

"Los actos a título gratuito se regirán por lo dispuesto en el apartado 3 del artículo anterior (art. 94. 4º)".

Aunque el Reglamento Hipotecario introduce una relevante particularidad favorable a la actuación unilateral de uno de los cónyuges, generalmente la doctrina entiende que se acomoda al marco del art. 1384 del Código Civil: "Serán inscribibles las agrupaciones, segregaciones o divisiones de estas fincas, las declaraciones de obra nueva sobre ellas, la constitución de sus edificios en régimen de propiedad horizontal y cualesquiera otros actos análogos realizados por sí solo por el titular registral" (art. 94.2º).

De la extensión de estas facultades de actuación unilateral nos ocuparemos más adelante.

2. El poder de codisposición como elemento esencial de la igualdad entre los cónyuges en la sociedad de gananciales

Existen dos figuras que concurren en la regulación de la gestión de los bienes comunes en la sociedad de gananciales. Por un lado, la de la igualdad de los cónyuges, lo que hemos denominado como cogestión; y otra, la de la fidelidad a la tradición del régimen, pero en especial a las inmediatamente anteriores regulaciones de 1958 y 1975, al menos por lo que se refiere a esta concreta materia de la "administración de la sociedad de gananciales".

Para que surta efecto la cogestión en el régimen de gananciales -salvo en la disposición a título gratuito y en la de inmuebles registrados- no se requiere una actuación externa conjunta de los cónyuges, sino simplemente la no oposición del no actuante, como viene diciendo el art. 1322.

LACRUZ[17] entiende el poder de codisposición como "el poder concurrente de cada cónyuge sobre el acervo común". Esta es una posición neutral que conviene a cualquier régimen comunitario, en tanto en cuanto se acepte que los bienes gananciales forman una masa patrimonial y que pertenecen a los cónyuges por igual.

Pues bien, el poder de codisposición permite a cada cónyuge participar como titular o cotitular de los bienes y derechos comunes en la gestión de los mismos y además la obligación de prestar su cooperación activa en la "administración" de los mismos.

Sin embargo, este poder que encontramos en todos los regímenes comunitarios no predetermina la adopción de un sistema de gestión y no requiere necesariamente del uso de la cogestión. En todo sistema comunitario el poder de codisposición supone la coposesión de derecho de las cosas comunes; la colegitimación pasiva el derecho de defensa de los bienes comunes frente a terceros; y la participación directa o indirecta en la total gestión.

LACRUZ entiende que la coposesión de derecho es la posesión que conlleva per se el poder de codisposición, con independencia de las situaciones de hecho que se dan en la economía familiar, pudiéndose reclamar la coposesión efectiva de aquellos bienes comunes que están en manos de uno solo de los cónyuges, salvo que esta exclusividad obedezca a razones finalísticas o convencionales, o se derive de la propia naturaleza del bien de que se trate.

Es decir, la coposesión aplicada a la sociedad de gananciales permite atenuar por voluntad de uno de los cónyuges algunos de los efectos, indeseados por este de la amplia habilitación individual que se contiene en el art. 1.384.; y, de otra, poder

---

17 LACRUZ BERDEJO J. L., *opus cit.*, 45 y ss.

afirmar que la posesión individual de bienes consorciales, no impide la intervención, goce y defensa del otro cónyuge[18].

Por su parte, las demandas que tengan por objeto la implicación de estos bienes tienen que dirigirse contra ambos cónyuges. Ahora bien, esta regla tan sólo lo es de principio pues en todos los regímenes comunitarios se dan las atenuaciones necesarias, que vienen a corresponderse con las habilitaciones individuales específicas, para facilitar el tráfico jurídico[19] y la propia gestión del consorcio, así como en aquellos casos en que se declara expresamente la consorcialidad del acto emprendido por un cónyuge, de esta adecuación funcional se suele derivar una actitud propicia de los jueces y tribunales para la admisión de demandas dirigidas contra un solo cónyuge y restringir las posibilidades de interponer la excepción de litisconsorcio pasivo necesario.

En cuanto al derecho de defensa de los bienes comunes se presenta en dos vertientes: la interna, frente a los actos del otro cónyuge susceptibles de infligir un daño a la integridad económica de la masa consorcial, con o sin beneficio para el cónyuge dañador; y la externa, frente a las agresiones de terceros al consorcio y a las que nuestro sistema dedica el párrafo segundo del art. 1.385 C.c., por el que "cualquiera de los cónyuges podrá ejercitar la defensa de los bienes y derechos comunes por vía de acción y de excepción"

Este derecho presupone que la comunidad de intereses económicos fundamento del régimen y la efectiva cotitularidad de los bienes y derechos efectivamente integrados en la masa ganancial opera una habilitación procesal por vía de acción en la que no se da la exigencia del litisconsorcio necesario, si

---

18 MORENO VELASCO, V., *opus cit.*, 189 y ss.

19 PÉREZ CEBADERA, M. A., *opus cit.*, 98 y ss.

bien hay que exceptuar los casos en que se da una legitimación exclusiva en favor de uno solo de los cónyuges.

Señala ALBALADEJO que la facultad de defensa compete a cualquier cónyuge y se adhiere a la opinión de que "aunque no lo especifique también el texto legal, que la defensa puede ser hecha por un cónyuge solo, lo mismo en vía judicial que extrajudicial, y que el concepto de defensa no tiene por qué restringirse, aunque sea el único que la ley contemple en particular, a la defensa jurídica, como interponiendo reclamaciones u oponiéridose a las que otros interpongan, sino que cabe extenderlo a la defensa material de los bienes gananciales, como la que se realiza preservándolos de peligros que les amenacen, adoptando medidas para conservarlos o promoviendo las reparaciones que precisen para que no desmerezcan o se destruyan"

RAGEL SÁNCHEZ[20] apunta que "para que haya lugar a la garantía directa del patrimonio ganancial, el cónyuge deudor debe estar legitimado en sentido material, es decir: debe existir una norma concreta que haya determinado que la actuación de un solo cónyuge, en un sentido concreto, desencadena un incremento de la garantía, en favor del acreedor; así sucede en los supuestos contemplados en los arts. 1.365, 1.366 y 1.368 del C.c." y por su parte, el Código Civil en su art. 1.369 C.c. al disponer que: "De las deudas de un cónyuge que sean, además, deudas de la sociedad responderán también solidariamente los bienes de ésta", consolida esta opinión.

Por otro lado, LACRUZ establece que "en ningún momento exige al cónyuge gestor, o a ambos en su caso, que concurran ostentando la representación de una masa que no es persona. Los bienes comunes resultan responsables por la mera concurrencia de un cónyuge en el ejercicio de sus facultades sin alegar cualidad alguna frente a tercero", pero entendemos

---

20 RAGEL SÁNCHEZ, L. F., *opus cit.*, 117 y ss.

que para que sea deuda del consorcio sí tiene el cónyuge que atenerse a la habilitación específica que rija entre los cónyuges e incluso a las "disposiciones" que sobre la economía familiar hayan tomado[21].

A la hora de sentar las bases estructurales de la codisposición nos preguntamos cómo debe constituirse la voluntad de gestión y cómo se debe ejercitar y exteriorizar tal voluntad sobre los bienes comunes.

Al ser establecida la igualdad de los cónyuges en el aspecto patrimonial en todos los regímenes comunitarios surgidos de las reformas de los Derechos de familia en los últimos tiempos como España, Italia, Portugal, Bélgica y Francia, encontramos la actuación jurídica de ambos cónyuges sobre tales bienes. Sin embargo, cada régimen regula este ámbito de distinta forma, aunque eso sí, todos prevén actos de administración y de disposición para los que es necesario la concurrencia en la voluntad manifestada -cogestión- para que esta produzca los efectos queridos.

No existe un sistema que podamos clasificar como de voluntad conjunta o, a la inversa, disjunta. Tan sólo nos da indicaciones de las actuaciones que pueden tener lugar en uno u otro régimen.

La codisposición se considera esencial para promover la igualdad de los cónyuges en materia patrimonial, ya que ambos tienen la facultad de promover tanto medidas de defensa de bienes frente a actos que consideren dañinos del otro cónyuge en su gestión individual o negarse a dar su consentimiento en la gestión de los bienes y derechos comunes[22].

---

21 LACRUZ BERDEJO J. L., *opus cit.*, 45 y ss.

22 FERNÁNDEZ DE VILLAVICENCIO ALVAREZ OSSORIO, M. C., *La cogestión de los bienes gananciales, opus cit.*, 65 y ss.

Como hemos hablado, en España el sistema adoptado es el de administración y disposición conjunta sobre los bienes comunes. Así se manifiesta la generalidad de la doctrina civilística, siendo muy de matiz las diferencias de interpretación existentes en torno al art. 1.375 y coincidiendo, prácticamente todas, en que este precepto cumple funciones esenciales y definitorias para la gestión del régimen. Todo ello a diferencia del régimen legal francés, que se califica como uno de gestión disjunta o el belga, que se constituye como "mixto".

Los efectos patrimoniales *ex* art. 1.322 C.c. que puedan surgir de la actuación de uno solo de los cónyuges cuando estaba prevista por el régimen la cogestión, han propiciado que se dé una confusión entre caracterización formal y dogmática de la gestión conjunta y los efectos predicables de su ausencia o de su configuración irregular.

GIMÉNEZ DUART[23], en esta línea establece que: "desde una perspectiva dogmática caben dos posturas. Con arreglo a una primera, el poder de disposición puede ejercitarse: bien por ambos cónyuges, bien por uno de ellos con el control del otro, que en tal caso "no dispone", sino que se limita "a consentir la disposición de su consorte". Con arreglo a una segunda postura, el poder de disposición "siempre" corresponde a ambos cotitulares, de manera que "aunque uno solo contrate ambos disponen", porque "el asentimiento implica codisposición, aunque no suponga cocontratación". La cogestión implica la concurrencia de las voluntades de ambos cónyuges con dos tipos de formación: "por los dos cónyuges conjuntamente o por uno de ellos con el consentimiento ... del otro" *ex* art. 1367 C.c.; y con las habilitaciones específicas establecidas o deducidas por la voluntad de los cónyuges o bien interpretación de las normas del régimen.

---

23 GIMÉNEZ DUART T., "La gestión de la comunidad de gananciales", *opus cit.*, 189 y ss.

3. El consentimiento dual

En el ámbito formal, debemos distinguir dos tipos de voluntades. Está la llamada "voluntad consorcial" y su manifestación externa que llamamos "voluntad negocial".

En realidad, la cogestión que se requiere en el régimen de sociedad de gananciales es puramente teórica. Es decir, entendemos que existe la cogestión desde el momento en que la actuación de uno de los cónyuges obedece o responde en términos generales a los acuerdos o disposiciones consensuados por ambos cónyuges para la economía familiar.

En cuanto al aspecto formal, nuestro sistema se manifiesta totalmente abierto, pues se puede llevar a cabo la cogestión actuando ambos conjuntamente -compareciendo los dos cónyuges- o bien haciéndolo uno de ellos con el consentimiento del otro -sólo aparecería uno de los cónyuges en el contrato-.

En la primera modalidad se declara válida la comparecencia personal de ambos, así como la actuación de un solo cónyuge, que entonces se podría llevar a cabo como mandatario verbal del otro -precisándose pues el poder representativo y acreditado suficientemente- o bien, desde la perspectiva del tercero respecto del consorcio que interviene como parte en el negocio, este consentimiento no contractual es meramente habilitante en favor del cónyuge que contrata y puede ser expreso o tácito -como dictan las SS.T.S. de 5 de mayo y 24 de noviembre de 1986- por encontrarse este regulado dentro de los acuerdos conyugales tomados con anterioridad por ambos[24].

---

24 LINACERO DE LA FUENTE, M. (2019). "Régimen económico conyugal II. Disposiciones generales del sistema de organización del matrimonio. Publicidad registral." *Tratado de Derecho de Familia: Aspectos sustantivos. Procedimientos. Jurisprudencia. Formularios.* Tirant Lo Blanch, 231 y ss.

No obstante, ni podemos considerar como un consentimiento tácito el silencio de un cónyuge, pues como determina LACRUZ, "la prestación o negativa del consentimiento constituye cumplimiento de una obligación de cada esposo de cooperar a la gestión de la sociedad legal".

En este caso, para actuar de forma individual se exige acudir a la autoridad judicial, por la vía prevista en la Disposición transitoria décima de la Ley de 13 de marzo de 1981 y las razones de la negativa o la ausencia de ellas formará parte de la información sumaria que debe realizar el juez de conformidad con lo dispuesto en el art. 1.377-2.

La misma idea de cogestión sugiere que, en los casos que proceda, la autorización judicial supletoria debe anteceder a la actuación negocial unilateral de uno de los cónyuges para administrar o disponer sobre bienes comunes, pues el fin de este es habilitarle para dicha actuación y no convalidar lo ya efectuado excediendo el marco gestorio establecido.

Ciertamente la autorización judicial supletoria está concebida para la negación del consentimiento, tras intentarla sin éxito, o para la imposibilidad o gran dificultad para obtener la cooperación, cuando se trate de una ausencia o una enfermedad, por ejemplo. En este sentido, manifiesta LACRUZ: "La suplencia judicial de la negativa de uno de los cónyuges a consentir, constituye una excepción en relación con el régimen de indivisión ordinaria, o el de la socie dad civil, al requerirse en aquella la unanimidad para los actos de disposición, y al tener en ésta derecho de veto cualquier socio si no se ha pactado lo contrario: en ambos supuestos la negativa a consentir alguna operación constituye un obstáculo insuperable para la realización de la misma", y prosigue "el que no ocurra así en tema de sociedad de gananciales confirma que su administración, dirigida a asegurar la buena marcha de la familia más que la conservación de los bienes, presenta aspectos particulares que no consienten clasificarla en los esquemas ya conocidos".

El objetivo de este procedimiento es conceder al cónyuge una autorización especial que le permita llevar a cabo por sí actos de administración extraordinaria o de disposición para los que se requeriría, en vía ordinaria, del consentimiento del otro cónyuge[25]. Es claro que el procedimiento es el mismo para ambos supuestos, idéntico el alcance: no puede impugnarse en otro procedimiento, pues surte efectos definitivos e irrevocables y sólo es eficaz en el tráfico y para los actos concretos para los que se ha solicitado y otorgado, pues el juez no sustituye al cónyuge no consintiente, sino que suple la falta de consentimiento, por lo que ésta no será parte en el negocio que, tras la autorización judicial, se celebre.

El juez, de una manera u otra deberá autorizar o denegar esta habilitación especial, pero no propondrá una tercera solución, ya que la no pronunciación sobre el tema sólo entorpecerá el procedimiento.

GIMÉNEZ DUART[26], por su parte, explica que se debe exigir un mayor rigor en la autorización supletoria relativa a los actos de disposición, estableciendo como parámetro el criterio de utilidad para los actos de disposición y el de no perjuicio para los de administración.

Para la gestión de los bienes contenidos en la masa ganancial se prevén distintas formas de llevar a cabo la intervención de los cónyuges, y son estas las que pueden dar lugar a diferentes efectos que condicionarán tanto la posición patrimonial de los cónyuges como la masa ganancial.

Cuando actúan ambos cónyuges como cocontratantes, la voluntad de los cónyuges se extiende a todas y cada una de las estipulaciones que se contienen en el contrato. También,

---

25 LINACERO DE LA FUENTE, M., *opus cit.,* 231 y ss.

26 GIMÉNEZ DUART T., "La gestión de la comunidad de gananciales", *opus cit.,* 189 y ss.

como se ha dicho anteriormente, existe cocontratación en los casos en que un cónyuge es representante del otro, ya sea como apoderado o como mandatario verbal, con su correspondiente ratificación[27].

Nuestro sistema de gananciales sólo exige la comparecencia de ambos para los actos de disposición a título gratuito, es decir, sólo se podrá donar un bien ganancial cuando ambos comparezcan; y además, encontramos que será nulo todo acto llevado a cabo por un cónyuge sin el concurso activo y directo del otro.

Los cónyuges que contratan conjuntamente no sólo comprometen la masa ganancial, sino que también lo hacen con sus respectivas masas privativas en cuanto a las posibles desavenencias que pudiese acarrear el contrato dispuesto, ya que aquí entra en juego la responsabilidad patrimonial universal de ambos, como se deduce de la interpretación conjunta de los arts. 1.367 y 1.369.

Tal y como establece LACRUZ: "hay en los supuestos de los arts. 1.376 y 1.377, dos suertes de consentimiento posible: el que junto con el del otro consorte compone la codisposición, consentimiento puramente contractual, y el mero asentimiento al compromiso o acto de enajenación del otro consorte, suficiente para vincular los bienes comunes pero al que se aplica la regla qui auctor est se non obligar, por lo que el cónyuge consintiente no contratante no es parte en el negocio, aunque éste incide directamente sobre el patrimonio consorcial del que es cotitular".

Por tanto, quedarían afectos al contenido del contrato y a la responsabilidad que de él pudiera derivarse los bienes co-

---

27 LÓPEZ FERNÁNDEZ, M. L. (2020). "La sociedad de gananciales disuelta y no liquidada." *La Ley Derecho de Familia: Revista jurídica sobre familia y menores,* (25), 136 y ss.

munes y los privativos del cónyuge que es parte en el negocio, pero de ningún modo los privativos de aquél que no es parte contractual, en aplicación deducida del art. 1.369, pues en pureza de términos sólo el cónyuge contratante puede ser deudor, en tanto que la masa no es persona y el otro cónyuge no es parte en el negocio[28].

El art. 1.322 es claro: "cuando la Ley requiera para un acto de administración o disposición que uno de los cónyuges actúe con el consentimiento del otro, los realizados sin él y que no hayan sido expresa o tácitamente confirmados podrán ser anulados a instancia del cónyuge cuyo consentimiento se haya omitido o de sus herederos".

Así las cosas, entendemos que este precepto introduce graves inseguridades en el tráfico jurídico, pues la situación del tercero al consorcio y parte contratante en el negocio queda en a merced del ejercicio de la acción de nulidad por parte del esposo (o de sus herederos) que no contrató con él.

DÍEZ-PICAZO explica que "el texto del Código es perfectamente claro: en primer lugar, dice que podrán ser anulados, con una clara referencia al sistema de la anulabilidad; en segundo lugar, limita la legitimación para el ejercicio de la acción al cónyuge cuyo consentimiento se ha omitido y por eso no debe irse a la nulidad radical y absoluta, que permitiría la protección de otro tipo de intereses".

El art. 1.322 no regula ciertos aspectos importantes, como qué sucede con la responsabilidad de la masa ganancial en tanto se declara la anulación del negocio que debe ser tenido en cuenta en un estudio sobre la gestión de la sociedad de gananciales. Sin embargo, uno de las cuestiones más claras del

---

28 PÉREZ MARTÍN, A. J. (2019). "Normas de administración, conservación y disposición de bienes gananciales: aspectos sustantivos y procesales." *Revista de Derecho de Familia: doctrina, jurisprudencia, legislación,* (83), 27 y ss.

art. 1.322-1 consiste en que el acto de administración o disposición a título oneroso efectuado por un cónyuge sin el consentimiento del otro puede ser subsanado por confirmación posterior, ya sea esta expresa o tácita. Es decir, que cualquier cónyuge puede comprometer o disponer válidamente de bienes gananciales (aunque hayan sido adquiridos por el otro, no habiendo demostrado este otro la procedencia privativa de la inversión) y con plenos efectos patrimoniales siempre y cuando su cónyuge, aún después de la realización del acto de que se trate, muestre su conformidad.

LACRUZ nos explica que "la falta de concurrencia de un cónyuge a la enajenación se resuelve en una suerte de nulidad relativa o anulabilidad: el acto celebrado sin consentimiento conyugal es eficaz, pero impugnable, si bien la posibilidad de impugnación dura un plazo extraordinariamente más largo que en otros eventos de nulidad relativa. Correlativamente, las enajenaciones de bienes comunes realizadas por un esposo sin asentimiento del otro no pueden ser opuestas al que no asintió (y que, por ejemplo, ulteriormente asume la administración de los bienes comunes) correspondiendo a la nulidad relativa una suerte de relativa inoponibilidad."

Aunque los actos de administración extraordinaria o de disposición a título oneroso sobre bienes consorciales celebrados por un cónyuge sin el consentimiento del otro son válidos y eficaces, si bien anulables por el cónyuge no consintiente, y pueden acceder al Registro de la Propiedad son, siempre y en todo caso, inoponibles al cónyuge que no consintió en los mismos[29].

En la regulación de la sociedad de gananciales el tercero cocontratante recibe un tratamiento injusto, ya que sólo es contemplado en su actuación de mala fe (art. 1.391), legitimando

---

29 ADÁN GARCÍA, M. E. (2021). "La comunidad de bienes y el régimen económico matrimonial." *Comunidad de bienes.* Tirant Lo Blanch, 381 y ss.

al cónyuge no contratante para demandar la rescisión de la enajenación efectuada por el otro cónyuge.

El tercero cocontratante de buena fe, es decir, el que no conocía la naturaleza ganancial del bien o la necesariedad del consentimiento del otro cónyugno puede accionar la nulidad por aplicación del art. 1.259 C.c. pues esto reduciría el esquema de la gestión de la sociedad a un puro problema de comunidad de bienes, aunque sin cuota. DÍEZ-PICAZO entiende que "la situación de este tercero puede ser digna de especial protección en dos casos cuando ignoraba que el disponente con quien contrató estaba casado o cuando el acto se suspendió o condicionó a la confirmación o ratificación. En el primer caso puede entenderse que el tercero dispone de una acción de nulidad propia por error en las cualidades de la persona con quien contrató. En el segundo caso, la espera de la confirmación o ratificación no podrá extenderse más allá de lo razonable. Si así no ocurre, hay que entender que el disponente incumplió sus obligaciones y que el acto es por esta razón resoluble" este último remedio tiene como fundamento el art. 1.124 C.c.

4. Aspectos funcionales, naturaleza, forma y efectos de la cogestión

Por la cogestión adoptada como regla general en el art. 1.375, los cónyuges tienen la obligación de administrar y enajenar en común los bienes y derechos de la masa ganancial, -a menos que establezcan otro tipo de pacto o que por la naturaleza del hecho baste la actuación de uno de ellos[30].

No obstante, también existe cogestión cuando un cónyuge comparece y actúa solo, pero con consentimiento del otro. En

---

30 LLOPIS GINER J. M. (2021). "La comunidad de bienes inmuebles y el Registro de la Propiedad". *Comunidad de bienes*. Tirant Lo Blanch, 614 y ss.

esta línea, deducimos del artículo 1378 C.C. que la concurrencia material de los consentimientos no es en nuestro sistema requisito específico para la validez del acto de forma general, sino tan sólo para los de disposición a título gratuito.

Parece claro que el objetivo de la cogestión, como regla general de administración del patrimonio consorcial es la de favorecer la concurrencia de ambos cónyuges en la dirección de la economía. O bien, facilitar el control del cónyuge no interviniente, bien con la posibilidad de asentir *ex* post facto, O bien con la de instar la anulabilidad de lo actuado sin su concurso, no la de obligar a los cónyuges a tomar la mayor parte de las decisiones económicas concretas, desencadenando en caso contrario las consecuencias previstas en el art. 1.322 C.c.

El Código Civil no concreta de manera exhausta los supuestos en que puede producirse la cogestión y la indistinción de los efectos en caso de contravención, ya sea en supuestos de administración o bien de disposición a título oneroso. Esto nos lleva a hacer una interpretación de los textos de los arts. 1.375, 1.376 y 1.377 C.c. reduciendo el alcance de la cogestión, con el objetivo de brindar mayor precisión en dichos preceptos, que, según reconoce la totalidad de la doctrina, son quizá demasiado genéricos, prestando especial atención en diferenciar las dispares acepciones del término "administración", y en concreto en los actos de administración respecto de los actos de disposición.

En esta línea se manifiestan las observaciones de DE LOS MOZOS[31] y de GARCIA CANTERO. Vemos que interviene el discurso del tratamiento que LACRUZ hace de la cuestión, en tanto que, por el contrario, DÍEZ-PICAZO, partiendo de la "no

---

31 DE LOS MOZOS, J. L., "Crisis del principio de abstracción y presupuestos romanistas de la adquisición del dominio en el Derecho español", *opus cit.*, 65 y ss.

fácil inteligencia" del art. 1.376 y por diferenciación respecto del art. 1.375, fija el contenido de la expresión "acto de administración" en "aquellos que van dirigidos a la conservación y normal explotación u obtención del rendimiento por contraposición a los actos extraordinarios y a los actos de disposición", y concluye, desdeñando los que él denomina "distingos y sutilezas" construidos en torno a la expresión "fuere necesario el consentimiento de ambos cónyuges", que el precepto "hay que entenderlo referido a la actuación conjunta".

Por su parte la profesora TORRES se centra en la sistematización de los actos de administración y en la determinación de su contenido, para propiciar la cogestión del art. 1.376 frente a los supuestos de habilitación individual considerándolos como excepciones, aunque en ellas hay que subsumir los supuestos implícitos en tales normas.

Resulta inquietante la imprecisión de la cogestión en los "actos de administración" y las diversas opiniones doctrinales al respecto en cuanto a los supuestos fácticos de administración sometidos a ella. Esto hace lícito preguntarse si la cogestión planteada opera de la misma forma en los actos de administración y en los de disposición, aunque, si atendemos a la observación de DÍEZ-PICAZO, no deberíamos exagerar la diferencia precisamente porque la norma que rige a ambos —la cogestión— es y debe ser la misma[32].

Y de hecho se desprende del Código Civil que la actuación conjunta de ambos cónyuges que se precisa para los "actos de administración" en el art. 1.376 C.c. es idéntica a la codisposición prevista en el art. 1.377, y con los mismos efectos en caso de contravención: los del art. 1.322 C.c., no obstante, aprecia-

---

32 DÍEZ-PICAZO, L. (2012). *Fundamentos del Derecho civil patrimonial*. Civitas, 74 y ss.

mos que la anulabilidad en los actos de administración presenta perfiles específicos[33].

El ámbito en el que más controversias doctrinales existen es el de fijación del límite para los actos de administración para el que se tiene que acordar una legitimación individual o admitir en exclusiva la coadministración predicada en el art. 1.376.

Las interpretaciones literales directas de los arts. 1.384 y 1.386 "excepcionan" la coadministración, bien cuando los bienes comunes están a nombre de un cónyuge únicamente, o bien cuando la gestión resulta ser "urgente". En materia registral, no obstante, estas normas parecen muy difícilmente aplicables aplicables. La del art. 1386 por tener por objeto un supuesto de hecho, los gastos, que manifiestamente carece de trascendencia real inmobiliaria (cfr. art. 1.1. y 2 de la Ley Hipotecaria) y, en cuanto a la del art. 1384, a pesar de que declare válidos los actos de administración de bienes realizados por el cónyuge a cuyo nombre figuren o en cuyo poder se encuentren, no puede entenderse sin lo previsto para los bienes inmuebles inscribibles por el art. 93.2 del Reglamento Hipotecario, que, sin prejuzgar la legitimación del cónyuge titular registral, impone la regla de codisposición ya indicada, pues establece que para la inscripción de los actos de administración de los bienes inscritos para la sociedad de gananciales "será preciso que se hayan realizado conjuntamente por ambos cónyuges[34], o por uno cualquiera de ellos con el consentimiento del otro o con la autorización judicial supletoria"; mientras que los supues-

---

33 ESCOBAR NAREDO, S. "Comentario de la Sentencia del Tribunal Supremo, Sala Primera, 10/2022, de 10 de enero, sobre aportación de bienes privativos a la sociedad de gananciales", *opus cit.*, 114 y ss.

34 AZAUSTRE GARRIDO, M. D. (2021). "Atribución de ganancialidad, aportación de bienes y derecho de reembolso: encrucijada de negocios jurídicos y su resolución desde la óptica de diez sentencias del Tribunal Supremo". *Revista de Derecho de Familia: doctrina, jurisprudencia, legislación,* (90), 33 y ss.

tos en que el art. 94.2 del Reglamento Hipotecario autoriza la actuación unilateral del titular registral, "agrupaciones, segregaciones o divisiones de estas fincas, las declaraciones de obra nueva sobre ellas, la constitución de sus edificios en régimen de propiedad horizontal y cualesquiera otros actos análogos", parecen, precisamente, exceder del ámbito de los actos de administración de los bienes inmuebles inscribibles.

Del art. 1.376 no se puede deducir todo un conjunto de actos de administración para los que no se requiere del concurso de ambos cónyuges: como indica DÍEZ-PICAZO, pero apreciamos que la inclusión en dicho precepto de la expresión «fuere necesario» precisa de la presencia de una serie de actuaciones administrativas en las que la voluntad conjunta no es requerida para la validez y eficacia de tales actos y que este ámbito no se corresponde con el que cubren directamente los arts. 1.384 y 1.386 respectivamente.

ALBALADEJO[35], por su parte, explica que "la posibilidad de que un sujeto realice ciertos actos no depende de la entidad del acto, que es siempre la misma, sino de la posición del sujeto y de las reglas de la institución dentro de la cual actúe" lo cual es, cuando se refiere a actos de administración. No obstante, en el contexto de la sociedad de gananciales resulta paradigmática, ya que la naturaleza de la institución permite tanto la actuación conjunta como la individual o disjunta en materia de administración de bienes comunes, sin que cambie ni la institución ni padezca necesariamente la igualdad entre los cónyuges, ni son mutables las características de tales actos, aunque se adjetiven éstos de comunes, ordinarios, extraordinarios, urgentes, etc., pues la adición de estos calificativos, representativos de conceptos jurídicos indeterminados, no alteran en absoluto su sustancia y la habilitación depende exclusivamente

---

35 ALBALADEJO GARCÍA, M., "Comentarios al Código Civil y Compilaciones forales", *opus cit.*, 56 y ss.

de la posición del sujeto actuante (un cónyuge igual en derechos y deberes) y de la norma que la acuerde, por lo que en la sociedad de gananciales esta habilitación tiene que ser integrada por su contexto funcional y con perspectiva teleológica.

Asimismo, debemos tener claro que el hecho de acotar las habilitaciones para los actos de administración únicamente cobra importancia en el ámbito interno de la sociedad. Como afirma GIMÉNEZ DUART[36], con respecto de los terceros intervinientes en estos actos de administración carece de trascendencia, puesto que las posibles responsabilidades que se deriven de su realización no afectan en sentido patrimonial al tercero cocontratante. Es decir, no le causarán perjuicio alguno las tachas de anulabilidad que el acto pueda tener a nivel interno en la sociedad porque un cónyuge actúe aisladamente sobrepasando los límites de habilitación establecidos de los que hablábamos o debiendo hacerlo conjuntamente, salvo que actúe él también de mala fe, que habrá de ser demostrada por quien la alegue. No obstante, si se demuestra efectivamente la mala fe no hay lugar a la rescisión, puesto que esta ha quedado reservada en el art. 1.391 para los actos de disposición.

No obstante lo anterior, sigue en pie la pregunta: ¿qué actos de administración precisan de la voluntad conjunta de los cónyuges?

DÍEZ-PICAZO y TORRES afirman que "están sujetos a coadministración todos aquellos para los que la norma no prevé una legitimación individual o una habilitación disjunta" pero de la letra del art. 1.386, que dice: "Para realizar gastos urgentes de carácter necesario, aun cuando sean extraordinarios, bastará el consentimiento de uno solo de los cónyuges" y del contexto del art. 1.384 tan sólo se deduce directamente que

---

36 GIMÉNEZ DUART, T., "La gestión de la comunidad de gananciales", *opus cit.*, 187 y ss.

para determinados actos de administración y bajo concretas circunstancias la norma establece una habilitación individual para la administración de bienes comunes.

Ahora bien, el art. 1.386 sí nos orienta de alguna manera refiriéndose a los gastos urgentes y a los necesarios, aunque unos y otros revistan el carácter de extraordinarios, por lo que la referencia material del art. 1.376 respecto del "fuere necesario" tiene que venir referida precisamente los actos de administración de carácter extraordinario.

Debemos tomar en consideración que la no-flexibilidad de la cogestión en la sociedad de gananciales reviste un carácter más formal que material, pues en ningún caso se llega a concebir el concurso de voluntades[37], como lo hacen los Derechos francés, belga e italiano y como convendría en algunos casos, "el uno con el otro" o "que no puede el uno sin el otro".

III. LOS ACTOS DE ADMINISTRACIÓN: ASPECTOS PARTICULARES

1. Delimitación conceptual y tipos

En virtud del principio de cogestión, los esposos tendrán que realizar la totalidad de los actos de administración del patrimonio de la sociedad de gananciales, esto es, los dos juntos, o un solo cónyuge actuando con el consentimiento del otro, que podrá ser tácito, expreso, o presunto, pudiéndose suplir en determinados casos por el Juez, dicho consentimiento[38].

---

37 NIETO ALONSO, A., *opus cit.*, 256 y ss.

38 AZAUSTRE GARRIDO, M. D. "Atribución de ganancialidad, aportación de bienes y derecho de reembolso: encrucijada de negocios jurídicos y su

Algún autor ha subrayado que es el propio Código Civil el que marca la diferencia entre los actos de administración y actos de disposición en sus artículos 1376 y 1377, al establecer que "de la propia literalidad de los preceptos se deduce que las posibilidades de gestión separada e individual de cada uno de los cónyuges son mucho mayores cuando estamos ante actos de administración que cuando se trata de actos de disposición" [39]. Así, el art. 1376 alude a los actos de administración estableciendo que: "Cuando en la realización de actos de administración fuere necesario el consentimiento de ambos cónyuges y uno se hallare impedido para prestarlo, o se negare injustificadamente a ello, podrá el Juez suplirlo si encontrare fundada la petición". Por tanto, de la literalidad de este precepto se deriva que no todos los actos necesitan la actuación ambos cónyuges de manera conjunta ya que en el intento de superar los impedimentos que pudiera ocasionar la actuación mancomunada el legislador en los arts. 1381, 1384, 1386 C.c. ha establecido excepciones a la regla general[40].

Así, pues, con respecto a la administración ordinaria de la familia, los cónyuges están exentos de la obligación de administrar de manera conjunta ya que es muy posible que en el quehacer diario se presenten supuestos que no requirieran de consenso o, que no se pueda esperar a que estén juntos los dos cónyuges para llevarla a cabo debido la urgencia con la que nacen, *ex* art. 1386 C.c. Vemos, pues, que en materia de administración ordinaria no se hace necesaria la actuación conjunta

---

resolución desde la óptica de diez sentencias del Tribunal Supremo", *opus cit.*, 45 y ss.

39 BERROCAL LANZAROT, A. I., *opus cit.*, 245 y ss.

40 FLORES MARTÍN, J. (2021). "Fijación del momento de la disolución del régimen económico matrimonial: interpretación sustantiva (arts. 95 y 1392 del Código Civil) y aspectos procesales: Comentario a la STS, Sala de lo Civil, núm. 297/2019 de 28 de mayo (RJ 2019, 2165)". *Revista Aranzadi de derecho patrimonial*, (54), 1139 y ss.

mientras que dicha actuación sí exigible en los supuestos de administración extraordinaria, pero en este tipo de administración, con la excepción expuesta podrá actuar un cónyuge de manera individual[41].

Es pertinente, por tanto, diferenciar los actos de administración extraordinaria de los actos de administración ordinaria, de manera que, si el régimen de gananciales fuera de cogestión absoluta, del resultado se derivaría una ineficacia absoluta de las actuaciones que realiza un cónyuge sin el consentimiento del otro[42]. En los supuestos en los que uno de los esposos actúe sin el consentimiento del otro contemplado en el art. 1322 C.c.: "Cuando la ley requiera para un acto de administración o disposición que uno de los cónyuges actúe con el consentimiento del otro, los realizados sin él y que no hayan sido expresa o tácitamente confirmados podrán ser anulados a instancia del cónyuge cuyo consentimiento se haya omitido o de sus herederos ". Asimismo, establece el art. 1301.4 C.c. que el plazo para ejercer la correspondiente acción de nulidad es de cuatro años a contar desde el día de la disolución de la sociedad conyugal o, del matrimonio, salvo que se hubiese tenido antes conocimiento suficiente de dicho contrato el legitimado o acto. Como también son nulos, en atención a los establecido en el art. 1322.2 C.c. "los actos a título gratuito sobre bienes comunes si falta, en tales casos, el consentimiento del otro cónyuge" y en el art. 1378 C.c. que: "son nulos los actos a título gratuito si no concurre el consentimiento de ambos cónyuges. Sin embargo, podrá cada uno de ellos realizar con los bienes gananciales liberalidades de uso". El fundamento de esta for-

---

41 BERROCAL LANZAROT, A. I., "La sociedad de gananciales: confesión de ganancialidad, atribución voluntaria de la ganancialidad y derecho de reembolso", *opus cit.*, 123 y ss.

42 DE VERDA Y BEAMONTE, J. R., "La sociedad de gananciales: bienes privativos y bienes gananciales", *opus cit.*, 22 y ss.

mulación se deriva de la protección que deben tener los actos realizados a título gratuito por uno solo de los cónyuges, para no desatender las necesidades de la familia y responder de sus obligaciones y cargas como finalidad principal del patrimonio ganancial[43].

Lo establecido en los arts. 1376, 1377 y 1378 C.c. exige que ambos esposos presten su consentimiento en todos aquellos actos de administración y disposición que recaigan sobre bienes gananciales. Y dicho consentimiento podrá ser tácito, esto es, que se deduzca de la actitud o del comportamiento del cónyuge no interviniente; posterior, cuando queda ratificado el acto que realiza uno de los con el consentimiento expreso o tácito del otro; y expreso, contemplado en capitulaciones matrimoniales u otro pacto por razón del matrimonio[44]. En cuanto a la autorización judicial contemplada por el Código Civil, se presenta como una solución para supuestos concretos de administración, o de disposición a título oneroso, en los que un cónyuge no puede o no quiere prestar su consentimiento. Autorización judicial que tendrá alcance distinto en función de la naturaleza del acto *ex* arts. 1376 y 1377 C.c., debiendo ser, por tanto, menos riguroso en su concesión para los actos de administración que para los actos de disposición[45].

Algún autor ha puesto de manifiesto con respecto a lo señalado en los arts. 1376 y 1377 C.c. que, el hecho de facultar al juez para autorizar la realización de un acto de administración por uno de los cónyuges para el que sea necesario el consentimiento de los dos esposos y uno de ellos se hallara impedido

---

43 GÓMEZ GÁLLIGO, F. J., "El principio de especialidad registral", *opus cit.*, 2389 y ss.

44 PÉREZ CEBADERA, M. A., "El procedimiento de liquidación del Régimen Económico Matrimonial previsto en los artículos 806-810 LEC", *opus cit.*, 456 y ss.

45 RAMS ALBESA, J. L., *La sociedad de gananciales, opus cit.*, 114 y ss.

para prestarlo o se negara a hacerlo de manera injustificada "si encontrare fundada la petición" *ex* art. 1376, o con relación a los actos de disposición a título oneroso, "cuando lo considere de interés para la familia" *ex* art. 1377 C.c. la actuación del juez no significa que vaya a ejercer de celebrante del negocio jurídico, sino que va a declarar ineficaz la negativa del cónyuge y va a valorar el negocio jurídico como un acto en el que, concede la autorización porque existe consentimiento suficiente para ello[46]. Si el Juez la denegara, o se niegue a conceder su autorización, no es óbice para que preste el consentimiento con eficacia el cónyuge que, en un primer momento no quiso prestar su consentimiento y luego cambie de opinión. Las autorizaciones judiciales parece que no pudieran tener carácter general para los actos de disposición pero sí parece que pudieran tener cabida en el ámbito de los actos de administración que requieran menos precisiones[47]. Algún tratadista ha justificado esta diferencia subrayando que, para los actos de disposición es necesario acudir al criterio de utilidad mientras que, para los de administración el criterio es el de no ocasionar perjuicio y, en el entendido de que para los actos de administración es necesaria una agilidad que no precisan los actos de disposición[48].

En cualquier caso, la eventualidad de que el consentimiento de uno de los cónyuges en el acto de administración o disposición sea suplido por la autorización judicial viene prevista por los arts. 93 y 94 por el Reglamento Hipotecario. Obviamente, la autorización judicial deberá ser acreditada al Registrador a efectos de calificación.

---

46 RAGEL SÁNCHEZ, L. F., *opus cit.*, 117 y ss.

47 PRETEL SERRANO, J.J. (1993). "Artículo 1376 CC". *Comentario del Código Civil.* Ministerio de Justicia, 712 y ss.

48 GIMÉNEZ DUART, T., "La gestión de la comunidad de gananciales", *opus cit.*, 571 y ss.

DE LA CAMARA ÁLVAREZ[49] se pregunta a qué actos de administración puede referirse el art. 93 del Reglamento Hipotecario y llega a afirmar que, a primera vista el único acto de administración susceptible de inscripción en el Registro de la Propiedad es el arrendamiento de bienes inmuebles, cuando reúna los requisitos de la Ley Hipotecaria.

Haciéndonos eco de su opinión, nos centramos en primer lugar en el arrendamiento de fincas inscritas a favor de la sociedad de gananciales.

El arrendamiento tiene expresa consideración de derecho inscribible conforme al art. 2.5 de la Ley Hipotecaria pues, a pesar de su naturaleza personal, es relevante su dimensión de cesión de uso de un inmueble a cambio de un precio.

Por regla general la doctrina, la jurisprudencia y la doctrina de la DGRN admiten que generalmente la constitución de un arrendamiento sobre un bien inmueble es un acto de administración, pero, como veremos, las circunstancias y los elementos del arrendamiento —en particular su duración—, influyen decisivamente y hay casos en los que debe ser considerado como acto de disposición.

En situaciones de comunidad ordinaria sobre un bien, se regiría la creación de un arrendamiento por el art. 398 del Código Civil y bastaría que se hiciera por la mayoría de los comuneros. Pero tratándose de un inmueble perteneciente a la sociedad de gananciales, PAU PEDRÓN y FUENTES CORRIPIO[50] exponen que, de conformidad con los arts. 1375 del Código Civil y 93.2 del Reglamento Hipotecario, será necesario el consentimiento de ambos cónyuges aunque, si se trata de un

---

49 DE LA CÁMARA ÁLVAREZ M., "La sociedad de gananciales y el Registro de la Propiedad", *opus cit.*, 346 y ss.

50 PAU PEDRÓN, A. y DE FUENTES CORRIPIO, J., *La capacidad en los negocios sobre inmuebles, opus cit.*, 106 y ss.

inmueble adquirido por solo uno de los cónyuges para la sociedad de gananciales o con carácter presuntivamente ganancial, podrá arrendarlo por sí solo el cónyuge titular registral de conformidad con los arts. 1384 del Código Civil y 93.4 y 94.2 del Reglamento Hipotecario, en este último supuesto como uno de los "actos análogos" que son su objeto. Es evidente que estos autores, si consideraran al arrendamiento como acto de disposición, no postularían que pudiera otorgar el arrendamiento por sí solo el cónyuge titular registral de un inmueble inscrito con carácter ganancial, sino que entenderían de aplicación el art. 1377 del Código Civil y la exigencia de la actuación conjunta. En este sentido, recordemos que la STS 289/1995 de 25 de septiembre estimó nulo el arrendamiento concedido por uno solo de los cónyuges ante la evidente copropiedad y cotitularidad registral de ambos.

El criterio de la STS 120/1990 de 28 de marzo es claro en cuanto a que el arrendamiento es un acto de administración y que deja de serlo si versa sobre inmuebles y excede del plazo de seis años. Deja clara esta doctrina que en la consideración como acto de administración o como acto de disposición influyen circunstancias relevantes como la naturaleza del bien (si es inmueble) o la duración del contrato[51].

La posición del TS ha sido secundada por la DGRN. Precisamente por la consideración del arrendamiento como acto de administración la Resolución de 22 de abril de 2006 (BOE de 16 de Junio de 2006) admitió la inscripción del contrato de arrendamiento otorgado por un plazo de cinco años por la mayoría de los dueños (propietarios de dos terceras partes indivisas de una finca urbana).

---

[51] Comparten esta doctrina las SSTS 576/1993 de 2 de diciembre y 139/1994 de 4 de febrero.

La RDGRN de 26 de enero de 2015 («BOE» núm. 52, de 2 de marzo de 2015) ha señalado explícitamente (fundamento 4º): "Antes de la modificación del artículo 2.5.º de la Ley Hipotecaria, numerosas Sentencias del Tribunal Supremo se habían fundamentado, para determinar si la capacidad necesaria para arrendar era la propia de los actos de disposición o de administración, en la extensión temporal del arrendamiento, de manera que un largo plazo de tiempo de duración del mismo -más de seis años- determinaba que se trataba de un acto que gravaba de la propiedad con lo que se hacía necesaria la capacidad de disposición a que se refiere el artículo 399 del Código Civil..." "Consecuentemente, para determinar cuándo el arrendamiento es un acto de administración o de administración extraordinaria o de disposición, el Código Civil fija como criterio especialmente relevante el que atiende a su plazo de duración."

Concluyendo esta Resolución (fundamento 5º) que "es generalmente admitido que, en principio, el arrendamiento constituye acto de administración o, si se quiere, de extraordinaria administración o de gestión, por lo que bastaría, para su realización, la capacidad general para celebrar tales actos, siendo sólo necesaria la capacidad dispositiva cuando se trate de arrendamientos que por sus estipulaciones, o por su duración, puedan ser considerados actos de disposición o equiparados a éstos" y que "bastará el consentimiento de quienes ostenten la mayoría de intereses en la comunidad para la celebración del arrendamiento, salvo que el arrendamiento, por su duración, o por sus concretas estipulaciones, exceda de la mera administración y pueda ser considerado acto de disposición o gravamen, algo quc esa jurisprudencia había resuelto con base en el criterio del plazo de duración de seis años."

La Resolución de la Dirección General de Seguridad Jurídica y Fe Pública de 15 de julio de 2021[52] (BOE 29 de julio de 2021) indica que "dejando ahora al margen las interesantes cuestiones que se han suscitado en torno a la conceptuación –en abstracto– del arrendamiento como acto de administración, a la vista de lo establecido en nuestra legislación en diversas normas (preceptos legales que disciplinan facultades de determinados representantes legales; leyes arrendaticias especiales, etc.), es generalmente admitido que, en principio, el arrendamiento constituye acto de administración o, si se quiere, de extraordinaria administración o de gestión" cambiando tal consideración "cuando se trate de arrendamientos que por sus estipulaciones, o por su duración, puedan ser considerados actos de disposición o equiparados a éstos (sin perjuicio, eso sí, de que eventualmente alguna norma pueda exigir capacidad dispositiva para concertarlo)" en el caso de que "exceda de la mera administración y pueda ser considerado acto de disposición o gravamen, algo que esa jurisprudencia había resuelto con base en el criterio del plazo de duración de seis años." Y aclarando que "el hecho de que el arrendamiento sea inscribible no tiene la trascendencia de transmutar su naturaleza jurídica, de acto de administración en acto de disposición".

Por tanto, el centro directivo considera acto de administración el contrato de arrendamiento por un plazo de cinco años pues "no excede por tanto del plazo de seis años que se tiene en cuenta por la jurisprudencia y este Centro Directivo para calificar el arrendamiento como acto de disposición y no de mera administración." Y precisa, con gran trascendencia que "esta conclusión no queda empañada por el hecho de que el plazo de duración pactado esté sujeto por pacto a prórrogas

---

52 Que manifiesta continuar la doctrina de las Resoluciones de la DGRN de 26 de abril de 1907, 7 de abril de 1938, 26 de enero de 2015 y 9 de enero de 2020.

automáticas sucesivas, pues para que éstas no se produzcan basta la comunicación por el arrendador al arrendatario de su voluntad de no renovarlo".

Idéntica doctrina sigue la RDGRN 9 de enero de 2020 («BOE» núm. 98, de 8 de abril de 2020) en el caso de un arrendamiento concertado por un "plazo cierto de seis años": "Consecuentemente, para determinar cuándo el arrendamiento es un acto de administración o de administración extraordinaria o de disposición, el Código Civil fija como criterio especialmente relevante el que atiende a su plazo de duración."[53]

En definitiva, es, por consiguiente, inscribible el arrendamiento sobre inmuebles formalizado por uno de los cónyuges cuando es el titular registral (arts. 93.4 y 94.2 del Reglamento Hipotecario, con relación a los arts. 1376 y 1377 del Código Civil) siempre y cuando el plazo no exceda de los seis años —incluso cuando se prevean las prórrogas automáticas siempre que el arrendador pueda denunciarlas preavisando—.

Pero no será inscribible en ningún caso el arrendamiento concedido sobre un inmueble ganancial por uno de los cónyuges cuando ambos son titulares. En este caso no puede operar por razones obvias el art. 398 del Código Civil, ni tiene lugar la exclusiva titularidad de un cónyuge que le faculta a otorgar por sí solo actos de administración o análogos conforme al art. 94.3 del Reglamento Hipotecario.

Carece el Código Civil de un precepto que lo autorice como el art. 230 del Código del Derecho Foral de Aragón, que establece que "cada uno de los cónyuges está legitimado para realizar por sí solo sobre los bienes que integran el patrimonio común", entre ellos "a) "actos de administración ordinaria", o b) "Actos de modificación inmobiliaria de fincas inscritas ex-

---

[53] ARGELICH COMELLES, C., "La naturaleza ganancial o privativa de arrendamiento de la vivienda familiar", *opus cit.*, 123 y ss.

presamente para el consorcio conyugal, como agrupaciones, segregaciones, divisiones, declaraciones de obra nueva o constitución de edificios en régimen de propiedad horizontal. Si estuvieran inscritas con carácter presuntivamente consorcial, para su inscripción dichos actos deberán ser otorgados por el cónyuge que las hubiera adquirido".

¿Caben otros actos de administración o CÁMARA está en lo cierto cuando limita el supuesto de hecho al arrendamiento? En segundo lugar, podemos plantearnos si el concepto de actos de administración incluye la "declaración de obra nueva". Es éste el negocio jurídico que formaliza el dueño de una finca al objeto de inscribir en el Registro de la Propiedad una obra nueva, un edificio, edificación o plantación.

Además del art. 1384 del Código Civil, el art. 94.2 del Reglamento Hipotecario, respalda expresamente la inscripción de la declaración de obra nueva formalizada exclusivamente por el cónyuge titular registral cuando la finca que es su objeto está inscrita con carácter presuntivamente ganancial, mediante los títulos a los que se refieren los arts. 45 y siguientes del RD 1093/1997, sobre normas de inscripción de actos de naturaleza urbanística. El art. 230 del Código de Derecho Foral de Aragón prevé igualmente esta posibilidad.

Lo cierto es que, además —adoptando una postura que, dada la evolución de la cuestión, parece ciertamente anómala—, en la Resolución de 21 de febrero de 1995 «BOE» núm. 87, de 12 de abril de 1995 la DGRN entendió que también puede otorgar la declaración de obra nueva un cónyuge sin el consentimiento del otro aun sobre bienes inscritos a nombre de ambos cónyuges para la sociedad de gananciales. La DGRN, admite tal posibilidad "por ser su objeto la constatación de un hecho", un "elemento físico que completa la descripción registral de la finca" y, en las palabras de esta Resolución "como simple elemento descriptivo de las fincas urbanas". Entiende la DGRN que esta declaración el otorgamiento de un título declarativo del dominio, es "ajeno a toda idea de administración o disposición" y que "no supone en este caso alteración ninguna en el régimen jurídico del inmueble ganancial, pues sigue teniendo este carácter tanto el solar como la edificación (cfr. artículo 1.359 del Código Civil), siendo ajenos al Registro los problemas sobre eventuales reembolsos entre el patrimonio común y los privativos de uno y otro cónyuge por los desequilibrios económicos de los valores satisfechos a costa de esos patrimonios."

La Resolución llega a afirmar que "el principio de tracto sucesivo consagrado en el artículo 20 de la Ley Hipotecaria no es suficiente para llegar a exigir el consentimiento conjunto de ambos cónyuges, puesto que no hay alteración ninguna en la situación dominical de la finca inscrita, sino que sólo se completa la descripción física de ésta."

Pero incluso a la vista de esta doctrina, tan laxa con los presupuestos de legitimación que estamos estudiando, PAU PEDRÓN y FUENTES CORRIPIO[54] han insistido en que, para inscribir la declaración la obra nueva sobre un inmueble inscrito a favor de la sociedad de gananciales, será necesario el consentimiento de ambos cónyuges, conforme al art. 93.2 del Reglamento Hipotecario; y que, si el inmueble ha sido adquirido por uno solo de los cónyuges para la sociedad de gananciales o con carácter presuntivamente ganancial, "a pesar de tratarse de un acto de riguroso dominio", puede el cónyuge titular por sí solo hacer la declaración de obra nueva, como podría llevar a cabo cualquier otro acto de los comprendidos en el art. 94.3 del Reglamento Hipotecario.

Y es que la doctrina hipotecarista entiende que la declaración de obra nueva, al formar parte del elenco de modificaciones de entidades hipotecarias a las que alude el art. 94.3 del

---

54 PAU PEDRÓN, A. y DE FUENTES CORRIPIO, J., *opus cit.*, 131 y ss.

Reglamento Hipotecario, tiene la consideración de "acto de riguroso dominio" y por tanto debe ser realizado por el dueño, pues no se trata de actos de enajenación, pero tampoco de mera administración, pues por medio de ellos se lleva a cabo una modificación de las entidades registrales. De esta opinión es GARCÍA GARCÍA[55] que, sin embargo, cita la resolución de 21 de julio de 2011, que entiende que el Reglamento Hipotecario aplica en los artículos 93.4 y 94.2 la naturaleza de actos de administración, en concordancia con los artículos 1375 y 1384 del Código Civil. Pero, en definitiva, la declaración de obra nueva para la doctrina hipotecarista es, como las segregaciones o divisiones de fincas, la constitución de la propiedad horizontal "y otros actos análogos" en palabras del art. 94.3 del Reglamento Hipotecario, un acto de *riguroso dominio* o de naturaleza cuasi dispositiva. De aquí la insistencia en que si la finca ganancial se halla inscrita a favor de ambos cónyuges, ambos deban otorgar la declaración, y si se halla inscrita a favor de uno de ellos, pueda bastarse él por sí solo.

A pesar de que el RD 1093/1997 declara inscribible el acta de terminación de obra cuando hubiese sido requerido su otorgamiento por el titular registral o, entre otros, "si la finca perteneciese a varios titulares en proindiviso, los que reúnan la mayoría necesaria para realizar actos de administración" (art. 47.b) RD 1093/1997), la Resolución de la Dirección General de Seguridad Jurídica y Fe Pública de 4 de septiembre de 2020 rechaza que la modificación de la obra, aunque esta pudiera ser de escasa entidad constructiva, requiere que sea otorgada por todos los copropietarios[56].

---

55 GARCÍA GARCÍA, J. M., *Derecho Inmobiliario Registral o Hipotecario, opus cit.*, 2959.

56 Es interesante, por otra parte, la Resolución de 20 de junio de 2022, que admite la inscripción de una declaración de obra nueva por el titular de las

En tercer y último lugar, y a la vista de los razonamientos realizados por el centro directivo acerca de la entidad de ciertos cambios jurídicos en la finca, podríamos preguntarnos si tienen cabida en la categoría de los actos de administración ciertos actos inscribibles por los que el titular de una finca ganancial pretenda acomodar el contenido del registro a exigencias legales, urbanísticas o administrativas de modo que, como mínimo, puedan considerarse de la clase de "actos análogos" a los que se refiere el art. 94.3 del Reglamento Hipotecario o incluso que, simplemente, se reconozca la legitimación a cualquiera de los dos miembros de la sociedad de gananciales. Es el caso, por ejemplo, de

- la registración por nota marginal de la concesión de licencias o de autorización de otras resoluciones administrativas, se impongan condiciones que han de cumplirse en la finca a la que afectan, con arreglo a las Leyes o a los Planes (art. 74 del RD 1093/1997);
- la registración por nota marginal de la concesión de las licencias para usos y obras de carácter provisional y para los edificios fuera de ordenación (art. 76 RD 1093/1997);
- la indivisibilidad de la finca conforme a la legislación agraria o urbanística;
- la constatación de hallarse el terreno de la finca o edificación en zona inundable (arts. 9 quáter y 14 del Real Decreto 849/1986, de 11 de abril, por el que se aprueba el Reglamento del Dominio Público Hidráulico).

Otros casos están previstos en el Reglamento Hipotecario. El art. 178.5 admite la inscripción de la escritura de cancelación de la hipoteca otorgada por uno solo de los cónyuges

---

quince dieciseisavas partes indivisas que se hallaban inmatriculadas de la finca, a falta de la inmatriculación de la última dieciseisava parte.

cuando el crédito hipotecario está inscrito a favor de la sociedad de gananciales, siempre y cuando la cancelación se daba a haberse pagado totalmente el crédito. De otro modo, sería preciso el consentimiento de ambos[57]. Parecen ser admisibles en nuestro Derecho, pues, ciertas actuaciones donde se supone legitimación a solo uno de los cónyuges, que no llegan a implicar verdadera disposición, e implícitamente las facultades ejercitadas quedan en la esfera de los actos de administración, a diferencia de lo que sugería DE LA CÁMARA[58].

Como anteriormente se ha descrito, cuando concurren determinados presupuestos habilitantes, se puede atribuir a uno de los consortes facultades para realizar determinados actos de disposición y de administración. Y, podría suceder que dicha gestión se efectuara de manera irregular produciéndose un daño a la sociedad o, un beneficio de carácter exclusivo para el cónyuge administrador. Asimismo, puede ocurrir que se produzca una actuación individual no permitida para la que sea necesaria la actuación conjunta de los cónyuges[59].

El Legislador ha previsto que esto pueda pasar y norma en el Código Civil un régimen específico de responsabilidades al que queda adscrito el cónyuge que, realice actos sin estar autorizado o, realice de manera indebida los actos para los que estaba autorizado. Así queda establecido este régimen de responsabilidad en los arts. 1390 y 1391 C.c., al establecer que: "Si como consecuencia de un acto de administración o de disposición llevado a cabo por uno solo de los cónyuges hubiere éste obtenido un beneficio o lucro exclusivo para él u ocasionado

---

57 GARCÍA VICENTE, J. R., "Últimas sentencias del Tribunal Supremo sobre sociedad de gananciales", *opus cit.*, 46 y ss.

58 MIQUEL GONZÁLEZ DE AUDICANA, J., *Derecho Privado, opus cit.*, 30 y ss.

59 CHAPARRO MATAMOROS, P. (2021). "La sociedad de gananciales en la doctrina de la Dirección General de los Registros y del Notariado." *Comunidad de bienes.* Tirant Lo Blanch, 1283 y ss.

dolosamente un daño a la sociedad, será deudor a la misma por su importe, aunque el otro cónyuge no impugne cuando proceda la eficacia del acto". Por tanto, no es necesario que el otro consorte haya impugnado el acto, que puede ser válido para un tercero, ya que puede hacer valer sus derechos sin que sea necesario impugnar cuando se proceda a liquidar la sociedad de gananciales, limitando su operación a las relaciones *ad intra* entre los esposos[60].

Pero sí es necesario que se acredite el beneficio de carácter exclusivo de uno de los esposos o el daño a la sociedad de gananciales para que el cónyuge que se ve afectado pueda hacer valer sus correspondientes derechos. Y es responsabilidad del cónyuge afectado el demostrar el beneficio de carácter exclusivo que ha obtenido el otro esposo o, el daño que se ha ocasionado a la sociedad de gananciales para que se pueda declarar la correspondiente obligación de reintegrar, que puede venir determinada por el acuerdo de los cónyuges o, ser declarada en un procedimiento contradictorio por el Magistrado. Lo contemplado en este este precepto alude a aquellos supuestos en los que un consorte puede quedar obligado a reintegrar a la sociedad de gananciales el valor por el que se haya enriquecido de manera unilateral o, de manera intencionada haya dañado a la sociedad conyugal[61].

En lo relativo a los actos realizados en beneficio del cónyuge actuante, se distinguirá entre si está o no legitimado formalmente para realizarlos. Si lo estuviere, el cónyuge afectado únicamente podrá solicitar la compensación al patrimonio ganancial del lucro que indebidamente ha sido obtenido por

---

60 LLOPIS GINER J. M., "La comunidad de bienes inmuebles y el Registro de la Propiedad", *opus cit.*, 614 y ss.

61 MARAÑÓN ASTOLFI, M., "La atribución voluntaria de ganancialidad y la libertad de pactos entre los cónyuges: Comentario a la Sentencia del TS de 12 de febrero de 2020 (RJ 2020, 374)", *opus cit.*, 123 y ss.

aquél o, se ha dejado de obtener por parte del consorcio. Caso distinto es si el cónyuge actuante carecía de legitimación suficiente, entonces el consorte afectado podrá, además de lo anterior y, *ex* arts. 1322, 1377 o 1378 C.c., impugnar el acto de acuerdo. Pero no procederá el reintegro en los supuestos en los que habiendo actuado de manera individual y, no estando legitimado para ello, no se perjudiquen aquellos intereses del otro esposo en la sociedad de gananciales y haya prescrito la acción de anulabilidad[62].

El art. 1391 C.c.[63] establece que: "Cuando el cónyuge hubiere realizado un acto en fraude de los derechos de su consorte será, en todo caso, de aplicación lo dispuesto en el artículo anterior y, además, si el adquirente hubiere procedido de mala fe, el acto será rescindible". La redacción de este artículo permite que el acto se pueda rescindir siempre que el tercero en cuestión conozca la actuación de carácter fraudulento llevada a cabo por el esposo titular formal, dejando de ser de aplicación lo contemplado en el art. 1384 C.c. El esposo que realiza el acto en fraude de los derechos de su cónyuge tendrá que abonar el beneficio que ha obtenido y, asimismo, resarcir el daño ocasionado[64]. Asimismo, es necesario subrayar que el acto será rescindible, aunque quizá, lo que se pretende decir es que sea anulable ya que, se aplica un plazo de cuatro años

---

62 BARCELÓ DOMENECH, J., "La liquidación de la sociedad de gananciales con base en el valor convenido por los cónyuges: criterios para la interpretación de la renuncia a la acción rescisoria", *opus cit.*, 209 y ss.

63 FERNÁNDEZ CAMPOS, J. A., *El fraude de acreedores: la acción pauliana, opus cit.*, 263-266. Donde el autor subraya las posibilidades del acreedor defraudado para reclamar el crédito consorcial y accionar frente a los causahabientes.

64 En GIMÉNEZ DUART, T., *opus cit.*, 589, el autor sostiene que cuando el artículo 1391 CC sanciona como rescindibles los actos llevados a cabo por uno de los consortes en fraude de los derechos del otro, la rescisión en este caso no se plantea como un remedio subsidiario, sino más bien optativo, conclusión a la que llega por el uso que hace el CC del adverbio "además".

para interponer la correspondiente demanda, siendo éste un plazo de caducidad[65].

2. Referencia al deber recíproco de información del art. 1383 C.c.

El deber de información que han de profesarse los cónyuges se regula en el art. 1383 C.c., a saber, "Deben los cónyuges informarse recíproca y periódicamente sobre la situación y rendimientos de cualquier actividad económica suya". El deber de información descrito va a abarcar las gestiones que realice un consorte sobre los bienes gananciales y sobre los suyos propios y, esto no significa que haya que estar informando de manera continua y periódica. Lo que existe es una obligación de proporcionar dicha información siempre que el otro esposo solicite conocer la marcha de la situación económica de la sociedad de gananciales[66].

Con respecto a las actividades de carácter de económico de los bienes gananciales, el consorte que no pueda obtener información la requerirá a su cónyuge si la tiene, quedando éste, una vez se le solicite, obligado a proporcionársela[67]. Dicha obligación nace una vez que ha sido requerida y desde el momento en el que uno de los esposos muestre su deseo de conocer la situación en general o determinados aspectos económicos. La obligación de informar no implica que haya que estar proporcionando información de manera constante, como tampoco se refiere a los gastos ordinarios de bolsillo, pero sí

---

65 En esta línea la STS 36/2006 de 31 enero, dispone que: "salvo que se acredite que la víctima del fraude conoció con anterioridad de modo cabal y completo el actoimpugnable, en cuyo caso comenzará desde tal conocimiento efectivo".

66 BERROCAL LANZAROT, A. I., "La responsabilidad de los bienes gananciales. El ejercicio del comercio por persona casada y la posición del cónyuge no comerciante (II)", *opus cit.,* 1519 y ss.

67 RDGRN de 29 julio 2010 (RJ 2010/5137)

con respecto a todos los actos, gestiones, o rendimientos que resulten importantes para conocer el estado de la sociedad de gananciales y, de los que el otro cónyuge tiene derecho a conocer. Habrá que informar de los sueldos, cargos, o funciones que desempeñen los esposos cuyas retribuciones sean gananciales. Sin embargo, no es necesario informar de todas las actividades que no generen ingresos, pero sí de las actividades que generen deudas o gastos notables[68].

A pesar de que pudiera parecer que el deber de información descrito no es importante como en otras normas que rigen en materia de gananciales, no es así, ya que el legislador lo recoge en el Código Civil como un motivo suficiente para poder dar por concluida a la sociedad de gananciales por decisión judicial al establecer, *ex* art. 1393 C.c. que: "Concluirá por decisión judicial la sociedad de gananciales, a petición de uno de los cónyuges, en alguno de los casos siguientes. Incumplir grave y reiteradamente el deber de informar sobre la marcha y rendimientos de sus actividades económicas". Es frecuente en la práctica el incumplimiento de este deber consistente en ocultar al otro cónyuge la apertura de cuentas corrientes, productos de inversión, o contratación de préstamos. En general, se trata de la realización de cualquier actividad económica al margen o a espaldas del otro cónyuge. Este hecho, *ex* art. 1383 C.c.-, es grave en matrimonios que estén casados en régimen de gananciales, en los que la información es un deber y un derecho que tienen los cónyuges. Y en esta línea subrayar, además, que, la negativa a facilitar información al esposo que la solicite una vez requerido para ello, si es constante y reiterada,

68 LINACERO DE LA FUENTE, M. (2019). "Régimen económico matrimonial III. Capitulaciones matrimoniales. Donaciones por razón del matrimonio." *Tratado de Derecho de Familia: Aspectos sustantivos. Procedimientos. Jurisprudencia. Formularios.* Tirant Lo Blanch, 261 y ss.

implica un grave incumplimiento del deber de información, siendo ello *ex* art. 1393.4 C.c., causa de disolución.

En otras ocasiones, es el Código Civil *ex* art. 1382 C.c., el que establece directamente que se informe al otro consorte: "ha de hacerse con el conocimiento del otro cónyuge".

A raíz del deber de información y la divulgación de detalles sobre la marcha y rendimientos de las actividades económicas conyugales no debería extrañar que surjan reclamaciones entre los cónyuges. Podemos plantearnos las posibilidades de actuación ejecutiva con reflejo registral de uno de los cónyuges sobre los bienes gananciales, pues, como resultado de sus averiguaciones en virtud del requerimiento de información realizado por uno de los cónyuges conforme al art. 1383 del Código Civil, éste puede conocer la existencia de un crédito a su favor contra el cónyuge requerido y podría querer cobrarlo incluso en vía ejecutiva cuando se haya provisto de alguno de los títulos ejecutivos previstos por la LEC (art. 517). Pero la LEC en su art. 541 prohíbe despachar ejecución contra la sociedad de gananciales, como lógica consecuencia no sólo de carecer ésta de personalidad jurídica sino además por no existir cuotas o partes indivisas de los cónyuges sobre los bienes gananciales.

Es doctrina muy asentada de la DGRN que no corresponde a los cónyuges individualmente una cuota indivisa en todos y cada uno de los bienes que integran la sociedad de gananciales, sino que, por el contrario, la participación de aquéllos se predica globalmente respecto de la masa ganancial en cuanto patrimonio separado colectivo, en tanto que conjunto de bienes con su propio ámbito de responsabilidad y con un régimen específico de gestión, disposición y liquidación, que presupone la actuación conjunta de ambos cónyuges o de sus respectivos herederos, y solamente cuando concluyan las operaciones liquidatorias, esta cuota sobre el todo cederá su lugar a las titularidades singulares y concretas que a cada uno de ellos se le adjudiquen en las operaciones liquidatorias. El embargo de bienes concretos de la sociedad ganancial en liquidación (por haber muerto uno de los cónyuges), en congruencia con la unanimidad que preside la gestión y disposición de esa masa ganancial (cfr. artículos 397, 1058 y 1401 del Código Civil), requiere que las actuaciones procesales respectivas se sigan contra todos los titulares (artículo 20 de la Ley Hipotecaria). Doctrina que, por ejemplo, queda manifiesta en la Resolución de 30 de junio de 2003 («BOE» núm. 195, de 15 de agosto de 2003).[69]

No hay diferencia de trato cuando no es un tercero sino uno de los cónyuges el que pretende hacer efectivo su derecho de crédito coactivamente contra los bienes gananciales, solicitando la anotación preventiva de embargo de "la parte de la propiedad" del otro. Las Resoluciones de la DGRN de 5 de mayo de 2005 (BOE de 6 de agosto de 2005) o de 4 de octubre de 2012 (BOE 2 de noviembre de 2012), 16 de enero de 2009) (BOE 11.02.2009) ó 17 de enero de 2007 (BOE 23.02.2007) reiteran exactamente la doctrina a la que acabamos de aludir. Como curiosidad, ninguna de ellas cita entre los fundamentos de Derecho el art. 541 LEC. Se centran en la inexistencia de cuotas individuales sobre los bienes de la sociedad de gananciales como principal obstáculo registral.

Ahora bien, la Resolución de la DGRN de 17 de agosto 2010 («BOE» núm. 270, de 8 de noviembre de 2010) admite que pueda ser practicada una anotación de embargo a favor de un cónyuge en un procedimiento contra el otro, estando la finca inscrita con carácter ganancial, pero sólo en el caso en que se cumplan dos condiciones: 1ª Que la sociedad de gananciales esté disuelta; y 2ª Que la deuda reclamada sea privativa. En este supuesto podrá embargarse la parte en la sociedad de gananciales que corresponde al cónyuge deudor.

---

69 DE ÁNGEL YAGÜEZ, R., *Apariencia jurídica, posesión y publicidad inmobiliaria registral, opus cit.*, 1 y ss.

Explica esta Resolución[70] que "La autonomía de los patrimonios privativos respecto del patrimonio ganancial; el reconocimiento en nuestro Derecho de la posibilidad de los cónyuges de contratar entre sí y, por tanto, deberse y responder, entre ellos; la naturaleza de la anotación de embargo –concebida no como un derecho real en cosa ajena sino como una medida cautelar en orden a garantizar el resultado de un proceso–; y la propia naturaleza de la sociedad de gananciales –que, si bien carece de personalidad jurídica propia, se considera, no obstante, como una comunidad germánica o en mano común sin atribución de cuotas ni facultad de pedir la división material mientras dure la sociedad–, determinan la posibilidad de que créditos privativos puedan hacerse efectivos sobre el patrimonio consorcial, y hacen que no exista obstáculo para la anotación pretendida" (fundamento de Derecho 4).

Y, como indican la 17 de enero de 2007 o la 16 de enero de 2009 ya citadas, en este caso, el embargo debe dirigirse contra la global cuota ganancial del deudor'», pues hay que salvar la posibilidad de que en la liquidación no sea adjudicado el bien objeto de la traba a favor del cónyuge deudor. «puede perfectamente ocurrir que estos bienes no sean adjudicados al cónyuge deudor». Pues «disuelta la sociedad de gananciales pero no liquidada, no corresponde a los cónyuges individualmente una cuota indivisa en todos y cada uno de los bienes que la integran y de la que puedan disponer separadamente, o que pueda ser embargada separadamente, sino que, por el contrario, la participación de aquellos se predica globalmente respecto de la masa ganancial en cuanto patrimonio separado colectivo» (R. 16 de enero 2009).

---

70 JARILLO GÓMEZ, J. L., "Capítulo 2. Bienes Privativos", *opus cit.*, 81 y ss.

IV. LOS ACTOS DE DISPOSICIÓN: ASPECTOS PARTICULARES

1. Actos de disposición *inter vivos* a título oneroso

1.1. La proyección general del principio de codisposición

Entendemos por actos de disposición aquellos actos que pretenden un cambio de titularidad de los bienes gananciales, *v.g.*, una enajenación por cualquier título: permuta, donación o venta, o aquellos actos que vayan a gravar la cosa con un derecho real limitado, sea de preferente adquisición, de garantía, o de goce. Pueden llevarse a cabo estos actos, a título gratuito, esto es, sin contraprestación o, a título oneroso, es decir, a cambio de una contraprestación[71].

Los actos de disposición a título oneroso están contemplados en el art. 1377 C.c.: "Para realizar actos de disposición a título oneroso sobre bienes gananciales se requerirá el consentimiento de ambos cónyuges. Si uno lo negare o estuviere impedido para prestarlo, podrá el Juez, previa información sumaria, autorizar uno o varios actos dispositivos cuando lo considere en interés para la familia. Excepcionalmente acordará las limitaciones o cautelas que estime convenientes". Los actos de disposición a título oneroso de bienes gananciales realizados por uno solo de los cónyuges, sin el consentimiento del otro o la autorización judicial supletoria, son actos anulables que pueden ser confirmados al no ser actos nulos de pleno derecho. El plazo para el ejercicio de la acción de impugnabilidad de que dispone el esposo cuyo consentimiento se ha

71 CARPIO GONZÁLEZ, I., "Aportación a la sociedad de gananciales (conversión voluntaria de bienes privativos en gananciales)", *opus cit.*, 1177 y ss.

omitido es el de cuatro años, salvo que antes, como establece el art. 1301 C.c., hubiese tenido conocimiento suficiente de dicho acto. Los cuatro años empezarán a contar desde el día de la disolución de la sociedad conyugal o del matrimonio. La legitimación activa para interponer la citada acción queda reservada al cónyuge cuyo consentimiento se ha omitido o a sus herederos, debiendo demandar, al tratarse un supuesto de litisconsorcio pasivo necesario, a todas las personas que intervinieron en el acto.

El Tribunal Supremo[72] ha declarado que el plazo debe de entenderse de caducidad con lo que ello supone estableciendo que la anulabilidad se ha de ejercitar por vía de reconvención o acción y no como excepción[73] y en el juicio declarativo que por su cuantía corresponda el procedimiento para el ejercicio de esta acción de impugnación. Al existir en la enajenación onerosa una contraprestación, la sanción de "anulabilidad" es menor que si se tratase de un acto de disposición a título gratuito, porque se entiende que ha sido beneficioso para la sociedad de gananciales, en cierto modo.

---

72 STS 1 febrero 2002 (RJ 2002\1586); La STS de 27 marzo 1989 (RJ 1989\2198) relativa a la enajenación realizada por el marido después de fallecida la esposa y antes de la liquidación de la sociedad de gananciales sin autorización judicial. Se llevó a cabo la aplicación del artículo 164 CC en su redacción anterior a la reforma de 13 de mayo de 1981. Los herederos impugnan la enajenación. STS 1 febrero 2002 (RJ 2002\1586); La STS de 27 marzo 1989 (RJ 1989\2198) relativa a la enajenación realizada por el marido después de fallecida la esposa y antes de liquidación de la sociedad de gananciales sin autorización judicial. Se llevó a cabo la aplicación del artículo 164 CC en su redacción anterior a la reforma de 13 de mayo de 1981. Los herederos impugnan la enajenación. El plazo de las acciones de impugnabilidad es de caducidad STS 23 septiembre 2010 2010\7136).

73 Destacan las SSTS de 7 junio 1990 (RJ 1990\4742), 22 diciembre 1992 (RJ 1992\10642), 1 junio 1993 (RJ 1993\4685) entre otras muchas. (STS 20 septiembre 2007 [RJ 2007\5077])

El cónyuge que desea disponer del bien ganancial, ante la posibilidad de que el otro esposo se niegue a prestar su consentimiento, podrá acudir al juez, autoridad que, teniendo en cuenta las circunstancias del supuesto concreto y siempre en interés de la familia, decidirá si da o no dicho consentimiento. La posibilidad de autorización judicial supletoria cabe también para los actos de administración, pero en los actos de disposición nos encontramos la singularidad de que el Juez, si lo considera conveniente, podrá establecer determinadas limitaciones y cautelas[74].

Si nos encontramos ante un caso donde ambos cónyuges son menores de edad, para que puedan enajenar o gravar bienes inmuebles (o establecimientos mercantiles u objetos de extraordinario valor que sean comunes) al no tener ninguno de ellos capacidad plena para disponer, el art. 248 C.c. dispone que basta, si es mayor el otro cónyuge, el consentimiento de los dos; si también es menor, se necesitará además el de los progenitores o defensor judicial de uno y otro. En este sentido, el art. 235.3º C.c. prevé precisamente el nombramiento de defensor judicial cuando el menor emancipado requiera el complemento de capacidad previsto en los artículos 247 y 248 y a quienes corresponda prestarlo no puedan hacerlo o exista con ellos conflicto de intereses. Las normas que regulan esta situación han sido redactadas en el Código Civil por la ley 8/2021 y reemplazan a los anteriores arts. 323 y 324, pero no alteran sustancialmente la regulación previa.

---

74 Tratándose de bienes inmuebles, el artículo 93.2 R.H. establece: "Para la inscripción de los actos de administración o disposición, a título oneroso, de estos bienes será preciso que se hayan realizado conjuntamente por ambos cónyuges, o por uno cualquiera de ellos con el consentimiento del otro o con la autorización judicial supletoria". las SSTS de 7 junio 1990 (RJ 1990\4742), 22 diciembre 1992 (RJ 1992\10642), 18 junio 1993 (RJ 1993\4685) entre otras muchas.

El poder de codisposición sobre gananciales no se limita a la enajenación de bienes, sino que también comprende aquellos actos que crear deudas o comprometen bienes de esta naturaleza. No obstante, no abarca cualquier enajenación a título oneroso, siempre que estas tengan cabida en la práctica común de obtención de frutos y rendimientos de los bienes gananciales, que entonces serán consideradas como actos de ordinaria administración.

No obstante, la doctrina considera que, a pesar de ser claras las normas de la disposición de gananciales a título oneroso, el Código Civil trata de manera ambigua qué tipos de actos dispositivos están sujetos expresamente a codisposición. De haber sido preciso, hubiese sido más sencillo realizar la interpretación normativa del régimen.

El Reglamento Hipotecario, por su parte, establece claramente la exigencia de codisposición en los actos relativos a bienes inmuebles, como pasamos a ver.

Al respecto de la inscripción de actos de disposición a título oneroso, de bienes gananciales, el artículo 93.2 del Reglamento Hipotecario establece que "será preciso que se hayan realizado conjuntamente por ambos cónyuges, o por uno cualquiera de ellos con el consentimiento del otro o con la autorización judicial supletorio." Para los actos de disposición a título gratuito de los bienes gananciales, el artículo 93.3 la condición es que sean "realizados por ambos cónyuges conjuntamente, o por uno de ellos concurriendo el consentimiento del otro".

No hay ninguna especialidad al respecto para los actos de disposición de los bienes que estén inscritos a nombre de uno sólo de los cónyuges, como precisa el artículo 93.4., que los somete a las mismas reglas de los artículos 93.2 y 93.3, ni la hay tampoco para los actos de disposición de los bienes inscritos con carácter presuntivamente ganancial, por aplicación de los artículos 94.3 y 94.4: todos ellos están sujetos a las normas de disposición conjunta de los artículos 93.2 y 93.3 indicados.

La codisposición de los miembros de la sociedad de gananciales a cuyo favor se ha inscrito el bien es, pues, regla que no admite excepciones (salvo probablemente la aplicación de la tesis del negocio complejo que viene patrocinando la Dirección General de Seguridad Jurídica y Fe Pública). Ahora bien, su fundamento no sólo es el art. 1377 del Código Civil.

La norma que exige el obligado consentimiento de ambos cónyuges se vincula en la esfera registral al principio de tracto sucesivo establecido por el artículo 20 de la Ley Hipotecaria, en virtud del cual no puede inscribirse ningún derecho si el título no ha sido otorgado por sus titulares registrales (salvo por resolución judicial en un proceso en el que han intervenido, artículo 40 de la Ley Hipotecaria). El poder de disposición de una finca reside en la totalidad de sus titulares registrales, es decir, quienes figuren en el Registro como propietarios, y es insuficiente para transmitir o gravar su dominio si falta alguno de ellos[75].

Así pues, aunque pueda distinguirse en el Reglamento Hipotecario entre titularidad y ganancialidad, en principio, a efectos de la disposición, la ganancialidad otorga las mismas facultades que la titularidad, pues el consentimiento del cónyuge no titular de un bien ganancial en ningún caso puede soslayarse ni disminuirse a la hora de disponer del mismo, y su omisión normalmente conllevará la calificación desfavorable del Registrador conforme al artículo 18 de la Ley Hipotecaria, pues el acto dispositivo no será válido, siendo anulable en el caso de las disposiciones a título oneroso y nulo de pleno derecho en el caso de las disposiciones a título gratuito (artículos 1322, 1377 y 1378, con relación al artículo 1301, del Código Civil).

---

75 LINACERO DE LA FUENTE, M., "Sociedad de gananciales. Disposiciones generales. Bienes privativos y bienes gananciales", *opus cit.*, 277 y ss.

En definitiva, con independencia del cónyuge a quien corresponda la titularidad del bien, si el bien está inscrito a favor de la sociedad de gananciales el principio de tracto sucesivo y las reglas del art. 20 de la Ley Hipotecaria sólo pueden estimarse cumplidas si los dos miembros de la sociedad de gananciales otorgan el acto dispositivo a inscribir. De lo contrario, de conformidad con el art. 20.2 de la Ley Hipotecaria, "los Registradores denegarán la inscripción solicitada".

El principio de cogestión y codisposición de los bienes gananciales se ha interpretado y aplicado sin fisuras. La jurisprudencia considera nula (anulable) la venta de cosa ganancial por sólo uno de los cónyuges (STS de 15 de julio de 1999 o STS de 14 de febrero de 2000).

Baste citar con fines ejemplificativos algunos casos aparte de los muy evidentes de venta o cesión onerosa de bien ganancial. La elevación a público del documento privado de compraventa de cosa ganancial otorgado unilateralmente por uno sólo de los cónyuges, aun cuando una sentencia le obliga a ello, exige el consentimiento del otro (cfr. Resolución de la DGRN de 27 de noviembre de 1998). El reconocimiento de una servidumbre sobre finca presuntivamente ganancial requiere el consentimiento de ambos cónyuges (cfr. Resolución de 18 de febrero de 2012). La extinción de condominio de finca ganancial debe otorgarse por ambos cónyuges o sus causahabientes (cfr. Resolución de 11 de junio de 2014). La decisión de convertir un espacio privativo en elemento común dentro de una propiedad horizontal sólo puede hacerse por acuerdo de ambos cónyuges (cfr. Resolución de 23 de junio de 2001). La disposición de un derecho de usufructo ganancial, a pesar de fallecer uno de los cónyuges, no puede hacerse por el otro sin previa liquidación de la sociedad de gananciales (cfr. Resolución de 25 de febrero de 1993).[76]

Así pues, hay plena concordancia entre el régimen hipotecario o registral y las normas que rigen en el Código Civil para los actos de disposición, que exigen la actuación conjunta, el consentimiento de ambos cónyuges, tal y como se desprende de los artículos 1377 y 1378, reforzado además por las imperativas reglas del tracto sucesivo registral del art. 20 de la Ley Hipotecaria.

Ahora bien, esto ocurre en principio, como regla general, pues en el Reglamento Hipotecario encontramos excepciones en los supuestos, antes expuestos como 2º y 3º, en los que los bienes inmuebles se han inscrito a nombre de sólo uno de los cónyuges, bien para su sociedad de gananciales o bien con carácter presuntivamente ganancial, ya que el Reglamento Hipotecario en su artículo 94.2 abre una serie de posibilidades de actuación unilateral del titular registral, declarando inscribibles "las agrupaciones, segregaciones o divisiones de estas fincas, las declaraciones de obra nueva sobre ellas, la constitución de sus edificios en régimen de propiedad horizontal y cualesquiera otros actos análogos realizados por sí solo por el titular registral".

Estos actos son a menudo llamados por la doctrina "actos de riguroso dominio", los que no puede ejercer más que su dueño, y su naturaleza parece exceder de la de los meros actos de administración, pues fundamentan cambios y transformaciones sustanciales en la finca. Así, la Resolución de 30 de junio de 2016 (BOE 27 de julio) admite que sea sólo el cónyuge que es titular registral el que intervenga en la rectificación de la

---

76 RIVERA SABATÉS, V., "Acerca de la presunción de ganancialidad del artículo 1361 C.c.", *opus cit.*, 63 y ss.

descripción de una finca ganancial que había sido vendida por ambos cónyuges.

A estos actos, en la medida que el artículo 1384 del Código Civil considera válidos los actos de administración de bienes y a un arrendamiento de inmuebles se le reconozca esta naturaleza, el cónyuge titular registral podrá otorgar por sí solo el arrendamiento a favor de un tercero. Pero no se le reconoce naturaleza de acto de administración al arrendamiento si es de larga duración -más de seis años- o queda sujeto a prórrogas forzosas). Y tampoco podrá el cónyuge titular disponer del arrendamiento sobre la vivienda familiar, aunque esté inscrita a su nombre (con carácter ganancial, presuntivamente ganancial o privativo, es lo mismo), puesto que el artículo 1320 le impide disponer de los derechos sobre ella, y en este caso con independencia de la naturaleza de acto de administración o disposición del arrendamiento, se está disponiendo del derecho de uso[77].

Para el caso de que el cónyuge sea titular de un crédito hipotecario, el artículo 178.5 del Reglamento Hipotecario establece que "bastará el consentimiento del cónyuge a cuyo nombre aparezca constituido el crédito para la cancelación por pago de la hipoteca que lo garantice, aun cuando conste inscrita para la sociedad conyugal de aquél". Repárese en que esta cancelación por el cónyuge titular no procederá cuando sea por motivo diferente al pago, por ejemplo, una renuncia a la hipoteca, pues este acto sí que es claramente un acto de disposición[78].

---

77 TINTORE GARRIGA, M. P., "Los regímenes económicos matrimoniales en nuestro ordenamiento", *opus cit.*, 124 y ss.

78 ESTRADA ALONSO, E., "La titularidad de los bienes en la disolución de la unión extramatrimonial", *opus cit.*, 107 y ss.

1.2. El negocio complejo como excepción

Como cuestión específica debemos preguntarnos si el acto o negocio complejo implica una excepción a las reglas sobre inscripción de los actos de disposición establecidas por los artículos 1377 del Código Civil y 93.2 y 94.3 del Reglamento Hipotecario.

Es clara la regla de que requieren el consentimiento de ambos cónyuges los actos dispositivos a título oneroso (o gratuito) sobre bienes gananciales (art. 93.2 del Reglamento Hipotecario) o presuntivamente gananciales (art. 94.3 del Reglamento Hipotecario), y plenamente concordante con los artículos 1322 y 1377 del Código Civil[79]. Ya hemos hablado de la eficacia del principio de cogestión y codisposición de los bienes gananciales y mencionado que la jurisprudencia considera nula (anulable) la venta de cosa ganancial por sólo uno de los cónyuges (STS de 15 de julio de 1999 o STS de 14 de febrero de 2000).

Sin embargo, y tal como está planteada por la DGRN, existe una llamativa excepción a la codisposición, quizás una quiebra de este principio, que es la que representa el denominado acto o *negocio complejo*, por el que se admite que el cónyuge que compra y adquiere una finca para la sociedad de gananciales pueda también hipotecarla actuando por sí solo, es decir, sin requerirse el consentimiento de su cónyuge para hipotecar el bien ganancial recién adquirido[80].

Nos apresuramos a advertir que a pesar de que la doctrina del negocio complejo parece principalmente elaborada para la adquisición de la vivienda familiar, en realidad se extiende a la de cualquier inmueble y no sólo la vivienda, y no sólo a

---

[79] FABAR CARNERO, A., "Aproximación al régimen de responsabilidad externa en la sociedad de gananciales", *opus cit.*, 653 y ss.

[80] BERKOVITZ RODRÍGUEZ-CANO, R., *Comentarios al Código Civil, opus cit.*, 57 y ss.

las compraventas hechas por cónyuges sino potencialmente a otras (cfr. R. de 7 de julio de 1998 que consiste en la compra de un bien de los padres para sus hijos).

La recepción de la doctrina del negocio complejo por la DGRN tuvo lugar en las Resoluciones de 13 de mayo y 4 de noviembre de 1968 a que vamos a referirnos a continuación. Sin embargo, dista de ser pacífica en la actualidad y no cabe duda de que es todavía objeto de debate —de otro modo no habría sido objeto de sucesivos recursos gubernativos y Resoluciones, y de matizaciones, a lo largo del tiempo, como tendremos ocasión de comprobar—.

Si nos remontamos al clásico concepto de negocio jurídico elaborada por DE CASTRO[81], entre cuyos elementos destaca el resultado o propósito práctico del negocio, no puede negarse que la tesis del negocio complejo sirve a un claro propósito o resultado práctico —compra e hipoteca de una vez y por uno solo de los cónyuges sin intervenir el otro—, y así lo proclama la DGRN, cuya Resolución de 13 de mayo de 1968 pondera la "valoración del resultado práctico conseguido, perseguido por los contratantes". A mayor abundamiento, sus partidarios suelen subrayar que esta doctrina es producto lícito de la autonomía de la voluntad y que protege el interés de las partes contratantes.

Pero también es cierto que hay objeciones acerca de la doctrina del negocio complejo a causa de la falta de intervención del otro cónyuge y a la vista de las consecuencias, en acto y en potencia, que tiene el negocio para el patrimonio ganancial y la responsabilidad de los bienes del matrimonio. A las que cabría añadir, con contemplaciones evidentemente más recientes, que la unilateralidad que le caracteriza vulneraría los debe-

81 DE CASTRO FERNÁNDEZ, J. M., "Ganancialidad y tercería de dominio", *opus cit.*, 1011 y ss.

res de información financiera y el principio de transparencia material en el otorgamiento de préstamos que impone la Ley 5/2019, de 15 de marzo, reguladora de los contratos de crédito inmobiliario. La razón es bien simple: el cónyuge que no intervenga en el otorgamiento del préstamo hipotecario no tendrá acceso a la información financiera cualificada que impone esta ley como garantía de la que deben disfrutar los deudores o prestatarios.

Pues bien, en la primera resolución en que se pone de manifiesto la doctrina del negocio complejo, la R.DGRN de 13 de mayo de 1968 (BOE de 3 de junio de 1968, nº 133), la DGRN enjuicia exactamente el supuesto que nos ocupa o supuesto típico: uno de los cónyuges otorga los contratos de venta y de hipoteca de una finca, una vivienda, y lo hacer por sí solo, para su sociedad de gananciales, sin concurrir el otro cónyuge, ni a la compra, ni a la hipoteca del inmueble recientemente incorporado al patrimonio ganancial… junto con una deuda que consumirá fondos gananciales.

Señala la DGRN que "la voluntad de las partes ha sido crear un nexo entre dos negocios típicos de por sí independientes —compraventa e hipoteca—para formar uno solo, tal como se deduce de la contemporaneidad de las declaraciones y de la unidad documental, en donde el pacto de hipoteca se encuentra tan ligado al contrato de compraventa, que sin él no hubiera tenido lugar".

Para la DGRN el otorgamiento de compra e hipoteca en el mismo acto —contemporáneo y documental— supone su inclusión entre los "negocios complejos, de naturaleza unitaria, porque entre los elementos heterogéneos que los constituyen hay —como declaró la Sentencia del Tribunal supremo de 7 de julio de 1941— una soldadura tan íntima en un solo nexo, que sería inútil pretender que se mantuviera sus sustancia jurídica separando sus elementos componentes, y en donde las diversas declaraciones emitidas aparecen fundidas en una síntesis al confluir en un solo negocio, que es resultado de las variadas causas que en él concurren".

A la vista de la compra e hipoteca, y pese a la innegable individualización de cada uno de estos contratos, "no puede escindirse en los dos negocios que lo forman y aplicar a cada uno las normas del contrato tipo, sino que, por el contrario, la causa compleja que le sirve de base ha absorbido las concurrentes y determina de la primacía de la compraventa", pudiendo verse la hipoteca como un "acto independiente si bien accesorio".[82]

En cuanto a la segunda Resolución, la de 4 de noviembre de 1968 (BOE de 20 de noviembre de 1968, nº 279), podemos afirmar que es una remisión a la doctrina de la anterior. Subraya la DGRN la identidad del caso —adquisición por uno de los cónyuges, el marido, de un inmueble en el que en garantía del precio aplazado se constituye hipoteca— y afirma que "el negocio concluido entra dentro de la categoría de los negocios complejos, de naturaleza unitaria porque entre los elementos heterogéneos que la constituyen hay una íntima soldadura al aparecer fundidas en una síntesis las diversas declaraciones emitidas que confluyen en un solo negocio, que es resultado de las variadas causas que en él concurren, lo que trae como consecuencia que no pueda escindirse en los dos negocios que lo forman y aplicar a cada uno las normas propias del contrato tipo, sino que, por el contrario, la causa compleja que le sirve de base ha absorbido las concurrentes y determina la primacía de uno de ellos que es la compraventa".

En conclusión, y a la vista de las dos resoluciones de la DGRN que le dan curso, la doctrina del negocio complejo descansa en los presupuestos siguientes:

---

[82] ESTRADA ALONSO, E., "La titularidad de los bienes en la disolución de la unión extramatrimonial", *opus cit.*, 107 y ss.

1°. Para adquirir una finca el cónyuge que actúa unilateralmente contrata también un préstamo e hipoteca dicha finca y el dinero obtenido en préstamo está destinado precisamente a financiar esta adquisición. Debe haber unidad de acto entre ambos contratos, temporal y documental.

2°. No se estima que haya en este caso dos negocios jurídicos independientes, compraventa e hipoteca, sino uno sólo con una causa compleja que responde a la posición jerárquica o de primacía de uno de los negocios, el de compraventa, sobre el de hipoteca, que es meramente accesorio o instrumental.

Como decíamos, la doctrina del negocio complejo no solamente tiene por objeto los bienes gananciales ni se limita al supuesto de hecho de un cónyuge que adquiere para la sociedad de gananciales. Vuelve a traerse a colación la doctrina del acto o negocio complejo en la Resolución de 7 de julio de 1998 («BOE» núm. 182, de 31 de julio de 1998) en el caso de una madre de dos menores de edad que, como representante legal de los mismos, compraba determinado bien inmueble por el precio pagado mediante la entrega de un cheque con el que se perfeccionaba el préstamo, contratado por la misma cantidad y garantizado por la hipoteca que sobre dicho inmueble se constituye simultáneamente, haciendo constar explícitamente en la escritura el destino o propósito del préstamo obtenido. Vuelve a entender la DGRN que "el negocio concluido entra en la categoría de los negocios complejos, de naturaleza unitaria porque los elementos heterogéneos que lo constituyen hay una íntima soldadura al aparecer fundidas en una síntesis las diversas declaraciones emitidas que confluyen en un único negocio que es resultado de las variadas causas que en él concurren, no puede escindirse en los dos negocios que lo formen y aplicar a cada uno las normas propias del contrato tipo, sino que por el contrario, la causa compleja que le sirve de base ha absorbido las concurrentes y determina la primacía de uno de ellos que, en el presente caso, es la compraventa...".

Insistió la DGRN en este caso, en cuanto a la hipoteca, que "no se realiza un acto independiente de gravamen que comprometa o arriesgue sus patrimonios preexistentes (los de los menores)". Pero este extremo es difícil de valorar. Sería evidentemente así y la hipoteca no generaría una responsabilidad más allá para el deudor hipotecario si se hiciera con pacto de limitación de responsabilidad al importe del bien hipotecado conforme al art. 140 de la Ley Hipotecaria, único modo de evitar la aplicación en su caso del art. 1911 del Código Civil y la responsabilidad patrimonial universal del obligado. Pero no parece de los antecedentes de la resolución que fuera así[83].

Pero, como adelantábamos, la doctrina del negocio complejo no es pacífica. Lo demuestra la tesis distinta seguida por la Resolución de 21 de febrero de 2004 («BOE» núm. 91, de 15 de abril de 2004), que prácticamente se aparta de la doctrina de la resolución anterior de 1998 y desde luego de los criterios que sustentaba la DGRN en las resoluciones de 1968 cuando aceptó la doctrina del negocio complejo: "Esta Dirección General se ha enfrentado con supuestos en que el carácter complejo del negocio celebrado hace inútil pretender que se mantenga la sustancia jurídica de sus elementos componentes e impide escindirlos en los negocios que lo integran, o aislar las prestaciones propias de esos negocios, para someterlos a su regulación específica. Ahora bien, la inaplicación de esa reglamentación que les es propia se hace particularmente difícil cuando las normas excluidas son las que exigen complementos de capacidad, de poder de disposición, o de legitimación para celebrar el negocio conexo a través del cual se garantiza la financiación de todo el complejo." La novedad en este caso es que la DGRN constata la existencia en el negocio de hipoteca, generalmente considerado el accesorio frente a la "primacía"

---

83 CARDÓS ELENA, J. M., "La gestión de la sociedad de gananciales", *opus cit.*, 449 y ss.

de la compraventa, requisitos singulares, diferentes de los exigidos para la compraventa, que la ley exige cumplir.

Se hace eco la resolución de 2004 de que "según las Resoluciones de 13 de mayo y 4 de noviembre de 1968 no era necesario el consentimiento de la mujer ... en los supuestos de adquisición por el marido de un inmueble cuyo precio aplazado se garantiza mediante la constitución, en el mismo acto, de hipoteca sobre el mismo bien comprado..." Pero lo relevante es que, separándose de los criterios de las resoluciones de 1968 y, entendemos, también del sustentado por la Resolución de 7 de julio de 1998 —más arriba expuesta también — concluye: "Desde el punto de vista del patrimonio a que afectan esos negocios, este Centro Directivo ha entendido que sólo es posible la exclusión de la normativa protectora cuando el gravamen que se incardina en el negocio complejo no constituye un acto independiente que comprometa o arriesgue los patrimonios preexistentes de los menores, incapacitados o personas especialmente protegidas (cfr. la citada Resolución de 7 de julio de 1998)."

De aquí la gran objeción que puede oponerse a esta doctrina: la compra implica unos requisitos, la hipoteca otros. El Código Civil no exige la autorización judicial previa a los padres que compran para sus hijos, pero para la hipoteca sí. Huelga decir que tampoco exige el consentimiento del otro cónyuge para adquirir por compra bienes gananciales (artículos 1347.3º, 1361), pero sí para hipotecarlos (art. 1377, 1857.3º). ¿Por qué en unos casos la compra no excusa el cumplimiento de los requisitos específicos de la hipoteca y no en otros, como cuando se trata de un bien adquirido para la sociedad de gananciales?[84]

---

[84] BONET CORREA, J., *Código Civil con jurisprudencia, concordancias y doctrina, opus cit.*, 256 y ss.

Por otra parte, la doctrina del negocio complejo ha superado también el obstáculo de la norma restrictiva de protección de la vivienda familiar impuesta por el art. 1320 del Código Civil (y su respaldo hipotecario del art. 91.1 del Reglamento Hipotecario). Podría pensarse que, dada la importancia de la vivienda familiar adquirida—cualquiera que sea el régimen económico matrimonial de los cónyuges— viene a ser imprescindible el consentimiento del cónyuge no adquirente para otorgar un acto dispositivo tan relevante como la constitución de una hipoteca sobre ella, pero la RDGRN de 22 de mayo de 2006 («BOE» núm. 151, de 26 de junio de 2006) sortea este obstáculo. En efecto, lo que se pone en tela de juicio es la aplicación del requisito del art. 1320 del Código Civil, pues se cuestiona la posibilidad de inscribir una escritura de préstamo hipotecario inmediatamente posterior a una de compraventa de la vivienda que iba a destinarse al uso de la familia. Ante la objeción de que el artículo 1.320 del Código Vivil exige el consentimiento del cónyuge para disponer de los derechos sobre la vivienda familiar, cualquiera que sea el régimen económico matrimonial del otorgante (y en este caso no era el de la sociedad de gananciales sino de separación de bienes), la DGRN interpreta que "este artículo 1.320 del Código Civil está pensado para aquellos supuestos de disposición, debiendo entenderse incluida la constitución de hipoteca, de la vivienda habitual perteneciente a uno sólo de los cónyuges, pero no lo está para el supuesto de hipoteca en garantía de préstamo hipotecario que financia la adquisición de la misma vivienda hipotecada aun y cuando el destino final de la vivienda adquirida sea constituir el hogar familiar[85], porque ello implicaría una restricción de las facultades adquisitivas de los cónyuges, no permitida en nuestro Derecho, donde los cónyuges pueden adquirir toda

---

[85] ESCRIBANO, C. y RAGA SASTRE, N., "Capítulo 21: Las capitulaciones matrimoniales. Las donaciones por razón de matrimonio", *opus cit.*, 384 y ss.

clase de bienes aún cuando éstos estén gravados y aun cuando vayan a constituir el domicilio conyugal, sin contar con el consentimiento del otro cónyuge ni hacer manifestación alguna acerca de su destino final, y ello tanto si su régimen económico matrimonial es el de separación de bienes (artículo 1.437 del Código Civil) como el de gananciales (cfr. artículo 1.370 del Código Civil y Resoluciones de este Centro Directivo de 16 de junio de 1993 y 4 de marzo de 1999).[86] Por tanto, no siendo aplicable el artículo 1320 del Código Civil al supuesto en el que ingresa ya gravado el bien inmueble en el patrimonio del cónyuge, cualquiera que vaya a ser su destino final, una interpretación finalista del precepto legal nos debe llevar a la misma conclusión cuando el acto de gravamen se realiza en la escritura inmediata posterior a la compra y tiene por finalidad la financiación de la propia vivienda hipotecada."

Brilla por su ausencia en este caso el fundamento invocado en la anterior resolución de 1998 de negar que este gravamen que comprometa o arriesgue sus patrimonios preexistentes.

En cambio, las Resoluciones de la DGRN de 15 de julio de 2011 (BOE de 23 de septiembre de 2011 núm. 229) y de 3 de Febrero de 2.014 (BOE 27 de Febrero de 2014) rechaza la doctrina del negocio complejo si el régimen económico matrimonial está regido por el derecho extranjero, a pesar de que consista en una comunidad conyugal. Para la DGRN, a la adquisición, financiada con hipoteca, hecha por un cónyuge unilateralmente para un régimen económico matrimonial extranjero de comunidad de bienes (portugués o ruso, respectivamente) no puede dársele de antemano la consideración de negocio con primacía sobre la hipoteca y subsumir a ésta como sucedería en el caso de los bienes comprados e hipotecados

86 COBACHO GÓMEZ, J. A., "El régimen económico matrimonial de comunidad universal de bienes en España y en el resto de países del mundo: su génesis, evolución y régimen legal vigente", *opus cit.*, 1113 y ss.

bajo el régimen la sociedad de gananciales. Resumidamente, las razones del rechazo se centran en una: la necesidad de probar las facultades dispositivas del cónyuge adquirente conforme al régimen económico matrimonial aplicable (por razón de la ley nacional del adquirente, la ley portuguesa o rusa, por aplicación del art. 9.2 Código Civil), siendo obligado recurrir a los medios de prueba del Derecho extranjero del art. 36 del Reglamento Hipotecario con ese objeto.

En realidad, no parece que esta diferenciación obedezca a una razón muy clara. Hemos visto que la DGRN ha aplicado la doctrina del negocio complejo[87] en contemplación objetiva de la primacía del primer negocio, la compraventa, e incluso que la ha llevado más allá del ámbito del régimen económico matrimonial, a la adquisición de los bienes de menores sujetos a patria potestad. La idea principal, insistimos, es la consideración suprema de un negocio principal, la compraventa, por la que ingresa el bien en un patrimonio (consorcial) en estado de gravamen desde el primer momento. Por ello no parece muy lógica esta exclusión por el hecho de existir elemento de extranjería.

Más recientemente, la Resolución de la Dirección General de Seguridad Jurídica y Fe Pública de 26 de septiembre de 2022 nos sitúa otra vez ante el caso típico: uno de los cónyuges (también casado en régimen de separación de bienes) compra mediante escritura y seguidamente otorga otra de préstamo hipotecario manifestando que la vivienda iba a tener el carácter de vivienda habitual. Vuelve la Dirección General de Seguridad Jurídica y Fe Pública a explicar el fundamento de la figura del negocio complejo argumentando que el negocio de adquisición absorbe el de hipoteca por tener la primacía con la consecuencia es que los requisitos a tener en cuenta son los de

87 RAMS ALBESA, J.J., *La sociedad de gananciales, opus cit.*, 9 y ss.

la compraventa, por tratarse de un negocio complejo en orden a un interés, finalidad o causa última.

De antemano habría otra razón para aceptar aquí la doctrina del negocio complejo: ni el bien se adquiere para la sociedad de gananciales -es privativo por hallarse el matrimonio en régimen de separación de bienes- ni por consiguiente puede haber repercusiones en el patrimonio común, pues la deuda es netamente privativa[88].

Pero otra particularidad de este caso es que también se refiere al interés del cónyuge que no intervino en los contratos de compraventa y, sobre todo, hipoteca, en recibir las garantías informativas en la contratación de créditos reguladas por la ley 5/2019, como exigen las "normas de protección del prestatario" objeto de su capítulo II y que se detallan en los artículos 7 a 14 de dicha ley. Hay que recordar que la DGRN, en Instrucción de 20 de diciembre de 2019 equiparaba al hipotecante no deudor al cónyuge que a los efectos del artículo 1320 del Código Civil debe prestar su consentimiento a la constitución de la hipoteca sobre la vivienda habitual cuya propiedad sea exclusiva del otro consorte, y "por tanto quedar protegido de forma análoga, otorgando el acta de información previa" que recoge el art. 15 de la ley en aplicación de su art. 14.

Sin embargo, la Dirección General de Seguridad Jurídica y Fe Pública considera en esta resolución que no será necesario cumplir las normas de la Ley 5/2019 en los casos en que tampoco sea necesario el consentimiento del cónyuge a la constitución de hipoteca, como ocurre en supuestos de negocio complejo como el del presente caso, invocando la libertad de adquisición del cónyuge que en régimen de separación ad-

---

88 GARRIDO DE PALMA, V. M., "Derecho de Familia", *opus cit.*, 315 y ss. y GUILARTE GUTIÉRREZ, V., *Gestión y responsabilidad de los bienes gananciales*, *opus cit.*, 183 y ss.

quiere una vivienda con pago del precio financiado mediante préstamo hipotecario.

Como sabemos, el negocio complejo fue objeto del interés DE CASTRO[89] con relación a los negocios atípicos y en especial los que tenían una causa mixta. Considera DE CASTRO que existe un negocio unitario complejo cuando entre los elementos heterogéneos que lo constituyan, hay una "soldadura tan íntima en un solo nexo que sería inútil pretender que se mantuviera su substancia jurídica separando sus elementos componentes" (cita expresamente este autor, como la primera Resolución de la DGRN de 1968, a la STS 3 julio 1941 —que trataba de un "arrendamiento en el que se injertaba un derecho de superficie")". DE CASTRO señalaba otros casos de negocio complejo: "convenio de promesa de venta, arrendamiento de parte de la finca y aprovechamiento agrícola especial, S. 28 marzo 1944; convenio sobre distribución de bienes de carácter dispositivo y atributivo, S. 19 febrero 1945."

Analiza este autor la figura deteniéndose en la importancia de la causa e insistiendo en que el negocio complejo puede unitariamente comprender formas típicas y atípicas.

Pero en particular nos detenemos en la siguiente reflexión: "Sobre la grave cuestión de establecer las reglas imperativas aplicables a un contrato complejo (p. ej., de leyes sobre arrendamientos, de usura), y también las de Derecho dispositivo (p. ej., resolución por incumplimiento, intervención moderadora del Juez, lesión), se ha dicho que para que no se rompa la unidad originaria, por disgregación de los elementos del único vínculo jurídico creado, en el supuesto de pugna sobre la norma aplicable, se atenderá al objeto predominante, que será el que por su propia naturaleza o por razón de la finalidad per-

---

89 ORDÁS ALONSO, M., *La cuantificación de las prestaciones económicas en las rupturas de pareja, opus cit.*, 208 y ss.

seguida llevó a los interesados a la conclusión del contrato" (S. 18 abril 1950; también S. 21 y 25 abril 1951, 21 junio 1955), al carácter "preponderante" de un elemento que se deduce de lo expresado en las declaraciones de voluntad y se presume de la respectiva importancia económica (S. 21 junio 1955; S. 13 mayo 1959, inferior cuantía) o negocial de cada elemento (carácter originario de transacción del negocio en el que se pacta un arrendamiento, S. 19 diciembre 1960)."

Interpretamos que para DE CASTRO es muy relevante el cuidado de las normas imperativas de los negocios típicos o atípicos que van a formar parte del negocio complejo hasta el punto de que se vea como uno sólo, unitario, probablemente más aún que la finalidad perseguida por las declaraciones de voluntad o una aparente jerarquía o primacía (carácter preponderante) de uno de ellos o su aparente importancia económica.

De aquí nuestras dudas de admitir que la venta y la hipoteca, aunque tengan el mismo objeto, puedan entenderse un solo negocio de modo que la compra absorba a la hipoteca y la causa de la hipoteca ceda a una causa mayor. Observamos más bien que a pesar de su continuidad y de la importancia económica de la compraventa, la hipoteca tiene la suya y que, en todo caso, a efectos de la aplicación de las reglas imperativas, deben observarse tanto las de la compraventa como las de la hipoteca, y esto se las califique de negocio unitario o de contratos independientes: los requisitos imperativos de ambos contratos tienen de cumplirse y no excusarse los de la hipoteca por el hecho de haberse cumplido los de la compraventa.

Las conclusiones sobre el estado de la cuestión del negocio complejo en la adquisición y disposición de bienes gananciales podrían ser las siguientes:

1.ª La doctrina del negocio complejo constituye una excepción, una quiebra si se quiere, de los artículos 93.2 y 94.3 del Reglamento Hipotecario y del art. 1377 del Código Civil (incluso del art. 1320), por cuanto la calificación del acto dispositivo que es la hipoteca queda neutralizada o soslayada y basta la del negocio cuya primacía se afirma (que es de adquisición, no de disposición). En palabras del art. 18 de la Ley Hipotecaria, la calificación registral los requisitos de validez de los actos dispositivos de compra e hipoteca sino que queda reducida a los de la compra.

2.ª Esta doctrina a efectos prácticos disminuye las garantías del cónyuge no interviniente en dichos contratos:

a. En cuanto a la responsabilidad de los bienes patrimoniales porque el art. 1371 del Código Civil no cierra la puerta a la responsabilidad "de otros bienes con arreglo al Código", por mucho que esta doctrina así lo afirme, salvo que efectivamente sea así mediante el pacto de limitación de responsabilidad al bien hipotecado regulado por el art. 140 de la Ley Hipotecaria, único medio que permite ceñir exclusivamente a la finca adquirida las responsabilidades generadas por la adquisición, y evita definitivamente que pueda afectar a los patrimonios consorcial y privativo de los cónyuges. Sólo mediante el pacto de limitación de responsabilidad puede afirmarse que ésta se restringe al bien gravado sin perjudicar al titular, que era uno de los principales argumentos de las resoluciones de 1968. Al respecto del mismo, cabe señalar que normalmente lo que se garantiza mediante la hipoteca no es el pago del precio aplazado directamente, sino las obligaciones derivadas del préstamo hipotecario, que normalmente son diversas

b. Porque al contratarse la hipoteca se está privando al cónyuge no adquirente de la información financiera cualificada que exige la ley 5/2019 y prevé la Directiva 2014/17/UE del Parlamento Europeo y del Consejo, de 4 de febrero de 2014 como garantía de crédito responsable.

3.ª Desde el punto de vista de la dogmática jurídica, la tesis del negocio complejo que engloba compra e hipoteca parece revisable, porque la constatación de los requisitos de un negocio de adquisición (la compraventa) exonera de la constatación de los requisitos de un negocio de disposición (la hipoteca). Negocios que son estructuralmente diferentes que implican requisitos distintos, por más que se afirme que la causa compleja absorbe a la accesoria.

No hay que olvidar que la Resolución de 21 de febrero de 2004 afirma que "... sólo es posible la exclusión de la normativa protectora cuando el gravamen que se incardina en el negocio complejo no constituye un acto independiente que comprometa o arriesgue los patrimonios preexistentes de los menores, incapacitados o personas especialmente protegidas." Insistimos en que el Código Civil, que no exige la autorización judicial previa a los padres que compran para sus hijos, sí la exige para la hipoteca y que en este caso no puede haber negocio complejo (que permitiría reducir la estimación de las facultades de disposición a la compra). Y que en el mismo sentido el Código tampoco exige el consentimiento del otro cónyuge para adquirir por compra bienes gananciales (artículos 1347.3º, 1361), pero sí para hipotecarlos (art. 1377, 1857.3º).

Reiteramos la pregunta: ¿por qué en unos casos la compra no excusa el cumplimiento de los requisitos específicos de la hipoteca y no en otros, como cuando se trata de un bien adquirido para la sociedad de gananciales?

Y a la vez ¿por qué negar el negocio complejo y exigir separadamente los requisitos de capacidad y poder de disposición en los casos de régimen económico matrimonial extranjero?

En definitiva, al descartar que la compra hecha para un menor tenga la suficiente "primacía" como para absorber el negocio de hipoteca para financiarla, por la necesidad de cumplir en el caso de la hipoteca unos requisitos propios y específicos que no exige la compraventa, la DGRN está reconociendo la diferenciación de ambos negocios y la insostenibilidad de tratarlos como uno solo con una sola causa compleja. Y esto, que en el caso de los menores se ha afirmado tan claramente, no se acaba de entender que no se contemple en el mismo sentido para las compras e hipotecas de bienes de la sociedad de gananciales. Argumentos que también afloran en las Resoluciones de la DGRN de 15 de julio de 2011 y de 3 de Febrero de 2.014 en la medida que como presupuesto para aceptar el negocio complejo la DGRN exige un examen previo de las facultades dispositivas del cónyuge extranjero adquirente para hipotecar.

Las propias enmiendas que la DGRN se realiza a sí misma en el caso de las adquisiciones para menores o bajo un régimen económico matrimonial extranjero imprimen una cierta artificiosidad en el negocio complejo de compra e hipoteca. Pues verdaderamente no encontramos motivo para rechazar el negocio complejo en estos casos y admitirlo en el caso de venta e hipoteca de un bien adquirido para la sociedad de gananciales sin que concurra el consentimiento del consorte. No es concebible una categoría de requisitos imperativos de los que se pueda prescindir y en el caso de los bienes gananciales o la vivienda familiar el consentimiento del consorte es un requisito indiscutiblemente imperativo[90].

2. Actos de disposición *inter vivos* a título gratuito

Si, como se ha expuesto líneas atrás, se exige el consentimiento de ambos cónyuges para los actos de disposición *inter vivos* a título oneroso, con mayor fuerza se va a exigir dicho consentimiento para los actos de disposición que se realicen a título gratuito. En los supuestos en los que uno de los cón-

---

90 DE LA CÁMARA ÁLVAREZ, M., "La sociedad de gananciales y el Registro de la Propiedad", *opus cit.*, 339 y ss.

yuges va a operar sin el consentimiento del otro esposo, el ordenamiento jurídico modifica la sanción de anulabilidad de aquellos actos producto de una disposición a título oneroso, por una sanción de nulidad de pleno derecho o absoluta. Esta modificación se sustenta en la unión, de una parte, de la protección a terceros con la protección del cónyuge cuyo consentimiento fue omitido, de otra[91].

La divergencia se encuentra en si se ha satisfecho, o no, por parte del tercero por la adquisición de un bien ganancial -o por la constitución de un derecho real limitado- una contraprestación. De manera que, si hubo una contraprestación se entiende, entonces, que se ve afectado y el acto es, por tanto, anulable, pero si no se otorgó nada a cambio, no se tiene por qué ver perjudicado y, por ello, es nulo de pleno derecho el acto en cuestión[92].

Con respecto a los actos de disposición a título gratuito, es necesario subrayar que no es posible la autorización judicial de carácter supletorio, tampoco cabe la posibilidad de la sanación por el transcurso del tiempo, ni la caducidad de la acción y, de todo ello se deriva que la acción carece de límite en los plazos para su declaración *ex* art. 1378 C.c.: "Serán nulos los actos a título gratuito si no concurre el consentimiento de ambos cónyuges. Sin embargo, podrá cada uno de ellos realizar con los bienes gananciales liberalidades de uso", entendiendo por liberalidades de uso aquellos regalos o donaciones que carecen de importancia material y no suponen exceso alguno de acuerdo con la situación de la familia en lo relativo a su economía. Es posible llevarlas a cabo llevarlas a cabo por uno solo de los cónyuges sin que sea necesario el consentimiento

---

91 LLOPIS GINER J. M. "La comunidad de bienes inmuebles y el Registro de la Propiedad.", *opus cit.*, 614 y ss.

92 DE CASTRO FERNÁNDEZ, J. M., "Ganancialidad y tercería de dominio", *opus cit.*, 1011 y ss.

de los dos esposos. Aunque probablemente no es imposible, es difícil concebir una liberalidad de uso que tenga por objeto bienes inmuebles. Podríamos imaginar que uno de los cónyuges prestara a un tercero el uso de una plaza de aparcamiento perteneciente a la comunidad de gananciales, pero este préstamo es un simple préstamo de uso, un comodato, y por tanto un contrato que carece de verdadera trascendencia real y no es un acto dispositivo en la medida que es esencialmente revocable.

El párrafo segundo del art. 1.322, reforzado por el art. 1.378 C.c., declara *ex* lege la nulidad de los desplazamientos patrimoniales de bienes gananciales a título gratuito, salvo que se trate de liberalidades de uso que el legislador considera como simples actos de administración ordinaria. Aquí la codisposición requerida es actual y perfecta porque este consentimiento para el acto de liberalidad está configurado por la ley: o ambos o ninguno.

GIMÉNEZ DUART[93] explica que la diferenciación de fondo entre la codisposición a título oneroso y a título gratuito no radica en que en la primera el consentimiento puede presumirse y en la segunda no, sino en que la ley -sin incurrir en los tradicionales errores conceptuales sobre los términos nulidad y anulabilidad- exige una verdadera codisposición, que tal vez debería haber sido requerida en otros supuestos determinados como por ejemplo en la disposición de inmuebles gananciales. Desde luego su tratamiento sería más sencillo y sin posibilidad de duda racional, ya que es dudoso que la falta de consentimiento de un cónyuge en la disposición a título oneroso quepa dentro de la categoría formal de la anulabilidad.

La donación no es un acto de gestión ni cabe en las «disposiciones» sobre la economía familiar, ni tampoco se contempla

---

93 CHICO Y ORTIZ, J. M., "La sociedad conyugal de gananciales y las aportaciones a la misma", *opus cit.*, 219 y ss.

con forma de defensa del patrimonio común, sino que trata de un supuesto específico de formación del *animus disponendi* sobre bienes comunes.

De conformidad con las normas del Reglamento Hipotecario, la actuación conjunta de ambos cónyuges es imperativa para esta clase de actos de disposición: según el art. 93.3, los actos de disposición a título gratuito de los bienes inscritos a favor de la sociedad de gananciales se inscribirán cuando fueren realizados por ambos cónyuges conjuntamente, o por uno de ellos concurriendo el consentimiento del otro.

La misma regla se aplica a los actos a título gratuito que tengan por objeto bienes inscritos con carácter presuntivamente ganancial, de acuerdo con el art. 94.4.

La doctrina hipotecarista subraya la plena concordancia del art. 93.3 del Reglamento Hipotecario con los artículos 1322.2° y 1378 del Código Civil[94]. Y La doctrina de la DGRN declara que la interpretación de los artículos 1322.2° y 1378 del Código Civil y 93. 3° del Reglamento Hipotecario debe ser, necesariamente, conjunta. También es conforme la doctrina de la DGRN en cuanto a negar la posibilidad de actuación unilateral alguna en esta materia: una Resolución de 6 de octubre de 1966 ya destacó que no era posible suplir por medio de la autorización judicial el consentimiento del consorte disponente que ha hecho una donación. Y esta es la postura que ha reiterado la RDGRN de 25 de julio de 2019 («BOE» núm. 239, de 4 de octubre de 2019), sobre la base de la STS 34/2003, de 23 de enero de 2003[95], sentencia que estima que la infracción de los arts. 1322 párrafo segundo y 1378 acarrea "sanción de nulidad de los actos de disposición de los bienes gananciales a título

---

[94] GARCÍA GARCÍA, J. M., "La función registral y la seguridad de tráfico inmobiliario", *opus cit.*, 2239 y ss.

[95] Roj: STS 285/2003–ECLI:ES:TS: 2003:285

gratuito por uno solo de los cónyuges sin consentimiento del otro". Bien entendido que la Resolución no se opone a que la confirmación de la donación por el cónyuge cuyo consentimiento se omitió sane la nulidad inicial:

"El artículo 1.322 del Código Civil dispone que «cuando la Ley requiera para un acto de administración o disposición que uno de los cónyuges actúe con el consentimiento del otro, los realizados sin él y que no hayan sido expresa o tácitamente confirmados podrán ser anulados a instancia del cónyuge cuyo consentimiento se haya omitido o de sus herederos. No obstante, serán nulos los actos a título gratuito sobre bienes comunes si falta, en tales casos, el consentimiento del otro cónyuge». Más específicamente el artículo 1.378 dispone que «serán nulos los actos a título gratuito si no concurre el consentimiento de ambos cónyuges». Estos preceptos deben interpretarse juntamente con otros preceptos de nuestro ordenamiento jurídico, como el artículo 1.259 del Código Civil y el 93.3 del Reglamento Hipotecario. La nulidad a la que se refiere este precepto debe interpretarse en el sentido de que a diferencia de en los actos dispositivos a título oneroso (artículo 1.377 del Código Civil), en los actos a título gratuito no cabe la autorización judicial subsidiaria (cfr. Resolución de 6 de octubre de 1966). El artículo no exige expresamente que la prestación del consentimiento deba ser simultánea, debiendo entenderse que se refiere a un supuesto de ineficacia no sujeta al plazo de prescripción de la acción de anulabilidad del artículo 1.301 del Código Civil al decir «la acción de nulidad sólo durará cuatro años. Este tiempo empezará a correr (...) Si la acción se dirigiese a invalidar actos o contratos realizados por uno de los cónyuges sin consentimiento del otro, cuando este consentimiento fuere necesario, desde el día de la disolución de la sociedad conyugal o del matrimonio salvo que antes hubiese tenido conocimiento suficiente de dicho acto o contrato».

3. Actos de disposición *mortis causa*

Un importante sector doctrinal ha señalado que de lo establecido en el art. 1379 del Código Civil, esto es, "cada uno de los cónyuges podrá disponer por testamento de la *mitad de los gananciales*" se deriva que la disposición específica de la mitad de gananciales ha de entenderse hecha a título de legado[96]. La peculiaridad y la determinación de esta atribución va a excluir cualquier posibilidad de expansión respecto de otros bienes que sean privativos del causante y que estén incluidos en el acervo hereditario. Se refieren estos autores a este legado como *sui generis* ya que, en determinados aspectos se asemeja al legado de cosa específica y, en otros, al legado parciario[97].

Al igual que ocurría con el precepto citado *supra*, la actual redacción del art. 1380 C.c. trae causa de la reforma operada por la Ley 11/1981, 13 de mayo y establece que: "La disposición testamentaria de un bien ganancial producirá todos sus efectos si fuere adjudicado a la herencia del testador. En caso contrario se entenderá legado el valor que tuviera al tiempo del fallecimiento". Esta redacción intenta cohonestar los principios reguladores de la normativa general sobre los legados a las particularidades que la sociedad de gananciales presenta[98].

Algunos tratadistas han subrayado[99], además, que al no admitir nuestro ordenamiento jurídico el testamento mancomunado *ex* art. 669 C.c., se entiende que este precepto se refiere a la disposición testamentaria de uno de los esposos de manera individual. Se refiere al legado de un determinado bien ga-

---

96 SARMIENTO RAMOS, J. (1993). "Artículo 1379". *Comentario del Código Civil.* Ministerio de Justicia, 722 y ss.

97 REBOLLEDO VARELA, A.L., *Empresas, Sociedades y Actividades Económicas en la Liquidación de la Sociedad de Gananciales, opus cit.*, 135 y ss.

98 RICCA-BARBERIS, M., *Trattato della garanzia per evizione, opus cit.*, 97 y ss.

99 ROCA TRÍAS, E., "Familia y Constitución", *opus cit.*, 207 y ss.

nancial y, a pesar de que, el art. 1380 C.c. aluda a una *disposición testamentaria*, se entiende incluido en el mismo legado la promesa de mejorar hecha en capítulos matrimoniales -*ex* art. 826 C.c.-. Asimismo, para poder hacer efectiva la norma que contiene el precepto, se entiende que subsiste la sociedad de gananciales -o que estaba disuelta pero no liquidada- hasta el mismo momento del fallecimiento, siendo su formulación independiente del destinatario del legado que puede ser el heredero o el cónyuge viudo. Establecidas, así, las cosas, cada cónyuge podría, por testamento y sin el consentimiento del otro, disponer de la mitad de los bienes gananciales, pero no podría concretar sobre los bienes de los que va a disponer por testamento ya que, hasta que no se produzca la liquidación de la sociedad de gananciales y a cada cónyuge se atribuyan los bienes que le puedan corresponder, no tiene adjudicados unos bienes concretos[100].

Únicamente tendría una cuota global en atención a la naturaleza de la sociedad de gananciales, de manera que no parece que la redacción del art. 1379 C.c. sea del todo correcta, porque debería decir que los cónyuges podrán disponer por testamento de aquello que en el momento de la liquidación se les adjudique[101].

Además, la redacción del artículo 1380 C.c. representa una novedad al consagrar por ley el legado de cosa ganancial y en el caso de realizarse un legado de un bien concreto: solo tiene validez si al producirse la liquidación de la sociedad de gananciales tras la muerte del cónyuge testador, el bien se adjudica a su haber ganancial. Y, de no ocurrir así, el legatario tendrá derecho al valor que al tiempo del fallecimiento del cónyuge testador tuviera el bien. Bien porque premuera o porque sobreviva el testador a la liquidación de la comunidad, el heredero

---

100 SÁNCHEZ ROMÁN, F., "Estudios de Derecho Civil", *opus cit.*, 129 y ss.

101 DÍAZ-MALNERO FERNÁNDEZ, C., *opus cit.*, 153 y ss.

deberá siempre hacer tránsito al legatario de la cosa legada o de su correspondiente estimación al tiempo del fallecimiento del testador o, también, cabe la posibilidad de que le entregue en parte la propia cosa y en parte, la estimación correspondiente[102].

Una peculiar disposición *mortis causa* de bienes gananciales puede tener lugar al amparo del Derecho autonómico gallego, de conformidad con lo dispuesto por la Ley 2/2006, de 14 de junio, de derecho civil de Galicia. La R. de 25 de mayo de 2017 («BOE» núm. 140, de 13 de junio de 2017) trata sobre la aplicación de los pactos sucesorios de mejora y apartación, figuras por tanto de la sucesión contractual, en virtud de los cuales puede disponerse de bienes gananciales.

El artículo 209 de la ley gallega de Derecho civil admite y regula los pactos sucesorios de mejora y apartación. Según el art. 214, son pactos de mejora aquellos por los cuales se conviene a favor de los descendientes la sucesión en bienes concretos, y pueden suponer, de conformidad con el art. 215, la entrega o no de presente de los bienes a quienes les afecten, determinando en el primer caso la adquisición de la propiedad por parte del mejorado. La apartación es un pacto por el que se excluye al legitimario de la herencia del apartante a cambio de los bienes concretos que le sean adjudicados (arts. 224 a 227).

El interés de esta Resolución radica en que admite la inscripción de este acto de naturaleza *mortis causa* por realizarse la transmisión de presente y con la voluntad de ambos cónyuges, y no sólo de cada uno de ellos, pues rechaza la posibilidad de que un cónyuge, aun el con el consentimiento del otro, transmita de presente por pacto de mejora sus derechos sobre un bien de una comunidad postganancial, considerando que la

---

102 DÍAZ GIRÓN, I., "Calificación y determinación de los bienes de la sociedad de gananciales", *opus cit.*, 127 y ss.

naturaleza de dicho pacto, en la modalidad de entrega de presente, es dispositiva, y la inscripción debe, consiguientemente, reflejar una transmisión actual, sin que los derechos de un solo cónyuge en un bien ganancial o postganancial puedan transmitirse de presente. En el mismo sentido, la Resolución de 19 de abril de 2017.

No será, pues, admisible, ni la disposición de la totalidad de un bien ganancial por un solo cónyuge en pacto de mejora sin transmisión de presente, ni tampoco de una transmisión por un cónyuge, separadamente y en pacto de mejora con entrega de su presente, de sus derechos en un bien ganancial: la disposición (*mortis causa*) que entrañan de los bienes gananciales ambos pactos, mejora y apartación, es considerado un acto de disposición de un bien ganancial que deberá ser efectuado conjuntamente por ambos cónyuges.

Contrasta, pues, la eficacia de esta disposición propia de la sucesión contractual, que puede implicar transmisión efectiva y presente del dominio de los bienes, con la prevista por el art. 1380 del Código Civil, pues la disposición por vía testamentaria sólo produce efectos cuando el bien "fuere adjudicado a la herencia del testador" una vez hecha partición hereditaria[103].

4. Actos sobre los bienes de la comunidad postganancial

Llamamos comunidad postganancial a la que nace entre los cónyuges una vez producida la disolución de la sociedad de gananciales, y se mantiene entretanto no tiene lugar la liquidación de los bienes gananciales.

---

103 CASTELLANOS RUIZ, E., *Adquisición y transmisión de bienes inmuebles por matrimonios entre extranjeros: su inscripción en el Registro de la Propiedad, opus cit.*, 11 y ss.

La comunidad postganancial es, pues, una fase o periodo intermedio entre la disolución y la liquidación de la sociedad de gananciales. Sus elementos personales son los cónyuges o sus respectivos herederos (cfr. art. 1404 C.c.) y sus elementos reales, los bienes gananciales. Carece de elementos formales significativos porque a ella se llega por cualquier causa de disolución y termina por la liquidación, que no requieren forma específica alguna, salvo a los efectos de los arts. 1278 a 1280 del Código Civil, al versar sobre bienes inmuebles.

Hay varias sentencias del Tribunal Supremo acerca de la comunidad postganancial cuyo objeto son los gastos —y que, por tanto, poco tienen que ver con los actos adquisitivos y de gestión de inmuebles de los que se ocupa este trabajo, entre ellas la del STS de Pleno n.º 703/2015, de 21 de diciembre de 2015—, pero podemos decir que, al menos desde la Sentencia núm. 135/1997 de 25 febrero de 1997, ya puede considerarse definida la doctrina que sienta el régimen jurídico de la comunidad postganancial.

El Tribunal Supremo señala que la comunidad postganancial surge al disolverse la sociedad de gananciales (lo que tiene lugar por cualquiera de las causas de los artículos 1392 y 1393 del Código Civil) y que, producida la disolución, y hasta que tenga lugar la liquidación, la comunidad entre los cónyuges deja de regirse por las normas propias de la sociedad de gananciales en cuanto a la administración y disposición de los bienes que la integran". El régimen de administración y disposición ya no puede ser el de la sociedad de gananciales, sino el de "cualquier conjunto de bienes en cotitularidad ordinaria".

Por ello, lo que procede es aplicar las normas de la comunidad de bienes regulada en el Código Civil, artículos 392 y siguientes, como afirma categóricamente el propio Tribunal Supremo también en sentencia de 17 de octubre de 2006[104]. En esta situación de comunidad ambos cónyuges tienen derecho a usar y disfrutar de las cosas comunes por igual, y la consecuencia natural de este recíproco derecho es que, en cuanto al uso y disfrute de los bienes que integran la comunidad postganancial, resulta de aplicación el artículo 394 del Código Civil, dice la sentencia de 2006.

En segundo lugar y, en particular para la doctrina jurisprudencial, la cuota abstracta que los cónyuges poseen sobre los bienes de la sociedad de gananciales no altera la indeterminación del objeto propio de la sociedad de gananciales, el conjunto de bienes consorciales, pues el objeto del derecho de cada uno de los cónyuges sigue siendo la masa de bienes y no los bienes uno por uno (*uni singuli*). "En la comunidad postganancial el derecho de cada cónyuge es de carácter abstracto sobre el "totum" ganancial, pero no ostenta una cuota concreta sobre cada uno de los bienes integrantes del mismo."

Por consiguiente, y dados estos presupuestos, es obvio que los actos de disposición sobre los bienes de la comunidad postganancial se rigen por el art. 397 del Código Civil y por tanto se exige que sean otorgados por ambos cónyuges.

Desde el punto de vista estrictamente registral, ciertamente la aplicación del principio de tracto sucesivo del art. 20 de la Ley Hipotecaria no admitiría otra cosa que la actuación conjunta de los cónyuges o *ex* cónyuges. Ambos cónyuges, pues, deben concurrir a la formalización del acto dispositivo sobre inmuebles en comunidad postganancial para que éste sea inscribible en el Registro de la Propiedad, con independencia de que civilmente el estatus de la sociedad de gananciales haya cambiado y que el régimen económico matrimonial o el estado civil de los cónyuges sea distinto: ambos retienen íntegramente

---

104 ROJ: STS 6042/2006.

el poder de disposición sobre ese bien en la medida que forma parte de la masa de la comunidad postganancial y pueden disponer de ella en transmisiones singulares[105].

Una diferencia importante con el régimen de la sociedad de gananciales es que la regulación de la comunidad de bienes no prevé la autorización judicial supletoria en interés de la familia del art. 1377.2° del Código Civil. Por lo que, en caso de desacuerdo sobre la venta o no de una finca singular podríamos plantearnos aplicar por analogía lo dispuesto en el art. 404 del Código Civil, vendiendo la finca —en subasta pública en su caso— y repartiéndose entre ambos cónyuges el precio, y tal vez esta solución sería lógica y pacífica si la comunidad recayera sobre cada uno de los bienes, y por tanto el desacuerdo se centrara sobre éste, pero no parece aceptable porque la comunidad recae sobre la totalidad de los bienes, sobre la masa. Por tanto, en caso de desacuerdo para disponer de un bien concreto, seguramente la única vía que pueden seguir ambos miembros de en situación de comunidad postganancial es instar la liquidación de la comunidad. Sólo si ambos cónyuges o excónyuges otorgan la venta de un inmueble de la masa común en particular, pues, accederá el Registrador a inscribir.

Evidentemente, con la sociedad de gananciales desaparece la presunción de ganancialidad en las adquisiciones posteriores hechas por el consorte, que deben reputarse propias suyas (art. 1435.3° C.c.); y en el hipotético caso de que los cónyuges o *ex* cónyuges realicen conjuntamente alguna adquisición, ésta se entenderá por mitad (art. 1441) sin perjuicio de que haya que expresar con precisión el porcentaje o cuota de cada uno en el título de adquisición por exigencias del principio de especialidad registral (cfr. art. 54 del Reglamento Hipotecario).

---

105 CASTÁN TOBEÑAS, J., *Derecho Civil Español, Común y Foral. Derecho de obligaciones, opus cit.*, 933 y ss.

En cambio, el principio de subrogación real se observará si cabe con mayor rigor, puesto que por el cese de la sociedad de gananciales cesan las posibilidades de recurrir al art. 1355 C.c. para modalizar el carácter del bien adquirido o llevar a cabo una mutación del mismo. En la hipótesis en que, pendiente la liquidación de la sociedad de gananciales y vigente la comunidad postganancial ambos cónyuges adquieran un inmueble por la permuta de un bien común, en principio deberá inscribirse con el mismo carácter del bien que se da en permuta y no de otro modo (hay que esperar una calificación negativa del Registrador si se solicita la inscripción del bien subrogado con distinto carácter al que ha sustituido y constaba ya inscrito), sin perjuicio de que a continuación lleven a cabo los cónyuges de común acuerdo un acto liquidatorio parcial en cuanto a ese bien y puedan incluso repartirse la titularidad en mitades indivisas, siempre y cuando el régimen matrimonial vigente entre ellos tras la disolución de la sociedad de gananciales fuera de separación de bienes.

La DGRN ha seguido fielmente las orientaciones jurisprudenciales y sus resoluciones permiten afirmar la exigencia de actuación conjunta o consentimiento de ambos cónyuges para los actos de disposición sobre bienes de la comunidad postganancial[106].

La RDGRN 23 de junio de 2007 (BOE de 31 de julio de 2007) recoge la tesis inequívocamente: "disuelta la sociedad de gananciales, pero no liquidada, no corresponde a los cónyuges individualmente una cuota indivisa en todos y cada uno de los bienes que lo integran, y de la que pueda disponerse separadamente, sino que, por el contrario, la participación de aquellos se predica globalmente respecto de la masa ganancial en cuanto patrimonio separado colectivo, en tanto que conjunto

---

[106] COBACHO GÓMEZ, J. A., "El uso de la vivienda familiar y el interés de los hijos", *opus cit.*, 141 y ss.

de bienes con su propio ámbito de responsabilidad y con un régimen específico de gestión, disposición y liquidación, que presupone la actuación conjunta de ambos cónyuges o, como en este caso, de sus respectivos herederos, y solamente cuando concluyan las operaciones liquidatorias, esa cuota sobre el todo, cederá su lugar a las titularidades singulares y concretas que cada uno de ellos se le adjudiquen en las operaciones..."

Así, la Resolución de 1 de junio de 2023, de la Dirección General de Seguridad Jurídica y Fe Pública («BOE» núm. 133, de 5 de junio de 2023) de entrada declara que en esta situación ya no son aplicables las normas del Código Civil sobre gestión y disposición de bienes gananciales y no puede uno solo de los cónyuges vender un bien incluido en la comunidad postganancial sin el consentimiento del otro o en su caso el de sus herederos o causahabientes. La misma doctrina (obviamente) se aplica cuando la comunidad postganancial se limita a un único bien (R. DGSJ 25 de marzo de 2021, B.O.E. 29-4–2021).

No estima ineficaz la STS de 11 mayo de 2000[107] el legado de cosa ganancial hecho por uno de los cónyuges cuando al tiempo de hacer su disposición testamentaria la sociedad de gananciales estaba disuelta y permanecía pendiente de liquidación, y estaba ya en vigor la comunidad postganancial. Reconoce la sentencia que "cuando el esposo, cónyuge viudo, otorga testamento en 1985 y ordena el legado de aquella finca, ya no existe la comunidad de gananciales y la finca ya no es cosa ganancial" y "la situación que se da respecto al momento de ordenar el legado es de una comunidad postganancial[108]" y por

---

107 Núm. 465/2000. RJ 2000\3926

108 Descrita (como ya hemos mencionado) como "comunidad que existe desde que se disuelve la ganancial pero no se liquida y es una comunidad de tipo romano, «proindiviso», regida por los artículos 392 y ss. del Código Civil, pero no recae la comunidad sobre cada cosa que forma parte de ella sino sobre el conjunto de la misma". Abunda la sentencia en que "así lo expresa

tanto una comunidad de bienes, si bien sobre el conjunto de los bienes. Este legado, afirma el Tribunal Supremo, no se trata de un legado de cosa ajena ni tampoco de un legado de cosa ganancial. "Es un legado de cosa perteneciente a la comunidad postganancial, el cual está fuera de toda normativa legal: ni es ganancial, ni es cosa ajena, ni es cosa común; es cosa integrante de una comunidad que recae sobre todo un patrimonio" y su respuesta jurídica es la aplicación analógica de las normas, en este caso el art. 1380 del Código Civil, y por consiguiente, como el legado de cosa ganancial, se hará efectivo si fuera adjudicado al haber del testador al hacer la liquidación de los gananciales o la división de la comunidad.

---

la sentencia de 23 de diciembre de 1993 (RJ 1993, 10113)" : ... «comunidad postmatrimonial sobre la antigua masa ganancial... cotitularidad ordinaria... cada comunero ostenta una cuota abstracta sobre el "totum" ganancial, pero no una cuota concreta sobre cada uno de los bienes...» y, a su vez, se refieren a esta comunidad postganancial las de 23 de diciembre de 1992 (RJ 1992, 10689) , 28 de septiembre de 1993 (RJ 1993, 6657) , 14 de marzo de 1994 (RJ 1994, 1776) , 26 de abril de 1997 (RJ 1997, 3542) y 28 de septiembre de 1998 (RJ 1998, 7290) ."

Capítulo VIII.

Las inscripciones registrales en regímenes económico matrimoniales extranjeros. Especial consideración del Reglamento (UE) 2016/1103

I. LA APLICABILIDAD DEL ART. 92 DEL REGLAMENTO HIPOTECARIO COMO PUNTO DE PARTIDA: SUS DEFICIENCIAS

A diferencia de lo que era la realidad social en 1982, cuando se redactó el art. 92 del Reglamento Hipotecario, una adquisición de inmuebles por extranjeros en España no es un acontecimiento excepcional hoy en día. Por supuesto, como cualquier otra adquisición inmobiliaria, con efectos jurídico reales, puede tener lugar su inscripción en el Registro de la Propiedad conforme a la norma hipotecaria, que tiene en cuenta, quizá de forma hoy insatisfactoria, el elemento o circunstancia de la extranjería de los adquirentes.

Ciertamente, por un lado, esta regulación mantiene unos criterios que en parte están ya desfasados, y por otro desconoce un elemento que a medida que transcurra el tiempo se vuelve más patente, y es que, en virtud de recientes cambios en la legislación europea, en la medida que las adquisiciones sean de extranjeros que residen en España, vendrá a ser más frecuente que la inscripción se haga para la sociedad de gananciales en los territorios de Derecho común. La razón no es otra que, a falta de acuerdo sobre ley aplicable o capitulación matrimoniales, la residencia habitual de los cónyuges es el principal criterio y punto de conexión supletorio establecido por el Reglamento (UE) 2016/1103 para establecer la ley aplicable al régimen económico matrimonial, apartándose del criterio de ley personal o nacional por el que había optado nuestro Código Civil en su art. 9.2.

Es el artículo 92 del Reglamento Hipotecario, pues, la norma aplicable y vigente en esta materia. Dispone este precepto que la inscripción de las adquisiciones de inmuebles hechas por cónyuges sujetos a un régimen económico matrimonial extranjero "cuando el régimen económico-matrimonial del adquirente o adquirentes casados estuviere sometido a legislación extranjera, la inscripción se practicará a favor de aquél o aquéllos haciéndose constar en ella que se verifica con sujeción a su régimen matrimonial, con indicación de éste, si constare."

La norma no requiere como presupuesto necesario fijar la ley aplicable al régimen económico matrimonial de los cónyuges adquirentes ni determinar en la inscripción este último.

El resultado de la aplicación de este precepto parece hacerse en dos tiempos[1]:

- En el momento de la adquisición, el Registro de la Propiedad tomará razón de que se hace ésta "con sujeción a su régimen matrimonial", haya sido éste expresado o no por el cónyuge o cónyuges adquirentes, pues si alegan el régimen económico matrimonial en que se encuentran, se hará constar éste, se supone que en virtud de la mera declaración o manifestación hecha según lo previsto en

---

[1] Se hace continua alusión de una manera u otra a este planteamiento no sólo por la DGRN sino también en la doctrina, así últimamente puede verse en CASTELLANOS RUIZ, E., *Adquisición y transmisión de bienes inmuebles por matrimonios entre extranjeros: su inscripción en el Registro de la Propiedad, opus cit.*, 11 y ss.

el artículo 159 del Reglamento notarial; y si no alegan siquiera cuál es su régimen económico matrimonial, de todas maneras se hará inscripción a su favor "con sujeción a su régimen matrimonial": insistimos en que en ningún caso se exige la acreditación a priori del régimen económico matrimonial extranjero, y ni siquiera fijarlo ni manifestarlo en el momento de hacer la compra[2].

- En el momento de otorgar un acto de disposición sobre el bien así adquirido e inscrito "con sujeción a su régimen matrimonial", una vez que al fin y al cabo se trata de un bien matrimonial, si son ambos cónyuges quienes otorgan conjuntamente la enajenación o gravamen, el Registro de la Propiedad no habrá de cuestionarse nada más, ni siquiera para establecer previamente cuál es el régimen aplicable, puesto que en todo caso los cónyuges reúnen ambos todo el poder de disposición del bien.

Reiterada doctrina de la DGRN ha explicado el sentido del artículo 92 del Reglamento Hipotecario, que sacrifica el principio hipotecario de especialidad y determinación a consideraciones de funcionalidad.

Así, Resoluciones de 3, 7, 20, 27 y 28 de enero y 12, 21 y 24 de febrero y de 4 y 14 de marzo de 2003 y 10 de enero de 2004 indican que en el caso de cónyuges extranjeros, el art. 92 no exige que se exprese el régimen económico matrimonial[3], y reconoce que lo que hace es diferir los problemas de indeterminación que se causan al inscribirse la adquisición al momento de la enajenación posterior, pues dicha expresión de

---

2 DE VERDA Y BEAMONTE, J.R. (2021). "La sociedad legal de gananciales", DE VERDA Y BEAMONTE J.R. (coord.); *Derecho Civil IV (Derecho de Familia)*. Tirant Lo Blanch, 201 y ss.

3 CALAZA LÓPEZ, C. A. (2022). "Una apuesta por la atribución de privatividad frente al cajón de sastre del artículo 1324 del Código Civil (1)", *La Ley. Derecho de familia*, (35), 4 y ss.

régimen puede obviarse, deviene innecesaria en tanto que la enajenación o el gravamen se hará contando con el consentimiento de ambos (enajenación voluntaria), o tras demandar a los dos (enajenación forzosa). Es por esto que el artículo 92 del Reglamento Hipotecario se limita a exigir que se exprese en la inscripción que el bien se adquiere "con sujeción a su régimen matrimonial", tan genéricamente.

Ahora bien, al mismo tiempo, la DGRN advierte que, de consignarse que el régimen económico matrimonial según la ley aplicable es un régimen legal de separación, "el artículo 54 del Reglamento Hipotecario impone que debe fijarse la cuota indivisa correspondiente a cada uno de los adquirentes" (cfr. R. 10 de enero de 2004).

Actualmente, la cuestión a plantear es cómo conectar estas directrices del Reglamento Hipotecario con una aplicación adecuada del Reglamento (UE) 2016/1103, del régimen económico matrimonial, que establece unos criterios para fijar la ley aplicable al régimen económico matrimonial[4].

Vemos que, por una parte, hay una iniciativa europea para avanzar en la determinación de la ley rectora del régimen económico matrimonial, y por otra parte mantenemos un precepto en el Reglamento Hipotecario para las adquisiciones, el artículo 92, donde no es demasiado relevante que el régimen económico matrimonial, y mucho menos la ley aplicable a la adquisición, consten en la inscripción. Se diría que el Reglamento europeo pretende ganar en seguridad jurídica mientras que el texto hipotecario actual la escatima. En cualquier caso,

---

4 BLANQUER UBEROS, R. (2003). "La presunción de ganancialidad. La confesión de privaticidad. La fijación negocial de privaticidad". *Estudios Jurídicos en Homenaje al profesor Luis Díez-Picazo,* vol.III. Thomson Civitas, 4485 y ss.

no podemos obviar que esta regulación europea excluye de su ámbito de aplicación la materia registral, es decir, la "inscripción en un registro de derechos sobre bienes muebles o inmuebles, incluidos los requisitos legales para llevarla a cabo, y los efectos de la inscripción o de la omisión de la inscripción de tales derechos en un registro" (artículo 1.2.h). Por tanto, sería incorrecto decir que el Reglamento europeo obliga a la modificación del Reglamento Hipotecario para que favorezca su propósito de determinar la ley aplicable al régimen económico matrimonial.

El Reglamento Hipotecario regula las adquisiciones de fincas hechas por personas casadas en un régimen económico matrimonial extranjero mediante su art. 92. Su modus operandi parece sencillo: admitir su inscripción a favor del cónyuge o cónyuges en cualquier caso, y hacer constar en ella, a su vez, que se verifica con sujeción a su régimen matrimonial, indicándose cuál es, "si constare"; si no constare, la inscripción también se puede practicar.

De ello se desprende que las adquisiciones hechas por personas casadas extranjeras encuentran pocos obstáculos para la inscripción. Pero también que el régimen económico matrimonial a que legalmente está sometido el bien adquirido, y la ley aplicable a éste —fuentes determinantes de la legitimación de los cónyuges en la gestión de su patrimonio, de las reglas que más adelante habrán de acomodarse para vender o hipotecar— aparecen con un valor relativo en la inscripción registral, e incluso pueden no aparecer en ella: la inscripción se hace a favor del cónyuge o cónyuge adquirentes con sujeción a su régimen económico matrimonial, pero bien puede ser que no se diga nada acerca de cuál es éste.

Como sabemos, es la ley aplicable al régimen económico matrimonial la que, como no puede ser de otra manera, decide los aspectos relevantes[5], los requisitos que deben cumplirse para los actos de administración y disposición de los bienes adquiridos bajo ese régimen: los que determinan la clasificación de los bienes durante su vigencia o las facultades, derechos y obligaciones de cualquiera de los cónyuges o de ambos sobre los mismos. Y sin embargo, insistimos en ello, el art. 92 del Reglamento Hipotecario no contempla en absoluto como requisito necesario la indicación de la ley aplicable o el régimen económico matrimonial en el que se halla el bien adquirido, en el momento en que la adquisición tiene lugar y accede a su registración. Nadie puede negar lo relevante fijar en la inscripción el régimen económico matrimonial al que habrá que atenerse para tener en cuenta las normas de administración y disposición de la finca. Pero el hecho es que puede omitirse totalmente esta circunstancia y ser sustituida en la inscripción por una indicación genérica (y obvia) de que el bien adquirido queda sujeto al régimen económico matrimonial del adquirente. En una palabra, quien consulta el Registro de la Propiedad no encontrará "certeza de ley aplicable" que la seguridad del tráfico demanda (a la que la DGRN, como veremos, parece también recepticia en algunos casos, en otros no tanto)[6].

Al examinar la finalidad legislativa del artículo 92 del Reglamento Hipotecario, y a falta de toda otra norma hipotecaria con rango de ley que regule esta materia, parece subyacer en la misma —y así lo admite explícitamente la doctrina de la DGRN, como veremos— la idea de que los requisitos para los actos de administración o disposición que después hayan

5 CALAZA LÓPEZ, C.A. (2017). "El inmisericorde camino del capital privativo hacia la comunidad ganancial: controversias jurídicas y propuestas de *lege ferenda*". *La Ley. Derecho de familia,* (15), 4 y ss.

6 DÍAZ DE LEZCANO SEVILLANO, I. (2012). "La confesión sobre el carácter de los bienes realizada entre cónyuges". *Revista Crítica de Derecho Civil,* (734), 3201 y ss.

de hacerse sobre el bien así inscrito deberán examinarse en el momento en que se produce el acto de administración o gestión, es decir, a posteriori, pues la cuestión de determinar la ley o régimen económico matrimonial aplicable, cerciorarse de cuáles son, se pospone a un momento posterior a la inscripción de la adquisición. En definitiva, es a la hora de la calificación registral de los actos de gestión patrimonial (cfr. art.18 de la Ley Hipotecaria), y no al tiempo de la adquisición, cuando habrá que evaluar cuál es la ley aplicable a los mismos, porque el Reglamento Hipotecario permite una inscripción de la adquisición omitiendo esta circunstancia tan relevante. Y, para la validez del acto dispositivo, esta ley deberá ser determinada y aplicada justamente cuando llegue el momento de vender, hipotecar o embargar. Es decir, en principio el legislador invita a hacer después lo que se debería hacer antes[7].

La primera consecuencia de la regulación vigente es que los terceros interesados en los bienes inscritos a favor de estos cónyuges extranjeros no pueden conocer mediante la consulta al Registro qué ley es la aplicable a los requisitos de administración o disposición que habrá que observar a la hora de contratar con ellos acerca de la finca inscrita (o embargarla, pues la legitimación pasiva no es la misma si el bien adquirido es privativo o por el contrario es común según el régimen económico matrimonial correspondiente). Esto es así porque no es preceptivo que la inscripción deba incluir información relativa a cuál es la ley aplicable a la misma. Incluso no hay que descartar que el régimen económico matrimonial manifestado por el cónyuge adquirente o cónyuges adquirentes al tiempo de la adquisición no se corresponda con el realmente aplicable y que, después de provocar una publicidad registral errónea durante el tiempo en que el asiento vaya a estar vigente, deba ser

---

7 DE LOS MOZOS, J.L. (1982). "Comentario al artículo 1324 del Código Civil". *Comentarios al Código Civil y Compilaciones Forales,* vol. 1. Edersa, 172 y ss.

rectificado a la hora de la enajenación. Solución insatisfactoria cuya inidoneidad sube de punto cuando se manifestó e inscribió el bien con arreglo a un régimen económico matrimonial de separación de bienes y a posteriori, atendiendo la norma de conflicto aplicable, se revela que debió inscribirse con arreglo a un régimen de comunidad.

La respuesta legislativa del Reglamento Hipotecario, además de ser insatisfactoria en sí misma por lo que tiene de indeterminación del estatus registral de la finca inscrita, pugna con las orientaciones actuales que tienden a dotar de previsibilidad a las situaciones jurídicas inscritas y que parecen vehementemente reclamar la revisión de la regulación hoy contenida en el art. 92 del Reglamento Hipotecario, en aras de una mayor previsibilidad, indispensable para la seguridad jurídica.

El principio hipotecario de especialidad exige formular con claridad y certeza la publicidad registral. Este principio fundamentaría por sí solo, entendemos, que al hacerse una adquisición de una finca por una persona casada, e inscribirse la misma en el Registro de la Propiedad, daba quedar determinado con precisión el régimen económico matrimonial bajo el cual se ha efectuado dicha adquisición, pues será el régimen que se haya de aplicar a efectos de los actos de administración o disposición que posteriormente hayan de tener lugar[8].

Solamente cuando queda determinado el régimen económico matrimonial, una consulta del Registro permitirá contestar dos cuestiones fundamentales para el tráfico jurídico:

1.º Si uno de los cónyuges resulta legitimado para disponer del inmueble adquirido o es necesario que el acto de disposición lo hagan los dos, y con qué otros requisitos en su caso.

---

[8] BLANQUER UBEROS, R., *La presunción de ganancialidad. La confesión de privaticidad. La fijación negocial de privaticidad, opus cit.*, 4485 y ss.

2.º Contra cuál de los cónyuges habrá de dirigirse la demanda, o si es preciso interponerla contra ambos, en caso de entablarse un procedimiento, de embargo o cualquier otro, que afecte al bien inmueble inscrito.

Cuestiones ambas íntimamente ligadas también al tracto sucesivo registral y a la aplicación del art. 20 de la Ley Hipotecaria.

Como sabemos, las adquisiciones de bienes inmuebles por personas casadas están reguladas con precisión por la legislación hipotecaria en los supuestos de una comunidad foral o de la de gananciales, pues las normas del Reglamento Hipotecario prevén que quede constancia en la inscripción registral del carácter del bien adquirido, es decir, si es común o no lo es, y del régimen económico matrimonial a que debe atenerse (cfr. arts. 90 R.H., para la comunidades forales, arts. 93 a 95 para la de gananciales).

Una vez que el régimen económico matrimonial esté fijado en el Registro de la Propiedad, bastará que los terceros consulten la inscripción para conocer qué reglas se aplicarán a la disposición del inmueble (las propias de un bien privativo, las de la sociedad de gananciales, las de la sociedad de conquistas, etc.) y en su caso sabrán si, por pertenecer a uno sólo de los cónyuges, la demanda puede dirigirse sólo contra él o si, por pertenecer a ambos, a la comunidad conyugal, deben ser demandados los dos (litisconsorcio pasivo necesario).

Sin embargo, el art. 92 del Reglamento Hipotecario establece lo siguiente:

"Cuando el régimen económico-matrimonial del adquirente o adquirentes casados estuviere sometido a legislación extranjera, la inscripción se practicará a favor de aquél o aquéllos haciéndose constar en ella que se verifica con sujeción a su régimen matrimonial, con indicación de éste, si constare."

Como vemos, la diferencia entre lo previsto en el art. 92 y lo previsto en los arts. 90 y 93 a 95 para las adquisiciones de personas casadas bajo régimen común o foral, es que la exigencia de determinación del régimen económico matrimonial no se predica para el caso de personas casadas extranjeras: por aplicación del art. 92 R.H., la inscripción de la adquisición se practicará "con sujeción al régimen matrimonial" del adquirente, con indicación del mismo "si constare". Y si no constare, no se inscribirá.

Por tanto, el problema de la determinación de este régimen económico matrimonial queda pospuesto para otro momento, que suele ser el de la disposición del bien. Es entonces cuando será necesario precisar el régimen económico matrimonial de los cónyuges o la ley aplicable al mismo porque de él dependerán las reglas de administración o disposición del bien.

En efecto, como a menudo ha señalado la DGRN, el art. 92 del Reglamento Hipotecario difiere al momento de la enajenación del bien el problema de determinar o apreciar la legitimación para disponer. Lo que ocurre es que este problema se solventa si son los dos cónyuges los que otorgan el acto dispositivo (aunque legalmente alguno de ellos no tenga por qué otorgarlo), pues en todo caso los únicos interesados son ellos. En otro caso, si se trata de un acto de disposición unilateral de una finca inscrita conforme al art. 92 del Reglamento Hipotecario, el cónyuge que dispone deberá acreditar su legitimación para disponer probando el Derecho extranjero aplicable.

Dicho de otra manera, puede que la adquisición se haya hecho por una persona casada extranjera en régimen de separación de bienes o de una comunidad de bienes, sea ésta una comunidad universal de bienes, o de tipo restringido, o incluso de una comunidad diferida de bienes. Las situaciones cambian y la determinación del régimen económico matrimonial no es un asunto indiferente. En unos casos la ley aplicable autoriza a esta persona casada y titular registral a disponer por sí sola y en otros casos exige el consentimiento de su consorte: en el primer caso, deberá acreditarse que el titular registral tiene esta facultad con arreglo a su régimen económico matrimonial.

Esta es la principal consecuencia de la indeterminación y omisión del régimen económico matrimonial: que para hacer actos de administración o disposición con arreglo al mismo será necesaria la prueba del Derecho vigente que lo rige.

En este punto procede hacer un *excursus* para señalar las características básicas de la prueba del Derecho extranjero ante el Registro de la Propiedad español. En relación con la prueba del Derecho extranjero, no existe un instrumento en vigor ni en la Unión Europea ni en la Conferencia de La Haya. Esta materia en Derecho español es objeto de regulación en la Ley 29/2015, de 30 de julio, de cooperación jurídica internacional en materia civil, pero esta ley, en concreto su art.33, no introduce ni implica ningún cambio en la norma fundamental para la prueba del Derecho extranjero en el ámbito registral, que es el art. 36 del Reglamento Hipotecario.

Al amparo del art. 36 del Reglamento Hipotecario, la doctrina del centro directivo define claramente el régimen de esta prueba: la acreditación del Derecho extranjero puede hacerse, entre otros medios (no es taxativo el precepto), mediante aseveración o informe de un Notario o Cónsul español o de Diplomático, Cónsul o funcionario competente del país de la legislación que sea aplicable. Admite el Reglamento Hipotecario que el Registrador, bajo su responsabilidad, pueda prescindir de los medios de prueba "si conociere suficientemente la legislación extranjera de que se trate, haciéndolo así constar en el asiento correspondiente". Pero ni el Registrador ni el notario están obligados a conocer el Derecho extranjero —advierte reiteradamente el centro directivo cfr. R. DGSJFP de 28 de julio de 2020 (BOE 7 de agosto), que se remite a otras muchas otras Resoluciones en este sentido —. Y por consiguiente, en principio se exige probar el contenido y vigencia del Derecho extranjero mediante el informe o certificado correspondiente, que en ningún caso puede consistir en una mera relación de los preceptos de la ley extranjera[9].

Pues bien, el art. 92 del Reglamento Hipotecario nos orienta potencialmente a la necesidad de probar el Derecho extranjero en cada ocasión en que se practique una inscripción a su amparo, siempre que el bien adquirido quede inscrito para el régimen económico matrimonial del adquirente y este no constare… y quizás incluso aunque conste, pues pudiera ocurrir que al manifestarlo el adquirente el contenido de su manifestación no sea el correcto, y de hecho la Resolución de 2017 cuestiona la fiabilidad de las manifestaciones de los cónyuges en este sentido y opta por una adecuada calificación del elemento internacional del supuesto de hecho.

Ahora bien, si consideramos con perspectiva histórica este precepto, el art. 92 R.H., reparamos en que no es de redacción reciente y que el contexto económico y social en el que surgió, en verdad, ha cambiado sustancialmente. Este artículo se introduce en el ordenamiento jurídico español en 1982 (fue redactado por el Real Decreto 3215/1982, de 12 de noviembre), cuando de hecho España todavía no formaba parte de las Comunidades Europeas y predominaba una visión restrictiva del tráfico jurídico en cuanto a la adquisición de inmuebles por extranjeros.

El art. 92 R.H. es producto de una época en el que las adquisiciones de fincas por extranjeros no, como en la actualidad, ordinarios y cotidianos, y el mutuo conocimiento de los sistemas legales distaba de llegar a la extensión de que gozamos

9 BENAVENTE MOREDA, P., "Inscripción de los bienes gananciales y privativos en el Registro de la Propiedad. Análisis de la jurisprudencia de la D.G.R.N.", *opus cit.*, 227 y ss.

hoy (facilitado por herramientas como el Portal Europeo de e-Justicia, e-Justice).

No sólo el principio de especialidad registral que antes hemos invocado, sino la misma "certeza de la ley aplicable" y la seguridad del tráfico de las transacciones con elemento de extranjería (nada inusuales en la actualidad), parecen exigir una respuesta registral más adecuada o más precisa que la que proporcionada por la operativa del art. 92.

Consideramos que el modus operandi de este sistema no es satisfactorio, ya que: a) no determina ab initio, desde el momento de la inscripción, si la legitimación para disponer corresponde al cónyuge titular o a ambos consortes, no permite que por la consulta del Registro podamos conocerla; y b) tampoco permite establecer claramente la legitimación procesal, ni la adecuada estimación del tracto sucesivo a efectos de entablar un proceso[10].

No parece excesivo decir que al amparo del art. 92 se producirán, se producen, consecuencias jurídicamente perturbadoras:

- Que un cónyuge que no es el propietario según la ley aplicable preste el consentimiento a un acto de disposición de un bien que no es suyo, o que se requiera que lo haga.
- Que, a efectos de tracto sucesivo o a efectos procesales, sea exigible en la práctica demandar, o notificar a uno de

---

10 Problema este último que puede considerarse salvado exclusivamente en el caso del embargo, una vez que la Ley 13/2012 modificara el art. 144.6 Reglamento Hipotecario para añadir que el embargo será anotable sobre el bien o participación indivisa del mismo inscrita en tal modo, siempre que conste que la demanda o el apremio han sido dirigidos contra los dos cónyuges, o que estando demandado o apremiado uno de los cónyuges ha sido notificado al otro el embargo.

los cónyuges, en casos en que según la ley aplicable no es propietario y no hay por tanto causa o razón de fondo para ello.

- Imponer el deber o carga de probar el Derecho extranjero cuando el cónyuge titular se propone venderlo por sí solo conforme a la ley aplicable.

Esas distorsiones jurídicas desaparecerían o se reducirían drásticamente si el régimen económico matrimonial del adquirente o adquirentes quedara determinado en el momento de la adquisición. Pero, como ya hemos visto, la aplicación de la normativa vigente del art. 92 no sirve precisamente a esta finalidad, es más, al contrario, facilita la inscripción, aunque el régimen económico matrimonial del adquirente no conste.

II. EL IMPACTO DEL REGLAMENTO 2016/1103 EN NUESTRO DERECHO INTERNO

El Derecho europeo ha impulsado la revisión del funcionamiento de las normas de régimen económico matrimonial a través de un proceso que comienza en tiempos relativamente recientes.

Entre las orientaciones europeas destacamos dos: una, la unidad de criterio para determinar la ley aplicable al régimen económico matrimonial, y otra, la vocación por la previsibilidad de ésta, de modo que un aspecto tan relevante y al mismo tiempo potencialmente sujeto a distintos puntos de conexión, como es el régimen económico matrimonial, pueda gozar de mayor certidumbre, lo que sería un logro importantísimo para la seguridad del tráfico jurídico. El valor de la "certeza de la ley aplicable" ha sido puesta de manifiesto en ocasiones por el centro directivo registral, la DGRN (hoy DGSJFP).

Con fecha 17 de julio de 2006, la Comisión Europea publicó el libro verde "sobre el conflicto de leyes en materia de régimen matrimonial, con especial referencia a las cuestiones de competencia jurisdiccional y reconocimiento mutuo" con el fin de abrir una consulta sobre las cuestiones jurídicas que se plantean en materia de regímenes matrimoniales con elemento internacional o transfronterizo. La lógica requería la adopción de normas legislativas a nivel comunitario para resolver los muy frecuentes (casi inevitables) conflictos de leyes en materia de régimen económico matrimonial. La perspectiva legislativa era por tanto de Derecho internacional privado. Para el libro verde esta iniciativa estaba justificada por "el fin de simplificar la tarea de los profesionales del Derecho y responder eficazmente a los problemas concretos de los ciudadanos" y aludía en su texto a necesidades de seguridad jurídica[11].

El «Programa de Estocolmo» de 2009 puso de manifiesto la conveniencia del reconocimiento mutuo en "los ámbitos que todavía no están cubiertos pero son fundamentales en la vida diaria, por ejemplo la sucesión y los testamentos, los regímenes económicos matrimoniales y las consecuencias para la propiedad en los casos de separación". Pero la actividad subsiguiente reveló la imposibilidad de lograr la unanimidad para la adopción de las propuestas de reglamentos relativos a los regímenes económicos matrimoniales y a los efectos patrimoniales de las uniones registradas y que, por consiguiente, la Unión en su conjunto no podría alcanzar los objetivos de la cooperación en este ámbito en un plazo razonable.

Por ello, varios Estados miembros promovieron una cooperación reforzada en materia de régimen económico matrimonial que fue autorizada por la Decisión (UE) 2016/954 de 9 de junio de 2016 del Consejo.

---

11 GAVIDIA SÁNCHEZ, J.V. (1987). *La confesión de privatividad de bienes de la sociedad conyugal. Análisis crítico del precepto contenido en el artículo 1324 del Código Civil.* Tecnos, 26 y ss.

El fruto de esta iniciativa es el Reglamento (UE) 2016/1103, del Consejo, aprobado en 24 de junio de 2016, fundamentado en el marco del artículo 328, apartado 1, del TFUE, con relación a su artículo 81.

A la vez se aprobó su gemelo, el Reglamento (UE) 2016/1104 para regular los efectos patrimoniales de las uniones registradas. Su ámbito son las uniones registradas y por tanto no alcanza a las parejas o uniones de hecho, pues, según aclara, "el tratamiento dispensado a las formas de unión distintas del matrimonio difiere en las legislaciones de los distintos Estados miembros, por lo que debe establecerse una distinción entre las parejas cuya unión se halla institucionalmente sancionada mediante su registro ante una autoridad pública y las parejas vinculadas por uniones de hecho (considerando 16)." El texto del Reglamento (UE) 2016/1104 es de un contenido muy similar al del Reglamento sobre régimen económico matrimonial, en el que, por su influencia en las adquisiciones de personas casadas extranjeras, nos centramos en este artículo. El marco hipotecario español de las adquisiciones de las personas unidas en pareja, pero no casadas, no es el art. 92 del Reglamento Hipotecario sino el común del art. 54 para las adquisiciones proindiviso.[12]

La fecha de comienzo de aplicación del Reglamento 2016/1103 es 29 de enero de 2019. Según sus disposiciones transitorias (cfr. arts. 69 y 70): "El Reglamento solo será aplicable a las acciones judiciales ejercitadas, a los documentos públicos formalizados o registrados y a las transacciones judiciales aprobadas o celebradas a partir del 29 de enero de 2019, a reserva de lo dispuesto en los apartados 2 y 3." "Las disposiciones del capítulo III (ley aplicable) solo serán aplicables a los cónyuges que hayan celebrado su matrimonio o que hayan es-

---

12 LINACERO DE LA FUENTE, M. (2021). *Tratado de Derecho de Familia. Aspectos sustantivos.* Tirant Lo Blanch, 2943 y ss.

pecificado la ley aplicable al régimen económico matrimonial después del 29 de enero de 2019."

En primer lugar, constatamos que el Reglamento 2016/1103 incide claramente sobre normas del Código Civil como el art. 9, apartados 2 y 3.

El art. 9.2. del Código Civil dispone: "Los efectos del matrimonio se regirán por la ley personal común de los cónyuges al tiempo de contraerlo; en defecto de esta ley, por la ley personal o de la residencia habitual de cualquiera de ellos, elegida por ambos en documento auténtico otorgado antes de la celebración del matrimonio; a falta de esta elección, por la ley de la residencia habitual común inmediatamente posterior a la celebración, y, a falta de dicha residencia, por la del lugar de celebración del matrimonio. La nulidad, la separación y el divorcio se regirán por la ley que determina el artículo 107."

El art. 9.3. del Código Civil dispone: "Los pactos o capitulaciones por los que se estipule, modifique o sustituya el régimen económico del matrimonio serán válidos cuando sean conformes bien a la ley que rija los efectos del matrimonio, bien a la ley de la nacionalidad o de la residencia habitual de cualquiera de las partes al tiempo del otorgamiento."

El Código Civil contiene sus propias normas de conflicto, siendo el preferente la ley personal de los cónyuges. Y habrá que estar a lo dispuesto por el Código en el caso de matrimonios celebrados hasta 29 de enero de 2019 o que hayan especificado la ley aplicable al régimen económico matrimonial hasta 29 de enero de 2019.

Después de 29 de enero de 2019, se aplicará el Reglamento 2016/1103 y sus criterios y puntos de conexión, con arreglo a los cuales se determinará la ley aplicable del régimen económico matrimonial de todo matrimonio celebrado a partir de ese momento y los acuerdos entre cónyuges sobre ley aplicable a su régimen económico matrimonial que hayan sido otorgados desde entonces.

Y "después de 29 de enero de 2019" la regulación del Reglamento prevalece sobre las normas del Código Civil —los artículos 9.2 y 9.3— y puede decirse que la sustituye. Así lo entienden Resoluciones de la DGRN como la de 10 de mayo de 2017 (BOE núm. 127, de 29 de mayo de 2017), que explica que:

"(...) 3. Como ha tenido ocasión reiterada de establecer este Centro Directivo, a las relaciones patrimoniales entre cónyuges les es de aplicación la norma de conflicto establecida en la ley estatal. Esta norma hoy en día está constituida por los párrafos segundo y tercero del artículo 9 del Código Civil, como especialidad del párrafo primero del mismo artículo. Sin embargo, ha de tenerse presente la entrada en vigor del Reglamento (UE) número 2016/1103, de 24 de junio de 2016, por el que se establece una cooperación reforzada en el ámbito de la competencia, la ley aplicable, el reconocimiento y la ejecución de resoluciones en materia de regímenes económicos-matrimoniales en el que España participa entre diecisiete Estados miembros y que será aplicable a partir del día 29 de enero de 2019, conforme a la tradicional diferencia entre entrada en vigor y aplicación, momentos a los que se refiere el artículo 70 de la norma europea[13].

4. Este Reglamento establece con carácter universal, es decir aunque la norma de conflicto conduzca a la aplicación del Derecho de un tercer estado (sin posibilidad de reenvío, por el contrario al reglamento (UE) número 650/2012) distintas reglas de conflicto para los matrimonios que se contraigan con posterioridad al 19 de enero de 2019, sin perjuicio de las disposiciones transitorias, establecidas en el artículo 69 las cuales

13 GARDEAZABAL DEL RÍO, F.J. y SÁNCHEZ GONZÁLEZ, J.C. (2015). "La sociedad de gananciales". *Instituciones de Derecho Privado*. Civitas, 327 y ss.

como recordó la Resolución de 13 agosto de 2014 de esta Dirección General, podrán ser consideradas tras la entrada en aplicación del Reglamento, pero no antes[14].

5. Por lo tanto, hasta que dicho día llegue, habrá de estarse a la normativa nacional integrada por el artículo 9, párrafos segundo y tercero del Código Civil y en todo caso, por los artículos 159 del Reglamento Notarial y 36 del Reglamento Hipotecario…».

Tanto la Ley 20/2011, del Registro Civil, como el artículo 53 de la Ley del Notariado (en la redacción que le ha dado la disposición final primera de la Ley 15/2015, de 2 de julio) –en los casos en que resulte aplicable–, tienen como objetivo facilitar la certeza de la ley aplicable a los aspectos patrimoniales de la relación conyugal, mediante la aplicación de la norma de conflicto que corresponda."

Y, precisamente, nos apresuramos a adelantar que una de las prioridades del Reglamento europeo es la previsibilidad de las situaciones jurídicas derivadas de las relaciones patrimoniales conyugales. Una de las ideas rectoras que lo inspiran es la "previsibilidad del régimen económico matrimonial de las parejas casadas en lo que respecta a su patrimonio", a tenor de los considerandos 15 y 16 del Reglamento que, cómo no, la concibe en un marco "para garantizar la seguridad jurídica de las parejas casadas".

Dicho de otra manera, la finalidad del Reglamento es la "certeza de la ley aplicable" de que hablaba la Resolución de 2017 citada, cuya doctrina se alinea fielmente con los objetivos del Reglamento 2016/1103.

---

14 CASTELLANOS RUIZ, E., *Adquisición y transmisión de bienes inmuebles por matrimonios entre extranjeros: su inscripción en el Registro de la Propiedad, opus cit.*, 11 y ss.

Este propósito expreso de garantizar la seguridad jurídica en materia de régimen económico matrimonial y por tanto en el estatus de los bienes matrimoniales justificaría por sí solo seguramente una modificación (reglamentaria o interpretativa) en el art. 92 del Reglamento Hipotecario. Para ser previsible el estatus de un bien inmueble, para que los terceros puedan conocer qué ley regirá el carácter común o privativo y las reglas de administración y disposición del bien adquirido, lo adecuado sería que se fijara cuál es el régimen económico matrimonial o la ley aplicable al régimen económico matrimonial al tiempo de la inscripción de la adquisición conforme a los mismos, y no esperar a su determinación después. Si compartimos la finalidad del Reglamento 2016/1103, es así. Si no la compartimos, podemos dejar las cosas como están.

III. EL ALCANCE DE LA APARENTE EXCLUSIÓN DE LOS DERECHOS REALES INSCRIBIBLES DEL ÁMBITO DE APLICACIÓN DE LA NORMA COMUNITARIA

La incidencia del Reglamento sobre las normas nacionales en materia de régimen económico matrimonial, como hemos visto, es incuestionable. Ahora bien, esta norma europea no incide ni podría incidir sobre la normativa hipotecaria y civil sobre derechos reales inscribibles. Nunca podría afectarles directamente por constituir materia del estatuto de la propiedad inmobiliaria[15] y vedarlo en último término el art. 345 TFUE, que establece que "los Tratados no prejuzgan en modo alguno el régimen de la propiedad en los Estados miembros".

---

15 MASIDE MIRANDA, J.E. (1989). "Aspectos del artículo 1324 del Código Civil", *Homenaje a Juan Berchmans Vallet de Goytisolo, separata del vol. IV.* Consejo General del Notariado, 707-708.

Es, por consiguiente, lógica, la determinación del art.1.2.g) y h) del Reglamento 2016/1103 de excluir de su ámbito de aplicación tanto la naturaleza de los derechos reales patrimoniales como la inscripción en el Registro de la Propiedad[16].

Es inamovible el reconocimiento de la competencia exclusiva, soberana, de los Estados Miembros en materias de derechos reales e inscripción en el Registro de la Propiedad, y terminante en esta cuestión la doctrina del TJUE, como muestran las sentencias del Tribunal de Justicia (Sala Segunda) de 16 de noviembre de 2016 en el asunto C-417/15, caso Schmidt, respecto del Reglamento 1215/2012, o la de 12 de octubre de 2017, en el asunto C 218/16, caso Kubicka, respecto del Reglamento 650/2012. En ambos casos, estos principios, las normas que definen su ámbito de aplicación y exclusiones de la ley aplicable, son muy similares a las de los Reglamentos 2016/1103 y 2016/1104.

Ahora bien, sería una conclusión equivocada la de limitarnos a suponer que la exclusión establecida por art. 1.2 para las materias registrales o inmobiliarias, autoriza al Registro de la Propiedad a ignorar las disposiciones y los fines del Reglamento europeo. Realmente no sucede así, porque varias de sus normas influyen en el ámbito de la calificación registral, incluso del procedimiento registral, y de manera decisiva.

Para empezar, es conforme a los criterios del Reglamento 2016/1103 como se establecerá cuál es la ley aplicable a las relaciones patrimoniales entre los cónyuges y frente a terceros,

---

16 LATAS ESPIÑO, M.J. (2022). "La confesión de privatividad: un análisis del artículo 1324 del Código Civil y de la doctrina de la Dirección General de Seguridad Jurídica y Fe Pública relativa al mismo". *La Ley. Derecho de familia*, (35), 3 y ss.

y por tanto la que rige los actos de disposición de los bienes inscritos a favor de una persona casada extranjera[17].

Las características o principios generales de la ley aplicable al régimen económico matrimonial son las siguientes:

En primer lugar, unidad y no fraccionamiento: la ley aplicable se aplicará a todos los bienes incluidos en el régimen matrimonial, con independencia del lugar donde estén situados (art. 21).

En segundo lugar, universalidad: la ley que se determine aplicable en virtud del presente Reglamento se aplicará incluso aunque no sea la de un Estado miembro, un tercer Estado no perteneciente a la Unión Europea (art. 20).

En tercer lugar, integridad, pues la ley rectora del régimen económico matrimonial se aplica a todos los requisitos y efectos patrimoniales del mismo. Dando una idea de la globalidad con que se concibe esta institución, el art. 3.1 incorpora una definición de régimen económico matrimonial a los efectos de este Reglamento como "conjunto de normas relativas a las relaciones patrimoniales entre los cónyuges y con terceros, como resultado del matrimonio o de su disolución"; y es muy ilustrativo el Considerando 14 al explicar que el ámbito de aplicación del Reglamento y, por tanto, el objeto de la ley que se designe como aplicable, comprende íntegro el régimen económico matrimonial, es decir, "todos los aspectos de Derecho civil de los regímenes económicos matrimoniales, relacionados tanto con la administración cotidiana del patrimonio matrimonial como con la liquidación del régimen, en particular como consecuencia de la separación de la pareja o del fallecimiento de uno de los cónyuges." No parece precipitada la conclusión de que la ley aplicable según el Reglamento será la que decida

17 MONTERO GIMÉNEZ, J.M. (2020). "La privatividad del dinero en las adquisiciones de bienes inmuebles". *La Ley. Derecho de familia,* (25), 8 y ss.

las reglas de administración o disposición del bien inscrito, y a ellas habrá que atenerse.

Dichos "aspectos" son relacionados exhaustivamente por el art. 27 del Reglamento: "La ley aplicable al régimen económico matrimonial con arreglo al presente Reglamento regulará, entre otras cosas: a) la clasificación de los bienes de uno o ambos cónyuges en diferentes categorías durante la vigencia y después del matrimonio; b) la transferencia de bienes de una categoría a otra; c) la responsabilidad de uno de los cónyuges por las obligaciones y deudas del otro cónyuge; d) las facultades, derechos y obligaciones de cualquiera de los cónyuges o de ambos con respecto al patrimonio; e) la disolución del régimen económico matrimonial y el reparto, la distribución o la liquidación del patrimonio; f) los efectos patrimoniales del régimen económico matrimonial sobre la relación jurídica entre uno de los cónyuges y un tercero, y g) la validez material de las capitulaciones matrimoniales."[18]

En suma, la ley aplicable se extiende a todos los efectos patrimoniales del régimen económico matrimonial: al contenido íntegro de las relaciones patrimoniales propias del mismo.

Así, por ejemplo, queda claro que el poder de disposición de los bienes será el determinado por la ley aplicable al régimen económico matrimonial (art. 27.d), asunto muy relevante para la calificación registral de los actos dispositivos (art. 18 L.H.). En cambio, las cuestiones relativas a la capacidad jurídica de los cónyuges quedan expresamente excluidas[19] del ámbito de aplicación del Reglamento (art.1.2.a) y por consiguiente no se rigen por la que conforme a éste se determine como ley

---

18 RAGEL SÁNCHEZ, L. F. (2017). *El régimen de gananciales.* Aranzadi, 188 y ss.

19 OLIVARES JAMES, J.M. (1983). "Los contratos traslativos de dominio entre cónyuges y los efectos de la confesión conforme al nuevo art culo 1324 del Código Civil". *Anales de la Academia Matritense del Notariado,* (25), 320 y ss.

aplicable, sino que permanece intacta la aplicación del art. 9.1 del Código Civil.

Pero, por otra parte, no olvidamos que cuando se refiere expresamente el Reglamento a las materias jurídico real y registral es para excluirlos de su ámbito. Esta exclusión no puede interpretarse sin matizaciones importantes[20]. Adelantamos que parece aconsejable relativizar la exclusión de las materias de derechos reales y registración, pues es las normas del Reglamento deberán ser tenidas en cuenta a los efectos de calificación registral de los actos de administración o disposición sobre los bienes inscritos a favor de personas extranjeras. Y seguramente también en la calificación de los actos de adquisición de inmuebles por ellas[21].

Examinamos el alcance de la exclusión del ámbito de aplicación del reglamento de ambas materias, derechos reales e inscripción.

1º Exclusión de los derechos reales

Ciertamente, la naturaleza de los derechos reales, ciertamente, se encuentra fuera del ámbito de aplicación del Reglamento (cfr. art. 1.2.g). El estatuto del derecho de dominio, el régimen legal de la propiedad, comprende los derechos reales y es por tanto materia reservada a la ley del lugar donde se hallen los bienes (lex rei sitae, cfr. art. 10.1 del Código Civil). El Reglamento no pretende en absoluto modificar el contenido de los derechos reales nacionales o alterar cualquiera de sus elementos.

Pero sucede que, de modo similar al Reglamento (UE) 650/2012, de Sucesiones, el Considerando 24 advierte que el

---

20 RUIZ ALCARAZ, S. (2016). "La presunción de ganancialidad del artículo 1361 del Código Civil". *Actualidad Civil,* (12), 5 y ss.

21 REPRESA POLO, M.P. (2019). *Negocio entre cónyuges en fraude de legitimarios,* Reus.

Reglamento 2016/1103 "debe permitir la creación o la transmisión resultante del régimen económico matrimonial de un derecho sobre bienes muebles o inmuebles, tal como dispone la ley aplicable al régimen económico matrimonial."

Por consiguiente, en verdad, la ley aplicable no se extiende al contenido de los derechos reales y no pretende modificar en modo alguno sus elementos y efectos, pero, ciertamente también, la ley aplicable sí que se extiende a los modos de adquisición o de constitución de los derechos reales que surgen del régimen económico matrimonial. Y también a la transmisión de los mismos.

En este sentido, la doctrina del TJUE sentada en los casos Schmidt y Kubicka -en el ámbito del Reglamento de Sucesiones- constata que "los requisitos para la adquisición de tales derechos no figuran entre las materias excluidas del ámbito de aplicación de dicho Reglamento en virtud de la citada disposición (caso Kubicka, 53)".

No hay motivo para considerar que sea otra la doctrina sobre la constitución de derechos reales inmobiliarios que surjan de la aplicación de los Reglamentos 2016/1103 y 2016/1104, con las matizaciones que veremos a continuación en cuanto a su dimensión registral (cfr. art. 58 LCJI).

Ocurre, naturalmente, que con arreglo a la ley aplicable pudieran nacer de las relaciones de régimen económico matrimonial, constituirse, derechos que desconoce el Derecho civil español o que tienen una naturaleza o regulación diferente a la que propia de nuestro ordenamiento jurídico.

Para estos casos, al igual que en el Reglamento 650/2012, se establece cierta salvaguarda o limitación, como no puede ser de otra manera, impuesto por las características del numerus clausus de los derechos reales, que es considerado parte del régimen intangible de la propiedad de los Estados Miembros e incluso de su orden constitucional: la creación o transmisión de derechos conforme al régimen económico matrimonial, como señala el considerando 24, "no debe afectar, sin embargo, al número limitado (numerus clausus) de derechos reales reconocidos en el ordenamiento jurídico de algunos Estados miembros." "No se debe exigir a un Estado miembro que reconozca un derecho real relativo a bienes ubicados en ese Estado miembro si su Derecho desconoce el derecho real de que se trate."

No pocos autores europeos opinan que el numerus clausus forma parte del orden público de cada Estado. VAN ERP y AKKERMANS entienden, en este sentido, que constituye una regla "constitucional" aplicable a los inmuebles la de decidir sobre las facultades para crear nuevos derechos reales.

Así pues, los derechos reales creados conforme al régimen económico matrimonial aplicable que sean conocidos en Derecho español se inscribirán, con sujeción al procedimiento registral, y requisitos y efectos de la inscripción propios del Derecho español (art. 58 de la Ley 29/2015, de 30 de julio, de cooperación jurídica internacional en materia civil, LCJI en adelante).

Y de tratarse de derechos desconocidos por nuestro ordenamiento, no hay que entender que este deba rechazarlos, sino que procederá su adaptación "en la medida de lo posible" al Derecho español.

En este sentido, hay que tener en cuenta el art. 29 del Reglamento 2016/1103 (análogo al art. 31 del Reglamento 2012/650), que dispone: "Cuando una persona invoque un derecho real del que sea titular en virtud de la ley aplicable al régimen económico matrimonial y la ley del Estado miembro en el que se invoque el derecho no conozca el derecho real en cuestión, ese derecho deberá, en caso necesario y en la medida de lo posible, adaptarse al derecho equivalente más cercano del Derecho de ese Estado, teniendo en cuenta los objetivos y los intereses que persiga el derecho real específico y los efectos asociados al mismo."

Recordemos que el art. 61 LJCI dispone que: "1. Cuando la resolución o el documento público extranjero ordene medidas o incorpore derechos que resulten desconocidos en Derecho español, el Registrador procederá a su adaptación, en lo posible, a una medida o derecho previstos o conocidos en el ordenamiento jurídico español que tengan efectos equivalentes y persigan una finalidad e intereses similares, si bien tal adaptación no tendrá más efectos que los dispuestos en el Derecho del Estado de origen. Antes de la inscripción, el Registrador comunicará al titular del derecho o medida de que se trate la adaptación a realizar. 2. Cualquier interesado podrá impugnar la adaptación directamente ante un órgano jurisdiccional."

La adaptación dista mucho de ser una tarea mecánica. Puede que no revista especial complejidad cuando se trate de adaptar un derecho de uso e incluso una propiedad temporal, pero es de prever que aparezcan casos difíciles, por ejemplo, las fiducias a favor de uno de los cónyuges o las garantías inmobiliarias que aseguren el pago de pensiones o compensaciones matrimoniales. En todo caso, como garantía para el interesado, una vez que el Registrador haya decidido la figura nacional a que el derecho real extranjero ha de adaptarse, y siempre antes de la inscripción, el Registrador comunicará[22] al titular del derecho o medida de que se trate la adaptación a realizar, y su decisión podrá impugnarse ante los tribunales (art. 61 LJCI)

2º. Exclusión de la inscripción en el Registro de la Propiedad

El Reglamento declara excluidos de la ley aplicable los requisitos y efectos de la inscripción o no inscripción y es muy explícito en este punto (cfr. considerandos 27 y 28).

---

22 HERRERO GARCÍA, M.J. "Comentario al artículo 1324 del Código Civil", *opus cit.*, 601 y ss.

Como hemos visto, el art. 58 LCJI somete imperativamente al Derecho español el procedimiento registral y los requisitos y efectos de la inscripción. Este extremo es incuestionable y la única ley aplicable a estos efectos es la lex registrationis.

En suma, si es cierto que el Reglamento 2016/1103 prevé que la adquisición de los derechos reales inmobiliarios se haga con arreglo a la ley aplicable, no lo es menos que respeta la competencia exclusiva de los Estados Miembros en la cuestión de su inscripción en el Registro de la Propiedad y de ahí la exclusión establecida expresamente en su art. 1.2.g).

Tomando como referente el caso Kubicka (54), podemos suponer que la inscripción tendrá lugar "con arreglo al Derecho del Estado miembro en que esté situado el registro para producir efectos erga omnes o para la protección legal del negocio jurídico, incluidos los requisitos legales para la práctica de los asientos, y a los efectos de la inscripción o de la omisión de inscripción de tales derechos en el mismo". Indudablemente, podríamos también citar en el mismo sentido, similar criterio, el caso Schmidt.

El papel del Registrador en la adaptación de los derechos reales desconocidos que pudieran surgir de la ley aplicable también viene, como hemos visto, decidida por el Derecho español.

Conviene tener en cuenta que los documentos contemplados por el Reglamento, básicamente resoluciones judiciales y documentos públicos, son inscribibles y deberán examinarse sus peculiaridades, reguladas en sus arts. 36 y siguientes. Conforme a lo previsto en el Reglamento 2016/1103, las resoluciones judiciales deberán ser reconocidas y en su caso inscritas —previo reconocimiento incidental del Registrador, art. 59 LJCI—, y los documentos notariales, cuando el notario no ejerza funciones jurisdiccionales "deben circular de acuerdo con las disposiciones del presente Reglamento relativas a los documentos públicos" (considerando 31).

IV. LA DETERMINACIÓN DEL RÉGIMEN ECONÓMICO MATRIMONIAL A EFECTOS DE LA INSCRIPCIÓN REGISTRAL DE LAS ADQUISICIONES DE FINCAS POR PERSONAS CASADAS EXTRANJERAS.

1. Sus aspectos esenciales.

¿En qué puede ayudar el Reglamento 2016/1103 a superar el problema de la falta de previsibilidad del régimen económico matrimonial del adquirente y la indeterminación a que conduce el art. 92 del Reglamento Hipotecario? Directamente, en nada: el Reglamento, recordemos, excluye de su ámbito la materia de inscripción en el Registro de la Propiedad. Indirectamente, sin embargo, podría ser de utilidad en la medida que ha unificado la materia y que las reglas para la determinación de la ley aplicable al régimen económico matrimonial facilitan ciertamente su determinación.

Distingamos dos supuestos previstos por el Reglamento, según que el régimen económico matrimonial a observar sea uno pactado o bien haya que recurrir al legal supletorio:

1°) El régimen puede ser, conforme al art. 22, el convenido por los cónyuges, que pueden elegir la ley aplicable del Estado correspondiente a la residencia habitual o la nacionalidad de uno o ambos cónyuges en el momento de la celebración del pacto. La libertad de elección no se extiende a más.

En todo caso, el acuerdo de los cónyuges deberá revestir una forma adecuada. Los requisitos de forma previstos por el Reglamento son muy flexibles, pues en principio se reducen a un escrito fechado y firmado o incluso una comunicación electrónica en registro "duradero"[23]. Pero desde el punto de vista español, estamos indudablemente ante un pacto capitular o cuasi capitular que debería constar en escritura pública (cfr. art. 1325 C.c.), lo que permitirá cumplir con la exigencia registral de titulación auténtica (arts. 3 y 4 de la Ley Hipotecaria). Aunque ciertamente choque con la mayor flexibilidad de forma general, no parece ninguna demasía exigir prueba documental pública (y en su caso la inscripción en el Registro Civil) porque los arts. 22 y 25 autorizan a exigir "requisitos formales adicionales" y el art. 28.3.b) conduce a ello para lograr la protección registral frente a terceros.

Así, no hay diferencias en cuanto al modo de acreditar el régimen convencional o pactado cuando haya elemento extranjero. Cuestión distinta es cuando intrínsecamente el sistema legal extranjero no facilita naturalmente una prueba auténtica del pacto matrimonial —como parece ocurrir, por ejemplo en el caso del régimen económico matrimonial chino, donde para la validez del acuerdo basta el documento privado firmado por las partes—. A tenor de lo dicho, no parece haber otra solución que exigir el cumplimiento de aquellos requisitos formales adicionales impuestos por nuestro sistema legal[24].

2º) En defecto de acuerdo de los cónyuges con ese objeto, se aplica el art. 26.1, que establece cuál es la ley aplicable de manera reglada y sucesiva:

- La ley del Estado: a) de la primera residencia habitual común de los cónyuges tras la celebración del matrimonio, o, en su defecto, b) de la nacionalidad común de los cónyuges en el momento de la celebración del matrimonio, o,

---

[23] BLANQUER UBEROS, R., *La presunción de ganancialidad. La confesión de privaticidad. La fijación negocial de privaticidad, opus cit.*, 4485 y ss.

[24] CALAZA LÓPEZ, C. A., "El inmisericorde camino del capital privativo hacia la comunidad ganancial: controversias jurídicas y propuestas de lege ferenda", *opus cit.*, 4 y ss.

en su defecto, c) con la que ambos cónyuges tengan la conexión más estrecha en el momento de la celebración del matrimonio, teniendo en cuenta todas las circunstancias.

- O bien estaremos a la ley determinada excepcionalmente conforme al art. 26.2; que en este caso vendrá justificada y acreditada por la resolución judicial que decida que la pretensión del cónyuge o cónyuges demandantes es justa.

Así pues, para la determinación del régimen económico matrimonial de las personas extranjeras que adquieren bienes en España, a falta de acuerdo matrimonial o capitulaciones, el punto de partida son los principales puntos de conexión del Reglamento (residencia habitual común y si no la hubiera la nacionalidad común o, en otro caso, el vínculo más estrecho).

Sobre la base de estos criterios es viable hacer un juicio de cuál es el régimen económico matrimonial de una persona casada extranjera como adquirente, sin necesidad de llevar la cuestión a extremos de prueba plena o acreditación, ni siquiera de estricta motivación. La fehaciencia no es natural en la materia de régimen económico matrimonial, y desde luego no en los regímenes legales supletorios, es decir los que rigen o son aplicados por defecto. No suelen existir registros ni instancias formales que nos publiquen oficialmente el régimen económico matrimonial, salvo en el caso del régimen pactado, y no siempre.

Por tanto, la determinación de la ley aplicable al régimen económico matrimonial no debería considerarse una exigencia de acreditación sino materia de juicios instrumentales que permitan llegar una conclusión fundada en Derecho —así lo interpretan resoluciones como la RDGRN de 31 de agosto de 2017 o la R. de la DGSJFP de 28 de julio de 2020 (BOE 7 de agosto)—, sobre la base del art. 26 del Reglamento o del acuerdo matrimonial celebrado para fijar la ley aplicable.

Pues bien, el art. 159 del Reglamento Notarial señala que el Notario hará constar el régimen económico matrimonial de los adquirentes; sin embargo, parece fiar este extremo a "lo que resulte de sus manifestaciones".

- La RDGRN 10 de mayo de 2017, no requiere la prueba, pero sí un juicio instrumental, sin que basten las meras manifestaciones de los cónyuges acerca de su régimen económico matrimonial. Esta resolución hace notar, de entrada que "en el presente supuesto la escritura calificada no se cuestiona qué ley es la aplicable, ni establece juicio alguno al respecto".
- En cambio, la RDGRN de 19 de octubre de 2018, tras suponerle al notario una "labor de precisión del carácter legal del régimen económico matrimonial", al mismo tiempo que afirma enfáticamente que "el notario no tiene obligación de especificar cuáles son las razones por las que el régimen económico–matrimonial de carácter legal es aplicable" (cfr. fundamento de Derecho 4) , admite que el régimen económico matrimonial de los consortes extranjeros dependa de sus propias manifestaciones, aduciendo que el art. 59 del Reglamento notarial no exige más.

Así las cosas, parece que el Derecho interno en su estadio actual parece marcar un mínimo inferior para la determinación de la ley aplicable al régimen económico matrimonial, pues se limita a requerir una indicación de cuál es éste por lo que resulte de sus manifestaciones (art. 159 del Reglamento Notarial) y una inscripción de la adquisición con sujeción al régimen económico matrimonial que resulte aplicable (art. 92 del Reglamento Hipotecario).

En este sentido, es forzoso admitir que los Reglamentos hipotecario y notarial, con su redacción actual, ceñida al texto reglamentario, conducen a una interpretación según la que todo lo que se exige al notario es que haga constar el régimen económico matrimonial por lo que resulte de las manifestaciones de los interesados, e implícitamente incluso sin que éstas obedezcan a una indagación jurídica efectiva, y sin que el notario tenga en rigor deber alguno de hacer un juicio instrumental sobre la ley aplicable y el punto de conexión que la determina. Y todo lo que se exige al Registrador es que inscriba las adquisiciones de personas casadas extranjeras con sujeción a la ley que resulte aplicable al régimen económico matrimonial de las mismas, sin una fijación de éste.

Sin embargo, tal interpretación, que, reconozcámoslo, se acomoda al criterio hermenéutico de la literalidad, se enfrenta a las siguientes objeciones:

1°. No parece acorde con uno de los propósitos principales que alumbra los Reglamentos 2016/1103 y 2016/1104: la "previsibilidad del régimen económico matrimonial de las parejas casadas en lo que respecta a su patrimonio". Basta la lectura de los considerandos 15 y 16 del Reglamento que, cómo no, la concibe en un marco "para garantizar la seguridad jurídica de las parejas casadas". Es más, dicha interpretación parece una verdadera renuncia a la "certeza de la ley aplicable".

2°. No favorece el denominado "el efecto útil" del Reglamento 2016/1103. El efecto útil de las normas comunitarias se refiere al cumplimiento de la finalidad que, dentro del marco de los Tratados, persiguen las instituciones comunitarias al adoptar una norma y, en definitiva, la uniforme aplicación del Derecho comunitario en todo el territorio de la Unión Europea. Se basa en el Tratado de la Unión Europea de 7 de febrero de 1992, cuyo art. 4.3.2 dispone: "Los Estados miembros adoptarán todas las medidas generales o particulares apropiadas para asegurar el cumplimiento de las obligaciones derivadas de los Tratados o resultantes de los actos de las instituciones de la Unión." Es importante reseñar el alcance de la interpretación del Tribunal de Justicia de la Unión Europea acerca del efecto útil. Señala, en sentencia (Sala Primera) de 27 de junio de 2018 en el asunto C

246/17, en cuanto a las regulaciones de los Estados Miembros que versan sobre materia objeto de legislación europea, que "es necesario que tales regímenes no sean contrarios al efecto útil del Derecho de la Unión"; en sentencia (Sala Décima) de 25 de octubre de 2018 en el asunto C 331/17), que son admisibles "mientras no pongan en riesgo el objetivo o el efecto útil"; en cualquier caso, según la sentencia (Sala Segunda) de 14 de marzo de 2019 en el asunto C 724/17, nunca deben poner en peligro el objetivo perseguido por el sistema y el efecto útil de las normas europeas. Y, sobre todo, según Sentencia del Tribunal de Justicia -Gran Sala- de 10 de febrero de 2009, en el asunto C 185/07, el Derecho de los Estados miembros no debe impedir que se cumplan los objetivos inherentes de las normas de conflicto en materia civil y mercantil.

Por otra parte, el efecto útil pretende la uniformidad de los efectos de las normas europeas. Los sistemas registrales europeos muestran a veces puntos en común pero considerados en general no podemos ignorar su heterogeneidad, tanto de organización y funcionamiento como de efectos. No hay, por tanto, una fórmula única para facilitar la previsibilidad del régimen económico matrimonial. Podrá cumplirse mediante sistemas de publicidad a través del Registro Civil, incluso uno específico de la del régimen económico matrimonial (poco operativos para los casos de residentes no nacionales), o por el de su oportuna fijación a la hora de realizar negocios jurídicos o intervenir en procesos. Lo que nos lleva a examinar el art. 92 R.H. a la luz del propósito de esta nueva norma europea.

Dicho de otra manera, este mínimo reglamentario español (mera manifestación ante Notario más cláusula registral de cierre que defiere los problemas al momento de la disposición del bien), al no facilitar la determinación del régimen económico matrimonial, no parece satisfacer el denominado "efecto útil" propio del Derecho de la Unión Europea, pues no es un medio hábil para que el Reglamento despliegue todos sus efectos. El Derecho de los Estados miembros no debería impedir que se cumplan los objetivos inherentes de las normas de conflicto en materia civil y mercantil (S. TJUE de 10 de febrero de 2009); en este caso sería la fijación de la ley aplicable, como propósito fundamental del Reglamento 2016/1103. Las directrices en favor del "efecto útil" encuentran eco en la doctrina del Tribunal Supremo (STS 573/2014 de 16 de Octubre) y de la Dirección General de los Registros y el Notariado (Resoluciones de 11 de junio de 2010, 27 de julio de 2012 o 20 de junio de 2013).

Resoluciones como la de 28 de julio de 2016 (fundamento de Derecho 6), con relación a la aplicación del Reglamento 650/2012, han mantenido un criterio que se aproxima a estas aspiraciones de previsibilidad: "Conviene poner de relieve que la compleja regulación de las sucesiones, la necesidad, en muchos casos, de precisar cuestiones como la residencia habitual del causante, las eventuales excepciones a la misma, la determinación de la ley aplicable y su aceptación fuera de España, exige que los notarios autorizantes realicen los correspondientes juicios instrumentales acerca de tales extremos y aconseja un razonable reflejo en el documento público de los extremos relevantes a la sucesión."

En este sentido, parece que el contexto europeo del que formamos parte aconseja una labor más proactiva de notarios y Registradores: "(...) esta Dirección General vuelve a recordar (cfr. Resolución 15 de febrero de 2016) tanto a notarios como a Registradores la conveniencia de ir avanzando en el conocimiento de los derechos de los demás Estados, especialmente si forman parte de la Unión Europea, en aras a facilitar la aplicación del Derecho extranjero en el ámbito extrajudicial, acudiendo no solo a los medios previstos en el artículo 36 del Reglamento Hipotecario, y excepcionalmente a los artículos de la Ley de Cooperación Jurídica Internacional, sino a los medios que proporciona el entorno E-Justicia, colaborando activamente en la resolución de conflictos de Derecho Internacional Privado." En el mismo sentido cabe apuntar la RDGRN de 10 de mayo de 2017 varias veces citada.

2. La discutible doctrina de la DGSJFP relativa a la previsibilidad del régimen económico matrimonial

Ahora bien, a pesar de estas orientaciones, parece que la doctrina de la DGRN, no se alinea con el propósito de garantizar la previsibilidad del régimen económico matrimonial. Encontramos en ella las siguientes orientaciones:

1ª. Varias Resoluciones como las de R. 10.01.2004 y R. 07.07.2006 R. de 2.04.2018 o R. 08.10.2008, dejan la impresión de que la DGRN adopta una actitud defensiva y que prefiere que el sistema notarial y registral se limiten a un rol pasivo (el Notario no refleja, el Registro no precisa), por lo que acabamos en una inscripción practicada con sujeción al régimen económico matrimonial que (ulteriormente) resulte aplicable.

En esta doctrina late la nada disimulada esperanza de que ambos cónyuges concurran al acto dispositivo y que este concurso purgue a éste de toda sospecha acerca de a quién pertenece el poder de disposición. No encontramos jurídicamente satisfactoria esta solución que, en cambio, la R. de 2 de abril de 2018 —que nos sirve para ofrecer un resumen de esta postura—considera "acertada": «la solución más acertada consiste en aplazar tal prueba para el momento de la enajenación o gravamen posterior, inscribiéndose la adquisición sin necesidad de expresar el régimen en la inscripción («con indicación de éste, si constare» expresa la disposición «in fine» de ese precepto reglamentario), difiriendo la prueba para el momento de la enajenación posterior, pues dicha expresión de régimen podía obviarse si después la enajenación o el gravamen se hacía contando con el consentimiento de ambos (enajenación voluntaria), o demandando a los dos (enajenación forzosa). Por ello, el artículo 92 del Reglamento Hipotecario se limita a exigir, en este caso, que se exprese en la inscripción que el bien se adquiere «con sujeción a su régimen matrimonial».

Constatamos, pues, que esta doctrina de la DGRN se abraza a la regla del art. 92 del Reglamento Hipotecario sin vocación alguna por identificar o fijar el régimen económico matrimonial ni grandes preocupaciones acerca del principio de especialidad en este ámbito. El art. 92 R.H. ahorra el esfuerzo de determinar la ley aplicable al régimen económico matrimonial bajo el que se lleva a cabo una adquisición. Intrusos extranjeros han penetrado en nuestra casa registral y nos encerramos en la habitación del pánico.

2ª. En la doctrina de la DGRN brilla por su ausencia una reflexión adecuada a) tanto sobre la indefinición del tenor del art. 92 ("si constare") que le imprime ambigüedad (¿cuál es la fuente de esa constancia? ¿a quién debe constarle, al notario o al Registrador o a las partes? ¿en qué condiciones debemos entender que "consta" un régimen económico matrimonial? ¿constar se entiende en la primera acepción del diccionario de la RAE, ser una cosa cierta o manifiesta, o en la segunda, quedar registrada por escrito?), b) como acerca de los efectos que tiene hacer constar un régimen económico matrimonial putativo o que no obedezca a la ley aplicable. Esta última anomalía no es impensable que ocurra al mismísimo amparo del precepto reglamentario, porque estamos en terreno abonado para los errores de hecho y de derecho.

Se ocupa hasta cierto punto de esta cuestión la RDGRN de 31 de agosto de 2017, pero refiriéndose a los fundamentos de una sentencia de la Audiencia Provincial de Alicante de 15 de diciembre de 2005: "La literalidad del precepto establece la indicación del régimen económico matrimonial «si constare», no concretando si esta constancia, debe estar referida al notario que autoriza la escritura o al Registrador de la Propiedad que la califica y la inscribe, pero la interpretación no puede realizarse como pretende el apelante, referida únicamente al título.

Así, en caso de que el notario tuviese constancia del régimen matrimonial de los adquirentes sometidos a legislación extranjera, deberá hacerlo constar en la escritura, la constancia del régimen matrimonial extranjero no debe quedar limitada sólo al notario sino que es también extensiva al Registrador de la Propiedad en virtud de la responsabilidad que asume en la inscripción del título, debiendo ser confirmada la sentencia de instancia en los argumentos expuestos en la misma en relación a la mención del régimen económico matrimonial, siendo, por tanto, aplicable el artículo 36 del R.H. pues conforme al artículo 9.2 del C.C. el régimen económico matrimonial está dentro de las cuestiones relativas a las personas, debiendo ser rechazada la alegación del apelante, de que el artículo 36 es únicamente aplicable a documentos inscribibles otorgados por extranjeros en territorio español en relación a la capacidad de las personas y no al régimen económico matrimonial».

De ello resulta que al no fijarse de antemano la ley aplicable, incluso habiendo aceptado que de un modo u otro se hiciera constar en la inscripción el régimen económico matrimonial del adquirente, potencialmente la prueba no se excusará casi nunca y se convertirá en una carga inevitable cuando llegue el momento de disponer del bien inscrito.

3ª. Ahora bien, la DGRN niega que la aplicación del artículo 92 del Reglamento Hipotecario sea preferente al conocimiento que pueda tener el Registrador de la legislación extranjera. Así se sigue de la doctrina de Resoluciones de 19 de diciembre de 2003 y 10 de enero (confirmada por la sentencia de la Audiencia Provincial de Alicante de 15 de diciembre de 2005) y 4 y 12 de febrero de 2004 ó de 31 de agosto de 2017.

Llegaría a ser una doctrina relevante si, siendo consecuente con ella, la DGRN permitiera al Registrador solicitara que se acreditaran o aclararan requisitos subsiguientes, pero no parece que sea así.

4ª. Resoluciones más recientes también han declarado, incluso lo han anunciado antes de la fecha de su entrada en vigor, que las normas del Reglamento 2016/1103 sustituyen a la regulación del Código Civil en lo que se refiere a relaciones patrimoniales entre los cónyuges.

El adecuado cumplimiento del Reglamento y de sus fines —previsibilidad de la ley aplicable al régimen económico matrimonial— debería generar una práctica mejor basada en la aplicación de sus normas y la expresión de la ley aplicable, de la que hay que dejar constancia. Llegados a este punto no debería negársele al Reglamento el efecto útil y exigir lo que a la luz de la doctrina vigente de la DGRN parece un plus, cuando sea posible, para fijar la ley aplicable[25].

En conclusión: el objetivo del Reglamento de que el régimen económico matrimonial de una pareja casada sea previsible, desde el punto de vista registral (y notarial) podría satisfacerse adecuadamente mediante su fijación en el momento de la adquisición del bien, normalmente mediante un juicio instrumental del notario sobre la base de los puntos de conexión del art. 26.1, quedando reflejado en la inscripción; para, una vez determinada la ley aplicable al régimen económico matrimonial, facilitar el conocimiento de su contenido y efectos a través del mecanismo que prevé el propio Reglamento, que dispone que los Estados Miembros, en la sede que es la Red Judicial Europea en materia civil y mercantil, facilitarán a la Comisión un breve resumen de su legislación y sus procedimientos nacionales en esta materia (art. 63 del Reglamento). Determinado el régimen económico matrimonial nos atendremos al mismo para conocer quien tiene el poder de disposición y cuáles son los presupuestos de la legitimación pasiva.

---

25 CARDÓS ELENA, J. M., "La gestión de la sociedad de gananciales", *opus cit.*, 449 y ss.

V. LOS ACTOS DE ADMINISTRACIÓN Y DISPOSICIÓN DE LOS BIENES ADQUIRIDOS POR PERSONAS CASADAS EXTRANJERAS. EN PARTICULAR, LA VIVIENDA FAMILIAR

Como establece el art. 18 de la Ley Hipotecaria —y 98 del Reglamento Hipotecario— el Registrador de la Propiedad debe calificar la capacidad y validez de los actos dispositivos consignados en las escrituras públicas. Indudablemente esto implica un escrutinio o valoración del poder de disposición del adquirente persona casada extranjera de un bien inscrito para su régimen económico matrimonial.

El poder de disposición de los bienes será el determinado por la ley aplicable al régimen económico matrimonial. Así resulta del art. 27.d) y del considerando 20; este último explica que la exclusión del art. 1.2.g ya citada, relativa a los derechos reales, no debe abarcar las facultades y los derechos específicos de uno o de ambos cónyuges con respecto a su patrimonio, bien entre sí, bien por lo que respecta a terceros, ya que dichas facultades y derechos deben entrar en el ámbito de aplicación del Reglamento[26].

Por consiguiente, en la calificación de los actos de administración y disposición deberemos tener en cuenta el régimen a que la ley aplicable los sujeta, y esto deberá tener lugar dentro del marco del art. 36 del Reglamento Hipotecario. Por tanto, el Registrador o bien tiene conocimiento suficiente del mismo y puede aplicarlo o bien solicitará la prueba de la "aptitud o capacidad legal" necesarias para otorgar el acto dispositivo.

---

[26] LÓPEZ FERNÁNDEZ, J. (2017). "Art. 59. Inscripción de las resoluciones judiciales extranjeras". *Comentarios a la ley de cooperación jurídica internacional en materia civil.* Tirant lo Blanch, 738 y ss.

Pero, en rigor, bastará atenerse a la doctrina de la DGRN y, en cualquier caso, será inscribible conforme al art. 92 cuando ambos cónyuges concurran al acto dispositivo del bien inscrito, pues el hecho de que obren conjuntamente librará de toda duda acerca de a quién corresponde el poder de disposición.

Si bien el art. 28 del Reglamento, apartado 1°, incorpora el principio de que para la eficacia frente a tercero de los actos de disposición es preciso que el tercero conozca el régimen económico matrimonial, es decisivo a efectos registrales el apartado 28.2.III, según el cual se considerará que el tercero conoce la ley aplicable al régimen económico matrimonial, en el caso de los bienes inmuebles, si dicha ley es la del Estado en el que se halle el bien.

El art. 28.3 precisa que los efectos del régimen económico matrimonial frente a tercero "se regirán en el caso de los bienes inmuebles o de los bienes o derechos registrados, por la ley del Estado en el que se halle el bien inmueble o en el que estén registrados los bienes o derechos[27]."

El art. 91 del Reglamento Hipotecario establece que "cuando la Ley aplicable exija el consentimiento de ambos cónyuges para disponer de derechos sobre la vivienda habitual de la familia, será necesario para la inscripción de actos dispositivos sobre una vivienda perteneciente a uno sólo de los cónyuges que el disponente manifieste en la escritura que la vivienda no tiene aquel carácter".

Cabe, pues, plantearse, cuál es la ley aplicable en estos casos cuando la vivienda está inscrita en el Registro de la Propiedad a favor de persona casada extranjera.

---

27 CERDEIRA BRAVO DE MANSILLA, G. y GALLEGO VERA, J. A., "Título XIII. De los Registros de la Propiedad y de bienes inmuebles", *opus cit.*, 512 y ss.

Señala el considerando 53 del Reglamento que "el concepto de «leyes de policía» debe abarcar las normas de carácter imperativo, como las normas para la protección de la vivienda familiar".

Como declara el art. 30.2, "las leyes de policía son disposiciones cuya observancia considera esencial un Estado miembro para salvaguardar sus intereses públicos, tales como su organización política, social o económica, hasta el punto de ser aplicables a toda situación que entre dentro de su ámbito de aplicación, cualquiera que sea la ley aplicable al régimen económico matrimonial en virtud del presente Reglamento".

La RDGRN de 19 de diciembre de 2017 (BOE 10-1-2018) invoca la Sentencia del Tribunal Supremo de 8 de octubre de 2010, que señala que la jurisprudencia ha interpretado el art. 1320 del Código Civil como una norma de protección de la vivienda familiar y, desde esta perspectiva, parece que, como interés objeto de una especial protección, nos hallamos en el supuesto de hecho del art. 30.2 del Reglamento.

Por otra parte, la vivienda familiar no está relacionada entre las materias que el art. 27 defiere a la ley aplicable al régimen económico matrimonial.

Por consiguiente, parece que podemos interpretar que para los actos de disposición de la vivienda habitual de la familia serán de aplicación los arts. 1320 C.c. y 91 del Reglamento Hipotecario, así como las normas análogas de las leyes forales o autonómicas de protección del hogar familiar en el caso de las parejas o uniones de hecho, registradas o no.

Así lo considera por su parte la RDGRN de 10 de mayo de 2017 (en cuanto a las uniones de hecho): "Conforme al artículo 30 y considerando 52 del mismo, la vivienda habitual constituye una excepción a las reglas generales sobre la ley aplicable determinada por el Reglamento, como excepción basada en lo que denomina el instrumento, en la traducción española, «leyes de policía» –normas imperativas–."

VI. OTROS ASPECTOS RELEVANTES DEL REGLAMENTO (UE) 2016/1103

En fin, al respecto del art. 27 del Reglamento 2016/1103, tan relevante para este trabajo, debemos hacer otros comentarios:

Brillan por su ausencia en el art. 27 las materias que por naturaleza corresponden a lo que denominamos régimen económico matrimonial primario—sin olvidar que los ordenamientos de otros Estados miembros y terceros Estados no conocen esta categoría— y, por lo que al Registro de la Propiedad respecta, es relevante que el Reglamento considere las normas para la protección de la vivienda familiar dentro del concepto de «leyes de policía» (cfr. considerando 53).

En el panorama de Derecho comparado vemos que a menudo la liquidación del régimen económico matrimonial viene ligada a la sucesión de alguno de los cónyuges, de modo que los derechos derivados de la liquidación de la sociedad conyugal concurren o se imbrican con los derechos sucesorios. En estos casos es imprescindible resolver cuál es a priori la ley aplicable, la ley rectora del régimen económico matrimonial o por el contrario la lex successionis. Insistimos en que el ámbito de la ley aplicable al régimen económico matrimonial es muy amplio a tenor del art. 27 del Reglamento 2016/1103 (y considerando 14), y en que ello permite afirmar que todos los aspectos del régimen económico matrimonial se rigen por la ley aplicable al régimen económico matrimonial; pero si confrontamos dicho art. 27 con el art. 23 del Reglamento 650/2012, de Sucesiones y Testamentos, que somete a la ley rectora de la sucesión todos los derechos sucesorios del cónyuge o pareja supérstites, pueden surgir ciertas dudas de determinación de ley aplicable. Para despejarlas contamos ya con algún criterio del TJUE como la sentencia de 1 de marzo de 2018, asunto C-558, caso Mahnkopf. El TJUE, ante la norma del BGB alemán que establece un incremento de la legítima del cónyuge (en una cuarta parte) en caso de disolución del régimen de participación en las ganancias, aprecia que el objeto de esta norma es la determinación del quantum de la parte de la herencia del cónyuge y no un reparto de bienes motivado por la liquidación del régimen económico matrimonial, por lo cual estima que esta cuestión, el incremento de los derechos del cónyuge sobreviviente, es materia propia de la sucesión mortis causa y por consiguiente se rige por la ley sucesoria.

En cualquier caso, como se desprende del considerando 1º del Reglamento, es preciso que los efectos o relaciones civiles derivadas del régimen económico matrimonial tengan repercusión transfronteriza, característica ésta sobre la que la norma no ofrece mayores precisiones. Siguiendo a RODRIGUEZ BENOT[28], entendemos que dicha circunstancia, o condición, concurrirá siempre que la relación o situación jurídica contenga un elemento transfronterizo personal, objetivo o territorial, incluyendo la voluntad de los esposos. Elemento que debe tener la suficiente importancia en la relación jurídica, pues una nota accidental de extranjería no es relevante y no debería pasar por elemento transfronterizo. En cambio, no será necesario que el elemento transfronterizo proceda de un Estado Miembro que va a aplicar el Reglamento, pues puede proceder de alguno de los Estados miembros que se mantienen al margen de la cooperación reforzada o de un tercer Estado no perteneciente a la UE (cfr. art. 20).

---

28 AA.VV. (2022). *Régimen patrimonial de las uniones registradas: aspectos estatales y supraestatales (a propósito del Reglamento UE 2016/1104)*. Aranzadi, 326 y ss.

Por otra parte, habrá de tenerse en cuenta la inscribibilidad de las resoluciones y documentos que sean otorgados en el ámbito del Reglamento, previo su reconocimiento incidental, así como el juego de la adaptación de derechos reales prevista en el Reglamento, que recae en el Registrador por vía de la ley 29/2015 de cooperación jurídica internacional en materia civil (LCJI).

Conclusiones

I. Acerca de la correlación entre los criterios del Código Civil y el Reglamento Hipotecario para la adquisición y gestión de bienes inmuebles

Es natural que toda adquisición de bienes inmuebles sea inscrita en el Registro de la Propiedad para desplegar todos sus efectos en el tráfico jurídico. Las normas de inscripción del Reglamento Hipotecario desarrollan el Código Civil en este punto y sus criterios se acomodan en clave hipotecaria a los establecidos por este. El Código Civil impone la existencia de tres patrimonios, el ganancial y los privativos de los cónyuges, y adopta unos claros principios de organización: la presunción de ganancialidad, basada en la *vis attractiva* de la ganancialidad, la subrogación real para mantener el equilibrio entre los tres patrimonios, y el principio de autonomía de la voluntad mediante el cual los cónyuges pueden equilibrar sus intereses en la sociedad de gananciales. El Código Civil establece la regla general de la actuación conjunta o consentimiento de los cónyuges en su artículo 1375, que preside la materia "la gestión y disposiciones de los bienes gananciales corresponde conjuntamente a los cónyuges" y su tenor deja, por tanto, muy poco margen a la actuación unilateral, aunque alguno sí que permita el art. 1384.

El Reglamento Hipotecario reconoce la existencia de patrimonios diferenciados -privativos y gananciales- y ajusta los principios registrales a las reglas del Código Civil, en particular el de gestión conjunta o codisposición conyugal -artículos 93 y 94-. Por otra parte, regula la privatividad supeditándola al principio hipotecario de titulación auténtica o legalidad en sentido formal, pues exige prueba documental pública para desvirtuar la presunción de ganancialidad. Esta particularidad, evidentemente, no dimana del Código Civil, pero es congruente con los principios del sistema hipotecario español de conformidad con los artículos 3 y 4 de la Ley Hipotecaria. El principio de gestión conjunta que rige los bienes gananciales tiene además continuidad directa con el principio registral de tracto sucesivo que establece el art. 20 de la Ley Hipotecaria y corrobora su art. 40, y que impone que todas las novedades, modificaciones o alteraciones que deban hacerse en los bienes gananciales hayan de ser otorgados por ambos cónyuges.

La gran diferencia entre el Código Civil y el Reglamento Hipotecario, o la mayor disonancia entre las normas hipotecarias y las civiles, radica en las posibilidades de actuación unilateral que introduce explícitamente en su art. 94 el Reglamento Hipotecario, que vienen a admitir la legitimación registral del cónyuge titular —negándolas al no titular— para otorgar ciertos actos que la doctrina califica de riguroso dominio o cuasidispositivos, principalmente las modificaciones de entidades hipotecarias -agrupación, segregación, declaración de obra nueva, constitución del inmueble en régimen de propiedad horizontal-. Salta a la vista que el ámbito de estos actos es mayor que el de los meros "actos de administración" al que se refiere el art. 1384 del Código Civil.

Parece que podemos afirmar que, a pesar de que la fórmula de los actos análogos resulte genérica, el Reglamento Hipotecario traza la frontera entre los verdaderos actos de disposición, reservados a la actuación conjunta, y los que no llegan a ese rango, aunque se le acerquen. El Reglamento Hipotecario favorece, pues, una economía en las actuaciones, al permitir que obre sólo un cónyuge sin necesidad de la intervención del otro. Lo que parece menos satisfactorio para la coherencia del sistema es que deba este cónyuge ser necesariamente el titular registral, si somos consecuentes con la idea de que la sociedad de gananciales es en realidad una comunidad de tipo germánico o en mano común. Además, no todas las interpretaciones favorables a la ampliación de la actuación unilateral de los cónyuges son tan pacíficas. Una cosa es sostener que, puesto que hay una comunidad en mano común, germánica, pueda cada uno de los cónyuges otorgar aquellos actos que no alcancen el rango de actos dispositivos y otra muy distinta es favorecer la ampliación de la actuación unilateral precisamente para negocios dispositivos.

La concordancia del Reglamento Hipotecario con las normas del Código Civil, y el coherente régimen que establecen, puede verse alterada por ciertas interpretaciones llevadas a cabo por el centro directivo registral, como la doctrina del negocio complejo, que parece implicar una quiebra del principio de codisposición (artículos 93 y 94 del Reglamento Hipotecario con relación al art. 1377 del Código Civil); o la doctrina sobre la atribución de privatividad, que tiene potencial para vaciar de contenido los apartados 4°, 5° y 6° del art. 95 del Reglamento Hipotecario.

II. Acerca de la divergencia entre la naturaleza jurídica de la sociedad de gananciales como comunidad germánica y la titularidad de los bienes inscritos para la sociedad de gananciales

Afirmada en la opinión general la idea de la naturaleza jurídica de la sociedad de gananciales como comunidad de bienes de tipo germánico o en mano común, subsiste sin embargo cierta contradicción con la titularidad registral, que ofrece posibilidades de actuación unilateral a uno de los cónyuges, el titular registral, en el art. 94 del Reglamento Hipotecario, que se niegan a otro —el no titular— lo que en teoría no sería coherente con la construcción doctrinal de esta naturaleza jurídica.

Dicho de otra manera, no parece coherente con la naturaleza germánica reconocida a la sociedad de gananciales (casi unánimemente por la doctrina y en todo caso por la jurisprudencia) que el único legitimado sea el cónyuge titular registral.

No es esto consecuente con la idea de que la sociedad de gananciales es en realidad una comunidad de tipo germánico o en mano común. Antes, al contrario, si partimos de la opción de trazar una línea divisoria entre los actos de disposición y los no dispositivos, a fin de incrementar las posibilidades de actuación unilateral, lo lógico sería reconocer legitimación para otorgar actos no sólo al cónyuge titular registral sino a ambos miembros de la sociedad de gananciales. Pero, en conclusión, es necesario admitir que el texto vigente del Reglamento Hipotecario no permite aceptar esta tesis ni debería forzarse una interpretación aventurada en este sentido, ya que parece obedecer a un propósito legislativo claro y a respetar el principio de legitimación registral.

De *lege ferenda* podría hipotéticamente llevarse a cabo la ampliación de la legitimación de actos unilaterales por cada uno de los cónyuges, siempre con el límite de la naturaleza dispositiva de los mismos (otra cosa desvirtuaría la naturaleza de la sociedad de gananciales). Pero ello exigiría en primer lugar la reforma del Código Civil, cuya exigencia de actuación conjunta es clara y terminante no sólo en sus artículos 1375 y 1377 para los actos de gestión y disposición, sino que en su art. 1376 para los actos de administración. En cualquier caso, la doctrina que favorece la legitimación unilateral para otorgar actos sobre los bienes gananciales que no alcancen el rango de actos de disposición, con independencia de quien sea el cónyuge titular, tiene escasas manifestaciones. La citada Resolución de 1995 relativa a la declaración de obra nueva es una de ellas, está escasamente fundamentada y, al contrario de lo que podríamos suponer, no trata conceptualmente la diferencia entre actos de administración y disposición. Su doctrina no sólo no ha sido proseguida por el centro directivo registral, sino que tras la promulgación del RD 1093/1997 no parece ya aplicable en cuanto a la declaración de obra nueva, que era el eje del supuesto de hecho.

III. Acerca del excesivo rigor interpretativo en la exigencia de prueba documental pública de los fondos privativos

La exigencia de prueba documental pública de los fondos utilizados para acreditar la privatividad de una adquisición puede resultar en exceso severa y de hecho parece estar forzando la aparición en el tráfico de una categoría discutible dentro del Código Civil como es la atribución de privatividad. La jurisprudencia vigente y la doctrina de la Dirección General de Seguridad Jurídica y Fe Pública han constatado lo problemático que es acreditar la procedencia de los fondos empleados para la adquisición de un bien, debida a la fungibilidad del dinero y su difícil de trazabilidad. Éste es el obstáculo principal para imprimir registralmente la nota de privatividad a adquisiciones que posiblemente lo sean.

Lo que es más discutible es que no se considere prueba documental suficiente el hecho de que un cónyuge que ha vendido un bien privativo y escriturado su venta que refleja claramente unos fondos privativos. El centro directivo ni siquiera acepta que una vez obtenido ese precio puede razonablemente presumirse que dicho cónyuge posee fondos privativos suficientes, utilizando en su caso la cifra máxima del precio de esa compraventa como límite justificado de los fondos privativos que puede aplicar a la adquisición y manifestando el adquirente precisamente que se trata de esos fondos y que los emplea precisamente con esa finalidad (y no con otra). La renuencia interpretativa que a este respecto mantiene la Dirección General de Seguridad Jurídica y Fe Pública podría, efectivamente, ser exagerada en este caso.

Y una interpretación favorable a estos indicios también es posible, aunque lo recomendable sería de *lege ferenda* incorporar una respuesta jurídica como la del Código Foral de Aragón. Ante la realidad de que esta hipótesis es razonable, la ley aragonesa ha introducido un precepto —el art. 213 de Decreto Legislativo 1/2011, de 22 de marzo, que aprueba el «Código del Derecho Foral de Aragón»— que permite presumir, salvo prueba judicial en contrario, por supuesto, que se han invertido fondos privativos en la adquisición cuando se han obtenido de una venta de un bien privativo anterior siempre que "no haya pasado el plazo de dos años entre ambas escrituras". La presunción de privatividad de la ley aragonesa es, insistimos, razonable. Pero ni recoge el Código Civil nada similar ni puede fundamentarse en él según la interpretación dominante actual. Y ello a pesar de que, como vamos a ver, otras soluciones similares a las de la ley aragonesa —y también la navarra— se han incorporado al Código Civil y tampoco parecen encajar en sus preceptos. Nos referimos a la atribución de privatividad novedosamente acogida por la doctrina de la Dirección General de Seguridad Jurídica y Fe Pública.

IV. Acerca del ámbito de la vis attractiva de la ganancialidad y la presunción de ganancialidad

Es conocido de todos que el Código Civil favorece la llamada *vis attractiva* de la ganancialidad sobre la base (aunque no sólo) de la presunción favorable al carácter ganancial de los bienes cuya privatividad no se pruebe especialmente. Dado que las adquisiciones constante matrimonio se hacen muy frecuentemente con dinero, y que está ampliamente destacada la fungibilidad y difícil trazabilidad de éste, parece que toda aquella adquisición dineraria se reconducirá a la presunta ganancialidad del inmueble adquirido.

Constatamos que en el ámbito del Registro de la Propiedad la presunta ganancialidad no se desvirtúa de cualquier manera o por cualquier modo admitido en Derecho y que, en particular, no puede desvirtuarse por medio de otra presunción de signo contrario, como pueda ser la acreditación de que el adquirente dispone de fondos privativos y manifiesta aplicarlos a la adquisición. Toda otra modalidad para destruirla parece vedada. La presunción de ganancialidad, a efectos del Registro de la Propiedad, sólo cesa por medio de una prueba que ha de ser no sólo documental sino también pública (art. 95. 4º del Reglamento Hipotecario). En definitiva, cabe la duda sobre si estamos entendiendo la presunción de ganancialidad en sus justos términos y surgen preguntas lícitas sobre si es esta la razón de que hayan surgido ciertas doctrinas o tesis que, un tanto forzadamente, amplían las posibilidades de privatividad mediante el recurso a la que es uno de los principios de la sociedad de gananciales, la autonomía de la voluntad de los cónyuges. Uno de los principios más importantes, pero también más genéricos.

V. Acerca de doctrina de la atribución de privatividad construida por la Dirección General de Seguridad Jurídica y Fe Pública

Solemos destacar que el instituto de la sociedad de gananciales se cimenta en los principios básicos del respeto a la autonomía de la voluntad de los cónyuges, la subrogación real y la presunción de ganancialidad —como expresión de la reconocida *vis attractiva* de la ganancialidad—. Entre ellos el Código Civil establece un equilibrio, favorable a la autonomía de la voluntad de los cónyuges, ciertamente, cuando hay causa. Pero no se acaba de comprender por qué se estima, como si fuera de *lege data*, que la autonomía de la voluntad se haga prevalecer sobre los otros dos, tan forzadamente, para dotar de fundamento a la atribución de privatividad de los bienes adquiridos. La doctrina que acepta que la atribución de privatividad es posible dentro del Código Civil procede exclusivamente de la Dirección General de Seguridad Jurídica y Fe Pública. El centro directivo da por cierto que la atribución de privatividad se ajusta al Código Civil y lo justifica pretendiendo que es la otra cara o reverso de la atribución de ganancialidad del art. 1355 del Código Civil.

Frente a esta doctrina, desde un punto de vista crítico, hay que señalar lo siguiente:

1°. Admitir que por convenio entre cónyuges (abstracto en gran medida) se establezca la privatividad de un bien puede vaciar de contenido la confesión de privatividad, lo dispuesto en los artículos 1324 del Código Civil y 95. 4°, 5° y 6° del Reglamento Hipotecario, y facilitar la lesión de los intereses de acreedores o herederos forzosos. El hecho es que el legislador del Código Civil —a diferencia de los forales— no previó expresamente otro medio de atribuir la privatividad que la confesión, con sus limitaciones.

2°. La admisión de la doctrina de la atribución de privatividad no respeta adecuadamente la protección de terceros, en particular los acreedores. Y tampoco los intereses de los herederos forzosos, aunque sean causahabientes y no terceros. Se admite el pacto de determinación del carácter privativo con la única exigencia de una lacónica causalización o expresión de causa. Esto roza la abstracción de la causa, particularmente en cuanto a las adquisiciones a título oneroso, pues potencialmente la causa puede variar desde una compraventa o adjudicación en pago de deuda hasta el genérico derecho reembolso que tienen ambos cónyuges a la hora de la liquidación de la sociedad de gananciales. Los más adecuados y "justos términos", las verdaderas exigencias de causa fueron descritas por la DGRN en Resolución de 25 de septiembre de 1990, que distingue entre causa del negocio que debería precisarse en función de la clase de contrato en particular (art. 1323 del Código Civil), y la causa de la atribución patrimonial, pues alude a lo que llama "conjunción con el negocio adquisitivo" de la atribución. Pero, como vemos, no es esta doctrina, que permitiría a los acreedores un conocimiento directo del negocio celebrado entre los cónyuges (y por tanto de sus acciones civiles), por la que ha optado la Dirección General de Seguridad Jurídica y Fe Pública. El centro directivo ha preferido otra en la que las exigencias de causalización son menores; y las garantías en favor de los acreedores, también.

3º. Nada habría que objetar a una interpretación amplia del art. 1323 y a la posibilidad de que los cónyuges celebren entre sí toda clase de contratos gozando de la más plena autonomía de la voluntad, pero no hay que olvidar que también esto tiene ciertos límites, los establecidos en los arts. 1255 y 1258 del Código Civil, la ley, la buena fe y la ausencia de perjuicio de tercero entre ellos. Estos límites naturales deberían presuponerse también en el convenio de atribución de privatividad y si así fuera probablemente notaríamos dificultades para admitirlo, en la medida que puede ser una vía que permita lesionar derechos de acreedores como la que evita la confesión.

4º. Especialmente en algunas de las Resoluciones de la Dirección General de Seguridad Jurídica y Fe Pública que acuñan esta doctrina (como las de 12 de junio de 2020 y 15 de enero de 2021) parece latir cierta incoherencia interna. Las débiles exigencias de causalización se dan por satisfechas en esos casos porque los cónyuges pactan que "no haya derecho de reembolso" entre ellos. Si ni siquiera derecho al reembolso hay, entonces, la causa del pacto de atribución de privatividad aparece como causa gratuita, no onerosa —como paradójicamente señalan dichas Resoluciones—. Esta causa gratuita bien podría haberse invocado o explicitado sin ambages, ya que en este punto no hay cuestión, causa gratuita equivale a causa donandi y es pacífico que conforme al art. 1274 siempre consiste en la liberalidad del bienhechor.

5º. Mediante la interpretación realizada por el centro directivo acerca de la atribución de privatividad, se llega al extremo de lograr el mismo resultado que se alcanza mediante la aplicación de las leyes aragonesa o navarra, o vasca, pero lo cierto es que el Código Civil carece de las normas al efecto que sí han incorporado (a ese objeto y con un propósito legislativo claro) estos Derechos forales. Contrastando la regulación del

Código con la de las leyes forales, que prevén explícitamente que por acuerdo de los cónyuges tanto pueda convertirse un bien privativo en ganancial como un bien ganancial en privativo, llegamos a la conclusión de que en el Código Civil brilla por ausencia un precepto similar que autorice que los bienes gananciales puedan convertirse en privativos puros por el mero acuerdo de los cónyuges. Esto, no parece que fuera un olvido del legislador. Considerando lo que decimos, la doctrina del centro directivo podría parecer una interpretación forzada y no aceptada ni regulada por el Código Civil.

6º. No es convincente la interpretación que hace el centro directivo basándose en el art. 1355 o viendo en la atribución de privatividad el reverso de la de ganancialidad. Lo cierto es que el art. 1355 se refiere exclusivamente a la atribución de ganancialidad y no tiene por qué suponerse que albergue un reverso en favor de la privatividad, más bien lo que parece es que el art. 1355 se decide por admitir la atribución de ganancialidad, como única opción. Nada contiene este precepto a favor de la atribución de privatividad que parece más bien implícitamente ajena al mismo.

7º. El grado de tensión interpretativa es máximo cuando se confronta la regla de que la presunción de ganancialidad sólo puede ceder a la privatividad pura mediante prueba documental pública, pues no sólo hay una norma taxativa a este respecto, el art. 95.2 del Reglamento Hipotecario, sino también una jurisprudencia constante que lo respalda. Obsérvese que la regla además obra en el marco del art. 95 del Reglamento Hipotecario, dedicado a los bienes inscritos como privativos por confesión. Pues fuera de esas dos posibilidades —privatividad acreditada por documental pública, privatividad por confesión— no hay ninguna otra expresa en la regulación hipotecaria (ni civil).

A pesar de todas estas objeciones, la Dirección General de Seguridad Jurídica y Fe Pública considera actualmente culminada su labor de construcción de esta doctrina, hasta el punto de reconstruir las fuentes de privatividad concluyendo que existen tres maneras de acreditar o "fuentes" de la privatividad: la prueba fehaciente y plena, la confesión del consorte —de estas dos nunca tuvimos duda— y, en tercer lugar, el convenio de atribución de carácter privativo —la discutible novedad—, cuyo único requisito aparente es la causalización de tal convenio, entendida en los "justos términos" (más bien débiles o superficiales) a que su doctrina los reduce.

VI. Acerca del negocio complejo como quiebra del principio de codisposición y de las reglas previstas por los artículos 1377 del Código Civil y 93.1 del Reglamento Hipotecario.

Las conclusiones sobre el estado de la cuestión del negocio complejo y su incidencia en actos o contratos simultáneos en el tiempo por el que se verifica la adquisición de bienes gananciales, fundamentalmente compraventa con hipoteca, son las siguientes:

1.ª La doctrina del negocio complejo, tal como ha sido formulada por la DGRN, constituye una excepción, una quiebra si se quiere, de los artículos 93.2 y 94.3 del Reglamento Hipotecario y del art. 1377 del Código Civil (incluso del art. 1320), por prescindirse del consentimiento del consorte en el acto de otorgamiento del contrato de hipoteca y por cuanto la calificación del acto dispositivo que es la hipoteca queda neutralizada o soslayada y limitada a la del negocio cuya primacía se afirma, que es de adquisición, no de disposición, —y cuyos requisitos son los propios de un acto de adquisición y no de disposición, normalmente mayores—. Por utilizar las palabras del art. 18 de la Ley Hipotecaria, la calificación registral de los requisitos de validez de los actos dispositivos de compra e hipoteca queda reducida a los de la compra.

Hemos debido remontarnos a la construcción doctrinal de DE CASTRO en su esencial obra El negocio jurídico, con el fin de replantearnos la verdadera razón de ser de esta categoría y de rescatar la preocupación por la completa concurrencia de los requisitos imperativos exigidos a los negocios que se integrarían unitariamente en el negocio complejo. La casuística citada por DE CASTRO de negocios complejos, a través de las decisiones de los tribunales, nos muestra que suelen ser negocios de parecida naturaleza y a los que se exigen requisitos muy similares en cada uno. La Dirección General de Seguridad Jurídica y Fe Pública considera suficiente el cumplir los requisitos del considerado económicamente como negocio principal, admitiéndose el omitir el cumplimiento de los requisitos exigidos para el negocio accesorio. Y, sin embargo, siendo éste la hipoteca (y por mucho que ésta tenga la naturaleza de derecho accesorio), no deberían ser soslayados en modo alguno. Los requisitos del contrato de hipoteca, de la hipoteca voluntaria, puestos en relación con otros contratos, son los más severos: pleno poder de disposición (art. 1857 del Código Civil y 138 de la Ley Hipotecaria), mandato expreso (art. 1713), plena capacidad de obrar (art. 1857 C.c. y 138 L.H.) y, por supuesto, consentimiento conjunto o regla de codisposición de los cónyuges (art. 1377 del Código ivil y 93 y 94 del Reglamento Hipotecario).

2.ª La doctrina del negocio complejo disminuye las garantías del cónyuge no interviniente en dichos contratos: En cuanto a la responsabilidad de los bienes patrimoniales porque el art. 1371 del Código Civil no cierra la puerta a la responsabilidad "de otros bienes con arreglo al Código", por mucho que esta doctrina así lo afirme, salvo cuando se recurre al (muy poco frecuente) pacto de limitación de responsabilidad al bien hipotecado regulado por el art. 140 de la Ley Hipotecaria, único medio que permite ceñir exclusivamente a la finca adquirida las responsabilidades generadas por la adquisición, y evita definitivamente que pueda afectar a los patrimonios consorcial y privativo de los cónyuges. Sólo mediante el pacto de limitación de responsabilidad puede afirmarse que ésta se restringe al bien gravado sin perjudicar al titular, que era uno de los principales argumentos de las resoluciones de 1968. Al respecto del mismo, cabe señalar que normalmente lo que se garantiza mediante la hipoteca no es el pago del precio aplazado directamente, sino las obligaciones derivadas del préstamo hipotecario, que normalmente son diversas, y porque al contratarse la hipoteca se está privando al cónyuge no adquirente de la información financiera cualificada que exige la ley 5/2019 y prevé la Directiva 2014/17/UE del Parlamento Europeo y del Consejo, de 4 de febrero de 2014 como garantía de crédito responsable.

3.ª Desde el punto de vista de la dogmática jurídica, la tesis del negocio complejo que engloba compra e hipoteca parece revisable porque, tal como está diseñada, la constatación de los requisitos de un negocio de adquisición (la compraventa) exonera de la constatación de los requisitos de un negocio de disposición (la hipoteca). Pero estos negocios son estructuralmente diferentes e implican requisitos distintos, por más que se afirme que la causa compleja absorbe a la accesoria. Como hemos dicho, la doctrina del negocio complejo utilizada por la DGRN incurre en contradicciones. En el caso de que la compra e hipoteca sean otorgados por un cónyuge cuyo régimen económico matrimonial está sujeto a Derecho extranjero exige la prueba de cumplirse los requisitos de este Derecho extranjero —que generalmente consistirán en el consentimiento del consorte a la hipoteca—; y en caso de que la compra e hipoteca sean otorgados por los padres de un menor, exige la autorización judicial para la hipoteca. Pero, en el caso de un bien adquirido para la sociedad de gananciales, sin embargo, no considera necesario el consentimiento requerido imperativamente por el art. 1377 del Código Civil y el art. 93 del Reglamento Hipotecario. ¿En qué basa la DGRN su criterio para establecer estas diferencias? ¿Es el consentimiento del consorte en régimen de gananciales menos imperativo que el requisito del consentimiento del consorte extranjero o de la autorización judicial?

VII. Acerca de las restricciones de la inscripción del testimonio aprobatorio del convenio regulador ex art. 90 del Código Civil y la exigencia de escritura pública para inscribir los acuerdos que hacen cónyuges sobre los bienes privativos cuando otorgan este convenio

La Dirección General de Seguridad Jurídica y Fe Pública se opone a la inscribibilidad de ciertos pactos cuando se incorporan al convenio regulador de la separación o divorcio, en cuanto versen sobre bienes privativos de los cónyuges y no se limiten a liquidar la sociedad de gananciales existente entre ellos antes de su crisis matrimonial (art. 90.e). Se basa para ello en una interpretación, en gran medida literal o literalista, sobre el art. 90 del Código Civil que define el ámbito del convenio regulador. Estima el centro directivo que los pactos entre cónyuges que conciernen a los bienes privativos deben seguir un "cauce documental idóneo" y que por ello deben ser objeto de escritura pública, sin poder formar parte del contenido del convenio.

No es la primera vez que la DGRN estima que debe haber una correlación entre la forma del documento y la naturaleza del negocio de que se trata: la Resolución de 14 de noviembre de 1998 (RJ 1998, 8496) ya quiso sentar el criterio de que no pueden acceder al registro indistintamente los documentos judiciales, administrativos y notariales, a pesar de que el art. 3 de la Ley Hipotecaria, que recoge el principio de titulación auténtica, no da pie a establecer entre ellos grandes diferencias. Y no es éste es el único caso de llamativo o excesivo rigor formal que impone el centro directivo, puesto que reitera una y otra vez — últimamente en Resolución de 14 de junio de 2023 (B.O.E. 10-7-2023) su criterio referente a la no inscribibilidad del auto de homologación judicial de una transacción por no ser título formal suficiente (salvo que traiga causa de un supuesto de crisis matrimonial), exigiendo la protocolización notarial del auto (y esto a pesar de que reiteradamente también los tribunales están revocando este criterio y recuerdan que un auto de homologación judicial es un documento auténtico que cumple los requisitos del art. 3 de la Ley Hipotecaria).

Pero, ciertamente, el convenio aprobado judicialmente cumple con los requisitos de un documento auténtico a los efectos del art. 3 de la Ley Hipotecaria. De otro modo no sería inscribible en modo alguno. De hecho, la Resolución de 6 de julio de 2023 («BOE» núm. 177, de 26 de julio de 2023) relaciona varias sentencias del Tribunal Supremo en las que el convenio regulador aprobado judicialmente se declara o se presupone inscribible. No se entiende bien, pues, por qué la Dirección General de Seguridad Jurídica y Fe Pública hace esta discriminación documental y veta la inscripción de los pactos relativos a derechos privativos en el convenio, cuando estos pactos pueden ser relevantes para que los cónyuges equilibren sus intereses patrimoniales tras la crisis matrimonial de que se trate.

La cuestión es, ¿en qué se basa el criterio de la Dirección General de Seguridad Jurídica y Fe Pública sobre la "correlación" entre negocio y forma, y "cauce documental idóneo" para acceder al Registro de la Propiedad? ¿Se desprende, o está sustentado por el art. 3 de la Ley Hipotecaria o por el Código Civil? No lo parece. Por supuesto, es lógico excluir del ámbito del convenio regulador los bienes pertenecientes a otras personas (por ejemplo, los padres de los cónyuges que permiten el uso de un piso de su propiedad para que la familia de alguno de sus hijos lo convierta en hogar familiar). O —considerando que las únicas partes con legitimación para otorgar un convenio del art. 90 del Código Civil son los cónyuges— las donaciones a terceros que no son parte (en favor de los hijos del matrimonio), o las transmisiones a terceros (daciones en pago de bienes gananciales a acreedores que reclaman deudas gananciales). Estas exclusiones parecen verdaderamente fundadas en la naturaleza del convenio, pero ¿un acto de disposición sobre bienes privativos dirigido a satisfacer el interés de uno de los cónyuges tras la ruptura del matrimonio no es apto para el convenio ni para inscripción? Este criterio restrictivo puede frustrar o limitar la utilidad de los convenios reguladores.

La incongruencia del criterio de la DGRN sube de punto cuando se constata que el centro directivo ha admitido la inscribibilidad de los pactos sobre bienes privativos objeto de convenio regulador, cuando entre los cónyuges no regía la sociedad de gananciales sino un régimen legal de separación de bienes, como el catalán o el balear. Así sucede en los supuestos de las Resoluciones de 5 de diciembre de 2012 (BOE 04.01.2013) —que permite la inscripción de una adjudicación de una plaza de garaje de que son titulares los *ex* cónyuges por mitad y proindiviso, sin escritura pública, con el convenio regulador de divorcio aprobado judicialmente—; la Resolución de 29 de octubre de 2008 (BOE 19.11.2008) —donde ve diferencias al parecer esenciales entre la comunidad romana de bienes y la que surge por aplicación de un régimen de separación legal (la causa familiae)—; o la Resolución de 21 de enero de 2006 (BOE de 9 de marzo de 2006). En definitiva, la naturaleza y finalidad del instituto del convenio regulador parecen reclamar que en su ámbito puedan los cónyuges otorgar todo tipo de pactos sobre sus bienes, privativos y gananciales para equilibrar sus intereses tras la crisis matrimonial, con el lógico límite de que no impliquen a terceros, pues en todos ellos potencialmente radica la causa familiae que la DGRN sólo ha visto en supuestos de matrimonio bajo régimen económico matrimonial de separación de bienes.

VIII. Acerca de la vivienda habitual y su inscripción registral

La vivienda habitual queda protegida especialmente por la ley al tratarse no solo de una vivienda con destino conyugal, sino de una vivienda en la que, además, de los esposos, viven los hijos comunes o los que cada cónyuge antes del matrimonio hubiera tenido. Es necesario subrayar que en la aplicación del principio de especialidad debe primar la moderación, ya que de la configuración del derecho de uso con carácter familiar se derivan consecuencias de carácter registral ya que, los requisitos para su inscripción no se aplican tan rigurosamente como si se tratara, propiamente dicho, de un derecho real. Las consecuencias especiales que se derivan como la disociación entre titularidad del derecho y el interés protegido por el mismo ya que, de una parte se atiende al interés protegido por el derecho atribuido, que en este caso es el interés familiar y facilitar la convivencia entre los hijos y el cónyuge a quien se atribuye la custodia, y otro factor a atender es la titularidad de tal derecho, que es exclusivamente del consorte a cuyo favor se atribuya el mismo ya que, es a tal cónyuge a quien se le atribuye exclusivamente la situación de poder en que el derecho consiste, ya que la limitación a la disposición de la vivienda con su solo consentimiento se remueve. Y, de ello se deriva que el uso atribuido a un consorte es un derecho oponible frente a terceros y, por tanto, en los términos que disponga la resolución judicial correspondiente va a tener acceso al Registro de la Propiedad.

El consentimiento que se requiere para el acto de disposición es exclusivamente el del cónyuge que es titular de esta vivienda o del derecho sobre ella y no el consentimiento de los hijos. No importa la fecha en que la hubiera adquirido la vivienda o el derecho que exista sobre ella y que sea de carácter privativo o sea ganancial y, asimismo, es indiferente cuál sea el régimen económico del matrimonio. Se comprenden aquí todos los actos que implican sustraer al uso común los derechos sobre la vivienda familiar.

Con respecto a la extinción de la comunidad de una vivienda indivisible adquirida por solteros y que ahora están divorciados la DGRN discute si, para poder determinar si es necesario o no el consentimiento de otra persona para disponer de la finca, debe manifestarse si existe o no unión de hecho formalizada del consorte transmitente y, en tal caso, que la vivienda no se constituya como la vivienda habitual de dicha unión o, directamente esta circunstancia última. Se establece al respecto que todo comunero puede obligar a extinguir la comunidad por medio de la venta de la vivienda por la vía de la acción de división, al ser esta indivisible. Y esta manera de dividir la comunidad no debe verse supeditada ni al consentimiento prestado por los cónyuges de los otros titulares ni, tampoco, a la autorización judicial supletoria ya que, ello supondría introducir una limitación a la acción de división, que es de orden público y está estimulada y favorecida por el Legislador.

Con respecto a la naturaleza del derecho de uso de la vivienda familiar, es necesario poner de manifiesto que es éste un derecho de configuración judicial ya que se constituye *ope sententiae*, bien si es acordado por los cónyuges o, si entre ellos hay desacuerdo. Asimismo, es un derecho de carácter familiar para el que se establecen ciertas limitaciones a la disposición de la vivienda. Está considerado, además, como un derecho no patrimonial, ajeno a la clasificación entre derechos personales y reales ya que esta división es una división de los derechos de carácter patrimonial y, el citado derecho de uso es de orden puramente familiar y no tiene carácter patrimonial. Es un derecho con trascendencia real y es que, que éste no sea un derecho real no significa que carezca de trascendencia real que justifique su inscripción, pues mediante este hecho se garantiza su oponibilidad general frente a los terceros que adquieran. Otra exigencia necesaria para que el uso pueda inscribirse de manera autónoma es que se atribuya al cónyuge que no es el titular registral o que siendo el titular registral no es el único y, en este caso, el uso gravará la otra titularidad. No será inscribible la atribución de uso a favor del cónyuge que sea el propietario único de la vivienda y será cancelable el uso inscrito cuando, con posterioridad, el titular resulte único titular de la misma produciéndose, así, una confusión de derechos.

En lo relativo a la facultad de ocupación provisional debemos subrayar que está condicionada por la titularidad preexistente, esto es, el uso viene condicionado por el título previo que habilitaba el uso de la vivienda constante el matrimonio, ya que la sentencia no puede atribuir una titularidad diferente de la que hasta entonces se tenía sobre la citada vivienda, ni tampoco puede generar un derecho nuevo, sino únicamente puede proteger el que hasta ese momento la familia tenía. Asimismo, se trata de un uso temporal cuya duración dependerá de las circunstancias que aconsejaron su constitución, Para la inscripción del derecho, no es imprescindible el señalamiento de un plazo y en este punto es posible distinguir si hay hijos o no, pues no habiendo hijos el art. 96.3 C.c. establece que podrá acordarse el uso de tales bienes por el tiempo que prudencialmente se establezca.

IX. Acerca de la sobrevenida inadecuación del art. 92 del Reglamento Hipotecario como procedimiento de inscripción de las adquisiciones inmobiliarias de cónyuges extranjeros, tras la entrada en vigor del Reglamento (UE) 2016/1103, y sus efectos negativos en la difusión del régimen económico matrimonial de la sociedad de gananciales en los extranjeros residentes en España.

Parece evidente la orientación que sigue el Derecho de la Unión Europea de optar por la ley del Estado de residencia habitual en los conflictos de leyes en materias civiles. Este criterio de Derecho Internacional Privado tradicionalmente se ha utilizado para evitar en lo posible la existencia de regímenes diferenciados de Derecho civil entre miembros de una misma sociedad. El criterio del art. 9.2 del Código Civil es que el régimen económico matrimonial se rige por la ley personal (la ley nacional conforme al art. 9.1) y en virtud de esta norma la hipótesis normal ha sido que las adquisiciones de cónyuges extranjeros se han calificado (en ambos sentidos, el de norma aplicable y el registral) conforme a su ley nacional. En cambio, el Reglamento (UE) 2016/1103 ha introducido nuevos criterios. No imposibilita otras opciones, de hecho las prevé, pero establece como norma supletoria la ley aplicable la del Estado de la residencia habitual común a los esposos, y por tanto en la práctica la primera a tener en cuenta en los muy frecuentes supuestos de que los cónyuges no hayan otorgado acuerdos de ley aplicable o capitulaciones matrimoniales. Si conforme al sistema del Código Civil (ley nacional) lo ordinario es que los cónyuges extranjeros (aun residiendo en España) adquirieran conforme al régimen económico matrimonial previsto por su ley nacional, conforme al sistema del Reglamento europeo, lo ordinario (siempre que se trate de matrimonios celebrados después de 29 de enero de 2019) será que los cónyuges extranjeros residentes en España adquieran conforme al régimen económico matrimonial previsto por la ley del Estado en el que residen, que es el de la sociedad de gananciales (o en su caso el régimen foral que corresponda).

Considerando esto, podemos presumir que se incrementará sustancialmente el número de casos de cónyuges extranjeros residentes en España que como régimen económico matrimonial supletorio tendrán el de la sociedad de gananciales. Y que ello obedece en el fondo a una razón de política comunitaria. Así como el art. 92 del Reglamento Hipotecario podía ajustarse (relativamente) al criterio del art. 9.2 del Código Civil, en la actualidad, una vez que además una de las directrices del Reglamento (UE) 2016/1103 es la previsibilidad del régimen económico matrimonial, este precepto no permite resolver registralmente, de modo satisfactorio, la cuestión de la inscripción de los bienes con arreglo al régimen económico matrimonial realmente aplicable, antes al contrario, puede decirse que no favorece la previsibilidad del régimen económico matrimonial, e incluso que puede inducir a error a los terceros que consultan el Registro de la Propiedad o a facilitar complicaciones posteriores, las de tratar de averiguar mucho después cuál era el régimen económico matrimonial bajo el cual han adquirido un inmueble sito en España unos cónyuges extranjeros residentes en España.

Si entendemos por error de Derecho la convicción errónea de cuál es la norma por la que se rige un negocio jurídico, el art. 92 del Reglamento Hipotecario y la praxis que induce son un cauce adecuado para favorecerlo. Si los cónyuges extranjeros residentes en España (en especial si sólo actúa uno de ellos) están convencidos de que su régimen económico matrimonial se regula por su ley nacional y al adquirir un inmueble lo manifiesta en consecuencia, con el art. 92 del Reglamento Hipotecario vigente, en primer lugar, nada exige que tenga lugar la fijación de la ley (realmente) aplicable, por algún medio admisible en Derecho no distinto del que se va a utilizar a la hora de enajenarlo más tarde (con la desventaja de que el tiempo ayudará a difuminar los antecedentes que determinaban la ley aplicable); en segundo lugar, nada impide que, en virtud de la manifestación que hace el adquirente, se consigne registralmente un régimen económico matrimonial que no es el que corresponde según la ley aplicable, con distorsión de la información registral que debe llegar a terceros.

Esta anomalía será especialmente grave cuando el adquirente extranjero y residente manifiesta ser su régimen económico matrimonial el de su ley nacional y ésta determinar un régimen de separación de bienes. Si resulta que la ley aplicable era la de su lugar de residencia común con su consorte, es decir, la del Estado de residencia, y probablemente el régimen de la sociedad de gananciales, se favorece una apariencia jurídica errónea de que haber adquirido con carácter privativo. Se publica oficialmente un error de Derecho. Y ello porque la ley aplicable al régimen económico matrimonial no se determinó cuando era preferible determinarla, es decir, al tiempo de la adquisición, y no después. La realidad actual en España es muy diferente a la que aconsejó la redacción del art. 92 del Reglamento Hipotecario en 1982. Los regímenes extranjeros no son desconocidos en el tráfico jurídico y sus elementos principales pueden ser conocidos muchas veces a través de la plataforma e-Justice. Por consiguiente, defendemos que el art. 92 del Reglamento Hipotecario sea reformado para aproximarse al régimen de los artículos 90 o 93 y al tiempo de la adquisición se haga constar el régimen económico matrimonial a que queda sujeta la adquisición y el carácter del bien.

Referencias bibliográficas

AA.VV. (1991). "Leyes Hipotecarias y Registrales de España". *Legislación complementaria.* Castalia.

AA.VV. (2015). *Manual de protección de datos de los Registros de la Propiedad.* Colegio de Registradores de la Propiedad.

ACHÓN BRUÑÉN, M. J. (2019). "Deficiencias del procedimiento de ´okupas´ regulado por la Ley 5/2018 y soluciones a los problemas que plantea". *Práctica de Tribunales,* (139), 72-98.

ADÁN GARCÍA, M. E. (2021). "La comunidad de bienes y el régimen económico matrimonial." *Comunidad de bienes,* Tirant Lo Blanch.

— (2005). "El libro de entrada y el asiento de presentación. Retirada y desistimiento". *El procedimiento ante el Registro de la Propiedad y el Registro Mercantil.* Colegio de Registradores de la Propiedad.

ALBALADEJO GARCÍA, M. (1978). "Comentarios al Código Civil y Compilaciones forales". *Revista de Derecho privado,* (13), 35-56.

— (2020). *Curso de Derecho Civil.* Edisofer.

— (1975). *Instituciones de Derecho Civil.* Bosch.

ALONSO MAS, M. J. y REVUELTA PÉREZ, I. (2017). *Buena fe contra la demolición urbanística.* Aranzadi.

ÁLVAREZ CAPEROCHIPI, J. A. (2006). *Derecho inmobiliario registral.* Comares.

AMORÓS GUARDIOLA, M. (1995). *Legislación hipotecaria y jurisprudencia.* Trivium.

ARGELICH COMELLES, C. (2016). "La naturaleza ganancial o privativa de arrendamiento de la vivienda familiar." *Revista de Derecho Civil,* (4), 125-150.

ARNÁIZ EGUREN, R. (1998). "El concepto de finca y la trascendencia de su descripción en el Registro de la Propiedad y en el Catastro". *Revista Crítica de Derecho Inmobilliario,* (645), 365-391.

(2014). *El hecho urbanístico y su tratamiento en el Derecho positivo.* Civitas.

ARNÁIZ EGUREN, R. (2015). *Terreno y Edificación, Propiedad Horizontal y Prehorizontalidad.* Civitas.

ARREBOLA BLANCO, A. (2023). "La disolución y liquidación de la sociedad de gananciales". *GPS Familia.* Tirant Lo Blanch.

— (2022). "La liquidación de la sociedad de gananciales", *Las crisis familiares. Tratado práctico interdisciplinar.* Aranzadi.

— (2022). "Las cargas del matrimonio: un concepto jurídico indeterminado". *Revista Crítica de Derecho Inmobiliario,* (794), 2981-3035.

ARRIETA SEVILLA, L. J. (2009). "Aproximación sistemática a las bases gráficas registrales". *RADNT,* (19), 55-77.

— (2014). "La representación geográfica de la finca y su coordinación con el Catastro en el proyecto de Ley de Reforma Hipotecaria". *RADNT,* (35), 73-107.

— (2017), "Ordenación territorial y seguridad del tráfico en la contratación inmobiliaria". *RCDI,* (760), 605-656.

(2018). *La finca registral como objeto del Registro de la Propiedad.* Thomson Reuteurs.

ARRUÑADA SÁNCHEZ, B. (2020). *La seguridad jurídica en España.* Fedea.

ATIENZA LÓPEZ, J. I. (2003). "Tercería de Dominio. Bienes gananciales". *CEFLegal: Revista práctica de Derecho. Comentarios y casos prácticos,* (27), 1-27.

AUBRY, C. y RAU, C. (*2010*). *Curso de Derecho Civil de acuerdo con el método de Zachariae.* Hachette.

AVILÉS GARCÍA, J. (1992). *Libertad e igualdad en la nueva sociedad de gananciales.* Montecorvo.

AZAUSTRE GARRIDO, M. D. (2021). "¿Puede uno de los cónyuges vender el 50 por ciento de sus bienes gananciales?". *Economist & Jurist,* (248), 80-89.

— (2022). "A propósito de la reclamación de créditos entre cónyuges por pagos realizados tras la disolución de la sociedad de gananciales". *Revista de Derecho de Familia: doctrina jurisprudencia y legislación,* (97), 27-48.

— (2021). "Atribución de ganancialidad, aportación de bienes y derecho de reembolso: encrucijada de negocios jurídicos y su resolución desde la óptica de diez sentencias del Tribunal Supremo". *Revista de Derecho de Familia: doctrina, jurisprudencia, legislación,* (90), 33-52.

BADOSA COLL, F. (1986). Voz, "Justo título", *Nueva Enciclopedia Jurídica,* vol. XIV. Seix.

BARCELÓ DOMENECH, J. (2022). "La liquidación de la sociedad de gananciales con base en el valor convenido por los cónyuges: criterios para la interpretación de la renuncia a la acción rescisoria". *Estudios de Derecho Privado en homenaje al profesor Salvador Carrión Olmos,* (17), 209-226.

BENAVENTE MOREDA, P. (2010). "Inscripción de los bienes gananciales y privativos en el Registro de la Propiedad. Análisis de la jurisprudencia de la D.G.R.N.". *Revista jurídica Universidad Autónoma de Madrid,* (21), 227-253.

BERKOVITZ RODRÍGUEZ-CANO, R. (2021). *Comentarios al Código Civil.* Aranzadi.

(2018). *Manual de Derecho Civil. Derecho de familia.* Berkal.

(2014). *Prólogo a la legislación hipotecaria.* Tecnos.

BERROCAL LANZAROT, A. I. (2018). "La responsabilidad de los bienes gananciales. El ejercicio del comercio por persona casada y la posición del cónyuge no comerciante (II)". *RCDI,* (766),1519-1544.

— (2020). "La sociedad de gananciales: confesión de ganancialidad, atribución voluntaria de la ganancialidad y derecho de reembolso". *Revista Crítica de Derecho Inmobiliario,* (781), 3045-3099.

— (2018). "La responsabilidad de los bienes gananciales. El ejercicio del comercio por persona casada y la posición del cónyuge no comerciante (I)". *RCDI,* (766), 995-1025.

BLANQUER UBEROS, R. (1996). "La tutela judicial del derecho a la inscripción del título". *Anales de la Academia Matritense del Notariado,* (35), 333-424.

(2003). "La presunción de ganancialidad. La confesión de privaticidad. La fijación negocial de privaticidad". *Estudios Jurídicos en Homenaje al profesor Luis Díez-Picazo,* vol.III. Thomson Civitas, 4485-4499.

BONET CORREA, J. (1990). *Código Civil con jurisprudencia, concordancias y doctrina.* Cívitas.

BONET RAMÓN F. (2005). *Compendio de Derecho Civil.* Civitas.

BONNECASE, J. (2000). *Introducción al estudio del Derecho.* Tenis.

(2020). *La escuela de la exégesis en Derecho Civil.* Ediciones Jurídicas Olejnik.

BORRUEL GARCÉS, Y. (2022). "La atribución de Privatividad en la sociedad de gananciales ¿un nuevo negocio jurídico?". *Diario La Ley,* (17), 134-156.

BUSTOS VALDIVIA, C. (2004). *La indivisión que sigue a la disolución de la sociedad de gananciales: la comunidad postganancial.* Comares.

CABALLERO GEA, J. A. (2001). *Desahucios, el titular registral frente al ocupante sin título escrito. Artículo 41 ley hipotecaria, juicio verbal.* Dyckinson.

CABANILLAS SÁNCHEZ, A. (2016). *Código Civil Comentado.* Civitas.

CÁCERES ARMAS, F. y TEJERINA, B. (2019). "Principio registral. Tracto sucesivo". *Anuario de Derecho Civil,* (13), 169-179.

CADARSO PALAU, J. (1993). *Sociedad de gananciales y participaciones sociales.* Tecnos.

CALAZA LÓPEZ, A. (2022). "Una apuesta por la atribución de privatividad frente al cajón de sastre del artículo 1324 del Código Civil (1)". *La Ley. Derecho de familia,* (35), 4-26.

— (2017). "El inmisericorde camino del capital privativo hacia la comunidad ganancial: controversias jurídicas y propuestas de *lege ferenda*". *La Ley. Derecho de familia,* (15), 4-32.

CAMY SÁNCHEZ-CAÑETE, B. (1974). *Comentarios a la legislación hipotecaria.* Aranzadi.

CANO TELLO, C. A. (1992). *Manual de Derecho Hipotecario.* Cívitas.

CAPOTE PÉREZ, L. J. (2018). "La reanudación del tracto sucesivo". *Estudios sobre la representación gráfica de las fincas registrales,* (23), 239-255.

CARDÓS ELENA, J. M. (2023). "La gestión de la sociedad de gananciales". *GPS familia,* (34), 449-480.

CARPIO GONZÁLEZ, I. (1991). "Aportación a la sociedad de gananciales (conversión voluntaria de bienes privativos en gananciales)". *Boletín de Información del Ilustre Colegio Notarial de Granada,* (125), 1177-1233.

CARRASCO PERERA, A. (1986). "Sociedad de gananciales. Tercería de dominio. Deudas comunes y deudas privativas. Anotación preventiva de embargo sobre bienes gananciales." *Cuadernos Civitas de jurisprudencia civil,* (12), 4005-4016.

CARRETERO GARCÍA, T. (1984). "Los principios hipotecarios y el Derecho Comparado". *Revista de Derecho Registral,* (9), 34-67.

CASTÁN TOBEÑAS, J. (1990). *Derecho Civil Español, Común y Foral. Derecho de obligaciones.* Reus.

CASTELLANOS CÁMARA, S. (2020). *Recargas y novaciones hipotecarias.* Aranzadi.

CASTELLANOS RUIZ, E. (2018). *Adquisición y transmisión de bienes inmuebles por matrimonios entre extranjeros: su inscripción en el Registro de la Propiedad. Derecho Privado y Constitución,* (33), 11-46.

CASTRO y BRAVO, F. (2008). *Derecho Civil de España.*Civitas.

CERDEIRA BRAVO DE MANSILLA, G. y GALLEGO VERA, J. A. (2018). "Título XIII. De los Registros de la Propiedad y de bienes inmuebles". *Propuesta de Código Civil,* (8), 512-513.

CLEMENTE MEORO, M. (2002). "Sobre el momento en que ha de ser de buena fe el tercero hipotecario". *Revista Crítica de Derecho Inmobiliario*, (673), 1851-1976.

COBACHO GÓMEZ, J. A. (1990). "El cumplimiento del deber de alimentos". *Centenario del Código Civil*, (1), 507-515.

— (2020). "El régimen económico matrimonial de comunidad universal de bienes en España y en el resto de países del mundo: su génesis, evolución y régimen legal vigente". *Anuario de la Facultad de Derecho de la Universidad Extremadura*, (36), 1113-1118.

— (1985). "El uso de la vivienda familiar y el interés de los hijos". *Anales de Derecho*, (8), 141-154.

— (1990). "La deuda alimentaria". *RDU*, (5), 275-296.

— (2005). "Notarios, Registradores y Corredores de Comercio". *Comentarios del Estatuto de Autonomía de la Región de Murcia*. Aranzadi.

— (2016). "Sentencia del Tribunal Constitucional 6/2008, de 21 de enero de 2008 (asiento de presentación registral)". *Comentarios a las sentencias del Tribunal Constitucional en materia civil*. Librería General.

— (1985). "Los derechos civiles forales o especiales tras la Constitución de 1978". *Anales del Derecho*, (7), 7-34.

— (2018). *Notas sobre la evolución en España de los derechos de la familia y de las personas*. Aranzadi.

— (2011). Recensión sobre "El Fuero del Baylío como Derecho Foral de Extremadura". *Anuario de la Facultad de Extremadura*, (29), 651-657.

CRISTÓBAL MONTES, A. (1986). *Introducción al Derecho Inmobiliario Registral*, Librería General.

CUADRADO PÉREZ, C. (2017). "Capítulo 19: El Régimen económico matrimonial. Disposiciones generales", *Tratado de Derecho de Familia, Los regímenes económicos matrimoniales*, vol.I. Aranzadi.

— (2008). "Deudas privativas de los cónyuges y sociedad de gananciales", *Homenaje al profesor Manuel Cuadrado Iglesias*, vol.I. Aranzadi.

CUENA CASAS, M. (1996). *Función del poder de disposición en los sistemas de transmisión onerosa de los derechos reales*. Bosch.

CURÁ, J. M. (2016). "Renovación del pensamiento sobre el control de legalidad registral. Un nuevo formato de constitución de sociedades en la Sección Cuarta del Capítulo 1 de la Ley General de Sociedades". *Revista del Derecho Comercial y de las Obligaciones*, (277), 312-398.

CHAPARRO MATAMOROS, P. (2021). "La comunidad de bienes en la doctrina de la Dirección General de los Registros y del Notariado." *Comunidad de bienes.* Tirant

— (2021). "La sociedad de gananciales en la doctrina de la Dirección General de los Registros y del Notariado." *Comunidad de bienes.* Tirant Lo Blanch.

CHICO Y ORTIZ, J. M. (1978). "El derecho de familia y el Registro de la Propiedad". *Revista general de legislación y jurisprudencia,* (245), 343-373.

— (1994). "La calificación registral: Problemas". *Revista Crítica de Derecho Inmobiliario,* (488), 43-124.

— (1993). "La sociedad conyugal de gananciales y las aportaciones a la misma". *Revista Crítica de Derecho Inmobiliario,* (614), 219-236.

(2000). *Estudios sobre Derecho hipotecario.* Marcial Pons.

DE ÁNGEL YAGÜEZ, R. (1982). *Apariencia jurídica, posesión y publicidad inmobiliaria registral.* Universidad de Deusto.

DE CASTRO FERNÁNDEZ, J. M. (1987). "Ganancialidad y tercería de dominio". *Revista jurídica de Catalunya,* (4), 1011-1022.

DE CASTRO Y BRAVO, F. (1985). *El negocio jurídico.* Civitas.

DE COSSÍO y CORRAL, A. (1954). "Valor sustantivo del artículo 41 de la ley hipotecaria". *Revista de Derecho Privado,* (7), 23-67.

(1990). *Instituciones de Derecho Civil,* Alianza Editorial.

(1986). Instituciones de Derecho Hipotecario. Civitas.

DE GRADO SANZ, C. (2010). "Principio de prioridad en el sistema registral español". *Cuaderno del Seminario Carlos Hernández Crespo,* (25), 45-67.

DE LA CÁMARA ÁLVAREZ, M. (1969). "La separación de hecho y la sociedad de gananciales". *ADC,* (3), 30-68.

— (1986). "La sociedad de gananciales y el Registro de la Propiedad ". *A.D.C,* (39), 339-536.

DE LA FUENTE JUNCO, A. (1974). "Significado y alcance de la publicidad en los sistemas hipotecarios de folio personal y de folio real". *Revista de Derecho Registral,* (2), 16-38.

DE LA RICA MARITORENA, R. (1970). "Algo más sobre el Tercero en la Ley Hipotecaria". *RCDI,* (5), 123-156.

— (1949). "La buena fe y la publicidad del Registro". *RCDI,* (10), 34-56.

— (1977). "Las servidumbres en el Registro de la Propiedad". *RCDI,* (7),123-145.

DE LA RICA y ARENAL, R. (1950). "Dualidad legislativa de nuestro régimen inmobiliario". *Revista Crítica de Derecho Inmobiliario,* (269), 625-643.

— (1948). "El valor de la inscripción". *RCDI,* (240), 273-291.

— (1976) "Valor efectivo de la inscripción en la nueva legislación hipotecaria". *Libro Homenaje.*Centro de Estudios Hipotecarios.

DE LOS MOZOS, J. L. (1972). "Crisis del principio de abstracción y presupuestos romanistas de la adquisición del dominio en el Derecho español", *AD, (4),* 1027-1082.

— (1986). "El derecho de propiedad y la Constitución de 1978". *Propiedad, urbanismo, Derecho comunitario europeo y doctrina de la Dirección General de los Registros y del Notariado.* Tecnos.

— (1982). "Comentario al artículo 1324 del Código Civil". *Comentarios al Código Civil y Compilaciones Forales,* vol. 1. Edersa.

DE PABLO CONTRERAS, P. (2018). *Alquiler y Registro de la Propiedad,* Tirant Lo Blanch.

— (2020). *Curso de Derecho Civil III. Derechos reales.* Aranzadi.

— (2020). *La función legitimadora de la posesión y de la inscripción.* Edisofer.

— (2020). *La publicidad de los derechos reales. El Registro de la Propiedad.* Edisofer.

DE REINA TARTIÈRE, G. (2017). "El procedimiento registral". *La Notaría,* (3), 70-83.

— (2014). "El valor de la inscripción en el Registro de la Propiedad inmueble español". *Actualidad civil,* (5), 14-29.

— (2003). *Manual de Derecho Registral Inmobiliario.* La Ley.

DE VERDA Y BEAMONTE, J. R. (2023). "La sociedad de gananciales: bienes privativos y bienes gananciales". *GPS Familia,* (7), 431-448.

— (2021). "La sociedad legal de gananciales". *Derecho Civil IV (Derecho de Familia).* Tirant Lo Blanch.

DEL CASTILLO MARTÍNEZ, C. (20209. "La teoría del título y el modo y los conflictos de adquisiciones inmobiliarias. Reflexión crítica sobre la doctrina de la Sala Primera del Tribunal Supremo al interpretar y aplicar los artículos 1473.2 Cc y 34 de la LH". *RCDI,* (8), 1995-2010.

DELGADO SHEELIE, A. (1999). "Aplicación de los principios registrales en la calificación registral. Redefiniendo los conceptos tradicionales y planteando los nuevos principios". *Revista de la asociación ius in veritas,* (18), 254-262.

DÍAZ DE LEZCANO SEVILLANO, I. (2012). "La confesión sobre el carácter de los bienes realizada entre cónyuges". *Revista Crítica de Derecho Civil,* (734), 3201-3235.

DÍAZ FRAILE, J. M. (2015). "Exégesis de la Ley 13/2015 de 24 de junio, de Reforma de la Ley Hipotecaria, en materia de inscripción de representaciones gráficas". *BCRE,* (23), 859-906.

— (2017). "La calificación de los documentos judiciales en la nueva Ley de Jurisdicción Voluntaria". *Anuario Derecho Civil,* (1), 217-252.

— (2005). "Las tercerías de dominio en relación con el Registro de la Propiedad". *Revista Crítica de Derecho Inmobiliario,* (688), 482-512.

DÍAZ GIRÓN, I. (2022). "Calificación y determinación de los bienes de la sociedad de gananciales". *Derecho de Familia.* Aranzadi.

DÍAZ-MALNERO FERNÁNDEZ, C. (2022). "El impacto de la TIC y las redes sociales en la liquidación de la sociedad de gananciales". *Derecho de familia.* Aranzadi.

DÍEZ-PICAZO, L. y GULLÓN BALLESTEROS A. (2012). *Sistema de Derecho Civil.* Tecnos.

DÍEZ-PICAZO, L. (1976). "Autonomía privada y derechos reales". *RCDI,* 4, 19-56.

— (1967). "El negocio cancelatorio y la causa de la cancelación". *RDN,* (11), 37-57.

— (1966). "La tradición y los acuerdos traslativos en el Derecho español". *ADC,* (23), 555-573.

— (1977). "Los bienes inmuebles en el Código Civil español". *Revista Crítica de Derecho Inmobiliario,* (522), 937-948.

— (2012). *Fundamentos del Derecho civil patrimonial.* Civitas.

— (1964). *La prescripción en el Código Civil.* Bosch.

— (1964) Las anotaciones preventivas". *RDN,* (7), 45-62.

DISTASO, N. (1952). *Natura giuridica dell'ipoteca.* ETS.

DOMÍNGUEZ LUELMO, A. A., TORRES GARCÍA D. F. y SÁNCHEZ-CALERO ARRIBAS, B. (2019). "Comentario al artículo 2". *Comentarios a la ley hipotecaria,* Aranzadi.

D'ORS, A. (1986). *Derecho Privado Romano.* Eunsa.

DURÁN RIVACOVA, R. (2021) "El acto atributivo de ganancialidad". *Cuestiones jurídicas relevantes sobre la economía conyugal.* Aranzadi.

ECHEVARRÍA ECHEVARRÍA, S., (1982). "Sociedad de gananciales, ganancialidad, bienes gananciales y ganancias". *R.D.N.*, (116), 7-35.

ENGONGA OBAMA, F. (2015). "La acción del cónyuge preterido en la sociedad de gananciales". *Revista de Derecho.UNED,* (16), 121-172.

ESCOBAR NAREDO, S. (2022). "Comentario de la Sentencia del Tribunal Supremo, Sala Primera, 10/2022, de 10 de enero, sobre aportación de bienes privativos a la sociedad de gananciales". *Revista del Centro de Estudios Jurídicos y de Posgrado,* (2), 130-138.

— (2022). "Comentario de la STS sala 1ª, 10/2022, de 10 de enero sobre aportación de bienes privativos a la sociedad de gananciales." *Revista del Centro de Estudios Jurídicos y de Postgrado CEJUP,* (2), 130-138.

ESCRIBANO, C. y RAGA SASTRE, N. (2017). "Capítulo 21: Las capitulaciones matrimoniales. Las donaciones por razón de matrimonio", *Tratado de Derecho de Familia,* vol. III, *Los Regímenes Económico Matrimoniales* (I). Aranzadi.

ESPEJO LERDO DE TEJADA, M. (2017). "La hipoteca no inscrita y su valor jurídico: Comentario a la sentencia número 368/2016, de 3 de junio". *Revista Aranzadi de Derecho Patrimonial,* (42), 287-308.

—(2005). *Efectos jurídico reales del embargo de inmuebles en la Ley de Enjuiciamiento Civil.* Civitas.

ESTRADA ALONSO, E. (2021). "La titularidad de los bienes en la disolución de la unión extramatrimonial". *Cuestiones jurídicas relevantes sobre la economía conyugal.* Aranzadi.

FABAR CARNERO, A. (2016). "Aproximación al régimen de responsabilidad externa en la sociedad de gananciales." *Revista de derecho UNED,* (19), 653-690.

FANDOS PONS, P. (2019). "Las repercusiones geográficas de los principios hipotecarios tras la Ley 13/2015, de 24 de junio (II) el principio de legalidad. La calificación registral gráfica". *Revista Crítica de Derecho Inmobiliario,* (773), 1249-1297.

(2016). *Los efectos jurídicos en la identificación y descripción gráfica de las fincas registrales.* Tirant Lo Blanch.

FAUS I PUJOL, M. (2020). "Reglas sobre la administración de los bienes gananciales". *Práctico Derecho de Familia,* (54), 47-67.

FERNÁNDEZ CAMPOS, J. A. (1998). *El fraude de acreedores: la acción pauliana,* Bolonia.

____ (1999). "La transmisibilidad de los derechos reales de uso y habitación (análisis de los artículos 523 y 525 del Código Civil)". *Anales de Derecho*, (17), 85-124.

FERNÁNDEZ CANALES, C. (2013). *Sociedad de gananciales y vivienda conyugal.* Reus.

FERNÁNDEZ DE VILLAVICENCIO ALVAREZ OSSORIO, M. C. (1997). *La cogestión de los bienes gananciales.* Marcial Pons.

FERNÁNDEZ GONZÁLEZ, Mª. B. (2016). "Capítulo I: El régimen económico matrimonial de la comunidad de gananciales". *Comunidad de Gananciales, Cuestiones prácticas y actuales.* Universitaria Ramón Areces.

FERNÁNDEZ GONZÁLEZ-REGUERAL, M. A. (2016). "Capítulo IV: La administración de la sociedad de gananciales en el Código Civil". *Comunidad de gananciales, Cuestiones prácticas y actuales.* Universitaria Ramón Areces.

FERNÁNDEZ SANTANA, L. (2021). "Gananciales: aspectos prácticos." *Comunidad de bienes.* Tirant Lo Blanch.

FERRARA, F. (1941). *Diritto della persona e di familia,* Giuffre.

FERRI, L. (1960). *Tutela dei Diritti. Trascrizione immobiliare.* Zanichelli-Società Editrice del Foro Italiano.

FLORES MARTÍN, J. (2021). "Fijación del momento de la disolución del régimen económico matrimonial: interpretación sustantiva (arts. 95 y 1392 del Código Civil) y aspectos procesales: Comentario a la STS, Sala de lo Civil, núm. 297/2019 de 28 de mayo (RJ 2019, 2165)". *Revista Aranzadi de derecho patrimonial,* (54), 1139-7179.

FOSAR BENLLOCH, E. (1982). "La separación y el divorcio en el derecho español vigente". *Estudios de Derecho de Familia.* Bosch.

GABRIELLI, G. (2009). "La publicità legale nel sistema del Codigo Civile". *Rassegna di Diritto, Civile,* (3), 689-754.

GAGO SIMARRO, C. (2021). "El legado de bien ganancial". *Cuestiones jurídicas relevantes sobre la economía conyugal.* Aranzadi.

GALACHO ABOLAFIO, A. (2020). "Principios marcarios frente a principios registrales simulación sobre un caso real". *Aprendizaje colaborativo y técnicas de simulación,* Bosch.

GALDEANO BONILLA, S. (2023). "Aspectos prácticos de la liquidación de gananciales". *Revista de derecho de familia: doctrina, jurisprudencia, legislación,* (98),15-35.

GALLARDO RODRÍGUEZ, A. (2023). "La atribución de ganancialidad y la aportación de bienes privativos a la sociedad de gananciales: repercusiones sobre el derecho de reembolso." *La Ley Derecho de Familia: Revista jurídica sobre familia y menores,* (37), 3-27.

GALLEGO DOMÍNGUEZ, I. (2018). La disolución y liquidación de la comunidad de gananciales y las acciones y participaciones sociales de carácter ganancial. Tirant Lo Blanch.

(1995). *Las parejas no casadas y sus efectos patrimoniales.* Colegio de Registradores de la Propiedad.

GALLEGO VERA, J. A. (2021). "El principio de tracto sucesivo". *Tratado de Derecho Inmobiliario Registral,* vol I. Bosch.

GARCÍA CARRERES, Mª. R. y FERRER SAMA, J.L. (2018). "Capítulo 3: Regímenes económico matrimoniales", *Memento Práctico. Familia,* (7),650- 232.

GARCÍA FLORES, M. E. (2010), "Control de la legalidad". *Ponencias y comunicaciones presentadas al XVI Congreso Internacional de Derecho Registral,* vol. 2. Bosch.

GARCÍA GARCÍA, J. M. (2005). "Comentario del artículo 2011 del Código Civil". *Código Civil comentado.* Gaceta Jurídica.

— (2016). "El Registro de la Propiedad como instrumento al servicio de la protección de lugares naturales y su proyección sobre la seguridad del tráfico inmobiliario privado". *Revista de Derecho Patrimonial,* (39), 103-140.

— (1994). "La finca como base del sistema inmobiliario". *Revista Crítica de Derecho Inmobiliario,* (645), 2437-2493.

— (1994). "La función registral y la seguridad de tráfico inmobiliario". *Revista Crítica de Derecho Inmobiliario,* (625), 2239-2310.

— (2014). *Código de la Legislación Inmobiliaria, Hipotecaria y del Registro Mercantil,* Civitas.

— (1993). *Derecho Inmobiliario Registral o Hipotecario.* Civitas.

— (2016). *La finca registral y el Catastro.* Civitas.

— (2020). *Legislación Hipotecaria anotada y comentada.* Aranzadi

— *(2015). Legislación Hipotecaria y del Crédito Inmobiliario,* vol. I. Aranzadi.

— (2021). "Comentario crítico de las tres resoluciones de 15 de enero de 2021 y de 12 de junio de 2020 (1.ª y 4.ª): el pacto de atribución de carácter privativo de un bien por los cónyuges y la confesión de privatividad. Autonomía de la voluntad y causa." *Revista Aranzadi Doctrinal,* (5), 12-45.

GARCÍA VALDECASAS DE LA CRUZ, J. (1995). *El Registro de la Propiedad en el siglo XXI,* Centro de Estudios Registrales.

GARCÍA VICENTE, J. R. (2023). "Últimas sentencias del Tribunal Supremo sobre sociedad de gananciales". *La Ley Derecho de Familia: Revista jurídica sobre familia y menores,* (37), 46-57.

GARCÍA VILA, J. (2016). "Comentario crítico a un reciente trabajo sobre la fuerza de la primera inscripción en la ley hipotecaria de 1861". *Revista Crítica de Derecho Inmobiliario,* (757), 2651-2705.

— (2017). "Los límites al control de legalidad notarial y registral de las cláusulas abusivas. Comentario crítico a las Resoluciones de la Dirección General de los Registros y del Notariado de 19 de octubre de 2016". *Revista de Derecho Civil,* (1), 183-218.

GARCÍA-BERNARDO LANDETA, A. (2007). "La doble venta y la venta de cosa ajena de bienes inmuebles". *Revista Jurídica del Notariado,* (64), 59-112.

GARDEAZABAL DEL RÍO, F.J. y SÁNCHEZ GONZÁLEZ, J.C. (2015). "La sociedad de gananciales". *Instituciones de Derecho Privado.* Civitas.

GARRIDO DE PALMA, V. M. (1994). "Derecho de Familia". *Anuario de Derecho Civil,* (1), 315-337.

GAVIDIA SÁNCHEZ, J.V. (1987). *La confesión de privatividad de bienes de la sociedad conyugal. Análisis crítico del precepto contenido en el artículo 1324 del Código Civil.* Tecnos.

GIMÉNEZ DUART, T. (1982). "La gestión de la comunidad de gananciales". *A.D.C.,* (35), 571-590.

— (1982). "Los bienes privativos y gananciales tras la reforma de 13 de mayo de 1981". *R.C.D.I.,* (548), 117- 144.

GÓMEZ DE LA SERNA, P. (1862). *La Ley hipotecaria,* True World of Books.

GÓMEZ GÁLLIGO, F. J. (2023). "Cuestiones civiles y registrales de actualidad en relación a la vivienda habitual familiar." *Actualidad jurídica iberoamericana,* (19), 384-413.

— (2019). "Digitalización registral mercantil". *Revolución digital, Derecho Mercantil y Token economía.*Tecnos.

— (1994). "El principio de especialidad registral". *Revista Crítica de Derecho Inmobiliario,* (625), 2389-2436.

— (2015). "Grandes expectativas derivadas de la ley 13/2015, de 24 de junio, en relación a la coordinación del Registro de la Propiedad y del Catastro. *CT/Catastro,* (7), 13- 36.

— (2017). "La delimitación de los inmuebles como objeto de los derechos inscritos en el Registro de la Propiedad tras la Ley 13/2015, de 24 de junio". *Anuario Jurídico Villanueva,* (11), 333-356.

— (1991). *Defectos en los documentos presentados a inscripción en el Registro de la Propiedad. Defectos entre faltas subsanables e insubsanables.* Centro de Estudios Registrales.

— (2016). *Vivienda, préstamo y ejecución, Control notarial y registral de la legalidad de los préstamos hipotecarios.* Aranzadi.

GÓMEZ PERALS, M. (2017). "Relaciones entre el Registro de la Propiedad y el Catastro ¿Coordinación? *RCDI,* (699), 93-139.

GONZALES BARRÓN, G. H. (2011). "Constitución y principios registrales". *Revista Jurídica del Notariado,* (78), 297-326.

GONZÁLEZ PÉREZ, J. (1948). *Los derechos reales administrativos,* Civitas.

GONZÁLEZ y MARTÍNEZ, J. (1948). *Estudios de Derecho hipotecario y Derecho civil.* Ministerio de Justicia.

— (1924). *Estudios de Derecho hipotecario. Orígenes, sistemas y fuentes.* Imprenta de Estanislao Maestre.

— (1931). *Principios hipotecarios.* Asociación de Registradores de la Propiedad.

GORDILLO CAÑAS, A. (2006). "El principio de fe pública registral". *Anuario de Derecho Civil,* (2), 509-656.

— (2004). "Ganancialidad de la deuda: ¿Presunción, prueba o determinación legal?". *A.D.C.,* (21), 2517-2539.

— (2001). "La inscripción en el Registro de la Propiedad (su contenido causal, su carácter voluntario y su función publicadora de la realidad jurídico-inmobiliaria o generadora de apariencia jurídica". *A.D.C.,* (8), 34-57.

__ (2020). *El Registro de la Propiedad: principios y sistema,* Madrid, Reus, 2020.

GUILARTE GUTIÉRREZ, V. (1992). "La naturaleza de la actual sociedad de gananciales". *A.D.C.,* (45), 875- 928.

GUILARTE GUTIÉRREZ, V. (1991). *Gestión y responsabilidad de los bienes gananciales.* Lex Nova.

HERNÁNDEZ ANTOLÍN, J.M. (2012). "Régimen jurídico de los bienes privativos confesados". *RCDI,* (730), 857-906.

HERNÁNDEZ BLÁZQUEZ, F. (2012). "Artículo 35. Inscripción de documentos notariales". *Comentarios a la Ley del Registro Civil,* (23), 561-570.

HERNÁNDEZ GIL, F. (1963). "Introducción al Derecho hipotecario". *Revista de Derecho Privado,* (4), 1-181.

HERNANDO COLLADOS, I. (1990). *El principio de legitimación registral y su tratamiento jurisprudencial.* Civitas.

HERRERO GARCÍA, M.J. (1993). "Comentario al artículo 1324 del Código Civil". *Comentario del Código Civil.* Ministerio de Justicia.

IZQUIERDO GRAU, G. (2019). "*La asociación de compras y mejoras*". *Revista Catalana de Dret Privat,* (20), 75-100.

JARILLO GÓMEZ, J. L. (2016). "Capítulo 2. Bienes Privativos". *Comunidad de gananciales, Cuestiones prácticas y actuales.* Ramón Areces.

JEREZ DELGADO, C. (2004). *Tradición y Registro.* Colegio de Registradores de la Propiedad.

JIMÉNEZ CLAR, A. (2018). "La incorporación de la representación gráfica del inmueble al catastro y el Registro de la Propiedad". *Estudio sobre la representación gráfica de las fincas registrales.* Aranzadi.

JIMÉNEZ GALLEGO C. (2016). *La nueva coordinación realidad Catastro-Registro.*Tirant Lo Blanch.

JIMÉNEZ LINARES, M. J. (2023). "Comentario a la STS de 5 de octubre de 2022 (RJ 2022, 4835). La omisión voluntaria de un bien ganancial y las llamadas cláusulas cierre en la liquidación de la sociedad de gananciales ¿son formas de renuncia de la acción de complemento o adición de complemento o adición de la sociedad de gananciales?". *Cuadernos Civitas de jurisprudencia civil,* (112), 25-50.

JIMÉNEZ MUÑOZ F. J. (2019). "Los bienes privativos en el régimen económico matrimonial de gananciales en España." *Homenaje a José María Castán Vázquez: liber amicorum.* Tirant Lo Blanch.

JUÁREZ TORREJÓN, A. (2020). "La acción Pauliana. Consecuencias restitutorias, con especial atención a la protección de los subadquirientes y a la restitución de frutos". *Revista de Derecho Patrimonial,* (53), 1-27.

— (2018). "La acción Pauliana (revocación por fraude de acreedores): intento de reconstrucción de la figura y de su papel en el derecho patrimonial". *Anuario de Derecho Civil,* (71), 1277-1350.

LABORDA PEÑALVER, S. (1990). "La anotación preventiva de embargo de bienes ex gananciales". *Revista jurídica de la Región de Murcia,* (11), 73-85.

LACRUZ BERDEJO, J. L. (1950). "En torno a la naturaleza jurídica de la comunidad de gananciales del Código Civil". *Revista General de Legislación y Jurisprudencia,* XIX, (24), 7- 59.

— (1992). *Derecho de familia,* Bosch.

— (1990). *Elementos de Derecho Civil III Bis, Derecho Inmobiliario Registral.* Bosch.

LACRUZ BERDEJO, J. L. y SANCHO REBULLIDA, F. (1992). *Derecho de familia,* Bosch.

(1984). *Derecho inmobiliario registral.* Bosch.

LASARTE ÁLVAREZ C. (2018). *Principios de Derecho Civil.* Marcial Pons.

LATAS ESPIÑO, M.J. (2022). "La confesión de privatividad: un análisis del artículo 1324 del Código Civil y de la doctrina de la Dirección General de Seguridad Jurídica y Fe Pública relativa al mismo". *La Ley. Derecho de familia,* (35), 3-35.

LINACERO DE LA FUENTE, M. (2021). *Tratado de Derecho de Familia. Aspectos sustantivos.* Tirant Lo Blanch.

— (2019). "Familia y Derecho de Familia." *Tratado de Derecho de Familia: Aspectos sustantivos. Procedimientos. Jurisprudencia. Formularios.*Tirant Lo Blanch.

— (2019). "Régimen económico conyugal I. Consideraciones generales." *Tratado de Derecho de Familia: Aspectos sustantivos. Procedimientos. Jurisprudencia. Formularios.* Tirant Lo Blanch.

— (2019). "Régimen económico conyugal II. Disposiciones generales del sistema de organización del matrimonio. Publicidad registral." *Tratado de Derecho de Familia: Aspectos sustantivos. Procedimientos. Jurisprudencia. Formularios.* Tirant Lo Blanch.

— (2019). "Régimen económico matrimonial III. Capitulaciones matrimoniales. Donaciones por razón del matrimonio." *Tratado de Derecho de Familia: Aspectos sustantivos. Procedimientos. Jurisprudencia. Formularios.* Tirant Lo Blanch.

— (2019). "Sociedad de gananciales. Disposiciones generales. Bienes privativos y bienes gananciales". *Tratado de Derecho de Familia: Aspectos sustantivos. Procedimientos. Jurisprudencia. Formularios.*Tirant Lo Blanch.

— (2019). "Sociedad de gananciales. II. Cargas y responsabilidades. Administración. Disolución y liquidación." *Tratado de Derecho de Familia: Aspectos sustantivos. Procedimientos. Jurisprudencia. Formularios.*Tirant Lo Blanch.

LINARES GIL, M. I. (1997). "Responsabilidad de los bienes gananciales por las deudas tributarias régimen especial del artículo 1373 del Código Civil." *Crónica tributaria,* (12), 155-172.

LÓPEZ BARBA, E. (2018). "Títulos inscribibles. "Negocios de familia" y Registro de la Propiedad". *Revista Aranzadi de Derecho Patrimonial*, (46), 73-102.

LÓPEZ BELTRÁN DE HEREDIA, C. (1999). *La liquidación de la sociedad de gananciales*. Tirant lo Blanch.

LÓPEZ FERNÁNDEZ, M. L. (2020). "La sociedad de gananciales disuelta y no liquidada." *La Ley Derecho de Familia: Revista jurídica sobre familia y menores*, (25), 136-148.

LÓPEZ FERNÁNDEZ; J. (2017). "Art. 59. Inscripción de las resoluciones judiciales extranjeras". *Comentarios a la ley de cooperación jurídica internacional en materia civil*. Tirant Lo Blanch.

LÓPEZ FRÍAS A. M. (2022). "La asignación convencional del carácter privativo a los bienes adquiridos a título oneroso o por uno de los cónyuges a efectos de su inscripción en el Registro de la Propiedad". *Revista de Derecho Civil*, (4), 269-301.

— (2020). "La buena o mala fe del tercero *ex* artículo 34 de la Ley Hipotecaria cuando la situación posesoria no coincide con la publicidad registral". *Revista Crítica de Derecho Inmobiliario*, (781), 2621-2662.

— (2012). "Una nueva reflexión sobre la singularidad jurídica de algunas propiedades inmobiliarias: especial referencia a los adarves, engalabernos y cobertizos. Cuestiones actuales y proyección de futuro". *Revista Crítica de Derecho Inmobiliario*, (733), 2567-2600.

LÓPEZ IGLESIAS, L. (2020). "La atribución de privatividad a bienes de la sociedad de gananciales por acuerdo de los cónyuges y su inscripción en el Registro de la Propiedad." *La Ley Derecho de Familia: Revista jurídica sobre familia y menores*, (25), 24-47.

LÓPEZ LIZ, J. (1998). *Bienes inmuebles y sociedad conyugal: adquisición, administración y disposición, hipoteca y embargo, con particular estudio del derecho real de uso especial de la vivienda familiar*. Bosch.

LÓPEZ MAZA, S. (2019). *Prohibiciones de disponer: cuestiones generales y alguna que otra particular*. Aranzadi.

LÓPEZ MEDEL, J. (1958). *Teoría del Registro de la Propiedad como servicio público*. UCM.

LÓPEZ RAMON, F. (2007). *Introducción al derecho urbanístico*. Marcial Pons.

LLOPIS GINER J. M. (2021). "La comunidad de bienes inmuebles y el Registro de la Propiedad". *Comunidad de bienes*. Tirant Lo Blanch.

MAGARIÑOS BLANCO, V. (1991). "El órgano de administración de la sociedad de gananciales y la adquisición de bienes". *Academia Sevillana del Notariado,* (7), 395-447.

MANZANO SOLANO, A. y MANZANO FERNÁNDEZ, M. M. (2008). *Instituciones de Derecho Registral Inmobiliario.* Colegio de Registradores de la Propiedad y Mercantiles de España.

MARAÑÓN ASTOLFI, M. (2021). "La atribución voluntaria de ganancialidad y la libertad de pactos entre los cónyuges: Comentario a la Sentencia del TS de 12 de febrero de 2020 (RJ 2020, 374)". *Revista Aranzadi de derecho patrimonial,* (54),123-145.

MARCO DE LA HOZ, A. (2013). *Supuestos de excepción al artículo 34 de la Ley Hipotecaria en la jurisprudencia urbanística. Especial referencia al tercer adquiriente de una edificación con licencia de obra anulada.* URJC.

MARÍN LÓPEZ, M.J. (2022). "La responsabilidad civil del Registrador". *RCDI,* (749), 1743- 1749.

MARIÑO PARDO, F.M. (2016). "Aportación de bienes privativos a la sociedad de gananciales". *Revista de Derecho de Familia: doctrina, jurisprudencia, legislación,* (71), 81-107.

MARIÑO PARDO, F.M. (2022). "El pacto de atribución de ganancialidad del artículo 1355 del Código Civil en la jurisprudencia reciente". *La Ley Derecho de Familia: Revista jurídica sobre familia y menores,* (35), 104-136.

MARTÍN ALIAS, J. I. (2008). "Situaciones jurídicas que ingresan en el Registro". *Lecciones de Derecho Inmobiliario Registral.* Atelier Libros Jurídicos.

MARTÍNEZ DE AGUIRRE ALDAZ, C. (2021). "La publicidad registral I: la legitimación registral, consecuencias sustantivas". *Tratado de Derecho Inmobiliario registral.* Bosch.

(2016). *Curso de Derecho Civil. Derecho de Familia.* Edisofer.

MARTÍNEZ LABURTA, C. y MUÑOZ PÉREZ, A. F. (2019). *Revolución digital, Derecho Mercantil y Token economía.* Tecnos.

MARTÍNEZ OLIVER, R. (2019). "La jurisprudencia reciente en materia de liquidación de sociedad de gananciales." *Cuaderno de Familia: Boletín Jurídico. Boletín de Infancia, Familia y Capacidad de la Asociación Judicial Francisco de Vitoria,* (5), 34-58.

MARTÍNEZ ORTEGA, J. C. (2016). *Actuación notarial y registral en la escritura de declaración de obra nueva,* Dickinson.

MARTÍNEZ RODRÍGUEZ, N. (2023). "Comentario a la STS de 19 de diciembre de 2022 RJ 2022, 5507. Régimen económico de gananciales.

Liquidación de la sociedad por los herederos. Bienes que integran el activo ganancial." *Cuadernos Civitas de jurisprudencia civil,* (112), 273-306.

— (2022). "Liquidación de la sociedad de gananciales. Actualización del importe de créditos incluidos en el pasivo ganancial". *Cuadernos Civitas de jurisprudencia civil,* (120),183-202.

MARTÍNEZ ROSADO, J. (2017). *Los pactos parasociales.* Marcial Pons.

MARTÍNEZ SANCHIZ, J. A. (2009). "Reservas contables y sociedad de gananciales". *Cuadernos de derecho y comercio,* (52), 11-36.

— (2006). "Presunción de ganancialidad". *Academia Sevillana del Notariado,* (4), 221-250.

MARTÍNEZ-CARDÓS RUIZ, L. (2020). "Régimen de responsabilidad patrimonial de las Administraciones públicas y daños causados por los Registradores de la Propiedad". *RCDI,* (782), 3587-3625.

MASIDE MIRANDA, J.E. (1989). "Aspectos del artículo 1324 del Código Civil", *Homenaje a Juan Berchmans Vallet de Goytisolo, separata del vol. IV.* Consejo General del Notariado.

MEDINA SÁNCHEZ, R.M. (2016). "Capítulo 2. Bienes gananciales". *Comunidad de Gananciales, Cuestiones prácticas y actuales.* Universitaria Ramón Areces.

MENÉNDEZ MATO, J.C. (2021). "El contrato de fijación jurídica en el ordenamiento español: análisis de su situación actual." *Revista de Derecho Civil,* (34), 91-124.

MILLÁN FERNÁNDEZ, J.M. (2009). *Los procedimientos de Separación, Divorcio y Nulidad Matrimonial en la Ley de Enjuiciamiento Civil.* Aranzadi.

MIQUEL GONZÁLEZ DE AUDICANA, J. (2008). *Derecho Privado.*Marcial Pons.

MONTERO AROCA, J. (2008). *Disolución y liquidación de la sociedad de gananciales.* Tirant Lo Blanch.

MONTERO GIMÉNEZ, J.M. (2020). "La privatividad del dinero en las adquisiciones de bienes inmuebles". *La Ley. Derecho de familia,* (25), 8-31.

MONTES, V. L. y ROCA, E. *et. al.* (1997). *Derecho de Familia.* Tirant Lo Blanch.

MORELL y TERRY, J. (1928). *Comentarios a la Legislación Hipotecaria.* Reus.

MORENO FLORES, R. M., RAMS ALBESA, J., y RUBIO SAN ROMÁN, J., (2019). *Apuntes de Derecho Inmobiliario Registral.* Dyckinson.

MORENO VELASCO, V. (2009). "La atribución de la ganancialidad por voluntad de los propios cónyuges." *Diario La Ley,* (34), 12-76.

MOREU BALLONGA, J. L. (2009). "Evolución histórica y normativa estatal actual sobre aguas subterráneas". *Revista Crítica de Derecho Inmobiliario,* (714), 1769-1897.

MURGA FERNÁNDEZ, J. P. (20209. "Il sistema della pubblicità immobiliare in Spagna e la tutela dei terzi acquirente in buona fede". *Rassegna di Diritto, Civile,* (4), 828-847.

NIETO ALONSO, A. (2021). "La atribución voluntaria de ganancialidad: Reflejo de la autonomía privada en el régimen económico matrimonial": a propósito del artículo 1355 del Código Civil. *Revista de Derecho Civil,* (2), 39-91.

NOGUEROLES PEIRÓ, N. (2017). "Artículo 60. Inscripción de documentos públicos extranjeros", *Comentarios a la ley de cooperación jurídica internacional en materia civil.* Tirant Lo Blanch.

NÚÑEZ JIMÉNEZ, J. P. (2020). "Urbanismo y seguridad jurídica control registral de legalidad urbanística en obras nuevas y propiedad horizontal". *El urbanismo y la seguridad jurídica.* Dyckinson.

NÚÑEZ LAGOS, R. (1949). "El Registro de la Propiedad español". *Revista Crítica de Derecho Inmobiliario,* (251), 217-257.

O´CALLAGHAN MUÑOZ, X. (2012). *Compendio de Derecho Civil.* Universitaria Ramón Areces.

OCAÑA GÁMIZ, J. (2020). *La eficacia frente a terceros de los derechos reales y de crédito.* Comares.

OLIVA IZQUIERDO, A. M. (2016). *La nueva coordinación Registro-Catastro.* Centro de Estudios Registrales.

OLIVARES JAMES, J.M. (1983). "Los contratos traslativos de dominio entre cónyuges y los efectos de la confesión conforme al nuevo art culo 1324 del Código Civil". *Anales de la Academia Matritense del Notariado,* (25), 320-367.

OLIVEROS ROSSELLO, M. J. (2020). La valoración de bienes inmuebles (1). *Actualidad civil,* (2), 75-91.

OÑATE CUADROS, F. J. (2020). "Adquisición de bienes con carácter privativo por cónyuges casados en régimen de gananciales." *El notario del siglo XXI: revista del Colegio Notarial de Madrid,* (93), 172-177.

ORDÁS ALONSO, M. (2017). *La cuantificación de las prestaciones económicas en las rupturas de pareja.* Bosch.

ORTÍZ FERNÁNDEZ, M. (2021). "El principio de publicidad registral y sus manifestaciones: Especial atención a su dimensión formal y a la incidencia de los derechos fundamentales en su configuración". *Derecho Privado y Constitución,* (39), 287-321.

OSTOS MOTA, M. J. (2016). "Capítulo VI. Extinción de la comunidad de gananciales", *Comunidad de Gananciales, cuestiones prácticas y actuales.* Universitaria Ramón Areces.

OSUNA COSTA, J. (2004). "La extinción del condominio y la naturaleza ganancial o privativa de los bienes recibidos por esa causa." *Revista Jurídica del Notariado,* (52), 129-136.

PALADINI, M., RENDA A. Y MINUSSI, D. (2019). *Manuale di Diritto Civile.* Giufrè.

PAU PEDRÓN, A. y DE FUENTES CORRIPIO, J. (2011). *La capacidad en los negocios sobre inmuebles.* Fundación Registral.

PAU PEDRÓN, A. (1994). "Efectos de la inscripción en la constitución de los derechos reales". *RCDI,* (625), 2187-2212.

— (1999). "El acta de inscripción". *Revista Crítica de Derecho Inmobiliario,* (650), 12-25.

— (1985). "La comparación en Derecho Registral". *Estudios en homenaje a Tirso Carretero.* Bosch.

— (2023). Elementos *de Derecho Hipotecario.* Universidad Pontificia de Comillas.

— (2000). *Historia del Colegio de Registradores.* Colegio de Registradores.

— (1996). *Manual de Derecho registral inmobiliario.* Fundación para la Formación de Altos Profesionales.

PEÑA BERNALDO DE QUIRÓS, M. (1978). "Acerca del artículo 1364 del Código Civil. *Anales de la Academia Matritense del Notariado,* (21), 355-416.

— (1981). *Derecho de Familia.* Servicio de Publicaciones Facultad de Derecho.

— (2001). *Derechos reales. Derecho hipotecario.* Centro de Estudios Registrales.

PEREÑA VICENTE, M. (2008). "El negocio de atribución a la sociedad de gananciales". *Diario La Ley,* (9), 67-93.

PÉREZ CALVO, I. (2016). "Capítulo II: Casos dudosos de ganancialidad o privatividad". *Comunidad de gananciales, cuestiones prácticas y actuales.* Ramón Areces.

PÉREZ CEBADERA, M. A. (2017). "El procedimiento de liquidación del Régimen Económico Matrimonial previsto en los artículos 806-810 LEC." *La Ley Derecho de Familia: Revista jurídica sobre familia y menores,* (15), 123-145.

PÉREZ MARTÍN, A. J. (2019). "Normas de administración, conservación y disposición de bienes gananciales: aspectos sustantivos y procesales." *Revista de Derecho de Familia: doctrina, jurisprudencia, legislación,* (83), 27-72.

— (2021). "La separación de hecho y la calificación ganancial o privativa de bienes y deudas." *Revista de Derecho de Familia: doctrina, jurisprudencia, legislación,* (91), 353-358.

PÉREZ PÉREZ, E. (2009). *Régimen jurídico estatal y autonómico de la propiedad inmobiliaria.* Bosch.

PLANIOL, M. (1950). *Tratado Elemental.* Librería Jiménez-Bravo.

POVEDA BERNAL, M. I. (1997). "Consideraciones en torno al llamado "negocio jurídico de aportación" a la sociedad de gananciales. La transmisión de bienes de los patrimonios privativos al ganancial y su incardinación en nuestro sistema contractual." *Revista Crítica de Derecho Inmobiliario,* (73), 799-888.

PRADO GASCÓ, V. J. (2017). *La calificación gráfica registral.* Colegio de Registradores de la Propiedad.

PRETEL SERRANO, J.J. (1993). "Artículo 1376 CC". *Comentario del Código Civil.* Ministerio de Justicia.

— (1993). "Artículo 1388 C.c.". *Comentario del Código Civil.* Ministerio de Justicia.

— (1993). "Artículo 1389 C.c.". Comentario del Código Civil. Ministerio de Justicia.

PUGLIATTI, S. (1989). *La Trascrizione.* Giufrè.

PUIG BRUTAU, J. (1985). *Fundamentos de Derecho Civil.* Bosch.

PUIG FERRIOL L. (1978). "De la asociación a compras y mejoras". *Comentarios al Código Civil y compilaciones forales,* vol. 2. Edersa.

RAGEL SÁNCHEZ, L. F. (2017). *El régimen de gananciales.* Aranzadi.

— (2018). "Bienes gananciales y privativos. Disolución del régimen por separación. Nulidad del convenio regulador. Adquisición en arrendamiento financiero: Comentario a la STS de 13 septiembre 2017 (RJ 2017, 3916)" *Cuadernos Civitas de jurisprudencia civil,* (106), 117-145.

— (2017). "Capítulo 22: La sociedad de gananciales (I)". *Tratado de Derecho de los regímenes económicos matrimoniales (I).* Aranzadi.

— (2017). "Capítulo 24: La sociedad de gananciales (3). La gestión de la sociedad". *Tratado de Derecho de Familia, Los regímenes económico matrimoniales* (I). Aranzadi.

— (2017). "Capítulo 25: La Sociedad de Gananciales (4). El pasivo de la sociedad" *Tratado de Derecho de Familia, Los regímenes económico matrimoniales* (I). Aranzadi.

RAMOS CHAPARRO, E. (2008). *La garantía real inmobiliaria. Manual sistemático de la hipoteca.* Aranzadi.

RAMS ALBESA, J. J. (1992). *La sociedad de gananciales.* Tecnos.

— (1991). "Resolución de la DGRN de 25 de septiembre de 1990. Sociedad de gananciales. Masas Patrimoniales. Confesión de privaticidad de bienes". *Cuadernos Civitas de jurisprudencia civil,* (25), 1-32.

REBOLLEDO VARELA, A.L. (2017). *Empresas, Sociedades y Actividades Económicas en la Liquidación de la Sociedad de Gananciales.* Aranzadi.

REPRESA POLO, M.P. (2019). *Negocio entre cónyuges en fraude de legitimarios.* Reus.

REYES GALLUR, J.J. (2015). *La liquidación del régimen de gananciales y separación de bienes: aspectos procesales y sustantivos.* Civitas.

REYES LÓPEZ, M., J. (2023). "Cargas y deudas de la sociedad legal de gananciales". *GPS Familia,* (6), 481-512.

RIBERA PONT, M. C. (1983). "La atribución de ganancialidad del artículo 1.355 del Código Civil." *Revista Crítica de Derecho Inmobiliario,* (559), 1413-1433.

RICCA-BARBERIS, M. (1958). *Trattato della garanzia per evizione.* Kessinger Publishing.

RICCOBONO, S. (1912). "Traditio ficta". *SZ,* (33), 259-304.

RIPERT, G. (2017). *Derecho Natural y positivismo jurídico.* Dalloz.

RIVAS ANDRÉS, R. (2005). "Juegos florales en la disposición de bienes gananciales: ¿Es posible hacer actos dispositivos sobre la ganancialidad sin tocar la titularidad? *La notaría,* (22), 33-47.

RIVERA FERNÁNDEZ, M. (2020). *El régimen económico matrimonial en el Derecho común.* Reus.

RIVERA SABATÉS, V. (2006). "Acerca de la presunción de ganancialidad del artículo 1361 CC." *Revista de derecho privado,* (9), 63-78.

ROCA GUILLAMÓN. J. (2015). Prólogo en LÓPEZ CÁNOVAS, A., *La propiedad privada inmobiliaria: bases constitucionales y régimen estatutario del contenido y función social de la propiedad urbana y la propiedad rústica.* Aranzadi.

— (2009). Prólogo en PÉREZ PÉREZ, E., *Las cotitularidades sobre bienes inmuebles.* Bosch.

ROCA SASTRE, (1948). *La venta de cosa ajena.* Estudios de Derecho Privado. Marcial Pons.

ROCA SASTRE, R. M. y ROCA-SASTRE MUNCUNILL, L. (2008). *Derecho hipotecario,* Bosch.

ROCA TRÍAS, E. 2006). "Familia y Constitución". *Anuario de la Facultad de Derecho de la Universidad Autónoma de Madrid,* (10), 207-228.

— (1979). "Las relaciones entre la posesión y el Registro de la Propiedad". *Revista Crítica de Derecho Inmobiliario,* (530), 45-78.

RODRÍGUEZ DE ALMEIDA, M. G. (2019). "La función calificadora del Registrador: errores y responsabilidad". *RCDI,* (774), 2043-2058.

RODRÍGUEZ LÓPEZ, G. (2021). "Los actos dispositivos y de administración de los cotitulares y el Registro de la Propiedad." *Comunidad de bienes.* Tirant Lo Blanch.

RODRÍGUEZ MARTÍNEZ, M. E. (1999). "Cambio de régimen económico matrimonial y embargo de bienes gananciales y privativos. Comentario a la STS de 4 febrero 1999." *Revista Aranzadi de derecho patrimonial,* (3), 385-396.

RODRÍGUEZ OTERO, L. (2016). *Elementos de Derecho Hipotecario.* Wolters Kluwer,

RODRÍGUEZ RODRIGO, J. (2021). "Retroactividad de las capitulaciones matrimoniales al momento de celebración del matrimonio. Comentario de la SAP de Murcia, de 23 abril 2020." *Cuadernos de derecho transnacional,* (1), 1062-1073.

RODRÍGUEZ ROSADO, B. (2020). "La reserva de dominio: naturaleza y efecto sobre muebles e inmuebles". *ADC,* (2), 491-557.

— (2019). "Mala fe y eficacia frente a terceros de los derechos de crédito". *Anales de la Academia Matritense del Notariado,* (59), 433-470.

RODRÍGUEZ-PALMERO SEUMA, P. y GARCÍA DE ARRIBA MARCOS, R. (2006). "La causa matrimonii en el negocio de atribución de bienes en favor de la sociedad de gananciales." *Boletín del Colegio de Registradores de España,* (130), 3483-3494.

RUBIO GARRIDO, T. (1993). *Contrato de compraventa y transmisión de la propiedad.* Real Colegio de España en Bolonia.

RUIZ ALCARAZ, S. (2016). "La presunción de ganancialidad del artículo 1361 del Código Civil". *Actualidad Civil,* (12), 5-27.

SABORIDO SÁNCHEZ, P. (2017). "La protección del usuario registral a través de la reforma de los principios registrales (al hilo de la búsqueda de coordinación entre Registro y Catastro)". *Revista de Derecho Civil,* (4), 87-122.

SÁEZ RIPOLL, A. (2020). "El artículo 28 de la Ley Hipotecaria". *Notarios y Registradores,* (9), 45-77.

SALAS CARCELLER, A. (2022). "El régimen de gananciales tras la ruptura afectiva de la convivencia matrimonial: comentario de la sentencia de la sala primera del Tribunal Supremo núm. 464/2022, de 6 de junio". *Revista Aranzadi Doctrinal,* (10), 132-167.

SANCIÑENA ASURMENDI, C., y GAGO SIMARRO, C. (2022). "Aportación de bien privativo a la sociedad de gananciales." *Anuario de derecho civil,* (4), 1451-1521.

SANCIÑENA AZURMENDI, C. (2021). "Uso de bienes privativos en beneficio de la sociedad de gananciales. *Revista de Derecho Civil,* (2), 311-316.

SÁNCHEZ CALERO, F. J. y SÁNCHEZ-CALERO ARRIBAS, B. (2019). *Manual de Derecho Inmobiliario Registral.*Tirant lo Blach.

SÁNCHEZ JORDÁN, M. E. (2007). "Los actos de parcelación contrarios a la normativa. *ADC,* (40), 12-35.

SÁNCHEZ ROMÁN, F. (2008). "Estudios de Derecho Civil". *Derecho de Familia.* Analecta.

SANSÓN RODRÍGUEZ, M. V. (1998). *La transmisión de la propiedad.* Marcial Pons.

SANZ FERNÁNDEZ, A. (1953). *Instituciones de Derecho hipotecario.* Reus.

SANZ VIOLA, A. M. (1987). "La gestión de los bienes gananciales y las adquisiciones a título oneroso, y a costa del caudal común, realizadas por uno de los cónyuges por separado". *Revista Crítica de Derecho Inmobiliario,* (583), 1753-1766.

SARMIENTO RAMOS, J. (1993). "Artículo 1379". *Comentario del Código Civil.* Ministerio de Justicia.

SENA FERNÁNDEZ, F. (2002). "La coordinación entre el Registro y el Catastro.", *BCRE,* (82), 849-856.

SERNA VALLEJO, M. (2013). "La Codificación civil española y las fuentes del Derecho". *Anuario de Historia de Derecho Español,* (12), 11-36.

SERRANO MARTÍNEZ, F. (2013). "Panorama actual de la cartografía catastral". *CT: Catastro,* (49), 7-33.

SORIA MARTÍNEZ, G. (2010). "Comentario a la Resolución de 30 de mayo de 2009". *Revista Crítica de Derecho Inmobiliario,* (717), 362-384.

TINTORE GARRIGA, M. P. (2017). "Los regímenes económicos matrimoniales en nuestro ordenamiento." *La Ley Derecho de Familia: Revista jurídica sobre familia y menores,* (15), 124-132.

TOFIÑO PADRINO, A. (2016). "La intervención judicial en los casos de desacuerdo conyugal y en la administración de bienes gananciales." *Revista de Derecho de Familia: doctrina, jurisprudencia, legislación,* (73), 27-89.

TORRES LANA, J. A. (2017). "Causa e intención liberal en el actual régimen contractual". *Tratado de las liberalidades.* Aranzadi.

TOVAR PULIDO, R. (2020). "La regulación del matrimonio y los bienes gananciales por la normativa histórica española (SS. XVI-XIX)". *Anuario de la Facultad de Derecho. Universidad de Extremadura,* (36), 863-896.

TRUJILLO CABRERA, C. (2018). "El procedimiento de incorporación de la representación gráfica geo referenciadas de la finca con base en la certificación catastral y su coordinación con el catastro". *Estudios sobre la representación gráfica de la finca registrales.* Aranzadi.

— (2017). *Representación gráfica de las fincas en el Registro de la Propiedad.* BOE.

TUDELA CHORDÁ, S. (2023). "La capitalización de la pensión por alimentos en la liquidación del régimen económico matrimonial". *Revista Boliviana de Derecho,* (35), 466-485.

URIARTE BE RASATEGUI, J. (1950). "La tradición en el sistema inmobiliario español". *RCDI,* (5), 35-67.

VALERO FERNÁNDEZ-REYES, A. (2011). "Los recursos contra la calificación registral". *Cuadernos de Carlos Fernández Crespo,* (31), 25-50.

VALLE FUENTES, E. (2010). "Consideraciones sobre la nueva Ley reformadora de la Ley Hipotecaria", *RDCI,* (21), 803-812.

VALLE MUÑOZ, J. L. (2021). "El principio de prioridad y el cierre registral". *Tratado de Derecho Inmobiliario Registral.* Bosch.

VALLET DE GOYTISOLO, J. B. (1985). "Determinación de las relaciones jurídicas referentes a inmuebles susceptibles de trascendencia respecto de terceros". *Estudios sobre derechos de cosas.* Montecorvo.

— (1980). "Las capitulaciones matrimoniales y su modificación". *Estudios sobre obligaciones, contratos, empresas y sociedades,* Montecorvo.

VARGAS BENJUMEA, I. (2014). *El fraude en la disolución y liquidación de la sociedad de gananciales.* Aranzadi.

VÁZQUEZ ASENJO, O. G. (2010). *Aproximación a los principios gráficos hipotecarios.* Bosch.

— (2013). *Coordinación entre el Catastro y el Registro de la Propiedad.* Tirant Lo Blanch.

— (2009). *La información territorial asociada a las bases gráficas registrales.* Tirant Lo Blanch.

VÁZQUEZ BOTE, E. (2006). "La publicidad registral, base de la seguridad jurídica del tráfico de bienes inmuebles. El Registro de la Propiedad como garantía de dicha seguridad". *Revista Crítica de Derecho Inmobiliario,* (696),1557-1604.

VEGAS TORRES, J. (2000). *Derecho procesal civil. Ejecución forzosa. Procesos especiales.* Civitas.

VELA SÁNCHEZ, A. J. (2007). "La fe pública registral en las ventas judiciales derivadas de embargos inmobiliarios". *ADC,* (12), 56-81.

— (2019). "Cesión de bien ganancial por un solo cónyuge a cambio de alimentos y principio de fe pública registral: A propósito de la STS, Sala 1ª, de 29 de noviembre de 2018." *Diario La Ley,* (64), 147-156.

VIGIL DE QUIÑONES OTERO, D. (2019)." Artículos 223 a 237". *Comentarios a la Ley Hipotecaria.* Aranzadi.

VILELLA LLOP, P., (2022). "El derecho de reembolso de la sociedad de gananciales por aportaciones privativas de los cónyuges en la reciente jurisprudencia del Tribunal Supremo". *Derecho de Familia,* (34), 407-422.

VILLALBA LAVA, M. (2007). *El Fuero del Baylío como Derecho foral de Extremadura.* Asamblea de Extremadura.

VILLAPLANA GARCÍA, C. (2021). *Fichero Registral Inmobiliario.* Tirant Lo Blanch.

VIRGOS SORIANO, L. (2015). "La ortografía y la cartografía catastral". *CT: Catastro,* (83), 7-30.

YÁÑEZ VIVERO, F. (2000). "Deudas de un solo cónyuge y responsabilidad ganancial según la reciente jurisprudencia del Tribunal Supremo". *Anuario de Derecho Civil,* (53), 553-626.

ZAMORA MANZANO, J. L. (2004). *La publicidad de las transmisiones inmobiliarias,* Fundación *beneficientia et peritia iuris.*

ZARRALUQUI SÁNCHEZ-EZNARRIAGA, L. (2008). "Acuerdos prematrimoniales. Hacia la validez de los pactos preventivos de la ruptura conyugal". *Economist & Jurist,* (118), 18-31.